Solarvorhaben

Wirtschaftliche, technische und rechtliche Aspekte

von

Jörg Böttcher (Hrsg.)

Oldenbourg Verlag München

Bibliografische Information der Deutschen Nationalbibliothek

Die Deutsche Nationalbibliothek verzeichnet diese Publikation in der Deutschen Nationalbibliografie; detaillierte bibliografische Daten sind im Internet über http://dnb.d-nb.de abrufbar.

Rosenheimer Straße 145, D-81671 München
Telefon: (089) 45051-0
www.oldenbourg-verlag.de

Lektorat: Thomas Ammon
Herstellung: Constanze Müller
Titelbild: thinkstockphotos.de
Einbandgestaltung: hauser lacour
Gesamtherstellung: Beltz Bad Langensalza GmbH, Bad Langensalza

Dieses Papier ist alterungsbeständig nach DIN/ISO 9706.

ISBN 978-3-486-70432-7

Vorwort

Weltweit sind Politik, Wirtschaft und Gesellschaft mit mehreren krisenhaften Entwicklungen konfrontiert – der langsam abklingenden Finanz- und Wirtschaftskrise, die sich in eine Schuldenkrise mindestens der EU und der USA zu überführen scheint, dem globalen Klimawandel sowie der seit den Unglücksfällen von Fukushima erneut befeuerten Diskussion um eine nachhaltige Energieversorgung. Die Krisen gehen an die Wurzeln der gegenwärtigen Gesellschafts- und Wirtschaftsstrukturen westlicher Prägung, haben erhebliche volkswirtschaftliche Auswirkungen und stellen die Frage nach einer Überwindung tradierter Strukturen.

Löst man sich von der übergeordneten politischen Dimension der Erneuerbaren Energien und betrachtet ihre Teilsegmente, so stellt man fest, dass sie sich in unterschiedlichen Entwicklungsphasen befinden, was wiederum mit ihrer Marktintegration und politischen Förderung korrespondiert. Onshore-Windenergie, Photovoltaik-Kraftwerke und Biogas-Vorhaben sind mittlerweile etablierte Formen, während sich Offshore-Windenergie und solarthermische Kraftwerke in einer frühen Marktphase befinden. Angesichts der umfangreichen bereits getätigten Investitionen in die beiden letztgenannten Bereiche kann aber erwartet werden, dass auch sie vor einem deutlichen Marktwachstum stehen. Wir wollen uns in dieser Abhandlung mit dem Teilsegment Solarenergie beschäftigen, das in den letzten Jahren durch ein rasantes Marktwachstum, aber auch erhebliche Verunsicherungen auf der Regulierungsseite geprägt worden ist.

Bei all der Fach- und Medienpräsenz der Erneuerbaren Energien ist ein Aspekt erstaunlich: Im Zusammenhang mit Erneuerbaren Energien wird nur sehr selten das Thema ihrer Umsetzung angesprochen. Stattdessen fokussiert sich die Diskussion zumeist auf einzelne Themenfelder, wie ihren politischen, ökologischen und technischen Aspekten. Eine zusammenhängende Darstellung der rechtlichen, technischen und wirtschaftlichen Aspekte, die gleichermaßen erfüllt sein müssen, damit ein Solarvorhaben realisiert werden kann, liegt bislang nicht vor. Dies mag damit zusammenhängen, dass Solarvorhaben erst seit wenigen Jahren Größenordnungen erreicht haben, die sie für Kapitalgeber interessant machen und sich in einer jungen Branche im Anschluss an die Bewährtheit der Technik rechtliche und wirtschaftliche Standards erst etablieren müssen.

Dieses Buch ist aus der Wahrnehmung entstanden, dass es eines gemeinsamen Verständnisses und konzertierten Vorgehens von Vertretern aus Technik, Recht und Wirtschaft bedarf, um Solarvorhaben zu realisieren. Daher wird in dieser Publikation der Weg beschritten, verschiedene Experten aus den genannten Bereichen zum Thema Projektfinanzierung von Solarprojekten zu Wort kommen zu lassen, so dass in der Gesamtschau vermittelt wird, welche Aspekte bei der Realisierung von Solarprojekten zu beachten sind.

Der Anspruch dieser Publikation ist zum einen aufzuzeigen, welche technischen und rechtlichen Voraussetzungen zum derzeitigen Zeitpunkt erfüllt sein müssen, um ein großvolumiges Solarprojekt über die Finanzierungsmethode einer Projektfinanzierung zu realisieren. Dabei muss man sich zunächst bewusst sein, dass sich insbesondere die Technik ständig dynamisch weiterentwickelt, die rechtlichen Rahmendaten auf die Marktgegebenheiten und möglichen energiepolitischen Vorgaben reagieren, so dass Solarprojekte insbesondere während der Entwicklungsphase höchst dynamisch und flexibel gesteuert werden müssen. Zum anderen soll durch den bewussten interdisziplinären Ansatz auch erreicht werden, dass der Leser für die Anforderungen der verschiedenen Teilbereiche sensibilisiert wird.

Zur Realisierung von Projektfinanzierungen in einer Branche müssen mindestens zwei Voraussetzungen erfüllt sein: Die Technik muss langfristig einen stabilen und prognostizierbaren Output liefern können und der Staat muss ein klares und verlässliches Rechts- und Regulierungsumfeld vorgeben, das den Investoren und Fremdkapitalgebern eine hinreichende Planungssicherheit für einen wirtschaftlichen Betrieb verschafft. Sind diese beiden grundsätzlichen Anforderungen erfüllt, eröffnet sich die Möglichkeit für eine wirtschaftliche Nutzung der Solarenergie, und zwar zumeist in Form einer Projektfinanzierung.

Zentrales Merkmal einer Projektfinanzierung ist die enge Verknüpfung des Schicksals des Projektes mit der Rückführung der Darlehen. Es sind die zukünftigen Cashflows des Vorhabens, die einzig für die Begleichung der operativen Kosten, die Bedienung des Kapitaldienstes und für Ausschüttungen an die Investoren verwandt werden können. Neben diese Cashflow-Orientierung der Projektbeurteilung tritt eine vertragliche Einbindung verschiedener Projektbeteiligter, die den Erfolg des Vorhabens unterstützen sollten (*Risk Sharing*). Damit ist der gesamte Risikomanagement-Prozess bei einer Projektfinanzierung ein gleichgerichtetes Zusammenspiel der verschiedenen Teilaspekte Risikoidentifikation, Risikoallokation und Risikoquantifizierung.

Damit Projektfinanzierungen im Solarbereich realisiert werden können, müssen konsequenterweise Experten aus den Bereichen Technik, Recht und Wirtschaft zusammenfinden und eine für ein Vorhaben maßgeschneiderte Lösung entwickeln. Dieses in der Praxis bei jedem Vorhaben geübte Vorgehen war auch Ausgangspunkt der vorliegenden Arbeit.

Ohne die zentralen Ergebnisse der Arbeit vorwegnehmen zu wollen, lässt sich bereits an dieser Stelle festhalten: Die Realisierung von Photovoltaik-Vorhaben kann mittlerweile als Tagesgeschäft mit etablierten Strukturen und Abläufen angesehen werden, während dies für CSP-Kraftwerke derzeit wohl nur für den Teilbereich der Parabolrinnen-Kraftwerke gelten kann. Kritisch ist derzeit die Diskussion um die Stabilität des Regulierungsumfeldes insbesondere in den wichtigsten „Solarländern“ zu werten. Langfristig muss die Entwicklung des Zinsniveaus aufmerksam verfolgt werden.

Der guten Ordnung halber sei angemerkt, dass die Autoren ihre individuelle Meinung vertreten. Ihre Aussagen und Wertungen müssen weder notwendigerweise die Meinung der Unternehmen oder Institutionen widerspiegeln, für die die Autoren arbeiten, noch die Auffassung der übrigen Autoren treffen. Fehler habe ich selbstverständlich selbst zu vertreten.

Mein aufrichtiger Dank gilt den Autoren dieses Buches, die mit großem Enthusiasmus und Engagement seine Realisierung erst ermöglicht haben.

Kiel, im August 2011 *Jörg Böttcher*

Inhalt

Abbildungsverzeichnis

Tabellenverzeichnis

1 Projektfinanzierung eines Solarprojektes

JÖRG BÖTTCHER

Dipl.-Ökonom und Bankkaufmann, ist seit 1995 bei der HSH NORDBANK AG tätig. Als Risk Adviser ist er dort mit der Strukturierung und dem Risikomanagement von Projekten im Bereich Erneuerbare Energien befasst. Nebenberuflich arbeitet Jörg Böttcher als freier Mitarbeiter der HANS-BÖCKLER-STIFTUNG. Er hat eine Reihe von Publikationen zu den Themen Projektfinanzierung und Erneuerbare Energien veröffentlicht.

1.1 Einleitung

Die INTERNATIONAL ENERGY AGENCY (IEA) prognostiziert in einer ihrer Studien (WORLD ENERGY OUTLOOK 2009), dass der weltweite primäre Energiebedarf zwischen 2007 und 2030 mit einer jährlichen Wachstumsrate von 1,5 % ansteigen wird, wobei Asien und der Mittlere Osten Hauptträger des Bedarfs sein werden. Die Stromnachfrage wird im gleichen Zeitraum sogar um 2,5 % ansteigen. Dieser erwartete Energiebedarf lässt sich nur dann decken, wenn auch hinreichende Finanzierungsmittel zur Verfügung stehen, was vor dem Hintergrund der noch nicht ausgestandenen Finanzkrise fraglich geworden ist. Die IEA sieht bis 2030 einen kumulierten Kapitalbedarf von etwa 26 Billionen USD, wobei etwa die Hälfte der Investitionen in Entwicklungsländern benötigt wird. Im gleichen Zeitraum steigen die CO_2-Emissionen – ohne einen Politikwechsel – ebenfalls mit einer jährlichen Wachstumsrate von 1,5 % an mit den vielfach beschriebenen Folgen auf das globale Klima. Um den Temperaturanstieg unter 2 Grad Celsius zu begrenzen, bedarf es erheblicher politischer Anstrengungen und umfangreicher Investitionen in umweltverträgliche Energieträger. Der STERN-REPORT hat darüber hinaus deutlich gemacht, welche weltweiten ökonomischen Folgen sich aus dem Klimawandel ergeben: Die jährlichen Kosten entsprechen, sofern nicht gehandelt wird, einem jährlichen Verlust zwischen 5 % bis 20 % des globalen Bruttoinlandsprodukts, wobei Entwicklungs- und Schwellenländer noch wesentlich härter betroffen sein können.

Die genannten Aspekte umreißen das politische Spannungsfeld der Energiepolitik, die eine langfristige Versorgungssicherheit zu akzeptablen Preisen und ökologisch verträglichen Rahmenbedingungen sicherstellen will. Erneuerbaren Energien kommt in diesem Umfeld eine hohe Bedeutung zu, da sie benötigt werden, um den Treibhauseffekt möglichst klein zu halten. Während bestimmte Formen – wie Wasserkraft, Onshore-Windenergie und Photovoltaik – mittlerweile als etablierte Technologien angesehen werden können, befinden sich andere Technologien – wie Offshore-Windenergie und Solarthermie – in einer frühen Marktphase, die aber gleichwohl erhebliches Ausbaupotential versprechen.

Im Rahmen dieser Monographie soll untersucht werden, ob und inwieweit Solarenergie-Vorhaben über die Methodik einer Projektfinanzierung dargestellt werden können. Dies bedarf, wie im Vorwort beschrieben, eines abgestimmten Vorgehens von Spezialisten aus den Bereichen Recht, Technik und Wirtschaft, was sich hier in einer Aufteilung in drei entsprechende Themenblöcke widerspiegelt.

Im rechtlichen Teil stellen DR. DANIEL REICHERT-FACILIDES und ANDREAS RUTHEMEYER zunächst einen Vergleich der Rechts- und Regulierungssysteme in Deutschland, Italien und Spanien an. Im Anschluss erörtern sie, wie ein Due Diligence-Prozess aufgebaut und strukturiert werden sollte, der die Basis für die Erreichung des Financial Close ist. DOROTHÉE JANZEN und DR. NIKLAS GANSSAUGE beleuchten im Anschluss zwei wesentliche Projektverträge, den Generalunternehmer-Vertrag und den Servicevertrag, die für die rechtliche Strukturierung des Fertigstellungs- und Betriebsprozesses essentiell sind.

Im technischen Teil wird zunächst in zwei Fachbeiträgen dargestellt, wie Photovoltaiksysteme (PROF. DR. GEORG ERDMANN) und solarthermische Kraftwerke (DR. ANDREAS WIESE und KUNO SCHALLENBERG) funktionieren. HELGE STRICKSTRACK beschreibt, wie Fertigstellungsrisiken in der Praxis gemanagt werden können. Die Abschätzung des Energieertrages nimmt MICHAEL BARON in seinem Beitrag vor. DR. ROGER SCHERER untersucht die Betriebsrisiken und Betriebskosten von Solarprojekten. Damit werden im Technik-Teil die Aspekte dargestellt, die für die Beurteilung der langfristigen Geeignetheit der Technik relevant sind.

Im wirtschaftlichen Teil wird auf den Ergebnissen der rechtlichen und technischen Darstellung aufgesetzt, die um verschiedene, komplementäre wirtschaftliche Teilaspekte ergänzt werden. Dem Thema Versicherung wird mit der Darstellung gewerblicher Versicherungen (Dr. THOMAS KOTTKE) und der Einbindung von gebundenen Finanzkrediten (KAI-HENNING KIEHN) umfangreich Raum gegeben. FLORIAN LÜDEKE-FREUND, NINA HAMPL und PROF. DR. CHRISTOPH FLINK entwickeln ein innovatives Konzept der Bankability und zeigen auf, wie sie verbessert werden kann. JÖRG BÖTTCHER gibt Hinweise zur Optimierung der Finanzierungsstruktur.

Starten wollen wir mit einer Entwicklungsperspektive – den Chancen von Solarprojekten an dem zukünftigen Energie-Mix. Gemessen am gesamten Energieverbrauch in Mitteleuropa beträgt die solare Einstrahlung mehr als das Hundertfache. Zwar trägt die Photovoltaik bislang nur einen geringen Teil zur Stromversorgung bei und der Anteil der Solarthermie ist noch geringer. Dafür sind aber die Wachstumsraten insbesondere der Energieerzeugung aus Photovoltaik unter allen Energieformen am höchsten, was ebenso für das Kostensenkungspotential in der gesamten Solarindustrie gilt. Nach Schätzung der IEA könnten in 2030 etwa 11 % (4.754 TWh) des weltweiten Strombedarfs durch Sonnenenergie gedeckt werden. Neben Photovoltaik sollen CSP-Kraftwerke etwa 46 % der prognostizierten Menge an Solarstrom erzeugen.

Während die Realisierung von Photovoltaik-Vorhaben mittlerweile als Standardgeschäft bei Projektfinanzierungen angesehen werden kann, sind die Realisierungszahlen von Solarthermie-

Vorhaben bislang eher bescheiden: Weltweit waren Ende 2010 insgesamt 1.224 MW am Netz, im Jahr 2008 noch 500 MW (siehe Tabelle 24). Zum Vergleich: Die Werte für den Photovoltaik-Bereich liegen bei 7 GW für 2009 (kumuliert 22 GW). Die dortige Ausbaudynamik erklärt sich durch lukrative Fördersysteme, kurze Planungs- und Realisierungszeiten und sinkende Anlagenpreise[1].

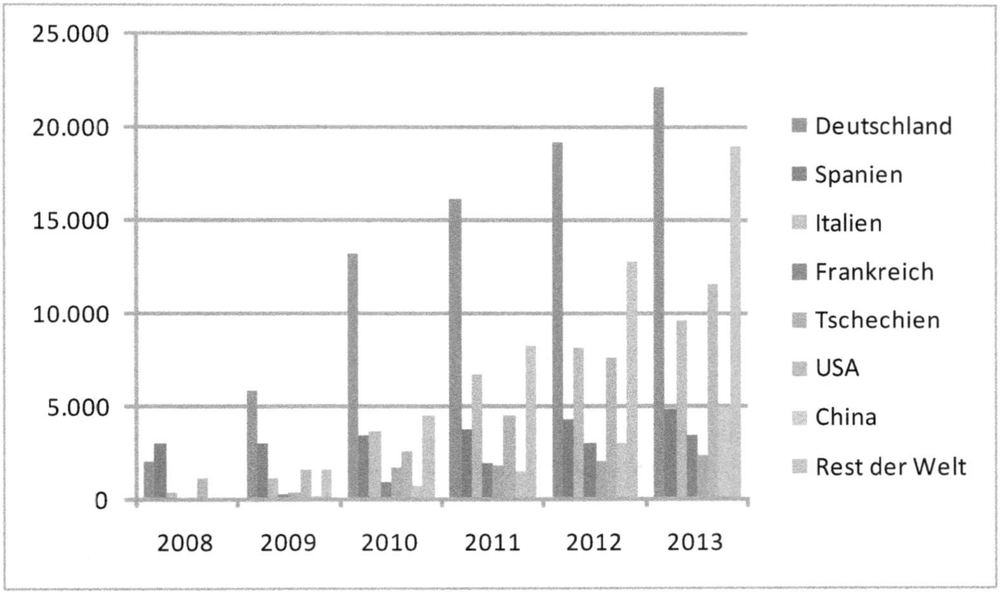

Abbildung 1: Globale installierte PV-Leistung in MW_{peak}

Diese unterschiedliche Marktdurchdringung erscheint zunächst überraschend, da viele Einflussgrößen, die für die Photovoltaik maßgeblich sind, insbesondere die Volatilitäten beim Elementarrisiko, vergleichbar zu bewerten sind. Auch die als limitierend genannten Größen – geringe Umwandlungseffizienz, hohe Kapitalkosten, erheblicher Flächenbedarf, Bedarf nach einer staatlichen Förderung, Konzentration in sonnenreichen Regionen und Leitungsbeschränkungen gelten in ähnlicher Form auch für den Bereich der Photovoltaik, so dass diese Faktoren die unterschiedliche Historie nicht befriedigend erklären können.

Gleichwohl bestehen deutliche Unterschiede zwischen beiden Energieerzeugungsformen, die als erster Erklärungsansatz genügen sollen: CSP-Technologien – Parabolrinne, Solarturm, Fresnel und Dish-Stirling – weisen einen beschränkten kommerziellen Track Record auf, der allerdings bei den verschiedenen Technologien unterschiedlich ausgeprägt ist. Zudem gibt es mit Spanien und Italien nur zwei Länder, in denen nach heutiger Technik CSP wirtschaftlich

---

1 EPIA 2010, S. 6. S. Rentzing 2011, S. 104. Siehe hierzu auch die Ausführungen von PROF. DR. ERDMANN in Kapitel 3.1.4.

genutzt werden kann[2] und ein explizites Regelwerk für CSP-Projekte besteht. Die für CSP bevorzugten Länder in der MENA-Region stellen zudem höhere Anforderungen an das Management von Länderrisiken.

Fragt man nach den Gründen für die ausgeprägte Erfolgsstory bei der Nutzung der Photovoltaik, so wird man Folgendes festhalten können: Wie bei anderen Erneuerbaren Energien auch, stellt man eine Marktdurchdringung gerade in den Ländern fest, in denen ein langfristiges, stabiles Mindestpreissystem etabliert worden ist. Ihre verhältnismäßig geringere technische Komplexität – im Vergleich etwa zu der verfahrenstechnisch anspruchsvollen Bioenergie – und das gut planbare Einstrahlungsangebot begünstigen ihre Finanzierbarkeit. Damit bietet sich hier auch für die Politik eine besonders gute Chance, mit relativ geringen Einflüssen ihre energiepolitischen Ziele umzusetzen. Hieraus resultiert ein Risikoprofil, das die Solarenergie für eine Projektfinanzierung besonders attraktiv macht.

Mit der Einführung des Stromeinspeisegesetzes und insbesondere der Novellierung des EEG in 2004 hat sich der Markt in Deutschland ebenso rasant entwickelt wie die Anwendung von Projektfinanzierungen in diesem Bereich Routine geworden ist. Für 2010 wird von einem weltweiten Zubau von 10,5 GW_p ausgegangen, davon allein 4,7 GW_p in Deutschland[3]. Durch das starke Wachstum hat sich Deutschland zum weltweit wichtigsten Markt für Photovoltaikanlagen entwickelt.

Eine weitere dynamische Entwicklung ist möglich, wenn auch die wichtigsten Länder für Solarenergie einem weiteren Ausbau durch Änderungen der Regulierungssysteme entgegensteuern. Ursächlich hierfür ist der Umstand, dass die Karawane der Solarprojekte dahin zieht, wo es die höchsten Vergütungssätze gibt, wie das Beispiel des spanischen Marktes in 2008 nachdrücklich gezeigt hat. Die Kürzung der Vergütungssätze in Spanien, verbunden mit einer Kontingentierung des Zubaus, führte dazu, dass sich die Branche neu orientieren musste. Im Zuge der Finanzkrise wurde zudem stärker als zuvor auf die volkswirtschaftlichen Kosten der Förderung gesehen, wobei eine Umlage über den Haushalt – wie in Spanien und in wesentlichen Teilen in Griechenland – eine größere Sichtbarkeit erlangt als eine Umlage über die Stromverbraucher. Die derzeitigen Diskussionen und Änderungen von Regulierungssystemen in mehreren zentralen Solar-Ländern zeigen eine erhebliche Gefährdung der Entwicklung der gesamten Branche auf. Dabei reichen die staatlichen Eingriffe von der Diskussion um die Einführung einer jährlichen Obergrenze für neu installierte Projekte bis hin zu echten rückwirkenden Eingriffen in Spanien und Tschechien, einem wirklich schwerwiegenden Eingriff in die Eigentumsrechte von Investoren und einem ordnungspolitischen Sündenfall[4]. DR. DANIEL REICHERT-FACILIDES und ANDREAS RUTHEMEYER werden auf diese Aspekte in Fachkapitel 2.1 eingehen.

---

2 In Deutschland gibt es regulatorisch keine Unterscheidung zwischen CSP-Vorhaben und PV-Vorhaben (siehe Fachkapitel 2.1.3.1). Da allerdings CSP-Vorhaben nur die Direktstrahlung der Sonne nutzen können, ist hierzulande mit der bisherigen Technik kein wirtschaftlicher Betrieb möglich (siehe Abbildung 11 und die Ausführungen in den Kapiteln 3.2.2.1 und 3.4.1).

3 PWC 2010, S. 23.

4 Zu einer Übersicht über die Veränderungen des Regulierungsumfeldes in den letzten Jahren siehe S. Rentzing 2011, S. 103–105.

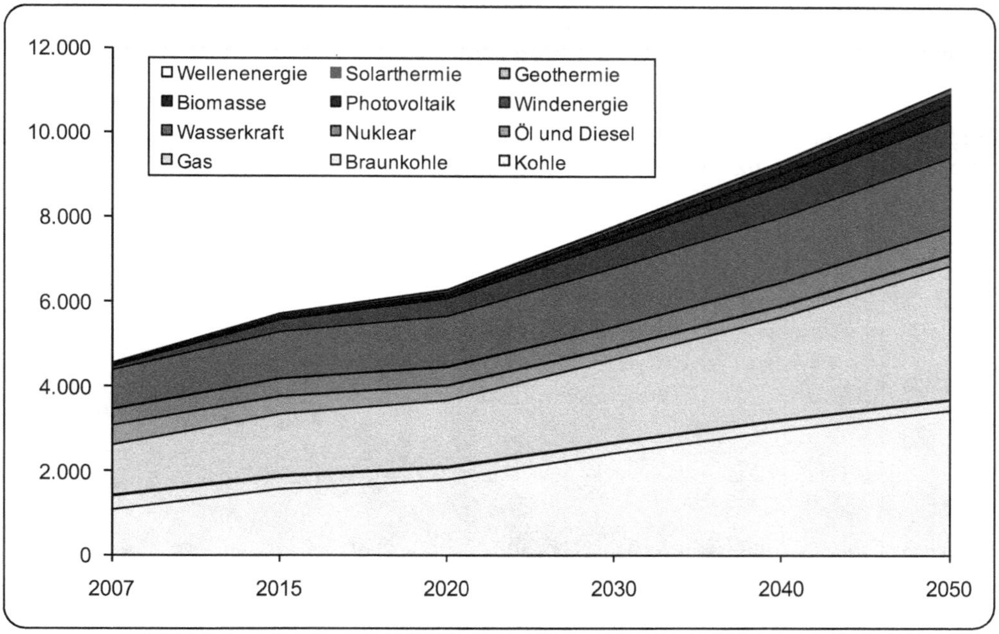

Abbildung 2: Prognose der globalen installierten Stromerzeugung in TWh pro Jahr

Der Anteil des Stromverbrauchs, der durch Photovoltaik abgedeckt wird, liegt derzeit in Deutschland noch bei 0,6 %. In seinem Leitszenario geht das BMU für 2020 von 14.000 MWp aus. Die Stromgestehungskosten bei der Photovoltaik sind zwischen 1991 und 2003 um rund 60 % gesunken, allein 25 % entfallen dabei auf die Jahre zwischen 1999 und 2003. Auch danach ist davon auszugehen, dass die hohen Produktionszuwächse zu sinkenden Herstellungskosten für Photovoltaikmodule geführt haben.

Die spezifischen Investitionskosten für größere PV-Systeme werden mit dem steigenden Angebot, durch realisierte Skaleneffekte und aufgrund des technischen Fortschritts abnehmen. So werden für die Zukunft erhebliche Kostensenkungen prognostiziert: Im Jahr 2010 kosteten PV-Anlagen in Deutschland noch 2.800 Euro/kWp, in 2011 etwa 2.100 Euro/kWp, für die Jahre 2020 wird ein globaler Wert von max. 1.640 Euro/kWp erwartet und für 2030 noch max. 1.230 Euro/kWp[5], eine Entwicklung, die regelmäßig auch im Rahmen der verschiedenen Regulierungssysteme gefordert wird, aber auch eher als Tendenzaussage verstanden sein will.

Doch zurück zu solarthermischen Kraftwerken. Das Energiepotential von CSP-Kraftwerken ist erheblich: Man kann mit einer Solareinstrahlung von etwa 2,2 TWh pro Quadratkilometer im Jahr rechnen. Die Kosten von CSP-Kraftwerken liegen noch oberhalb von PV-Anlagen, weisen aber deutliche Kostensenkungspotentiale auf (siehe u.a. Abbildung 28). Dies macht

5 Die Zahlen für 2010 und 2011 entsprechen der eigenen Marktbeobachtung (GU-Preis für große Freiflächenanlagen), die folgenden Jahreswerte stammen von EPIA 2010, S. 15.

sie zu einem auch für die Politik höchst interessanten Bereich, da sie zudem versprechen, an geeigneten Standorten Strom in Grundlast zu produzieren.

Für die Zukunft werden der Solarenergie deutliche Potentiale zugeschrieben, wie die nachfolgende Abbildung einer vorstellbaren Entwicklung eines Mix von Energieträgern zur Deckung des prognostizierten globalen Energiebedarfs zeigt.

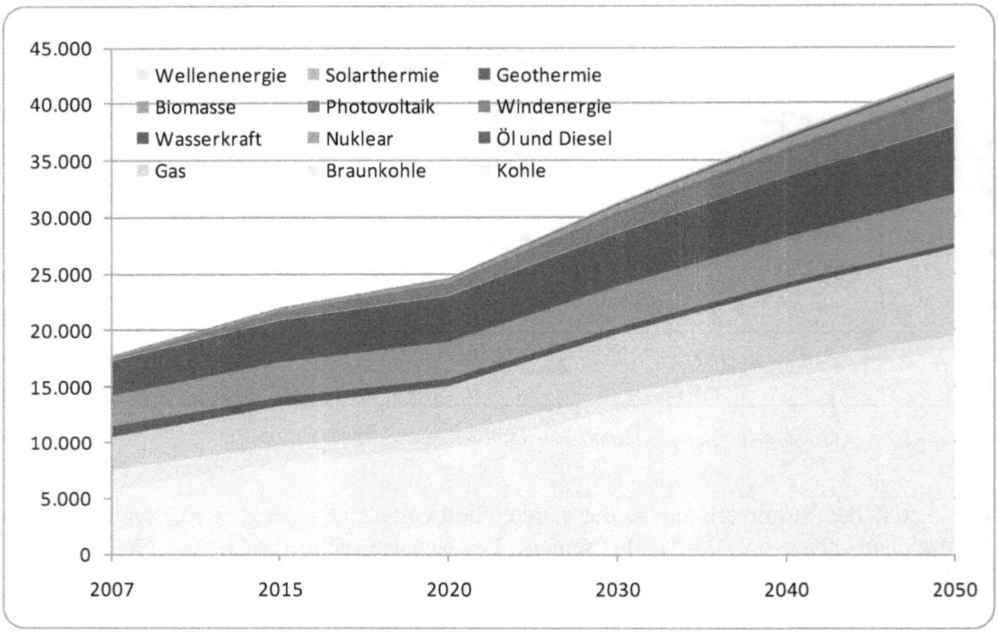

Abbildung 3: Entwicklung der globalen Erzeugungskapazitäten in GW

Regelmäßig werden Solarvorhaben in Form einer Projektfinanzierung realisiert, da die Sponsoren eine Haftungsbeschränkung erreichen können. Dies gelingt aber nur dann, wenn die vom Projekt generierten Cashflows als so stabil und vorhersagbar angesehen werden können, dass auf eine Mithaft der Initiatoren über die gesamte Projektdauer verzichtet werden kann. Welche methodischen Besonderheiten bei einer Projektfinanzierung dabei zu beachten sind, stellen wir im folgenden Kapitel 1.2 dar.

1.2 Solarenergie und Projektfinanzierung

Regelmäßig werden Solarvorhaben in Form von Projektfinanzierungen realisiert, sofern sie eine hinreichende technische Stabilität aufweisen und über ein zugeschnittenes Rechts- und Regulierungsumfeld verfügen.

Bei einer Projektfinanzierung ist es das Vorhaben und dessen Cashflow, nicht aber ein bestimmtes Unternehmen, das für die Finanzierung gerade steht. Das Vorhaben muss daher ein geschlossener, in sich rechtlich, technisch und wirtschaftlich tragfähiger Kreis sein, der den Investoren eine glaubwürdige Aussicht auf eine angemessene Eigenkapitalverzinsung und den Fremdkapitalgebern ausreichende Sicherheit auf Rückführung des eingesetzten Kapitals bietet: Das Projekt muss sich selbst tragen, sich selbst finanzieren. Dies ist der Grundgedanke einer Projektfinanzierung.

Für den Begriff der Projektfinanzierung finden sich in der Literatur unterschiedliche Definitionsansätze, wobei sich der von NEVITT/FABOZZI weitgehend durchgesetzt hat:

> *Projektfinanzierung ist die Finanzierung eines Vorhabens, bei der ein Darlehensgeber zunächst den Fokus der Kreditwürdigkeitsprüfung auf die Cashflows des Projekts als einzige Quelle der Geldmittel, durch die die Kredite bedient werden, legt*[6].

Aus dieser Definition werden regelmäßig drei Merkmale einer Projektfinanzierung abgeleitet, nämlich die Cashflow-Orientierung (*Cash-Flow Related Lending*), das Prinzip der Risikoteilung zwischen den Projektparteien (*Risk Sharing*) und die Verbuchung der Projektkredite in der Projektgesellschaft (*Off-Balance-Finanzierung*)[7].

Zum Verständnis des methodischen Ansatzes ist es hilfreich, kurz die Unterschiede zwischen einer Unternehmensfinanzierung und einer Projektfinanzierung zu skizzieren: Kommt eine Unternehmensfinanzierung zum Einsatz, wird ein Investitionsvorhaben als Teil des Unternehmens betrachtet. Die Bewertung des Investitionsvorhabens basiert auf der Kreditwürdigkeit des Gesamtunternehmens und nicht auf dem erwarteten Cashflow des Projekts an sich. Wird dagegen eine Projektfinanzierung realisiert, ist die Bewertung der Fremdkapitalgeber ausschließlich an die Fähigkeit des Projekts geknüpft, einen eigenen Cashflow zu generieren.

Da die Sponsoren bei einer Projektfinanzierung eine unbegrenzte Haftung für das Fremdkapital ablehnen, wird für die Realisierung der Projekte die Gründung einer eigenständigen Projektgesellschaft durch die Sponsoren als Gesellschafter regelmäßig notwendig. Alleiniger Geschäftsgegenstand dieser Projektgesellschaft ist die Realisierung, also die Errichtung und der Betrieb des Projekts. Sie nimmt als Einzweckgesellschaft die Fremdmittel auf und haftet unbeschränkt mit ihrem Vermögen, so dass bei formaler Betrachtung ein Unternehmenskredit vorliegt. Materiell handelt es sich aber um einen Kredit für das konkrete Vorhaben. Die Kreditgeber erwarten die Rückzahlung des Kapitaldienstes allein aus dem Cashflow, der aus dem Projekt generiert wird. Als Sicherheit stehen allein die Aktiva und der Cashflow des Projekts als Haftungsmasse den Gläubigern zur Verfügung. Diese Haftungsmasse ist allerdings projekttypisch nur schwer verwertbar, was mit Blick auf die hohen Investitionsspezifika (Kraftwerke, Mobiltelefonienetze, Transportsysteme etc.) nicht näher erläutert werden muss. Daher wird

---

6 P.K. Nevitt; F.J. Fabozzi 2000, S. 1. Auch wenn durch die Definition eine klare Betonung auf die Rolle der Kreditgeber gelegt werden, wird im Folgenden die Methode der Projektfinanzierung aus dem Blickwinkel der verschiedenen Projektbeteiligten vorgenommen, da ihr effizientes Zusammenspiel entscheidend für den Erfolg einer Projektfinanzierung ist. Die deutliche Betonung der Rolle der Kreditgeber ist gleichwohl sinnvoll, da sie den mit Abstand größten Anteil an der Gesamtfinanzierung übernehmen sollen und damit ihre Akzeptanz dafür entscheidend ist, ob eine Projektfinanzierung zustande kommt oder nicht.

7 W. Schmitt 1989, S. 24.

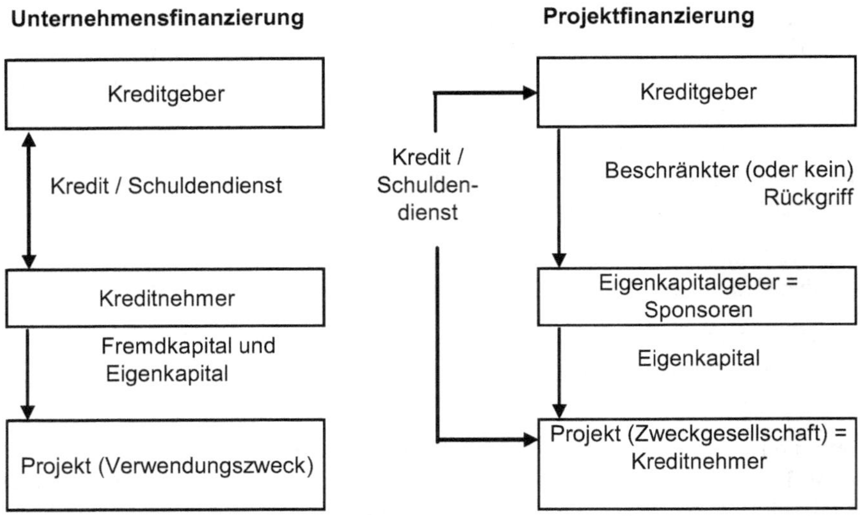

Abbildung 4: Vergleich Unternehmensfinanzierung und Projektfinanzierung[8]

im Krisenfall, in dem der Cashflow zur Bedienung des Kapitaldienstes nicht ausreicht, nicht die Sicherheitenverwertung im Vordergrund stehen, sondern die Fortführung des Projekts, erforderlichenfalls unter finanziellen Opfern aller Beteiligter[9].

Da die Cashflows die einzige Quelle der Kreditbedienung und Eigenmittelverzinsung sind, ergeben sich besondere Anforderungen an ihre Stabilität und Verlässlichkeit. Neben einer intensiven Risikoidentifikation geht es darum, nach ökonomischen Kriterien Risiken auf einzelne Projektbeteiligte zu verteilen[10]. Im Anschluss erfolgt eine Risikoquantifizierung in Form eines Cashflow-Modells, das u.a. darüber Auskunft gibt, wieviel Fremdmittel einem Vorhaben zur Verfügung gestellt werden können, wie die Tilgungsstruktur aussehen sollte und welche weiteren Gestaltungselemente Einzug in die Struktur finden sollten.

Dabei muss man sich bewusst sein, dass die jeweiligen Teilaspekte des Risikomanagementprozesses – Identifikation, Quantifizierung und Allokation von Risiken – nicht in einer gerichteten zeitlichen Abfolge geschehen, sondern miteinander wechselseitig in Verbindung stehen. Um die Aussagen zur Risikoquantifizierung angemessen würdigen zu können, ist es daher notwendig, die verschiedenen Teilaspekte eines Risikomanagements zu berücksichtigen, die in den verschiedenen Fachkapiteln dargestellt werden.

Wesensmerkmal jeder Projektfinanzierung ist die Orientierung an den zukünftigen Cashflows und der Einbindung der Projektbeteiligten, woraus sich folgende Konsequenzen ableiten:

---

8 In Anlehnung an W. Schmitt 1989, S. 22.

9 J. Böttcher 2006, S. 130–133.

10 Siehe hierzu J. Böttcher 2009, S. 52–71.

1. Zunächst ist bei einer Projektbeurteilung besonderes Augenmerk auf die Faktoren zu legen, die den Cashflow beeinflussen. Als maßgebliche Cashflow-Determinanten für ein Projekt kommen namentlich die Beschaffungsseite, die Absatzmärkte, die Betriebskosten, die Finanzierungskonditionen und schließlich Einflussgrößen des öffentlichen Sektors in Betracht. Wir beschäftigen uns im Rahmen der weiteren Beiträge mit den verschiedenen rechtlichen und technischen Charakteristika, die in ihrer Gesamtbetrachtung das Risikoprofil eines Projektes ausmachen. FLORIAN LÜDEKE-FREUND et al. liefern mit einem innovativen Konzept der Bankability eine theoretische Fundierung (siehe Fachkapitel 4.3).
2. In einem zweiten Schritt muss überprüft werden, inwieweit die Risikoübernahmebereitschaft der einzelnen Projektbeteiligten in Relation zu ihrer Fähigkeit steht, für Projektrisiken zu haften. Die Aufteilung der Risiken auf die Projektbeteiligten erfolgt dabei normalerweise nach dem Grundsatz, dass die Vertragspartei das Projektrisiko übernehmen sollte, das sie aufgrund ihrer Geschäftstätigkeit am besten beurteilen und somit auch kontrollieren kann (Grundsatz der Kontrollfähigkeit).
3. Dieser Grundsatz der Risikoverteilung ist aber nur dann anwendbar, wenn außerdem der Grundsatz der Risikotragfähigkeit berücksichtigt wird: Es geht dabei um die Frage, ob die vertraglich verpflichteten Projektbeteiligten aufgrund ihrer Bonität und wirtschaftlichen Leistungsfähigkeit auch in der Lage sind, ihre vertraglichen Verpflichtungen zu erfüllen. Insofern beinhaltet jede Projektfinanzierung auch Bestandteile einer Unternehmensfinanzierung, da die zumindest partielle Risikoübernahme durch die Projektbeteiligten wesentlich für eine Projektfinanzierung ist und in jedem Fall auch eine Bonitätsbeurteilung dieser Risikoträger erforderlich macht, wie sie für Unternehmensfinanzierungen typisch ist. Die Bonität des Risikoträgers ist umso intensiver zu prüfen, je weitgehender sich ein Projektbeteiligter vertraglich gegenüber dem Projekt verpflichtet. Diesbezüglich wird auf die einschlägige Literatur der Kreditnehmerbeurteilung verwiesen.
4. Schließlich müssen zwingend die Anreizwirkungen der jeweiligen Vertragsgestaltung mit berücksichtigt werden. Aus einer Ex-post-Perspektive mag es dem Auftraggeber gleichgültig sein, wie ein gutes Projektergebnis erzielt wurde. Ex ante möchte er aber die Wahrscheinlichkeit eines guten Ergebnisses erhöhen, und das kann er nur, indem er Einfluss auf das Verhalten der beauftragten Partei nimmt. Könnte er ihn beobachten, würde er ihn durch entsprechende Anweisungen zu dem gewünschten Verhalten zwingen. Regelmäßig kann der Auftraggeber aber nicht kostenlos kontrollieren, ob seine Anweisungen befolgt wurden. Wesentlich ist daher, dem Auftragnehmer ein Anreizschema zu geben, das ihn aus eigenem Interesse zu dem gewünschten Verhalten anhält. Dafür muss er in aller Regel am Erfolg und auch am Risiko des jeweiligen Vorhabens beteiligt werden, und zwar unabhängig davon, über welche Risikotragfähigkeit er verfügt. Dieses Principal-Agent-Problem ist bei Projektfinanzierungen besonders stark ausgeprägt, da es sich um eine einmalige Transaktionsstruktur handelt und die Kreditgeber bei ihrer Transaktionsbeurteilung lediglich auf zukünftige Cashflows abstellen können[11].

[11] Wir haben die Anmerkungen zu den Anreizmechanismen in diesem Buch nicht weiter vertieft. Siehe hierzu etwa J. Böttcher 2009, S. 52–71. Die Diskussion um die Bankability (Kapitel 4.3) zeigt die verschiedenen Möglichkeiten der Marktteilnehmer, über *Signalling* und *Screening* diese Informationsasymmetrien abzubauen.

Die methodischen Besonderheiten einer Projektfinanzierung – Fokussierung auf den Cashflow des Projektes, die Haftungsentlassung der Sponsoren nach erfolgter Fertigstellung und explizite vertragliche Einbindung der verschiedenen Projektbeteiligten – führen dazu, dass dem Risikomanagement eines Solarvorhabens eine besondere Bedeutung zukommt. Diese Teilaspekte skizzieren wir im folgenden Kapitel 1.3.

1.3 Risikomanagement bei Solarvorhaben

In der betriebswirtschaftlichen Literatur existiert eine Vielzahl von Interpretationsvarianten für den Begriff des Risikos[12]. Risiko soll hier als negative Abweichung vom Planwert einer Zielgröße verstanden werden, da sie für jeden Beteiligten eine Verlustgefahr bedeutet[13].

Durch das Risikomanagement soll ein systematischer und erfolgsorientierter Ansatz zum Umgang mit Risiken erreicht werden. Dies gilt insbesondere für Projektfinanzierungen, da die Neuartigkeit und Einzigartigkeit jedes Projekts unbekannten Einflussfaktoren unterliegt, welche zu Risikopositionen führen[14]. Des Weiteren ergeben sich durch die zukunftsgerichtete Cashflow-Orientierung und die damit verbundene Rückgriffsbegrenzung auf die Sponsoren spezielle Anforderungen an das Risikomanagement, da hierdurch regelmäßig auch unternehmerische Risiken auf die Fremdkapitalgeber übertragen werden[15].

Die Bedeutung der Behandlung von Risiken im Zusammenhang mit einer Projektfinanzierung ergibt sich unmittelbar aus ihrem Charakter: Da es allein das Vorhaben ist, das als wirtschaftliche Basis für die angemessene Eigenkapitalverzinsung und die Bedienung des Kapitaldienstes dient, ist die Werthaltigkeit und die Robustheit des Projekts von entscheidender Bedeutung. Da das Projekt aber erst sukzessive entsteht, lässt sich die Wirtschaftlichkeit nur per Prognose bestimmen. Da die Perspektive in die Zukunft zunehmend unsicher ist, hat sich die Prognose mit dem Eintritt aller Arten von Einflüssen zu befassen, deren Wirkung auf das Projekt einzuschätzen und nach Wegen zu suchen, ob und inwieweit einzelne Projektbeteiligte bereit sind, das Projekt von Risiken freizuhalten.

---

12 Ausführlicher M. Hupe 1995, S. 43 ff.; D. Tytko 1999, S. 142 f.; H. Uekermann 1993, S. 23. Zum Risikobegriff aus technischer Sicht siehe P. Frohböse 2010, S. 13–16.

13 In Anlehnung an M. Hupe 1995, S. 46. In einem breiteren Begriffsverständnis wird unter Risiko die Gefahr verstanden, dass ein tatsächlich realisiertes Ergebnis vom erwarteten Ergebnis positiv oder negativ abweicht. Positive Abweichungen werden dann als „Chance“ bezeichnet, negative Abweichungen als „Risiko im engeren Sinn“. Dieser letztgenannten Interpretation des Risikobegriffs wollen wir hier folgen.

14 M. Hupe 1995, S. 43 ff.

15 K.-U. Höpfner 1995, S. 166 ff.

Dabei lassen sich die Erfolgsfaktoren von Solarprojekten wie folgt beschreiben:

Tabelle 1: Erfolgsfaktoren einer Projektfinanzierung im Bereich Solarenergie

1.	Verlässlichkeit und Prognostizierbarkeit des Rechts- und Regulierungsumfeldes / Durchsetzbarkeit von Verträgen	Qualitative Projekt-Prüfung
2.	Einsatz nur von bewährter Technik	
3.	Angemessene Risikozuweisung zu einzelnen Projektbeteiligten	
4.	Rechnerische Wirtschaftlichkeit des Vorhabens	
4.1.	Volatilitäten der Hauptrisikotreiber	
	4.1.1. Einzahlungen und Auszahlungen	CF-Modell / Rating-Tool
	4.1.2. Volatilitäten der Preise und Mengen	Rating-Tool
	4.1.3. Makroökonomische Faktoren (i.w. Zinssatzentwicklung)	Rating-Tool
4.2.	Unsicherheit über das Niveau der Prognose für die Cashflows, so genannte *Banking Case Uncertainty* (BCU)	Rating-Tool
4.3.	Korrelationen zwischen den Hauptrisikotreibern, insbesondere zwischen den Kosten und Erlösen	CF-Modell / Rating-Tool

Die ersten drei genannten Aspekte – Stabilität des Rechts- und Regulierungsumfeldes, Einsatz bewährter Technik und Risikoallokation – müssen bei jeder Projektfinanzierung vollumfänglich erfüllt sein. Sobald diese Anforderungen erfüllt sind, geht es letztlich um eine finanzielle Optimierungsaufgabe, die in Abhängigkeit von den Volatilitäten der verschiedenen Einflussgrößen zu lösen ist. Der erste Teil der Projektprüfung ist damit eher grundsätzlicher Natur, der zweite Teil Gegenstand der Risikoquantifizierung (siehe präzisierend auch die Abbildung 75).

Am Anfang des Einsatzes von Projektfinanzierungen steht die Frage nach der grundsätzlichen Geeignetheit der einzusetzenden Technik, die eine klare und langfristig stabile Energieproduktion garantieren muss. Der Bereich der Energiegewinnung durch Sonnenenergie umfasst dabei drei verschiedene technologische Konzepte – die direkte Gewinnung von Strom (Photovoltaik), die Gewinnung von Wärme (Solarthermie) und die Photolyse. Da die Photolyse, die Erzeugung von Wasserstoff aus Sonnenenergie, aus Gründen mangelnder Effizienz bisher nur in Laborversuchen untersucht worden ist, eignet sie sich noch nicht zur kommerziellen Nutzung und wird daher im Folgenden nicht betrachtet.

Da Solarthermie und Photovoltaik auf grundsätzlich verschiedenen technologischen Konzepten beruhen und auch im Rahmen der jeweilig relevanten Regulierungssysteme unterschiedlich gefördert werden, ergeben sich unterschiedliche Anforderungen an das angemessene Risikokonzept, so dass diese beiden Teilbereiche auch gesondert dargestellt werden.

Die Risiken bei Projektfinanzierungen können von Projekt zu Projekt hinsichtlich ihres Inhalts, ihrer Ursache, ihres Ausmaßes und ihrer Eintrittswahrscheinlichkeit stark voneinander abweichen. Gleichwohl gibt es Gruppen von Risiken, die in gleicher oder ähnlicher Weise bei den meisten Projektfinanzierungen zu einer Gefährdung des Cashflows führen können und insofern Gegenstand des Risikomanagements sein müssen. Zur Visualisierung ist es häufig hilfreich, die Einflussgrößen der Wirtschaftlichkeit eines Vorhabens darzustellen.

Eine zweckmäßige Unterteilung der Risiken kann so erfolgen, dass sie in Bezug auf ihre Inhalte und ihre Ursachen weitgehend überschneidungsfrei ist und auf die Möglichkeiten ihrer Beeinflussbarkeit durch die verschiedenen Projektbeteiligten abgestellt wird. Eine solche Gliederung erscheint sinnvoll, da sich in der Praxis unterschiedliche Maßnahmen herausgebildet haben, die die Risiken meist mit einem möglichst engen Bezug zu ihren Ursachen handhaben[16]. Daher wird im Folgenden unterschieden zwischen Risiken, die von der Projektgesellschaft oder anderen Projektbeteiligten kontrolliert werden können (projektendogene Risiken) und solchen Risiken, die außerhalb der Projektbeteiligten auf das Projekt einwirken (projektexogene Risiken). Eine Besonderheit von projektexogenen Risiken stellen Risiken dar, die von keiner der am Projekt beteiligten Parteien kontrolliert werden können, so genannte Force Majeure-Risiken.

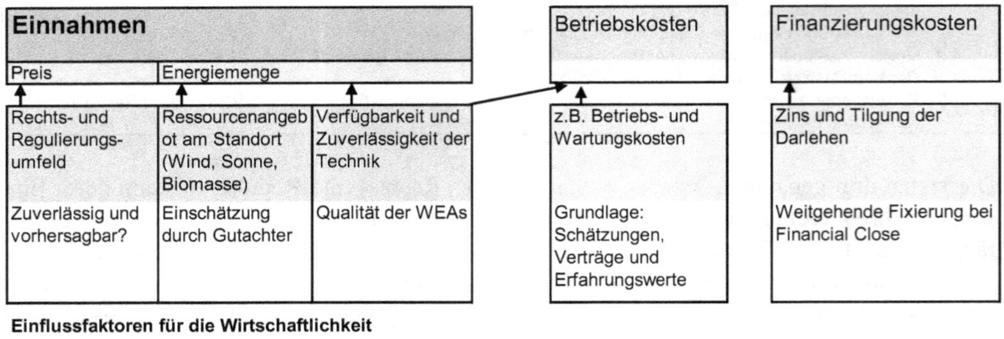

Abbildung 5: Einflussfaktoren für die Wirtschaftlichkeit

Diese Unterteilung ist wirtschaftlich zweckmäßig, da die Methodik der Projektfinanzierung wesentlich darin besteht, belastbare Verträge zwischen der Projektgesellschaft und zentralen Projektbeteiligten zu strukturieren, die damit Risiken vom Projekt fernhalten. Dies erfordert die vertragliche Einbindung von Projektbeteiligten in das Projekt, oder anders formuliert: Endogene Risiken sind aus Sicht der Projektgesellschaft besser beherrschbar als exogene Risiken.

Wichtig ist: Es ist die Vertragsstruktur, die bei einzelnen Risikotypen darüber entscheidet, ob es sich um endogene oder exogene Risiken handelt: So überführt erst die vertragliche Verpflichtung des Abnehmers, Produkte der Projektgesellschaft zu einem bestimmten Preis, einer bestimmten Menge und Qualität abzunehmen, ein exogenes Marktrisiko in ein endogenes Absatzrisiko. Die wesentlichen Projektrisiken haben wir in Tabelle 2 dargestellt, wobei wir auch jeweils angegeben haben, in welchem Teilabschnitt dieses Buches diese Themen behandelt werden.

In vielen Bereichen haben sich im Laufe der Zeit bestimmte Grundverteilungsregeln von Risiken etabliert. Da die Technik der Projektfinanzierung – mit unterschiedlichen Abstufungen – für neue Bereiche, z.B. solarthermische Kraftwerke, aber verhältnismäßig neu ist, haben sich bestimmte Grundregeln noch nicht trennscharf herausgebildet und zwingen zu neuen Diskussionen über eine angemessene Zuordnung von Chancen und Risiken.

16 Auch eine ökonomische Analyse der Vertragsbeziehungen legt eine derartige Verknüpfung von Risiko und Risikoträgerschaft nahe. Aus Effizienzgesichtspunkten ist es besser, wenn die Risikozuweisung auf den Risikoeintritt konditioniert ist. Siehe hierzu J. Böttcher 2009, S. 67–69.

Tabelle 2: Übersicht über exogene und endogene Risiken

Endogene Risiken	Exogene Risiken
Fertigstellungsrisiko (Kapitel 3.3, Kapitel 2.2.)	Technisches Risiko i.w.S.
Technisches Risiko i.e.S. (Kapitel 3.1. und 3.2.)	Ressourcenrisiko (Kapitel 3.4.)
Managementrisiko (Kapitel 2.2., 3.5.)	Zulieferrisiko
Absatzrisiko	Marktrisiko
Betriebsrisiko (Kapitel 3.5 und 2.2.)	Vertragsrisiko (Kapitel 2.1. und 2.2.)
Abandonrisiko	Wechselkursrisiko
	Rechts- und Regulierungsumfeld (Kapitel 2.1.)
	Inflationsrisiko
	Zinsänderungsrisiko
Force Majeure-Risiko	

Die verschiedenen Einzelrisiken können adressiert und durch Einbindung der verschiedenen Projektbeteiligten in ihren Auswirkungen auf das Projekt zumindest gemildert werden. Gleichwohl verbleiben Restrisiken, die über übergeordnete Sicherungssysteme aufgefangen werden müssen. Zu diesen Systemen zählen neben dem Aufbau einer effizienten Informationsstruktur vor allem die Entwicklung einer stabilen Projekt- und Finanzierungsstruktur. Die folgende Abbildung 6 soll die Zusammenhänge verdeutlichen:

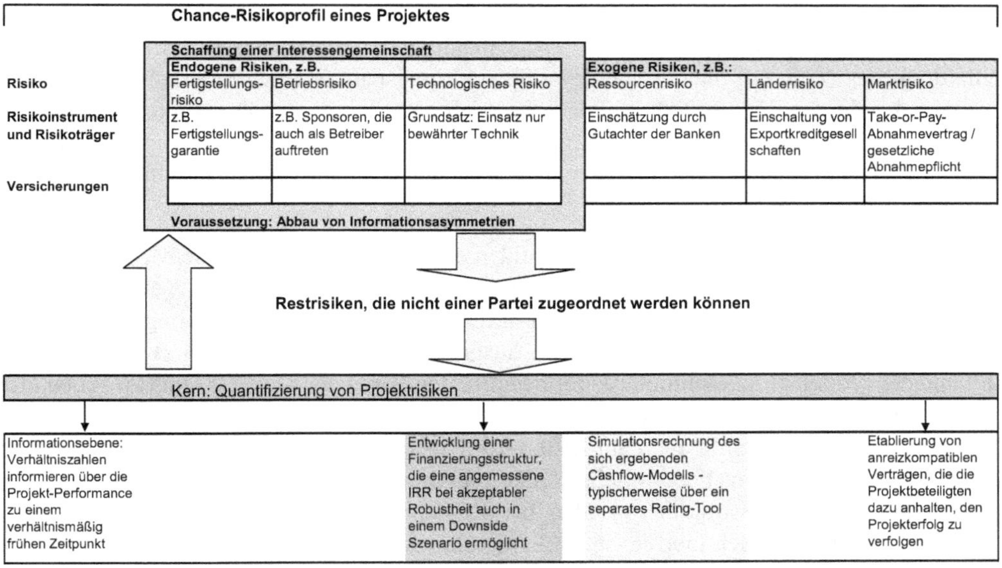

Abbildung 6: Risikomanagementprozess bei einer Projektfinanzierung

Für ein erfolgreiches Risikomanagement ist es wichtig, ausgehend von den identifizierten Risiken eines Projektes deren Auswirkungen auf die ökonomische Leistungsfähigkeit und Belastungsfähigkeit zu erfassen. Dadurch lassen sich Erkenntnisse für die Auswahl der risikopolitischen Maßnahmen und die erfolgreiche Bewältigung von Krisensituationen gewinnen.

Hierzu bedarf es einer Risikoquantifizierung, die den Einfluss der einzelnen Projektrisiken auf den Cashflow abbildet.

Erkennbar ist aber auch, dass das Thema Risikomanagement eines gemeinschaftlichen Antritts von Spezialisten aus Recht, Technik und Wirtschaft bedarf. Die Projektbeteiligten eines Vorhabens werden die Teilaspekte ihrer Einbindung in der Abbildung 6 wieder finden, aber erst durch ihr abgestimmtes Zusammenspiel lässt sich ein tragfähiges Projekt entwickeln und realisieren.

Im Anschluss an diese allgemeine Darstellung zum Risikomanagementprozess werden wir im folgenden Kapitel 1.4 die verschiedenen Einzelrisiken skizzieren, die bei Solarvorhaben von besonderer Bedeutung sind.

1.4 Relevante Einzelrisiken – Zuweisung von Verantwortlichkeiten

Wie eingangs beschrieben, erfordert eine erfolgreiche Projektfinanzierung eine angemessene vertragliche Einbindung der Projektbeteiligten.

Das Grundprinzip eines an den Handlungsanreizen orientierten Risk Sharings bei einer Projektfinanzierung ist, der Partei das Risiko zuzuordnen, die den Risikoeintritt am besten beeinflussen kann. Bei risikoaversen Projektbeteiligten ist bei dieser Risikoübertragung allerdings der Trade-Off mit der vom jeweiligen Vertragspartner eingeforderten Risikoprämie zu berücksichtigen. Es gibt Fälle, in denen es sich nicht lohnt, Handlungsanreize zu setzen, weil die Prämie dafür zu hoch wäre. Im Ergebnis kommt es nicht auf einen maximalen, sondern auf einen optimalen Risikotransfer an, der gerade ausreicht, die gewünschten effizienten Handlungsanreize zu setzen.

Die Vereinbarungen zur Risikoallokation bilden ein komplexes Anreizschema, das die Interessen der Projektbeteiligten harmonisieren und auf den Erfolg des Projekts ausrichten soll. Danach noch verbleibende Risiken können nach dem Kriterium der Risikotragfähigkeit verteilt werden, also z.B. an Versicherungen ausgelagert werden (Kapitel 4.2) oder bei den Financiers verbleiben. Wesentlich ist, der beauftragten Partei ein Anreizschema zu geben, das sie aus eigenem Interesse zu dem gewünschten Verhalten bringt. Dafür muss sie in aller Regel am Erfolg und damit auch am Risiko des jeweiligen Vorhabens beteiligt werden, und zwar unabhängig davon, über welche Risikotragfähigkeit sie verfügt. Zunächst kommt es darauf an, eine Vertragsstruktur zu finden, bei der sich alle Beteiligten für das Projekt einsetzen. Welche Verträge sich hierfür eignen, hängt davon ab, was zum Verhalten der einzelnen Parteien gerichtsfest feststellbar ist.

In diesem Kapitel werden die branchenspezifischen Besonderheiten von Solarvorhaben mit dem traditionellen Risikomanagementprozess einer Projektfinanzierung verzahnt. Die Darstellung ermittelt für verschiedene Formen von Solarprojekten das jeweilige Risikoprofil und beschreibt geeignete Maßnahmen zur Risikobewältigung. Das Kapitel endet mit einer bewertenden Zusammenfassung der betrachteten Einzelrisiken (Kapitel 1.4.6).

Im Fachkapitel 4.4 erfolgt die Risikoquantifizierung, bei der die zuvor dargestellten Risikopotentiale der Einzelrisiken ganzheitlich untersucht werden und unter diesen Aspekten eine tragfähige Finanzierungsstruktur entwickelt wird. Die Risikoquantifizierung erfolgt anhand eines Fallbeispiels.

1.4.1 Das Ressourcenrisiko – Abschätzung des Energieertrages

Von zentraler Bedeutung für die Wirtschaftlichkeit eines Solarvorhabens ist eine realistische Prognose seines Energieertrages. MICHAEL BARON behandelt dieses zentrale Thema im Fachkapitel 3.3.

Da der Betrieb insbesondere von Photovoltaik-Anlagen – im Gegensatz etwa zu einem Biomassekraftwerk – vergleichsweise wenig aufwändig und wartungsarm ist, kommt es bei der Wirtschaftlichkeitsbetrachtung umso mehr auf die zu erwartenden Energieerträge an. Ertragsprognosen werden – wie auch in den anderen Bereichen der Erneuerbaren Energien – durch Gutachter erstellt.

Da der Energieertrag zentral für den Projekterfolg ist, werden vor der Realisierung eines Vorhabens üblicherweise mehrere Ertragsgutachten in Auftrag gegeben. Bei diesen Gutachten sind die Sonneneinstrahlung am jeweiligen Standort, die Modultypen und die technische Verfügbarkeit die entscheidenden Einflussgrößen. Die verschiedenen Einflussgrößen sollen im Folgenden näher betrachtet werden. Wie im Windbereich, steht die für die Energieproduktion maßgebliche Ressource kostenlos zur Verfügung. Damit reduziert sich das Elementarrisiko auf die Prognostizierbarkeit der zukünftigen Einstrahlung. Die damit verbundenen Unsicherheiten lassen sich zwei Teilbereichen zuweisen, einerseits der Prognoseunsicherheit der Gutachten selber und andererseits der Unsicherheit in dem Strahlungsangebot.

Zur Gewinnung einer soliden Datenbasis der meteorologischen Bedingungen am Standort sind Messwerte eines Zeitraums von mindestens zehn bis 15 Jahren zugrunde zu legen, die ggf. mit Erfahrungswerten von benachbarten Standorten gestützt werden können. Selbst bei einer Messperiode von fünfzehn und mehr Jahren verbleibt eine Prognoseunsicherheit von etwa 4 % (siehe auch Fachkapitel 3.4.1.8). Diese Abweichung ergibt sich aus der großen Zahl von Einflussfaktoren, die bei der Prognose zu berücksichtigen sind.

Neben der Unsicherheit im Gutachten, die aus einer nicht perfekten Datenbasis resultiert, treten auch solche Faktoren auf, die mit den natürlichen Schwankungen im Strahlungsangebot zusammenhängen und damit nicht eliminierbar sind.

In der Abbildung 7 sind die Globalstrahlungsdaten an drei Standorten in Spanien abgebildet. Ausgewiesen werden Schwankungen der Globalstrahlungen, die eine Standardabweichung zwischen 3,1 % bei Badajoz und Barcelona von 2,2 % ausweisen. Diese verhältnismäßig geringe Schwankungsbreite gilt auch in anderen Ländern, wobei die Schwankungen tendenziell größer werden, je weiter das Vorhaben vom Äquator entfernt ist. Erwartet werden Standardabweichungen von etwa 4 % für Spanien und etwas über 5 % für Deutschland. Erkennbar ist bei den oben dargestellten spanischen Standorten, dass selbst in denselben Jahren unter schiedliche Einstrahlungswerte zu beobachten waren, so dass eine Übertragung von einem

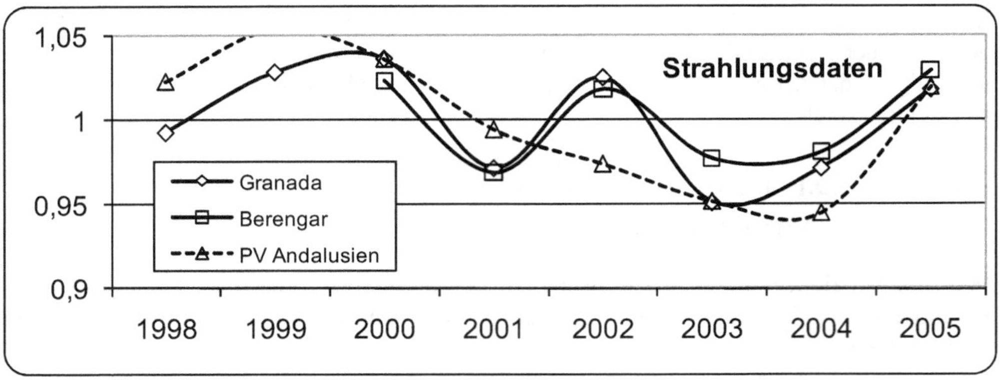

Abbildung 7: Globalstrahlungsdaten an drei Standorten in Spanien

auf einen anderen Standort nicht sachgerecht wäre. In jedem Fall sollten daher standortspezifische Zeitreihen der Projektbewertung zugrunde gelegt werden, anstatt auf eher allgemeine Standardabweichungen für einzelne Länder zuzugreifen.

Eine vollständige Prognosesicherheit lässt sich aufgrund der meteorologischen Datenlage und den nicht zu beeinflussenden Schwankungen im Strahlungsangebot der natürlichen Ressource Sonneneinstrahlung nicht realisieren. Eine Prognose der Energieproduktion verlangt neben der Abschätzung des Elementarangebots den Einbezug der verwandten Technik. Diesen Aspekt skizzieren wir im folgenden Kapitel, aber insbesondere in den leitenden Fachkapiteln 3.1 (Photovoltaik) und 3.2 (Solarthermie).

1.4.2 Das Funktionsrisiko – Bewährte Technologie?

Bei Solarvorhaben zeigt sich das Funktionsrisiko an verschiedenen Stellen, zunächst einmal grundsätzlich bei der verwandten Technik und der Ausprägung der Energieproduktion, weiter an der Stabilität der Nennleistungen. Da der erste Aspekt etwas ausführlicher behandelt werden soll, wird der letztgenannte Aspekt hier vorgezogen.

Nach Informationen des FRAUNHOFER ISE zeigt eine Überprüfung der Solarmodule, dass gut die Hälfte der Solarmodule meist innerhalb der gemessenen Toleranzen liegt, allerdings deutlich unter der vom Hersteller angegebenen Nennleistung. Häufig wird daher eine repräsentative Stichprobe der Solarmodule vorgenommen und über so genannte Flash-Tests geprüft, was insbesondere bei kristallinen Solarmodulen recht präzise – mit einer Messunsicherheit von 2 % – funktioniert. Diese Messverfahren sind bei Dünnschichtverfahren allerdings noch nicht so weit entwickelt.

Im Rahmen der Cashflow-Rechnungen wird regelmäßig von einer Lebensdauer der Module von mehr als 20 Jahren ausgegangen. Die Wirtschaftlichkeit ist allerdings nur dann gegeben, wenn die Leistung der Module in diesem Zeitraum nahezu konstant bleibt. Die Nennleistung der Anlage wird aus der Anzahl der Einzelmodule ermittelt. Nahezu alle gängigen Kaufverträge beziehen sich auf die Nennleistung mit der Angabe einer Leistungstoleranz – häufig

± 5 %. Unabhängig von der Toleranz müssen die Investoren und Fremdkapitalgeber davon ausgehen können, dass sie die ihnen vertraglich zugesicherten Solargeneratorleistung auch tatsächlich erhalten. Stand der Technik ist, dass der Mittelwert der Leistung von sämtlichen gelieferten Modulen des Solargenerators der Nennleistung des entsprechenden Moduls entspricht. Eine oft missverständliche Angabe im Datenblatt ist die garantierte Mindestleistung. Einzelne Hersteller verbinden damit die Vorstellung, dass lediglich die vertragliche Mindestleistung zu erbringen sei und alle Module sich im Minusbereich befinden können, was aber rechtlich kaum haltbar ist.

Nun aber zur Betrachtung der verschiedenen Technologieformen, wobei auch hier wieder zu beachten ist, dass aus einer Projektsicht die Funktionsfähigkeit der Gesamtanlage relevant ist, so dass hier das Zusammenspiel der verschiedenen technischen Komponenten gefragt ist. Die Hauptkomponenten sind im Bereich der Photovoltaik die Solarmodule und der Wechselrichter, im Bereich der Solarthermie die Spiegelsysteme, die Nachführtechnik sowie die Turbinen- bzw. Kraftwerkstechnik.

Für die Stromerzeugung mittels Photovoltaik kommt eine Reihe verschiedener Materialien und Solarzellen-Designs zum Einsatz bzw. künftig in Betracht, die sich in Eigenschaften, Stand der Technik und der Markteinführung zum Teil stark voneinander unterscheiden. Grundsätzlich kann eine Unterscheidung erfolgen in Solarmodule, die auf monokristalliner Technologie, polykristalliner Technologie oder Dünnschicht-Technologie basieren.

Insgesamt ist zu beachten, dass es bei den Produktionsanlagen zur Erzeugung von Solarmodulen und Wechselrichtern nur sehr wenige Gesellschaften gibt, so dass – bei sachgerechter Handhabung der Prozesse und spezifikationsgerechten Inputfaktoren – im Regelfall auch kaum zu unterscheiden ist, wo die entsprechenden Solarmodule produziert worden sind. Gleichwohl muss man sich immer fragen, ob der Hersteller die notwendige Sorgfalt an den Tag legt und seine Performance-Garantien nachhaltig erfüllen kann. Insgesamt lässt sich festhalten, dass durch die Auswahl etablierter Modul-Hersteller heutzutage aus Sicht der für den Cashflow elementaren Prognosesicherheit von einer sehr guten Eignung mono- und polykristalliner Module für eine Projektfinanzierung gesprochen werden kann.

Neben die den Markt dominierenden mono- und polykristallinen Modulen sind seit etwa dem Jahr 2002 Dünnschicht-Module getreten, die seitdem ihren Marktanteil deutlich gesteigert (Ende 2007: ca. 11 %) und auch ihre Anwendungsfelder deutlich ausgeweitet haben. Problematisch ist, dass aus heutiger Sicht lediglich bei einem Hersteller von Dünnschichtmodulen belastbare Langzeiterfahrungen mit diesem Zellentyp vorliegen.

Im Unterschied zu Photovoltaikanlagen, die aus der Solarstrahlung unmittelbar elektrische Energie gewinnen, wird in solarthermischen Kraftwerken die Strahlung zunächst konzentriert und in Wärme umgewandelt, bevor mittels Dampf- oder Heißgasprozessen Strom erzeugt werden kann (siehe Fachkapitel 3.2). Konzentrierende solarthermische Anlagen nutzen das direkte Licht der Sonne, die dazu nicht verdeckt sein darf. Lediglich die solar-thermischen Aufwindkraftwerke können sowohl die direkte als auch die diffuse Strahlung nutzen, da sie das Licht nicht konzentrieren. Durch die Vielzahl solarer Kraftwerks-Technologien (Parabolrinnen, Turm, Dish-Stirling, Aufwind) erschließen sich verschiedenste Größenklassen von 10 kW bis 200 MW und breite Anwendungsbereiche (u.a. Inselsysteme und Kraft-Wärme-Kopplung).

Die etablierteste Technologievariante unter den konzentrierenden Systemen ist das Parabolrinnen-Kraftwerk. Die Kollektoren bestehen aus langen parabolförmigen Spiegeln, die aufgrund ihrer Form die so genannten Solarrinnen bilden. In ihrer Brennlinie wird ein Rohr von einem Wärmeträgermedium (Wasser/Dampf oder synthetisches Öl) durchströmt. Das Wärmeträgermedium wird durch die konzentrierte Solarstrahlung auf rund 400 Grad Celsius erhitzt und dann einem konventionellen Kraftwerksteil (Dampferzeuger, Turbine und Generator) zugeführt. Bei der Turbine handelt es sich um eine so genannte Kondensationsturbine mit einem Hochdruck-Hochgeschwindigkeitsteil sowie einem durch ein Reduktionsgetriebe angeschlossenes Niederdruckteil. Der erzeugte Wasserdampf treibt dabei zunächst den Hochgeschwindigkeitsteil an, wird nach Austritt zwischenerhitzt und dann dem Niederdruckteil zugeführt. Es erfolgt somit eine Umwandlung der thermischen Energie in mechanische Energie. Dieser Turbinentyp gilt als hocheffizient und ist für einen zuverlässigen Betrieb von 30 Jahren mit täglichem An- und Abfahren ausgelegt. Der an die Turbine angeschlossene Stromgenerator wandelt in einem nächsten Schritt die mechanische Energie mit Hilfe elektromagnetischer Induktion in elektrische Energie um. Der Kraftwerksbereich an sich entspricht weitestgehend dem eines konventionellen Dampfkraftwerkes, so dass die Komponenten nahezu identisch sind (siehe Fachkapitel 3.2.3).

Die ersten kommerziell betriebenen Anlagen wurden bereits zwischen 1984 und 1991 in der kalifornischen Mojave-Wüste in Betrieb genommen und erreichen eine Gesamtkapazität von 354 MW. Im Kraftwerksbetrieb werden elektrische Netto-Anlagenwirkungsgrade von 21–24 % (Spitze < 9 und 11–16 % (Jahresmittelwert) erreicht. Die derzeit typische Anlagengröße beträgt 50 bis 80 MW. Nach längerer Pause scheint jetzt wiederum Bewegung in den Markt zu kommen. In Europa setzt vor allem Spanien mit vielfältigen Projekten und einer spezifischen Einspeiseregelung auf diese Technologie.

Höhere Temperaturen bis über 1000 Grad Celsius können in Solarturmkraftwerken (CRS – *Central Receiver System*) erzielt werden. Dabei werden hunderte von zweiachsig der Sonne nachgeführten Spiegeln (so genannte Heliostaten) in einem Solarfeld angeordnet und computergesteuert auf einen gemeinsamen Strahlungsempfänger (Receiver) ausgerichtet, der sich auf der Spitze eines 50 bis 150 m hohen Turms befindet. Im Receiver wird Luft, Dampf oder Salzschmelze erhitzt, die einem Kraftwerksteil aus Gas-/Dampfturbine oder einem chemischen Solarreformer (z.B. zur Erzeugung von Synthesegas) zugeführt wird. Der weitere Kraftwerksaufbau entspricht weitestgehend dem eines Parabolrinnenkraftwerks, wie er oben beschrieben wurde.

Langzeiterfahrungen liegen für die Parabolrinnen-Kraftwerkstechnologie mit Thermoölverfahren vor, die als bewährte Technologie zu bewerten und somit im Rahmen einer Projektfinanzierung auch grundsätzlich finanzierbar ist. Die anderen Solarthermie-Technologien müssen erst längere Jahre im Betrieb gewesen sein und ihr erfolgreiches Funktionieren nachgewiesen haben, bevor sie das Kriterium einer bewährten Technik erfüllen.

Kommt es in der Startphase eines Projektes zu technischen Problemen, sind diese häufig nicht trennscharf von dem Fertigstellungsrisiko abzugrenzen. Dies ist insoweit relevant, als regelmäßig unterschiedliche Verpflichtete für das eine oder das andere Risiko eintreten. Das Fertigstellungsrisiko betrachten wir im folgenden Kapitel, insbesondere aber im Fachkapitel 3.3.

1.4.3 Das Fertigstellungsrisiko – Einbindung eines Generalunternehmers

Das Fertigstellungsrisiko beinhaltet alle Risiken und die daraus folgenden Verluste, die realisiert werden, wenn die Projektanlage nicht mit vertragsgerechter Leistung, verzögert, zu höheren Kosten oder gar nicht fertig gestellt wird[17]. Das Fertigstellungsrisiko sollte bei Solarvorhaben regelmäßig gut zu handhaben sein. Allerdings sind die Besonderheiten Gelände, Errichtungsdauer und Regulierungssystem zu beachten:

1. Komplexes Gelände: Zum einen ist die Installation der Gestelle und Module bei PV-Vorhaben im komplexen Gelände schwieriger als in einfachem Gelände und wird damit tendenziell zu höheren Kosten bei der Bodenvorbereitung und Durchführung der Baumaßnahmen führen. Zum anderen ist an derartigen Standorten durch die Gutachter sehr genau zu prüfen, ob und inwieweit es zu einer Verschattung der Anlagen kommt. CSP-Vorhaben stellen noch höhere Anforderungen an die Bodenbeschaffenheit[18].
2. Errichtungsdauer: Die Errichtungsdauer von Solarkraftwerken kann je nach Gelände und verwandter Technologie sehr unterschiedlich sein. Insbesondere solarthermische Kraftwerke weisen regelmäßig eine mehrjährige Bauzeit auf.
3. Regulierungssystem: In einzelnen Regulierungssystemen wird ein Fördertarif nur für ein bestimmtes Kontingent von installierten Projekten gewährt, so dass sich auch hier ein Preisrisiko ergeben kann. Eine derartige Regelung besteht in Spanien für PV- und Solarthermievorhaben. Wie bereits dargestellt, haben Solarthermie-Kraftwerke eine häufig mehrjährige Bauzeit bis zu deren Fertigstellung und Inbetriebnahme. Da der Fördertarif von einem Projekt zum Teil erst mit dessen Inbetriebnahme gesichert werden kann, besteht folglich bis zu diesem Zeitpunkt das Risiko, dass in der Zwischenzeit andere Projekte installiert werden, die das Kontingent ausschöpfen. Insbesondere für Solarthermie-Vorhaben, die eine meist mehrjährige Fertigstellungsphase haben, bedeutet dies ein erhebliches Investitionshindernis, da die für die Wirtschaftlichkeit des Vorhabens notwendige Preissicherheit gefährdet sein kann.

Die genannten Risiken können erhebliche Auswirkungen auf das Projekt haben und im schlimmsten Fall den wirtschaftlichen Betrieb unmöglich machen und somit zum Abbruch des Projektes führen. Da die Banken eine Projektfinanzierung nur bei ausreichend hohem und stabilem Projekt-Cashflow gewähren werden, verlangen sie bei Identifizierung eines solchen Preisrisikos in der Regel eine umfangreiche Haftung eines der Projektbeteiligten, der für den ggf. entstehenden Schaden aufkommen muss. Um dem Fertigstellungsrisiko entgegenzuwirken, sind eine Reihe von Verträgen entwickelt worden, die dieses Risiko – in unterschiedlichem Umfang – Sponsoren, Kreditnehmern und Anlagenlieferanten zuweisen. Im spanischen System sind im Jahr 2008 Vorhaben realisiert worden, bei denen im Generalunternehmervertrag exakt verabredet wurde, welches Entgelt der Generalunternehmer in einer Spanne zwischen 31 Cent/kWh und 45 Cent/kWh erhält, je nachdem, ob er es schafft,

---

17 J. Böttcher 2009, S. 73–79. HELGE STRICKSTRACK stellt in Fachkapitel 3.3 Möglichkeiten vor, dem Fertigstellungsrisiko angemessen zu begegnen.

18 EPIA 2010, S. 30.

die Vorhaben noch unter dem alten Regime oder dem neuen Regime mit einem zu dem damaligem Zeitpunkt noch nicht bekannten Tarif zu realisieren. Dabei wurde das Entgelt so gewählt, dass die Belastbarkeit des Vorhabens aus Banksicht konstant war.

Grundsätzlich können die üblichen finanziellen Möglichkeiten, die Folgen eines Fertigstellungsrisikos zu begrenzen, wie in Tabelle 3 dargestellt, klassifiziert werden.

Tabelle 3: Verteilung von Fertigstellungsrisiken auf die Kapitalgeber

	Fertigstellungsgarantien	**Nachschussverpflichtung**
Gegenstand:	Die Sponsoren stehen solange für die Rückführung der Kredite ein, bis das Projekt fertiggestellt ist.	Werden die geplanten Kosten überschritten, verpflichten sich Sponsoren oder Kreditgeber, dem Projekt zusätzliches Eigenkapital oder Fremdkapital zur Verfügung zu stellen.
Umfang:	Der Umfang der Fertigstellungsgarantie kann sich auf den Gesamtbetrag der Projektkredite oder auch nur auf einen bestimmten Prozentsatz beziehen	1. **Completion Undertaking:** Die Sponsoren müssen so lange weiteres Kapital zuführen, bis die Fertigstellung erreicht ist. Ist diese Verpflichtung unbegrenzt, entspricht dies wirtschaftlich einer Fertigstellungsgarantie.
		2. **Pool-of-Funds-Vereinbarung**: Ökonomisch handelt es sich um eine betragsmäßig begrenzte Nachfinanzierungsverpflichtung der Sponsoren.

Wegen des sehr weit reichenden Umfangs einer Fertigstellungsgarantie, den bei der Projekterstellung häufig kaum zu überschaubaren Risiken und den Kosten über eine Risikoübernahme werden häufig Regeln vereinbart, die die Verpflichtungen des Garanten beschränken.

Im Regelfall der Limited-Recourse-Finanzierung wechselt die Risikotragung mit der Fertigstellung der Anlage: Waren bis dahin die Sponsoren oder der Anlagenbauer für die Fertigstellung verantwortlich und zumindest teilweise auch den Kreditgebern gegenüber verpflichtet, ist es im Anschluss nur noch das Projekt, das sich damit zu einer Non-Recourse-Projektfinanzierung wandelt[19]. Diese zeitliche Haftungsbeschränkung der Sponsoren ist der wesentliche ökonomische Grund für diese, eine Projektfinanzierung statt einer Unternehmensfinanzierung zu wählen. Da dieser Haftungswechsel für die Risikoallokation entscheidend ist, wird regelmäßig große Sorgfalt darauf verwandt zu definieren, wann die Fertigstellung erreicht ist[20]. Im Regelfall wird die Fertigstellung durch einen unabhängigen Gutachter festgestellt, der neben der Feststellung der Errichtung auch bestimmte Leistungstests vornimmt.

---

19 Für die Projektprüfung bedeutet dies: Die Fremdkapitalgeber müssen sich nicht nur über die Tragfähigkeit des Projektes aufgrund seines erwarteten Cashflow-Stroms in der Betriebsphase Gedanken machen, sondern sich bis zum Abschluss der Fertigstellungsphase in ihren Analysen auf die Bonität der Sponsoren konzentrieren. Dabei muss man auch vor Augen haben, dass die Haftung der Sponsoren oder des Generalunternehmers nicht unbeschränkt ist, sondern aus ökonomischen Überlegungen regelmäßig betragsmäßig begrenzt ist.

20 Der frühest mögliche Zeitpunkt ist die Errichtung der Anlage, also das Ende der Bau- und Montagearbeiten (physische Fertigstellung). Allerdings kommt es für den Wert einer Anlage auf deren Funktionstüchtigkeit an – Fertigstellung meint in diesem Zusammenhang den Probelauf, bei dem bestimmte Leistungsparameter nachgewiesen werden müssen. Darüber hinaus kann eine gewisse Betriebszeit gefordert sein, in der stufenweise bestimmte Leistungsparameter nachgewiesen werden müssen. Am weitesten geht die Forderung, dass auch bestimmte Wirtschaftlichkeitskriterien des Anlagenbetriebs nachgewiesen werden (Economic Test). Sofern Parameter herangezogen werden, die nicht mit der Anlage selbst zusammenhängen (z.B. realisierte Nachfrage),

Nach dieser kurzen Einstimmung auf das Thema Fertigstellung wenden wir uns nunmehr einem der wichtigsten Themen bei der Projektrealisierung zu, der Ausgestaltung des Rechts- und Regulierungssystems.

1.4.4 Das Rechts- und Regulierungsrisiko in ausgewählten Ländern – die wesentlichen Systeme

Wie bereits in der Einleitung beschrieben, kommt der Stabilität und Verlässlichkeit des Regulierungsumfeldes eine herausragende Bedeutung zu. Dies ist auch der Grund, dass DR. DANIEL REICHERT-FACILIDES und ANDREAS RUTHEMEYER verschiedene Regulierungssysteme in Fachkapitel 2.1 vorstellen.

Zentrale Bedeutung haben in diesem Zusammenhang die nationalen Branchen-Regulierungen, die regelmäßig in Form von Mindestpreissystemen ausgestaltet sind und eine vorrangige Abnahmepflicht für „grünen Strom" vorsehen. Während im Windenergie-Bereich in einzelnen Ländern auch Vorhaben realisiert werden können, die auf einem Mengenregulierungssystem basieren, funktioniert dies bei Solarvorhaben in Europa nicht, da die spezifischen Stromgestehungskosten derzeit noch wesentlich, etwa um einen Faktor 3, höher sind[21].

Die mit Abstand wichtigsten Länder für den Bereich Photovoltaik waren bis 2008 Deutschland und Spanien. Mit der Änderung des Regulierungssystems in Spanien in 2008 hat dieser Markt deutlich an Bedeutung verloren, so dass die gesamte Branche derzeit versucht, den Entfall des spanischen Marktes durch das Erschließen neuer Märkte zu kompensieren.

Die Vergütungssysteme geben einen ersten Eindruck über die Attraktivität eines Landes für PV-Projekte. Primär muss aber sichergestellt werden, dass das Vorhaben mit allen Rechten versehen ist, um errichtet und wie geplant betrieben werden zu können. Zudem muss die Rechtsordnung es zulassen, dass die jeweiligen Projektverträge auch durchgesetzt werden können. Damit kommen dem Due Diligence-Prozess (siehe Fachkapitel 2.1) und der Ausgestaltung zentraler Projektverträge (siehe Fachkapitel 2.3) eine herausragende Bedeutung zu.

Basis eines Engagements in Projekte ist das Vertrauen darin, dass ein einmal gesteckter rechtlicher Rahmen auch für die Laufzeit des Projektes respektiert wird und nicht nachträglich auch für bestehende Engagements geändert wird. Dieses Thema, das in der Literatur unter dem Aspekt der „echten Rückwirkung" diskutiert wird, hat gegen Jahresende 2010 eine ungeahnte aktuelle Bedeutung erlangt, nachdem die spanische Regierung ein Dekret erlassen hat, das unmittelbar Einfluss auf Solarvorhaben hat. Neben der Einführung einer Netznutzungsgebühr erfolgt eine Deckelung der Vergütung für die Jahre 2011 bis einschließlich 2013, die bei einzelnen Vorhaben zu einem Rückgang der Einnahmen um bis zu 20 % führen kann (siehe Fachkapitel 2.1.3.3).

---

verschiebt sich der Charakter einer Non-Recourse-Projektfinanzierung wieder in Richtung einer Unternehmensfinanzierung.

21 Entscheidend für die Wettbewerbsfähigkeit ist die *Grid Parity* („Netzparität"). Netzparität ist dann erreicht, wenn die elektrische Energie aus einer Erzeugungseinheit zum gleichen Preis wie der Endverbraucherstrompreis angeboten wird. Dies ist in einzelnen Ländern sehr unterschiedlich – in der MENA-Region etwa erreicht PV-Strom vielfach heute schon Netzparität.

Tabelle 4: Vergütungssysteme im PV-Markt

		Solarstrahlung (in kWh/qm)	Höhe in € Cent/kWh	Laufzeit	Sonstiges:
Grüne Zertifikate	Belgien (hier: Flandern)	1.040	33	20 Jahre	
Festpreissysteme	Deutschland	Berlin: 1.019	21,83 - 22,31	20 Jahre	ab 01.01.2011
	Frankreich	Paris: 1.150	27,6 - 35,2	20 Jahre	a) Werte hier nur für Freiflächenanlagen, b) Differenzierung der Vergütung nach Regionen
	Griechenland	Athen: 1.630	37,28	20 Jahre	a) hier nur Freiflächenanlagen auf dem Festland dargestellt (ab 01.02.2011); b) Zuschüsse zwischen 40 - 50 % der Gesamtinvestitionskosten [sofern Haushaltsmitel verfügbar sind], c) Jährliche Anpassung an die Inflation in Höhe von 25%
	Spanien		27,32 - 33,47	25 Jahre	Festlegung von jährlichen Obergrenzen, in 2011: max. 488 MW
	Italien	Mailand: 1.377	31,4 - 44 zuzüglich Strompreis	20 Jahre	a) Jährliche Degression von 6%, b) zusätzliche unbefristete Vergütung der Stromproduktion

Diese Regelung ist als außerordentlicher ordnungspolitischer Sündenfall zu werten. Zwar wird der spanische Haushalt entlastet. Die Folgen sind aber erheblich:

1. Zunächst ist das Vertrauen von Kapitalgebern in Investitionen in Spanien beschädigt, und dies gilt nicht nur für Solarprojekte.
2. In der unmittelbaren Konsequenz wird es für Vorhaben in Spanien wesentlich schwerer und teurer, Kapital für Investitionen zu gewinnen. Die Risikoprämie wird aber auch deshalb steigen, da der Rückgriff auf eine derartige Maßnahme und die zu erwartenden Reaktionen der Kapitalmärkte als deutliches Signal für die volkswirtschaftliche Schwäche Spaniens gewertet werden.
3. Darüber hinaus ergeben sich für Solarprojekten in Spanien eine Reihe von Konsequenzen:
   1. Die meisten Projekte müssen unmittelbar in Verhandlungen mit den Banken einsteigen, um die Cashflow-Lücke innerhalb der ersten drei Jahre zu schließen. Dies trifft die Vorhaben in einer denkbaren ungünstigen Phase: Regelmäßig wird die Belastung aus dem Kapitaldienst in den ersten drei Jahren am höchsten sein.
   2. Der Anreiz, das Vorhaben ordentlich zu betreiben, könnte geringer werden. Warum sollen etwa die Paneele gereinigt werden, wenn es dafür keinen Mehrertrag gibt?
   3. Die Regelung ist darüber hinaus nicht technikneutral. Dies ist aber ein im Vergleich zu dem Vertrauensverlust nachgelagertes Problem.

Die aus einem Projekt und seinem Regulierungssystem erwarteten Cashflows können durch Veränderungen auf der Kostenseite wesentlich beeinflusst werden. Während eine Vielzahl von Projektkosten weitgehend vertraglich fixiert und damit gut planbar ist, kann über eine ungesicherte Zinsposition ein erhebliches finanzielles Risiko auf ein Projekt einwirken.

1.4.5 Zinsänderungsrisiko

Vorhaben im Solarbereich reagieren aufgrund ihrer Kapitalintensität besonders sensibel auf Änderungen der Zinskosten. Damit sind neben dem absoluten Zinsniveau gleichermaßen die Zinssatzveränderungen abzusichern.

Das allgemeine Zinsniveau zum Zeitpunkt des Financial Close ist eine erste Größe, die bei der Projektprüfung zu betrachten ist. Üblicherweise werden die Zinssätze zum Zeitpunkt des

Financial Close zu einem Teil und für einen bestimmten Zeitraum gesichert, so dass eine feste Kalkulationsbasis besteht. Regelmäßig wird bei den Term Loans eine Zinsbindung über einen bestimmten Zeitraum vereinbart. Nach Ablauf dieser Zinsbindung werden die Konditionen entsprechend den dann geltenden Marktkonditionen neu festgelegt. Aus einem dann höheren Zinssatz ergeben sich relativ höhere Zinszahlungen, die sich direkt auf den Cashflow auswirken. Diese Gefahr wird als Zinsänderungsrisiko bezeichnet.

Wir haben in der folgenden Kalkulation dargestellt, wie sich eine Veränderung des Zinsniveaus um jeweils 1, 2 und 3,9-Prozentpunkte auf die Belastbarkeit auswirkt.

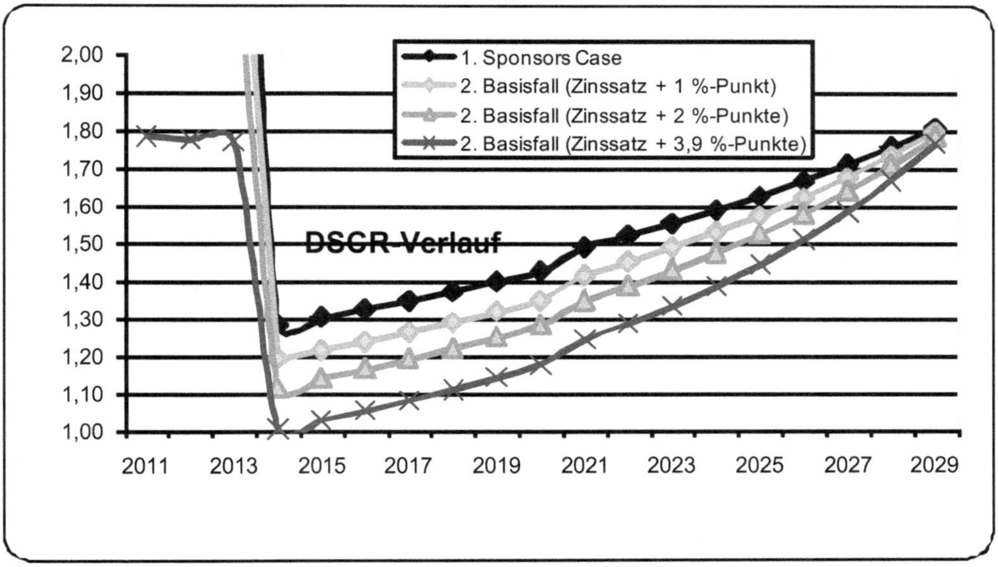

Abbildung 8: Auswirkung einer Zinsänderung auf den DSCR-Verlauf (Solarprojekt)

	Min. DSCR	Ø DSCR	IRR
Sponsors Case	1,28	1,77	14,67 %
Basisfall (Zinssatz + 1%-Punkt)	1,19	1,63	12,64 %
Basisfall (Zinssatz + 2%-Punkte)	1,12	1,52	10,72 %
Basisfall (Zinssatz + 3,9%-Punkte)	1,00	1,37	7,37 %

Erkennbar ist, dass die Abhängigkeit der Wirtschaftlichkeit vom Zinsniveau zum Zeitpunkt des Financial Close signifikant ist und gleichermaßen Investoren wie Sponsoren betrifft. Für die Investoren bedeutet eine selbst geringfügige Erhöhung des Zinssatzes eine deutliche Verschlechterung ihrer internen Rendite. Zusätzlich müssen aber auch bestimmte Belastungsanforderungen der Fremdkapitalgeber eingehalten werden. Sehen diese beispielsweise vor, dass eine bestimmte Belastbarkeit erreicht wird, müsste bei der Gefahr einer Zinserhöhung eine Anpassung der Finanzierungsstruktur angestrebt werden, die genau dies sicherstellt. Dies kann auch über eine Eigenmittelerhöhung erfolgen, was wiederum zu einer

Absenkung der internen Rendite führen würde. Die hier diskutierte Darstellung spielt insbesondere dann eine Rolle, wenn die Projektgesellschaft mit dem Abschluss eines Zinssicherungsgeschäftes wartet.

Mit dem Auslaufen der Zinsbindungsfrist stellt sich dieses Thema wiederum von neuem. Regelmäßig wird daher für den Großteil der langfristigen Darlehen und meistens für den größten Teil der Laufzeit eine Zinssicherung vereinbart. Auf die Darstellung entsprechender Szenarien verzichten wir hier allerdings. Hinsichtlich weiterer Überlegungen zu Zinsänderungsrisiken verweisen wir auf das Fallbeispiel im Kapitel „Optimierung einer Finanzierungsstruktur“ (Kapitel 4.4).

1.4.6 Zusammenfassende Würdigung der Einzelrisiken

Während wir bislang die Risiken und die Risikoinstrumente isoliert betrachtet haben, müssen diese in der Finanzierungspraxis hinsichtlich ihrer gesamten Wirkung auf das Projekt analysiert und bewertet werden. Dies erfolgt im Rahmen der Risikoquantifizierung des Projektes über ein Cashflow-Modell. Das Cashflow-Modell dient dabei der Entwicklung einer projektbezogenen Finanzierungsstruktur, die unter der Berücksichtigung eines zu definierenden Sicherheitsabschlages so auszugestalten ist, dass die bankseitigen Anforderungen für die Gewährung einer Projektfinanzierung über die gesamte Finanzierungslaufzeit stets erfüllt werden können. Die Einzelrisiken stellen sich in einer Gesamtschau wie folgt dar:

Tabelle 5: Einzelrisiken bei einem PV-Solarprojekt

Risiko	Risikoinstrumente	Standardabweichung gegenüber Plan-Annahmen
Elementarrisiko	Heranziehen von mindestens zwei Ertragsgutachten, die standortspezifisch erstellt werden	4,00%
Unsicherheit des Ertragsgutachtens	Explizite Nennung der Unsicherheiten im Ertragsgutachten, z.T. Eliminierung auch von Teilunsicherheiten (z.B. durch Besichtigung vor Ort)	3,00%
Verzögerte Fertigstellung	Hereinnahme einer Fertigstellungsgarantie	0,00%
Leistungsverlust der Module	Verwendung von Modulen namhafter Hersteller, technische Prüfung	0,25%
Steigerung der operativen Kosten	Vertragliche Fixierung der operativen Kosten. Vorsichtige, konservative Kalkulation der Kosten	1,00%
Preis- bzw. Absatzrisiko	Absatzpreise gesetzlich garantiert und damit über Projektlaufzeit kalkulierbar	0,00%
Force Majeure	Abschluss der üblichen Versicherungen	0,00%
Gesamte Standardabweichung		5,11%

Aus Gründen der mangelnden Quantifizierbarkeit der nach Anwendung von Risikoinstrumenten verbleibenden Einzelrisiken wird von den Banken ein pauschaler Sicherheitsabschlag anhand von Erfahrungswerten aus dem jeweiligen Anwendungsgebiet festgelegt. Der Sicherheitsabschlag für ein konkretes Projekt kann in seiner Höhe folglich von Bank zu Bank unterschiedlich bemessen sein.

Den Untersuchungen in dieser Arbeit soll ein Sicherheitsabschlag von 17 % auf den geplanten Jahresenergieertrag zu Grunde gelegt werden. Dieser Abschlag ist ausreichend bemessen, um auch das kombinierte Eintreten von Einzelrisiken bei dem in Fachkapitel 4.3 betrachteten Projekt Solar PLEASANT VALLEY realistisch abbilden und auffangen zu können.

1.5 Entwicklung einer Finanzierungsstruktur aus dem bisherigen Risikomanagement

1.5.1 Grundsätzliche Überlegungen

Im Anschluss an die Prozessstufen Risikoidentifikation und Risikoallokation schließt sich die Risikoquantifizierung an, die auch eine Überprüfung der Wirtschaftlichkeit darstellt. Hierzu werden die monetären Konsequenzen der vertraglichen und gesetzlichen Grundlagen eines Projektes über ein Cashflow-Modell abgebildet und mit Blick auf mögliche Änderungen des Planablaufs untersucht. Dabei endet die Risikoquantifizierung im Regelfall nicht mit einer statischen Cashflow-Bewertung, sondern wird um ein Rating-Tool ergänzt, das über Simulationsrechnungen verschiedene Umweltszenarien abbildet und zu einer Risikoeinschätzung des Vorhabens gelangt.

Das Cashflow-Modell eines Projektes ist aber nicht nur für die Kreditgeber von herausragender Bedeutung, sondern auch für die Investoren eines Projektes. Beide Kapitalgebergruppen sind gleichermaßen am Erfolg eines Vorhabens interessiert, wobei sie allerdings unterschiedliche Anspruchsebenen und Anspruchsgrundlagen haben. Während die Fremdkapitalgeber einen erfolgsunabhängigen und fixen Anspruch auf Bedienung des Kapitaldienstes aus dem Projekt haben, haben die Eigenkapitalgeber einen erfolgsabhängigen und damit variablen Anspruch auf den verbleibenden freien Cashflow. Das methodische Werkzeug, mit dem beide Gruppen ein Vorhaben beurteilen, ist ein projektspezifisches Cashflow-Modell.

Allerdings markiert das Cashflow-Modell noch nicht den Endpunkt der wirtschaftlichen Betrachtung der Kreditgeber. In einem nächsten Schritt geht es darum, eine Simulationsrechnung des Cashflow-Verlaufs vorzunehmen, die darüber Auskunft erteilt, wie sich das Projekt unter einer Vielzahl von möglichen Umweltszenarien entwickeln kann. Das Ergebnis dieser Simulationsrechnungen ist eine Ratingeinschätzung, die eine Risikokategorie ausweist und damit über die Risikoprämie die Zinskosten bestimmt und somit auch die Finanzierungsstruktur maßgeblich beeinflusst. Damit geht es in einem zweiten Teil darum herauszuarbeiten, welche quantitativen und qualitativen Faktoren das Rating beeinflussen können.

Im Folgenden soll ein Photovoltaik-Vorhaben mittels einer Analyse seiner Risikopotentiale auf seine Projektfinanzierungsfähigkeit hin untersucht werden. Da die Ausprägung der Projektrisiken in großem Maße von dem jeweiligen Finanzierungsobjekt abhängt, wird ein Fallbeispiel aus der Praxis betrachtet und bewertet (siehe hierzu Fachkapitel 4.4).

Im Regelfall werden dabei in einem ersten Schritt – ausgehend vom Basisfall – verschiedene, zentrale Cashflow-relevante Parameter verändert und in ihrer Auswirkung auf den Cashflow untersucht. Wir geben im Folgenden nur die zentralen Ergebnisse wider; eine detaillierte Diskussion erfolgt in Fachkapitel 4.4.

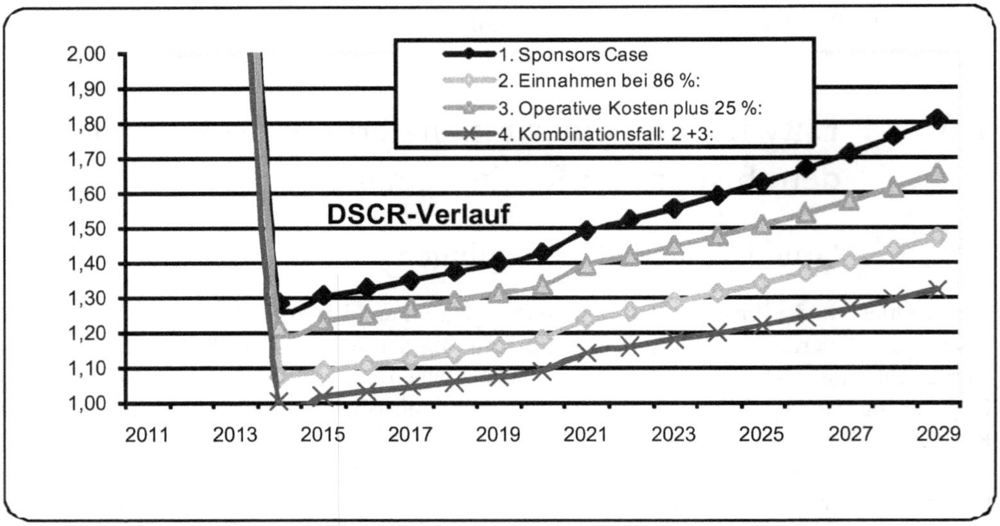

Abbildung 9: DSCR eines PV-Projektes bei verschiedenen Parameteränderungen

	Min. DSCR	DSCR	IRR
Sponsors Case	1,28	1,77	14,67 %
Einnahmen bei 86 %:	1,07	1,47	6,63 %
Operative Kosten plus 25 %:	1,21	1,66	11,87 %
Kombinationsfall (2 + 3)	1,00	1,36	3,29 %

Erkennbar ist, dass Solarvorhaben empfindlich auf eine Änderung des Einnahmenniveaus reagieren, während sie gegenüber Änderungen der Betriebskosten recht robust sind. Die wesentliche Erklärung für dieses Risikoprofil liegt in den verhältnismäßig hohen Kapitalkosten begründet, die etwa um einen Faktor 3 höher sind als bei Windenergieprojekten.

Die eigentliche zusammenfassende Quantifizierung eines Projektrisikos erfolgt über ein Cashflow-Modell, das neben der Bewertung der Projektrisiken auch eine Optimierung der Finanzierungsstruktur zulässt. Das Cashflow-Modell ist für die Risikoquantifizierung von zentraler Bedeutung, aber die Risikoquantifizierung endet nicht mit dem Cashflow-Modell. Zusätzlich erfolgen auf Basis des Cashflow-Modells – zumeist separat vorgenommene – Simulationsrechnungen über ein Rating-Tool, das verschiedene Projektverläufe bei unterschiedlichen Umweltszenarien simuliert und aus Risikosicht der Banken bewertet. Die Simulationsrechnungen werden dabei im Solarbereich wesentlich durch die Variabilität der Einstrahlungsdaten sowie der prognostizierten Entwicklung der Zinsstrukturkurven beeinflusst.

Qualitative Faktoren, wie etwa die Bewertung des Fertigstellungsrisikos und die Erfahrungen des EPC-Contractors, haben gegenüber den quantitativen Faktoren eine zumeist nachrangige Bedeutung[22].

Das Cashflow-Modell dient einer ersten Abschätzung der Projektbelastbarkeit und Wirtschaftlichkeit, und das Rating-Verfahren ermöglicht es dann, die Robustheit des Cashflow-Verlaufs angesichts verschiedener Umweltveränderungen zu bewerten. Das Rating-Ergebnis korrespondiert mit einer Risikobepreisung. Sofern diese von der im Cashflow-Modell verwandten Risikobepreisung abweicht, die ja zunächst eine Schätzgröße abbildet, muss das Modell angepasst und die Simulationsrechnung wiederholt werden. Im Bedarfsfall muss dieser Prozess so lange wiederholt werden, bis Cashflow-Modell und Rating-Modell von denselben Annahmen ausgehen. Insofern ist die Cashflow-Modellierung und die Bewertung durch ein Rating-Tool ein iterativer Prozess.

Die Ziele, die mit einem Rating-Tool verfolgt werden, lassen sich wie folgt subsumieren:

1. Objektive und standardisierte Risikobeurteilung eines Projektes.
2. Kalkulation eines Gesamtrisikos für eine Projektfinanzierung – Ermittlung einer Ausfallwahrscheinlichkeit, die wiederum für die Risikobepreisung relevant ist.
3. Regulatorische Anforderungen, insbesondere die Kapitaladäquanzanforderungen nach Basel II, können eingehalten werden[23].

Das Rating-Tool geht dabei wie folgt vor:

1. Simulation der wesentlichen Risikotreiber unter einem bestimmten Annahmen-Set und unter Berücksichtigung von
2. makroökonomischen Faktoren: Zinssätze, Wechselkurse und Inflationsannahmen sowie
3. Branchenspezifischen Annahmen: basierend auf einem Random-Walk-Ansatz, der auf historischen Volatilitäten und Korrelationen basiert.

In diesem Zusammenhang müssen aus Rating-Sicht zwei Volatilitäten unterschieden werden: Dies ist zum einen die Volatilität der Elementarstrahlung, zum anderen die im Strahlungsgutachten angegebene Prognoseunsicherheit der Gutachter. Da wir die Volatilität der Elementarstrahlung bereits oben (Abbildung 7) skizziert haben und in Fachkapitel 3.4 vertieft betrachten werden, wollen wir hier auf den zweiten Aspekt, die Prognoseunsicherheit der Gutachter, eingehen. Diese zweite Volatilität, die so genannte *Banking Case Uncertainty* (BCU), beschreibt den Umstand, dass nicht nur die Einstrahlung als solche unsicher ist, sondern auch das korrekte Startniveau der Einstrahlung. Das im Rating-Sinn korrekte Start-Niveau ist das Annahmen-Set, das mit derselben Wahrscheinlichkeit $p = 0{,}5$ überschritten und unterschritten wird, der so genannte p(50)-Fall. Die BCU ist daher ein Maß für die Verlässlichkeit der Prognose eines Ertragswertgutachtens.

---

22 Da es sich bei den Rating-Tools um separate Software-Anwendungen handelt, die für den Benutzer lediglich Eingaben zulassen, können die Details des Verfahrens im Rahmen dieser Arbeit leider nicht vorgestellt werden.

23 Der Baseler Ausschuss hat in 2004 ein Kapitalregelwerk verabschiedet (Basel II), das im Kreditwesengesetz und der Solvabilitätsverordnung in deutsches Recht umgesetzt worden ist. Siehe hierzu z.B. T. Cramme et al. (Hrsg): Handbuch Solvabilitätsverordnung, Stuttgart 2007 [Schäffer-Poeschel-Verlag].

1. Die Berücksichtigung der BCU führt zu einer Parallelverschiebung der DSCR-Reihe und damit zu einer Erhöhung der Ausfallwahrscheinlichkeit.
2. Wird die BCU nicht explizit vom Gutachter angegeben, wird systemseitig ein Wert von 8 % unterstellt (bei expliziter Angabe sind vielleicht 5 % üblich).

Damit ergeben sich folgende Empfehlungen für die Beauftragung von Strahlungsgutachten:

1. Es sollten standortspezifische Gutachten erstellt werden. Regelmäßig sind die dabei ermittelten Standardabweichungen deutlich geringer als die länderbezogenen Werte.
2. Des Weiteren sollte der Gutachter explizit angeben, mit welcher Unsicherheit er bei seinem Gutachten rechnet, ansonsten erfolgt auch hier eine „Bestrafung" des Projekts mit verhältnismäßig hohen Werten. Ggf. lässt sich auch über relativ kostengünstige Maßnahmen eine Verbesserung der Prognosequalität erreichen, etwa dem Einbezug von Daten benachbarter Solarparks. Ein Standortbesuch sollte ohnehin Standard sein, um die lokalen Verhältnisse wie die Verschattung abschätzen zu können.

Beide Maßnahmen führen dazu, dass die Volatilitäten bezogen auf das Elementarangebot geringer ausfallen, was sich günstig auf das Rating-Ergebnis und damit auf die Fremdkapitalausstattung auswirkt.

Damit haben wir bereits erste Hinweise zur Verbesserung der Finanzierungsstruktur gegeben. Dieses Thema werden wir nun etwas systematischer in Kapitel 1.5.2 darstellen.

1.5.2 Hinweise zur Optimierung aus Sicht der Investoren und der Fremdkapitalgeber

Investoren und Kreditgeber haben das gleichgerichtete Interesse, ein Projekt so wirtschaftlich wie möglich zu gestalten. Ein hoher Cashflow-Überschluss bedeutet einerseits, dass die Fremdkapitalgeber mit größerer Sicherheit ihre festen und erfolgsunabhängigen Rückzahlungsansprüche erfüllt sehen, aber auch, dass die Sponsoren mehr bzw. frühzeitigere Ausschüttungen realisieren können. Während beide Gruppen ein gleichgerichtetes Interesse haben, den Projektwert zu steigern, besteht ein Wettbewerb um die Verwendung der Cashflows. Wie bereits oben angesprochen, haben die Sponsoren ein Interesse daran, möglichst viel Cashflow frühzeitig auszuschütten, während die Fremdkapitalgeber möglichst schnell getilgt werden wollen. Die Erarbeitung einer Finanzierungsstruktur beinhaltet damit immer auch einen Verhandlungsprozess zwischen den beiden Kapitalgebergruppen.

Die wichtigsten Maßnahmen zur Verbesserung der Finanzierungsstruktur liegen in folgenden Aspekten:

1. Eine Verlängerung der Laufzeit der Term Loans führt zu einer Verbesserung der internen Rendite, aber auch zu einer höheren Belastbarkeit. Die Grenzen der Laufzeitwahl werden durch das Rechts- und Regulierungsumfeld sowie die technische Lebensdauer der Anlagen abgesteckt.
2. Die Wahl der optimalen tilgungsfreien Zeit ist kein einfaches Optimierungsproblem. Einerseits wird der Sponsor an einer möglichst langen tilgungsfreien Zeit interessiert sein, die fremdfinanzierende Bank hingegen wird typischerweise einen Zeitraum zwi-

schen 18 und 24 Monaten präferieren. Dies liegt wesentlich darin begründet, dass die Schuldendienstreserve mit hinreichender Sicherheit auch in einem Belastungs-Szenario aufgebaut werden kann.
3. Dieser Aspekt bringt uns zur Wahl der Höhe der Schuldendienstreserve. Tendenziell wird ein Sponsor dieses Konto so gering halten wie möglich, andererseits würden die Banken bei einem Entfall des Schuldendienstreservekontos ihre Eigenkapitalanforderungen wesentlich anheben wollen.

Die dargestellten Maßnahmen zur Verbesserung der Finanzierungsstruktur können selbstverständlich noch weiter ausdifferenziert werden. Zusammen gefasst geht es aber zumeist darum, die verfügbaren Cashflows so zu verteilen, dass die Investoren eine akzeptable Wirtschaftlichkeit und die Banken eine angemessene Belastbarkeit erreichen können.

1.5.3 Einbindung von Versicherungen in die Finanzierungsstruktur

Ein auf das Projekt bezogenes Risikomanagement bedarf eines zugeschnittenen Versicherungsprogramms während der Errichtungs- und Betriebsphase. Der Erwerb von Versicherungsschutz ist der entgeltliche Transfer bestimmter eigener Risiken in die Bilanzen von Versicherungen. Ökonomisch besteht damit kaum ein Unterschied zwischen der Risikoübertragung auf eine Versicherung oder andere Beteiligte, so dass die obigen Überlegungen zum Risikotransfer auch hier gelten. KAI-HENNING KIEHN wird in Fachkapitel 4.1 das Instrumentarium der gebundenen Finanzkreditdeckung vorstellen, dem eine besondere Bedeutung bei der Absicherung von politischen Projektrisiken zukommt, aber auch eine zentrale Refinanzierungsquelle sein kann. Dr. THOMAS KOTTKE stellt in Fachkapitel 4.2 verschiedene Aspekte der Einbindung von Versicherungen in eine Projektfinanzierungsstruktur vor.

Bei der Einbindung von gewerblichen Versicherungen in ein Risikomanagementkonzept sind folgende Aspekte zu beachten:

1. Bei Projektfinanzierungen gilt ein gestuftes Subsidiaritätsprinzip: Zunächst wird nach ökonomischen Prinzipien verhandelt, welche Projektpartei welches Risiko übernimmt, bevor die Einbindung einer Versicherung erfolgt. Die Entscheidung ob, wann, zu welchen Konditionen und in welchem Umfang ein Risikotransfer vorgenommen werden muss, ist keine isolierte Entscheidung, sondern Teil eines geschlossenen Risikomanagementprozesses.
2. Versicherungen werden den Versicherungsnehmer regelmäßig auf bestimmte Verhaltensweisen und Informationspflichten verpflichten, die wiederum Rückwirkung auf die Vertragserfüllung auch anderer Verträge haben werden. Neben den Anforderungen an eine Versicherbarkeit von einzelnen Risiken, die für die Planbarkeit der Cashflows von großer Bedeutung ist, tritt die Anforderung, über den Umfang und die Ausgestaltung der Versicherungen die richtigen Anreize für die Projektbeteiligten zu setzen.

Bei der Einbindung von Versicherungen in ein Risikomanagementkonzept sind folgende Aspekte zu beachten. Zunächst einmal muss die Versicherung prüfen, ob ein Risiko überhaupt versicherbar ist, wobei verschiedene Prüfungsebenen zu unterscheiden sind: In einem ersten Schritt wird geprüft, ob die Risiken anreizkompatibel verteilt sind: Dies verlangt, dass Projektbeteiligte, die ein Risiko auch üblicherweise kontrollieren können, dies auch im konkreten Einzelfall tun. Umgekehrt: Eine Versicherung wird beispielsweise kaum ein Fertigstellungsrisiko übernehmen, wenn der Anlagenbauer nicht einen bestimmten Teil dieses Risikos selbst übernimmt.

Als weitere, versicherungs-mathematische Bedingungen werden dabei der Zufallsgrad eines Schadenseintritts, die eindeutige Zurechenbarkeit des Versicherungsfalls auf ein versichertes Ereignis und die Abschätzbarkeit der finanziellen Konsequenzen bei Risikoeintritt untersucht. Zentral für die Versicherbarkeit von Projektrisiken ist, dass überhaupt ein Sachschaden an den versicherten Sachen entstanden ist und dass dieser unvorhergesehen eingetreten ist. Dies bedeutet zunächst, dass einzelne Teil der Projektanlage zerstört oder beschädigt sein müssen; die bloße Mangelhaftigkeit einer Sache genügt nicht[24].

Ebenfalls wird kein Versicherungsschutz greifen, wenn ein Schadenereignis unvermeidbar ist und definitiv eintreten wird. Die Zufälligkeit bzw. die Ungewissheit über das Entstehen, den Zeitpunkt und/oder die Schadenhöhe sind zwingend erforderlich. Zu den vorhersehbaren Schäden von Solarvorhaben zählen insbesondere Schäden durch Abnutzung und Verschleiß. Es ist eindeutig, dass einzelne Komponenten – wie etwa Wechselrichter – nur eine begrenzte Lebensdauer aufweisen und damit kein zufälliges Schadensereignis ursächlich ist. Der Versicherungsnehmer muss damit rechnen, dass Verschleißteile nach einer gewissen Zeit zwangsläufig ausgetauscht werden müssen. Vorhersehbar sind etwa Schäden durch bekannte Mängel, welche nicht versicherbar sind. Sind Mängel bekannt, so ist die Projektgesellschaft verpflichtet, diese zu beseitigen. Ohne Versicherungsschutz käme der Sachschaden wahrscheinlich gar nicht erst zustande, da sofort Maßnahmen zur Verhinderung eingeleitet worden wären. Aus diesem Grund kann eine Versicherung nicht eine Entschädigung leisten, die grob fahrlässig aufgrund der Kenntnis des Versicherungsschutzes verursacht worden ist.

Eine besondere und auch qualitativ herausgehobene Bedeutung für Projektfinanzierungen bietet die Möglichkeit der Einbindung von Exportkreditversicherungen, die wir im Folgenden skizzieren wollen. Ihre Bedeutung steht in engem Zusammenhang mit einem Erklärungsansatz für Projektfinanzierungen, die ihren Bedarf gerade bei internationalen Großprojekten in der Verknüpfung von Anlagenlieferung und Anlagenfinanzierung sieht.

Zur Absicherung des Kreditrisikos bei Exportgeschäften stellen eine Reihe von Ländern ihren Exporteuren Ausfuhrgewährleistungen, Kapitalanlagegarantien und so genannte ungebundene Finanzkredite. Die Auswirkungen einer Exportkreditversicherung erschöpfen sich nicht allein in der Absicherungsfunktion und der dagegen stehenden Versicherungsprämie, sondern führen zu erheblich niedrigeren Liquiditätskosten im Rahmen der Refinanzierung. Dabei sind drei Aspekte gegeneinander abzuwägen:

---

24 Parabolrinnenkraftwerke könnten aufgrund ihrer Konstruktion anfällig sein für Stürme und temporär nicht betrieben werden. Zwar wird regelmäßig ein Sturm – ab einer bestimmten Windstärke – ausdrücklich als versicherte Gefahr genannt sein. Kommt es allerdings zu keinem Sachschaden an den Anlagen, ist der entstandene Ertragsausfall auch nicht im Rahmen der Betriebsunterbrechung versichert. Analog zur Argumentation von T. Haukje; T. Kottke 2010, S. 60 f.

1. Eine Risikoabsicherung verursacht eine Versicherungsprämie, die je nach Risikoland unterschiedlich hoch ausfällt und im Rahmen der Investitionsplanung mitfinanziert werden muss.
2. Positiv wirkt regelmäßig die risikomäßige Substitution des Projektrisikos durch das Länderrisiko des Garantiegebers für den gedeckten Kreditteil. Dieser Vorteil wird umso größer ausfallen, je größer die Differenz zwischen dem Projektrisiko und dem Risiko des Garantielandes ausfällt.
3. Durch die zusätzliche Einbindung einer Verbriefungsgarantie wird erreicht, dass die finanzierenden Banken für den gedeckten Teil den Pfandbriefmarkt als Refinanzierungsquelle erschließen. Dieser weist regelmäßig wesentlich niedrigere Liquiditätskosten aus als sie jedenfalls in Folge der Finanzkrise für kommerzielle Bankkredite üblich geworden sind. Dieser Vorteil wird umso größer ausfallen, je größer die Differenz zwischen den Liquiditätskosten der beiden Refinanzierungsquellen ausfällt.

Bewertet müssen diese Maßnahmen einerseits durch den Investor im Rahmen seines Investitionskalküls, andererseits durch die Bank im Rahmen ihrer Risikobewertung. Im Ergebnis wird durch die Einbindung einer Finanzkreditdeckung bereits eine erhebliche Verbesserung der LGD (*Loss Given Default*) erreicht, die sich positiv auf die Entscheidungsgröße RAROC (*Risk Adjusted Return on Capital*) auswirkt. Die Hereinnahme einer Verbriefungsgarantie verbessert das Ergebnis nochmals wesentlich, da diese eine günstigere Refinanzierung ermöglicht und damit ebenfalls höhere Deckungsbeiträge der Bank zulässt. In jedem Fall erscheint es bei großvolumigen Solarvorhaben angeraten zu überprüfen, ob eine Finanzkreditgarantie – mit oder ohne Verbriefungsgarantie – nicht eine sinnvolle Ergänzung der Finanzstruktur darstellt.

Exportkreditversicherungen sind, wie es KAI-HENNING KIEHN in Fachkapitel 4.1 noch weiter ausführen wird, ein flexibles Instrument, das die Finanzierungsmöglichkeiten eines Projektes wesentlich verbessern kann. Allerdings: eine Exportkreditversicherung kann auch nur den staatlich vorgegebenen Rahmen absichern. Ist dieser so gespannt, dass er Investitionen wenig attraktiv erscheinen lässt, kann auch eine Exportkreditversicherung wenig ausrichten. Ein Beispiel: Nach den derzeit geltenden Vergütungssätzen von Windstrom in der Türkei (umgerechnet ca. 5,7 Cent/kWh), die auch nur für eine Laufzeit von zehn Jahren staatlich garantiert sind, wird es schwer werden, Standorte zu finden, die für die Kapitalgeber eine angemessene Wirtschaftlichkeit erwarten lassen können. Eine Absicherung eines unattraktiven Rahmens würde aber ins Leere laufen.

In der Gesamtbetrachtung erweisen sich Versicherungen als äußerst vielschichtige Strukturelemente für die Absicherung und Optimierung von Projektfinanzierungen. Einerseits erlauben sie unter den beschriebenen Voraussetzungen eine notwendige residuale Absicherung gegenüber spezifischen Projektrisiken und sind damit ein unverzichtbarer Bestandteil einer Risikoallokation. Andererseits ermöglichen Exportkreditversicherungen die Mobilisierung von Fremdkapital zu günstigeren Konditionen als sie jedenfalls im Zuge der Finanzkrise üblich sind.

2 Rechtliche Rahmenbedingungen

2.1 Vergleich der relevanten Regulierungssysteme

DR. DANIEL REICHERT-FACILIDES

Dr. Daniel Reichert-Facilides ist Partner der Sozietät FRESHFIELDS BRUCKHAUS DERINGER und gehört der Praxisgruppe Bank- und Finanzrecht an. Schwerpunkte seiner Beratungstätigkeit sind deutsche und grenzüberschreitende Projektfinanzierungen, insbesondere in den Bereichen Energie, Transport und Industrieanlagenbau. Im Bereich der erneuerbaren Energien hat Daniel Reichert-Facilides in jüngerer Zeit Sponsoren und finanzierende Banken bei der Finanzierung einer Vielzahl von Photovoltaik- und Solarthermieprojekten, Windkraftprojekten und Biomassekraftwerken beraten.

ANDREAS RUTHEMEYER

Andreas Ruthemeyer ist Rechtsanwalt in Frankfurt am Main bei FRESHFIELDS BRUCKHAUS DERINGER. Seine Tätigkeit umfasst die Beratung von Kreditgebern und Sponsoren im Zusammenhang mit nationalen und internationalen Projektfinanzierungen von Energie- und Infrastrukturprojekten. 2011 erwarb er einen Master of Law mit einem Schwerpunkt auf Projektfinanzierungen von Energie- und Infrastrukturvorhaben an der University of Melbourne, Australien.

2.1.1 Einleitung

Als Teil des Energiewirtschaftsrechts sind die gesetzlichen Regulierungssysteme für die Erzeugung und den Absatz von Strom aus solarer Strahlungsenergie Ausdruck der technischen Besonderheiten des Wirtschaftsgutes elektrische Energie: im Vergleich zu anderen Energieträgern lässt sich Strom schlecht speichern, dafür aber ohne Zeit- und mit geringem Energieverlust über weite Strecken transportieren. Voraussetzung für den effizienten Transport ist allerdings ein kapitalintensives Leitungsnetz. Für die Nutzung der solaren Strahlungsenergie zur Stromerzeugung als Teil des Energiekonzeptes einer Industriegesellschaft hat dies zunächst zwei wirtschaftliche Konsequenzen:

1. Der Erzeuger von Strom aus solarer Strahlungsenergie ist für den Absatz – ebenso wie jeder andere Stromerzeuger – auf Zugang zum öffentlichen Elektrizitätsversorgungsnetz angewiesen; und
2. die solare Strahlungsenergie steht als Energiequelle für die Stromerzeugung im Wettbewerb mit allen anderen Formen der Stromerzeugung – namentlich mit fossilen Energieträgern wie Kohle, Gas und Mineralöl einerseits und anderen erneuerbaren Energien wie insbesondere Wind, Wasserkraft und Biomasse andererseits.

Diese beiden Aspekte sind der wesentliche Gegenstand der energiewirtschaftlichen Regulierungssysteme, die zugleich die wichtigsten rechtlichen Rahmenbedingungen für die Realisierung von Solarprojekten ausmachen. Dabei stellt sich die Frage des Netzzugangs zwar grundsätzlich für alle Stromerzeuger. Die hohen Kapitalkosten des Netzausbaus haben aber naturgemäß eine faktische Privilegierung existierender Kraftortstandorte zur Folge, die ihrerseits ein Reflex auf die Energiepolitik der zweiten Hälfte des 20. Jahrhunderts und deren Fokussierung auf fossile und nukleare Energiequellen sind. Die effektive Förderung erneuerbarer Energien muss deswegen neben dem Recht auf Netzanschluss auch die Erweiterung bestehender Netze regeln.

Allerdings ist die praktische Bedeutung des Netzausbaus stark von der jeweiligen Technologie abhängig: so wird Strom aus Photovoltaikanlagen typischerweise dezentral in die Mittel- und Niederspannungsnetze eingespeist. Auf diesen Spannungsebenen kann der Netzausbau weitgehend durch blindleistungsregelungsfähige Wechselrichter zur Einhaltung des Spannungsbandes ersetzt werden[25]. Demgegenüber spielt der Netzausbau für die Entwicklung der Solarthermie wegen der großen Entfernungen zwischen sonnenreichen Wüsten- und Halbwüstenregionen und den industriellen Ballungszentren eine zentrale Rolle[26].

Die größere Herausforderung für die Realisierung von Solarprojekten sind die im Vergleich zu allen anderen gängigen Energiequellen deutlich höheren Gestehungskosten für die Stromerzeugung. Nach einer Studie des Fraunhofer-Instituts aus dem Jahr 2010[27] liegen diese für Photovoltaikanlagen Deutschland bei ca. 18 Cent pro Kilowattstunde für Freiflächenanlagen und bei ca. 30 Cent pro Kilowattstunde für Dachanlagen gegenüber 6,3 Cent pro Kilowattstunde im konventionellen Energiemix. Hinzu kommt die geringere Flexibilität infolge der Abhängigkeit von Tageszeit und Witterungsverhältnissen. Zusammen würden diese Nachteile den Solarstrom an die Peripherie der Stromerzeugung drängen. Trotz der rapiden Fortschritte bei der Senkung der Gestehungskosten und der Entwicklung von Speicherkonzepten bedarf es deswegen auch in den sonnenreichen Regionen Südeuropas gesetzlicher Anreizregulierungen, um die genannten Wettbewerbsnachteile auszugleichen[28].

Die Notwendigkeit von Anreizsystemen als energiepolitische Voraussetzung für den wirtschaftlich sinnvollen Einsatz der Solarenergie in volkswirtschaftlich relevantem Umfang steht damit auf absehbare Zeit außer Frage. Hinsichtlich der Ausgestaltung dieser Anreizsysteme sind allerdings durchaus unterschiedliche Ansätze denkbar. Bevor diese im weiteren Verlauf am Beispiel der gegenwärtigen Rechtslage in Deutschland, Italien und Spanien als den drei aus deutscher Sicht wichtigsten Solarenergiemärkten dargestellt werden, soll zunächst ein Überblick über die typischen Anreizinstrumente gegeben werden.

---

25 ROLAND BERGER STRATEGY CONSULTANTS, Auswirkungen des Photovoltaik-Ausbaus auf die Verteilnetze, Zusammenfassung, http://www.solarwirtschaft.de/fileadmin/conent-files/rol_berger_verteiln.pdf.

26 Vgl. etwa http://www.desertec.org/de/konzept/technologien.

27 Vgl. die Studie Stromgestehungskosten Erneuerbare Energien des FRAUNHOFER ISE aus dem Dezember 2010, http://www.ise.fraunhofer.de/veroeffentlichungen/studie-stromgestehungskosten-erneuerbare-energien

28 Gänzlich anders stellt sich die Wettbewerbssituation naturgemäß an Standorten ohne Netzanbindung dar.

2.1.2 System der Anreizinstrumente

Wegen der im Vergleich zum herkömmlichen Energiemix geringen Betriebskosten lässt sich jedes Anreizinstrument zur Förderung der Stromerzeugung aus solarer Strahlungsenergie volkswirtschaftlich als Subventionierung der hohen Errichtungskosten betrachten. Allerdings kann die Subventionierung auf unterschiedlichen Stufen der Wertschöpfung einsetzen: namentlich bei Forschung und Entwicklung, beim Anlagenhersteller, beim Anlagenbetreiber oder beim Netzbetreiber. Das folgende System der wichtigsten Anreizinstrumente orientiert sich entsprechend der Zielrichtung des Buches an der Unterscheidung von Anreizen auf der Beschaffungs- und der Absatzseite aus Sicht des *Anlagenbetreibers*. Direkte Förderungen auf Ebene der Forschung und Entwicklung oder des Anlagenherstellers bleiben deswegen ganz außer Betracht; die Umlagesysteme zur Weiterbelastung der erhöhten Gestehungskosten durch den Netzbetreiber als Abnehmer des Anlagenbetreibers werden nur sehr kursorisch dargestellt.

Generell gilt, dass die meisten Gesetzgeber sich für eine Kombination unterschiedlicher Anreizinstrumente entschieden haben und dass ein Wechsel von einem zu einem anderen Anreizsystem durchaus vorstellbar ist.

2.1.2.1 Beschaffungsseite

Subventionierung der Errichtungskosten

Auf den ersten Blick lassen sich Wettbewerbsnachteile bei den Gestehungskosten für die Stromerzeugung aus Solarenergie am einfachsten durch Direktsubventionen in Form eines einmaligen verlorenen Zuschusses zum Anschaffungs- und Errichtungsaufwand ausgleichen. Den weiteren Wettbewerbsnachteil geringere Flexibilität im Verhältnis zu konventionellen Energieträgern kann diese Form der Förderung aber für sich genommen nur indirekt über einer weitere Reduzierung der Gestehungskosten, d.h. durch höhere Zuschüsse ausgleichen. Hinzu kommt, dass der Betreiber einer Solaranlage wegen der verhältnismäßig niedrigen Betriebskosten von zukünftigen Steigerungen der allgemeinen durchschnittlichen Gestehungskosten übermäßig profitiert. Mit anderen Worten führt die direkte Subventionierung des Errichtungsaufwandes zwar sicherlich dazu, dass mehr Solarvorhaben realisiert werden, nicht aber notwendig zu deren tatsächlicher Auslastung und zur Optimierung der volkswirtschaftlichen Kosten.

Steuerliche Privilegien

Der wesentliche Vorteil steuerlicher Anreizsysteme gegenüber direkten Zuschüssen liegt in der administrativen Vereinfachung durch die Einbeziehung in die allgemeine Steuererhebung. Materiell lassen sich steuerliche Anreize grob in Stundungseffekte einerseits und Steuerermäßigungen bis hin zur vollständigen Befreiung andererseits unterteilen. Ein typisches Beispiel für die erste Fallgruppe ist die Berechtigung zur Absetzung von pauschalierten Abschreibungen, die über den tatsächlichen Wertverzehr der Anlage hinausgehen. Erlaubt das Steuerrecht die degressive Abschreibung der Anschaffungskosten verbunden mit der Möglichkeit zur Verrechnung der Anfangsverluste mit Gewinnen aus anderen Einkommensquellen, dann kann die Investitionsentscheidung stärker von der Nach- als von der Vorsteuerrendite getrieben sein. Die fiskal- und energiepolitische Herausforderung besteht deswegen in der Kalibrierung: Fällt der steuerliche Vorteil zu groß aus, dann verliert der Investor das Interesse am wirtschaftlichen Betrieb der Anlage, ist er zu gering, dann reicht er nicht aus, um die Investition auszulösen.

Darlehen staatlicher Förderbanken

Gegenüber direkten Zuschüssen zu den Erstellungskosten und steuerlichen Privilegierungen hat die Subventionierung über zinsbegünstigte Darlehen den Vorteil, dass die Förderung sich anteilig realisiert und wirtschaftliche Gesetzmäßigkeiten mehr abmildert als außer Kraft setzt. Dies gilt jedenfalls dann, wenn die staatliche Förderbank nur als Refinanzierer tätig wird und das Ausfallrisiko beim unmittelbaren Fremd- oder Eigenkapitalgeber bleibt. Wird das Ausfallrisiko übernommen, dann nähert sich die staatliche Darlehensgewährung volkswirtschaftlich weitgehend einem verlorenen Zuschuss an.

Exportkreditfinanzierung

Volkswirtschaftlich sinnvoll kann eine Übernahme des Ausfallrisikos für Solarprojekte durch staatliche Förderbanken sein, wenn damit einzelne technologische oder politische Risiken abgesichert werden[29]. Eine entsprechende Förderung durch Exportkreditfinanzierer kommt deswegen insbesondere für Solarthermieprojekte in Betracht: zum einen, weil diese Form der Stromerzeugung noch sehr viel weniger erprobt und technisch komplexer ist, als die Photovoltaik; und zum anderen, weil die Zielmärkte der Solarthermie zu einem erheblichen Teil in den politisch weniger stabilen Ländern Nordafrikas und des Nahen Ostens liegen.

2.1.2.2 Absatzseite

CO_2-Steuern und CO_2-Zertifikate

Bei idealtypischer Betrachtung stellt die Besteuerung des CO_2-Ausstoßes als des wesentlichen technologischen Nachteils fossiler Energieträger die wettbewerbspolitisch am leichtesten zur rechtfertigende Korrektur der Kostendifferenzen zwischen herkömmlichen und erneuerbaren Energien dar. Denn eine solche Steuer würde zugleich die langfristigen gesamtwirtschaftlichen Kosten der fossilen Energien als Teil des Strompreises sichtbar machen. Praktisch haben sich CO_2-Steuern bisher dennoch aus einer Reihe von Gründen nicht durchgesetzt: zunächst würde eine CO_2-Steuer ohne flankierende Regulierung vor allem die Nuklearenergie begünstigen; und selbst wenn dies ungeachtet der europarechtlichen Rahmenbedingungen des europäischen Strommarktes denkbar wäre, könnten CO_2-Steuern einen ernsthaften Anreizeffekt zugunsten der erneuerbaren Energien erst entfalten, wenn die derzeitige Differenz der Gestehungskosten hierdurch mehr als ausgeglichen würde. Ungeachtet der steigenden Bereitschaft zur Akzeptanz höherer Strompreise in den Industrienationen ist dies derzeit nicht einmal in Deutschland politisch denkbar.

Im Ansatz vergleichbar, aber einfach zu implementieren, ist die Zuteilung von CO_2-Zertifikaten als Vergütungsbestandteil für die Stromerzeugung aus erneuerbaren Energien. Die

[29] Siehe zum Thema Exportkreditfinanzierung auch den Beitrag von KAI-HENNING KIEHN im Fachkapitel 4.1.

Wirksamkeit einer solchen Förderung hängt allerdings in erheblichem Maße von den Marktpreisen für CO_2-Zertifikate ab. Da diese wegen des instabilen regulatorischen Umfeldes weiterhin erheblichen Schwankungen ausgesetzt sind, können CO_2-Zertifikate bisher nur sehr eingeschränkt Investitionssicherheit vermitteln.

Produktionsquoten für Energieversorger

Gegenüber allen anderen Formen der Förderung haben Produktionsquoten den häufig unterschätzten Vorteil, dass sie das energiepolitische Ziel einer Erhöhung des Anteils erneuerbarer Energien am Stromverbrauch eindeutig abbilden. Akzeptiert man dieses energiepolitische Ziel, dann ist eine Fehlsteuerung von vorne herein ausgeschlossen. Allerdings muss das gesetzgeberische Ziel hinreichend genau beschrieben werden: eine allgemeine Quote für erneuerbare Energien im Energiemix wird idealtypisch dazu führen, dass im gegebenen regulatorischen Umfeld nur die jeweils effizienteste Art von Vorhaben realisiert wird. Eine Förderung der Solarenergie kann von der Einführung einer Quotenregelung deswegen nur erwartet werden, wenn die Quote sich unmittelbar auf Solarenergie bezieht oder wenn diese unter den gegebenen Umständen die effizienteste Form erneuerbarer Energien darstellt.

Setzt die Quote unmittelbar beim Energieversorger an, dann kann erwartet werden, dass dieser die Vorgabe im Rahmen des technisch Möglichen effizient umsetzen wird. Denn als erfahrene Marktteilnehmer verfügen Energieversorger naturgemäß über hervorragende Expertise bei der Beschaffung elektrischer Energie. Andererseits können auch erfahrene Marktteilnehmer die technischen Grenzen der Verfügbarkeit erneuerbarer Energien nicht außer Kraft setzen. Die Schwierigkeit von Quotenregelungen besteht deswegen einerseits darin, die Quote in einem sich rapide verändernden Marktumfeld realistisch festzusetzen, um nichts Unmögliches zu verlangen. Andererseits muss der Gesetzgeber für den Fall, dass die Vorgaben nicht erreicht werden, hinreichend effiziente Sanktionen vorsehen. Dies lässt sich praktisch nur erreichen, wenn die Sanktion den wirtschaftlichen Vorteil aus der Verletzung – also die Kostendifferenz aus den Gestehungskosten der privilegierten Energiequelle und denjenigen des allgemeinen Energiemix – deutlich übersteigt.

Einspeisetarif mit vorrangiger Abnahmeverpflichtung der Energieversorger

Das in Deutschland erstmals mit dem Stromeinspeisungsgesetz 1990 eingeführte System eines (großzügig kostendeckenden) gesetzlichen Einspeisetarifs ist – in verschiedenen Varianten – inzwischen die auch international am weitesten verbreitete Form der Förderung erneuerbarer Energien.

2.1.3 Vergleich der Regulierungssysteme

In Deutschland, Italien und Spanien wurden für die Förderung der Stromerzeugung aus solarer Strahlungsenergie Preisregulierungssysteme mit gewählt, die jeweils durch Zuschüsse, zinsvergünstigte Darlehen oder steuerliche Anreize ergänzt werden.

In diesem Abschnitt werden die Regulierungssysteme zur Förderung von Strom aus erneuerbaren Energien mit einem Schwerpunkt auf solarer Strahlungsenergie veranschaulicht. In diesem Zusammenhang werden auch die historischen Förderungsansätze beschrieben.

Tabelle 6: Vergütungssätze und Vergütungsdauer im Vergleich

	Deutschland	Italien	Spanien
Höhe der Vergütung	31,94 – 43,01 Cent/kWh	26,4 – 38,7 Cent/kWh	13,46 – 28,88 Cent/kWh
Vergütungsdauer	20 Jahre	20 Jahre	25 – 28 Jahre

2.1.3.1 Deutschland

In Deutschland ist die regulatorische Förderung von Strom aus erneuerbaren Energien im Erneuerbare-Energien-Gesetz (nachfolgend ‚EEG') festgelegt. Die Ziele des EEG sind es, eine nachhaltige Entwicklung der Energieversorgung zu ermöglichen, die volkswirtschaftlichen Kosten der Energieversorgung auch durch die Einbeziehung langfristiger externer Effekte zu verringern, fossile Energieressourcen zu schonen und die Weiterentwicklung von Technologien zur Erzeugung von Strom aus erneuerbaren Energien zu fördern.

Der Grundpfeiler der Förderung ist ein Festpreissystem. Die Höhe der Einspeisevergütung richtet sich nach dem Energieträger, dem Zeitpunkt der ersten Inbetriebnahme und der elektrischen Wirkleistung der Anlage. Die Vergütungsdauer beträgt 20 Kalenderjahre zuzüglich der Vergütung für das Inbetriebnahmejahr. Der Adressat der Vergütungspflicht ist der örtliche Netzbetreiber. Einzelne Rechtsfragen, die sich in diesem Zusammenhang ergeben, sind im Abschnitt 2.2.5 in Grundzügen dargestellt. Im Folgenden wird die Entwicklung der Förderung von solarer Strahlungsenergie ab dem EEG 2000 skizziert.

EEG 2000

§ 8 EEG, der erstmals die Vergütung für Strom aus solarer Strahlungsenergie regelte, unterschied bereits zwischen Freiflächen- und Gebäudeanlagen, sowie der Anlagenkapazität. Gebäudeanlagen wiederum wurden unterteilt in Dach- und Fassadenanlagen, der aus diesen Anlagen erzeugte Strom war grundsätzlich vergütungspflichtig. Strom aus Freiflächenanlagen war gemäß § 8 Absatz 3 EEG hingegen nur vergütungsfähig, wenn die Freiflächenanlage auf einer Fläche errichtet wurde, die eine bestimmte Planung widerfahren hatte. Das Planungserfordernis ist heute auch noch entscheidend. Daher wird hierauf im Rahmen der Ländercheckliste genauer eingegangen.

Schließlich findet sich der Grundsatz des degressiven Einspeisetarifs nach dem Jahr der Inbetriebnahme ebenfalls bereits in § 8 Abs. 5 EEG 2000.

EEG 2004

Im Rahmen der Novellierung des EEG im Jahr 2004[30] wurden die Grundzüge des § 8 EEG 2000 nicht verändert. Der Gesetzgeber erhöhte aber einerseits die gesetzliche Vergütung und andererseits die Degression bei neuen Freiflächenanlagen.

---

[30] Der Gesetzestext sowie weitere Materialien zum EEG 2004 sind abrufbar unter http://www.erneuerbare-energien.de/inhalt/5982/2676/.

EEG 2009

Das EEG 2009 orientiert sich von der Struktur an den Vorgängergesetzen, ist aber deutlich detaillierter gestaltet. Da die Erfolge bei der Förderung von Solarvorhaben nach dem EEG 2004 die gesetzgeberischen Erwartungen weit übertroffen hatten, wurden die Anreize erheblich verringert, indem die Höhe der Einspeisevergütung reduziert und der Degressionssatz erhöht wurde.

Durch Änderungsgesetz zum EEG vom 12. April 2011 wurde die jährliche Degression nach § 20 Abs. 2 Nr. 8 ab 2012 auf 9 % festgesetzt. Die in § 20 Abs. 4 EEG vorgesehene weitere Degression für Solaranlagen, die zwischen dem 31. August 2011 und dem 1. Januar 2012 in Betrieb genommen wurden, ist nach Mitteilung der Bundesnetzagentur vom 20. Juni 2011 wegen der geringen Ausbauleistung von weniger als 875 MW zwischen 28. Februar und 1. Juni 2011 nicht zur Anwendung gekommen.

Die folgende Tabelle 7 zeigt die Vergütungstatbestände der Einspeisevergütung in Deutschland für Neuanlagen zur Stromerzeugung aus elektrischer Strahlungsenergie ab dem Jahr 2000.

Förderung von Solarthermieanlagen

Eine Unterscheidung zwischen Photovoltaikanlagen und Solarthermieanlagen wird in Deutschland nicht vorgenommen, so dass hier dieselben Vergütungssätze gelten.

2.1.3.2 Italien

Das italienische Regulierungssystem zur Förderung erneuerbarer Energien setzt sich aus zwei Bausteinen zusammen. Auf der einen Seite sind Stromerzeuger und -versorger gesetzlich verpflichtet, Strom aus erneuerbaren Energien zu fördern, indem sie jährlich eine bestimmte Quote an Herkunftsnachweisen (‚grünen Zertifikaten‘) hinterlegen müssen. Auf der anderen Seite gibt es ausdifferenzierte Preissysteme, die den Absatz des erzeugten Stroms regeln. Die Preissysteme orientieren sich an der Art des Energieträgers und an der elektrischen Wirkleistungskapazität der Anlage.

Für Strom aus solarer Strahlungsenergie ist ein besonderes Preissystem einschlägig, dessen historische Entwicklung im Folgenden skizziert wird.

Tabelle 7: Fördersätze des EEG für Neuanlagen von 2000 bis 2011 in Cent/kWh[31]

Anlagentyp		2000	2001	2002	2003
		EEG 2000			
Auf einem Gebäude	Bis 30 kW	57,4	57,4	57,4	57,4
	30 kW bis 100 kW	54,6	54,6	54,6	54,6
	Ab 100 kW	54,6	54	54	54
	Ab 1000 kW	54	54	54	54
Freiflächenanlagen	Versiegelte Flächen	45,7	45,7	45,7	45,7
	Ackerflächen	45,7	45,7	45,7	45,7
	Konversionsflächen	45,7	45,7	45,7	45,7

Anlagentyp		2004	2005	2006	2007	2008
		EEG 2004				
Auf einem Gebäude	Bis 30 kW	57,4	54,53	51,8	49,21	46,75
	30 kW bis 100 kW	54,8	51,87	49,28	46,28	44,48
	Ab 100 kW	54,0	51,3	48,74	46,3	43,99
	Ab 1000 kW	54,0	51,3	48,74	46,3	43,99
Freiflächenanlagen	Versiegelte Flächen	45,7	43,4	40,6	37,96	35,49
	Ackerflächen	45,7	43,4	40,6	37,96	35,49
	Konversionsflächen	45,7	43,4	40,6	37,96	35,49

Anlagentyp		2009	2010	2011
		EEG 2009		
Auf einem Gebäude	Bis 30 kW	43,01	39,14	28,74
	30 kW bis 100 kW	40,91	37,23	27,33
	Ab 100 kW	39,58	35,23	25,86
	Ab 1000 kW	33	29,37	21,56
Freiflächenanlagen	Versiegelte Flächen	31,94	28,43	22,07
	Ackerflächen	31,94	28,43	-
	Konversionsflächen	31,94	28,43	21,11

Quellen: Erfahrungsbericht EEG 2002, Bundesnetzagentur

31 Die Vergütungssätze für fassadenintegrierte Anlagen sind hier nicht dargestellt. Die Bundesnetzagentur veröffentlicht die geltenden Einspeisevergütungen jährlich auf ihrer Internet-Seite (http://www.bundesnetzagentur.de/cln_1911/Sachgebiete/ElektrizitaetGas/ErneuerbareEnergienGesetz/ErneuerbareEnergieGesetz_node.html).

Rahmengesetz – DL 387/03

Das erste Gesetz zur Förderung Erneuerbarer Energien war das DL 387/03 (*Decreto Legislativo 29 dicembre 2003, n. 79*). Das Gesetz stellte die grundsätzlichen Rahmenbedingungen für die Förderung erneuerbarer Energien in Italien auf. Vom Grundsatz begründete es ein Herkunftsnachweissystem. Danach sollen alle erneuerbaren Energieträger außer der solaren Strahlungsenergie durch den Markpreis und die Erteilung eines Herkunftsnachweises gefördert werden. Für Strom aus Photovoltaik- bzw. Solarthermieanlagen sah das Gesetz ein besonderes Einspeisevergütungssystem vor. Konkrete Förderungsbedingungen und -maßnahmen legte das Gesetz noch nicht fest. Statt dessen ermächtigte es das Wirtschafts- und Umweltministerium, die Vergütungsvoraussetzungen und -höhe, durch Verwaltungserlass festzulegen.

In dem Gesetz wurde aber eine nationale Ausbaugrenze festgelegt. Einen Anspruch auf Einspeisevergütung für Strom aus Photovoltaikanlagen sollte es nur für Anlagen geben, die vor Erreichen einer nationalen Gesamtkapazität von 1.200 MW in Betrieb genommen würden.

Ministerieller Erlass (*Decreto Ministeriale*) DM 19/02/2007

Am 19. Februar 2007 veröffentlichten das Wirtschafts- und das Umweltministerium den ersten Erlass zur Förderung von Strom aus solarer Strahlungsenergie (DM 19/02/2007) und riefen dadurch ein neues Einspeisevergütungssystem in Italien, den *Nuovo Conto Energia*, ins Leben.

Gemäß des *Nuovo Conto Energia* erhalten Anlagebetreiber einen Premiumtarif als zusätzliche Vergütung zur Elektrizitätsproduktion, die zum Marktpreis vergütet wird. Dieser kannte neun verschiedenen Höhen, die sich nach Anlagenart und -kapazität unterschieden. Der Erlass begründete die Förderfähigkeit von Anlagen, die nach dem 13. April 2007 in Betrieb genommen wurden oder die zwischen dem 1. Oktober 2005 und dem 13. April 2007 in Betrieb genommen worden waren und die Kriterien der DM 28/07/05 und DM 06/02/06 erfüllten, aber keine Förderung nach diesen Erlässen erhielten. Zudem musste die Leistung einer förderungsberechtigten Anlage kW überschreiten und die im Anhang I des Erlasses genannten technischen Voraussetzungen erfüllen. Weiter musste die Anlage an ein Netz angeschlossen sein und durfte nicht nur der Eigenversorgung dienen. Die Förderfähigkeit entfiel, wenn für die Anlage öffentliche Fördergelder in Anspruch genommen worden waren und diese 20 % der Investitionskosten überstiegen.

Die Höhe des Premiumtarifs ist in Tabelle 8 dargestellt.

In dem Erlass DM 19/02/2007 wurde eine Degression von 2 % pro Kalenderjahr beschlossen und die angestrebte nationale Gesamtkapazität auf 3.000 MW bis 2016 erhöht.

Der Anlagenbetreiber konnte den Strom entweder auf dem freien Markt selbst direkt oder auch über den Gestore die Servizi Energetici (nachfolgend ‚GSE') zu einem festen Preis (*ritiro dedicato*) vermarkten. Der GSE ist ein staatliches Unternehmen, dessen Zweck es ist, die erneuerbaren Energien in Italien zu fördern.

Schließlich können Anlagenbetreiber für Anlagen, die nach dem 31. Dezember 2007 in Betrieb genommen wurden und eine Leistung zwischen 20 kW und 200 kW haben, das Net-

Metering nutzen (*Scambio sul posto*). Beim Net-Metering wird der Strom nicht eingespeist, sondern vom Erzeuger selbst verbraucht. Der Anlagenbetreiber bezahlt für seinen weiteren Stromverbrauch beim Lieferanten. Einmal jährlich findet dann eine Verrechnung statt, bei der der Saldo ausgezahlt wird. Die Verrechnung wird vom GSE kontrolliert.

Ministerieller Erlass (*Decreto Ministeriale*) DM 06/08/2010

Mit dem Ministeriellen Erlass DM 06/08/2010 vom 06. August 2010 wurden die Premiumtarife für Photovoltaikanlagen nach dem so genannten *Terzo Conto Energia* geändert. Die Vergütungshöhe ist in Tabelle 8 abgebildet. Dabei ist zu beachten, dass ab dem 01. Juni 2011 aufgrund des Erlasses vom 13. Mai 2011 bereits wieder andere Tarife gelten und die in der Tabelle angegebenen Tarife daher schon überholt waren, bevor sie überhaupt angewendet werden konnten.

Tabelle 8: Premiumtarif Italien DM 19/02/2007 und DM 06/08/2010

Anlagentyp		DM 19/02/2007				DM 06/08/2010 Inbetriebnahme zwischen		
		2007	2008	2009	2010	31.12.2010 u. 30.04.2011	31.12.2010 u. 30.04.2011	31.12.2010 u. 30.04.2011
		Cent/kWh						
Auf einem Gebäude	$1 \leq P \leq 3$	0,44 – 0,49	0,431 – 0,480	0,423 – 0,471	0,414 – 0,4612	0,402	0,391	0,380
	$3 \leq P \leq 20$	0,42 – 0,46	0,4116 – 0,4508	0,403 – 0,442	0,395 – 0,433	0,377	0,360	0,342
	$P > 20$	0,40 – 0,44	0,392 – 0,431	0,384 – 0,423	0,377 – 0,414	–	–	–
	$20 \leq P \leq 200$					0,358	0,341	0,323
	$200 \leq P \leq 1000$					0,355	0,335	0,314
	$1000 \leq P \leq 5000$					0,351	0,327	0,302
	$P > 5000$					0,333	0,311	0,287
Freiflächen-anlagen	$1 \leq P \leq 3$	0,40	0,392	0,384	0,376	0,362	0,347	0,333
	$3 \leq P \leq 20$	0,38	0,372	0,365	0,358	0,339	0,322	0,304
	$P > 20$	0,36	0,353	0,346	0,339	–	–	–
	$20 \leq P \leq 200$			–		0,321	0,309	0,285
	$200 \leq P \leq 1000$					0,314	0,303	0,266
	$1000 \leq P \leq 5000$					0,313	0,289	0,264
	$P > 5000$					0,297	0,275	0,251

Schließlich gibt es noch gesonderte Tarife für Anlagen an bestimmten Gebäuden, wie Schulen oder öffentlichen Verwaltungsgebäuden.

Ministerieller Erlass (*Decreto Minsteriale*) DM 13/05/2011

Zuletzt wurde die Förderung von Photovoltaikanlagen durch den Erlass des Wirtschaftsministeriums vom 13. Mai 2011 (DM 13/05/2011) zum *Quarto Conto Energia* geändert. Der Erlass richtet sich an Anlagen, die nach dem 31. Mai 2011 in Betrieb genommen wurden, die eine Leistungskapazität von mindestens 1 kW haben und die die technischen Voraussetzungen des Dekrets Nr. 28/2011 erfüllen. Außerdem muss die Anlage neu und durch nur einen Verknüpfungspunkt mit dem Stromnetz verbunden sein. Hinsichtlich Photovoltaikanlagen auf landwirtschaftlichen Flächen gilt zudem, dass die Anlage die Leistungskapazität 1 MW nicht überschreiten darf, die Anlagen nicht weniger als zwei Kilometer voneinander entfernt aufgestellt und sich über nicht mehr als 10 % der Gesamtfläche des Anlagenerbauers erstrecken dürfen.

Eine wichtige Erneuerung des Erlasses ist die Begrenzung des Förderungsbudgets für so genannte große Anlagen in zeitlicher, sowie mengenmäßiger Hinsicht. Große Anlagen sind Gebäudeanlagen mit einer Kapazität von mehr als 1 MW sowie Anlagen, die nicht am *Net Metering* teilnehmen. Der Erlass gibt die maximal förderbare Leistungskapazität für jeweils sechs Monate vor. Die Kapazitätsgrenzen sind in Tabelle 9 abgebildet:

Tabelle 9: Kapazitätsgrenzen Italien 2011 – 2016

Kapazitätsgrenze in MW	Halbjahr										
	2/2011	1/2012	2/2012	1/2013	2/2013	1/2014	2/2014	1/2015	2/2015	1/2016	2/2016
	1200	770	720	1115	1225	1130	1300	1140	1340	1040	1480

Darüber hinaus legt der Erlass ausschließliche Zeitfenster fest, in denen die Registrierung einer Anlage möglich ist (Tabelle 10).

Tabelle 10: Anmeldefenster für die Registrierung von Anlagen in Italien 2011/2012

	Anmeldezeitfenster für Registrierung		
	Beginn	**Beendigung**	**Bedingungen**
2011	20.05.2011	30.06.2011	Keine.
	15.09.2011	30.09.2011	Öffnung nur, wenn Kapazitätslimit 2011 im ersten Fenster noch nicht erreicht wurde.
1. Halbjahr 2012	01.11.2011	30.11.2011	Keine.
	01.01.2012	31.01.2012	Öffnung nur, wenn Kapazitätslimit 2012 im ersten Fenster noch nicht erreicht wurde
2. Halbjahr 2012	01.02.2012	28.02.2012	Kapazitätslimit, von dem das etwaige Überschreiten des Kapazitätslimits in 2011 abgezogen wird.
	01.05.2012	31.05.2012	Öffnung nur, wenn Kapazitätslimit 2012 im ersten Fenster noch nicht erreicht wurde, sowie die Kapazitätsgrenze 2011 nicht überschritten wurde.

Die Überwachung der Einhaltung der Obergrenzen obliegt dem GSE.

Schließlich wurde zum 1. Juni 2011 die Höhe der Einspeisevergütung verändert. Das Vergütungsregime des DM 13/05/2011 löst die Regelungen des DM 06/08/2010 für Anlagen, die ab dem 01. Juni 2011 in Betrieb genommen wurden, ab. Die Vergütungshöhen sind in Tabelle 11 dargestellt.

Tabelle 11: Einspeisevergütungen Italien DM 13/05/2011

Anlagentyp		Inbetriebnahme								
		06/2011	07/2011	08/2011	09/2011	10/2011	11/2011	12/2011	1. Halbjahr 2012	2. Halbjahr 2012
		Vergütung in Cent/kWh								
Auf einem Gebäude	1 ≤ P ≤ 3	0,387	0,379	0,368	0,361	0,345	0,320	0,298	0,274	0,252
	3 <P ≤ 20	0,356	0,349	0,339	0,325	0,310	0,288	0,268	0,247	0,227
	20 < P ≤ 200	0,338	0,331	0,321	0,307	0,293	0,272	0,253	0,233	0,214
	200 < P ≤ 1000	0,325	0,315	0,303	0,298	0,285	0,265	0,246	0,224	0,202
	1000 < P ≤ 5000	0,314	0,298	0,280	0,278	0,256	0,233	0,212	0,182	0,164
	P > 5000	0,299	0,284	0,269	0,264	0,243	0,221	0,199	0,171	0,154
Freiflächenanlagen	1 ≤ P ≤ 3	0,344	0,337	0,327	0,316	0,302	0,281	0,261	0,240	0,221
	3 < P ≤ 20	0,319	0,312	0,303	0,289	0,276	0,256	0,238	0,219	0,202
	20 < P ≤ 200	0,306	0,300	0,291	0,271	0,258	0,240	0,224	0,206	0,189
	200 < P ≤ 1000	0,291	0,276	0,263	0,245	0,233	0,210	0,189	0,172	0,155
	1000 < P ≤ 5000	0,277	0,264	0,250	0,243	0,223	0,201	0,181	0,156	0,140
	P > 5000	0,264	0,251	0,238	0,231	0,212	0,191	0,172	0,148	0,133

Für Anlagen, die nach dem 31. Dezember 2012 in Betrieb genommen werden, ändert sich das System der Einspeisevergütung. Der Premiumtarif wird durch eine Einspeisevergütung ersetzt, die sich aus dem Wert der von GSE abgenommen Elektrizitätsproduktion und der Förderung ergibt. Anlagenbetreiber, die den Strom für den Eigenverbrauch einsetzen, werden weiterhin den Premiumtarif erhalten. Die Einspeisevergütungen für das Jahr 2013 sind in Tabelle 12 dargestellt.

Tabelle 12: Einspeisevergütung Italien 2013

Anlagentyp		Inbetriebnahme 2013	
		Einspeisevergütung für den Verkauf	Premiumtarif für Eigenverbrauch
		Vergütung in Cent/kWh	
Auf einem Gebäude	$1 \leq P \leq 3$	0,375	0,230
	$3 < P \leq 20$	0,352	0,207
	$20 < P \leq 200$	0,299	0,195
	$200 < P \leq 1000$	0,281	0,183
	$1000 < P \leq 5000$	0,227	0,149
	$P > 5000$	0,218	0,140
Freiflächenanlagen	$1 \leq P \leq 3$	0,346	0,201
	$3 < P \leq 20$	0,329	0,184
	$20 < P \leq 200$	0,276	0,172
	$200 < P \leq 1000$	0,239	0,141
	$1000 < P \leq 5000$	0,205	0,127
	$P > 5000$	0,199	0,121

Der Netzbetreiber ist gesetzlich verpflichtet, die Einspeisevergütung an den Anlagenbetreiber zu zahlen. Er kann die ihm hierdurch entstehenden Kosten seinerseits auf die Strompreise und damit auf die Verbraucher umlegen. Diese bekommen in ihrer Rechnung die dem Netzbetreiber angefallenen Förderungskosten als „Systemkosten“ ausgewiesen.

Förderung von Solarthermie – *Decreto Ministeriale* DM 30/04/08

Die Förderung von Photovoltaikanlagen ist von der Förderung von solarthermischen Anlagen zu unterscheiden, wie der Ministerielle Erlass vom 30. April 2008 klarstellt.

Die Vergütung für Strom, der von solarthermischen Anlagen erzeugt wurde, setzt sich aus dem Marktpreis und der gesetzlichen Einspeisevergütung – in Form eines Bonus – zusammen. Sie hängt von dem tatsächlichen Anteil der solaren Strahlungsenergie bei der Gewinnung des Stroms ab, wie die Tabelle 13 zeigt.

Tabelle 13: Einspeisetarif bei Solarthermieanlagen in Italien

Einspeisevergütung (c/kWh Solarstrom)			
Anteil des Stroms aus Solarenergie	Bis 0,15	Zwischen 0,15 und 0,50	Über 0,5
Einspeisevergütung zusätzlich zum Marktpreis	0,28	0,25	0,22

Die Vergütung gilt nur für Anlagen, die vor dem 31. Dezember 2012 in Betrieb genommen werden. Für das Kalenderjahr 2013 wird die Vergütung um 2 % verringert.

Falls eine Hybridanlage vorliegt, deren Hybridkomponente auch mit erneuerbaren Energieträgern Strom erzeugt, können der Anlage zudem grüne Zertifikate zugeteilt werden.

Die Vergütung ist auf 25 Jahre begrenzt. Eine Inflationsanpassung wird nicht durchgeführt.

Der Erlass sieht zudem eine gesamtwirtschaftliche Mengengrenze für die Förderung der Solarthermie von 2 Millionen Quadratmetern bis 2016 vor.

2.1.3.3 Spanien

In Spanien wird die Erzeugung von Strom aus solarer Strahlungsenergie durch eine Preisregelung gefördert, deren Entwicklung im Folgenden geschildert wird.

Begründung der Förderpflicht – RD 436/2004

Das Königliche Dekret RD 436/2004 führte die Förderungspflicht für Strom aus solarer Strahlungsenergie in Spanien ein. Das Dekret kannte jedoch noch keine Einspeisevergütung, sondern begründete lediglich einen Anspruch auf einen regulierten Mittelpreis.

Einführung der Einspeisevergütung – RD 661/2007

Das Königliche Dekret RD 661/2007 setzte die Einspeisevergütung für Strom aus solarer Strahlungsenergie in Spanien fest. Gemäß dem RD 661/2007 ist die Höhe der Einspeisevergütung abhängig von der Leistungskapazität der Anlage, wie die Tabelle 14 zeigt.

Tabelle 14: Einspeisevergütung Spanien KD 661/2007

Leistungskapazität der Anlage	Tarif für die ersten 25 Jahre (Stand des Tarifs 2010)	Tarif für die Jahre 26+ (Stand des Tarifs 2010)
	Cent/kWh	
$P \leq 100$ kW	44.0381 (46.5897)	35.2305 (37.2718)
100 kW $\leq P \leq$ 10 MW	41.7500 (44.1690)	33.4000 (35.3352)
10 MW $\leq P \leq$ 50 MW	22.9764 (24.3077)	18.3811 (19.4462)
$P > 50$ MW	Keine Einspeisevergütung	

Die Voraussetzungen für den Anspruch auf Einspeisevergütung nach RD 661/2007 sind die Registrierung der Anlage im Photovoltaikregister der COMISIÓN NACIONAL DE ENERGÍA (nachfolgend ‚CNE'), die Vorlage einer Betriebserlaubnis und eines Stromabnahmevertrags mit dem Verteilungsnetzbetreiber, eine Bestätigung, dass die Messeinrichtungen gebaut sind und die Anlage die Netzanschluss- und Netzzugangsbedingungen erfüllt.

Die Einspeisevergütung wird jährlich bis 2012 in der Höhe des Konsumgüterpreisindex minus 0,25 % und ab 2013 in der Höhe Konsumgüterpreisindex minus 0,5 % angepasst.

Der Stichtag, um eine Förderung nach dem RD 661/2007 zu erhalten, war der 30. September 2008. An diesem Tag musste die Anlage in das Photovoltaikregister eingetragen worden sein.

Die Vergütungsdauer beträgt mehr als 25 Jahre. Während der ersten 25 Jahre wird der Strom nach dem oben angeführten Tarif vergütet. Ab dem 26. Jahr wird nur noch eine verringerte Vergütung gezahlt. Die zeitliche Regelung wurde im Rahmen des RD 1565/2010 rückwirkend verändert (siehe Kapitel 2.1.3.3).

Die Abrechnung der Einspeisevergütung erfolgte nach dem folgenden Muster: Der Anlagenbetreiber erhielt den täglichen an der Strombörse erzielten Marktpreis. Dafür musste der Anlagenbetreiber einen Marktzugangsvertreter benennen, der für ihn an der Strombörse den erzeugten Strom veräußerte. Die Differenz zwischen der gesetzlichen Mindestvergütung und dem Marktpreis bekam der Anlagenbetreiber von seinem Netzbetreiber ausgezahlt.

Das RD 661/2007 gab zudem eine mengenmäßige Installationsobergrenze von 371 MW vor.

Einführung des Photovoltaikregisters – RD 1565/2010

Mit der Verabschiedung des Königlichen Dekrets RD 1578/2008 wurde das Einspeisevergütungssystem weiter reformiert.

Zunächst wurde das Register für die vorherige Zuweisung der Einspeisevergütung (*Registro de Preasignación de Retribución*) (nachfolgend ‚Photovoltaikregister') eröffnet. Jede Photovoltaikanlage muss bei diesem Register angemeldet werden, damit ein Anspruch auf Vergütung entsteht. Insgesamt gibt es vier Zeiträume, in denen Anlagen angemeldet werden können. Dabei gilt das Prioritätsprinzip. Innerhalb von 12 Monaten nach Eintragung muss die Anlage Solarstrom in das Netz einspeisen. Anlagen, die in einer Anmelderunde nicht berücksichtigt wurden, gingen bei diesem Dekret automatisch in die nächste Runde über.

Die Einspeisevergütungen können innerhalb eines Jahres um 10 % sinken, wenn die in der vorherigen Anmelderunde abgefragten Leistungskapazitäten erreicht worden sind. Andererseits kann die Vergütung auch bis zu 50 % ansteigen, wenn in den zwei vorhergehenden Runden die angestrebte Kapazität nicht erreicht wurde. Das Anmeldefenster wirkt sich somit auf die Vergütungshöhe aus.

Weiterhin differenziert das RD 1578/2008 erstmals nach Anlagetypen. Während Photovoltaik-Freiflächenanlagen in der ersten Auswahlrunde 32 Cent/kWh erhalten, erhalten Photovoltaik-Gebäudeanlagen zwischen 32 und 34 Cent/kWh, wie die Tabelle 15 verdeutlicht.

Tabelle 15: Einspeisevergütung Spanien RD 1578/2008

Dachgebäudeanlagen, Kapazität ≤ 20 kW	Dachgebäudeanlagen, Kapazität < 20 kW	Freiflächenanlagen bis maximal 20 MW
34,00 Cent/kWh	32,00 Cent/kWh	32,00 Cent/kWh

Obendrein führte das RD 1578/2008 neue Obergrenzen für einzelne Anlagen und für den jährlichen Kapazitätszuwachs ein. Einzelne Photovoltaikanlagen, die eine Einspeisevergütung erhalten, dürfen eine Kapazität von 10 MW bei Freiflächenanlagen und 2 MW bei Gebäudeanlagen nicht übersteigen. Jährlich ist das Wachstum auf 400 MW beschränkt, wobei 2/3 auf Freiflächenanlagen und 1/3 auf Gebäudeanlagen fallen.

Veränderung des Abrechnungssystems – RD 485/2009

Das Königliche Dekret RD 485/2009 vom 3. April 2009 veränderte das Abrechnungssystem für Strom aus solarer Strahlungsenergie in Spanien zum 1. November 2009. Anstelle des Netzbetreibers wird die Differenz zwischen der Einspeisevergütung und dem Marktpreis nun direkt von der CNE entrichtet. Der Anlagenbetreiber kann für die Abrechnung mit der CNE auch einen Marktzugangsvertreter beauftragen.

Begrenzung der Vergütungsdauer, Verringerung der Einspeisevergütung – RD 1565/2010

Das Königliche Dekret RD 1565/2010 vom 19. November 2010 begrenzt den Anspruch auf Einspeisevergütung auf die ersten 25 Jahre nach Inbetriebnahme. Zuvor hatte RD 661/2007 einen gestuften Tarif festgelegt, der eine, wenn auch verringerte Vergütung, auch noch nach den ersten 25 Jahren kannte. Da der Begrenzung der Förderungsdauer rückwirkende Wirkung zugesprochen wurde, sie also auch Anlagen erfassen sollte, die vor 2010 in Betrieb genommen wurden, ist derzeit, d.h. im August 2011, eine Klage gegen diese Norm vor den spanischen Gerichten anhängig.

Zusätzlich wurde die Höhe der Einspeisevergütung durch das RD 1565/2010 weiter gesenkt. Ab dem zweiten Anmeldefenster 2011 sinkt demnach die Höhe der Vergütung für neue Gebäudeanlagen bis zu 20 kW um 5 %, für neue Gebäudeanlagen über 20 kW um 25 % und für neue Freiflächenanlage um 45 %. Diese Anpassungen entfalten keine Rückwirkung.

Schließlich wurden auch die Regeln hinsichtlich der Eintragung in das Voreintragsregister verschärft. Eine Anmeldung ist nun ausschließlich elektronisch möglich. Ein Antrag ist nur noch für eine Anmelderunde gültig und wird im Fall der Nichtberücksichtigung nicht in die nächste Anmelderunde übertragen. Bei Ablehnung des Antrags muss ein neuer Antrag gestellt werden. Dabei kann jedoch auf die ursprünglich eingereichten Unterlagen verwiesen werden, sofern man das in dem ursprünglichen Antrag erwähnt hat.

Beschränkung der Produktionsstunden – RDL 14/2010

Am 24. Dezember 2010 wurde das Königliche Dekret RDL 14/2010 erlassen, das vom Parlament am 16. Februar 2011 bestätigt wurde.

Das RDL 14/2010 begründet sowohl für neue Photovoltaikanlagen, als auch für solche, die nach Maßgabe des RD 661/2007 und RD 1578/2008 in Betrieb gegangen waren, eine Begrenzung der vergüteten Produktionsstunden. Außerdem teilt das RDL 14/2010 die Anlagen in andere Typen ein. Anstelle der Unterscheidung von Freiflächen- und Gebäudeanlagen, werden die Anlagen nun nach ihren technischen Gesichtspunkten unterschieden.

Zwischen dem 01. Januar 2011 und dem 31. Dezember 2013 wird bei Anlagen, die nach dem RD 661/2007 vergütet werden, die Einspeisevergütung begrenzt (Tabelle 14). Ab 2014 sollen die Stundenbegrenzungen noch weiter herabgesetzt werden. Dabei werden die Regionen auf lokaler Ebene nach den im Königlichen Dekret festgesetzten Anforderungen festgelegt werden.

Im Gegenzug wird die Vergütung der Anlagen auf 28 Jahre, anstelle der ursprünglich vorgesehenen 25 Jahre festgesetzt.

Für Anlagen, auf die das RD 1578/2008 Anwendung findet, gelten ebenfalls die in Tabelle 16 aufgeführten Tarife. Die Regelungen hinsichtlich des Zeitraums von 2011 bis 2013 sind auf diese Anlagen jedoch nicht anwendbar.

Tabelle 16: Begrenzung der Produktionsstunden Spanien ab 2011, RDL 14/2010

Anlagentyp	Vergütete Produktionsstunden/Jahr für Anlagen..					
	...die RD 661/2007 unterfallen von 2011 bis 2013	...die RD 1578/2008 unterfallen ab 2011 und RD 661/2007 ab 2014				
	Regionen-unabhängig	Region I	Region II	Region III	Region IV	Region V
Feste Anlagen	1.250	1.232	1.362	1.492	1.632	1.753
Um eine Achse nachgeführte Anlage	1.644	1.602	1.770	1.940	2.122	2.279
Um zwei Achsen nachgeführte Anlagen	1.707	1.664	1.838	2.015	2.204	2.367

Schließlich sieht das RDL 14/2010 eine Stromdurchleitungsgebühr für Anlagenbetreiber in Höhe von 0,5 Euro/MWh vor, die an den Netzbetreiber zu zahlen ist.

Strengere Dokumentationsbedingungen – RD 1003/2010

Das königliche Dekret RD 1003/2010 stellt strengere Voraussetzungen betreffend des Anspruch auf Einspeisevergütung für Anlagen auf, die eine Vergütung entweder nach RD 661/2007 oder RD 1578/2008 erhalten. Zu diesem Zweck erklärt RD 1003/2010 Mindestvoraussetzungen, die notwendig für den Erhalt der jeweiligen Vergütung, aber nicht hinreichend sind.

Gemäß RD 1003/2010 muss der Anlagenbetreiber schriftlich nicht nur den Kauf der Photovoltaikmodule nachweisen, sondern auch, dass er im Besitz der Module ist. Diese Voraussetzungen erfüllt der Anlagenbetreiber, indem er eine Quittung hinsichtlich des Kaufs, sowie der Lieferung vorlegt. Außerdem müssen der Installateur und der Arbeitsdirektor der Anlage schriftlich bestätigen, dass er die Module installiert hat bzw. die Arbeiten abgeschlossen sind. Schließlich ist der Anlagenbetreiber verpflichtet, einen beglaubigten Katasteramtsauszug der Grundstücke einzureichen, auf denen die Anlage errichtet wurde.

Die Unterlagen müssen innerhalb von zwei Monaten, nachdem diese von CNE abgefragt wurden, beigebracht werden.

Wenn die Unterlagen nicht schlüssig sind, setzt CNE die Zahlung der Einspeisevergütung vorübergehend aus und übermittelt den Vorgang an das Wirtschaftsministerium. Das Wirtschaftsministerium kann die Einspeisevergütung versagen. Bereits gezahlte Vergütungen müssen dann erstattet werden.

Das RD 1003/2010 berechtigt die CNE zur Überprüfung der Einhaltung, regelmäßig Inspektionen vor Ort durchzuführen.

Förderung von Solarthermieanlagen

Für Solarthermische Anlagen gab es bis zum 29. August 2008 eine eigene Kapazitätsgrenze von 500 MW. Seit dem 29. August 2008 werden die Kapazitätsgrenzen jedes Jahr neu festgelegt.

Für innovative solarthermische Anlagen gibt es ein besonderes Programm des Industrieministeriums. Durch ein Vergabeverfahren kann im Rahmen dieses Programms eine besondere Abgeltung für eine Kapazität von bis zu 80 MW erreicht werden.

2.2 Die Legal Due Diligence

DR. DANIEL REICHERT-FACILIDES

ANDREAS RUTHEMEYER

2.2.1 Bedeutung und Funktion

Der Begriff des *Due Diligence* ist historisch mit dem amerikanischen Kapital- und Anlegerschutzrecht verbunden. Danach war eine Due Diligence erforderlich, um etwaige Schadensersatzansprüche wegen unrichtiger oder falscher Angaben im Emissionsprospekt auszuschließen[32]. Die Due Diligence war somit darauf ausgerichtet, Risiken vor Abschluss des Geschäfts zu entdecken und Maßnahmen einzuleiten, um diese Risiken zu verringern.

Der Gedanke, die Unsicherheit über den Inhalt eines Geschäfts durch eine gründliche Untersuchung zu minimieren, wurde später auch insbesondere auf Unternehmenskäufe erstreckt. Hauptzweck der Due Diligence-Phase beim Unternehmenskauf ist es, dem möglichen Erwerber eines Unternehmens eine Einschätzung über die Situation des Übernahmeziels zu ermöglichen[33]. Bei der Projektfinanzierung ist eine Due Diligence insbesondere für die Fremdkapitalgeber erforderlich, darüber hinaus aber auch für solche Eigenkapitalinvestoren, die das Projekt nicht selbst entwickelt haben, sondern erst in einer späteren Phase erwerben.

Wie der Begriff „Legal" Due Diligence anzeigt, gibt es mehrere Arten von Due Diligence, die sich hinsichtlich ihres thematischen Schwerpunkts unterscheiden. Beispielhaft spricht man von einer Environmental-, oder einer Tax Due Diligence. Die unterschiedlichen Due Diligence-Klassifizierungen spiegeln die typischen Bereiche wider, die für ein Geschäft wirtschaftlich von Bedeutung sein können. So werden in einer Environmental Due Diligence Umweltschutzprobleme und -risiken erfasst, die auf den Projektgegenstand einwirken und von ihm ausgehen[34]. Die Tax Due Diligence beschäftigt sich mit der steuerlichen Risikoanalyse einer Transaktion[35]. Dementsprechend befasst sich die Legal Due Diligence mit rechtlichen Problemen.

Auf die Projektfinanzierung von Solarvorhaben bezogen bedeutet das, dass es der Zweck der Legal Due Diligence ist, die rechtlichen Rahmenbedingungen darzustellen und zu begutachten. Mit anderen Worten, geht es darum, mögliche rechtliche Fallstricke, die dem wirtschaftlichen Erfolg des Projekts in den Weg gelegt sind, zu entdecken und zu entschärfen.

Der Maßstab der Legal Due Diligence ist der wirtschaftliche Sachverhalt des Projekts. Nur die Fallstricke, die in der Nähe oder auf dem Weg des Projekts ausliegen, sind relevant.

---

32 Daniel Busch und Friedhold E. Andreas, *Due Diligence – Beck'sches Mandatshandbuch*, 2. Auflage, C. H. Beck Verlag, 2010, Rn. 19.

33 Busch/Andreas, Rn. 21.

34 Busch/Andreas, Rn. 6.

35 Jürgen Wegmann und Wolfgang Koch, *Due Diligence – Unternehmensanalyse durch externe Gutachter – Ablauf und Technik, Folge-Due Diligence als neuer Analysestandard,* DStR 2000, 1027, 1028.

Allerdings haben sich in der Praxis Rechtsbereiche kristallisiert, die auf Grund der Struktur einer Projektfinanzierung regelmäßig zu beachten sind. Darüber hinaus gibt es branchenspezifische Fragen, die in der einen oder anderen Form bei diesen Projekten regelmäßig beantwortet werden müssen[36].

Eine Due Diligence hat in der Regel drei Funktionen: eine Risikoermittlungsfunktion, eine Dokumentationsfunktion und eine Gewährleistungsfunktion.

Die Notwendigkeit der Risikoermittlung ist dem Umstand geschuldet, dass meist eine Vertragspartei ein Informationsdefizit hinsichtlich des Geschäftsgegenstandes besitzt. In der Projektfinanzierung ist dies der Eigenkapitalinvestor im Verhältnis zum Projektentwickler als dem Verkäufer der Projektrechte oder den Anteilen an der Projektgesellschaft und dem Fremdkapitalgeber im Verhältnis zu Projektgesellschaft und den dahinter stehenden Sponsoren (d.h. Projektentwickler oder Eigenkapitalinvestor). Um sich selbst ein Bild über die Risiken und Chancen des Projekts machen zu können, sind die Kapitalgeber auf die Weitergabe von Informationen durch die Projektgesellschaft und die Sponsoren angewiesen. Nur so können sie die bestehenden Risiken einschätzen und eine Investitionsentscheidung treffen.

Des Weiteren soll die Due Diligence das Geschäft und die wechselseitigen Beziehungen der Beteiligten dokumentieren. Das ist insbesondere bei einer Projektfinanzierung aufgrund der komplexen Vertragsstrukturen notwendig. Um eine erfolgreiche Projektfinanzierung durchzuführen, müssen die Risiken dokumentiert und dann demjenigen Beteiligten zugewiesen werden, der das Risiko am besten beherrschen kann. Dadurch werden zum einen die Kosten des Projekts möglichst niedrig gehalten und zum anderen die Wahrscheinlichkeit der Realisierung des Risikos gesenkt. Letztlich ist dies Voraussetzung für eine erfolgreiche Projektumsetzung, weil jedes unbeherrschte Risiko die Prognose des Projekts verschlechtert und es damit gefährdet. Daher bildet die Due Diligence mit der Identifikation konkreter Risiken zugleich die Grundlage für die interessengerechte Zuordnung in der Vertragsdokumentation, etwa durch die Vereinbarung von Auszahlungsvoraussetzungen (*condition precedents*) oder Zusicherungen (*representations and warranties)* im Darlehensvertrag.

Schließlich erfüllt die Due Diligence auch eine Haftungsfunktion. Die Due Diligence soll die jeweiligen Vertragsparteien absichern. Dieses geschieht bei einer Projektfinanzierung häufig, aber nicht immer, indem die Sponsoren die Vollständigkeit und inhaltliche Richtigkeit der überlassenen Due Diligence Materialien nach bestem Wissen und Gewissen gegenüber dem Fremdkapitalgeber bestätigen.

Bei der Betrachtung der drei Funktionen wird offensichtlich, dass es keine scharfe Trennung zwischen diesen gibt, sondern sich die Funktionen Risikoermittlung, Dokumentation und Gewährleistung überschneiden. Die Gliederung eines Berichts oder der Due Diligence an sich anhand ihrer Funktionen wäre somit unübersichtlich und nicht zweckmäßig.

Für eine Due Diligence bietet sich aber eine bestimmte Vorgehensweise an.

---

36 Im Hinblick auf Solarvorhaben werden diese Bereiche in 2.2.3 allgemein und in dem darauf nachfolgenden Abschnitt konkreter beantwortet.

2.2.2 Organisation und Durchführung der Legal Due Diligence

2.2.2.1 Grundannahmen

Hinsichtlich der theoretischen Betrachtung der Organisation und Durchführung einer Legal Due Diligence sind zwei Grundannahmen zu beachten. Diese prägen den Ablauf der Due Diligence und werden indirekt in die Planung des Prozesses mit einbezogen:

Erstens sind bei einer Legal Due Diligence die zur Verfügung stehende Zeit und die zur Verfügung stehenden Ressourcen begrenzt. Es ist somit eine koordinierte Planung und ein koordinierter Einsatz der Ressourcen notwendig. Zweitens ist die Legal Due Diligence kein starrer, sondern ein sehr dynamischer Prozess. Folglich ist die Legal Due Diligence nur beschränkt planbar.

Die Gegenüberstellung beider Annahmen zeigt, dass sie im Widerspruch zu einander stehen. Beide Grundannahmen lassen sich nicht problemlos miteinander vereinbaren. Vielmehr sind die Umstände der begrenzten Zeit und der potentiell unbeschränkten Dynamik eine der größten Herausforderungen einer jeden Due Diligence.

Aus diesem Dilemma ergibt sich auch, dass es eine vollständige Due Diligence nicht geben kann. Es ist in der Natur der Due Diligence, dass eine ganzheitliche Untersuchung weder faktisch möglich, noch wirtschaftlich gewollt ist. Vielmehr sind in jeder Due Diligence Lücken vorhanden. Maßgeblich ist jedoch, dass diese Lücken nicht unerkannt bleiben dürfen, sondern bewusst gemacht und als *„known unknowns"* kommerziell bewertet werden müssen.

2.2.2.2 Vorgaben des Mandanten

Um das Dilemma etwas aufzulösen und die Wahrscheinlichkeit eines reibungslosen Ablaufs der Due Diligence zu erhöhen, ist es hilfreich, wenn der Auftraggeber klare Vorgaben hinsichtlich des Ziels und der Ressourcen der geplanten Due Diligence gibt. Andererseits ist die Unterstützung bei der Formulierung des Prüfungsauftrages zugleich Gegenstand der Beratung durch den jeweiligen Experten, so dass bereits die Planung der Due Diligence ein kreativer Prozess ist. Eine solche sorgfältige Vorbereitung ermöglicht die effektive Durchführung der Due Diligence, in der die für die Transaktion entscheidenden Schwerpunkte abgearbeitet werden können.

Zudem steht die Höhe der Kosten in einem Wechselspiel mit dem Umfang der Analyseschwerpunkte. Je größer der Umfang der Prüfung, desto kostenintensiver ist sie. Dabei kann eine wirtschaftliche Betrachtung des Auftraggebers dazu führen, auf die rechtliche Prüfung einzelner Aspekte gänzlich zu verzichten, etwa auf die Prüfung der Durchsetzbarkeit oder Abtretbarkeit von Gewährleistungsansprüchen nach chinesischem Recht gegen einen Modulhersteller.

2.2.2.3 Erfassung des Materials und Erstellung einer Check-Liste

Die Auswahl der Analyseschwerpunkte bildet zugleich die Grundlage für die Erstellung einer Anforderungsliste für diejenigen Dokumente, die der Projektentwickler bzw. die Projektgesellschaft als Grundlage der Prüfung zur Verfügung stellen muss. Die Check-Liste sollte im Interesse der effizienten Kommunikation möglichst konkret gefasst sein, muss aber zugleich offen formuliert werden, um die Vorlage aller relevanten Dokumente sicherzustellen. Eine geeignete Formulierung für die Anforderungen zur grundstücksrechtlichen Due Diligence in einem deutschen Photovoltaikprojekt würde etwa lauten: (1) Grundbuchauszug, (2) Mietvertrag und (3) Vereinbarung über die Bestellung einer beschränkten persönlichen Dienstbarkeit, sowie (4) alle weiteren Dokumente betreffend das Nutzungsrecht am (zuvor definierten) Projektgrundstück. Die Check-Liste reflektiert also bereits in erheblichem Maße die Erwartungen an die rechtliche Ausgestaltung und Absicherung des Projektes. Im Hinblick auf die mögliche Änderung dieser Anforderungen und als Übersicht über den Bearbeitungsstand empfiehlt es sich, die Check-Liste bis zum Abschluss des Due Diligence-Reports fortzuschreiben.

2.2.2.4 Aufbau eines geordneten elektronischen Datenraums

Infolge der zunehmenden Verbreitung der Scannertechnologie werden Due Diligence-Materialien häufig nur noch in elektronischer Form zur Verfügung gestellt, meist als pdf-Dateien auf CD-ROM oder als Email-Anhang. Wichtig ist dabei in jedem Fall, dass die Materialien, die für die Due Diligence verwendet werden sollen, klar von anderen Materialien abgegrenzt werden. Nur so lässt sich die Dokumentationsfunktion der Due Diligence sicherstellen.

Jedenfalls bei größeren Projekten mit umfangreichen Materialien einer Vielzahl von Beteiligten empfiehlt sich der Aufbau eines virtuellen Datenraums. Dieser sollte in Anlehnung an die Check-Liste gegliedert werden um die Orientierung und Aktualisierung zu erleichtern. Ein virtueller Datenraum ist zugleich die beste Gewähr für einheitlichen Informationsstand im gesamten Due Diligence-Team und deswegen der bilateralen Übermittlung von Due Diligence-Dokumenten vorzuziehen. Anderseits lehrt die praktische Erfahrung, dass Administratorenrechte auf einen oder zwei Redakteure beschränkt werden müssen, um die Verwaltung des Datenbestandes nach einheitlichen Grundsätzen sicherzustellen.

2.2.2.5 Auswahl eines Teams

Bei der Auswahl des Teams für die Legal Due Diligence muss Expertise aus allen für die Entwicklung eines Solarvorhabens wesentlichen Rechtsgebieten sichergestellt werden, namentlich aus dem Gesellschaftsrecht, dem Grundstücksrecht, dem Bau- und Planungsrecht, dem Energiewirtschaftsrecht, dem Werkvertragsrecht und dem Steuerrecht. Andererseits erhöht sich mit jedem weiteren Teammitglied die Zahl der internen Schnittstellen. Vor diesem Hintergrund sollten einzelne Teammitglieder idealerweise imstande sein, mehr als einen Bereich abzudecken.

2.2.2.6 Durchführung der Legal Due Diligence

Selbst die effektivste Vorbereitung führt wahrscheinlich nicht dazu, dass das Prüfungskonzept während der Untersuchung unveränderlich bleiben wird. Vielmehr ist – wie bei jeder Projektplanung – damit zu rechnen, dass die Prüfung in der Realität anders verläuft, als zunächst erwartet. Das Due Diligence-Team sollte nicht nur Listen abarbeiten, sondern mit Problembewusstsein für das Ziel des Mandanten die Unterlagen bearbeiten. Davon ausgehend liegt es in der Natur der Due Diligence, dass Projekt- und Zeitpläne, soweit nötig, überarbeitet und den tatsächlichen Gegebenheiten angepasst werden.

Fast ebenso wichtig wir die sorgfältige Durchführung des eigentlichen Prüfungsauftrages ist zudem die Definition der Schnittstellen zu den Due Diligence Reports anderer Berater, namentlich zur Technical Due Diligence und zur Insurance Due Diligence. So kann etwa die Frage, ob der vertragliche vereinbarte Leistungsumfang für die Umsetzung des Projektes ausreicht sinnvoll nur vom technischen Berater beantwortet werden, obwohl die Prüfung des Generalunternehmervertrages im Übrigen Gegenstand der Legal Due Diligence ist. Die Bedeutung der effizienten Kommunikation zwischen den verschiedenen Beraterteams wird von den Projektbeteiligten häufig unterschätzt und sollte deswegen möglichst früh sichergestellt werden.

Trotz der Einzelfallbezogenheit des Umfangs einer Due Diligence Prüfung bestehen typische rechtliche Themenschwerpunkte für die Legal Due Diligence eines Solarvorhabens, die im Folgenden beschrieben werden.

2.2.2.7 Vorgehensweise

Die Vorgehensweise einer Due Diligence ist nicht vorgeschrieben. Jedoch ergibt sich aus den genannten Funktionen der Due Diligence als Risikoüberprüfung ein gedanklicher Ablauf. Im Ergebnis erfordert eine Due Diligence drei Schritte, die in der folgenden Abbildung 10 zusammengefasst sind.

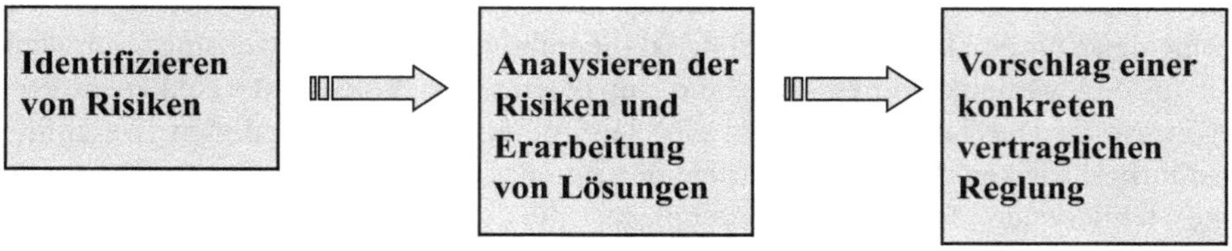

Abbildung 10: Vorgehensweise bei einer Due Diligence

Der Prozess wird anhand des Beispiels erläutert, dass für eine Photovoltaik-Freiflächenanlage eine Baugenehmigung auf einer Fläche beantragt wurde, die nicht für solare Zwecke ausdrücklich beplant worden ist[37].

[37] Siehe dazu auch die Kapitel 2.2.3.3 und 2.2.5.2.

In einem ersten Schritt sollten anhand der vom Projektentwickler oder der Projektgesellschaft zur Verfügung gestellten Unterlagen bestehende oder mögliche Risiken identifiziert werden. Im Beispiel ist der als ideal angesehene Standort nicht eindeutig als Gebiet für solare Zwecke beplant, etwa weil der Bebauungsplan dazu schweigt oder nur eine uneindeutige Aussage trifft. Daher besteht zum einen das Risiko, dass die zuständige Baubehörde den Antrag auf Errichtung einer Photovoltaikanlage versagt. Zum anderen besteht das Risiko, dass das Planungserfordernis als Voraussetzung für die Vergütungspflicht nach EEG nicht erfüllt ist und damit kein Anspruch auf Einspeisevergütung entsteht. Diese Risiken und deren Folgen sind im Due Diligence-Report anzusprechen.

Zweitens gilt es, die identifizierten Risiken zu analysieren und eine Lösung zur Minimierung des Risikos zu erarbeiten. In dem hypothetischen Fall müsste im Wege der Auslegung des Bebauungsplans ermittelt werden, ob eine Baugenehmigung für eine Photovoltaikanlage erteilt werden kann. Dafür könnte etwa der Flächennutzungsplan hinzugezogen werden. Außerdem sollte womöglich die Genehmigungspraxis der Baubehörde berücksichtigt werden. Gegen ein erhebliches Risiko würde etwa sprechen, wenn in dem Gebiet bereits Photovoltaik-Freiflächenanlagen errichtet wurden.

Drittens, sollte eine konkrete vertragliche Regelung vorgeschlagen werden, die das Risiko handhabbar werden lässt. Im Fall der Baugenehmigung ist es für die Fremdkapitalgeber ratsam, die Erteilung der Baugenehmigung als Auszahlungsvoraussetzung in den Darlehensvertrag mit aufzunehmen.

Im Ergebnis wurde durch diese vereinfachte Darstellung die systematische Suche nach Fallstricken demonstriert. Der potentielle Fallstrick der Versagung der Baugenehmigung wurde identifiziert, analysiert und durch eine konkrete vertragliche Lösung dem Risikobereich der Projektgesellschaft zugewiesen. Was hier einfach erscheint, ist in der Praxis aufgrund der Vielschichtigkeit eines Projekts vergleichsweise schwierig. Es ist daher hilfreich, wenn die Prüfer mit dem notwendigen wirtschaftlichen Kontext des Projekts und den einschlägigen Rechtsfragen bereits vertraut sind.

Insbesondere müssen die Rechtsprobleme immer mit Blick auf das Projekt gelöst werden, denn entscheidend für den Erfolg der Prüfung ist die richtige Schwerpunktsetzung. Nur wenn die Prüfer die Schwerpunkte ihres Vorgehens auf die für das Projekt entscheidenden Probleme legen, ist der Due Diligence Report eine Hilfestellung für die Beteiligten. Wenn hingegen ausführlich Risiken dargestellt werden, deren praktische Bedeutung marginal ist, entsteht eine fehlleitende Entscheidungsgrundlage, die von den tatsächlich relevanten Problemen ablenkt.

2.2.2.8 Gestaltung des Due Diligence-Reports

Da es für einen Due Diligence-Report keine gesetzlich zwingenden Regeln gibt, richten sich Inhalt und Form daher nach Zweckmäßigkeit.

Es ist meist nützlich, den Legal Due Diligence-Report in englischer Sprache abzufassen. Das gilt insbesondere für Projektfinanzierungen, bei denen die Beteiligten aus unterschiedlichen Ländern stammen, und auch dann, wenn anfangs alle Beteiligten einer anderen gemeinsamen

Sprache mächtig sind. Denn dies kann sich im Laufe des Projektes durch Personalwechsel oder das Hinzutreten weiterer Parteien rasch ändern. Zudem öffnet eine Dokumentation in englischer Sprache den potentiellen Investorenkreis des Projekts.

Grundsätzlich ist es sinnvoll, wenn ein Due Diligence-Report aus den folgenden Bestandteilen besteht[38]: Deckblatt (*Cover*), Inhaltsverzeichnis (*Table of Contents*), Abkürzungen (*Abbreviations*), Definitionen (*Definitions*), Einleitung (*Introduction and Disclaimer*), Kurzfassung (*Executive Summary*), Langfassung (*Long Form Report*) und Anlagen (*Exhibits*).

Der Inhalt der einzelnen Bestandteile ist grundsätzlich selbsterklärend. Die Einleitung sollte dabei alle Rahmenbedingungen der durchgeführten Due Diligence wiedergeben. Zu diesen Bedingungen zählen insbesondere der Adressat, der Zweck des Reports und der genaue Prüfungsauftrag. Zudem enthält die Einleitung bestimmte Haftungsausschlüsse hinsichtlich des geprüften Datenmaterials[39].

2.2.3 Inhaltliche Strukturierung der Legal Due Diligence eines Solarvorhabens

Insbesondere vier Rechtsgebiete können bei der Projektfinanzierung von Solarvorhaben Probleme aufwerfen: das Gesellschaftsrecht, das Immobilienrecht, das öffentliche Bau- und Planungsrecht und das Energiewirtschaftsrecht. Darüber hinaus gibt es einzelne Fragen aus anderen Rechtsgebieten, die speziell für eine Photovoltaik- oder Solarthermieanlage zu beachten sind. Generalunternehmer- und Wartungsverträge, die für den Fremdkapitalgeber ebenfalls einen Schwerpunkt der Legal Due Diligence bilden, werden gesondert im Kapitel 2.3 behandelt.

2.2.3.1 Gesellschaftsrecht

Zentrales Element der Projektfinanzierung ist die Gründung einer Projektgesellschaft als Inhaber der Projektrechte und Vertragspartner der Projektverträge. Um diese Aufgabe erfüllen zu können, muss die Projektgesellschaft ordnungsgemäß gegründet sein und hinsichtlich ihrer Beteiligungsstruktur und Satzung den Zwecken der Projektfinanzierung entsprechen.

2.2.3.2 Immobilienrecht

Für jedes Photovoltaik- oder Solarthermieprojekt bedarf es eines Grundstücks, auf dem die Anlage errichtet werden kann. Daher muss die Projektgesellschaft hinreichend gesicherte Rechte zur Nutzung des Projektgrundstückes erlangt. Dies erfordert mindestens die Begründung eines schuldrechtlichen Nutzungsverhältnisses. Im Hinblick auf das Bonitätsrisiko des Grundstückseigentümers und die Möglichkeit einer Veräußerung des Grundstücks[40] wird

[38] C. Elfring, JuS-Beilage 2007, 3, 4 – enthält detaillierte Angaben hinsichtlich der Strukturierung einer Gliederung eines Due Diligence-Reports.

[39] C. Elfring 2007, 4.

[40] Letzteres wird im deutschen Recht durch den Grundsatz „Kauf bricht nicht Miete" nach §§ 566, 578 BGB entschärft.

regelmäßig aber auch eine dingliche Absicherung des Nutzungsrechtes oder ein Eigentumserwerb gefordert. Dieselben Überlegungen gelten für die Begründung von Leitungsrechten für die Kabeltrasse zwischen der Anlage und dem Verknüpfungspunkt mit dem Netz.

Weiterhin ist das Immobilienrecht bedeutsam für die Bestellung der Kreditsicherheiten, um die Möglichkeit des getrennten Eigentums an den Bestandteilen der Anlage und des Grundstücks aufrechterhalten zu können. Denn für die Bestellung der Kreditsicherheiten ist es notwendig, dass die Bestandteile der Anlage nicht wesentliche Bestandteile des Grundstücks werden[41]. Nur so können wirksam Sicherheiten an den Bestandteilen der Anlage bestellt werden und es wird verhindert, dass die Sicherheiten mit dem Aufbau der Anlage auf dem Grundstück untergehen. Ist dies nicht mehr möglich und kommt ein Erwerb des Grundstücks praktisch nicht in Betracht, kann eine angemessene dingliche Kreditsicherheit allenfalls durch die entsprechende Ausgestaltung des beschränkten dinglichen Nutzungsrechts am Projektgrundstück erreicht werden.

Öffentliches Bau- und Planungsrecht

Die öffentlich-rechtliche Due Diligence umfasst zum einen die Identifizierung und Prüfung der für Errichtung und Betrieb der Anlege erforderlichen Genehmigungen, insbesondere der Baugenehmigung. Darüber hinaus ist das öffentlich-rechtliche Planungsrecht insbesondere aufgrund der Verzahnung mit dem Energiewirtschaftsrecht, wichtig. So stellt das EEG für deutsche Solarprojekte planungsrechtliche Erfordernisse auf, die für das Entstehen der Vergütungsvoraussetzungen elementar sind[42]. Die Umsetzung der planungsrechtlichen Erfordernisse ist im Baugesetzbuch (im folgenden ‚BauGB‘) geregelt.

Weiterhin begründet das Bauplanungsrecht durch den städtebaulichen Vertrag eine Möglichkeit aktiv, zusammen mit der Gemeinde auf deren Hoheitsgebiet die Anlage errichtet wird, gemeinsame Lösungen zu erarbeiten. Diese Vereinbarungen mögen die Zusammenarbeit mit den kommunalen Entscheidungsträgern einfacher und politisch unangreifbarer machen.

2.2.3.3 Energiewirtschaftsrecht

Das Energiewirtschaftsrecht regelt den Netzanschluss und -zugang, sowie die Tatbestandsvoraussetzungen für die Vergütung und deren Höhe. Diese Rechtsfragen sind besonders bedeutsam für Projektfinanzierungen, weil die Abnahmegarantie und die Höhe der Vergütung des erzeugten und in das Netz eingespeisten Stroms den Barwert des Cashflows, den die Anlage generieren kann, bestimmt. Der Barwert des Cashflows hingegen bestimmt den wirtschaftlichen Wert des Projekts und die Möglichkeit der Projektgesellschaft, ihre Schulden zu bedienen[43]. Die im Energiewirtschaftsrecht gemachten Vorgaben haben daher einen großen Einfluss auf die Projektplanung.

---

41 Christoph Reymann, *Fotovoltaikdienstbarkeiten bei Anlagen auf fremden Grundstücken,* DNotZ 2010, 84, 91, 92.

42 Siehe Kapitel 2.2.5.3.

43 Ulf Siebel, Jan-Hendrik Röver und Christian Knütel – *Knütel*, Rechtshandbuch Projektfinanzierung und PPP, 2. Auflage, Carl Heymanns Verlag Köln, 2008, Rn 1646.

2.2.3.4 Sonstiges

Unter Sonstiges sind hier Einzelfragen aus unterschiedlichen Rechtsgebieten zusammengefasst. Diese Rechtsgebiete als solche enthalten bei der Projektfinanzierung von Photovoltaik- und Solarthermieanlagen grundsätzlich keine Besonderheiten im Vergleich zu Projektfinanzierungen anderer Anlagen. Jedoch bestehen in diesen Gebiete vereinzelte spezielle Besonderheiten, die die Errichtung von Solarvorhaben betreffen. Diese speziellen Rechtsprobleme sind

1. Konversionsflächen und bodenschutzrechtliche Verantwortlichkeit,
2. E&P-Vertrag – Ausgestaltung der Gewährleistungsrechte und Mängelrüge,
3. Instandhaltungsvertrag und die Vereinbarung einer Verfügbarkeitsgarantie.

Vorab jedoch soll auf ein typisches Risiko für Projektfinanzierungen eingegangen werden, namentlich das Risiko einer Rechtsänderung.

2.2.4 Rechtsänderungsrisiken

Wie oben besprochen, bestimmt eine Legal Due Diligence die rechtlichen Rahmenbedingungen eines Vorhabens zu einem bestimmten Zeitpunkt. Zwar kann in dem Bericht darauf hingewiesen werden, dass Indizien vorliegen, die auf eine mögliche Änderung des Rechts hinweisen.

Eine zuverlässige Prognose ist aber naturgemäß kaum möglich. Dies gilt insbesondere im Hinblick auf die langen Laufzeiten der meisten Projektfinanzierungen. Üblicherweise beträgt die Finanzierungsdauer des Projekts mehr als 15 Jahre. Das Recht ist jedoch keine statische Materie, sondern im Gegenteil sehr dynamisch. Die Langfristigkeit der geschlossenen Verträge signalisiert bereits, dass Rechtsänderungsrisiken bei Projektfinanzierungen immanent sind. Unter Rechtsänderungen werden dabei meist alle Änderungen von Gesetzen, Verordnungen, Verwaltungsakten und sonstigen hoheitlichen Regelungen verstanden, die eine (negative) Abweichung gegenüber den bei Abschluss der Projekt- und Finanzierungsverträge geltenden Rahmenbedingungen bedeuten.

2.2.4.1 Bauplanungsrecht

Ein typisches Rechtsänderungsrisiko im Sinne des oben skizzierten weiten Verständnisses besteht in Deutschland im Bauplanungsrecht: Die Beplanung ihres Gebiets gehört zu den Hoheitsrechten einer jeden Gemeinde[44]. Das heißt, dass die Gemeinden im Rahmen der vom Land vorgegebenen Raumordnungsplanung in den Grenzen des Rechts nach eigenem Ermessen ihr Gemeindegebiet beplanen können. Als Instrumente dafür stehen der Flächennutzungsplan und der Bebauungsplan zur Verfügung, § 1 Absatz 3, Absatz 2 BauGB.

Dabei ist es den Gemeinden unbenommen bestehende Bebauungspläne im Rahmen ihrer Ermessensausübung zu ändern. Infolge einer solchen Änderung vor Errichtung der Solaran-

[44] Werner Hoppe, Christian Bönker und Susan Grotefels-*Just*, *Öffentliches Baurecht*, 2. Auflage, C. H. Beck Verlag, München 2002, § 2, Rn. 25.

lage können auch die tatbestandlichen Voraussetzungen für die Einspeisevergütung nach § 32 EEG wieder entfallen.

Eine Veränderung bereits bestehender Planung in der Vorbereitungsphase des Projekts kann deswegen gravierende Folgen für das Solarvorhaben haben, das mit dem Wegfall der Einspeisevergütung meist nicht mehr finanziell realisierbar ist.

Aus diesen Schilderungen ist ersichtlich, dass es vorteilhaft ist, mit dem Rechtsänderungsrisiko des öffentlichen Planungsrechts proaktiv umzugehen und zu versuchen, die Zusammenarbeit mit der zuständigen Gemeinde zu suchen. Als ein Instrument der Zusammenarbeit bietet sich der städtebauliche Vertrag an, auf den in Kapitel 2.2.5.2 genauer eingegangen wird.

Darüber hinaus ist noch ein weiteres Rechtsänderungsrisiko der Projektfinanzierung eines Solarvorhabens immanent: das Energiewirtschaftsrecht.

2.2.4.2 Energiewirtschaftsrecht

Insbesondere in den Ländern, in denen es Festeinspeisevergütungen gibt, besteht ein ausgeprägtes energiewirtschaftliches Rechtsänderungsrisiko. Die Vergangenheit hat gezeigt, dass sowohl die Vergütungshöhe, als auch die Tatbestandsvoraussetzungen der Vergütungen nicht selten verändert werden. Ein aktuelles Beispiel ist die Begrenzung der Tarifberechtigung für Ackerflächen auf Solaranlagen, die aufgrund eines vor dem 25. März 2010 beschlossenen Bebauungsplans errichtet und vor dem 1. Januar 2011 in Betrieb genommen wurden, durch Änderungsgesetz zum EEG vom 11. August 2010. Im Hinblick auf die Veröffentlichung des Gesetzesentwurfs am 23. März 2010[45] hat das Bundesverfassungsgericht diese Gesetzesänderung auch unter Berücksichtigung der verfassungsrechtlichen Gebote des Vertrauensschutzes für zulässig erachtet[46].

In Spanien sind Rechtsänderungsrisiken im Energiewirtschaftsrecht infolge der bereits unter 2.1.3.3 dargestellten Gesetzesänderungen ein zentrales Investitionshindernis geworden. Zwar besagt die spanische Verfassung, dass Rechtsänderungen nicht gegen den Vertrauensschutz (*principio de confianza legitima*) oder das Bestimmtheitsgebot (*principio de seguridad juridica*) verstoßen dürfen. Für die Änderung der laufenden Einspeisevergütung hat das spanische Verfassungsgericht aber bereits entschieden, dass beide Prinzipien gewahrt sind, solange nicht gegen den einfachgesetzlichen Grundsatz verstoßen wird, demzufolge für Anlagen zur Erzeugung von Strom aus erneuerbaren Energien eine angemessene Vergütung zu zahlen ist. Dies deutet auf einen gewissen Spielraum der spanischen Regierung hin.

Insgesamt ist eine Tendenz der nationalen Gesetzgeber erkennbar, die aufgrund der hohen Kapazitätszuwächse bei stark gesunkenen Modulpreisen überdimensioniert erscheinenden und für die Stromverbraucher kostenträchtigen Anreizentgelte sowohl für die Zukunft als auch für bereits in Betrieb genommene Photovoltaikanlagen zu korrigieren, soweit dies unter Beachtung verfassungsrechtlicher Vorgaben möglich ist.

---

45 BTDrucks. 17/1147 vom 23. März 2010, dort insbesondere S. 10.

46 BVerfG, NVwZ-RR 2010, 905, 906.

2.2.4.3 Steuerrecht

Während die nachträgliche Änderung eines Einspeisetarifs mit fester Laufzeit in einem offensichtlichen Spannungsverhältnis zum rechtsstaatlichen Grundsatz des Vertrauensschutzes steht, eröffnet das Steuerrecht dem Gesetzgeber vergleichsweise unauffällige Korrekturmöglichkeiten. Beispiele hierfür sind die in Spanien jedenfalls teilweise praktizierte Einbeziehung des Wertes der Solaranlage in die Bemessungsgrundlage für Grund- und Grundverkehrssteuern. Wesentlich bekannter ist die Einführung einer besonderen Ertragssteuer in Höhe von 26 % auf Photovoltaik-Freiflächenanlagen in der Tschechischen Republik, die inzwischen Gegenstand verschiedener Gerichts- und Schiedsgerichtsverfahren ist.

2.2.4.4 Investitionsschutz und die Energiecharta

Wenn Solarvorhaben – wie häufig – mit grenzüberschreitenden Investitionen finanziert werden, besteht grundsätzlich die Möglichkeit, nachteilige Rechtsänderungen im Rahmen eines Schiedsgerichtsverfahrens auf ihre Vereinbarkeit mit völkerrechtlichen Investitionsschutzregeln überprüfen zu lassen. Voraussetzung hierfür ist, dass zwischen dem Heimatstaat des Investors und dem Gastland, in dem das Vorhaben realisiert wurde, ein bilaterales Investitionsschutzabkommen besteht oder dass beide Staaten Parteien des Vertrages über die Energiecharta sind. Da dies im Verhältnis zwischen den meisten europäischen Staaten der Fall ist, sind entsprechende Verfahren sowohl im Hinblick auf die spanischen Gesetzesänderungen als auch im Hinblick auf die tschechische Photovoltaiksteuer angestrengt worden. Allerdings ist die Durchführung eines völkerrechtlichen Schiedsverfahrens auch für die ausländischen Investoren als Kläger mit hohen Kosten und Risiken verbunden. Praktisch hat dies unter Berücksichtigung der überschaubaren Investitionsvolumen dazu geführt, dass sich Klägergruppen gebildet haben, die ihre Ansprüche gemeinsam verfolgen. Ob die bereits eingeleiteten Verfahren Erfolg haben werden, ist derzeit noch nicht mit Sicherheit abzusehen[47].

2.2.5 Ländercheckliste Deutschland

Die folgende Darstellung soll ohne Anspruch auf Vollständigkeit eine Vorstellung von den häufigsten Rechtsproblemen bei der Realisierung von Solarvorhaben in Deutschland vermitteln.

2.2.5.1 Immobilienrecht

Fragen des Immobilienrechts betreffen insbesondere die Grundstücksnutzung und die Bestellung von Kreditsicherheiten.

Nutzung fremden Grund und Bodens

Die Nutzungsrechte an den für die Errichtung der Solaranlage erforderlichen Grundstücken erwirbt die Projektgesellschaft typischerweise durch einen sogenannten Flächennutzungsver-

[47] http://www.encharter.org/index.php?id=7&L=0.

trags[48]. Der Flächennutzungsvertrag enthält dabei Elemente eines Miet- und eines Pachtvertrags[49]. In dem Vertrag werden nicht nur die Nutzungsrechte des Anlagenbetreibers und dessen Gegenleistung vereinbart, sondern auch Vereinbarungen hinsichtlich Wartungs- und Reparaturarbeiten und möglicher Rückbaupflichten getroffen[50]. Entscheidend ist, dass der Anlagenbetreiber Rechte erlangt, die es ihm ermöglichen, die Anlage und die weitere notwendige Infrastruktur zu bauen und zu betreiben, damit ein reibungsloser Ablauf des Geschäfts möglich ist.

Wichtig ist es, dabei zwischen der schuldrechtlichen Vereinbarung und der dinglichen Sicherung des Nutzungsrechts zu unterscheiden. Der Abschluss des Flächennutzungsvertrages allein bietet keinen umfassenden Schutz des Nutzungsberechtigten. Hinsichtlich des schuldrechtlichen Vertrages bestehen im Fall der Insolvenz des Grundstückseigentümers oder der Zwangsversteigerung des Grundstücks Sonderkündigungsrechte[51]. Deshalb ist es ratsam, eine beschränkte persönliche Dienstbarkeit (so genannte Mieterdienstbarkeit) zu vereinbaren und in das Grundbuch eintragen zu lassen[52]. Zwar schließt eine solche Dienstbarkeit rechtlich die Sonderkündigungsrechte nicht aus, macht aber eine Kündigung wirtschaftlich unattraktiv. Im Ergebnis entfällt nämlich im Fall der Kündigung nur der Anspruch des Grundstückseigentümers auf die Gegenleistung: der Flächennutzungsvertrag wird zwar beendet, so dass sowohl der Nutzungsanspruch des Anlagenbetreibers als auch der Anspruch auf die Gegenleistung des Grundstückseigentümers untergehen. Die dingliche Dienstbarkeit – und damit das Recht, das Grundstück weiterhin zu nutzen – bleibt aber davon unberührt.

Darüber hinaus bestehen häufig auch die Fremdkapitalgeber auf der Einräumung einer besonderen Dienstbarkeit zu ihren Gunsten, die gegenüber derjenigen der Projektgesellschaft vorrangig sein sollte. So können sie in der Insolvenz der Projektgesellschaft die Position des Anlagenbetreibers übernehmen und das Projekt selbst weiterführen oder an Dritte übertragen[53].

Kreditsicherheiten

Darüber hinaus ist die Einräumung einer beschränkten persönlichen Dienstbarkeit auch für die Bestellung dinglicher Sicherheiten an der Solaranlage selbst von Bedeutung. Denn grundsätzlich gilt nach § 94 Absatz 1 Satz 1 BGB, dass Sachen, die mit einem Grundstück fest verbunden werden, zu dessen wesentlichen Bestandteilen eines Grundstücks gehören. Dies hätte zur Folge, dass mit dem Einbau der Anlage deren Eigentümer gemäß § 946 BGB sein Eigentum an den Grundstückseigentümer verlieren würde, wodurch auch etwaige Sicherungsrechte der Bank an der Anlage untergehen würden.

48 Reymann, DNotZ 2010, Fn. 41, 84, 84.

49 Reymann, DNotZ 2010, Fn. 41, 84, 85.

50 Reymann, DNotZ 2010, Fn. 41, 84, 85.

51 § 111 InsO bzw. § 57a ZVG.

52 Kathrin Aigner und Jan Mohr, *Vermietung von Flächen für Photovoltaikanlagen – Chance oder Risiko*, ZfIR 2009, 14.

53 Reymann, Fn. 41, DNotZ 2010, 84, 86.

Eine Sache ist mit einem Grundstück fest verbunden, wenn nach der Verkehrsanschauung die Trennung der Sache vom Grund und Boden nicht ohne erheblichen Aufwand oder nicht ohne eine Beschädigung der Sache möglich ist[54]. Inwieweit eine Photovoltaik- oder Solarthermieanlage aufgrund dessen zu einem wesentlichen Bestandteil des Grundstücks wird, hängt von der Art der Anlage ab. Festzuhalten ist jedoch, dass bereits die Unsicherheit, ob eine feste Verbindung vorliegt und somit die Sicherungsrechte untergehen könnten, im Ergebnis die Finanzierung eines Solarvorhabens fast unmöglich machen würde.

Das Problem lässt sich lösen, indem der Bank eine beschränkte persönliche Dienstbarkeit bestellt wird, die Anlage zu errichten und zu betreiben, und infolge der die Sonderrechtsfähigkeit der Anlage aufrecht erhalten wird. Wenn die Anlage von Anfang an in Ausübung eines dinglichen Rechts gemäß § 95 Abs. 1 S. 2 BGB, nämlich der Dienstbarkeit, mit dem Grundstück verbunden wurde, wird die Anlage rechtlich nicht als wesentlicher, sondern als Scheinbestandteil behandelt. So wird der Verlust des Eigentums an der Anlage infolge des Einbaus vermieden und die Sicherungsrechte an der Anlage bleiben bestehen[55]. Darüber hinaus wird durch die Qualifizierung der Anlage als Scheinbestandteil verhindert, dass die Anlage in den Haftungsverband möglicher Grundpfandrechte, wie einer Hypothek oder Grundschuld, fällt.

Bei all dem ist zu beachten, dass es umstritten ist, ob eine Anlage auch durch eine nachträgliche Vereinbarung einer Dienstbarkeit zu einem Scheinbestandteil gemacht werden kann[56]. Es ist somit zu raten, dass – sofern möglich – die Dienstbarkeit vor dem Einbau der Anlage eingetragen wird.

2.2.5.2 Öffentliches Bau- und Planungsrecht

Baugenehmigungsverfahren

Hinsichtlich des Baugenehmigungserfordernis von Photovoltaik- und Solarthermieanlagen gilt es zu unterscheiden. Die Unterscheidung, ob eine bauliche Anlage genehmigungspflichtig oder genehmigungsfrei ist, wird in der jeweils einschlägigen Landesbauordnung getroffen. Während Photovoltaik-Gebäudeanlagen grundsätzlich ohne Genehmigung errichtet werden dürfen[57], ist die Errichtung von Photovoltaik-Freiflächenanlagen grundsätzlich genehmigungspflichtig. Die baurechtliche Unterscheidung zwischen Gebäude- und Freiflächenanlagen wird aufgrund des unterschiedlichen Flächenverbrauchs getroffen. Während bei einer Gebäudeanlage kein Flächenverlust eintritt, erfolgt bei der Freiflächenanlage eine großflächige Bebauung, die die Fläche einer weiteren Nutzung entzieht.

54 Palandt – *Ellenberger*, *BGB*, 70. Auflage, C. H. Beck Verlag München, 2011, § 94, Rn. 2.

55 Reymann, DNotZ 2010, Fn. 41, 84, 91.

56 Reymann, DNotZ 2010, Fn. 41, 84, 92.

57 Zum Beispiel erklärt § 61 Nr. 44 BauO Nordrhein Westfalen, dass Solarenergieanlagen auf oder an Gebäuden genehmigungsfrei sind. In anderen Landesbauordnungen bestehen jedoch Beschränkungen zum Beispiel hinsichtlich der Größe der Anlage. Zum Beispiel sind gemäß Anlage 2 Nr. 3.9 der Hessischen Bauordnung Solarenergieanlagen an oder auf Gebäuden bis zu einer Größe von 10 m² genehmigungsfrei.

Zuständige Stellen für den Baugenehmigungsantrag sind die jeweiligen unteren Bauaufsichtsbehörden nach den einschlägigen Landesbauordnungen.

Grundsätzlich kann man davon ausgehen, dass für eine Solarthermieanlage eine Baugenehmigung und keine Genehmigung nach § 4 Abs. 1 BImSchG iVM 4. BImSchV beantragt werden muss. Zum einen kann eine Solarthermieanlage keiner der in der 4. BImSchV aufgelisteten Anlagentypen zugeordnet werden. Zum anderen werden auch bei einer solarthermischen Anlage keine Brennstoffe verbrannt, die als schädliche Umwelteinwirkung zu qualifizieren wären.

Klagebefugnis von Umweltschutzverbänden

Im Zusammenhang mit der Erteilung von öffentlich-rechtlichen Genehmigungen ist zu beachten, dass diese von anderen Personen gerichtlich angegriffen werden können. Klagebefugt sind im öffentlichen Recht grundsätzlich nur Personen, die geltend machen können, von dem Vorhaben unmittelbar in ihren eigenen Rechten betroffen zu sein. Das ist nur der Fall, wenn eine Rechtsnorm verletzt sein kann, die ihr Interesse schützt, namentlich die Nachbarn[58]. Deshalb sollte diesen Personen die Genehmigung ebenfalls im Sinne von § 41 Verwaltungsverfahrensgesetz bekannt gegeben werden, um möglichst schnell Rechtssicherheit zu erlangen. Die Bekanntgabe enthält nämlich eine Rechtsbehelfsbelehrung in der erläutert wird, dass gegen die Baugenehmigung nur innerhalb einer bestimmten Frist beim zuständigen Verwaltungsgericht Klage erhoben werden kann. Lassen die Betroffenen diese Frist verstreichen, haben sie später nicht mehr die Möglichkeit, die Genehmigung gerichtlich anzugreifen. Diese ist bestandskräftig geworden.

Aus dem Gesagten wird deutlich, dass im deutschen Recht bislang nur ein eng begrenzter Personenkreis gegen eine erteilte Genehmigung gerichtlich vorgehen konnte. Der Schutznormgedanke wurde vom Gesetzgeber auch auf § 2 Absatz 1 Nr. 1 UmwRG angewendet, der die Klagebefugnis von Umweltverbänden bei umweltverträglichkeitsprüfungspflichtigen Vorhaben festlegt[59]. Das hat sich durch das Trianel-Urteil des EuGH geändert, wobei der Umfang der Veränderungen noch nicht definitiv absehbar ist. Der EuGH hat den die Klagebefugnis begrenzenden Schutznormansatz für Umweltverbände, die die innerstaatlichen Anerkennungsvoraussetzungen erfüllen, verworfen[60]. Demnach steht Umweltverbänden ein Umweltverbandsklagerecht zu. Sie können auch klagen, wenn naturschutzrechtliche Allgemeininteressen, wie der Schutz des Wassers oder der Luft, betroffen sind. Eingeschränkt wird dieser weite Anwendungsbereich nur dadurch, dass der EuGH das Klagerecht auf Vorschriften bezog, die unionsrechtlichen Ursprungs sind[61]. Rein nationale Rechtsvorschriften solle das Urteil nicht erfassen[62]. Die Abgrenzung zwischen rein nationalen und unionsrechtlichen

---

58 VGH Mannheim, NJW 1992, 388.

59 Das UmwRG geht auf die unionsrechtliche Öffentlichkeitsbeteiligungsrichtlinie zurück, 2003/35/EG v. 26.05.2003.

60 EuGH, Urt. v. 12.05.2011 – C-115/09, Rn. 48.

61 EuGH, Urt. v. 12.05.2011 – C-115/09, Rn. 48.

62 Markus Appel, *Umweltverbände im Ferrari des deutschen Umweltrechtsschutzes – Anmerkung zur Trianel-Entscheidung des EuGH, Urt. v. 12.5.2011 – C 114/09 NuR 2011, 423,* NuR 2001, 414, 415.

Regelungen ist allerdings im Einzelfall schwierig, was praktisch im Zweifel eine weitere Klagebefugnis zur Folge haben wird[63].

Das Trianel-Urteil vergrößert insbesondere bei Photovoltaik-Freiflächenanlagen auf Konversionsflächen das Rechtsstreitrisiko. Auf Konversionsflächen, die gegebenenfalls bereits schon länger nicht mehr aktiv genutzt werden, kann eine Renaturierung eingesetzt haben, infolge derer ein ökologisch sensibler Bereich entstanden ist, auf dem der Natur- und Artenschutz zu beachten ist. Auch für Solarthermieanlagen könnten nun aufgrund ihrer Größe und ihrer potentielle Einwirkung auf die Natur größere Schwierigkeiten zukommen.

Bebauungsplan

Ein Bebauungsplan oder ein Plan mit Konzentrationswirkung ist eine notwendige Voraussetzung für das Entstehen des Vergütungsanspruchs bei Solarvorhaben auf Freiflächen. Es besteht aber weder ein durchsetzbarer Anspruch auf den Erlass[64] noch auf den Erhalt[65] eines Bebauungsplans, dass heißt, dass der Erlass oder Erhalt eines Bebauungsplans von einer Projektgesellschaft grundsätzlich nicht gerichtlich durchgesetzt werden kann.

In der Praxis kommt es aber immer wieder vor, dass eine Gemeinde sobald sie von einem Energievorhaben Kenntnis erhält, ihre Bebauungspläne ändert und dadurch die Verwirklichung des Projekts unmöglich macht. Da die Beplanung als originäres Hoheitsrecht der Gemeinde verstanden wird, bestehen nur sehr begrenzte Möglichkeiten der Projektgesellschaft, sich hiergegen zur Wehr zu setzen. Die Änderung des Bebauungsplans durch die Gemeinde ist nur unzulässig, wenn ein so genannter Verhinderungsplan vorliegt[66]. Ob dies der Fall ist, richtet sich nach einer Gesamtwürdigung der tatsächlichen Verhältnisse des jeweiligen Planungsraumes[67]. Sie kann nur angenommen werden, wenn die Gemeinde einen Bebauungsplan erlassen hat, der zwar ausdrücklich die Bebauung des Gebiets mit Photovoltaik- und Solarthermieanlagen vorsieht, aber der den Projekten zugewiesenen Raum faktisch keine wesentliche Bebauung zulässt[68]. Diese Frage ist eine Tatsachenfrage, die im Rahmen einer Beweiswürdigung geklärt werden muss[69], wobei ein strenger Maßstab anzulegen ist[70].

Zwar kennt das Gesetz mögliche Entschädigungsansprüche bei einer Planungsänderung, §§ 39-44 BauGB. Diese können aber das Projekt nicht ersetzen.

---

63 Appel, NuR 2001, Fn. 62, 414, 415.

64 Eberhard Schmidt-Aßmann/*Walter Krebs*, *Besonderes Verwaltungsrecht*, 5. Auflage, De-Gruyter Verlag Berlin, 2005, 4. Kap, Rn. 229.

65 BVerfG, NVwZ-RR 2010, 905, 907.

66 BVerwGE, Urt. v. 20 Mai 2010 – 4 C 7.09, S. 13.

67 BVerwGE, Urt. v. 20 Mai 2010 – 4 C 7.09, S. 13.

68 BVerwGE, Urt. v. 20 Mai 2010 – 4 C 7.09, S. 13.

69 BVerwGE, Urt. v. 20 Mai 2010 – 4 C 7.09, S. 13.

70 BVerwGE, Urt. v. 20 Mai 2010 – 4 C 7.09, S. 13, 14.

Städtebauliche Verträge

Gemäß § 11 BauGB kann eine Gemeinde in einem bestimmten Rahmen Verträge mit Privaten hinsichtlich der Beplanung ihres Gebiets schließen. Der städtebauliche Vertrag ist ein Instrument, um Interessenkonflikte im Planungsverfahren mit der Gemeinde gemeinsam zu lösen. Mithilfe des städtebaulichen Vertrags können insbesondere Fragen des Natur- und Artenschutzes und eventuelle Rückbaupflichten gelöst werden.

Diese Verträge begründen jedoch nur Rechtswirkungen zwischen den Vertragsparteien. Eine Bindung Dritter, wie zum Beispiel von Nachbarn, kann dadurch nicht erreicht werden[71]. Der Gegenstand eines städtebaulichen Vertrags, der hier insbesondere von Bedeutung ist, ist die Ausarbeitung städtebaulicher Planungen; mit anderen Worten: die Ausarbeitung von Flächennutzungs- und Bebauungsplänen. Durch einen solchen Vertrags kann die Gemeinde jedoch ihre Planungshoheit nicht vollständig delegieren. Sie kann lediglich die Ausarbeitung von Plänen Dritten überlassen, während sie selbst die Ausarbeitungen noch kontrollieren und steuern können muss[72]. Im Einzelnen sind die Grenzen des städtebaulichen Vertrags häufig unklar; jeder Vertrag muss daher gründlich auf seine Wirksamkeit geprüft werden.

2.2.5.3 Energiewirtschaftsrecht

Trotz der umfangreichen gesetzlichen Vorgaben des EEG ist eine Vielzahl von Detailfragen dort nicht geregelt. Zudem bestehen hinsichtlich des Inhalts bestimmter Tatbestandsvoraussetzungen, die sich auf die Vergütung auswirken, Meinungsverschiedenheiten.

Stromeinspeisevertrag

Der Anlagenbetreiber hat einen gesetzlichen Anspruch auf Abnahme, § 8 Absatz 1 EEG, und Vergütung, § 16 Abs. 1 EEG, des erzeugten und eingespeisten Stroms gemäß § 4 Absatz 1 EEG. Dies bedeutet, dass es zur Begründung dieser Pflichten des Netzbetreibers eigentlich keines gesonderten Stromeinspeisevertrages bedarf[73]. Laut Gesetzesbegründung ist dieses auch der Zweck des § 4 EEG[74].

Ungeachtet dessen ist es für den Anlagenbetreiber ratsam, einen Stromeinspeisevertrag mit dem Netzbetreiber abzuschließen[75]. Die technischen Einspeisebedingungen, Haftungsfragen, die Messzuständigkeit sowie Kündigungsmodalitäten und die Befristung der Belieferung ergeben sich etwa nicht zwingend aus dem Gesetz. Somit werden diese Bedingungen besser vertraglich festgehalten. Häufig stellen Netzbetreiber zu diesem Zweck Musterverträge zur Verfügung.

---

[71] Hoppe-*Bönker*, Fn. 44, § 13 Rn. 16.

[72] Hoppe-*Bönker*, Fn. 44, § 13, Rn. 35.

[73] Im Rahmen der §§ 2, 3 EEG 1998 war es umstritten, ob ein gesetzlicher Anspruch auf Abnahme und Vergütung oder lediglich ein Anspruch auf Abschluss eines Stromeinspeisevertrags besteht.

[74] BT-Drucksache 16/8148, S. 41.

[75] BGH, Urt. vom 11. Juni 2003 – Az VIII ZR 160/02, S. 13.

Der Abschluss eines Vertrags bedeutet jedoch nicht, dass tatsächliche Verhandlungen über die genannten Modalitäten geführt werden. Dies ist in der Praxis typischerweise nicht der Fall. Die technischen Einspeisebedingungen werden vom Netzbetreiber einseitig festgelegt, da dieser für die technische Sicherheit des Netzes verantwortlich ist. Folglich teilt der Netzbetreiber dem Anlagenbetreiber nur die zu erfüllenden Anforderungen mit.

Die Messzuständigkeit ist in § 7 Absatz 1 EEG geregelt. Demnach darf der Anlagenbetreiber die Einrichtung und den Betrieb der Messeinrichtungen entweder durch den Netzbetreiber oder durch einen fachkundigen Dritten vornehmen lassen. Die Kosten dafür hat der Anlagenbetreiber zu tragen.

Haftungsregelungen können in den Vertrag mit aufgenommen werden, sollten sich aber an den gesetzlichen Vorgaben orientieren. Der Anlagenbetreiber macht sich schadensersatzpflichtig, wenn er vorsätzlich oder fahrlässig die Anlage nicht ordnungsgemäß im Sinne von § 49 EnWG betreibt. Der ordnungsgemäße Betrieb umfasst die regelmäßige Wartung der Anlage und den Einbau von Einrichtungen, die den Netzbetrieb sichern, wie etwa Überlastungsschutzeinrichtungen[76].

Der Netzbetreiber darf die Abnahme und Vergütung des Stroms nicht von einer vertraglichen Regelung der genannten Bereiche abhängig machen. Es darf sich für den Anlagenbetreiber nicht nachteilig auswirken, wenn er einen fachkundigen Dritten anstelle des Netzbetreibers mit der Messzuständigkeit betraut und gegebenenfalls darauf besteht, dass der ihm angebotene Mustervertrag geändert wird. Das Verbot, die Abnahme und Vergütung mit anderen Abreden zu koppeln, folgt unmittelbar aus § 4 Absatz 1 EEG.

Vergütungsbeginn und Vergütungsdauer

Die Vergütung wird in Teil 3 des EEG geregelt. Der Anspruch auf Vergütung ist ein gesetzlicher Anspruch aus § 16 Absatz 1 EEG, der nicht vertraglich gekürzt werden kann.

Der Vergütungsbeginn ist der Zeitpunkt an dem der ‚Generator' erstmals Strom, der ausschließlich aus Solarkraft erzeugt wurde, in das Netz einspeist, § 21 Absatz 1 EEG. Der Begriff Generator ist in diesem Zusammenhang untechnisch zu verstehen, so dass einzelne Photovoltaikmodule ebenfalls Generatoren in diesem Sinne darstellen.

Die Dauer des Vergütungsanspruchs beträgt gemäß § 21 Absatz 1 EEG zwanzig volle Kalenderjahre zuzüglich des Jahres der Inbetriebnahme.

Neben den allgemeinen Voraussetzungen, die für jeden Energieträger gelten, gibt es besondere Voraussetzungen, die sich nur auf die jeweiligen Energieträger beziehen. Die besonderen Voraussetzungen für Solarvorhaben werden im Folgenden geschildert.

Besondere Vergütungsvoraussetzungen

Die besonderen Vergütungsvoraussetzungen für Strom aus Anlagen aus solarer Strahlungsenergie sind in §§ 32, 33 EEG geregelt. Das Gesetz unterscheidet zwischen Freiflächenanla-

[76] Peter Salje, *EEG Kommentar*, 5. Auflage, Carl Heymanns Verlag Köln, 2009, § 4, Rn. 17.

gen und Anlagen, die an oder auf Gebäuden angebracht sind. Dabei werden Freiflächenanlagen aufgrund ihres Flächenverbrauchs restriktiver behandelt: Grundsätzlich besteht bei Strom aus Freiflächenanlagen keine Vergütungspflicht; es bedarf vielmehr zusätzlicher Voraussetzungen. Darüber hinaus ist auch die Vergütungshöhe bei Freiflächenanlagen bis zu knapp 11 Cent pro Kilowattstunde geringer. Im Folgenden werden die zusätzlichen Voraussetzungen für Freiflächenanlage im Einzelnen behandelt.

Planungserfordernis

Anders als Anlagen an oder auf Gebäuden müssen Freiflächenanlagen im Geltungsbereich eines Bebauungsplans oder auf einer Fläche, für die ein Verfahren mit Konzentrationswirkung durchgeführt worden ist, errichtet werden, um eine Vergütungspflicht zu begründen. Hier wird der Zusammenhang zwischen den bereits erwähnten öffentlichen bau- und planungsrechtlichen Vorschriften deutlich.

Solare Zweckbindung des Bebauungsplans

Der Bebauungsplan muss zudem nach dem 1. September 2003 aufgestellt oder geändert worden sein und zwar auch zu dem Zweck, Photovoltaik-Freiflächenanlagen zu ermöglichen.

Die solare Zweckbindung muss sich entweder ausdrücklich oder durch Auslegung ermitteln lassen. Eine ausdrückliche Zweckbindung ergibt sich zum Beispiel durch die Festlegung des Gebiets als Sondergebiet im Sinne von § 11 BauNVO, das der Errichtung von Photovoltaik-Freiflächenanlagen dienen soll. Es ist aber auch ausreichend, wenn sich die Zweckbindung nur aus der Begründung des Bebauungsplans ermitteln lässt[77].

Ökologisch minderwertige Flächen

Außerdem muss die Fläche, auf der die Anlage errichtet werden soll, eine ökologisch minderwertige Fläche sein. Das EEG kennt insgesamt vier Flächen, die grundsätzlich als ökologisch minderwertig angesehen werden: bereits versiegelte Flächen, Konversionsflächen, bestimmte Grünflächen und straßenverkehrrechtliche Flächen.

Ob eine Fläche bereits versiegelt ist, richtet sich nach den Vorschriften des Bundesbodenschutzgesetzes. Nach § 2 Absatz 2 Nr. 1 a bis c BBodSchG ist eine Fläche bereits versiegelt, wenn die natürliche Funktion des Bodens vermindert ist. Das ist der Fall, wenn die Wasserdurchlässigkeit und die Bedeutung der Fläche als Lebensraum beeinträchtigt sind. Typischerweise fallen darunter Parkplätze oder stillgelegte Festplätze[78].

Die Bestimmung von Konversionsflächen ist vergleichsweise schwieriger. Das Gesetz kennt solche Flächen aus wirtschaftlicher, verkehrlicher, wohnungsbaulicher oder militärischer Nutzung, § 32 Absatz 3 Satz 1 Nr. 2 EEG.

---

[77] Jan Reshöft – *Böning, EEG – Handkommentar*, 3. Auflage Nomos Verlagsgesellschaft Baden-Baden, § 32, Rn. 31.

[78] Wolfgang Schrödter und Marta Kuras, *Auswirkungen des EEG 2010 auf die Planung von Flächen für Photovoltaikanlagen,* ZNER 2011, 144, 146.

Auch wenn eine detaillierte Darstellung in diesem Rahmen nicht möglich ist, ist festzuhalten, dass es umstritten ist, inwieweit die frühere Nutzung noch fortwirken muss. Das wird zum Beispiel bedeutsam bei Konversionsflächen, wie militärische Flughäfen[79]. Häufig liegt zwischen der neuen und der militärischen Nutzung eine Zeitspanne, in der eine Renaturierung einsetzt. Weiterhin haben insbesondere Flughäfen gewisse Sicherheits- und Abstandszonen, die bereits während der militärischen Nutzung nicht bebaut waren, sondern brach lagen. Es stellt sich bei diesen Flächen die Frage, ob sie als ökologisch minderwertig angesehen werden sollen. Zum einen wird bei solchen Flächen restriktiv angenommen, dass Konversionsflächen nur diejenigen sind, bei denen die frühere Nutzung noch „spürbar" ist[80]. Ein „guter ökologischer Zustand" dürfe nicht durch Freiflächenanlagen überbaut werden. Als gute ökologischen Flächen kämen insbesondere auch die zuvor nur passiv genutzten Flächen in Betracht. Dieser Ansicht wird entgegengehalten, dass die Gesetzesbegründung zum EEG 2010 von einer weiten Auslegung des Begriffs „Konversionsfläche" ausgehe und damit das Gesamtareal einer Konversionsfläche meine[81].

Infolge der Veränderungen des EEG 2010 wurde die Möglichkeit, ehemalige Ackerflächen zu überbauen weiter verringert. Für ehemalige Ackerflächen findet das EEG u.a. nur noch dann Anwendung, wenn der Bebauungsplan vor dem 25.03.2010 beschlossen wurde und die Anlage vor dem 01. Januar 2011 in Betrieb genommen wurde, § 32 Absatz 3 Satz 1 Nr. 3 EEG. Faktisch wird daher eine Bebauung von Ackerflächen mit Photovoltaik-Anlagen nicht mehr vorkommen.

Dafür ist seit 2010 ein neuer Fördertatbestand eingeführt worden. Gemäß § 32 Abs. 3 S. 1 Nr. 4 EEG dürfen Gemeinden nun auch Flächen überplanen, für die grundsätzlich ein strenges straßenrechtliches Anbauverbot besteht. Diese Anbauverbote können nun infolge eines Bebauungsplans überplant werden.

Letztendlich ist im Zusammenhang der Konversionsflächen auf ein mögliches Kompetenzproblem hinzuweisen. Speziell militärische und ehemalige Bahnflächen sind während ihrer Nutzung der Planungshoheit der Gemeinde entzogen und unterfallen der Zuständigkeit der jeweils zuständigen Fachbehörde. Diese muss die Fläche entwidmen, damit das Bauvorhaben verwirklicht werden kann. Vor der Entwidmung kann die Gemeinde die Flächen nur unter einer aufschiebenden Bedingung beplanen und selbst das auch nur dann, wenn die Fachbehörde bestätigt hat, dass sie die Fläche aufgeben will (so genannte Entbehrlichkeitsprüfung)[82].

Im Ergebnis ist daher die Standortwahl von Photovoltaik- oder Solarthermieanlagen, nicht nur hinsichtlich der technischen Bedingungen zu überprüfen. Um die Einspeisevergütung nach dem EEG in Anspruch nehmen zu können, muss die Anlage auf einer Fläche gebaut werden die dafür rechtlich vorgesehen wurde.

---

79 LG Kreuznach Urt. v. 02.09.2009, Az. 3 O 27/09, abrufbar unter www.clearingstelle-eeg.de.

80 Salje, Fn. 76, § 32, Rn. 36.

81 Schrödter/Kuras, ZNER 2011, Fn. 81, S. 144, 147; LG Kreuznach, LG Kreuznach Urt. v. 02.09.2009, Az. 3 O 27/09, abrufbar unter www.clearingstelle-eeg.de.

82 Schrödter/Kuras, ZNER 2011, Fn. 81, 144, 146.

Anmeldung der Anlage

Die Betreiber von Photovoltaik- und Solarthermieanlagen haben zudem nur einen Anspruch auf Zahlung der Vergütung, wenn sie ihre Anlage bei der Bundesnetzagentur anmelden, gemäß § 16 Absatz 2 Satz 2 EEG. Für die Anmeldung stellt die Bundesnetzagentur Formulare bereit. Es ist aber auch möglich, die Anlage online beim PV-Meldeportal der Bundesnetzagentur anzumelden[83].

Die Anmeldung der Anlage ist notwendig, damit die Bundesnetzagentur die besondere Degression nach § 20 Abs. 2 Nr. 8, Absatz 3 EEG für die Erzeugung von Strom aus solarer Strahlungsenergie berechnen kann. Darauf und auf die Bestimmung der Tarifhöhe wird im nächsten Abschnitt eingegangen.

Bestimmung und Degression der Tarifhöhe

Die Tarifhöhe bestimmt sich für die Erzeugung von Strom aus solarer Strahlungsenergie nach den §§ 32, 33 EEG. Wie bereits kurz angesprochen, unterscheidet sich die Höhe danach, ob die Anlage eine Freiflächenanlage oder eine Gebäudeanlage ist. Gebäude im Sinne des EEG sind dabei selbstständig benutzbare, überdeckte bauliche Anlagen, die von Menschen betreten werden können und vorrangig dazu bestimmt sind, dem Schutz von Menschen Tieren oder Sachen zu dienen, § 33 Absatz 3 EEG. Die Vergütung für Anlagen auf und an Gebäuden ist im Ergebnis je relativ höher desto kleiner die Leistung der Anlage ist und immer höher als die Vergütung für Freiflächenanlagen.

Bei der Bestimmung der Tarifhöhe ist insbesondere auch der Anlagenbegriff des EEG von Bedeutung. Gemäß § 19 Absatz 1 EEG besteht für die Ermittlung der Vergütungshöhe des EEG ein eigener Anlagenbegriff. Dadurch soll ein künstliches Anlagensplitting vermieden werden[84]. Ein künstliches Anlagensplitting hätte zur Folge, dass kleinere Einheiten existierten, für die grundsätzlich eine relativ höhere Vergütung zu zahlen wäre, was zu einer volkswirtschaflichten Kostensteigerung ohne zusätzlichen Nutzen führen würde. Demnach zählt für die Höhe der Vergütung der letzte in Betrieb genommene Generator, wenn sich die Anlagen in räumlicher Nähe befinden, Strom aus gleichartigen Erneuerbaren Energien erzeugen, der Strom nach dem EEG in Abhängigkeit von der Leistung der Anlage vergütet wird und die Generatoren innerhalb von zwölf aufeinander folgenden Kalendermonaten in Betrieb genommen wurden, § 19 Absatz 1 EEG. Im Fall solarer Strahlungsenergie ist dies nicht für Freiflächenanlagen relevant, da für diese ein von der Leistungsfähigkeit der Anlage unabhängiger Vergütungssatz gilt. Hingegen kann dies bei Gebäudeanlagen ausschlaggebend sein. Die Bestimmung ist daher zum Beispiel bei der Bebauung von ehemaligen militärischen Konversionsflächen zu beachten, bei denen nicht nur die Freiflächen, sondern auch die Gebäude mit Photovoltaikzellen bebaut werden sollen. Bei einem solchen Projekt wäre die Beachtung des Anlagenbegriffs für die Berechnung der Vergütung essentiell.

Die in §§ 32, 33 EEG festgelegten Vergütungen gelten nur für Anlagen, die vor dem 1. Januar 2010 in Betrieb genommen wurden, § 20 Absatz 1 Satz 1 EEG. Für Anlagen, die

---

83 Siehe https://app.bundesnetzagentur.de/pv-meldeportal/portal_start_00.aspx

84 BT-Drucksachen 16/8148, S. 50.

nach diesem Zeitpunkt in Betrieb genommen wurden, sinkt die jeweilige Vergütung degressiv nach den in § 20 Absatz 2 Nr. 8, Absatz 3 EEG festgelegten Maßstäben. Im Gegensatz zu anderen erneuerbaren Energieträgern bestehen dabei für solare Strahlungsenergie besondere Degressionstatbestände, die sich an der Marktentwicklung orientieren.

Direktvermarktung

Alternativ zur Einspeisevergütung ist es für Anlagenbetreiber möglich, den von ihnen erzeugten Strom auch direkt an Dritte zu vermarkten, § 17 Absatz 1 EEG. Die Vermarktung kann entweder zeitanteilig oder prozentual erfolgen. Die Entscheidung eine Direktvermarktung einzugehen, kann monatlich verändert werden. Jedenfalls ist aber eine Anzeige einen Kalendermonat bevor die Direktvermarktung erfolgen soll, durchzuführen, § 17 Absatz 2 Nr. 1 EEG. Der Zeitraum der Direktvermarktung wird auf die gesetzliche Vergütungsdauer angerechnet. Somit verlängert sich der Vergütungszeitraum trotz Direktvermarktung nicht.

Netzanschluss

Anschlussherstellungsvertrag
Ähnlich wie bei der Einspeisung des Stroms besteht auch beim Anschluss der Anlage ein gesetzlicher Anspruch des Anlagenbetreibers gegen den Netzbetreiber, §§ 4 Absatz. 1, 5 Absatz 1 S. 1 EEG. Ungeachtet dessen ist auch in diesem Fall der Abschluss eines Vertrags vorteilhaft, denn praktisch ist die allgemeine Anschlussverpflichtung von der konkreten Anschlussherstellung zu unterscheiden[85]. Zentrale Fragen der tatsächlichen Verwendung von Anlagen, der Anschlussvergütung oder der Eigentumsverhältnisse an den Anschlussanlagen lässt das Gesetz unbeantwortet. Diese offenen Fragen sollten Anlage- und Netzbetreiber in dem Anschlussherstellungsvertrag regeln[86]. Der Eintritt in Vertragsverhandlungen über die tatsächliche Art und Weise des Anschluss und der Abschluss eines Vertrages hat zudem den Vorteil, dass der Anlagenbetreiber sich nicht nur auf das Angebot des Netzbetreibers verlassen muss, sondern auch Angebote fachkundiger Dritter einholen kann und somit, die für ihn wirtschaftlich günstigste Option wählen kann.

Verknüpfungspunkt
Grundsätzlich sind Netzbetreiber dazu verpflichtet, Anlagen zur Erzeugung von Strom aus erneuerbaren Energien an das Netz anzuschließen, dessen Spannungsebene geeignet ist und das, die in der Luftlinie kürzeste Entfernung zur Anlage aufweist, § 5 Absatz 1 EEG. Anhand dieser Kriterien ist der Verknüpfungspunkt der Anlage zu ermitteln.

Diese auf den ersten Blick klare Regelung kann eine große Anzahl an Problemen aufwerfen. Zunächst ist die technische Eignung des Netzes festzustellen. Das Gesetz orientiert sich dafür lediglich an den jeweiligen Spannungsebenen und an der Netzleistung[87]. Beide Umstände begründen jedoch kein Recht des Netzbetreibers, den Anschluss der Anlage an sein Netz zurückzuweisen. Die Spannungsebene kann durch den Einbau von Transformatoren herge-

[85] Salje, Fn. 76, § 4 Rn. 9.

[86] Salje, Fn. 76, § 4 Rn. 9.

[87] Salje, Fn. 76, § 4 Rn. 8.

stellt werden, während bei nicht ausreichender Netzleistung der Netzbetreiber verpflichtet sein kann, die Netzkapazität zu erweitern[88].

Die Eignung wird gesetzlich an dem Punkt des Netzes vermutet, der die in der Luftlinie kürzeste Entfernung zum Standort der Anlage aufweist. Umstritten ist, ob es bei der Ermittlung des Verknüpfungspunktes nur auf die in der Luftlinie kürzeste Entfernung ankommt oder ob auch ein Netzzugangspunkt der Verknüpfungspunkt sein kann, bei dem zwar die Entfernung nicht die kürzeste ist, der dafür aber den technisch und wirtschaftlich günstigsten Verknüpfungspunkt darstellt. Das Oberlandesgericht Hamm hat die Möglichkeit, den technisch und wirtschaftlich günstigsten Verknüpfungspunkt am selben Netz wählen zu können, in einem Urteil vom 3. Mai 2011 verneint[89]. Nach Ansicht des Oberlandesgerichts lasse die Formulierung des § 5 Absatz 1 Satz 1 EEG diesen Schluss nicht zu[90]. Darüber hinaus sei der Ansatz des Gesetzgebers, einen nach den Gesamtkosten volkswirtschaftlich günstigsten Anschlusspunkt vorzuziehen, nicht gefährdet. Der Netzbetreiber habe das Letztentscheidungsrecht gemäß § 5 Absatz 3 S. 1 EEG und könne einen Verknüpfungspunkt schließlich auch zuweisen. Er müsse dann aber auch die dadurch entstehenden Mehrkosten übernehmen[91]. Das Oberlandesgericht hat die Revision zugelassen.

Der Netzbetreiber kann sich der Anschlusspflicht entziehen, wenn er darlegt, dass infolge des Anschlusses der Anlage an ein anderes Netz die Anschlusskosten geringer ausfallen werden, § 5 Absatz 1 Satz 1 EEG. Dabei stellt das EEG auf die wirtschaftlichen Gesamtkosten ab. Es soll vermieden werden, dass volkswirtschaftlich unsinnige Ausgaben getätigt werden[92].

Wahlrecht des Anlagebetreibers und Zuweisungsrecht des Netzbetreibers
Schließlich ist für die Anlagenplanung noch das Wahlrecht des Anlagenbetreibers gemäß § 5 Absatz 2 EEG und das Zuweisungsrechts des Netzbetreibers nach § 5 Absatz 3 Satz 1 EEG zu beachten. Demnach kann der Anlagenbetreiber einen anderen Verknüpfungspunkt oder ein anderes Netz wählen. Dieses muss aber hinsichtlich der Spannungsebene geeignet sein.

Spiegelbildlich steht dem Netzbetreiber das bereits oben angesprochene Zuweisungsrecht zu, nach dem er der Anlage einen anderen Verknüpfungspunkt zuweisen kann. Das Zuweisungsrecht setzt lediglich voraus, dass der Anschlussherstellungsanspruch des Anlagebetreibers nicht leerläuft. Folglich darf der Netzbetreiber keinen Verknüpfungspunkt zuweisen, an dem

88 Salje, Fn. 76, § 5 Rn. 8; Andreas Gabler, *EEG 2009 – Grundzüge der neuen Rechtslage für Anlagen- und Netzbetreiber, E W Medien und Kongress Frankfurt*, 2010, S. 23.

89 OLG Hamm, Urt. v. 03.05.2011 – Az. I-21 U 94/10, abrufbar unter http://www.justiz.nrw.de/Bibliothek/nrwe2/index.php) und damit die Ansicht des LG Arnsberg bestätigt. (LG Arnsberg, Urt. v. 06.05.2010 – Az 4 O 434/09, abrufbar unter http://www.justiz.nrw.de/Bibliothek/nrwe2/index.php.

90 OLG Hamm, Urt. v. 03.05.2011 – Az. I-21 U 94/10, Rn. 61.

91 OLG Hamm, Urt. v. 03.05.2011 – Az. I-21 U 94/10, Rn 66. Die Clearingstelle EEG hat ein Empfehlungsverfahren hinsichtlich des richtigen Verknüpfungspunktes gemäß § 5 Absatz 1 EEG durchgeführt. Der Beschluss vom 29. September 2011 ist unter www.clearingstelle-eeg.de abrufbar.

92 Gabler, Fn. 88, S. 24 siehe auch Reshöft-*Bönning*, Fn.77, § 5 Rn. 26.

ein Anschluss nicht möglich ist[93]. Außerdem muss am alternativ angebotenen Verknüpfungspunkt die Abnahme des gesamten Stroms sichergestellt sein[94].

Zeitpunkt der Geltendmachung
Praktisch umstritten ist, wann der Anspruch auf Netzanschluss geltend gemacht werden kann. Während der Anlagenbetreiber die technischen Anschlussvoraussetzungen so früh wie möglich fertiggestellt haben will, damit die Anlage bei Fertigstellung bereits an das Netz angeschlossen werden kann, versucht der Netzbetreiber die Fertigstellung der Anschlussvoraussetzungen bis zu dem Zeitpunkt hinauszuzögern, an dem die Fertigstellung der Anlage sichergestellt ist[95]. Der Gesetzgeber hat dieses Konfliktpotential erkannt und deshalb in der Gesetzesbegründung festgestellt, dass der Anspruch auf Anschluss bereits vor Fertigstellung der Anlage geltend gemacht werden kann[96]. Prozessual kann der Anlagenbetreiber zwar nicht auf die Herstellung des Anschluss klagen, sofern der Bau der Anlage selbst noch nicht definitiv absehbar ist[97]. Der Anlagenbetreiber kann jedoch bereits in der Planungsphase eine Feststellungsklage erheben, mit dem Ziel den Verknüpfungspunkt der Anlage verbindlich festzustellen[98].

Kosten des Netzanschlusses
Die notwendigen Kosten des Netzanschluss trägt nach § 13 EEG grundsätzlich der Anlagenbetreiber, während die Kosten des Netzausbaus gemäß § 14 EEG vom Netzbetreiber getragen werden. Das gilt sogar, wenn Mehrkosten aufgrund der Ausübung des Wahlrechts durch den Anlagenbetreiber entstehen[99].

Die scheinbar klare Unterscheidung kann im Einzelfall Fragen aufwerfen, denn die Abgrenzung zwischen Maßnahmen des Netzanschlusses und der Netzerweiterung ist im Einzelfall schwierig und heftig umstritten[100]. Baumaßnahmen, wie das Errichten von Transformatorstationen oder das Verlegen von Stromleitungen werden in der Literatur sowohl als Beispiel für den Netzanschluss, als auch für den Netzausbau genannt[101]. Auch wenn der Meinungsstreit hier nicht vertieft dargestellt werden kann, so scheint es aus gesetzessystematischen Gründen vorzugswürdig, den Verknüpfungspunkt als das entscheidende Kriterium für die Abgrenzung zu nehmen[102]. Gemäß der gesetzlichen Definition des Verknüpfungspunktes in § 5 Absatz 1

93 Reshöft-*Bönning*, Fn.77, § 5 Rn. 37.

94 Reshöft-*Bönning*, Fn.77, § 5 Rn. 39.

95 Gabler, Fn. 88, S. 27.

96 BT-Drucksache 16/8148, S. 41.

97 BGH, NJW-RR 2006, 1483, 1485.

98 BGH, NJW-RR 2006, 1483, 1485.

99 Str. Reshöft-*Böning*, Fn. 77, § 5 Rn. 33, a.A. Salje, Fn. 76, § 13 Rn 11.

100 Reshöft-Schäfermeister, Fn. 77, § 9 Rn. 32.

101 Reshöft,- Schäfermeister, Fn. 77, § 9 Rn. 32.

102 Reshöft-*Schäfermeister*, Fn. 77, § 9 Rn. 32.

Satz 1 EEG gehört der Verknüpfungspunkt zum Netz. Somit sind technische Maßnahmen ab dem Verknüpfungspunkt Netzanschlusskosten, die der Anlagenbetreiber zu tragen hat[103].

Auskunftspflichten
Praktisch sehr bedeutsam sind zudem die Auskunftspflichten des § 5 Absatz 5 EEG, die auch eine Netzverträglichkeitsprüfung ermöglichen sollen. Die in § 5 Absatz 5 EEG geregelte Pflicht trifft sowohl den Einspeisewilligen, als auch den Netzbetreiber. Ersterer hat die erforderlichen Anlagendaten, Letzterer die erforderlichen Netzdaten offenzulegen. Erforderlich ist dabei jede Information, die zur Ermittlung des Verknüpfungspunktes und der gegebenenfalls erforderlichen Netzerweiterungsarbeiten notwendig ist[104]. Deshalb müssen die Daten ausgetauscht werden, die für die Abschätzung der Planung und der Investitionen zur Umsetzung des Anschluss notwendig sind. Die Frist zur Abgabe der Information beträgt dabei acht Wochen, § 5 Absatz 5 EEG am Ende.

Hierbei ist zu bemerken, dass dieser Anspruch nicht nur dem Anlagenbetreiber zusteht, sondern der Anspruch als weiter anzusehen ist, da das Gesetz von „Einspeisewilligen" spricht[105]. Unter „Einspeisewillige" können zum Beispiel auch Investoren verstanden werden[106].

Netzausbau

Falls die vorhandene Netzkapazität nicht ausreicht, besteht für den Anlagenbetreiber ein Anspruch auf Ausbau der Netzkapazität. Darunter fallen zudem auch Maßnahmen der Netzoptimierung und -verstärkung[107]. Der Netzausbau hat unverzüglich zu erfolgen. Daraus folgt die Pflicht des Netzbetreibers alles ihm Zumutbare und Mögliche zu tun, um die Anlage an das Netz anzuschließen[108]. Unter der streng zu verstehenden Ausnahme des § 5 Absatz 3 EEG kann der Netzbetreiber den Ausbau zurückweisen, wenn dieser für ihn wirtschaftlich unzumutbar ist[109].

Clearingstelle EEG

Zur Klärung von Anwendungsfragen und Streitigkeiten hat der Gesetzgeber eine besondere Schlichtungsstelle geschaffen: die Clearingstelle-EEG, § 57 EEG. Die Clearingstelle soll die Umsetzung des EEG erleichtern. Die Clearingstelle befasst sich als Schlichtungsstelle mit Streitigkeiten und mit der Aufarbeitung von Anwendungsfragen. Die Internetseite der Clearingstelle bietet zudem eine detaillierte Datenbank über Rechtsprechung und Literaturhinweise, die Fragen hinsichtlich Erneuerbarer Energien betreffen[110].

---

103 BGH, Urt. v. 01.10.2008 – Az VIII ZR 21/07, S. 7.

104 Reshöft-*Bönning*, Fn. 77, § 5, Rn. 47; Salje, § 5, Rn. 60.

105 Salje, Fn. 76, § 5 Rn. 56.

106 Salje, Fn. 76, § 5, Rn. 56.

107 Salje, Fn. 76, § 9, Rn. 6.

108 Salje, Fn. 76, § 9, Rn. 29.

109 Salje, Fn. 76, §9 Rn. 36ff.

110 Abrufbar unter www.clearingstelle-eeg.de.

2.2.5.4 Bodenschutzrechtliche Verantwortlichkeit

Insbesondere bei militärischen Konversionsflächen sind hinsichtlich der bodenschutzrechtlichen Haftungsvorschriften des Bundesbodenschutzgesetzes (BBodSchG) seitens der Projektgesellschaft vorbeugende Maßnahmen zu ergreifen. Gemäß § 4 Absatz 2 und Absatz 3 BBodSchG haften Eigentümer und Besitzer eines Grundstücks für schädliche Bodenveränderungen und Altlasten. Bei militärischen Konversionsflächen ist eine Kontamination wahrscheinlich. Somit ist es bedeutsam, dass Gewährleistungen in den Projektvertrag mit der Gemeinde genommen werden, dass das genutzte Grundstück nicht kontaminiert oder zumindest, dass die Verantwortung für eine etwaige Kontamination nicht von der Projektgesellschaft übernommen wird. Dafür bietet sich insbesondere der Abschluss eines städtebaulichen Vertrags an.

2.2.5.5 Zusammenfassung: Ländercheckliste Deutschland

Die Vorstellung von Problemen, die speziell bei der Legal Due Diligence eines Solarvorhabens zu beachten sind, zeigt die mögliche Komplexität einer solchen Untersuchung. Es sei hier noch einmal betont, dass die Darstellung lediglich eine rudimentäre Skizze möglicher rechtlicher Implikationen ist. Keinesfalls kann sie als vollständig angesehen werden.

Um eine einfache Übersicht zu ermöglichen, erfolgt hier eine Tabelle mit den wichtigsten Fragen.

2.2.6 Themenschwerpunkte Italien

Die folgende Darstellung soll ohne Anspruch auf Vollständigkeit eine Vorstellung von den häufigsten Rechtsproblemen bei der Realisierung von Solarvorhaben in Italien vermitteln.

2.2.6.1 Verwaltungsverfahren

Der Abschnitt über das Verwaltungsverfahren erläutert unterschiedliche Genehmigungen, die für die Errichtung einer Photovoltaikanlage zu erlangen sind.

Konzentriertes Genehmigungsverfahren

Das konzentrierte Genehmigungsverfahren umfasst die abschließende Entscheidung hinsichtlich der Errichtung von Photovoltaikanlagen mit einer Leistung von mehr als 1 MW mitsamt der Hilfsgebäude und der erforderlichen Infrastruktur, was auch die Verlegung und den Betrieb der Stromleitungen umfasst[111]. Die für das Verfahren zuständige Behörde ist die jeweilige Regionalverwaltung, die die Zuständigkeit jedoch auch an eine ihrer Provinzen abgegeben haben kann. Neben den grundsätzlichen auf nationaler Ebene festgelegten Voraussetzungen, die hier skizziert werden, gibt es zudem regionale Gesetze und Verordnungen, die das Verfahren speziell regeln.

[111] Art 12 des Gesetzes 387/03 vom 29. Dezember 2003.

Tabelle 17: Ländercheckliste Deutschland / Solarvorhaben

Nutzung fremden Grund und Bodens	
	Abschluss eines Flächennutzungs- oder Kaufvertrages, sowie der erforderlichen Eintragungen im Grundbuch.
Vereinbarung von Kreditsicherheiten	
	Eintragung von einer Dienstbarkeit zur Gewährleistung Sonderrechtsfähigkeit der Anlagenbestandteile.
Öffentlich-Rechtliche Genehmigungen	
	Beantragung aller erforderlichen öffentlich-rechtlichen Genehmigung bei den jeweils zuständigen Stellen
	Aktiver Umgang mit dem Rechtsstreitrisiko durch Bekanntgabe der Genehmigung an eventuell betroffene Personen.
Stromeinspeisevertrag	
	Abschluss eines Stromeinspeisevertrages mit dem Netzbetreiber.
Vergütungshöhe, -beginn und -dauer	
	Inbetriebnahme des Generators als entscheidendes Merkmal.
Begründung des Vergütungsanspruchs	
	Errichtung der Anlage auf einer Fläche, die wirksam für solare Zwecke beplant worden ist.
	Die Anlage muss auf einer ökologisch minderwertigen Fläche gebaut werden, deren vorherige Nutzung fortwirkt.
	Die Konversionsfläche muss von der Fachbehörde freigegeben worden sein.
	Anmeldung der Anlage bei der BNetzA auf den dafür vorgesehenen Formblättern oder im Internet.
Vergütungshöhe und Degressionsentwicklung	
	Bestimmung der Höhe der Vergütung für die spezielle Anlage und die deren mögliche Degressionsentwicklung
	Bei Direktvermarktung: Anzeige an den Netzbetreiber.
Anschlussherstellungsvertrag	
	Abschluss eines Anschlussherstellungsvertrages mit dem Netzbetreiber oder einem fachkundigen Dritten.
	Ermittlung des technisch und wirtschaftlich günstigsten Verknüpfungspunktes, um die Anschlusskosten des Anlagenbetreibers und die Netzausbaukosten des Netzbetreibers bestimmen zu können.
Bodenschutzrechtliche Vereinbarungen	
	Insbesondere bei militärischen Konversionsflächen: Begrenzung der bodenschutzrechtlichen Haftung durch einen Vertrag mit der für die Fläche zuständigen Gemeinde.

Zur Umsetzung des konzentrierten Genehmigungsverfahrens wird ein Steuerungskomitee (*Conferenza dei servizi*) gegründet, das sich aus Mitgliedern der jeweils für das Projekt zuständigen Behörden zusammensetzt. Dadurch soll gewährleistet werden, dass die erforderlichen Genehmigungen zeitgleich erteilt werden.

Das Verfahren setzt den Behörden einen zeitlichen Rahmen. Die zuständigen Behörden des Genehmigungsverfahrens sind verpflichtet, innerhalb von dreißig Tagen nach der Antragstellung das Steuerungskomitee zu gründen, das sich mit dem Gesuch des Anlagenbetreibers befasst. Das Komitee muss dann innerhalb einer Frist von 180 Tagen über den Antrag entscheiden.

Ein Überschreiten der Frist begründet Schadenersatzansprüche, die den betroffenen Gemeinden zustehen und bei 3 % der möglichen jährlichen Stromproduktion der Anlage gedeckelt sind. Der Anlagenbetreiber selbst hat keine Ansprüche.

Mit den Bauarbeiten muss innerhalb eines Jahres nach Erteilung der Genehmigung begonnen werden.

Unübersichtlich ist das Verhältnis des konzentrierten Genehmigungsverfahrens zur Umweltverträglichkeitsprüfung. Während einige Regionen die Umweltverträglichkeitsprüfung im konzentrierten Genehmigungsverfahren mit abhandeln, behandeln andere Regionen die Umweltverträglichkeitsprüfung als vom konzentrierten Genehmigungsverfahren unabhängig bzw. zumindest unabhängig von der 180 Tage-Frist. Die Unübersichtlichkeit rührt von den sich überschneidenden nationalen und regionalen Umweltschutzvorschriften. Es ist somit ratsam, vor Beginn der Projektplanung eine verbindliche Auskunft zu verlangen, wie die Umweltverträglichkeitsprüfung in der jeweiligen Region gehandhabt wird.

Anzeige des Baubeginns

Bei Photovoltaikanlagen, deren Leistung 1 MW nicht überschreitet, ist lediglich der Baubeginn anzuzeigen. Zuständig für die Entgegennahme der Anzeige ist die Baubehörde (*Sportello Unico dell'Edilizia*) der jeweiligen kommunalen Verwaltung. Die Anzeige muss eine eidesstattliche Versicherung (*dichiarazone asseverata*) enthalten, in der versichert wird, dass die Anlage den bauplanungs- und baurechtlichen Vorschriften nicht widerspricht. Außerdem müssen die technischen Pläne und ein Handelsregisterauszug des Unternehmens, das die Arbeiten durchführen soll, eingereicht werden. Nach der Anzeige hat die zuständige kommunale Verwaltung eine Frist von 30 Tagen, innerhalb der sie Einwände gegen das Projekt erheben kann[112].

Die Leistungsgrenze von 1 MW wurde erst mit dem Gesetz Nr. 129/2010 vom 13. August 2010 festgelegt. Ursprünglich war im Gesetz 387/2003 eine Grenze von 20 kW vorgesehen. Im Rahmen der Anpassung der Regionalgesetze dehnten einige Regionen von sich aus den Grenzwert auf 1 MW aus. Diese Entscheidung wurde vom italienischen Verfassungsgericht für verfassungswidrig und somit nichtig erklärt. Den Regionalverwaltungen habe eine solche Kompetenz nicht zugestanden. Gesetz Nr. 129/2010 änderte nicht nur die Leistungsgrenze, sondern heilte unter bestimmen Voraussetzungen die Unwirksamkeit der regionalen Gesetze, die die Leistungsgrenze zuvor verfassungswidrig angehoben hatten.

Anders als das konzentrierte Genehmigungsverfahren schließt die Anzeige des Baubeginns Genehmigungen zur Verlegung der notwendigen Stromleitungen nicht mit ein. Diese müssen gesondert beantragt werden. Darüber hinaus entfaltet das Anzeigeverfahren keine Konzentrationswirkung, sondern eventuell ausstehende umweltrechtliche Genehmigungen hemmen den Ablauf der 30 Tage-Frist.

Bei der Inanspruchnahme des Anzeigeverfahrens muss innerhalb eines Jahres mit den Bauarbeiten begonnen werden. Anders als beim konzentrierten Genehmigungsverfahren besteht

112 Art. 12 Gesetz 387/03.

für das Anzeigeverfahren keine ausdrückliche gesetzliche Frist, in der die Bauarbeiten abgeschlossen werden müssen. Ungeachtet dessen wird vertreten, dass die Dreijahresfrist für das konzentrierte Genehmigungsverfahren entsprechend Anwendung findet.

Die bereits erteilte Baugenehmigung kann für nichtig erklärt werden, sofern das Vorhaben gegen Vorschriften verstößt, die nach der Erteilung der Baugenehmigung erlassen worden sind[113]. Das gilt auch im Anzeigeverfahren. Das Prinzip findet aber keine Anwendung, wenn mit den Bauarbeiten bereits begonnen wurde. Als Beginn der Bauarbeiten kann gegebenenfalls auch die Anerkennung der Netzanschlusszusage des Netzbetreibers, sowie der Abschluss von Finanzierungs- oder Stromabnahmeverträgen angesehen werden.

Verlegung und Betrieb der Stromleitungen

Wie bereits angesprochen, ist dieser Punkt nur im Rahmen des Anzeigeverfahrens zu beachten, da die Verlegung der Leitungen von der Konzentrationswirkung des Genehmigungsverfahrens erfasst wird. Die Voraussetzungen der Genehmigung (*Denuncia Inizio Lavori*) für die Verlegung und den Betrieb der Stromleitungen sind im Königlichen Dekret 1775/1933, sowie im präsidialen Erlass vom 8. Juni 2001 Nr. 327 geregelt.

Die Vorschriften differenzieren anhand der geplanten Spannung der Leitung. Leitungen mit einer Spannung von über 150 kV bedürfen der Genehmigung des Transport- und Infrastruktur-Ministeriums, während für die Genehmigungen der Leitungen mit einer geringeren Spannung die jeweiligen Provinzen zuständig sind. Beide Verfahren unterscheiden sich häufig aber nur unwesentlich, da keine italienische Provinz ein umfassendes, eigenes Statut erlassen hat und daher in beiden Fällen – zumindest zum großen Teil – das Königliche Dekret 1775/1933 angewendet wird.

Gemäß Artikel 120 des Königlichen Dekrets kann der Antrag auf Leitungsverlegung nur positiv beschieden werden, wenn zuvor eine Zustimmung der betroffenen Behörden eingeholt wurde. Betroffen sind die Behörden, deren örtliche und sachliche Zuständigkeit im Einzelfall infolge des Streckenverlaufs berührt sind.

In dringenden Fällen kann mit den Bauarbeiten auch schon vor der Erteilung der erforderlichen Zustimmungen begonnen werden, Artikel 113 des Königlichen Dekrets 1775/1933. Das gilt aber nur, insoweit sich der Antragsteller verpflichtet, jedwede Auflage, die in der abschließenden Genehmigung enthalten ist, zu akzeptieren und im Fall der (teilweisen) Versagung der Genehmigung die von der Versagung betroffenen und bereits errichteten Gebäudestrukturen abzureißen.

Hinsichtlich der Errichtung von nationalen Übertragungsnetzen hat der Präsidiale Erlass vom 8. Juni 2001 Nr. 327 ein konzentriertes Genehmigungsverfahren verabschiedet, welches unter der Federführung des Wirtschafts- und des Umweltministeriums durchgeführt wird.

[113] Art 15.4 Gesetz Nr. 380/01.

Klagebefugnisse Dritter

Im Falle des konzentrierten Genehmigungsverfahrens und der Anzeige des Baubeginns haben Dritte nur eine zeitlich begrenzte Möglichkeit, Einwände gegen das Vorhaben gerichtlich geltend zu machen. In beiden Fällen beträgt die Klagefrist vor dem zuständigen Verwaltungsgericht 60 Tage und 120 Tagen für einen Rechtsbehelf, der beim Präsidenten der italienischen Republik erhoben werden kann.

Der Beginn der jeweiligen Rechtsbehelfsfrist ist für das konzentrierte Genehmigungsverfahren die Veröffentlichung der Beantragung der Genehmigung im Gesetzesanzeiger der jeweiligen Region. Der Fristbeginn im Fall des Anzeigeverfahrens ist nicht eindeutig. Es kommt entweder auf den Beginn oder das Ende der Bauarbeiten an.

Umweltverträglichkeitsprüfung

Bezüglich der Umweltverträglichkeitsprüfung gibt es in Italien zwar eine klare Kompetenzverteilung, aber sehr unterschiedliche Anforderungen. Für die Umweltverträglichkeitsprüfung sind laut Gesetz Nr. 4/08 die Regionen zuständig. Dasselbe Gesetz ist aber die Ursache für ein Durcheinander an Regelungen, denn das Gesetz Nr. 4/08 gestattet den Regionalverwaltungen ein Ermessen für die Gestaltung von Schwellenwerten und Bedingungen im Rahmen der Umweltverträglichkeitsprüfung. Von diesem Ermessen haben die Regionen unterschiedlich Gebrauch gemacht. Somit ist das entscheidende nationale Umweltschutzgesetz Nr. 152/2006 aufgrund des Gesetzes Nr. 4/08 somit nur im Kontext der einschlägigen regionalen Vorschriften zu lesen.

Ein Beispiel für die nicht aufeinander abgestimmten Regeln ist die unterschiedliche Behandlung der Umweltverträglichkeitsprüfung im Hinblick auf das konzentrierte Genehmigungsverfahren, was bereits bei der Erläuterung des konzentrierten Genehmigungsverfahrens erwähnt worden ist.

Im Wesentlichen ist eine Umweltverträglichkeitsprüfung nur für Freiflächenanlagen und nicht für Gebäudeanlagen zu beachten, da die Umwelteinwirkungen von Gebäudeanlagen meist nebensächlich sind. Grundsätzlich gibt es zwei Arten von Umweltverträglichkeitsprüfungen, die sich im Hinblick auf ihren Prüfungsumfang unterscheiden. Das Umweltscreening ist eine behördliche Vorprüfung auf mögliche Umweltauswirkungen anhand der Projektdaten. Einer tatsächlichen Umweltverträglichkeitsprüfung muss ein Umweltscreening vorausgehen. Gemeinhin sind in Italien ein Umweltscreening und damit auch eine Umweltverträglichkeitsprüfung meist nur bei Freiflächenanlagen mit einer Leistungskapazität von über 1 MW vorgeschrieben. Aufgrund des Durcheinanders der Regelungen kann dieser Wert aber nur als ungefährer Richtwert behandelt werden.

Die jeweilige Prüfung wird durch das Stellen eines Antrags bei der zuständigen Behörde eingeleitet. Weiterhin sind eine Kopie der Projektunterlagen, sowie bei der Umweltverträglichkeitsprüfung eine Kopie des vorangegangenen Umweltscreenings einzureichen. Außerdem muss der Antragsteller die Beantragung in zwei unterschiedlichen Zeitungen veröffentlichen, damit jedermann Stellungnahmen hinsichtlich des Projekts abgeben kann.

Die Behörde hat den Antrag innerhalb von 90 Tagen nach der Veröffentlichung der Antragstellung zu entscheiden. Ihre Entscheidungsmöglichkeiten umfassen die Zustimmung oder die Ablehnung des Projekts, sowie die Zustimmung unter Auflagen.

Landschaftsschutz

Eine Bestätigung, dass das Verfahren dem Landschaftsschutz nicht zuwider läuft, bedarf es sowohl beim konzentrierten Genehmigungsverfahren, als auch beim Anzeigeverfahren. Im Rahmen des konzentrierten Genehmigungsverfahrens ist die Landschaftsschutzbehörde Mitglied des Steuerungskomitees. Betreffend des Anzeigeverfahrens ist die Genehmigung eine der Genehmigungen, die den Ablauf der 30 Tage-Frist hemmen. Ohne eine Unbedenklichkeitserklärung der Landschaftsschutzbehörde kann das Anzeigeverfahren infolgedessen nicht wirksam abgeschlossen werden.

Zuständig für die Erteilung der Genehmigung ist die Kommunalverwaltung und zwar der so genannte Superintendent. Für die Erwiderung des Antrags hat die Behörde 45 Tage Zeit. 20 weitere Tage bleiben der Behörde dann, um die eigentlichen Maßnahmen dem Antragsteller mitzuteilen. Falls die Behörde untätig bleibt, kann die Kommunalverwaltung die Genehmigung ersetzen. Bis zu der Bestandskraft der Genehmigung kann es in dem Fall bis zu 150 Tage dauern.

Der Landschaftsschutz darf bei der Planung eines Solarvorhabens in Italien bei der Projektplanung nicht unterschätzt werden. Zunächst gibt es viele Gebiete, die aus verschiedenen Gründen unter Landschaftsschutz stehen. Zusätzlich ist das Regelwerk[114] verhältnismäßig unbestimmt und lässt dem Superintendenten ein ausladendes Ermessen. Zwar wurden bereits mit der Verabschiedung des Gesetzes Nr. 42/2009 Anstrengungen unternommen, ein vereinfachtes Genehmigungsverfahren für kleinere Photovoltaikanlagen zu regeln. Jedoch wurde es den Landschaftsschutzbehörden überlassen, die Größe kleinerer Photovoltaikanlagen zu bestimmen.

Letztendlich wird der Landschaftsschutz auch deshalb in Italien leicht zum Stolperstein, weil der Superintendent seine Entscheidung allein an den Interessen des Landschaftsschutzes ausrichten kann. Gesetzlich ist er nicht dazu gezwungen, seine Entscheidung mit den Interessen des Klimaschutzes oder der Förderung der Erzeugung von Strom aus erneuerbaren Energien in Einklang zu bringen.

2.2.6.2 Energiewirtschaftsrecht

Im Folgenden wird speziell auf die Regeln der Vergütung des erzeugten Stroms aus solarer Strahlungsenergie und zu Netzfragen in Grundzügen eingegangen.

114 Die einschlägigen Gesetze sind insbesondere das Gesetz Nr. 42/2004 vom 22. Januar 2004; geändert durch das Gesetz Nr. 157/2006 vom 24. März 2006, geändert durch das Gesetz Nr. 63/2008 vom 28. März 2008 und der Präsidiale Erlass DPR 13)/2010 vom 9. Juli 2010.

Einspeisevergütung

Den Anspruch auf Förderung muss der Anlagenbetreiber gegen den Netzbetreiber geltend machen. Wie bereits unter 2.1.3.2 besprochen, gilt in Italien ein Premiumtarifsystem. Betreffend der Einspeisevoraussetzungen und der Vergütungshöhe wird auf Abschnitt 2.1.3.2 verwiesen. Hier werden nur noch einmal die wichtigsten Voraussetzungen kurz zusammengefasst.

1. Ein Anspruch auf den Premiumtarif steht dem Anlagenbetreiber nur zu, wenn er seine Anlage rechtzeitig beim GSE angemeldet wurde.
2. Die Höhe des Premiumtarifs ist gesetzlich festgelegt und richtet sich nach der Art, der Leistung und dem Zeitpunkt der Inbetriebnahme der Anlage.
3. Die Tarife unterscheiden hinsichtlich der Art der Anlage zwischen freistehenden Anlagen, teilweise integrierten und vollständig integrierten Gebäudeanlage.
4. Für Anlagen, die 2011 in Betrieb genommen wurden, beträgt die Höhe des Tarifs zwischen 26,4 Cent/kWh und 38,7 Cent/kWh.
5. Der Vergütungsanspruch ist auf 20 Jahre befristet. Vergütungsbeginn ist die Inbetriebnahme der Anlage.
6. Die Vergütungssätze unterliegen einer Degression.

Vermarktung über die GSE

Ungeachtet des Premiumtarifs ist es Anlagenbetreibern möglich, ihren Strom über die GSE zu verkaufen (*Ritiro Dedicato*). Der Verkauf über die GSE ist möglich, wenn die Anlage eine Leistung von mehr als 10 MW hat und die Anlage nach dem 01.04.1999 in Betrieb genommen wurde.

Die Basis für die Vermarktung über die GSE ist ein Vertrag, der zwischen dem Anlagenbetreiber und der GSE geschlossen wird und eine Verlängerungsoption für ein Jahr beinhaltet. Der Mindesttarif für den Strom wird von der Energiebehörde für ein Jahr festgesetzt (*prezzo minimo garantito*) und ist ansteigend nach der Strommenge gestaffelt.

Die Volumengrenze für den Mindestpreis beträgt 2 Millionen kWh Strom. Die Menge, die über die 2 Millionen kWh hinausgeht, wird zum jeweiligen Marktpreis veräußert. Dementsprechend bietet die Direktvermarktung den Anlagenbetreibern einen indirekten Marktzugang über die GSE.

Schließlich kann der Anlagenbetreiber den erzeugen Strom auch selbst am Strommarkt zum jeweiligen Marktpreis veräußern.

Netzanschluss und Netzzugang

Die Anlagenbetreiber haben in Italien einen gesetzlichen Anspruch auf Abschluss eines Netzanschlussvertrages (*contratto per la connessione*) gegen den jeweiligen Übertrags- bzw. Verteilungsnetzbetreiber. Der zuständige Netzbetreiber hat den Anschluss vorrangig durchzuführen und zwar innerhalb einer Frist, die abhängig von der Art des Netzes und der Leistung ist, die eingespeist werden soll. Die Fristsetzung erfolgt dabei zweistufig. Zunächst besteht eine Frist zur Durchführung eines Kostenvoranschlags (*preventivo per la connessione*) und anschließend eine Frist zur Herstellung des Anschlusses.

Der zuständige Netzbetreiber ist für Anlagen mit einer Kapazität von über 10.000 kW der nationale Übertragungsnetzbetreiber TERNA und bei Anlagen mit einer Kapazität von kleiner als 10.000 kW der jeweilige Verteilungsnetzbetreiber. Für Verteilungsnetzbetreiber bewegt sich die Frist zur Abgabe des Kostenvoranschlags zwischen 20 Tagen für eine Anlage mit einer Leistung von bis zu 100 kW und bis zu 90 Tagen bei einer Leistung von über 1.000 kW. Ein Übertragungsnetzbetreiber hingegen kann die jeweiligen Fristen selbst in der Geschäftsordnung festlegen.

Der Netzbetreiber hat dem Antragsteller vor der Ausführung der Arbeiten einen Kostenvoranschlag zu senden, in dem die notwendigen Arbeiten zur Herstellung des Anschluss beschrieben und deren Kosten veranschlagt werden. Der Kostenvoranschlag ist für 45 Tage gültig. Der Antragssteller hat die Möglichkeit, den vorgeschlagenen Verknüpfungspunkt anzunehmen oder nach einem anderen Verknüpfungspunkt zu fragen, falls es einen weiteren technisch möglichen Anschlusspunkt gibt. Den Anschluss kann der Antragsteller durch den Netzbetreiber, durch einen fachkundigen Dritten oder auch selbst durchführen lassen. Falls er den Anschluss durch einen fachkundigen Dritten durchführen lässt oder selbst herstellt, entfallen die Netzanschlusskosten. Der Antragsteller muss aber dem Netzbetreiber die gebaute Anlage ohne Gegenleistung übereignen.

Die italienische Energiebehörde (AUTORITÀ PER L'ENERGIA ELETTRICA E IL GAS, folgend AEEG) hat am 04. August 2010 neue Regelungen im Hinblick auf das Netzanschlussverfahren verfügt (ARG/elt 125/10 kurz „TICA"), die bei der Beantragung des Netzanschluss zu beachten sind. TICA soll erstens einen Anreiz setzen, dass der Anschlusssuchende die Einspeiseleistung im Rahmen des Antrags nicht zu niedrig angibt. Die Höhe der Einspeiseleistung begründet nämlich die Basis für die Berechnung der Netzanschlusskosten. Falls die eingespeiste Energie zwei Monate im Jahr die beantragte übersteigt, kann der Netzbetreiber vom Anlagenbetreiber eine Nachzahlung fordern, die das Dreifache der Differenz zwischen den neu berechneten Anschlusskosten und den ursprünglich angesetzten Anschlusskosten beträgt.

Zweitens müssen Netzbetreiber so genannte kritische Zonen ausweisen. Kritische Zonen sind Gebiete, in denen so viele neue Anschlüsse beantragt worden sind, dass die Grenze der Netzkapazität infolge der Anschlüsse erreicht werden würde. Wird in diesen Zonen ein neuer Netzanschluss beantragt, muss der Anschlusssuchende entweder eine Bankbürgschaft oder eine Kaution hinterlegen. Die Höhe der Kaution richtet sich nach der Art des Netzes und der beantragten Einspeiseleistung. Zum Beispiel beträgt die Kaution bei Netzanschlüssen an das Mittelspannungsnetz € 60.000/MW. Die Kaution verfällt, sofern die Anlage nicht innerhalb der vorgegebenen Frist gebaut oder an das Netz angeschlossen wird.

Mit der zweiten Veränderung will der Gesetzgeber dem potentiellen Missbrauch von Anschlussgesuchen entgegenwirken. Die Anzahl der Anschlussgesuche spiegelt nämlich die tatsächlich geplanten Projekte nicht wider. Das lässt den Schluss zu, dass viele Anschlussgesuche allein aus Spekulationsgründen gestellt werden. Zum Beispiel wurden allein in Süditalien Anträge mit einer Gesamtleistung von 100.000 MW gestellt.

Der Anlagenbetreiber hat einen gesetzlichen Anspruch gegen den Netzbetreiber auf Übertragung des erzeugten Stroms (*contratto per il servizio di dispacciamento*). In dem Vertrag verpflichtet sich der Netzbetreiber zur vorrangigen Übertragung (*utilizzazione prioritaria*) des eingespeisten Stroms, sofern die Netzsicherheit gewährleistet ist. Dabei besteht oberster Vorrang für Strom aus erneuerbaren Energiequellen, die nicht programmierbar sind, wie Strom aus Photovoltaik- und Solarthermieanlagen. Nachrangig ist Strom, der aus programmierbaren Energiequellen, z.B. KWK-Anlagen, erzeugt wurde.

Netzausbau

Falls das vorhandene Netz nicht ausreicht, hat der Anlagenbetreiber einen Anspruch auf Netzausbau gegen den Netzbetreiber.

Die Fristen für den Netzausbau entsprechen den Fristen für den Netzanschluss.

Der Anspruch auf Netzausbau entsteht mit dem Abschluss des Netzanschlussvertrags. Die Kosten für den Ausbau trägt der Anschlusssuchende. Die Höhe der Kosten ist gesetzlich vorgegeben und richtet sich nach der Art des Netzes. Für einen Anschluss an das Verteilungsnetz enthält Art. 10 Anhang A ARGelt 99/08 eine entsprechende Kostenformel. Die Kosten des Anschluss an das Übertragungsnetz setzen sich aus der Ausarbeitung der technischen Lösung und aus dem Netzausbau an sich zusammensetzen.

Im Fall des Streits über die Notwendigkeit oder der Höhe der Kosten kann ein Streitbeilegungsverfahren vor der Marktdirektion (*Direzione meracati*) der Energiebehörde AEEG angestrengt werden.

2.2.6.3 Solarthermieanlagen

Die wesentlichen Unterschiede zwischen Photovoltaik- und Solarthermieanlagen wurden bereits unter Kapitel 2.1.3.2 erwähnt.

2.2.7 Themenschwerpunkte Spanien

Die folgende Darstellung soll ohne Anspruch auf Vollständigkeit eine Vorstellung von den häufigsten Rechtsprobleme bei der Realisierung von Solarvorhaben in Spanien vermitteln.

2.2.7.1 Öffentliches Planungsrecht

Der Abschnitt über das Verwaltungsverfahren erläutert unterschiedliche Genehmigungen, die für die Errichtung einer Photovoltaikanlage zu erlangen sind.

Baugenehmigung

Die Baugenehmigung (*licencia de obras*) zur Errichtung eines Solarvorhabens muss bei der Stadtverwaltung beantragt werden, auf deren Hoheitsgebiet das Vorhaben errichtet werden soll. Die Baugenehmigung ist ein zentrales Dokument, das es nicht nur für die Errichtung der Anlage, sondern auch für die Registrierung der Anlage im Photovoltaikregister erforderlich ist.

Mit der Beantragung der Baugenehmigung wird die Bau-, Installations- und Arbeitssteuer (*Impuesto de Construcciones, Instalaciones y Obras*) fällig. Teilweise wird bei der Berechnung der Bemessungsgrundlage sogar der Wert der Photovoltaikmodule addiert. Die Steuer kann bis zu 4 % der Projektkosten betragen. Das bedeutet einen nicht unwesentlichen wirtschaftlichen Fallstrick, denn zum Zeitpunkt der Beantragung der Baugenehmigung ist weder absehbar wann, noch in welcher Höhe ein Anspruch auf Einspeisevergütung bestehen wird.

Im Rahmen der Baugenehmigung werden meist auch Rückbaupflichten festgelegt. Die Rückbaupflichten müssen garantiert werden. Das erfolgt meist durch die Hinterlegung einer Bankgarantie (*aval para la restitución de los terrenos a su estado originario*).

Die Baugenehmigung muss von der Projektgesellschaft beantragt werden.

Vor dem Erlass der Baugenehmigung darf mit den Bauarbeiten nicht begonnen werden. Andersfalls drohen Geldbußen bis zu € 30 Millionen, falls es infolge der Arbeiten zu einer Gefährdung von Leib, Leben, Sachen oder der Umwelt gekommen ist. Die Geldbuße beträgt bis zu € 6 Millionen, sofern keine Gefährdung bestand.

Bezugslizenz

Die Bezugslizenz (*licencia de primera ocupación*) ist eine Bescheinigung, die nach der Errichtung der Gebäude und sonstige Anlagen beantragt wird. In ihr wird bestätigt, dass die Gebäude entsprechend der beantragten Baugenehmigung errichtet wurden. Ob eine Bezugslizenz notwendig ist, richtet sich nach den regionalen Gesetzen.

Die Bezugslizenz muss ebenfalls von der Projektgesellschaft beantragt werden.

Betriebserlaubnis und -genehmigung

Die Betriebserlaubnis (*licencia de actividad oder certificado de instalación*) muss vor der Einrichtung der Anlage beantragt werden. In dem Antrag, ist die geplante Nutzung der Anlage einzureichen. Außerdem muss versichert werden, dass die Anlage nicht für einen verbotenen Zweck genutzt werden wird, sowie dass die Vorschriften zum Schutz der Gesundheit und der Unfallverhütung am Arbeitsplatz eingehalten werden.

Nach der Fertigstellung der geplanten Einrichtungen muss die Betriebsgenehmigung beantragt werden. Im Rahmen des Genehmigungsprozess wird die Anlage von Betriebsprüfern der jeweiligen Gemeinde besucht und überprüft, ob die Anlage der Betriebserlaubnis entspricht.

Betriebserlaubnis sowie Betriebsgenehmigung müssen vom Anlagenbetreiber bei der zuständigen Kommunalverwaltung beantragt werden.

Veränderungen der Anlage

Sollten nach Erteilung der Betriebserlaubnis und der Inbetriebnahme der Anlage weitere Arbeiten notwendig sein, muss zunächst eine Veränderungserlaubnis eingeholt werden. Die Erlaubnis muss beantragt werden, sofern die Veränderungen wesentlich sind. Seit dem Erlass 1565/2010 vom 19.12.2010 wird die Wesentlichkeit nicht mehr über die Investitionskosten definiert, sondern als wesentlich gelten bestimmte Anlagenbestandteile, wie zum Beispiel ein Photovoltaikmodul oder ein Wechselrichter. Folge der Veränderung ist, dass eine neue Betriebsgenehmigung beantragt werden muss.

Zusätzlich kann sich die Veränderung der Anlage auf die Einspeisevergütung auswirken. Je nach Region ist das Ausstellungsdatum der Betriebsgenehmigung oder der Bezugslizenz mit entscheidend für die Bestimmung des anwendbaren Abrechnungsregimes. Die neu ausgestellte Betriebsgenehmigung bzw. Bezugslizenz überholt die vorherige und ordnet die Anlage in ein späteres Abrechnungsregime ein. Aufgrund der drastischen Verringerung der gesetzlichen Einspeisevergütung in letzter Zeit kann das einen nicht unwesentlichen Einfluss auf das Projekt ausüben.

Umweltverträglichkeitsprüfung

Die Schwellenwerte im Hinblick auf die Notwendigkeit eines Umweltscreenings bzw. eine Umweltverträglichkeitsprüfung (*Estimación de Impacto Ambiental*) unterliegen der Gesetzgebungszuständigkeit der jeweiligen Region.

2.2.7.2 Energiewirtschaftsrecht

Einspeisevergütung

Der Anspruch auf die Einspeisevergütung ist ein gesetzlicher Anspruch des Anlagenbetreibers. Anspruchsverpflichtet ist der jeweilige Verteilungs- oder Übertragungsnetzbetreiber.

Die Voraussetzungen der Einspeisevergütung wurden bereits in ihren Grundzügen in Kapitel 2.1.3.3 dargestellt. Hier wird nur das Wichtigste noch einmal zusammengefasst.

Es gibt sowohl nationale Kapazitätsgrenzen; sowie Kapazitätsgrenzen per Anlage. Die nationale Kapazitätsgrenze beträgt 400 MW pro Jahr (2/3 für Freiflächenanlagen und 1/3 für Gebäudeanlagen). Photovoltaikfreiflächenanlagen erhalten zudem nur eine Einspeisevergütung bis zu einer Leistungskapazität von 10 MW bzw. Gebäudeanlagen bis zu einer Leistungskapazität von 2 MW.

Der Anspruch auf die Einspeisevergütung besteht nur, nachdem eine Eintragung im Photovoltaikregister erfolgte. Das Photovoltaikregister wird vom CNE geführt. Die Eintragung muss auf den dafür vorgesehenen Formblättern erfolgen. Voraussetzung des Eintrags ist, dass die Baugenehmigung sowie weitere gegebenenfalls notwendige öffentlich-rechtliche Genehmigungen beigefügt sind. Zu den weiteren Genehmigungen zählt auch die Netzanschlusszusage des Netzbetreibers. Außerdem muss eine Sicherheitsleistung, entweder in der Form einer Kaution oder einer Garantie, hinterlegt werden. Bei einer Anlage bis zu 20 kW beträgt die Höhe der Zahlung € 50/kW und bei anderen Anlagen € 500/kW. Im Anschluss an die Registrierung muss die Anlage innerhalb eines Jahres gebaut und an das Netz angeschlossen werden.

Das Photovoltaikregister ist nur zu bestimmten Zeiträumen geöffnet, in denen die Anträge gestellt werden können. Die Höhe der Einspeisevergütung hängt vom jeweiligen Zeitfenster ab, in dem die Anlage eingetragen wird.

Die Anlagen müssen zudem in das allgemeine Anlagenregister eingetragen werden. Zunächst muss eine vorläufige Eintragung beantragt werden, wofür eine Bescheinigung über die Aufnahme des Probebetriebs, sowie über den Abschluss des Netzanschlussvertrages mit dem Netzbetreiber vorgelegt werden muss. Die vorläufige Eintragung wird gelöscht, wenn die

Eintragung in das endgültige Register nicht drei Monate nach der Eintragung in das Photovoltaikregister angemeldet wird. Das Register wird beim Ministerium für Industrie, Fremdenverkehr und Handel geführt.

Die Einspeisevergütung ist an den Verlauf des Konsumgüterpreisindex gekoppelt. Die Anpassung erfolgt jährlich bis 2012 in Höhe des CPIs minus 0,25 %, sowie ab 2013 in Höhe des CPIs minus 0,5 %.

Der Anspruch auf die Einspeisevergütung besteht für 25 Jahre ab Inbetriebnahme der Anlage (für Anlagen nach RD 661/2007 sind es 28 Jahre). Die verringerte Einspeisevergütung ab dem 26. Jahr für Anlagen, die dem RD 661/2007 unterfallen, wurde durch 1565/2010 abgeschafft.

Anlagen mit einer Kapazität über 2 MW bedürfen zudem einer Spannungsschutzeinrichtung, um die Einspeisevergütung zu erhalten. Für Neuanlagen, die nach dem 30. Juni 2011 registriert werden sollen, ist das eine zwingende Eintragungsbedingung. Ab dem 31. Oktober 2011 sind von der Vorschrift aber auch Altanlagen erfasst. Im Fall des Verstoßes gegen die Auflage kann die Berechtigung zur Einspeisevergütung entzogen werden.

Marktzugangsvertreter

Das Vergütungsverfahren wurde bereits oben (Kapitel 2.1.3.3) kurz angesprochen. Der Vollständigkeit halber wird hier nur noch einmal die Stellung des Marktzugangsvertreter (*comercializadora de ultimo recurso*) erläutert.

Die Einspeisevergütung des Anlagenbetreibers setzt sich zum einen aus dem täglich ermittelten Marktpreis und zum anderen aus der Differenz zwischen der gesetzlich garantierten Einspeisevergütung und dem Marktpreis zusammen, die monatlich ermittelt werden. Anspruchsverpflichteter betreffend der Überweisung des Marktpreis ist der Strombörsenbetreiber OMEL (OMEL – OPERADOR IBÉRICO DE LA ENERGIA, POLO ESPAÑOL) und betreffend der Differenz CNE.

Der Anlagenbetreiber hat im Rahmen der Anmeldung seiner Anlage die Wahl, ob er im Hinblick auf die Einspeisevergütung mit CNE direkt abrechnen oder einen Markzugangsvertreter zwischenschalten möchte.

Der Anlagenbetreiber hat aber keine Wahl hinsichtlich der Abrechnung des Marktpreises. Dieser wird von OMEL an den vom Anlagenbetreiber gewählten Marktzugangsvertreter überwiesen, der die Zahlung dann an den Anlagenbetreiber weiterleitet. Es ist dem Anlagenbetreiber nicht möglich, selbst am Strommarkt als Verkäufer aufzutreten.

Netzanschluss und Netzzugang

Es besteht ein gesetzlicher Anspruch des Anlagenbetreibers, der Strom aus erneuerbaren Energien erzeugt, gegen den Netzbetreiber auf einen vorrangigen Netzanschluss bzw. auf vorrangigen Netzzugang.

Anlagenbetreiber brauchen zur Durchführung ihres Solarvorhabens eine Zusage des Netzbetreibers hinsichtlich des Verknüpfungspunkts (*punto de conexión*). Für diese Zwecke muss der Anlagenbetreiber dem Netzbetreiber die Grundzüge des Projekts, sowie die Baupläne zukommen lassen. Außerdem muss der Anschlusssuchende nachweisen, dass er die Netzanschlussgebühr (mindestens € 0,50/kWh) entrichten kann. Dafür reicht die Hinterlegung einer Bankbürgschaft aus.

Um an ein Verteilungsnetz angeschlossen zu werden, bedarf es der Bestätigung des Regelzonenbetreibers, dass es genug freie Kapazitäten für den Anschluss der Anlage gibt. Darüber hinaus bedarf es eines Netzanschlussplans, der vom Netzbetreiber, an dessen Netz die Anlage angeschlossen werden soll, in Zusammenarbeit mit dem Übertragungsnetzbetreiber entworfen werden muss.

Der Anlagenbetreiber muss die Anschlussvorrichtungen errichten, bevor der Netzanschluss erfolgt. Die Anschlussvorrichtungen sind die Stromleitung von der Anlage zum Verknüpfungspunkt, sowie gegebenenfalls erforderliche Transformatoren.

2.2.7.3 Solarthermieanlagen

Solarthermieanlagen unterfallen in Spanien einem anderen Tarif als Photovoltaikanlagen, nämlich dem Premium Tarif (*Régimen Especial*). Demnach werden Anlagen nur bis zu einer Kapazität von 50 MW gefördert. Die Vergütungshöhe beträgt 27,43 Cent/kWh für 25 Jahre. Ab dem 26. Jahr wird eine Vergütung in Höhe von 21,94 Cent/kWh gewährt.

Voraussetzung für die Anwendbarkeit des Tarifs ist, dass die Anlage hauptsächlich solarthermisch Strom erzeugt. Das ist insbesondere wichtig bei Hybridanlagen. Eine nur unwesentliche Erzeugung von Strom durch Solarthermie ist nicht ausreichend. Außerdem muss für die Anlage ein behördlicher Bescheid erwirkt werden, der die Anwendung des Tarifs auf die Anlage bestätigt. Darüber hinaus finden die Regelungen für Photovoltaikanlagen Anwendung, wie zum Beispiel die Anmeldungs- und Eintragungspflicht in die verschiedenen Register.

2.3 Projektverträge: GU-Vertrag und Servicevertrag

DOROTHÉE JANZEN

Dorothée Janzen studierte Rechtswissenschaften an den Universitäten in Trier und in Ann Arbor, USA. Sie ist seit 2003 Rechtsanwältin bei CMS HASCHE SIGLE in Hamburg und Mitglied des Fachbereiches Energiewirtschaft mit Schwerpunkt im Bereich Erneuerbare Energien.

Sie berät Investoren, Hersteller, Betreiber und finanzierende Banken bei nationalen und internationalen Projekten sowie bei Transaktionen im Bereich Erneuerbare Energien. Ihre Erfahrung umfasst die Beratung bei der Planung und Realisierung von Solarthermie- und Photovoltaikanlagen, On- und Offshore-Windparks und Biomasseheizkraftwerken. Ein weiterer Schwerpunkt ihrer Tätigkeit ist die Beratung im Energievertragsrecht.

DR. NIKLAS GANSSAUGE

Dr. Niklas Ganssauge ist seit 2005 als Rechtsanwalt bei CMS HASCHE SIGLE tätig. Er ist Spezialist für Erneuerbare Energien und berät in diesem Bereich seit mehreren Jahren Anlagenhersteller, Projektentwickler, Generalunternehmer, Energiekonzerne, Investoren und Banken beim Erwerb, der Planung und der Realisierung von Solar- und Windparks sowie Biogasanlagen im In- und Ausland.

Dr. Niklas Ganssauge hat besondere Erfahrung in der Gestaltung und Verhandlung von Generalunternehmer- und Lieferverträgen, Bau- und Errichtungsverträgen sowie Wartungsverträgen. Er ist Dozent an der FRANKFURT SCHOOL OF FINANCE im Studiengang „Renewable Energy Finance“.

2.3.1 Einleitung

Mit dem Begriff „Projektverträge“ werden verschiedene Arten von Verträgen im Rahmen eines Solarvorhabens bezeichnet. Zunächst gibt es Projektverträge, die zur Beschaffung der Projektrechte geschlossen werden. Desweiteren gibt es Projektverträge, mit denen die Projektrechte oder die Projektgesellschaft verkauft werden. Schließlich gibt es eine dritte Kategorie von Projektverträgen, die sich mit der Errichtung und dem Betrieb einer Anlage befasst. Im Folgenden wenden wir uns dieser dritten Kategorie zu, und zwar dem Generalunternehmervertrag sowie dem Servicevertrag über die Wartung und Betriebsführung einer Anlage.

Im Solarbereich werden Anlagen in der Regel von einem Generalunternehmer gebaut, mit dem die Projektgesellschaft einen Vertrag über die schlüsselfertige Errichtung der Anlage abschließt. Der Generalunternehmer schließt seinerseits mit verschiedenen Subunternehmern Verträge über die Lieferung von Anlagenteilen und die Erstellung einzelner Gewerke ab. Dass die Projektgesellschaft selbst einzelne Liefer- und Werkverträge abschließt, ist im Solarbereich – anders als in der Windbranche – eher die Ausnahme.

Die Projektgesellschaft vereinbart mit dem Generalunternehmer regelmäßig auch die Wartung und Betriebsführung der Anlage, damit das Unternehmen, welches die Anlage errichtet hat und mit ihren technischen Einzelheiten am besten vertraut ist, auch später für deren ordnungsgemäßen Betrieb verantwortlich ist. Für die Finanzierbarkeit eines Solarvorhabens ist der Abschluss eines solchen Servicevertrags von besonderer Bedeutung, da auf diese Weise ein Teil des Betriebsrisikos wieder auf den Generalunternehmer zurückverlagert wird.

Der Schwerpunkt der folgenden Darstellung liegt bei den für ein Solarvorhaben spezifischen Regelungen dieser Verträge. Um ein vollständiges Bild zu zeichnen, werden aber auch die nicht solarspezifischen Themen (z.B. Sicherheiten, Haftungsbeschränkung und Kündigung) dargestellt. Die Erläuterungen werden dabei – sofern nicht anders angegeben ist – ohne Berücksichtigung des konkret anwendbaren Rechts gemacht und berücksichtigen daher auch nicht etwaige Beschränkungen durch AGB-Recht.

2.3.2 Generalunternehmervertrag

Grundlegendes Merkmal des Generalunternehmervertrages ist die Verpflichtung des Generalunternehmers zur schlüsselfertigen und betriebsbereiten Errichtung des gesamten Solarkraftwerkes gegen Zahlung eines Pauschalfestpreises. Anders als beim Abschluss einer Vielzahl von Einzelverträgen für die zur Errichtung notwendigen Komponenten und Gewerke trägt bei Abschluss eines Generalunternehmervertrages der Generalunternehmer und nicht die Projektgesellschaft die Verantwortung für die Koordination der Einzelgewerke und die klare und lückenlose Regelung der Schnittstellen zwischen den einzelnen Komponenten und Gewerken. Die Vergabe der Errichtung an einen Generalunternehmer reduziert damit nicht nur Schnittstellenrisiken während der Bauzeit, sondern auch in der Gewährleistungsphase. Die Zuordnung eines Mangels zu einem konkreten Einzelgewerk und damit verbundene Zurechnungs- und Abgrenzungsschwierigkeiten entfallen. Gleichzeitig reduzieren sich auch das Bauzeitenrisiko und die damit verbundenen Kostenrisiken. Anders als beim Abschluss einer Vielzahl von Einzelverträgen ist der Generalunternehmer und nicht die Projektgesellschaft für die zeitliche Abstimmung der Einzelgewerke aufeinander verantwortlich.

Generalunternehmer für Kraftwerksprojekte erbringen in der Regel nicht alle Leistungen selbst, sondern bedienen sich entweder für einen Teil oder für nahezu alle Leistungen Subunternehmer. Dabei gelten die von den Subunternehmern erbrachten Leistungen im Verhältnis zur Projektgesellschaft als solche des Generalunternehmers, für die dieser in vollem Umfang verantwortlich ist.

Neben diesen Vorteilen der Beauftragung eines Generalunternehmers gibt es allerdings auch Nachteile. Zum einen liegt der Pauschalfestpreis eines Generalunternehmers in der Regel über der Summe der Einzelpreise bei einer Vergabe der Errichtung in Form von Einzelgewerken, da der Generalunternehmer die Projektkoordination und einen Teil der Errichtungsrisiken nur gegen eine entsprechende Marge übernimmt. Gleichzeitig ist das Insolvenzrisiko auf ein Unternehmen konzentriert und nicht mehr auf mehrere Einzelunternehmer verteilt. Dem kann allerdings durch die Vereinbarung von Eintrittsrechten in Verträge mit den wesentlichen Subunternehmern entgegengewirkt werden. Schließlich reduziert die umfassende Beauftragung eines Generalunternehmers mit der Verwirklichung eines Projektes die Möglichkeit der Projektgesellschaft, auf Einzelbereiche des Projektes Einfluss zu nehmen. Diese Möglichkeit besteht beim Generalunternehmervertrag vor allem bei der Festlegung des Leistungsumfangs und der Spezifikation. Während der Bauphase ist eine Einflussnahme dagegen nur noch im Rahmen von Nachträgen und Leistungsänderungen möglich. Diese verursachen jedoch häufig zusätzliche Kosten und Änderungen des Terminplans.

2.3.2.1 Leistungsumfang

Die Leistungspflichten und der Leistungsumfang legen fest, welche Leistungen der Generalunternehmer für den Pauschalfestpreis zu erbringen hat. Die präzise und umfassende Beschreibung der vom Generalunternehmer geschuldeten Leistungen und die damit einhergehende Festlegung der Risikoverteilung in Bezug auf die Rahmenbedingungen des Projektes, wie z.B. Bodenbeschaffenheit und Genehmigungen, sind von zentraler Bedeutung. Ungenauigkeiten oder Lücken in der Leistungsbeschreibung erhöhen das Risiko kosten- und verzögerungsträchtiger Streitigkeiten über den Leistungsumfang und Berechtigung von Nachträgen seitens des Generalunternehmers. Ziel der Leistungsbeschreibung sollte es sein, alle wesentlichen Gewerke in einer technischen Spezifikation zu beschreiben. Diese wird üblicherweise als Anlage dem Vertrag beigefügt. Dabei bietet es sich an, wesentliche Komponenten des Kraftwerkes, wie z.B. Module, Wechselrichter und Gestelle bei Photovoltaik-Projekten und Parabolspiegel sowie die Turbine bei CSP-Kraftwerken konkret unter Angabe von Modell und Hersteller festzulegen. Auf diese Weise kann sichergestellt werden, dass bei diesen maßgeblichen Bestandteilen ausschließlich bewährte und von finanzierenden Banken akzeptierte Komponenten zum Einsatz kommen. Häufig wird die Beschreibung des Leistungsumfangs durch eine funktionale Komponente ergänzt. Die Projektgesellschaft hat außerdem ein Interesse, ergänzend zu den im Vertrag einzeln spezifizierten Leistungen einen allgemeinen Anspruch auf alle Leistungen zu begründen, die für eine funktionsfähige Errichtung des Solarvorhabens erforderlich sind.

Eine weitere wesentliche Funktion der Festlegung des Leistungsinhaltes ist außerdem die Abgrenzung der Verantwortungs- und Risikobereiche zwischen der Projektgesellschaft und dem Generalunternehmer. Dabei ist hinsichtlich einer fairen Verteilung der Risiken zwischen zwei Kategorien von Generalunternehmern zu unterscheiden: (1) dem Generalunternehmer, der lediglich Planung, Design und Errichtung des Solarvorhabens übernimmt, aber an der Entwicklung des Projektes und der Beschaffung der Projektrechte nicht beteiligt ist und (2) der Generalunternehmer, der entweder bereits unter dem Generalunternehmervertrag die Beibringung der Projektrechte schuldet, oder aber selbst oder durch ein mit ihm verbundenes Unternehmen die Projektentwicklung für die Projektgesellschaft durchführt. Von letzterem kann in der Regel eine stärkere Risikoübernahme erwartet werde, da er in der Regel über den Generalunternehmervertrag einen Teil des Projektwertes realisiert.

Relevant ist dies z.B. für die Frage, wer für die Tauglichkeit des Baugrundstückes einzustehen und die Mehrkosten aufgrund unerwarteter Bodenbedingungen, Altlasten, Munitionsresten, antiken Überresten oder Vergleichbarem zu tragen hat. Üblicherweise handelt es sich hierbei um ein Bauherrnrisiko, das die Projektgesellschaft trägt. Dabei wird häufig geregelt, dass der Generalunternehmer nur dann einen Anspruch auf zusätzliche Kosten und Bauzeitverlängerungen geltend machen kann, wenn die Bedingungen auf dem Baugrundstück von den Angaben in einem vom Bauherrn übergebenen Baugrundgutachten abweichen und bei einer vorherigen Besichtigung des Grundstücks durch den Generalunternehmer die fraglichen Umstände nicht erkennbar waren. Dagegen sollte in Fällen, in denen der Generalunternehmer selbst oder aber ein mit ihm verbundenes Unternehmen das Projekt entwickelt und das Baugrundstück ausgewählt hat, das Bodenrisiko vom Generalunternehmer getragen werden.

Die Beschaffungspflicht hinsichtlich aller für die Realisierung eines Solarvorhabens erforderlichen Genehmigungen sollte als Teil des Leistungsinhaltes klar zwischen Projektgesellschaft und Generalunternehmer aufgeteilt sein. Dabei ist die Projektgesellschaft im Regelfall für die Beschaffung der Genehmigung für Errichtung und Betrieb verantwortlich. Bei CSP-Kraftwerken kann außerdem eine wasserrechtliche Genehmigung erforderlich sein. Der Generalunternehmer ist dagegen üblicherweise für die zur Ausführung der von ihm geschuldeten Arbeiten erforderlichen Genehmigungen zuständig. Zur Vermeidung von Lücken hinsichtlich der Beschaffungsverantwortlichkeit für Genehmigungen und im Interesse der Rechtssicherheit regeln Verträge häufig die von der Projektgesellschaft zu beschaffenden Genehmigungen möglichst abschließend und weisen die Verantwortung für alle anderen zur Errichtung erforderlichen Genehmigungen dem Generalunternehmer zu.

Die Projektgesellschaft erwartet in der Regel, dass der Generalunternehmer sich verpflichtet, das Vorhaben in Übereinstimmung mit den erteilten öffentlich-rechtlichen Genehmigungen und den anwendbaren Gesetzen zu errichten. Dabei wird der Generalunternehmer insbesondere bei längeren Bauzeiten nur bereit sein, dies auf Basis der bei Vertragsschluss bekannten Genehmigungsbedingungen und Gesetze zuzusagen. Damit das Projekt bei Fertigstellung nicht im Widerspruch zu Genehmigungsbedingungen oder gesetzlichen Anforderungen steht, sollte der Vertrag regeln, dass der Generalunternehmer bei Änderungen der Genehmigungen oder der gesetzlichen Anforderungen auf Aufforderung der Projektgesellschaft zur Anpassung seiner Leistungen verpflichtet ist. Dies wird er allerdings in der Regel nur im Gegenzug gegen Erstattung der hierdurch anfallenden Mehrkosten und eine angemessene Verlängerung der Bauzeit zugestehen. Ist der Generalunternehmer auch für die Beschaffung der Genehmigungen für die Errichtung des Vorhabens verantwortlich, kann von ihm eher erwartet werden, das Risiko der Mehrkosten durch eine nachträgliche Änderung der Genehmigung zu tragen. Im Ergebnis ist das Risiko einer Genehmigungs- und Gesetzesänderungen bei Photovoltaik-Projekten aufgrund der relativ kurzen Bauzeiten gering; es kann jedoch bei Solarthermie-Kraftwerken mit Bauzeiten von bis zu zwei Jahren durchaus relevant werden.

2.3.2.2 Zeitplan und Verzugsfolgen

Die Einhaltung des vertraglich vereinbarten Fertigstellungstermins ist bei Solarvorhaben wie bei allen Kraftwerksprojekten von erheblicher Bedeutung. Mit der Verzögerung der Fertigstellung verschiebt sich der Beginn des Cashflows in die Projektgesellschaft nach hinten und die Mittel zur Rückführung einer Projektfinanzierung stehen nicht zu dem geplanten Zeitpunkt zur Verfügung. Bei Solarvorhaben besteht im Falle einer Verzögerung zusätzlich das Risiko, nicht die geplante Einspeisevergütung oder sonstige Förderung zu erhalten. Solarvorhaben sind in der Regel nur aufgrund besonderer Förderungsmechanismen für Erneuerbare Energien wirtschaftlich. Durch eine Verzögerung der Inbetriebnahme, des Netzanschlusses oder der Fertigstellung, je nachdem was für die Förderung der relevante Sachverhalt ist, kann das Projekt in eine andere als die geplante Förderungsperiode mit einer dauerhaft niedrigeren Förderung geraten (sog. Tarifrisiko). Dies kann die Wirtschaftlichkeit des gesamten Projektes erheblich gefährden. Das Tarifrisiko hat sich in den letzten Jahren sowohl in Deutschland als auch in vielen anderen europäischen Ländern durch wiederholte Gesetzesänderungen zur kurzfristigen Herabsetzung der Vergütung oder der sonstigen Fördermechanismen für künftige Projekte verstärkt. Den Regelungen zum Bauzeitplan und den Verzugsfolgen kann damit wesentliche Bedeutung für die Wirtschaftlichkeit eines Projektes zukommen.

Zweckmäßig ist die Vereinbarung eines Bauzeitplanes, in dem festgelegt ist, welcher Baufortschritt innerhalb einer bestimmten Frist oder zu einem bestimmten Datum erreicht sein soll. Zusätzlich sehen Generalunternehmerverträge üblicherweise einen verbindlichen Fertigstellungstermin vor. Dieser knüpft in der Regel an die Abnahme des Solarvorhabens an, mit der gleichzeitig bestätigt wird, dass das Projekt im Wesentlichen vertragsgemäß errichtet ist. Für den Fall, dass die Erlangung einer bestimmten Einspeisevergütung oder einer sonstigen Förderung an einen anderen Zeitpunkt anknüpft, wie z.B. die Inbetriebnahme oder die Einspeisung der ersten kWh Strom, und bei Verzögerungen mit einer abgesenkten Vergütung oder Förderung zu rechnen ist, sollte dieser Meilenstein entweder durch einen zusätzlichen verbindlichen Vertragstermin oder anstelle der Abnahme gesichert werden.

Zur Reduzierung des Verzugsrisikos sehen Generalunternehmerverträge häufig regelmäßige Berichtspflichten über den Baufortschritt und insbesondere über eingetretene oder drohende Abweichungen vom Bauzeitenplan vor. Zusätzlich kann im Interesse der Projektgesellschaft geregelt werden, dass der Generalunternehmer bei bestehenden oder drohenden Abweichungen einen Maßnahmenplan zur Aufholung der Verzögerung aufzustellen und auf eigene Kosten umzusetzen hat. Trägt die Projektgesellschaft die Verantwortung für eine Verzögerung im Baufortschritt, wird der Generalunternehmer üblicherweise nicht verpflichtet sein, Beschleunigungsmaßnahmen auf eigene Kosten durchzuführen. Der Vertrag sollte für diesen Fall jedoch vorsehen, dass die Projektgesellschaft Beschleunigungsmaßnahmen im Wege eines Nachtrages vereinbaren oder ggf. auch gegen Vergütung der entstehenden Kosten (zzgl. einer Marge) anordnen kann.

Wird der verbindlich vereinbarte Fertigstellungstermin oder ein anderer ausdrücklich verbindlich vereinbarter Termin nicht eingehalten, dessen Überschreitung zu finanziellen Nachteilen für die Projektgesellschaft führt, so muss der Generalunternehmer üblicherweise Ausgleichszahlungen leisten.

Wesentliche Voraussetzung für eine Zahlungspflicht des Generalunternehmers ist dabei in der Regel die Verantwortung des Generalunternehmers für die eingetretene Verzögerung. Dabei gibt es grundsätzlich zwei verschiedene Regelungsmodelle. Nach dem im deutschen Recht verankerten Modell haftet der Generalunternehmer nur dann für eine Verzögerung des Baufortschritts und die Überschreitung von verbindlichen Vertragsterminen, wenn er die Verzögerung zu vertreten hat und damit ein Verzug im Sinne des deutschen Rechts vorliegt. Das andere Regelungsmodell, das insbesondere in größeren internationalen Projekten zur Anwendung kommt und unter anderem dem FIDIC-Vertragsmuster für Turnkey-Projekte im internationalen Anlagenbau zugrunde liegt, sieht dagegen vor, dass jede Überschreitung des vertraglich festgelegten Termins die Ausgleichspflicht des Generalunternehmers auslöst. Dabei steht dem Generalunternehmer bei diesem Modell ein Anspruch auf Verschiebung der verbindlich vereinbarten Termine und damit eine Verlängerung der Ausführungsfristen in einzelnen im Vertrag abschließend aufgelisteten Fällen zu. Bei diesen im Vertrag aufgeführten Umständen handelt es sich in der Regel um Konstellationen, die der Generalunternehmer nicht zu vertreten hat. Je nach Verhandlungsgeschick und -macht der Projektgesellschaft kann dieses Modell jedoch durch eine eingeschränkte Liste der Fallgruppen, die einen

Anspruch auf Verschiebung der verbindlichen Termine begründen, dazu führen, dass der Generalunternehmer auch die Verantwortung für Verzögerungen trägt, die er nicht zu vertreten hat. Dieses Regelungsmodell kann damit im Einzelfall zu einer für die Projektgesellschaft günstigeren Verteilung des Verzögerungsrisikos beim Baufortschritt führen. Ergänzend sehen Generalunternehmerverträge häufig vor, dass der Generalunternehmer sich auf eine unverschuldete Verzögerung oder aber eine Verlängerung der Leistungsfristen nur dann berufen kann, wenn er die Verzögerung und den Grund der Verzögerung der Projektgesellschaft innerhalb einer bestimmten Frist angezeigt hat. Dies ermöglicht der Projektgesellschaft eine zeitnahe Prüfung, inwieweit es sich tatsächlich um eine Verzögerung handelt, für die der Generalunternehmer keine Verantwortung trägt. Gleichzeitig erlangt die Projektgesellschaft auf diesem Wege frühzeitig Kenntnis von der eingetretenen Verzögerung und kann entscheiden, ob Beschleunigungsmaßnahmen im Wege eines Nachtrages vereinbart oder angeordnet werden sollen.

Hat der Generalunternehmer oder ein mit ihm verbundenes Unternehmen das Projekt entwickelt und wird der Generalunternehmervertrag in Zusammenhang mit der Veräußerung des Projektes an einen Investor abgeschlossen, wird teilweise für das Risiko der dauerhaft reduzierten Einspeisevergütung abweichend von dem vorstehenden auch eine verschuldensabhängige Haftung des Generalunternehmers vereinbart.

Die Zahlungspflicht des Generalunternehmers für von ihm zu verantwortende Verzögerungen bei der Errichtung wird üblicherweise als pauschalierter Schadenersatz oder Vertragsstrafe vereinbart. Beide werden im Vertrag entweder als Betrag oder als Prozentsatz von der Pauschalvergütung festgelegt, die entweder pro Tag oder pro Woche anfallen. Hinsichtlich der Höhe ist es das Ziel der Projektgesellschaft und der finanzierenden Bank, hierdurch die zu erwartenden Nachteile in Form eines ausbleibenden Cashflows aus dem Verkauf des erzeugten Stroms sowie aus zusätzlichen Finanzierungskosten einerseits und ggf. aus einer dauerhaft reduzierten Einspeisevergütung andererseits jeweils pauschal auszugleichen. Dabei ist es sinnvoll und üblich, diese zwei unterschiedlichen Schadensfolgen separat zu regeln.

Die Vereinbarung einer Vertragsstrafe hat gegenüber einem pauschalierten Schadenersatz für die Projektgesellschaft den Vorteil, dass anders als beim pauschalierten Schadenersatz der Generalunternehmer keine Reduzierung durch den Nachweis eines geringeren tatsächlich eingetreten Schadens erreichen kann. In manchen Rechtsordnungen, insbesondere des Common Law-Rechtskreises, bestehen allerdings Vorbehalte und Einschränkungen in Bezug auf die Verwendung von Vertragsstrafen. Nach deutschem Recht unterliegen Vertragsstrafen in vorformulierten Vertragsklauseln zur mehrfachen Verwendung, wie z.B. Musterverträgen, einem größeren Risiko der Unwirksamkeit als ein pauschalierter Schadenersatz.

Der Ausgleich für eine niedrigere Einspeisevergütung durch eine verzögerte Fertigstellung des Projektes kann demgegenüber auch durch einen Anspruch auf Reduzierung des Vertragspreises geregelt werden. Dabei ist es durchaus üblich, dass der Generalunternehmer das Risiko der Vergütungs- oder Förderungsreduzierung zumindest teilweise mitträgt. Von Generalunternehmern, die selbst oder durch ein verbundenes Unternehmen das Projekt entwickelt haben, kann gegebenenfalls auch eine vollständige Übernahme dieses Risikos erwartet werden. Die Vergütung unter dem Generalunternehmervertrag ist in diesem Fall entweder alleine, wenn der Vertrag auch die Beschaffung der Projektrechte umfasst, oder neben der

Vergütung unter einem Anteilskaufvertrag über den Verkauf der Projektgesellschaft an den Investor, der Verkaufspreis für das Gesamtprojekt. Der Verkaufspreis steht wiederum unmittelbar im Verhältnis zum Wert des Projektes, der durch die niedrigere Einspeisevergütung sinkt. Ist der Generalunternehmer dagegen unabhängig von der Projektentwicklung nur mit der Planung und Errichtung des Solarvorhabens beauftragt, ist es zwar durchaus nicht unüblich, dass er bei einer durch ihn zu verantwortenden Verzögerung die langfristigen Vergütungsnachteile der Projektgesellschaft teilweise ausgleicht. Ein vollständiger Ausgleich ist in diesem Fall allerdings schwerer durchzusetzen und in der Regel nur dann, wenn der Zeitplan nicht von vornherein eng ist.

Wird vertraglich ein pauschaler Ausgleich der Verzugsnachteile vereinbart, so besteht der Generalunternehmer in der Regel auf einer Begrenzung der maximalen Höhe der zu leistenden Zahlungen in Form eines Prozentsatzes vom Vertragspreis. Zum anderen verlangt er ergänzend einen Haftungsausschluss für weitere, darüberhinausgehende Verzugsschäden. Aus Sicht einer finanzierenden Bank ist in diesem Fall besonders relevant, dass die vereinbarten Ausgleichszahlungen den tatsächlichen Schaden möglichst vollständig abdecken. Wird eine Haftungshöchstgrenze für Verzug vereinbart, ist es im Interesse der Projektgesellschaft und der finanzierenden Banken, ein Recht zum Rücktritt oder zumindest zur Kündigung des Vertrages bei Erreichen der vereinbarten Haftungshöchstgrenze zu regeln. Anderenfalls könnte der Generalunternehmer die Errichtung ohne jegliche Rechtsfolgen auf unbestimmte Zeit verzögern, wenn erst einmal der maximale Ausgleichsbetrag erreicht ist. Ein Kündigungsrecht kann dabei immer nur als letztes Mittel zur Anwendung kommen, da eine Kündigung im Zweifel zu weiteren Verzögerungen und Kosten führen wird. Die Kündigungsfolgen werden dementsprechend in der Regel so ausgestaltet, dass die Kündigung auch für den Generalunternehmer erhebliche Nachteile mit sich bringt. Das Kündigungsrecht dient damit als Druckmittel, um den Generalunternehmer entweder von Anfang an zur Beschleunigung anzuhalten oder aber eine freiwillige Fortzahlung der Vertragsstrafe oder des pauschalierten Schadenersatzes zur Abwendung der Kündigung zu erreichen.

2.3.2.3 Vergütung

Wesentliches Merkmal des Generalunternehmervertrages ist die Vereinbarung eines pauschalen Festpreises für die vom Generalunternehmer zu erbringenden Leistungen.

Änderungen der Vergütung können sich durch Leistungsänderungen ergeben. Es empfiehlt sich, Regelungen in den Vertrag aufzunehmen, wie die Mehrkosten im Falle einer Leistungsänderung zu berechnen sind. Üblich ist hier z.B., auf die nachgewiesenen Kosten zuzüglich einer prozentual festgelegten Marge abzustellen. Außerdem können Mehrkosten durch unerwartete Behinderungen, von der Projektgesellschaft zu vertretende Verzögerungen, Höhere Gewalt oder andere Umstände anfallen. Unter welchen Voraussetzungen im konkreten Einzelfall der Generalunternehmer Mehrkosten geltend machen kann, ist in der Regel Gegenstand intensiver Verhandlungen und spiegelt die Zuweisung der zugrunde liegenden Risiken zwischen der Projektgesellschaft und dem Generalunternehmer wider.

Bei Photovoltaik-Projekten ist die Vergütung häufig als Preis je installiertem kWp festgelegt. Abschlagszahlungen erfolgen in diesem Fall auf Basis einer vorläufigen Vergütung. Diese wird auf Grundlage der geplanten kWp-Anzahl berechnet. Mit Fertigstellung des Projektes werden die installierten kWp dann abschließend ermittelt und die vorläufige Vergütung im Rahmen der letzten Zahlungsrate angepasst. Wichtig sind in diesem Fall Regelungen zur Ermittlung der abschließend installierten kWp, um das Risiko einer Überzahlung zu vermeiden. Denkbar ist die Ermittlung auf Grundlage der Angaben auf den Typenschildern auf den Modulen oder den Flashertestlisten des Herstellers. In beiden Fällen sind jedoch gewisse Ungenauigkeiten von einigen Prozent nicht auszuschließen. Üblich ist deshalb eine Regelung, nach der die kWp auf Grundlage der Flashertestlisten des Herstellers der Module festgestellt werden, die Projektgesellschaft allerdings diese Angaben durch einen sachverständigen Dritten, wie z.B. das FRAUNHOFER-INSTITUT FÜR SOLARE ENERGIESYSTEME, in Stichproben überprüfen lassen kann. Abweichungen, die sich auf Grundlage dieser Stichproben ergeben, werden dann bei der Ermittlung berücksichtigt.

Bei Photovoltaik-Projekten ist es außerdem üblich – und von finanzierenden Banken in der Regel gefordert, – vor Errichtung der Anlage auf Basis der Planung ein oder mehrere Ertragsgutachten einzuholen. Dieses trifft unter Berücksichtigung des Standortes, der verwendeten Module, der Wechselrichter und der sonstigen leistungsrelevanten Komponenten (z.B. Kabel) sowie des weiteren Designs der Anlage eine Aussage über den durchschnittlich zu erwartenden Jahresertrag der Photovoltaikanlage sowie über die zu erwartende Performance Ratio, d.h. die Effizienz der Anlage in Bezug auf die Umsetzung von Strahlungsenergie in Strom. Liegt bei Abschluss des Generalunternehmervertrages noch kein Ertragsgutachten oder nur ein Ertragsgutachten des Generalunternehmers vor, so verlangen Projektgesellschaften und finanzierende Banken zum Teil eine Regelung, dass die vereinbarte Vergütung auf der Annahme eines bestimmten Ertrages gemäß Ertragsgutachten beruht. Die Überprüfung der Ertragsprognose kann so geregelt werden, dass sowohl der Generalunternehmer als auch die Projektgesellschaft durch vorher im Vertrag näher bestimmte sachverständige Dritte Ertragsgutachten einholen und der Mittelwert dieser zwei Ertragsgutachten zugrundegelegt wird. Weicht dieser Mittelwert negativ von der Annahme der Parteien ab, die der Vergütung zugrunde lag, so ist zur Sicherstellung des Cashflows und der Wirtschaftlichkeit des Projektes eine Anpassung des Vertragspreises vorzusehen. Dabei kann diese Anpassung in der Regel nicht rein linear erfolgen. Welcher Faktor hier anzusetzen ist, ist vielmehr auf Basis des *financial model* des Einzelprojektes zu ermitteln.

Für die Zahlung der Vergütung gibt es zwei Modelle: Entweder Abschlagszahlung nach Baufortschritt oder eine Pauschalzahlung bei Abnahme, wie es das deutsche Werksvertragsrecht vorsieht. In der Regel sind Generalunternehmer nicht bereit oder unter Liquiditätsgesichtspunkten auch nicht in der Lage, das gesamte Projekt vorzufinanzieren und die gesamte Vergütung erst mit Abnahme zu erhalten. Üblich sind dementsprechend Zahlungspläne, die eine Anzahlung und anschließende Abschlagszahlungen bei Erreichung bestimmter Meilensteine vorsehen. Aus Sicht finanzierender Banken ist dabei in der Regel wichtig, dass aus Kreditmitteln keine ungesicherten Vorauszahlungen erfolgen. Gleichzeitig sollte die abschließende Rate hinreichend hoch sein, um den Generalunternehmer zur Fertigstellung des Werkes zu motivieren und sowohl Einbehalte für Mängel bei Abnahme als auch vertraglich vereinbarte Vergütungsanpassungen zu erlauben. Ungesicherte Vorauszahlungen können dadurch vermieden werden, dass Anzahlungen und weitere Zahlungen durch Bürgschaften gesichert werden. Außerdem können Zahlungen nach Baufortschritt so ausgestaltet werden, dass zum

Zeitpunkt der jeweiligen Zahlung bereits Komponenten mit einem entsprechenden Gegenwert auf dem Baugrundstück oder von anderen Waren abgesondert auf dem Transport sind, die Zug-um-Zug gegen Zahlung zur Sicherung übereignet werden. Die Zahlungsmeilensteine sind mit dem Sicherheitenregime und den Regelungen zur Übereignung abzustimmen.

2.3.2.4 Sicherheiten

Bei Solarvorhaben ist es üblich, dass sowohl der Generalunternehmer als auch die Projektgesellschaft Sicherheiten zur Absicherung der Ansprüche der anderen Vertragspartei stellen. Die hinreichende Absicherung der Ansprüche der Projektgesellschaft ist dabei nicht nur für diese selbst, sondern auch für finanzierende Banken im Rahmen der Risikobewertung von erheblicher Bedeutung.

Üblich ist die Stellung von Sicherheiten in Form von Bankbürgschaften. Daneben kommen auch Konzernbürgschaften, Garantien, *letter of credit* sowie Einbehalte zur Absicherung der Gewährleistungsansprüche in Betracht.

Eine umfassende Absicherung der Ansprüche der Projektgesellschaft erfordert in der Regel die Stellung von Anzahlungsbürgschaften (möglichst in Höhe der nicht anderweitig besicherten Anzahlungen und Abschlagszahlungen), eine Vertragserfüllungsbürgschaft (üblicherweise in Höhe von mindestens 10 % der Vergütung) sowie eine Gewährleistungsbürgschaft (üblicherweise mindestens 5 % der Vergütung). Die Gewährleistungsbürgschaft wird üblicherweise bei Abnahme im Austausch gegen die Vertragserfüllungsbürgschaft gestellt. Aus Investoren- und Bankensicht ist es wichtig, den konkreten Inhalt der Bürgschaften sowie Mindestanforderungen an die als Sicherheitengeber in Frage kommenden Finanzinstitute bereits im Generalunternehmervertrag festzulegen. Der Inhalt der Bürgschaften wird häufig durch die Beifügung entsprechender Muster festgelegt. Für die Projektgesellschaft ist es am einfachsten, wenn Bürgschaften unbefristet gestellt werden. Lehnt der Generalunternehmer dies ab, sollte die Befristung zur Berücksichtigung etwaiger Projektverzögerungen mindestens sechs bis zwölf Monate nach dem geplanten Abnahmedatum bzw. dem geplanten Ablauf der Gewährleistungsfristen liegen. Zudem ist eine Regelung über die Verlängerung der Bürgschaften im Falle einer Verzögerung des Projektes zu treffen. Anderenfalls besteht das Risiko, dass die Sicherheit wegfällt, bevor die besicherten Ansprüche vollständig erfüllt sind. Dies begründet zusätzliche Risiken für die Projektgesellschaft und eine finanzierende Bank.

Im Gegenzug erwartet der Generalunternehmer in der Regel die Stellung einer Zahlungsbürgschaft zur Absicherung der Vergütungszahlung durch die Projektgesellschaft. Dies gilt insbesondere, wenn die Projektgesellschaft, wie in Solarvorhaben üblich, nur für den Zweck der Realisierung des einen Vorhabens gegründet wurde und ansonsten über keine weiteren Vermögensgegenstande oder Einkünfte verfügt. Aus Sicht der Projektgesellschaft ist es dabei wichtig, Text und Höhe der Zahlungsbürgschaft mit der finanzierenden Bank abzustimmen, sofern sie als Bank- und nicht als Konzernbürgschaft gestellt werden soll.

2.3.2.5 Abnahme

Die Abnahme einer Solaranlage ist in rechtlicher Sicht von erheblicher Bedeutung. Nach deutschem Werkvertragsrecht ist ein Auftraggeber zur Abnahme verpflichtet, wenn das Werk vertragsgemäß fertiggestellt ist und keine oder nur unwesentliche Mängel aufweist. Mit der Abnahme erkennt die Projektgesellschaft das Werk als im Wesentlichen vertragsgerecht an. Der ursprüngliche Erfüllungsanspruch wandelt sich in einen Anspruch auf Mangelgewährleistung. Ansprüche für bei Abnahme bekannte Mängel entfallen, soweit sie bei Abnahme nicht ausdrücklich vorbehalten werden. Die Beweislast für das Vorliegen von Mängeln geht auf den Auftraggeber über, die Verjährungsfristen für Gewährleistungsansprüche beginnen zu laufen und nicht vorbehaltene Ansprüche auf Vertragsstrafe gehen verloren. Zudem erfolgt mit der Abnahme der Übergang der Gefahr der zufälligen Beschädigung oder Zerstörung der Anlage sowie der Nutzen und Lasten der Anlage auf den Auftraggeber.

In Generalunternehmerverträgen für Solarvorhaben ist die Abnahme häufig detailliert geregelt. Dies gilt insbesondere für Solarthermie-Projekte. Die vorstehend genannten Wirkungen der Abnahme werden dabei jedoch im Wesentlichen übernommen bzw. nicht durch die vertraglichen Regelungen abgeändert. Aus Sicht der finanzierenden Banken und der Projektgesellschaft empfiehlt sich allerdings ausdrücklich zu regeln, dass Ansprüche auf Vertragsstrafe ohne ausdrücklichen Vorbehalt erhalten bleiben. Außerdem sollte der von der Anlage erzeugte Strom als Nutzen der Anlage nicht erst mit der Abnahme, sondern von Beginn an der Projektgesellschaft zustehen. Anderenfalls kann es im Einzelfall dazu kommen, dass die Vergütung für den eingespeisten Strom so hoch ist, dass für den Generalunternehmer kein hinreichender Anreiz mehr besteht, das Projekt zügig abnahmereif fertig zu stellen. Aus Sicht des Generalunternehmers ist ein solcher vorgezogener Übergang des Nutzens der Anlage aber problematisch, weil dann kein Anreiz mehr zur Abnahme, an die eine Zahlung geknüpft ist, besteht. Ein denkbarer Kompromiss ist eine prozentuale Aufteilung der Stromeinspeiseerlöse vor Abnahme zwischen der Projektgesellschaft und dem Generalunternehmer. Dabei kann zur Bestimmung des Prozentsatzes auf den bereits erbrachten Finanzierungsbeitrag abgestellt werden, sind z.B. 60 % der Vergütung bezahlt, erhält die Projektgesellschaft 60 % der Einspeiseerlöse.

Bei Photovoltaik-Projekten kommt es vor, dass Generalunternehmer die Abnahme von Teilprojekten vereinbaren wollen. Dagegen ist grundsätzlich nichts einzuwenden, soweit es sich um funktional eigenständige Bauabschnitte handelt, die als Einzelabschnitte vollständig in ihrer Funktion überprüft werden und unabhängig von den anderen Bauabschnitten Strom ins Netz einspeisen können. Soweit die Bauabschnitte allerdings Infrastruktur oder andere Leistungen teilen, empfiehlt es sich, für den Beginn der Verjährungsfristen für Gewährleistungsansprüche möglichst an die Abnahme des letzten Bauabschnittes anzuknüpfen. Bei Solarthermie-Kraftwerken sind dagegen Teilabnahmen aus Sicht der Projektgesellschaft und der finanzierenden Banken abzulehnen, da erst mit Fertigstellung des Gesamtprojektes die Funktionsfähigkeit der Gesamtanlage überprüft werden kann.

Zur Prüfung der Abnahmereife einschließlich der Funktionalität und Leistungsfähigkeit gemäß den vertraglichen Anforderungen, erwarten finanzierende Banken und Projektgesellschaften, insbesondere bei größeren und komplexeren Projekten – wie Solarthermie-Kraftwerken – das Recht, einen technischen Sachverständigen zur Abnahme hinzuzuziehen. Ergänzend werden häufig Leistungs- und Funktionstests als Voraussetzung für die Abnahme vereinbart.

Ein Leistungskriterium mit erheblichem Einfluss auf Ertrag und damit den Cashflow ist bei Photovoltaikanlagen die Performance Ratio als das Verhältnis zwischen solarer Strahlungsenergie und daraus erzeugtem Energieertrag. Neben allgemeinen Funktionstests verlangen Projektgesellschaften deshalb zum Teil auch einen Test zum Nachweis der Performance Ratio als Abnahmevoraussetzung. Ein 100 %-iger Nachweis der Performance Ratio in einem nur wenige Tage – maximal ein bis zwei Wochen – andauernden Test kann in der Regel aufgrund der Kürze der Testdauer nicht erfolgen. Gleichzeitig ist eine mehrmonatige Verzögerung der Abnahme durch einen längeren Test im Interesse keiner der beiden Vertragsparteien. Aus diesem Grund wird als Abnahmevoraussetzung nur der Nachweis der vertraglich vereinbarten Performance Ratio zu einem bestimmten Prozentsatz, z.B. zu 90 %, festgelegt. Das darüberhinausgehende Interesse der Projektgesellschaft und der finanzierenden Banken an der Einhaltung des Performance Ratio kann durch die Vereinbarung einer ergänzenden Garantie der Performance Ratio für die Dauer der Gewährleistungsfrist oder zumindest für die Dauer von zwei Jahren nach Abnahme gesichert werden. Eine solche Garantie übernimmt der Generalunternehmer in der Regel jedoch nur, wenn er auch mit der Wartung der Anlage betraut ist.

Auch in Generalunternehmerverträgen für Solarthermie-Kraftwerke ist es üblich, im Anschluss an die Kalt- und Warminbetriebnahme des Kraftwerkes System- und Funktionstests als Abnahmevoraussetzungen vorzusehen. Ergänzend werden häufig auch Tests zum Nachweis der vertraglich vereinbarten Leistungswerte zumindest in Höhe eines bestimmten Prozentsatzes als Abnahmevoraussetzung vorgesehen. Zur vollen Ausschöpfung des Leistungspotentials eines CSP-Kraftwerkes bedarf es weiterer Anpassungen und Abstimmungen während des anfänglichen normalen Kraftwerksbetriebes. Damit gleichzeitig sichergestellt ist, dass im Interesse des geplanten Cashflows die zugesagten Leistungswerte erreicht werden, wird im Generalunternehmervertrag neben den Tests vor Abnahme üblicherweise ein abschließender Leistungstest über die Dauer von ein bis zwei Jahren nach Abnahme vereinbart. Im Verlaufe dieses Testes muss der Generalunternehmer dann die Einhaltung der vertraglich zugesagten Leistungswerte über einen bestimmten Zeitraum, z.B. sechs bis zwölf Monate, nachweisen. Erbringt der Generalunternehmer den erforderlichen Nachweis nicht, ist ein angemessener finanzieller Ausgleich zu regeln. Dieser sollte entweder durch eine Bürgschaft besichert werden oder aber die Projektgesellschaft behält eine letzte Zahlungsrate bis zum erfolgreichen Abschluss dieses nachlaufenden Leistungstests ein.

Funktions- und Leistungstests von Solarvorhaben erfordern in der Regel einen Netzanschluss. Sofern der Generalunternehmer nicht auch der Projektentwickler ist, übernimmt er üblicherweise nicht das Risiko für Verzögerungen des Netzanschlusses, die nicht dem Leistungsbereich des Generalunternehmers entstammen. Daneben kann es auch aus anderen Gründen im Verantwortungsbereich der Projektgesellschaft zu einer Verzögerung der Abnahme kommen. Der Generalunternehmer ist in der Regel nicht bereit, aufgrund von Umständen außerhalb seiner Verantwortung die Abnahme mit dem damit einhergehenden Gefahrübergang, dem Beginn der Gewährleistungsfrist sowie der Fälligkeit einer weiteren Zahlung zu verschieben. Gleichzeitig besteht ein erhebliches Interesse der Projektgesellschaft und der finanzierenden Banken, dass die Wirkungen einer Abnahme nicht ohne die notwendigen Funktions- und Leistungstests zum Nachweis der Leistungsfähigkeit der Anlage eintreten. Dieses Spannungsfeld kann häufig nur durch einen Kompromiss gelöst werden.

Einerseits kann bereits im Vorwege, am besten schon vor Vertragsabschluss, geklärt werden, ob und wie Abnahmetests auch ohne einen Netzanschluss durchgeführt werden können. Im Übrigen wird der Generalunternehmer versuchen, eine Abnahmefiktion zu vereinbaren. Dabei ist es im Interesse der Projektgesellschaft und der finanzierenden Banken, dass die Fiktion einer Abnahme erst nach Ablauf einer bestimmten Frist und nicht bereits am ersten Tag einer Verzögerung eintritt, das Werk fertiggestellt ist und allenfalls unwesentliche Mängel aufweist. Der Generalunternehmer sollte außerdem verpflichtet sein, die fehlenden Funktions- und Leistungstests sobald wie möglich nachzuholen.

Die erfolgreiche Abnahme wird in einem Abnahmeprotokoll festgehalten. Soweit bei Abnahme unwesentliche Mängel und offene Restarbeiten bestehen, werden diese üblicherweise in einer Anlage zum Abnahmeprotokoll erfasst. Sie sind anschließend innerhalb der von den Parteien festgelegten oder einer angemessenen Frist zu beseitigen. Zur Absicherung der Erledigung dieser Mängel und Restarbeiten behält sich die Projektgesellschaft in der Regel das Recht vor, einen Betrag in Höhe der ein- bis zweifachen Kosten der ausstehenden Arbeiten von der Zahlung bei Abnahme einzubehalten.

2.3.2.6 Gewährleistung und Garantien

Wesentliche Vertragspflicht des Generalunterneheers ist die funktionsbereite und vertragsgemäße Errichtung des Solarvorhabens frei von Mängeln. Die Beweislast für Mängel, die erst nach Abnahme auftreten, liegt bei der Projektgesellschaft.

Gewährleistungsrechte für Mängel bestehen nur, wenn diese innerhalb der vereinbarten Verjährungsfristen geltend gemacht werden. Die Verjährung kann durch Verhandlungen, Vereinbarung oder gerichtliche Geltendmachung des Anspruchs unterbrochen werden. Teilweise wird ausgehend von den Regelungen im FIDIC-Muster für Generalunternehmerverträge auch vereinbart, dass es ausreicht, wenn der Mangel innerhalb der sogenannten *defects notification period* dem Generalunternehmer angezeigt wird. Verjährungsfristen für Gewährleistungsansprüche sind in erheblichem Maß Verhandlungssache und bewegen sich im Regelfall zwischen zwei und fünf Jahren. Teilweise wird auf einzelne Komponenten auch eine Frist von fünf Jahren gegeben und auf den Rest nur zwei Jahre. Hintergrund solcher Regelungen sind meist entsprechende Vereinbarungen mit den für die einzelnen Leistungen und Lieferungen verantwortlichen Subunternehmern.

Die gesetzlichen Rechte bei Mängeln werden in Generalunternehmerverträgen häufig abgeändert. Liegt ein Mangel vor, besteht die primäre Verpflichtung des Generalunternehmers zunächst in der Beseitigung des Mangels (Nacherfüllung). Für die Nacherfüllung kann die Projektgesellschaft dem Generalunternehmer eine angemessene Frist setzen. Angemessen ist die Frist dann, wenn sie dem Generalunternehmer eine Gelegenheit zur Beseitigung des Mangels gewährt. Die Frist kann jedoch die bereits vorher verstrichene Zeit für die Mangelbeseitigung berücksichtigen. Sie muss auch nicht so großzügig bemessen sein, dass der Generalunternehmer eine überhaupt noch nicht begonnene Leistung erst noch anfangen und fertigstellen kann.

Scheitert die Nacherfüllung innerhalb der angemessenen Frist oder lehnt der Generalunternehmer diese ab, so ist die Projektgesellschaft in der Regel berechtigt, einen Dritten auf

Kosten des Generalunternehmers mit der Mängelbeseitigung zu beauftragen (Ersatzvornahme). Streitpunkt ist bei der Ersatzvornahme gerne die Frage der Verantwortung für die von dem Dritten erbrachten Leistungen. Das deutsche Werkvertragsrecht sieht eine fortdauernde Verantwortung des Generalunternehmers vor. Generalunternehmer vertreten allerdings häufig die Auffassung, eine solche Verantwortung sei ihnen nicht zumutbar, da sie auf die Auswahl und Leistungserbringung des Dritten keinen Einfluss hätten. Akzeptiert man diese Argumentation des Generalunternehmers, so könnte er sich bei schwer zu behebenden Mängeln durch Untätigkeit von der Verantwortung zur Mangelbeseitigung befreien. Ein interessengerechter Kompromiss geht häufig dahin, dass die Projektgesellschaft einen hinreichend erfahrenen Dritten auswählen und/oder ihn zur Einhaltung bestimmter Qualitätsanforderungen verpflichten muss. Die Verantwortung für die Arbeit des Dritten verbleibt aber beim Generalunternehmer, der durch seine unzureichende Tätigkeit erst die Beauftragung des Dritten erforderlich gemacht hat.

Alternativ zur Ersatzvornahme besteht in der Regel außerdem ein Recht zur Minderung der Vergütung, wenn ein Mangel nicht innerhalb einer angemessenen Frist beseitigt wird. Teilweise wird dieses Recht vertraglich eingeschränkt. In diesem Fall kommt der Regelung der Ersatzvornahme umso größere Bedeutung zu. Ein gesetzlich bestehendes Recht zum Rücktritt vom Vertrag wird dagegen in der Regel entweder ganz ausgeschlossen oder zumindest so weit eingeschränkt, dass die Voraussetzungen faktisch nahezu nie erfüllt sein werden.

Ein schuldhaft herbeigeführter Mangel kann außerdem zu Schadenersatz für über den reinen Mangel hinausgehende Schäden berechtigen. Diese Schadenersatzansprüche unterliegen in der Regel vertraglichen Haftungsbegrenzungen. Dabei ist zu berücksichtigen, dass durch einen Mangel verursachte Sachschäden am Solarkraftwerk selbst oder an sonstigen Sachen nach deutschem Recht zum Teil nur einen Anspruch auf Schadenersatz und keinen Anspruch auf Nachbesserung begründen. Im Rahmen der Vereinbarung der Haftungsbegrenzungen ist deshalb darauf zu achten, dass derartige Sachfolgeschäden nicht zusammen mit sonstigen Folgeschäden ausgeschlossen werden.

Enthält der Generalunternehmervertrag in der Leistungsbeschreibung die Zusage bestimmter Leistungswerte, wie dies insbesondere bei CSP-Kraftwerken üblich ist, unterliegen diese den allgemeinen Gewährleistungsregelungen, sofern sie nicht als Garantien mit gesonderten Rechtsfolgen ausgestaltet sind. Letzteres liegt insbesondere dann nahe, wenn der Vertrag die Einhaltung der wesentlichen Leistungskriterien und die Rechtsfolgen bei Nichterhaltung nicht bereits durch einen nach Abnahme zu erfolgenden Leistungstest abdeckt.

Neben den vorstehend dargestellten allgemeinen Gewährleistungsansprüchen wird auf Drängen der Projektgesellschaft und der finanzierenden Bank in Photovoltaik-Projekten zum Teil die Garantie oder Gewährleistung einer bestimmten Performance Ratio für die Dauer der Gewährleistung oder aber zumindest von zwei Jahren vereinbart. Voraussetzung ist dabei von Seiten des Generalunternehmers in der Regel, dass er auch für die Wartung der Anlage verantwortlich ist. Auf diese Weise wird der neben der Verfügbarkeit der Anlage der für den Ertrag des Projektes und damit für Wirtschaftlichkeit und Cashflow wesentliche Faktor abgesichert. Die Verfügbarkeit von Photovoltaikanlagen wird dagegen aufgrund des engen Zusammenhangs zur Wartung und Instandsetzung – wenn überhaupt – üblicherweise im Servicevertrag geregelt. Wird die zugesagte Performance Ratio nicht eingehalten, hat der

Generalunternehmer eine Ausgleichszahlung zu erbringen. Dabei ist es Ziel der Projektgesellschaft, den Betrag so zu bemessen, dass die Wirtschaftlichkeit des Projektes insgesamt unverändert bleibt.

Bei Photovoltaik-Projekten ist es außerdem üblich, dass die Hersteller von Modulen und Wechselrichtern für ihre Produkte gesonderte Herstellergarantien geben. Modulhersteller garantieren in der Regel, dass die Module in den ersten 10 Jahren nach Erwerb mindestens 90 % der nominalen Nennleistung und in den ersten 25 Jahren nach Erwerb mindestens 80 % der nominalen Nennleistung erbringen. Von einigen Herstellern werden ergänzend auch noch Produktgarantien für Verarbeitungs- und Materialmängel für fünf Jahre gegeben. Hersteller von Wechselrichtern geben regelmäßig für fünf bis zu zehn Jahre eine gesonderte Verarbeitungs- und Materialgarantie. Die Ansprüche unter den Garantien beschränken sich im Allgemeinen allerdings auf den Austausch des mangelhaften Moduls oder Wechselrichters gegen ein mangelfreies/einen mangelfreien. Teilweise sind Ein- und Ausbaukosten noch mit abgedeckt. Vermögensschäden wie entgangener Gewinn und Ertragsverluste sind jedoch ausgeschlossen. Der Generalunternehmervertrag sollte den Nachweis der Garantie- und Gewährleistungsrechte sowie ihrer Abtretbarkeit vorsehen, sofern diese Rechte nicht bereits nach dem Inhalt der Garantie dem jeweiligen Eigentümer und Betreiber der Anlage zustehen.

Zur Absicherung für den Fall einer Insolvenz des Generalunternehmers nach Abnahme empfiehlt sich außerdem die Abtretung aller Gewährleistungsansprüche des Generalunternehmers gegen seine Subunternehmer. Dabei ist es im Interesse des Generalunternehmers eigene Gewährleistungsansprüche auszuschließen, soweit der Projektgesellschaft Ansprüche aus abgetretenem Recht zustehen. Für die Projektgesellschaft ergibt sich damit aber die Problematik der Zuordnung eines Mangels zu einem bestimmten Einzelgewerk sowie der Nachteil unterschiedlicher Anspruchsgegner für Gewährleistungsansprüche, mit denen die Projektgesellschaft kein direktes Vertragsverhältnis hat. Aus Sicht der Projektgesellschaft empfiehlt sich deshalb, die volle Haftung des Generalunternehmers für Gewährleistungsansprüche beizubehalten, und den Generalunternehmer (widerruflich) zur Geltendmachung der abgetretenen Ansprüche zu ermächtigen.

2.3.2.7 Haftung

Die Realisierung von Solarvorhaben bringt für den Generalunternehmer eine Vielzahl von Haftungsrisiken mit sich. So können Verzögerungen bei der Errichtung und Betriebsausfälle durch Mängel der Anlage ebenso wie andere Sachverhalte zu Schäden führen, die in der Summe die Gewinnspanne des Generalunternehmers und teilweise sogar die Gesamtvergütung für das Projekt übersteigen. Der Generalunternehmer kann diese Risiken, insbesondere die Risiken durch Vermögensschäden, nicht in ausreichendem Maße durch Versicherungen abdecken. Das Risiko einer unbegrenzten Haftung lässt sich auch kalkulatorisch im Zuge der Bestimmung der Vergütung kaum angemessen erfassen. Generalunternehmer akzeptieren deshalb nur in seltenen Ausnahmefällen eine unbegrenzte Haftung, die in keinem Verhältnis zu ihrer Marge steht.

Generalunternehmerverträge enthalten in der Regel eine Gesamthaftungsobergrenze, die als bestimmter Prozentsatz der vereinbarten Vergütung festgelegt wird. Die Höhe des Prozentsatzes ist zum einen Ausdruck des Verhandlungsgeschicks und der Verhandlungsmacht der Parteien. Sie kann zum anderen aber auch davon abhängen, wie groß der Anteil der Eigenleistung des Generalunternehmers unter dem Vertrag ist und wie hoch der Anteil der Vergütung ist, der auf Lieferanten und Subunternehmer entfällt. Prozentsätze für Haftungshöchstgrenzen bewegen sich üblicherweise zwischen 50 % und 100 % der Vergütung unter dem Generalunternehmervertrag. Im Einzelfall kann es aber bei einer entsprechenden Verhandlungsposition auch zu Höchstgrenzen von nur 20 % der Vergütung kommen. Derart niedrige Haftungshöchstgrenzen erhöhen das Risiko der Projektgesellschaft sowie der finanzierenden Banken, erhebliche, vom Generalunternehmer zu vertretende Schäden, selbst tragen zu müssen.

Im Zusammenhang mit der Vereinbarung von Haftungshöchstgrenzen ist von besonderer Relevanz, für welche Fälle Ausnahmen vereinbart werden. In Deutschland sowie in der Regel auch in ausländischen Rechtsordnungen ist es nicht möglich, die Haftung für vorsätzlich verursachte Schäden zu begrenzen. In einigen Ländern ist es außerdem nicht oder nur eingeschränkt zulässig, eine Haftungsbegrenzung für grobe Fahrlässigkeit zu vereinbaren. Sofern es rechtlich möglich ist, die Haftung für grobe Fahrlässigkeit zu begrenzen, wird dies gerne zum Streitpunkt zwischen den Parteien. Die Projektgesellschaft und die finanzierenden Banken werden in der Regel eine unbegrenzte Haftung bei grober Fahrlässigkeit erwarten, damit ein ausreichender Anreiz für ein sorgfältiges Handeln des Generalunternehmers erhalten bleibt. Generalunternehmer haben dagegen ein Interesse daran, auch die Haftung für grobe Fahrlässigkeit zu begrenzen, da Gerichte teilweise strenge Sorgfaltsmaßstäbe anlegen und außerdem Abgrenzungsschwierigkeiten zwischen einfacher und grober Fahrlässigkeit schnell zu Streitfällen führen. Neben den Ausnahmen für Vorsatz und grobe Fahrlässigkeit sollte vorsorglich klargestellt werden, dass auch Ansprüche wegen Mängeln, jedenfalls der Anspruch auf Nachbesserung und auf Erstattung der Kosten der Ersatzvornahme nicht unter die Gesamthaftungsbegrenzung fallen. Teilweise werden zusätzlich weitere Ausnahmen vereinbart, wie etwa für Ansprüche wegen der Verletzung immaterieller Rechtsgüter oder Freihaltungsansprüche der Projektgesellschaft gegen den Generalunternehmer für Schäden Dritter oder die Kosten der Beseitigung von Umweltschäden. Letzteres findet sich eher in Verträgen über CSP-Kraftwerke als für Photovoltaikanlagen.

Neben der Haftungshöchstgrenze wird üblicherweise der Ersatz von Vermögensschäden und insbesondere Produktions- und Betriebsausfällen ausgeschlossen, soweit nicht im Vertrag ausdrücklich für Einzelfälle deren Erstattungsfähigkeit geregelt ist. Typische vertragliche Ausnahmen sind Ansprüche auf Verzugsschaden in Form von Schadenspauschalierung, Vertragsstrafe oder Vertragspreisreduzierung, die Erstattung von Vermögensschäden im Falle einer Kündigung aus wichtigem Grund, Ansprüche für Fälle der Verletzung immaterieller Rechtsgüter sowie Freihaltungsansprüche. Vorsorglich sollte außerdem in Verträgen nach deutschem Recht klargestellt werden, dass Sach- und Personenschäden, auch wenn sie sogenannte Mangelfolgeschäden sind, nicht unter einen Haftungsausschluss von Vermögens- und Folgeschäden fallen. Für den Haftungsausschluss von Vermögensschäden gilt in Bezug auf Vorsatz und grobe Fahrlässigkeit dasselbe wie für die Vereinbarung einer Haftungsobergrenze.

Finanzierende Banken legen in der Regel Wert darauf, dass Haftungsbeschränkungen nicht so niedrig oder einschränkend sind, dass sie bereits bei einem nicht völlig außergewöhnlichen Projektverlauf erreicht werden oder der schadensbedingt ausbleibende Cashflow die Kreditrückführung ernsthaft gefährdet.

Bei der Verhandlung und Prüfung der Haftungsregelungen ist schließlich zu berücksichtigen, inwieweit die maßgeblichen Risiken ergänzend durch Versicherungen oder Ansprüche unter einem Servicevertrag reduziert werden.

2.3.2.8 Rücktritt und Kündigung

Die vorzeitige Beendigung eines Generalunternehmervertrages ist in der Regel durch Rücktritt oder durch Kündigung möglich. Der Rücktritt führt zu einer Rückabwicklung des Vertragsverhältnisses. Jede Partei gibt die von ihr empfangenen Leistungen und die daraus gezogenen Nutzungen an die andere Partei heraus. Bei einem Generalunternehmervertrag über die Errichtung eines Solarvorhabens müsste dementsprechend der Generalunternehmer alle bereits empfangenen Vergütungszahlungen zurückgewähren und erhielte im Gegenzug die bereits auf dem Projektgrundstück gelagerten und verbauten Komponenten zurück. Da die Rückgewähr reiner Arbeitsleistung nicht möglich ist und die auf dem Baugrundstück bereits verbauten und wieder abgebauten Komponenten zumindest einen deutlichen Wertverlust erlitten haben werden, bringt eine Rückabwicklung nach Rücktritt für den Generalunternehmer erhebliche wirtschaftliche Nachteile mit sich. Die Projektgesellschaft bleibt in diesem Fall mit den Kosten der Projektentwicklung und der Finanzierung des Kapitaleinsatzes belastet und realisiert keinen Gewinn. Aufgrund der erheblichen finanziellen Nachteile der Rückabwicklung insbesondere für den Generalunternehmer sowie der damit häufig verbundenen Wertvernichtung durch den Rückbau bereits erbrachter Bauleistungen ist es üblich, in Verträgen für Solarvorhaben das Recht der Projektgesellschaft zum Rücktritt vollständig oder jedenfalls sehr weitgehend auszuschließen. Sofern Rücktrittsrechte vereinbart werden, beschränken sich diese in der Regel auf Fälle erheblicher Leistungsstörungen, die zu einer Unwirtschaftlichkeit des gesamten Projektes führen, z.B. gravierende Unterschreitungen einer garantierten Performance Ratio.

Eine Kündigung bewirkt dagegen die Beendigung der gegenseitigen Leistungspflichten zum Zeitpunkt der Kündigung. Durch eine Kündigung können auch Schadensersatzansprüche oder sonstige Ausgleichspflichten entstehen, je nach den konkreten Umständen der Kündigung. Bei allen Generalunternehmerverträgen besteht für beide Parteien ein Recht zur Kündigung des Vertrages aus wichtigem Grund. Ein wichtiger Grund liegt in der Regel vor, wenn der kündigenden Partei unter Berücksichtigung aller Umstände des Einzelfalls und unter Abwägung der beiderseitigen Interessen die Fortsetzung des Vertragsverhältnisses nicht zugemutet werden kann. Die Kündigung aufgrund einer Vertragsverletzung des Vertragspartners setzt zudem im Regelfall voraus, dass dem Vertragspartner zunächst eine angemessene Frist zur Beendigung der Vertragsverletzung gesetzt wurde. Der wichtigste Kündigungsgrund des Generalunternehmers ist der Verzug der Projektgesellschaft mit der Zahlung eines Teils der Vergütung. Dabei ist häufiger Streitpunkt, ob nur der Verzug mit unbestrittenen Zahlungen eine Kündigung rechtfertigt oder auch der Verzug mit umstrittenen Zahlungen. Berechtigen auch ausstehende bestrittene Beträge zu einer Kündigung, übt dies zusätzlichen Druck auf die Projektgesellschaft aus, Zahlungen auch dann zu leisten, wenn die ordnungsgemäße und mangelfreie Erbringung der Leistung noch nicht abschließend überprüft werden konnte.

Dieses Risiko besteht insbesondere im Rahmen von Abschlagszahlungen. Zum Ausgleich eines Kündigungsrechts auch bei bestrittenen Forderungen können die Parteien strengere Regelungen zur Überprüfung des Eintritts der Zahlungsvoraussetzungen vereinbaren, z.B. eine Prüfung und Freigabe der erbrachten Leistungen durch einen technischen Sachverständigen vor Rechnungsstellung.

Neben einer beispielhaften Aufzählung von Gründen für eine Kündigung aus wichtigem Grund regeln die Parteien teilweise auch deren Rechtsfolgen. Ziel dabei ist es, die Schadenersatzansprüche der kündigenden Partei abschließend zu regeln und zu begrenzen. In der Regel ist das Schadenspotenzial einer Kündigung für die Projektgesellschaft deutlich größer als für den Generalunternehmer. Dies gilt insbesondere dann, wenn die Projektgesellschaft nicht kurzfristig einen Dritten finden kann, der das Projekt fertig stellt. Aus diesem Grund kommt es üblicherweise nicht zur Kündigung von Generalunternehmerverträgen. Vielmehr dienen die Kündigungsrechte und Kündigungsfolgen in erster Linie dazu, Druck auf den Vertragspartner auszuüben, seine Vertragspflichten ordnungsgemäß zu erfüllen. Die Projektgesellschaft und ihre finanzierenden Banken werden deshalb Wert darauf legen, dass die Ansprüche im Falle einer vom Generalunternehmer verursachten Kündigung diesen ausreichend belasten. In jedem Fall sollte der Generalunternehmer für alle zusätzlichen Kosten einer Fertigstellung des Solarvorhabens durch einen Dritten einstehen müssen. Inwieweit darüber hinausgehende Schäden noch vom Generalunternehmer zu erstatten sind, hängt von der Verhandlungsmacht der Parteien ab. Der Generalunternehmer wird als Rechtsfolge einer Kündigung aus wichtigem Grund im Regelfall erwarten, dass von ihm bereits erbrachte Leistungen vergütet werden, er eine Kompensation für bereits eingegangene und nicht mehr zu kündigende Verpflichtungen unter Subunternehmerverträgen erhält und sein entgangener Gewinn zumindest bis zur Höhe eines fest vereinbarten Prozentsatzes erstattet wird.

Neben der Kündigung aus wichtigem Grund sieht das deutsche Werkvertragsrecht außerdem noch ein freies Kündigungsrecht des Auftraggebers vor. Dieses Recht erlaubt dem Auftraggeber, sich auch dann von einem bereits geschlossenen Vertrag zu lösen, wenn der Generalunternehmer keine seiner Pflichten verletzt hat. Dieses Recht kann für die Projektgesellschaft wichtig sein, wenn noch unüberwindbare rechtliche, tatsächliche oder finanzielle Hindernisse auftreten können, die eine Fortführung des Projektes entweder unwirtschaftlich oder unmöglich machen. Aus Sicht der Projektgesellschaft empfiehlt es sich, die Rechtsfolgen einer solchen Kündigung abschließend festzulegen. Denkbar ist die Vereinbarung der Erstattung des entgangenen Gewinns auf die noch nicht erbrachten Leistungen in Höhe eines festen Prozentsatzes oder bis zu einer prozentualen Obergrenze. Das deutsche Werkvertragsrecht geht im Zweifel von einem Prozentsatz von 5 % der Vergütung aus. Weitergehende Ersatzansprüche des Generalunternehmers, wie sie nach deutschem Rechte bestehen, werden häufig eingeschränkt oder ausgeschlossen. Das freie Kündigungsrecht wäre sonst wirtschaftlich uninteressant.

2.3.2.9 Versicherungen

Der Abschluss angemessener Versicherungen durch die Vertragsparteien ist ein weiterer wesentlicher Teil der Risikoreduzierung bei der Errichtung von Solarvorhaben. Hierauf legen auch finanzierende Banken besonderen Wert. Aus diesem Grund empfiehlt es sich, dieses Thema vertraglich sorgfältig zu regeln. Eine wesentliche Versicherung ist die Gefahrendeckung für die Bauphase (*construction all risk – CAR*). Diese wird im Regelfall durch den Generalunternehmer abgeschlossen. Es ergibt jedoch auch Fälle, in denen die Projektgesellschaft diese zu günstigeren Bedingungen abschließen kann oder mit einem Generalunternehmervertrag doch nicht alle zu einem Projekt gehörenden Bauleistungen beauftragt werden. In diesen Konstellationen kann sich ein Abschluss durch die Projektgesellschaft anbieten. Der Generalunternehmer sollte sich zusätzlich zum Abschluss einer Betriebshaftpflichtversicherung einschließlich Umweltschadenshaftung verpflichten. Daneben sind Regelungen zum Nachweis des vereinbarten Versicherungsschutzes üblich. Aus Sicht der Projektgesellschaft und finanzierenden Banken empfiehlt sich eine Regelung, die den Abschluss der geforderten Versicherungen auf Kosten des Generalunternehmers erlaubt, wenn dieser die vereinbarten Nachweise nicht erbringen kann. Der Abschluss entsprechender Versicherungen dient im Wesentlichen dazu, die Leistungsfähigkeit des Generalunternehmers bei Eintritt entsprechender Schäden sicher zu stellen. Sie haben deshalb umso größere Bedeutung, je geringer die Liquidität und Finanzkraft des Generalunternehmers ist.

2.3.2.10 Direktverträge und Eintrittsvereinbarungen

Bei Projektfinanzierungen hat die finanzierende Bank aufgrund der vergleichsweise niedrigen Zerschlagungswerte von Solaranlagen ein Interesse daran, das Projekt fortzuführen. Hintergrund ist, dass die Rückführung der Darlehen in der Regel nicht aus einer Verwertung der Anlage, sondern nur über die Projektlaufzeit aus der Einspeisevergütung zu erwarten ist. Da sich die finanzierende Bank regelmäßig ein Pfandrecht an den Gesellschaftsanteilen der Projektgesellschaft bestellen lässt, ist sie im Sicherungsfall in der Lage, die Projektgesellschaft vollständig zu übernehmen (*share deal*) und das Projekt fortzuführen.

Als Alternative kann es sich aber auch anbieten, dass die finanzierende Bank das Projekt selbst übernimmt oder auf einen Dritten überträgt (*asset deal*), damit es ggf. ohne bestehende Belastungen der Projektgesellschaft fortgeführt werden kann. Voraussetzung für eine solche Übernahme des Projektes ist, dass die finanzierende Bank nicht nur das Sicherungseigentum an der Anlage oder vergleichbare Verwertungsrechte hat, sondern auch jeden erforderlichen Projektvertrag und sonstige Projektrechte übernehmen kann. Das setzt in der Regel die Zustimmung des jeweiligen Vertragspartners voraus, die im Vorwege durch so genannte Direktverträge (*direct agreements*) oder Eintrittsrechte (*step-in right*) eingeholt werden muss. Entsprechende Regelungen müssen in allen für das Projekt erforderlichen Verträgen – also sowohl im Generalunternehmer- als auch im Servicevertrag – vorgesehen werden.

Direktverträge sind drei- oder mehrseitige Vereinbarungen, die zwischen den jeweiligen Vertragsparteien unter Einbeziehung der finanzierenden Bank geschlossen werden. In den Projektverträgen sollte bereits die Verpflichtung des jeweiligen Vertragspartners vorgesehen werden, einen solchen Direktvertrag abzuschließen, sobald die finanzierende Bank feststeht. In der Regel wird vereinbart, dass der Direktvertrag entweder marktüblichen Standards oder im Wesentlichen einer dem Projektvertrag beigefügten Mustervereinbarung entsprechen muss. Als Alternative kann in dem jeweiligen Projektvertrag auch direkt ein Eintrittsrecht der finanzierenden Bank vorgesehen werden, das als echter Vertrag zugunsten Dritter auszugestalten ist. Inhaltlich enthalten Direktverträge und Vereinbarungen über Eintrittsrechte vergleichbare Regelungen.

Ein Direktvertrag oder ein Eintrittsrecht sehen zunächst vor, dass der Vertragspartner die finanzierende Bank über einen wesentlichen Vertragsverstoß der Projektgesellschaft informieren und ihr die Möglichkeit einräumen muss, den Vertragsverstoß zu beseitigen. Bis zum Ablauf einer vertraglich bestimmten Heilungsfrist ist der Vertragspartner daran gehindert, eine Kündigung des jeweiligen Projektvertrags zu erklären. Die Bank ist während dieser Heilungsfrist berechtigt, entweder selber oder durch einen von ihr benannten Dritten in das bestehende Vertragsverhältnis der Projektgesellschaft mit dem Vertragspartner einzutreten. Mit dem Vertragseintritt bzw. innerhalb einer vereinbarten Frist müssen etwaige Kündigungsgründe beseitigt werden.

Im Rahmen der Verhandlung von Direktverträgen und Eintrittsrechten wird insbesondere die Frage kontrovers diskutiert, ob der Eintretende bestimmte Anforderungen hinsichtlich seiner fachlichen Kompetenz und Bonität erfüllen muss. Auch die Frage der Haftung des Eintretenden für bestehende Verbindlichkeiten der Projektgesellschaft wird in der Regel intensiv verhandelt. Häufig fordert der Vertragspartner eine gesamtschuldnerische Haftung des Eintretenden neben der Projektgesellschaft. Der Eintretende wird dagegen darum bemüht sein, diese Haftung auf die von dem Vertragspartner offengelegten Verbindlichkeiten der Projektgesellschaft zu beschränken.

2.3.3 Servicevertrag

Der Servicevertrag müsste genau genommen Betriebsführungs- und Instandhaltungsvertrag heißen, denn ein typischer Servicevertrag für ein Solarvorhaben umfasst in der Regel weit mehr als nur Service- oder Wartungsarbeiten. Neben der eigentlichen Wartung werden im Solarbereich in der Regel auch Reparaturarbeiten und Teile der technischen und kaufmännischen Betriebsführung übernommen. Der Schwerpunkt der folgenden Darstellung liegt daher beim charakteristischen Leistungsumfang eines solchen umfassenden Servicevertrags im Solarbereich. Daneben gehen wir auf typische Regelungen hinsichtlich der Verfügbarkeit der Anlage sowie auf spezielle Regelungen im Zusammenhang mit Wechselrichtern von Photovoltaikanlagen ein. Schließlich erläutern wir im Rahmen der folgenden Darstellung auch kurz die sonstigen Eckpunkte eines Servicevertrags und gehen auf etwaige solarspezifische Besonderheiten ein.

2.3.3.1 Leistungsumfang

Aus Sicht der Projektgesellschaft ist es das Ziel des Servicevertrags, die Stillstandzeiten der Anlage so gering wie möglich zu halten, die Produktion der Anlage zu maximieren und die Komponenten der Anlage in einem mindestens ihrem Alter entsprechenden Zustand zu erhalten. Der im Folgenden dargestellte Leistungsumfang berücksichtigt diese Anforderungen.

2.3.3.2 Betriebsüberwachung und Störmeldungen

Das Serviceunternehmen übernimmt bei Photovoltaik-Projekten regelmäßig die Betriebsüberwachung der Anlage mittels eines Fernüberwachungssystems. Bei Solarthermie-Projekten hat die Fernüberwachung dagegen eine geringe Bedeutung, da in der Regel eine Mannschaft zur Betriebsführung vor Ort ist. Die Fernüberwachung setzt eine Datenfernübertragung voraus, für die das Serviceunternehmen in der Regel keine Verantwortung übernehmen kann, da es von Leistungen Dritter – insbesondere Telekommunikationsanbietern – abhängig ist, auf die es keinen Einfluss hat. Aus Sicht des Serviceunternehmens ist daher zu regeln, dass die Betriebsüberwachung nur unter der Voraussetzung erfolgt, dass eine störungsfreie Datenfernübertragung möglich ist.

Im Rahmen der Betriebsüberwachung werden insbesondere die Ist-Zustände der Anlage mit ihren Soll-Zuständen verglichen. Der Servicevertrag sollte spezifizieren, welche Funktionalitäten und Betriebsdaten der Anlage zu überwachen sind. Weicht ein Ist-Zustand von einem Soll-Wert ab, wird regelmäßig eine automatische Störmeldung ausgelöst, die das Serviceunternehmen entgegennimmt und auswertet. Der Vertrag sollte bestimmen, zu welchen Zeiten Störmeldungen der Fernüberwachung entgegengenommen und ausgewertet werden, ob dies z.B. rund um die Uhr geschieht oder ob diese Tätigkeit auf übliche Arbeitszeiten beschränkt ist. Unter Umständen bietet es sich an, eine Differenzierung nach sonnenreichen und sonnenarmen Zeiten vorzunehmen.

Das Serviceunternehmen wird die Daten der Betriebsüberwachung dauerhaft speichern und dem Auftraggeber auf Wunsch zur Verfügung stellen. Häufig hat das Serviceunternehmen auch ein eigenes Interesse an einer Nutzung der Daten – z.B. für Werbezwecke – und sollte sich ein entsprechendes Nutzungsrecht vorsorglich rechtlich absichern.

2.3.3.3 Inspektion und Wartung

Inspektion und Wartung bedeutet Untersuchung der Anlage auf ihre Betriebs- und Leistungsfähigkeit sowie die Durchführung von Arbeiten, die künftige Fehler und Störungen verhindern sollen, z.B. durch Austausch von Verschleißteilen und Pflege einzelner Komponenten. Einzelheiten der Inspektions- und Wartungsarbeiten ergeben sich in der Regel aus einem detaillierten Inspektions- und Wartungsplan, der dem Servicevertrag als Anlage beigefügt wird. Die Arbeiten müssen in Übereinstimmung mit den Herstellervorgaben durchgeführt werden und sollten – soweit dies technisch möglich ist – während der einstrahlungsarmen Zeiten vorgenommen werden.

Für die Produktivität der Anlage ist die Sauberkeit der Module bei Photovoltaik-Projekten bzw. der Parabolspiegel bei Solarthermie-Kraftwerken von Bedeutung. Daher sollte im Zusammenhang mit der Inspektion und Wartung auch geregelt werden, unter welchen Voraussetzungen bzw. wie häufig und in welcher Jahreszeit eine Reinigung erfolgen muss. Dies wird maßgeblich von den Umgebungsfaktoren der Anlage abhängen. Die neben einem Zementwerk oder einem Olivenhain errichtete Anlage muss natürlich häufiger gereinigt werden, als eine Anlage, die von grünen Wiesen umgeben ist und durch regelmäßigen Niederschlag gewaschen wird. Darüber hinaus wird das Serviceunternehmen im Rahmen der Inspektion und Wartung von Photovoltaikanlagen auch die Aufgabe übernehmen, den Bewuchs des Standortes zu kontrollieren und bei Bedarf zu reduzieren. Das ist zum einen hinsichtlich der Produktivität der Anlage (Vermeidung einer ertragsmindernden Verschattung) und zum anderen mit Blick auf eine Feuergefahr durch Bewuchs in unmittelbarer Nähe von Modulen von Bedeutung.

2.3.3.4 Instandsetzung

Instandsetzung bedeutet Reparatur der Anlage zur Wiederherstellung ihrer Gebrauchsfähigkeit nach dem Auftreten einer Störung. Die Serviceverträge enthalten dabei sehr unterschiedliche Regelungen zum Umfang der Instandsetzungsverpflichtung und der entsprechenden Vergütung des Serviceunternehmens.

Als Maximallösung kann der Servicevertrag vorsehen, dass die pauschale Vergütung des Serviceunternehmens die Behebung sämtlicher Störungen abdeckt, soweit es sich nicht um einen so genannten „externen Schaden" handelt, der typischerweise versichert ist. Das sind z.B. Schäden durch höhere Gewalt oder Eingriffe Dritter. Zur Reparatur dieser externen Schäden ist das Serviceunternehmen dann zwar grundsätzlich verpflichtet, jedoch nur gegen eine gesonderte Vergütung und bei umfangreicheren Arbeiten regelmäßig auch nur nach Stellung entsprechender Sicherheiten. Die Reparatur aller sonstigen (internen) Schäden ist bei diesem maximalen Umfang von der pauschalen Vergütung des Serviceunternehmens abgedeckt. Das gilt also auch für die Behebung von Mängeln, die eigentlich vom Generalunternehmer unter dem Generalunternehmervertrag vorzunehmen wäre. Diese Lösung hat den Vorteil, dass eine Differenzierung des Schadens danach, ob er Folge einer mangelhaften Herstellung ist, auf Verschleiß beruht oder durch eine mangelhafte Wartung verursacht wurde, entbehrlich ist. Aus Sicht der finanzierenden Bank ist ein solcher Vollwartungsvertrag empfehlenswert, da dadurch die Risiken für den Cashflow reduziert werden und die entstehenden Kosten vorhersehbar sind.

Der Servicevertrag kann auch einen anderen Ansatz wählen und jede Art von Reparatur der Anlage von einer gesonderten Vergütung abhängig machen. Die pauschale Vergütung des Serviceunternehmens deckt dann nur die vorstehend beschriebenen Leistungen der Betriebsüberwachung, der Wartung und der Inspektion ab. In diesem Fall ist nicht nur die Reparatur externer Schäden nach Aufwand gesondert zu vergüten, sondern auch die Reparatur interner Schäden, die z.B. als Folge von Verschleiß oder Mängeln der Anlage auftreten. Letztlich ist es eine Frage der Risikoallokation, welches Modell gewählt wird, da sich ein Serviceunternehmen die Verpflichtung zur Durchführung von Instandsetzungsmaßnahmen ohne separate Honorierung im Rahmen der pauschalen Vergütung unter dem Servicevertrag entsprechend vergüten lassen wird. Aus Sicht der Projektgesellschaft kann es daher interessant sein – insbesondere wenn eigenes technisches Know-how vorhanden ist – einen geringeren Wartungsumfang zu vereinbaren und die Höhe der Pauschalkosten zugunsten einer potentiell höheren Rendite zu reduzieren.

Als goldenen Mittelweg, durch den die gesonderte Abrechnung von Kleinreparaturen vermieden und dadurch die praktische Umsetzung des Servicevertrags verbessert wird, können die Parteien auch vereinbaren, dass Instandsetzungsmaßnahmen für interne Schäden bis zu einem bestimmten Betrag von der Pauschalvergütung des Servicevertrags erfasst sind. Die Höhe dieses Betrages kann bei Photovoltaik-Projekten so gewählt werden, dass die typischerweise in einem Vertragsjahr auftretenden Schäden erfasst werden. Bei Solarthermie-Kraftwerken gestaltet sich dies schwieriger.

2.3.3.5 Rufbereitschaft und Sofortmaßnahmen

Durch eine Rufbereitschaft oder Telefon-Hotline des Serviceunternehmens kann sichergestellt werden, dass die Projektgesellschaft ständig einen Ansprechpartner zur Verfügung hat, der bei Fragen zum Anlagenbetrieb und insbesondere in Notfällen angerufen werden kann. Das ist jedenfalls für Photovoltaikanlagen von Bedeutung, da hier für gewöhnlich kein Betriebspersonal ständig vor Ort ist. In dem Servicevertrag muss u.a. geregelt werden, ob diese Rufbereitschaft rund um die Uhr besteht oder nur zu bestimmten Arbeitszeiten. Die Telefon-Hotline sollte nicht nur der Projektgesellschaft bekannt sein, sondern möglichst auch vor Ort – z.B. am Eingang zum Betriebsgelände – bekannt gemacht werden. Dadurch kann sichergestellt werden, dass das Serviceunternehmen z.B. bei einem Feuer oder im Falle eines Diebstahls direkt durch die Feuerwehr oder die Polizei benachrichtigt werden kann.

Erhält das Serviceunternehmen im Rahmen dieser Rufbereitschaft Kenntnis von Gefahren für die Photovoltaikanlage, sollte es – unabhängig vom Leistungsumfang des Vertrages im Übrigen – zur Ergreifung von angemessenen Sofortmaßnahmen verpflichtet sein, um einen (weiteren) Schaden von der Anlage abzuwenden oder diesen zu minimieren. Im Rahmen von Sofortmaßnahmen geht es also nicht um die eigentliche Reparatur der Anlage, sondern zunächst nur darum, dass sich der Zustand der Anlage nicht verschlechtert. Sofortmaßnahmen werden meist wie Instandsetzungsarbeiten vergütet.

2.3.3.6 Kaufmännische und technische Betriebsführung

Im Rahmen der kaufmännischen und technischen Betriebsführung wird das Serviceunternehmen in der Regel bestimmte Berichtspflichten übernehmen. Üblicherweise wird in monatlichen Berichten ein Abgleich der Ist-Zahlen mit den Soll-Zahlen vorgenommen. Darüber hinaus werden regelmäßig Jahresberichte erstellt, die häufig eine Zusammenfassung der Reparaturen sowie der verwendeten Einzelteile und Verbrauchsmaterialien zum Gegenstand haben, die Leistung der Anlage und die eingespeisten Energiemengen zusammenfassen und den erwarteten Reparaturbedarf für das kommende Jahr aufführen. Der genaue Inhalt dieser Monats- und Jahresberichte sollte dem Servicevertrag in Form von Musterberichten als Anlage beigefügt werden. Darüber hinaus sollte das Serviceunternehmen auch verpflichtet sein, umgehend über wesentliche Störungen der Anlage zu berichten. Der Servicevertrag müsste dann den Schwellenwert für die Wesentlichkeit einer Störung festlegen, die in der Regel mit entsprechenden Werten der Anlagenversicherung korrespondieren dürfte.

Gegenstand der kaufmännischen und technischen Betriebsführung ist häufig auch die Geltendmachung von Gewährleistungs- und Versicherungsansprüchen für die Projektgesellschaft. Hinsichtlich etwaiger Gewährleistungsansprüche kann – jedenfalls wenn das Serviceunternehmen die Anlage als Generalunternehmer errichtet hat – die Situation entstehen, dass das Serviceunternehmen Ansprüche gegenüber sich selbst geltend machen muss. Falls das Serviceunternehmen einen Mangel unter dem Generalunternehmervertrag nicht ohnehin im Rahmen seiner Leistung unter dem Servicevertrag ohne gesonderte Vergütung beseitigen muss, sollte der Servicevertrag einen gesonderten Mechanismus vorsehen, nach dem z.B. die Durchsetzung dieser Ansprüche und die Durchführung solcher Gewährleistungsarbeiten von einem Sachverständigen begleitet wird.

Was die Anmeldung und weitere Verfolgung von Versicherungsfällen angeht, besteht für das Serviceunternehmen ein nicht unerhebliches Risiko. Sollten z.B. Obliegenheiten unter dem jeweiligen Versicherungsvertrag verletzt werden, kann der Versicherungsschutz entfallen, so dass ein erhebliches Haftungspotential droht. Das Serviceunternehmen hat deshalb ein Interesse, eine Haftungsbeschränkung zu vereinbaren.

Weitere Themen im Rahmen der kaufmännischen und technischen Betriebsführung können die Prüfung von Rechnungen Dritter und von Abrechnungen für den eingespeisten Strom sowie die Buchhaltung sein. Darüber hinaus wird im Laufe eines Projektlebens auch Korrespondenz mit Behörden, Grundstückseigentümern und sonstigen Dritten zu führen sein. Sofern das Serviceunternehmen ursprünglich auch die Projektentwicklung vorgenommen hat, wird es diesbezüglich mit den Details besser vertraut sein als die Projektgesellschaft und könnte auch diese Aufgaben im Rahmen der kaufmännischen und technischen Betriebsführung übernehmen.

2.3.3.7 Verfügbarkeit, Reaktionszeiten und Ersatzteile

Die Aufnahme einer Verfügbarkeitsgarantie, die Regelung von Reaktionszeiten für Reparaturen der Anlage und das Vorhalten eines Ersatzteillagers dienen alle dem Ziel, eine maximale Betriebszeit der Anlage – und damit eine optimale Rendite und einen guten Cashflow des Projekts – zu erreichen. Enthält der Servicevertrag eine gute Verfügbarkeitsgarantie, mögen die Regelung von Reaktionszeiten und die Verpflichtung zum Vorhalten von Ersatzteilen entbehrlich sein. Sichert die Verfügbarkeitsgarantie dagegen nur einen gewissen Mindeststandard, sollten im Interesse der Projektgesellschaft auch Reaktionszeiten geregelt und ein Ersatzteillager vorgesehen werden.

2.3.3.8 Verfügbarkeitsgarantie

In der Regel verlangt die finanzierende Bank bei Photovoltaik-Projekten eine Verfügbarkeitsgarantie, um eine gewisse Mindestabsicherung der Betriebsbereitschaft der Anlage sicherzustellen. Diese Verfügbarkeitsgarantie liegt häufig im Bereich von 96–98 %. Entscheidend sind die Ausschlüsse, d.h. die Zeiträume, in denen die Anlage als verfügbar gilt, obwohl sie tatsächlich keinen Strom produziert. Grundsätzlich gilt dies für Stillstände der Anlage, deren Ursache nicht im Verantwortungsbereich des Serviceunternehmens liegt. Das sind z.B. Ausfälle der Anlage infolge höherer Gewalt, wegen Netzausfalls oder -störungen sowie aufgrund einer Abschaltung der Anlage, die nicht in den Verantwortungsbereich des Serviceunternehmens fällt.

Eine fiktive Verfügbarkeit während des Zeitraums einer regelmäßigen Wartung oder Inspektion wird zwar häufig vereinbart, sollte aber wegen der Streitanfälligkeit dieser Regelung zugunsten eines leicht herabgesetzten Verfügbarkeitswertes vermieden werden. Ein Streit kann insbesondere dann entstehen, wenn das Serviceunternehmen immer dann eine Wartung oder Inspektion ansetzt, wenn eine Anlage ausgefallen ist, damit sie dann wieder als verfügbar gilt. Der Servicevertrag sollte für fernüberwachte Photovoltaikanlagen regeln, was für den Fall gilt, dass keine Daten über die Verfügbarkeit der Anlage vorhanden sind. Aus Sicht der Projektgesellschaft muss bestimmt werden, dass die Anlage während des Zeitraums fehlender Daten als nicht verfügbar gilt, weil die Verfügbarkeit nicht überprüfbar ist. Das wird für das Serviceunternehmen allerdings häufig nicht akzeptabel sein, weil die Anlage trotz fehlender Daten tatsächlich voll verfügbar sein kann und es den Datenverlust u.U. nicht einmal zu vertreten hat. Das Serviceunternehmen sollte daher die Möglichkeit zur Entlastung haben oder einen Nachweis anhand eines alternativen Datensystems führen dürfen.

Wird die garantierte Verfügbarkeit in einem Jahr nicht erreicht, hat das Serviceunternehmen eine Entschädigung zu zahlen. Deren Höhe kann sich konkret an dem Einspeiseverlust orientieren, der aufgrund der fehlenden Verfügbarkeit entstanden ist. Da die Berechnung dieses konkreten Verlustes unter Umständen aufwändig oder gar unmöglich ist, können die Parteien alternativ auch eine pauschale Entschädigung in Höhe eines bestimmten Betrags pro unterschrittenem Prozent Verfügbarkeit vereinbaren. Aus Sicht der finanzierenden Bank ist in jedem Fall wichtig, dass die Entschädigung so bemessen ist, dass sie einen angemessenen Ausgleich für die fehlende Verfügbarkeit darstellt, um den für Tilgung und Zinszahlung benötigten Cashflow zu erreichen.

Es kann passieren, dass die Verfügbarkeit nur in einem Jahr unter dem garantierten Wert liegt, während sie davor und danach über mehrere Jahre hinweg diesen Wert übersteigt. Wenn die Verfügbarkeitsgarantie in diesem Fall als reine Mindestabsicherung ausgestaltet ist (d.h. bei Erreichen einer hohen Verfügbarkeit erhält das Serviceunternehmen keinen Bonus), wäre es für das Serviceunternehmen unbillig, eine Entschädigung aufgrund des einen schlechten Jahres zu zahlen. Auch aus Sicht der finanzierenden Bank ist in dieser Konstellation keine Entschädigungszahlung erforderlich, da der Cashflow aufgrund der guten Verfügbarkeit in den vorangegangenen und darauffolgenden Jahren sichergestellt ist. Interessengerecht könnte in dieser Konstellation eine Berechnung der Verfügbarkeit über eine mehrjährige Periode sein, so dass eine Entschädigung im Ergebnis nur dann zu zahlen ist, wenn die garantierte Verfügbarkeit über einen längeren Zeitraum nicht erreicht wurde.

2.3.3.9 Reaktionszeiten und Ersatzteillager

Falls der Servicevertrag keine Verfügbarkeitsgarantie vorsieht, ist es von besonderer Bedeutung, dass Reaktionszeiten geregelt und ein Ersatzteillager vorgesehen werden. Aber auch wenn eine Verfügbarkeitsgarantie grundsätzlich gegeben wird, sind zusätzliche Regelungen von Reaktionszeiten und Ersatzteillager immer dann von Bedeutung, wenn die garantierte Verfügbarkeit niedrig und die Fälle einer fingierten Verfügbarkeit zahlreich sind.

Durch Reaktionszeiten wird das Serviceunternehmen verpflichtet, eine Instandsetzungsmaßnahme innerhalb einer bestimmten Zeit vorzunehmen. Der Servicevertrag muss sorgfältig regeln, wann die Reaktionszeit beginnt (z.B. bei Eingang einer Fehlermeldung im Rahmen der Fernüberwachung oder erst nach einer Auswertung der Fehlermeldung?) und wann sie endet (z.B. bei Beginn oder erst bei Abschluss einer Reparatur bzw. Bestellung von Ersatzteilen?). Die Entschädigung für überschrittene Reaktionszeiten kann sich wie bei der Verfügbarkeitsgarantie an den konkreten Einspeiseverlusten orientieren oder aber pauschal berechnet werden, wobei die Pauschale im Sommerhalbjahr höher liegen sollte als im Winterhalbjahr. Häufig wird im Zusammenhang mit Reaktionszeiten kontrovers verhandelt, ob die Entschädigung verschuldensunabhängig zu zahlen ist. Dies sollte im Interesse der Projektgesellschaft vereinbart werden, auch um eine spätere Auseinandersetzung über die Frage des Verschuldens zu vermeiden. Aus Sicht des Serviceunternehmens dürfte das aber unangemessen sein, so dass häufig eine Verschuldensabhängigkeit vorgesehen wird.

Die Reaktionszeiten stehen im unmittelbaren Zusammenhang mit der Verfügbarkeit von Ersatzteilen. Sind keine Ersatzteile vorhanden, kann das Serviceunternehmen im Rahmen der Reaktionszeiten nur dazu verpflichtet werden, die für eine Reparatur erforderlichen Teile innerhalb einer bestimmten Frist zu bestellen. Bei einer langen Lieferzeit wird das Ziel einer Steigerung der Betriebszeit, welches durch die kurzen Reaktionszeiten angestrebt wird, konterkariert. Daher sollten wichtige Ersatzteile in einem Ersatzteillager ständig verfügbar sein. Das Ersatzteillager kann sowohl im Eigentum der Projektgesellschaft stehen (wobei das Serviceunternehmen dann verpflichtet sein muss, verwendete Ersatzteile umgehend neu zu beschaffen) als auch im Eigentum des Serviceunternehmens. Das wirft zwar häufig die Frage der Finanzierung der Ersatzteile auf, kann für das Serviceunternehmen aber auch interessant sein, wenn es mehrere Anlagen in derselben Gegend unter Vertrag hat und das Ersatzteillager daher für mehrere Anlagen eingesetzt werden kann. Ein klassischer Streitpunkt sind in diesem Zusammenhang die Gewährleistungsfristen für die vorgehaltenen Ersatzteile. Die Fristen sollen aus Sicht der Projektgesellschaft möglichst erst dann zu laufen beginnen, wenn ein Ersatzteil verwendet wird. Das Serviceunternehmen wird dagegen bestrebt sein, einen Gleichlauf mit den Gewährleistungsfristen gegenüber seinen Lieferanten sicherzustellen, die in der Regel mit der Lieferung beginnen werden.

2.3.3.10 Beachtung der gesetzlichen Vorschriften und der Projektrechte

Für das Serviceunternehmen muss es selbstverständlich sein, einschlägige gesetzliche Vorschriften im Zusammenhang mit der Leistungserbringung (z.B. Bestimmungen bzgl. Arbeits- und Umweltschutz) zu beachten. Darüber hinaus muss das Serviceunternehmen aber auch verpflichtet sein, die Projektrechte zu beachten, insbesondere den Inhalt einer Genehmigung und etwaige Auflagen einzuhalten.

Das liegt hinsichtlich der Baugenehmigung auf der Hand, kann bei CSP-Kraftwerken aber z.B. auch für eine wasserrechtliche Genehmigung relevant werden, da der Betrieb dieses Anlagentyps häufig sehr wasserintensiv ist und entsprechende Genehmigungen hierzu in der Regel dezidierte Aussagen treffen. Für die Projektgesellschaft und die finanzierenden Banken ist von besonderer Bedeutung, dass durch die Art und Weise des Betriebs nicht der Einspeisetarif gefährdet wird. Auch dieses Thema dürfte vorwiegend bei CSP-Kraftwerken eine Rolle spielen, bei denen der Erhalt des Einspeisetarifs u.U. davon abhängen kann, dass der Einsatz von Gas zur Stützfeuerung einen bestimmten Grenzwert nicht überschreitet.

Das Serviceunternehmen muss aufgrund der langen Laufzeit von Serviceverträgen sicherstellen, dass es im Falle späterer Änderungen der gesetzlichen Vorschriften oder der Projektrechte, die zu Mehrkosten bei der Vertragserfüllung führen, zu einer entsprechenden Anpassung der Vergütung berechtigt ist. Für den Fall, dass sich die Parteien nicht auf eine Anpassung einigen können, kann im Vertrag die Entscheidung durch einen Schiedsgutachter vorgesehen werden.

2.3.4 Instandhaltung der Wechselrichter

Eine zentrale Komponente von Photovoltaikanlagen sind die Wechselrichter. Sie sind nicht nur Voraussetzung für die Einspeisung des produzierten Stroms. Auf sie entfällt auch ein erheblicher Teil des Investitionsvolumens. Da der Totalschaden eines Wechselrichters im fortgeschrittenen Betriebsalter nicht unwahrscheinlich ist, ist eine gute Wartung von Bedeutung. Zudem muss die Reparatur der Wechselrichter einschließlich der Verfügbarkeit von Ersatzteilen sichergestellt werden. Diese Themen sind für die finanzierende Bank sowohl wegen der Anschaffungskosten eines neuen Wechselrichters nach einem Totalschaden als auch aufgrund der technischen Bedeutung der Wechselrichter für die Stromproduktion und der damit verbundenen Relevanz für den Cashflow wichtig. Aus diesen Gründen nehmen die Wechselrichter im Rahmen des Servicevertrags eine gewisse Sonderrolle ein.

Die Hersteller von Wechselrichtern bieten regelmäßig eigene Serviceverträge an, die speziell die Wartung und Inspektion sowie Reparaturen der Wechselrichter umfassen. Rechtlich ergeben sich daher zwei Möglichkeiten: Entweder schließt die Projektgesellschaft einen separaten Vertrag über die Instandhaltung und den Betrieb der Wechselrichter direkt mit dem jeweiligen Hersteller ab. Wenn ein solcher Wechselrichtervertrag abgeschlossen wird, kann und sollte jegliche Leistung im Zusammenhang mit den Wechselrichtern aus dem Leistungsumfang des Servicevertrags ausgenommen werden.

In der Regel möchte die Projektgesellschaft zur Vermeidung von Schnittstellenproblemen aber alle Serviceleistungen aus einer Hand erhalten, so dass das Serviceunternehmen den Wechselrichtervertrag mit dem Hersteller der Wechselrichter als Subunternehmer abschließt und dann gegenüber der Projektgesellschaft die volle Verantwortung auch für die Leistungen des Wechselrichterherstellers übernimmt. Diese Konstellation hat verschiedene rechtliche Auswirkungen: Die Projektgesellschaft sollte das Serviceunternehmen ausdrücklich verpflichten, einen Wechselrichtervertrag mit dem Hersteller der Wechselrichter abzuschließen, der einem bestimmten Level entspricht und dem Servicevertrag möglichst bereits im Entwurf beigefügt werden sollte. Ferner sollte die Verpflichtung aufgenommen werden, dass das Serviceunternehmen diesen Wechselrichtervertrag auf eigene Kosten während der gesamten Dauer des Servicevertrags aufrecht erhält, seine vertraglichen Rechte in vollem Umfang durchsetzt und insbesondere auch etwaigen Mitwirkungspflichten unter dem Wechselrichtervertrag nachkommt.

Der Wechselrichtervertrag ist für die Projektgesellschaft von erheblicher Bedeutung. Häufig garantiert der Wechselrichterhersteller nämlich nicht nur die Verfügbarkeit von Ersatzteilen, sondern auch den kostenlosen Austausch von Komponenten oder übernimmt sogar eine Verfügbarkeitsgarantie für die Wechselrichter. Daher sollte die Projektgesellschaft sicherstellen, dass sie ggf. direkt gegen den Wechselrichterhersteller vorgehen kann. Zu diesem Zwecke wird sich die Projektgesellschaft bereits bei Abschluss des Servicevertrags sämtliche Ansprüche des Serviceunternehmens unter dem Wechselrichtervertrag abtreten lassen. Im Gegenzug muss die Projektgesellschaft das Serviceunternehmen ermächtigen, die abgetretenen Ansprüche im eigenen Namen geltend zu machen. Zu diesem Zwecke muss sichergestellt werden, dass eine Abtretung von Ansprüchen unter dem Wechselrichtervertrag nicht ausgeschlossen ist.

Da der Wechselrichtervertrag in der Regel für eine lange Laufzeit abgeschlossen wird, muss das Serviceunternehmen darauf achten, dass es im Falle einer Beendigung des Servicevertrags nicht auf dem Wechselrichtervertrag „sitzen“ bleibt. In der Regel sind die Interessen der Parteien jedoch gleich gelagert, da auch die Projektgesellschaft sicherstellen will, dass der Wechselrichtervertrag auf sie oder einen von ihr benannten Dritten übertragen wird, sobald der Servicevertrag – unter Umständen vor Ablauf seiner Laufzeit in Folge einer außerordentlichen Kündigung – beendet wird. Daher sollte der Servicevertrag vorsehen, dass der Wechselrichtervertrag im Falle einer Beendigung des Servicevertrags vor Ende des Wechselrichtervertrages vom Serviceunternehmen auf die Projektgesellschaft oder einen von ihr benannten Dritten übertragen wird. Da hierfür auch die Zustimmung des Wechselrichterherstellers erforderlich ist, müsste das Serviceunternehmen verpflichtet sein, diese Zustimmung einzuholen. Für den Fall, dass die Zustimmung verweigert wird, ist im Servicevertrag vorzusehen, dass das Serviceunternehmen zwar im Außenverhältnis Vertragspartner des Wechselrichterherstellers bleibt, die Parteien sich jedoch im Innenverhältnis so stellen, als sei der Wechselrichtervertrag wirksam übertragen worden. Das heißt insbesondere, dass die Projektgesellschaft die unter dem Wechselrichtervertrag fällige Vergütung zu zahlen hat und das Serviceunternehmen verlangen muss, dass die Leistung des Wechselrichterherstellers direkt gegenüber der Projektgesellschaft erbracht wird.

In der Regel werden die vom Wechselrichterhersteller unter dem Wechselrichtervertrag angebotenen Leistungen nicht deckungsgleich sein mit den Leistungen, die die Projektgesellschaft unter dem Servicevertrag vom Serviceunternehmen verlangt. Aus Sicht des Serviceunternehmens ist daher darauf zu achten, dass die eigenen Leistungsverpflichtungen unter dem Servicevertrag möglichst nicht weitreichender sind, als die Leistungen, die das Serviceunternehmen von seinem Vertragspartner unter dem Wechselrichtervertrag verlangen kann. Das betrifft insbesondere die Bereiche Fernüberwachung und eine Fehlerbehebung durch Fernbedienung der Wechselrichter sowie etwaige Reaktionszeiten und selbstverständlich die Verfügbarkeitsgarantie.

2.3.4.1 Vergütung

Die Höhe der Vergütung hängt naturgemäß vom Umfang der übernommenen Leistungen ab. Maßgebliche Faktoren sind insbesondere die Verpflichtung zur Durchführung von Reparaturen, die nicht gesondert vergütet werden, sowie bei Photovoltaikanlagen die Aufnahme der Wechselrichter in den Leistungsumfang des Servicevertrags. In jedem Fall sollte im Rahmen der Vergütungsregelung klar bestimmt werden, welche Leistungen von der pauschalen Vergütung des Servicevertrags umfasst sind und welche Leistungen ggf. gesondert zu vergüten sind.

Während der Gewährleistungszeit unter dem Generalunternehmervertrag müssen verschiedene Reparaturleistungen eigentlich als Gewährleistung vom Generalunternehmer erbracht werden und nicht vom Serviceunternehmen als Leistung unter dem Servicevertrag. Zur Vereinfachung und um Schnittstellen zu vermeiden, wird bei Vollwartungsverträgen jedoch häufig vorgesehen, dass Reparaturen immer unter dem Servicevertrag zu erbringen sind. Dadurch wird der Generalunternehmer zwar entlastet. Da er aber meist identisch mit dem Serviceunternehmen ist, wird diese Entlastung dadurch ausgeglichen, dass die Vergütung unter dem Servicevertrag während der Dauer der Gewährleistungszeit unter dem Generalunternehmervertrag reduziert wird.

Die Höhe der Vergütung wird bei Photovoltaikanlagen in der Regel als Festbetrag pro kWp bestimmt, kann sich aber – sowohl bei Photovoltaikanlagen als auch bei CSP-Kraftwerken – auch an den Einspeiseerlösen der Anlage orientieren. Erfolgt die Vergütung in Prozent der Einspeiseerlöse, erhält das Serviceunternehmen eine gewisse Erfolgsbeteiligung, da es prozentual an den Einspeiseerlösen partizipiert. Umgekehrt besteht aber auch ein Risiko für das Serviceunternehmen, wenn die Anlage aus von ihm nicht zu vertretenden Gründen (z.B. nach einer Beschädigung durch Vandalismus oder infolge höherer Gewalt) wenig leistet. Daher wird das Serviceunternehmen in jedem Fall auf einen gewissen Fixbetrag als Mindestvergütung Wert legen. Wählen die Parteien grundsätzlich eine feste Vergütung pro kWp, kann dem Serviceunternehmen gleichwohl ein Anreiz gesetzt werden, indem es z.B. im Falle einer besonders hohen Verfügbarkeit der Anlage oder ab Überschreiten eines bestimmten Jahresertrags prozentual an dieser überdurchschnittlichen Leistung der Anlage partizipiert.

Bei Solarthermie-Kraftwerken ist der Ertrag der Anlage in stärkerem Maße von einer guten Betriebsführung abhängig als bei Photovoltaikanlagen, da der Wirkungsgrad der Anlage stärker von Maßnahmen der Betriebsführung abhängt. Daher hat die Projektgesellschaft hier ein besonderes Bestreben, den Ertrag der Anlage durch eine gute Betriebsführung zu optimieren. Hierzu kann sie dem Serviceunternehmen einen entsprechenden Anreiz in Form eines Bonus-/Malus-Systems setzen. Dieses kann sich an einem bestimmten Soll-Ertrag orientieren, der fortlaufend anhand eines zwischen den Vertragsparteien vereinbarten Modells unter Berücksichtigung der jeweiligen Sonneneinstrahlung ermittelt wird.

Vereinbaren die Parteien eine lange Laufzeit des Servicevertrags, liegt es im Interesse des Serviceunternehmens, dass eine Preisgleitklausel aufgenommen wird, um das Risiko steigender Lohn- und Materialkosten abzusichern. Preisanpassungen sind in den unterschiedlichsten Spielarten denkbar, z.B. als fixe jährliche Anpassung in Höhe eines bestimmten Prozentsatzes oder als variable Anpassung entsprechend einem vorher bestimmten Index. Mit Blick auf das *financial model* ist aus Sicht der Projektgesellschaft eine fixe Anpassung vorzuziehen, da ansonsten eine überraschend hohe Inflation – jedenfalls bei einer festen Einspeisevergütung, die (wie in Deutschland) nicht entsprechend angepasst wird, – zu einer Schieflage des Finanzierungsmodells führen kann. Eine Preisanpassung kann z.B. auch nur für den Fall vereinbart werden, dass eine bestimmte Preissteigerung gemäß einem festgelegten Index überschritten wird. In jedem Fall ist darauf zu achten, dass sich die Preissteigerung eindeutig bestimmen lässt und nicht in das schwer überprüfbare Ermessen einer Partei gestellt wird, da solche Regelungen potentiell streitanfällig sind.

Die Zahlung der pauschalen Vergütung erfolgt in der Regel in monatlichen oder quartalsweisen Abschlägen. Orientiert sich die Vergütung am Ertrag der Anlage, ist nach Abschluss eines Jahres eine Jahresendabrechnung vorzusehen. Ist das Serviceunternehmen zur Durchführung von Reparaturen gegen gesonderte Zahlung verpflichtet, wird es ein etwaiges Zwischenfinanzierungsrisiko absichern wollen. Das ist insbesondere im Falle größerer Reparaturen erforderlich, für die das Serviceunternehmen teure Komponenten bestellen und unter Umständen selbst Vorkasse leisten muss. Solche Vorkassezahlungen sollten – wenn möglich – an die Projektgesellschaft weiter gegeben werden. Wenn das aus Gründen von Liquiditätsengpässen nicht möglich ist, könnte vorgesehen werden, dass die Projektgesellschaft im Falle größerer Reparaturen verpflichtet ist, eine Sicherheit zu Gunsten des Serviceunternehmens zu stellen, damit diese nicht das Insolvenzrisiko der Projektgesellschaft trägt. Diese Aspekte sind im Rahmen der Finanzierungsvereinbarungen zu berücksichtigen.

2.3.4.2 Gewährleistung

Hinsichtlich der Gewährleistung wird es im Interesse des Serviceunternehmens liegen, dass es für gelieferte Komponenten, die es im Rahmen von Reparaturen eingebaut hat, keine eigene Gewährleistung übernimmt, sondern nur etwaige Gewährleistungsansprüche gegen seine Lieferanten an die Projektgesellschaft abtritt. Das ist aus Sicht der Projektgesellschaft nur dann akzeptabel, wenn die abgetretenen Gewährleistungsansprüche inhaltlich ausreichend sind und ihre Abtretbarkeit nachgewiesen wird. Für sonstige Leistungen des Serviceunternehmens übernimmt dieses in der Regel die gesetzliche Gewährleistung.

Je weitreichender der Leistungsumfang ist, desto geringer wird die Bedeutung der Gewährleistungsregeln, da die geschuldeten Instandsetzungsmaßnahmen dann regelmäßig auch die Reparatur von Gewährleistungsfällen mit umfassen. Relevant wird die Gewährleistungsregelung dann allerdings zum Ende der Vertragslaufzeit. Damit das Serviceunternehmen nach Vertragsende nicht noch lange Gewährleistungsansprüchen (u.U. im Rahmen einer Kettengewährleistung) ausgesetzt ist, kann ein relativ kurz nach Vertragsende liegender Endzeitpunkt für die Geltendmachung von Gewährleistungsansprüchen vereinbart werden.

2.3.4.3 Haftungsbeschränkung

Eine unbeschränkte Haftung des Serviceunternehmens ist angesichts seines potentiell hohen Haftungsrisikos und der regelmäßig beschränkten Marge eines Servicevertrags wirtschaftlich nicht vertretbar. Der Servicevertrag wird daher in der Regel eine Gesamthaftungsbegrenzung vorsehen, die sich an der Höhe der Vergütung orientiert. Darüber hinaus werden häufig auch jährliche Sublimits aufgenommen, damit das Serviceunternehmen angesichts der häufig langen Vertragslaufzeit auch das jährliche Haftungspotential kontrollieren kann.

Häufig wird die Haftung für Folgeschäden, insbesondere die Haftung für Ertragsausfälle, im Interesse des Serviceunternehmens auf die im Vertrag speziell geregelten Fälle beschränkt. Im Hinblick auf etwaige Ertragsverluste bedeutet dies, dass die Haftung z.B. auf die vertraglich vereinbarte Kompensation bei Nichterreichen der garantierten Verfügbarkeit oder auf die vertraglich vereinbarte Kompensation bei Überschreiten der Reaktionszeiten beschränkt wird. Aus Sicht der Projektgesellschaft ist dann darauf zu achten, dass diese Regelungen eine ausreichende Mindestabsicherung geben.

2.3.4.4 Pflichten der Projektgesellschaft

Neben der Pflicht zur Zahlung der Vergütung treffen die Projektgesellschaft noch weitere Pflichten, damit das Serviceunternehmen den Vertrag überhaupt erfüllen kann.

Zum einen muss die Projektgesellschaft die Projektrechte zum Betrieb der Anlage aufrecht erhalten. Im Rahmen der kaufmännischen Betriebsführung kann das Serviceunternehmen zwar verpflichtet sein, für die Projektgesellschaft im Zusammenhang mit dem Erhalt der Projektrechte tätig zu werden. Die Verantwortung für die Projektrechte verbleibt aber in der Regel bei der Projektgesellschaft.

Eine wichtige Pflicht der Projektgesellschaft liegt darin, dem Serviceunternehmen uneingeschränkten Zugang zum Betriebsgelände zu verschaffen. Wenn und solange der Zugang, gleichgültig aus welchem Grund, nicht möglich ist, muss das Serviceunternehmen von der Erfüllung seiner vertraglichen Pflichten entbunden sein.

Im Übrigen treffen die Projektgesellschaft verschiedene Mitwirkungspflichten, z.B. die Pflicht zur Verschaffung von Unterlagen, die für die Wartung und Reparaturen der Anlage erforderlich sind oder die Pflicht zur Bevollmächtigung des Serviceunternehmens, um dieses in die Lage zu versetzen, seinen vertraglichen Pflichten nachzukommen.

2.3.4.5 Vertragsdauer und Kündigungsrecht

Die vertraglichen Pflichten beginnen – selbst wenn der Servicevertrag häufig gemeinsam mit dem Generalunternehmervertrag abgeschlossen wird – in der Regel erst mit Abnahme der Anlage und dem damit verbundenen Gefahrübergang auf die Projektgesellschaft. Die Abnahme der Anlage markiert den Übergang der Verantwortung vom Generalunternehmer auf die Projektgesellschaft. Diese will regelmäßig sicherstellen, dass die Verantwortung im Zusammenhang mit dem Betrieb der Anlage zeitgleich auf das Serviceunternehmen übergeht.

Serviceverträge werden in der Regel für eine längere Laufzeit abgeschlossen, um der Projektgesellschaft und insbesondere der finanzierenden Bank die Sicherheit zu geben, dass der ordnungsgemäße Betrieb der Anlage und damit der Cashflow langfristig sichergestellt sind. Häufig werden auch einseitige Verlängerungsoptionen zu Gunsten der Projektgesellschaft vorgesehen, so dass diese es in der Hand hat, das Serviceunternehmen über die ursprünglich vorgesehene Laufzeit hinaus an sich zu binden. Will dagegen das Serviceunternehmen die Projektgesellschaft dauerhaft an sich binden, kann dies – abhängig von der Marktposition des Serviceunternehmens und der Dauer der Bindung – aus kartellrechtlichen Gründen kritisch sein, da dadurch Drittanbieter behindert werden, an dem Markt teilzunehmen.

Eine Kündigung des Vertrages wird in der Regel nur aus wichtigem Grund zulässig sein. Die relevanten Fälle solcher wichtigen Gründe sollten im Vertrag bereits vordefiniert werden, um eine klare Vorgabe zu haben und nicht von Auslegungsfragen und Rechtsprechung abhängig zu sein. Dazu würden z.B. die Insolvenz einer Vertragspartei gehören (was nach deutschem Recht allerdings im Zweifel als Kündigungsgrund unwirksam sein dürfte) und der Verzug mit der Zahlung der Vergütung (wobei hier, sowohl was die Dauer des Verzugs als auch die Höhe der ausstehenden Vergütung angeht, ein Schwellenwert vorgesehen werden sollte).

Das Recht zur ordentlichen Kündigung des Servicevertrags wird in der Regel ausgeschlossen. Besteht die Projektgesellschaft allerdings auf einem ordentlichen Kündigungsrecht, um ihre Flexibilität zu erhöhen und ggf. – in Abstimmung mit der finanzierenden Bank – zu einem anderen Anbieter wechseln zu können, sollte dies aus Sicht des Serviceunternehmens nur gegen Zahlung einer bestimmten Kompensation möglich sein. Eine pauschal bestimmte

Aufwandsentschädigung des Serviceunternehmens ist erforderlich, da es eine gewisse Planungssicherheit benötigt und in der Regel im Hinblick auf die lange Laufzeit eines Servicevertrags Investitionen getätigt und Personal eingestellt hat.

2.3.4.6 Versicherungen

Das Serviceunternehmen wird in der Regel eine Betriebshaftpflichtversicherung mit einer vertraglich bestimmten Mindestdeckungssumme abzuschließen haben. Die Projektgesellschaft wird ihrerseits eine Sach- und eine Betriebsunterbrechungsversicherung abschließen, damit neben den technischen Risiken, die zu einem Betriebsausfall und damit zu einer Unterbrechung des Cashflows führen können, auch sonstige Ereignisse (z.B. Höhere Gewalt, Diebstahl, Vandalismus, etc.) abgesichert werden. Der Servicevertrag und die Sach- und Betriebsunterbrechungsversicherung sollten so aufeinander abgestimmt sein, dass es möglichst nicht zu Deckungslücken kommt, andererseits aber auch keine doppelte Absicherung erfolgt, welche die Rendite des Projektes belasten würde.

3 Technische Aspekte

3.1 Photovoltaik-Projekte

PROF. DR. GEORG ERDMANN

Prof. Dr. Georg Erdmann ist seit 1996 Inhaber des Lehrstuhls Energiesysteme an der Technischen Universität Berlin. Zuvor war er an der ETH Zürich und am Paul-Scherrer-Institut in der Schweiz tätig. Er ist ausgebildeter Mathematiker und Wirtschaftswissenschaftler.

Das Forschungsthema seines Lehrstuhls sind die komplexen Wechselwirkungen zwischen energietechnischen und institutionellen Innovationen mit den Energiemärkten. Neben zahllosen Publikationen verfügt Prof. Dr. Erdmann über einen umfangreichen Leistungsnachweis als Berater und Gutachter. Zu seinen Mandaten in Aufsichtsräten und wissenschaftlichen Gremien im In- und Ausland gehören das Amt des Vorstandsvorsitzenden der GESELLSCHAFT FÜR ENERGIEWISSENSCHAFT UND ENERGIEPOLITIK (GEE) e.V. sowie das Amt des Präsidenten der INTERNATIONAL ASSOCIATION FOR ENERGY ECONOMICS (IAEE).

Dieses Kapitel beschäftigt sich mit der Photovoltaik (kurz PV) – einer Technologie, mit der das Sonnenlicht auf elektrochemischem Weg direkt in Elektrizität umgewandelt wird. Noch vor kurzem hatte es kaum jemand für möglich gehalten, dass diese Form der Stromerzeugung schon im Jahr 2010 in Deutschland einen Marktanteil von 2 Prozent erreichen würde. Der Erfolg ist unbestritten auf das Erneuerbare-Energien-Gesetzes (EEG) zurückzuführen, welches den Einspeise-Vorrang sowie die gesetzliche Mindestvergütung von PV-Elektrizität regelt. Mit dem dadurch bedingten Entstehen einer PV-Industrie mit großtechnischen PV-Produktionskapazitäten und scharfem internationalen Wettbewerb sind die Herstellkosten von PV-Modulen überraschend schnell auf etwa 1 Euro/kW_p gesunken. Damit ist PV-Strom noch längst nicht wettbewerbsfähig gegenüber der Elektrizitätserzeugung mit Kohle-, Erdgas- oder Kernkraftwerken. Doch besteht jetzt eine reale Chance dafür, dass sich die Photovoltaik aus einer Nische heraus zu einer der tragenden Säulen der künftigen Stromerzeugung entwickeln kann. In den nachfolgenden Ausführungen geht es um technische und ökonomische Aspekte von Solarprojekten, wobei neben den Erfolgsfaktoren auch die anstehenden Herausforderungen und Risiken angesprochen werden, damit die Markteinwicklung im Laufe des laufenden Jahrzehnts realistisch eingeschätzt werden kann.

3.1.1 Energiewirtschaftliche Einordnung

Die auf den Erdboden auftreffende Solarstrahlung würde von Energieaufkommen her im Prinzip um ein Vielfaches ausreichen, um den globalen Einsatz der fossilen Energieträger vollständig zu ersetzen. Die Solarenergie ist die weltweit am meisten verfügbare Energiequelle. Bis heute spielt jedoch deren Nutzung eine noch untergeordnete Rolle. Unter den regenerativen Energien verfügen nur die Biomasse (insbesondere als Holzbrand) und die Wasserkraft über signifikante Marktanteile. Beides bedeutet die Nutzung der Solarenergie, doch nicht auf direktem Weg, sondern indirekt und über Technologien, mit denen die beiden zentralen Handicaps der direkten Solarenergienutzung umgangen werden:

1. Wegen der geringen Strahlungsleistung pro Quadratmeter ist es für die direkte Nutzung der Solarenergie erforderlich, große Flächen mit Kollektoren zu bedecken, um die Globalstrahlung „einzusammeln". Die direkte Solarenergienutzung ist dementsprechend materialintensiv. Bei der Wasserkraft und der Biomasse erfolgt das Einsammeln der Solarstrahlung weitgehend durch die Natur (Flüsse und pflanzliche Photosynthese als „kostenlose" Solarkollektoren). Folglich ist der erforderliche Aufwand in beiden Fällen im Vergleich zur direkten Sonnenenergienutzung eher gering.
2. Wegen der diskontinuierlich verfügbaren Solarstrahlung kann die Stromnachfrage nur über Backup-Erzeugungsanlagen oder mit Energiespeichern gedeckt werden. Bei der regenerativen Wasserkraft sind es die Speicherseen, bei der Biomasse beispielsweise Holzlager. Diese Energiespeicherformen sind technisch sehr einfach und erfordern nicht einmal eine der Energiespeicherung vorgelagerte Energiewandlung. Für die Photovoltaik stehen innovative Speichertechnologien wie beispielsweise Akkumulatoren, Druckluft- oder Wasserstoffspeicher zur Verfügung, die allerdings allesamt technisch aufwändig und heute noch extrem teuer sind.

Wie einleitend erwähnt, hat sich der naturgegebene Nachteil der direkten Sonnenenergienutzung durch den technischen Fortschritt inzwischen deutlich verkürzt. Da die PV-Anlagen in Deutschland bestenfalls 1.000 Volllaststunden erreichen, ist die direkte Solarenergienutzung gegenüber konventionellen Energietechnologien auf breiter Front noch nicht konkurrenzfähig und auf staatliche Förderung angewiesen. Dennoch gibt es in zunehmendem Umfang wirtschaftliche Marktnischen, in denen perspektivisch die Voraussetzungen für selbsttragende PV-Investitionen möglich werden. Zu nennen sind beispielhaft die PV-Selbstnutzung, womit die Kosten für die Netzentgelte und eventuell auch für den Netzanschluss wegfallen, oder die großflächige PV-Nutzung in ariden Regionen mit mehr als 2.500 Volllaststunden. Im zweiten Fall stellt allerdings der Stromtransport in die Verbraucherzentren eine Hürde dar, sofern die erzeugte Elektrizität nicht vor Ort genutzt werden kann.

Zu den besonderen Vorteilen der PV-Technik gegenüber anderen Formen der Sonnenenergienutzung gehört die Tatsache, dass neben der direkten Solarstrahlung auch das diffus auftreffende Licht energetisch nutzbar ist, womit beispielsweise auch bei bedecktem Himmel Energie gewonnen werden kann. Die nachfolgende Abbildung 11 zeigt, dass die diffuse Strahlung in mittleren Breiten einen größeren Anteil an der Globalstrahlung hat als die direkte Strahlung.

Zu den weiteren Vorteilen der Photovoltaik gehören

- die im Normalfall vergleichsweise geringe technische Komplexität,
- die weitgehende Wartungsfreiheit,
- der fehlende Bedarf an Betriebsstoffen wie Wasser oder Schmierstoffe,
- die Eignung der PV-Module für die fast vollautomatisierte Massenfertigung und

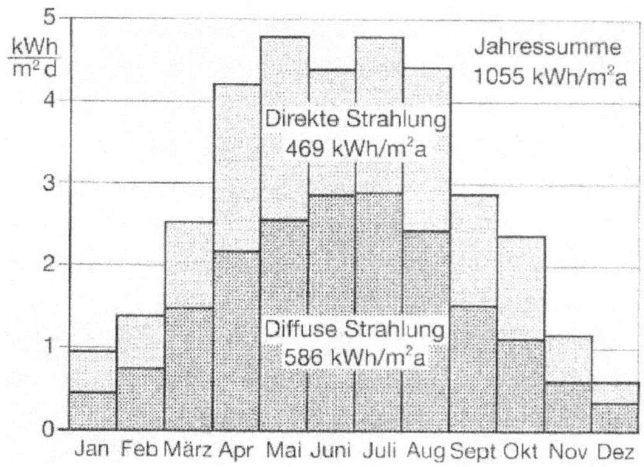

Abbildung 11: Mittelwerte der täglichen Globalstrahlung[115]

- die Möglichkeit, Flächen wie beispielsweise Dächer oder lebensfeindliche aride Gegenden für die PV-Erzeugung zu nutzen, wo es keine oder eine nur geringe Flächenkonkurrenz gibt (gilt natürlich nicht für Freiflächenanlagen).

Auf der anderen Seite sollen die Nachteile nicht unerwähnt bleiben:

- der geringe Wirkungsgrad (Wandlungseffizienz) der PV-Zellen,
- die hohe Materialintensität,
- die zur Herstellung von PV-Modulen erforderlichen und teilweise sehr teuren Materialien (so genannte seltene Erden),
- der energieintensive Herstellprozess,
- die mit der PV-Herstellung verbundenen Emissionen und
- die beim späteren Recycling von Solarsystemen zu erwartenden Entsorgungsfragen.

Es sei erwähnt, dass es neben der Photovoltaik noch andere Technologien zur direkten Solarenergie-Nutzung gibt. Zu erwähnen sind die Niedertemperatur-Solarthermie zur Erzeugung von Warmwasser und Prozesswärme, die Konzentrierte Solarthermie zur Gewinnung von Hochtemperatur-Wärme (CSP: *Concentrated Solar Power,* siehe hierzu das Fachkapitel 3.2) sowie die derzeit im Forschungsstadium untersuchten biologischen Solartechnologien. Doch im weiteren Verlauf dieses Kapitels soll es ausschließlich um die Photovoltaik gehen.

3.1.2 Technische Lösungen

Der photoelektrische Effekt wurde in den Jahren 1887 und 1888 von HEINRICH HERTZ und seinem Schüler WILHELM HALLWACHS entdeckt. Dem photoelektrischen Effekt zufolge werden Elektronen frei, wenn Licht oder andere elektromagnetische Strahlung auf Materie trifft. Dieser Effekt wird in Photovoltaik-Zellen ausgenutzt. Sie bestehen aus einem gitterförmigen

115 Mittelwerte der täglichen Globalstrahlung auf eine 30° nach Süden geneigte Fläche in Essen (Quelle: Unterlagen zur Vorlesung „Photovoltaik und regenerative Energiesysteme“ von Prof. Dr. Kniffler (www.et.hs-mannheim.de/kni/pvr/PVR_ inhaltsverz.htm). Kniffler verweist auf das RWE Energie Bau-Handbuch.

Halbleiter-Material, meist aus hochreinem Silizium (*solar grade silicon*). Die in dieses Material eindringende Strahlung kann bei geeigneter Strahlungsintensität Elektronen aus der Gitterstruktur lösen und sie damit frei beweglich machen. Damit sich die freien Elektronen gezielt in eine Richtung bewegen und damit einen elektrischen Strom generieren, muss ein elektrisches Feld vorhanden sein. Dazu werden in einem an sich hochgradig homogenen Halbleitermaterial gezielt Unreinheiten geschaffen – ein Vorgang, der als Dotieren bezeichnet wird. Bei einer Halbleiter-Struktur aus Silizium-Zellen wird ein kleiner Teil der Silizium-Atome auf der oberen Seite beispielsweise mit Arsenatomen und auf der unteren Seite mit Indium-Atomen ausgetauscht. Im ersten Fall ist der Halbleiter dann n-dotiert, im zweiten Fall p-dotiert. Vorder- und rückseitig werden Stromleiter aus Metall aufgebracht, über die der Strom gesammelt wird. Während die rückseitige Elektrode die gesamte Zelle bedeckt, muss der vorderseitige Stromleiter natürlich den Lichteintritt in den Halbleiter ermöglichen und hat daher eine filigrane Struktur. Die nachfolgende Abbildung 12 zeigt den schematischen Aufbau einer Silizium-Zelle.

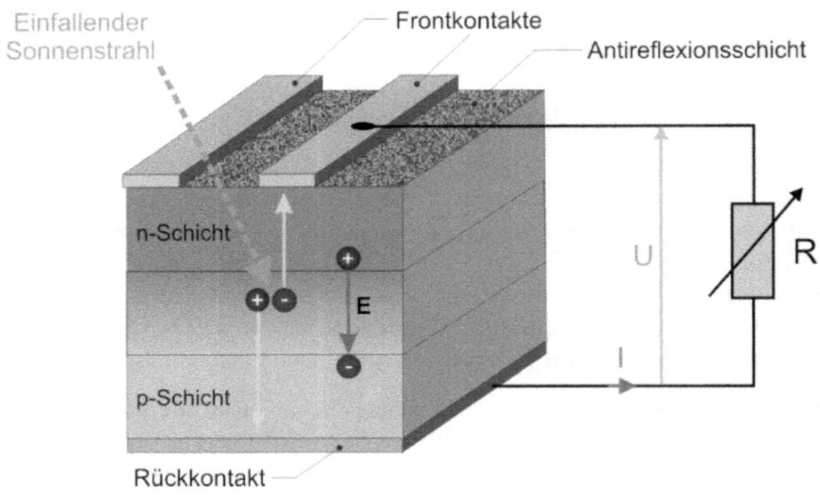

Abbildung 12: Schematischer Aufbau einer Photovoltaik-Anlage[116]

Photovoltaik-Zellen werden durch die Stromspannungs-Kennlinie (I-U-Kennlinie) charakterisiert. Bei einer gegebenen und konstanten Einstrahlung hat diese Kennlinie den in Abbildung 13 gezeigten Verlauf. Dabei ist U die Spannung, gemessen in Volt, und I die Stromstärke, gemessen in Ampere. Zwei Punkte dieser Kennlinie bezeichnen den Kurzschluss-Fall ($U = 0, I = I_{sc}$) und den Leerlauf-Fall ($U = U_{oc}, I = 0$). Die Leistungsabgabe P entspricht dem Produkt von Spannung und Strom ($P = I \cdot U$) und ist in Abbildung 13 links dargestellt als schraffierte Fläche, rechts als P-U-Kennlinie über die Zellspannung. Der Punkt mit der maximalen Leistungsabgabe in Abbildung 13 rechts ist mit dem Symbol P_M gekennzeichnet.

[116] Quelle: Vorlesungsunterlagen „Photovoltaik 2" von Prof. Dr. Stefan Krauter www.stefankrauter.com/info/BC_Krauter_Solartechnik_PV_02.pdf.

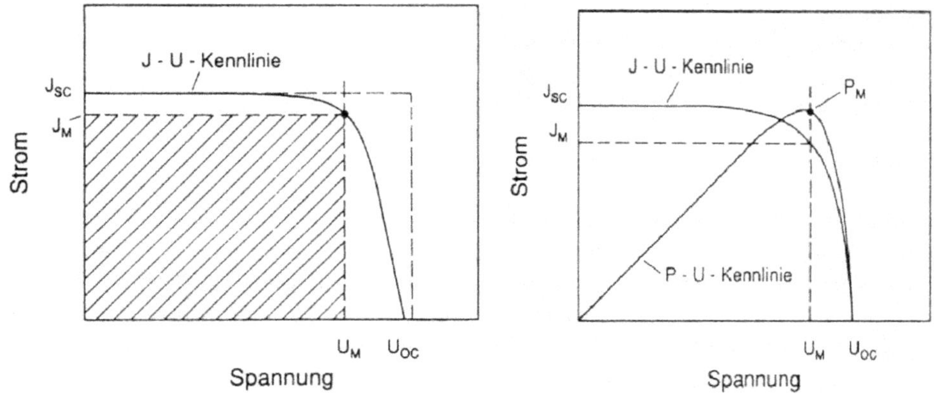

Abbildung 13: Stromspannungskennlinie einer beleuchteten Solarzelle[117]

Die Kenndaten von PV-Zellen hängen von der spektralen Verteilung und der Intensität der Solarstrahlung ab (letztere gemessen in Watt pro m^2; siehe Abbildung 14). Während die Leerlaufspannung mit der Intensität der Solarstrahlung nur geringfügig variiert, ist der Einfluss der Strahlungsstärke auf den Kurzschlussstrom deutlich. Diesen Abhängigkeiten zufolge steigt die Leistung *P* einer PV-Zelle linear mit der Strahlungsstärke.

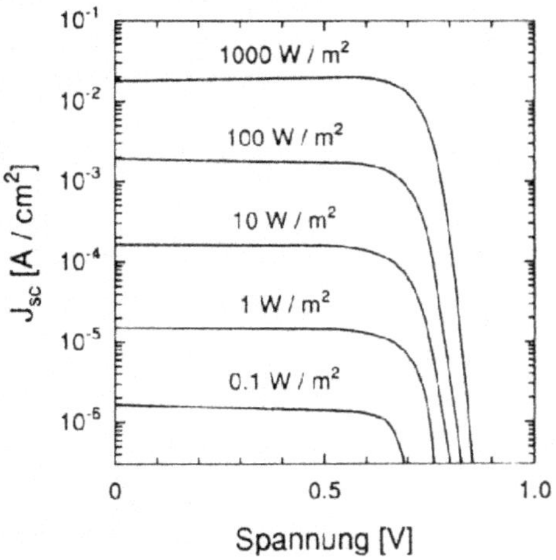

Abbildung 14: Strom-Spannungskennlinien für verschiedene Solarstrahlungswerte[118]

---

[117] Quelle: Vorlesungsunterlagen „Photovoltaik und regenerative Energiesysteme“ von Prof. Dr. Kniffler www.et.hs-mannheim.de/kni/pvr/PVR_ inhaltsverz.htm.

[118] Quelle: Vorlesungsunterlagen „Photovoltaik und regenerative Energiesysteme“ von Prof. Dr. Kniffler; www.et.hs-mannheim.de/kni/pvr/PVR_ inhaltsverz.htm.

Nach Abbildung 14 liegt die von einer PV-Zelle gelieferte Spannung bei weniger als 1 Volt. Um höhere Stromspannungen zu erzielen, müssen mehrere PV-Zellen in Reihe zu einem PV-Strang zusammengeschaltet werden. Die aus n zusammengeschalteten PV-Zellen resultierende Gesamtspannung U_{ges} ist in diesem Fall die Summe der Einzelspannungen

$$U_{ges} = U_1 + U_2 + ... + U_n \,.$$

Da alle in einer Reihe angeordneten PV-Zellen die gleiche Stromstärke I haben, ist die Reihenanordnung anfällig für Ausfälle: Reduziert sich die Leistung einer einzelnen PV-Zelle, so sinkt die Leistung des gesamten Zellstrangs entsprechend. Beim totalen Ausfall einer einzelnen PV-Zelle liefert der gesamte Zellstrang keinen Strom mehr. Insbesondere bei größeren PV-Anlagen ist es daher ratsam, nicht alle Zellen in Reihenschaltung zusammenzuschalten, sondern stattdessen mehrere PV-Stränge parallel zu so genannten Solarpanels anzuordnen. Mit der Parallelschaltung von PV-Modulen ist die Spannung U für alle Module identisch, während die Gesamtstromstärke I_{ges} und damit die Gesamtleistung P_{ges} gleich der Summe der Einzelwerte ist:

$$I_{ges} = I_1 + I_2 + ... + I_m \quad \text{bzw.} \quad P_{ges} = P_1 + P_2 + ... + P_m \,.$$

Bei einer Parallelschaltung kann das Solarpanel also auch dann noch Elektrizität bereitstellen, wenn ein einzelner PV-Strang vollständig ausgefallen ist.

Die Nennleistung von PV-Systemen [kW_p] bezieht sich auf Standard-Testbedingungen bei 25°C Modultemperatur, 1000 W/m^2 Bestrahlungsstärke und einer Luftmasse von 1,5. Im normalen Betrieb haben Solarzellen bei dieser Einstrahlung eine höhere Betriebstemperatur und damit einen niedrigeren Wirkungsgrad. Dies gilt insbesondere im Sommer, wo sich die PV-Module durch die Solarstrahlung aufheizen. Gute PV-Simulationsprogramme berücksichtigen diesen Effekt ebenso wie die mit der Zeit sinkende elektrische Leistung infolge von Alterung.

Solarzellen gibt es in verschiedenen technischen Konzeptionen. Kommerziell verbreitet sind

- Polykristalline Silizium-Zellen mit Wirkungsgraden zwischen 13 und 15 %
- Monokristalline Silizium-Zellen mit Wirkungsgraden zwischen 14 und 20 %
- Neuerdings auch preisgünstige (da materialarme) Dünnschicht-Zellen auf Basis von amorphem Silizium mit Wirkungsgraden zwischen 5 und 9 %.

Die genannten Wirkungsgrade erscheinen gering. Im Labor entwickelte Zellen können eine deutlich bessere Wandlungseffizienz erreichen, auch wenn die Brennstoffnutzungsgrade thermischer Kraftwerke bei weitem nicht erreicht werden. Doch für die kommerzielle PV-Anwendung spielt dieser Aspekt eigentlich keine Rolle. Für die Praxis ist nur relevant, wie weit sich durch höhere solare Wirkungsgrade die spezifischen Investitionskosten [Euro/kW_p] reduzieren lassen. Nur wenn die spezifischen Investitionskosten unterproportional zum Wirkungsgrad steigen, machen entsprechende Maßnahmen ökonomisch Sinn. Folglich haben PV-Systeme heute im Normalfall beispielsweise keine Kühleinrichtungen und sie werden im Regelfall auch nicht dem Sonnenstand nachgeführt.

PV-Anlagen erzeugen grundsätzlich Gleichstrom. Um die elektrische Energie in ein Wechselstromnetz einspeisen zu können, muss der Gleichstrom in Wechselstrom umgewandelt werden. Für die Einspeisung in das europäische Verbundnetz sind dafür eine Spannung von 230 Volt und eine Frequenz von 50 Hertz erforderlich. Als Wandler werden Wechselrichter eingesetzt, die es in drei Varianten gibt:

1. Modulwechselrichter werden für Solarmodul-Leistungen bis 1,4 KW_p angeboten. Durch die ausgangsseitige (AC-seitige) Parallelschaltung werden Verluste aufgrund unterschiedlicher Strahlungsintensitäten auf die einzelnen in Serie geschalteten PV-Module verhindert. Ein Trenntransformator dient der Sicherheit.
2. Strangwechselrichter sind mit mehreren in Reihe geschalteten PV-Modulen verbunden. Nachteile dieser verbreiteten Wechselrichter sind die hohen zu übertragenden Gleichspannungen und Probleme bei Teilabschattungen einzelner Module z.B. aufgrund von Wolken.
3. Zentralwechselrichter sind relativ kostengünstige große Wechselrichter, die über hohe Wirkungsgrade verfügen. Ihr Nachteil ist, dass bei einer Störung der gesamte Anlagenteil außer Betrieb ist.

Bei der Umwandlung und Übertragung des Gleichstroms in Wechselstrom entstehen energetische Verluste (3 % bis 7 %), wobei die energetischen Verluste im Teillastbereich höher als bei Volllast sind.

In Deutschland müssen heute alle neuen PV-Anlagen mit Leistungen ab 100 kW_p dafür ausgelegt sein, dass der Netzbetreiber die eingespeiste Wirkleistung bei drohender Netzüberlast reduzieren kann. In der Praxis wird dies über Rundsteuergeräte realisiert, die eine 4-stufige Wirkleistungsreduzierung signalisieren können. Moderne Datenlogger bieten eine Unterstützung für diese gesetzliche Anforderung.

3.1.3 Planung von Photovoltaik-Anlagen

In der Regel werden Photovoltaik-Anlagen mittels ausgeklügelter EDV-Programme ausgelegt und berechnet. Das Grundkonzept ist in Abbildung 15 dargestellt. Das Ergebnis entsprechender Simulationen kann aber nur so gut sein wie die dem Simulationsprogramm übergebenen Eingangsdaten. Im Folgenden werden die wichtigsten Parameter beschrieben.

Natürlich spielt die erwartete jährliche Globalstrahlung eine wichtige Rolle. Derartige Einschätzungen lassen sich nicht durch kurzfristige Messungen beurteilen. Selbst bei Mittelung über ein ganzes Kalenderjahr streuen die jährlichen Solareinträge beispielsweise in Deutschland um 20 % bis 30 %. Aus Langzeitmessungen der Solarstrahlung lässt sich folgern, dass selbst die über 10 Jahre gemittelten Strahlungswerte noch um mehr als 10 % streuen. Es ist also nicht ausgeschlossen, dass ein Investor nach 10 Jahren mit seiner Solaranlage wetterbedingt entsprechend mehr oder weniger Energie gewonnen hat als er von den Anlagedaten her hätte erwarten können.

Für die praktische Berechnung der Strahlungsverhältnisse helfen Datenbanken zur Globalstrahlung. Beim DEUTSCHEN WETTERDIENST (DWD) sind Globalstrahlungsdaten für diverse Standorte erhältlich. Eine weltweite Datenbank stellt die Firma METEONORM zur Verfügung

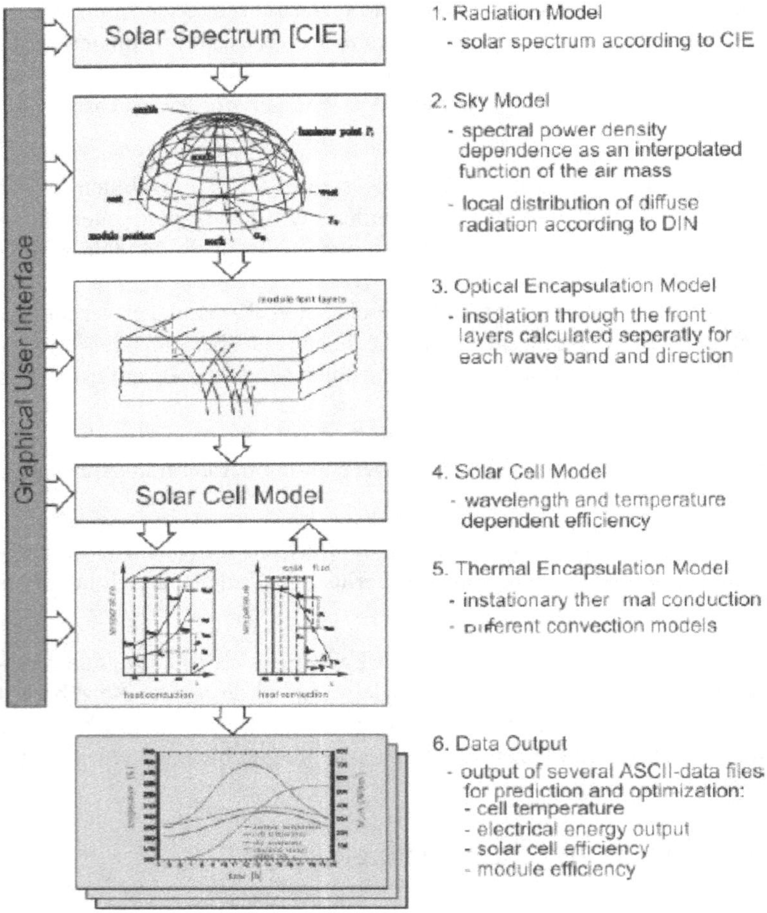

Abbildung 15: Simulation von PV-Anlagen[119]

(www.meteotest.ch/products/meteonorm/index.html). Sie enthält neben der Solarstrahlung auch Parameter wie Temperatur, Windgeschwindigkeit, Luftfeuchte und Luftdruck. Datenquellen werden auch vom NATIONAL RENEWABLE ENERGY LABORATORY (NREL) sowie vom WORLD RADIATION DATA CENTER (WRDC) zur Verfügung gestellt. Die meisten Simulationsprogramme für Solaranlagen enthalten ebenfalls zum Teil recht umfangreiche Datenbanken. Allerdings werden meist nur wenige Informationen über Quelle, Messzeitraum und Qualität der Daten mitgeliefert.

Neben der örtlichen Globalstrahlung spielen der horizontale und der vertikale Aufstellwinkel der PV-Module eine zentrale Rolle. In der Regel sind diese Winkel konstant. Systeme zur

[119] Quelle: Vorlesungsunterlagen „Photovoltaik 2“ von Prof. Dr. Stefan Krauter www.stefankrauter.com/info/BC_Krauter_Solartechnik_PV_02.pdf.

Nachführung der PV-Module gibt es zwar, doch selbst einachsige Systeme sind teuer in der Anschaffung, aufwändig im Unterhalt und rechnen sich daher nicht. Zu den Faktoren, die früher gerne übersehen wurden, gehören die Beschattung durch Nachbargebäude, Bäume u.ä. Bei PV-Installationen auf Freiflächen oder Flachdächern spielt die wechselseitige Beschattung der PV-Module eine Rolle. Zu erwähnen sind ferner Verschmutzungen der Module durch Ablagerungen von Partikeln, Moos o.ä. sowie die Bedeckung von Schnee und Eis während der Wintermonate. Bei Nichtbeachtung dieser Sachverhalte kommt es schnell zu einer Überschätzung des Stromertrags.

Neben den unmittelbar anlagentechnischen Einflussgrößen kommen viele andere Faktoren ins Spiel, denen zufolge die Planung von PV-Anlagen eine komplexe Aufgabe wird. Für die Nutzung von Dachflächen muss die Statik des Gebäudes geprüft werden. Ein weiterer Aspekt ist der Brandschutz. Aktuell stehen PV-Dachanlagen bei Tage auch dann noch unter Spannung, wenn sie vom Netz getrennt sind. Zum Schutz der Feuerwehr-Angehörigen bleibt im Brandfall heute meist nichts anderes übrig als das Gebäude kontrolliert abbrennen zu lassen. Dies muss versicherungstechnisch geregelt werden. Ein weiteres Problem betrifft die Frage, ob der Errichter der PV-Anlage gleichzeitig Gebäudeeigentümer ist oder nicht. Im zweiten Fall muss eine möglichst langfristige Nutzung des Daches vertraglich gesichert werden. Im Internet gibt es Dachflächenbörsen, um die Investoren und Hausbesitzer zusammenzubringen. Oftmals scheitern die Pachtverträge dann aber an der für die Hausbesitzer zu langen Bindungswirkung. Ungünstig ist auch eine im Pachtzeitraum möglicherweise erforderliche Dachsanierung, da in diesem Fall zusätzliche De- und Remontagekosten der PV-Anlage anfallen.

Mit diesen Hinweisen geht es nicht um eine integrale Darstellung aller mit der Planung von PV-Systemen verbundenen technische Fragen und Herausforderungen. Es würde den Rahmen dieses Beitrags sprengen. Die vorstehenden Ausführungen sollen den ingenieurwissenschaftlichen Laien vielmehr die vielfältigen Probleme vor Augen führen, die bei einer PV-Planungsaufgabe zu lösen sind. Diese Ausführungen werden im folgenden Unterkapitel um Wirtschaftlichkeitsaspekte ergänzt.

3.1.4 Märkte für Photovoltaik-Anlagen

Seit Mitte des letzten Jahrzehnts hat insbesondere in Deutschland und Spanien eine geradezu explosionsartige Entwicklung der installierten Photovoltaik-Kapazitäten (PV-Kapazitäten) stattgefunden, die in Abbildung 16 dokumentiert ist. Aktuell befinden sich unglaubliche 60 % aller weltweit ans Stromnetz angeschlossenen PV-Kapazitäten in Deutschland. Schon im Jahr 2011 könnte die hier installierte Kernkraft-Kapazität überschritten werden, obwohl bei weitem noch nicht die von Kernkraftwerken bereitgestellten Strommengen erzeugt werden können. Die deutschen Stromkunden sind nach dem Erneuerbaren Energien-Gesetz (EEG) verpflichtet, diesen Erfolg in den kommenden Jahren und Jahrzehnten mit Milliardenbeträgen zu finanzieren. Schon wegen der damit verbundenen Belastungen dürften sich die momentanen Zubauraten politisch kaum dauerhaft aufrechterhalten lassen. Im zweiten Jahrzehnt des 21. Jahrhunderts wird sich die PV-Ausbaudynamik daher zwangsläufig in andere Länder und Weltregionen verschieben.

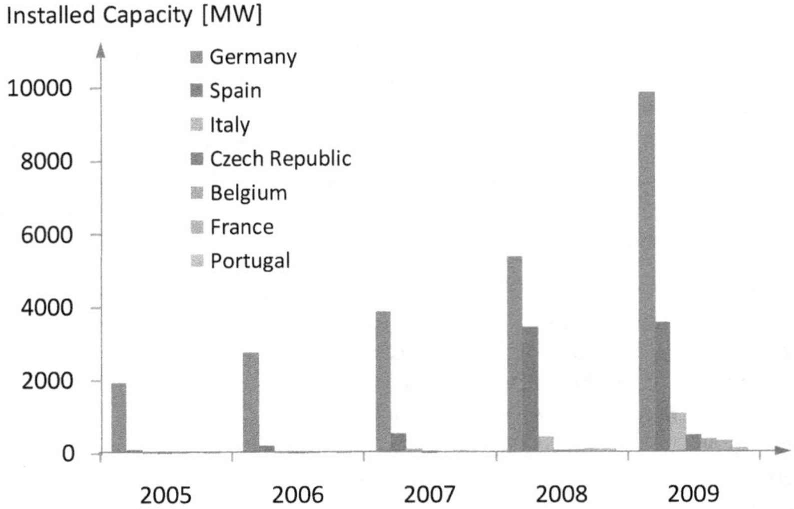

Abbildung 16: Installierte PV-Kapazitäten in den EU-Mitgliedstaaten[120]

Die durch das deutsche EEG angeschobene Entwicklung zu einer großtechnischen Massenproduktion hat die deutliche Reduktion der PV-Systemkosten ermöglicht. Nachdem vor zwei Jahren die Versorgungsengpässe bei solarem Silizium durch den Aufbau neuer Kapazitäten überwunden wurden, sind die Marktpreise von PV-Modulen geradezu kollabiert. Dies hat auch etwas zu tun mit der Globalisierung der PV-Industrie: Die überwiegende Zahl der in Deutschland installierten PV-Module wird inzwischen von ausländischen Unternehmen hergestellt bzw. von deutschen Unternehmen vorwiegend aus Asien importiert. Trotz der beeindruckenden deutschen PV-Investitionen liegt der deutsche Modul-Weltmarktanteil nur bei knapp 20 % (vgl. en.wikipedia.org/wiki/List_of_photovoltaics_companies und en.openei.org/wiki/List_of_Companies_in_Solar_Sector).

Der weitere Ausbau der PV-Kapazitäten hängt entscheidend von den global vorhandenen PV-Produktionskapazitäten ab. Nach Angaben der Zeitschrift *Photon International* wurden im Jahr 2009 weltweit PV-Anlagen mit einer Gesamtkapazität von rund 12.3 GW hergestellt. Im Jahr 2011 dürfte die PV-Produktion die Marke von 24 GW erreichen, wobei die reinen Zellkosten teilweise bereits unter 1 Euro/kW_p liegen (vgl. Abbildung 17).

Die global tätigen Hersteller – mit chinesischen und amerikanischen Unternehmen an der Spitze – werden sich auf diejenigen Absatzmärkte konzentrieren, auf denen sich die maximalen Verkaufserlöse erzielen lassen. Diese ergeben sich aus den von den potentiellen Kunden erzielbaren Deckungsbeiträgen und lassen sich für die Hersteller völlig transparent aus den lokalen Strahlungsbedingungen in Verbindung mit der jeweils verfügbaren nationalen Förderung abschätzen.

120 Datenquelle *Photovoltaic Energy Barometer*.

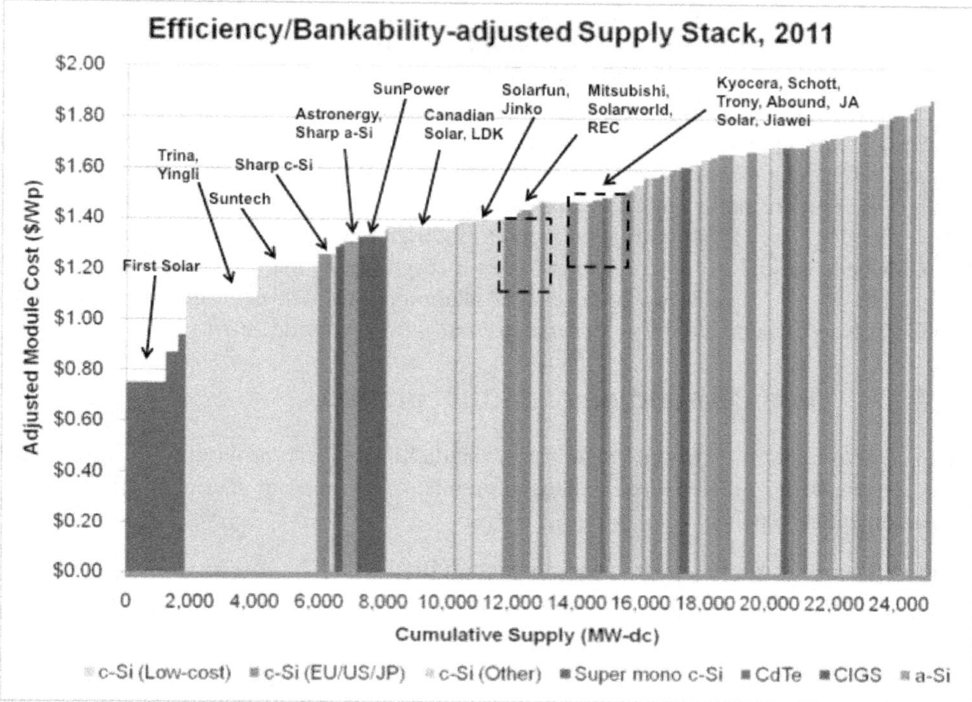

Abbildung 17: Industrielle PV-Produktionskapazitäten 2011[121]

Wenn aber die Kalkulationsbedingungen der Kunden für die PV-Hersteller weitgehend transparent, sind, vereinfachen sich die Absatzstrategien. Sinnvoller Weise werden zunächst die Märkte mit den höchsten erzielbaren Verkaufserlösen bearbeitet. Sind diese ausgeschöpft, etwa wegen der Deckelung der nationalen Fördermittel oder als Folge von Standort- und Finanzierungsengpässen, kommen die nächstbesten Absatzmärkte an die Reihe und so fort, bis die global verfügbaren Erzeugungskapazitäten vollständig in Anspruch genommen sind.

Erfahrungsgemäß ist die politische Förderung ständigen Wechseln unterworfen. Wenn beispielsweise der deutsche Gesetzgeber als Reaktion auf die steigenden PV-Belastungen Einschränkungen am EEG beschließt, wird dies den Ausbau begrenzen können, aber nur dann und in dem Maße, wie die in Deutschland dann noch erzielbaren Verkaufserlöse unter das Niveau in anderen Ländern sinken. Wenn dann ein großer Teil der bisher für den deutschen Absatzmarkt vorgesehenen globalen Produktionskapazität in diese Länder verkauft wird, kann der Einbruch in Deutschland durchaus kräftig ausfallen. Es ist aber auch umgekehrt möglich, dass die Beschränkung der EEG-Förderung den deutschen Absatzmarkt kaum tangiert, weil es hierzulande immer noch attraktiver als anderswo ist, PV-Anlagen zu installieren.

121 Quelle: GTM Research; www.gtmresearch.com/report/pv-technology-production-and-cost-outlook-2010-2015.

Man kann den globalen Markt für PV-Systeme demnach als einen Arbitragemarkt interpretieren. Das entsprechende Marktverhalten lässt sich an Abbildung 16 beobachten: Nachdem die spanische Regierung im Jahre 2009 die PV-Förderung stark begrenzte, kam es in diesem Land zu einem abrupten Stillstand bei PV-Neuinstallationen. Die entsprechenden Produktionsmengen wurden jetzt mehrheitlich nach Deutschland verkauft, wo trotz der im Vergleich zu Spanien schlechten Strahlungsverhältnisse nun die Förder- und Absatzbedingungen relativ günstiger geworden sind. Ein ähnliches Muster ist zu erwarten, wenn Deutschland oder andere Länder ihre PV-Investitionsanreize modifizieren. Für die internationalen PV-Hersteller bedeutet dies, die nationale PV-Politik sorgfältig zu beobachten und zu antizipieren, um bereits im Vorfeld von politischen Änderungen auf den dann attraktiv werdenden Märkten präsent zu sein und die so genannten *First-mover*-Vorteile zu ernten.

3.1.5 Herausforderung Marktintegration

In mehr als 70 Ländern existieren inzwischen staatliche PV-Förderprogramme, die dem deutschen Erneuerbare-Energien-Gesetz nachempfunden sind und im Kern jeweils aus zwei Förderelementen bestehen:

- Feste Mindestvergütung über einen längeren Zeitraum und
- Verpflichtung der Netzbetreiber zur bevorzugten Abnahme von PV-Elektrizität.

Mit der Abnahmepflicht und den gesetzlichen Mindestvergütungen über einen festgelegten Mindestzeitraum sind die PV-Betreiber von Preisrisiken und Mengenrisiken weitgehend freigestellt und brauchen sich um die Märkte nicht weiter zu kümmern. Im Idealfall können sie sich voll auf die technische Funktionsfähigkeit ihrer Anlagen konzentrieren. Viele wissenschaftliche Untersuchungen haben gezeigt, dass die Freistellung von den Marktrisiken eine entscheidende Ursache für die überaus stürmische Entwicklung der Photovoltaik war. In Ländern mit anderen Förderkonzepten (Quotenregeln, Steuervergünstigungen, Bonuszahlungen) ist der Ausbau erneuerbarer Energien deutlich zurückgeblieben.

Natürlich spielen Höhe und Dauer der gesetzlichen Einspeisetarife eine Rolle. Nur wenn über einen längeren Zeitraum attraktive Renditen erwartet werden können, falls Anlagenhersteller und Betreiber einen technisch zuverlässigen Betrieb von PV-Anlagen gewährleisten, ist die Finanzierung von PV-Anlagen unproblematisch. Wie oben beschrieben ist dieser Zusammenhang nicht nur den Kapitalmarktakteuren, sondern auch den PV-Herstellern bekannt. Durch die sinkenden PV-Kosten wird die gesetzliche Einspeisevergütung absehbar weiter sinken. Damit steigt die Bedeutung des gesetzlichen Abnahmevorrangs von PV-Strom durch die Netzbetreiber.

Die förderpolitische Bedeutung der Abnahmeverpflichtung wurde noch wenig betrachtet. Auf einem freien Strommarkt kann im Prinzip jeder Hersteller an den *Day-ahead*-Stromauktionen der Energiebörsen mitbieten, wobei Gebote in der Reihenfolge ihrer Gebotspreise bezuschlagt werden (*Merit Order*) und unabhängig von ihren Gebotspreisen in Höhe des markträumenden Preises vergütet werden (*Market Clearing Price; MCP*). Dies ist eigentlich sehr vorteilhaft für PV-Anbieter: Da sie bei ihren Preisgeboten keine Brennstoffkosten berücksichtigen müssen, stehen sie in der *Merit Order* vorn und kommen nur bei negativen markträumenden Preisen nicht zum Zuge. Oberflächlich betrachtet hat der gesetzliche Einspeise-Vorrang also zur Folge, dass auch zu Zeiten einer Stromschwemme mit negativen Strompreisen ein Herunterfahren von PV-Anlagen nicht zulässig ist – was natürlich eine volkswirtschaftlich auf Dauer unhaltbare Konzeption ist. Ansonsten impliziert der gesetzliche Einspeise-Vorrang keinen Fördertatbestand und könnte entsprechend entfallen.

Doch so einfach liegen die Verhältnisse nicht. Mit dem Abnahmevorrang sind die Betreiber von PV-Anlagen nämlich von der Bilanzkreispflicht befreit, die sie dazu zwingen würde, Fahrplanprognosen an den jeweiligen Übertragungsnetzbetreiber zu liefern und im Fall von Fahrplanabweichungen von diesen Ausgleichsenergie zu beziehen. PV-Anlagen sind nur dann vollwertig in den Strommarkt integriert, wenn sie in einem mit entsprechenden Verpflichtungen versehenen Bilanzkreis zugeordnet sind.

Mit dem stürmisch steigenden Anteil an Wind- und PV-Strom steht die bisherige Förderung in einem wachsenden Konflikt zum politischen Ziel des Stromwettbewerbs. In den letzten Jahren wurde sehr viel darüber diskutiert, wie man den europäischen Strombinnenmarkt vollenden kann und welche gesetzlichen bzw. hoheitlichen Eingriffe dazu noch erforderlich sind. Diese Bemühungen laufen natürlich ins Leere, wenn ein wachsender Strommarktanteil aus ökologischen oder technologiepolitischen Gründen dem Wettbewerbsmarkt entzogen ist. Geht man etwas systematischer an diese Frage heran, so lassen sich grundlegend verschiedene Varianten für die künftige Entwicklung der PV-Marktintegration identifizieren:

1. Es bleibt bei der marktfernen Förderung des PV-Ausbaus, weil sich die Marktwirtschaftler nicht gegen die PV-Lobbyisten politisch durchsetzen können und sie vielleicht auch aus anderen Gründen in der Defensive sind. Es versteht sich von selbst, dass der weitere PV-Ausbau dann den Stromwettbewerb erodieren wird. Diesbezüglich sei an die verzweifelten, aber erfolglosen Bemühungen der EU-Kommission zu einer europäischen Harmonisierung der Erneuerbare-Energien-Förderung erinnert. Eine Rückkehr in vorwettbewerbliche nationale oder regionale Versorgungsmonopole kann vor diesem Hintergrund nicht mehr ausgeschlossen werden. Das Schlagwort der Re-Kommunalisierung lässt sich ebenso in diesem Kontext sehen wie die Schaffung nationaler Netzgesellschaften in anderen Ländern.
2. Die PV-Förderung wird schrittweise in ein Bonus-Modell überführt, so dass die PV-Anlagenbetreiber mit der Zeit zu vollwertigen Teilnehmern des liberalisierten Strommarkts werden. Mittels der weiterhin über Netzentgelte finanzierten Bonus-Zahlungen wird die Kostenlücke gegenüber der fahrplangerechten Stromerzeugung aus konventionellen Stromerzeugungsanlagen gedeckt. Den bisherigen Erfahrungen zufolge muss diese Variante für die Endkunden nicht unbedingt kostengünstiger sein als die zuvor skizzierte Konzeption. Mit dem Ökostrom-Privileg im deutschen EEG wird die praktische Erprobung dieser Variante derzeit politisch gefördert.
3. Mit sinkenden PV-Preisen und steigenden Kosten für den Strombezug aus dem Netz wird es für immer mehr Endkunden attraktiv, einen Teil des eigenen Stromverbrauchs über PV-Anlagen oder andere dezentrale Technologien selbst zu erzeugen. Es ist denkbar, dass jegliche Netzeinspeisung von Strom untersagt wird, weil die Stromverteilnetze die ansteigenden PV-Kapazitäten netztechnisch nicht mehr beherrschen und entsprechende Netzinvestitionen angesichts der perspektivisch sinkenden Strombezugsmengen wenig

Sinn machen. Die Eigenstromerzeuger müssen dann durch eigene nachfrageseitige Maßnahmen einen zunehmenden Teil des erzeugten Stroms selbst nutzen. Mit dem Selbstnutzer-Bonus fördert die deutsche Energiepolitik aktuell Schritte in diese Richtung.

4. Denkt man diese Variante visionär weiter, könnte sich in bestimmten Regionen sogar eine echte dezentrale Energieversorgung entwickeln, wobei die Endkunden auf den Netzanschluss verzichten und ihren Strombedarf durch PV-Anlagen, Stromspeicher und Notstromanlagen decken. Voraussetzung dafür ist aber wohl, dass die Akkumulatoren im Zusammenhang mit der Elektromobilität deutlich preiswerter werden. Die Attraktivität dieser Variante steigt mit den Strombezugskosten aus dem Netz. Letztere werden auch durch die politischen Umlagen für die erneuerbare Stromerzeugung bestimmt. Die dezentrale Stromversorgung in der hier beschriebenen Form könnte damit so etwas wie eine Grenze für energiepolitisch bedingte Strompreisbelastungen darstellen (EEG-Umlage, CO_2-Zertifikate, Strom- und Ökosteuern).

Diese Konzepte müssen sich nicht unbedingt in den beschriebenen Reinformen durchsetzen, Mischformen sind denkbar und wohl auch wahrscheinlich. Wichtig erscheint, dass die Zukunft der Photovoltaik in wachsendem Umfang nicht mehr allein durch die Politik und die organisierten Interessengruppen vorbestimmt werden dürfte, sondern dass zunehmend das individuelle Verbraucherverhalten die Schlüsselrolle spielt. Dies gilt insbesondere dann, wenn die bislang gewohnte Versorgungsqualität durch die endlose Zahl kurzatmiger politischer Eingriffe und Fehlsteuerungen in Mitleidenschaft gezogen wird. Die Unsicherheit über die Wege zur Marktintegration haben natürlich gravierende Auswirkungen auf die Geschäftsstrategien von PV-Herstellern und Investoren. Aber dies ist sozusagen der Preis, den die Branche dafür zu zahlen hat, sich auf Gedeih und Verderb in die Hände der Politik begeben zu haben.

3.2 Solarthermie-Projekte

DR. ANDREAS WIESE

Dr.-Ing. ANDREAS WIESE trat 1995 ins Unternehmen LAHMEYER INTERNATIONAL ein und baute dort nach Tätigkeiten als Ingenieur und Leiter von Wind- und Solarprojekten in verschiedenen Entwicklungs- und Schwellenländern seit dem Jahr 2000 die Abteilung erneuerbare Energien auf. Seit 2008 ist Dr. Wiese Bereichsleiter des Geschäftsbereiches Energie und zusammen mit zwei weiteren Leitern verantwortlich für diesen Geschäftsbereich mit rund 340 Mitarbeitern. Seit 2007 ist Dr. Wiese ebenfalls teilhabender Gesellschafter bei Lahmeyer International, sowie seit 2009 darüber hinaus Geschäftsführer der LI REFIS GmbH und der LI-USA, beides Schwestergesellschaften der Lahmeyer International GmbH.

Dr. Wiese ist Mitherausgeber des Buches Erneuerbare Energien – Technik, Wirtschaftlichkeit, Umwelt, welches 2007 in mittlerweile vierter Auflage im Springer Verlag erschienen ist. Seit 2008 ist er darüber hinaus Dozent an der UNIVERSITÄT HAMBURG-HARBURG zur Thema Elektrizitätswirtschaft und Integration erneuerbare Energien.

Im Rahmen seiner beruflichen Tätigkeit bei Lahmeyer International hat sich Dr. Wiese in vielen Projekten mit solarthermischen Kraftwerksprojekten im Rahmen von Studien- und Implementierung auseinandergesetzt, schwerpunktmäßig in der Region Nordafrika und Mittlerer Osten.

KUNO SCHALLENBERG

Herr KUNO SCHALLENBERG diplomierte zum Dipl. Ing. Maschinenbau an der RWTH Aachen. Er hat sich in seiner beruflichen Laufbahn auf Erneuerbare Energien spezialisiert. Er hat in diesem Bereich mehr als 17 Jahre Berufserfahrung vorzuweisen. Der Einstieg in sein Berufsleben fand bei einem Ingenieurunternehmen, welches sich auf die Bereiche Geothermie und Wärmespeicherung spezialisiert hat, statt. Anschließend war er bei einer Forschungseinrichtung als Wissenschaftler im Bereich Geothermie beschäftigt. Nachfolgend arbeitete er im Energie-Contracting, bevor er etwa vier Jahre lang ein eigenes Büro im Themenfeld Erneuerbare Energien führte. Dort erarbeitete er Studien und führte Beratungen in den Bereichen Solare Energien, Biomasse, Wasserkraft, Wind und Rationelle Energieverwendung durch.

Herr Schallenberg arbeitet seit Anfang 2006 für die LAHMEYER INTERNATIONAL GMBH in der Abteilung Erneuerbare Energie. Seit Anfang 2008 leitet er diese Abteilung, die auch die Themen solarthermischer Kraftwerksprojekte bearbeitet. Eine Vielzahl entsprechender Projekte behandelt neben den verschiedenen Kraftwerkskonzepten auch die Bewertung der Solarressource. Regional befinden sich diese Projekte in Südeuropa, in Afrika, im Nahen und Mittleren Osten, in Asien und in Australien.

3.2.1 Solarthermische Stromerzeugung

3.2.1.1 Begriffsdefinition

Unter dem Begriff „solarthermische Stromerzeugung" wird hier ein Energiewandlungsprozess zusammengefasst, bei dem die Solarstrahlung in Wärme gewandelt wird, diese dann in einem thermodynamischen Kreisprozess in mechanische Energie überführt und damit elektrische Energie bereitgestellt wird. Dieser Energiewandlungsprozess erfolgt in sogenannten solarthermischen Kraftwerken. Da bei allen diesen Anlagentypen Strahlung immer konzentriert wird, werden diese Anlagen gängigerweise auch unter dem Begriff Concentrating Solar Power (CSP) zusammengefasst. Dabei ist der Vollständigkeit halber zu erwähnen, dass dazu ebenfalls die CPV (Concentrated Photovoltaics) Technologie zählt, bei der ebenfalls Strahlung konzentriert wird, aber dann in elektrische Energie über den photovoltaischen Effekt, und nicht über einen thermodynamischen Prozess, umgewandelt wird. Diese Technologie wird in diesem Kapitel nicht weiter betrachtet.

3.2.1.2 Historie

Das Prinzip, mittels Solarthermie mechanische Arbeit zu erzeugen, hat seine Ursprünge vor über 100 Jahren. Der amerikanische Erfinder FRANK SCHUMANN hatte bereits Anfang des letzten Jahrhunderts diese Idee und konnte 1912 Geldgeber überzeugen, eine erste Anlage in Ägypten zu bauen, die dazu dienen sollte, den Dampf bereitzustellen, der Pumpvorrichtungen für Nilwasser antreibt. Diese Anlage wurde dann im Jahre 1913 verwirklicht (Abbildung 18). Das beginnende Ölzeitalter ließ jedoch das Projekt und im kommerziellen Bereich die gesamte Technologie wieder in der Versenkung verschwinden. Forschungsansätze gab es sehr wohl (Abbildung 19).

Kommerziell war es lange Zeit ruhig um die solarthermische Stromerzeugung. Erst in den achtziger Jahren kam es zu einem Neubeginn und es wurden insgesamt acht CSP-Kraftwerke in der kalifornischen Mojave-Wüste mit einer Gesamtleistung von 360 MW gebaut. Diese Anlagen liefern auch heute noch elektrische Energie.

Dem kalifornischen CSP-Boom wurde durch drastisch fallende Energiepreise nach Ende der Ölkrise ein jähes Ende gesetzt. Abgesehen von Forschungsarbeiten und einzelnen kleineren Pilotprojekten gab es keine Fortschritte rund um die CSP-Technologie. Erst in jüngster Zeit, angefangen mit dem Bau und der Inbetriebnahme einer ersten Anlage in Nevada 2006, USA und dann ausgelöst durch den CSP-Boom in Spanien, erlebt die Technologie eine Renaissance.

3.2.1.3 Zum Aufbau des Kapitels

Die Grundlagen der Solarstrahlung werden in Fachkapitel 3.4 behandelt. Dieses Kapitel zur CSP-Technologie beginnt daher – nach einer kurzen Einführung in die grundsätzliche Einteilung der Technologien – mit den Grundlagen der Strahlungskonzentration. Im Anschluss daran werden die drei zurzeit hauptsächlich in der Diskussion befindlichen Technologien, also die Parabolrinnentechnologie, die Fresneltechnologie und die Solarturmtechnologie nach einem gleichen Schema beschrieben. Dabei werden zunächst die technischen Grundlagen erläutert, dann die wichtigsten Hauptkomponenten beschrieben, anschließend die Gesamtanlage erläutert mitsamt ihren wichtigen Anlagenkennzahlen sowie zuletzt ein Kostenüberblick gegeben.

Resultierend aus Besonderheiten der Vergütungsregeln für Strom, der aus CSP-Anlagen geliefert wird, werden derzeit CSP-Kraftwerke für den spanischen Markt zumeist mit Speichersystemen verbunden. Diese Systeme zeigen eine Reihe weiterer Vorteile für den Betreiber und werden den Betrieb von CSP-Anlagen positiv beeinflussen. Daher werden im Folgenden die wichtigsten Speichersysteme hinsichtlich Integrationsaspekten, Komponenten, Anlagen und Kosten beschrieben. Im Anschluss daran wird eine für die derzeitige kommerzielle Nutzung weniger relevante CSP-Technologie in einem kurzen Abriss dargestellt. Den Abschluss des Kapitels bilden eine aktuelle Marktübersicht mit einem Ausblick auf zukünftige Ausbaupotentiale sowie ein Abriss über die wichtigsten Umweltaspekte von solarthermischen Kraftwerken.

Abbildung 18: Historische Parabolrinnenanlage vom Anfang des 20. Jahrhundert[122]

Abbildung 19: Zweiachsig nachgeführte Parabolrinne von M.A.N.[123]

[122] B. Stoy 1980

[123] Aus Prospekt von 1979, nach B. Stoy 1980.

3.2.2 Grundlagen und Einteilung

3.2.2.1 Nutzbare Strahlung für CSP-Kraftwerke

Direktstrahlung

Bezüglich der Grundlagen der Solarstrahlung verweisen wir hier auf Fachkapitel 3.4. Für die Nutzung der Solarenergie in CSP-Kraftwerken sind die Strahlungsverhältnisse auf der Erdoberfläche von Bedeutung. Diese Solarstrahlung stellt eine wesentliche Eingangsgröße für die CSP-Anlage dar und nimmt damit einen bedeutenden Einfluss vor allen Dingen auf wirtschaftliche Kenngrößen der Anlage.

Für die CSP-Technik relevant ist dabei die Aufteilung der gesamten Strahlung, der sogenannten Globalstrahlung, in den direkten Strahlungsanteil und den indirekten, diffusen Strahlungsanteil: Der Streuungsmechanismus innerhalb der Atmosphäre bewirkt, dass auf die Erdoberfläche direkte und diffuse Strahlung auftrifft. Unter Direktstrahlung wird dabei die direkt von der Sonne kommende und an einem bestimmten Punkt auftreffende Strahlung verstanden. Diese Strahlung hat eine einheitliche Richtung. Bei der Diffusstrahlung handelt es sich demgegenüber um Strahlung, die durch Streuung in der Atmosphäre entsteht und einen bestimmten Empfangspunkt indirekt erreicht. Diese Streuung kommt im Wesentlichen durch Reflektion der Strahlung an Wolken und/oder Aerosolen (Wassertröpfchen, Staubpartikel) zustande. Kleinere Anteile der diffusen Strahlung resultieren auch aus der atmosphärischen Gegenstrahlung sowie der von der Erdumgebung reflektierten Strahlung.

Betrachtet man die direkte Strahlung, die jeweils auf eine im 90°-Winkel zur Einstrahlungsrichtung ausgerichtete Fläche an einem Punkt auftritt, spricht man von der direkten Normalstrahlung (DNI = *Direct Normal Irradiation*). Die direkte Strahlung, die auf die stets horizontal ausgerichtete Fläche auftritt, wird als direkte Horizontalstrahlung bezeichnet (DHI = Direct Horizontal Irradiation). Die Summe aus DHI und Diffusstrahlung jeweils bezogen auf die horizontale Empfangsfläche, wird als Globalstrahlung (GHI = *Global Horizontal Irradiation*) bezeichnet.

Bei solarthermischer Stromerzeugung muss zur Erreichung höherer Temperaturen eine Strahlungskonzentration stattfinden. Dies geschieht durch Lenkung der gerichteten Strahlung auf eine Empfangsfläche mittels optischer Geräte wie Spiegel oder Linsen. Optische Geräte können nur die direkte Strahlung auf einen definierten Punkt fokussieren. Daher ist für die solarthermische Stromerzeugungstechnik die Direktstrahlung der relevante Strahlungsanteil.

Die Globalstrahlung variiert im Tages- und Jahresverlauf und ist in ihrer Jahressumme stark ortsabhängig. Darüber hinaus variiert an vielen Standorten der Anteil der Direktstrahlung an der Globalstrahlung ebenfalls tages- und jahreszeitlich. Dies alles bewirkt, dass die Jahressummen der Direktstrahlung auf der Erde deutlich größeren Unterschieden unterworfen sind als die Jahressummen der Globalstrahlung. Das wiederum ist ein wesentlicher Grund, warum CSP-Kraftwerke nicht, wie beispielsweise PV-Kraftwerke, nahezu überall gebaut werden, sondern lediglich dort, wo tatsächlich viel Direktstrahlung vorhanden ist.

Da die Strahlung außerhalb der Erdatmosphäre bekannt ist (im Mittel 1.367 W/m²), kann über die Erfassung der Bewölkung auf die Strahlung an der Erdoberfläche zurückgerechnet werden. Diese Methode führt nicht zu exakten Ergebnissen, da beispielsweise der Einfluss von Aerosolen von Satelliten aus nicht ausreichend erfasst werden kann. Satellitendaten für DNI sind deswegen lediglich für eine erste Einschätzung geeignet. Bevor hierauf detaillierte Planungen basiert werden, wird empfohlen, diese Werte mit Bodenmesswerten abzugleichen und gegebenenfalls zu korrigieren.

Zur genaueren Abschätzung der tatsächlichen Strahlung am Standort sind längerfristige Messungen, idealerweise über mehrere Jahre, geeignet. Je nach Quantität und Qualität der verfügbaren längerfristigen Vergleichsmessungen an umliegenden Standorten können aus einer Einjahresmessung auch mit guter Genauigkeit Langfristprognosen abgeleitet werden.

Strahlungskonzentration

Die direkte Strahlung wird konzentriert, um eine höhere Energiedichte zu erreichen. Diese Konzentration kann auf eine Linie erfolgen oder auf einen Punkt. Im ersten Fall spricht man von Linienkonzentration (typischer Anwendungsfall: Parabolrinnenkraftwerke), im zweiten Fall von Punktkonzentration (typischer Anwendungsfall: Turmkraftwerke). Eine wichtige Kennzahl in diesem Zusammenhang ist der Konzentrationsfaktor. Dieser ist definiert als Verhältnis der Aperturfläche zur Absorberfläche. Ideale Konzentration vorausgesetzt, kann man den Konzentrationsfaktor auch als Strahlungsdichte auf Absorberfläche zu Strahlungsdichte auf Aperturfläche berechnen. Bei der Linienfokussierung liegt der theoretisch maximal mögliche Konzentrationsfaktor bei 213, bei einer Punktfokussierung bei maximal 46.050.

Reale Konzentrationsfaktoren sind kleiner, da

1. die reflektierenden Oberflächen nicht ideal eben, sondern reale Körper mit Fertigungstoleranzen sind
2. die Aufstellung und Ausrichtung der Gesamtsysteme nicht ideal ist.

3.2.2.2 Die grundsätzliche Energiewandlungskette und Einteilung der Technologien

Energiewandlungskette

Die typischen Schritte der Energiewandlung in solarthermischen Anlagen können wie folgt zusammengefasst werden:

1. Sammeln der solaren Strahlung mit Hilfe eines Spiegelsystems.
2. Konzentrieren der Strahlung auf einen Strahlungsempfänger (Receiver).
3. Umwandeln der Strahlungsenergie in Wärme im Receiver.
4. Transport der thermischen Energie zur Energiewandlereinheit.
5. Umwandeln der thermischen Energie in mechanische Energie mit Hilfe einer Wärme-Kraft-Maschine (z.B. Dampfturbine, Stirlingmotor).
6. Umwandeln der mechanischen Energie in elektrische Energie durch einen Generator.

In Abbildung 20 ist die beschriebene grundsätzliche Energiewandlungskette der solarthermischen Stromerzeugung dargestellt.

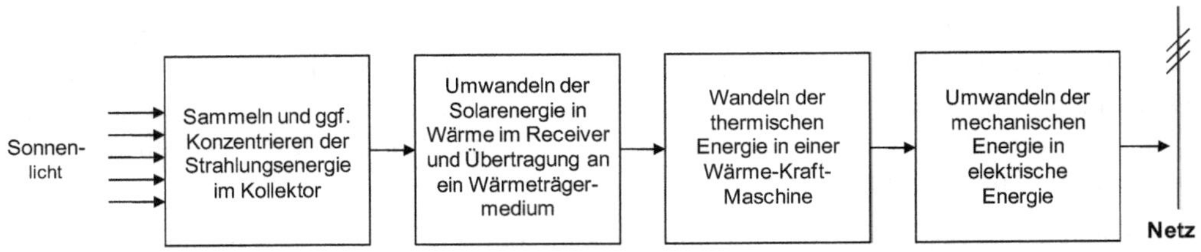

Abbildung 20: Energiewandlungskette bei der solarthermischen Stromerzeugung

Einteilung der Technologien

Solarthermische Kraftwerke lassen sich nach der Art der Konzentration in konzentrierende und nicht konzentrierende Systeme unterteilen. Zu den letztgenannten zählt das Aufwindkraftwerk. Diese Technologie wird hier nicht weiter betrachtet. Die konzentrierenden Anlagen werden weiter untergliedert in punkt- und linienkonzentrierende Anlagen. Im Weiteren wird dann nach verschiedenen Kriterien untergliedert: im Regelfall zunächst nach der Art bzw. dem Prinzip des verwendeten Strahlungsempfänger (Parabolrinne, Fresnelreflektorprinzip, Heliostat), nach Art des Wärmeträgermediums (Thermoöl, Wasserdampf, weniger relevant bislang: Salz oder Gas), bezüglich der Kombination mit anderen Brennstoffen (fossile Zusatzfeuerung im Dampferzeuger, mit Öl oder Gas), nach weiteren Kraftwerkstypen (*Integrated Solar Combined Cycle, ISCC*) oder mit Speichertechnologien (z.B. mit Salzspeichern). Die Abbildung 21 zeigt die Gesamtsystematik.

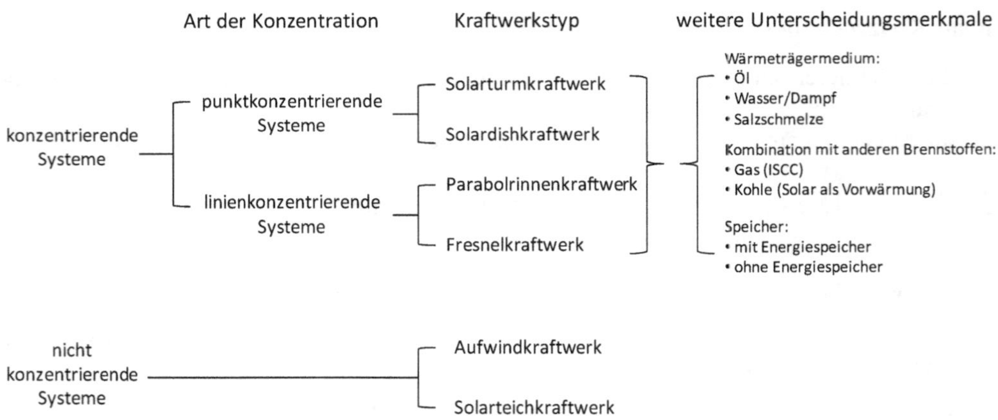

Abbildung 21: Einordnung verschiedener solarthermischer Kraftwerkstechnologien

3.2.3 Parabolrinnenkraftwerke

Parabolrinnenkraftwerke gehören zu den linienfokussierenden solarthermischen Stromerzeugungsanlagen. Bei dieser solarthermischen Stromerzeugungstechnologie konzentriert die reflektierende Oberfläche eines parabolisch gekrümmten Spiegels das Sonnenlicht auf ein entlang der Brennlinie einer Parabel angebrachtes Absorberrohr. Das direkte Sonnenlicht wird durch diese Form so reflektiert, dass das Receiverrohr im Zentrum der Anordnung bestrahlt und erhitzt wird. Der Konzentrationsfaktor C liegt zwischen 70 und 90. Das im Absorberrohr befindliche Wärmeträgermedium (*Heat Transportation Fluid* (HTF)) wird durch die konzentrierte Solarstrahlung erhitzt und durch Rohre zu einem Dampferzeuger gepumpt, wo die thermische Energie auf den Wasserdampf des Dampfturbinenprozesses übertragen und mit einem nachgeschalteten Generator in elektrische Energie gewandelt wird[124].

Ein Parabolrinnenkraftwerk besteht damit im Wesentlichen aus zwei Bereichen, dem Solarfeld und dem Kraftwerksblock. Wesentliche Bestandteile des Solarfelds sind demnach (i) der Paraboloidspiegel, (ii) das Absorberrohr, (iii) die Tragegestelle für die Absorberrohre und Spiegel, sowie deren Nachführung, (iv) das Wärmeträgermedium, (v) die Rohrleitungen, durch die das Wärmeträgermedium gepumpt wird, (vi) die Steuerungs- und Regeleinrichtungen und (vii) der Wärmetauscher zwischen Solarfeld und Kraftwerksblock. Zum Kraftwerksblock selber zählt (i) der Dampferzeuger, nebst solarer Vorwärmung und solarem Überhitzer, (ii) die Dampfturbine, (iii) der Generator, (iv) der Kondensator, sowie im Regelfall (v) ein Kessel mit einer fossilen Zusatzheizung zur Bereitstellung von Dampf z.B. für das Anfahren.

3.2.3.1 Komponenten

Parabolspiegel

Die Spiegel sind segmentweise zusammengesetzt. Jedes Segment weist eine deutliche Krümmung auf, damit nach dem Zusammensetzen die parabolische Form entsteht. Die Spiegelsegmente müssen sehr exakt sein, sehr formhaltig und sind daher recht aufwändig in der Fertigung. Neben der Formhaltigkeit sind gute Reflexionseigenschaften, hohe Beständigkeit gegen Umwelteinflüsse und eine gewisse Bruchstabilität gefordert.

Bei den derzeit ausgeführten Anlagen bestehen die Spiegel zumeist aus Weißglas mit sehr niedrigem Eisenanteil. Das Glas ist rückseitig mit einer Silberschicht verspiegelt und mit einer Epoxy Farbschicht gegen Witterungseinflüsse geschützt. Alternativen dazu sind zum Beispiel polierte Oberflächen, Folien, dünne Metallfilme, dünnere Gläser und Kunststoffe. Bisher werden keine Alternativprodukte kommerziell in größerem Maßstab eingesetzt.

Absorberrohr (Receiver)

Nach Reflexion der Strahlung auf die Brennlinie (*focus line*) wird die Strahlung vom Receiver (= Absorberrohr) aufgenommen und in Wärme umgewandelt (siehe Abbildung 22). Der Receiver wird von einem beschichteten Rohr gebildet, das mit einem Glasrohr umgeben ist. Der Zwischenraum zwischen beschichtetem Rohr und Glasrohr ist evakuiert. Dadurch wird die Wärmeleitung unterbunden und die thermischen Verluste minimiert. Das Glas selber reflektiert einen wesentlichen Teil der langwelligen Strahlung zurück, die das Rohr aussendet. Das System aus beschichtetem Rohr und Glasrohr wird im englischen Sprachraum auch als *Heat Collecting Element* (HCE) bezeichnet. Das HCE muss

[124] M. Kaltschmitt; W. Streicher, A. Wiese 2007 und J.A. Duffie, W.A. Beckmann 2006.

1. an seiner äußeren Umhüllung (Glasrohr) eine hohe Transparenz aufweisen, damit sämtliche Strahlung auf das Absorberrohr auftreffen kann,
2. hohe Absorptionsgrade für die Strahlung des gesamten Sonnenspektrums an der Absorberrohroberfläche aufweisen,
3. das Vakuum im Zwischenraum dauerhaft sichern,
4. die unterschiedliche Ausdehnung bei Temperaturschwankungen von Metall- und Glaskörper kompensieren.

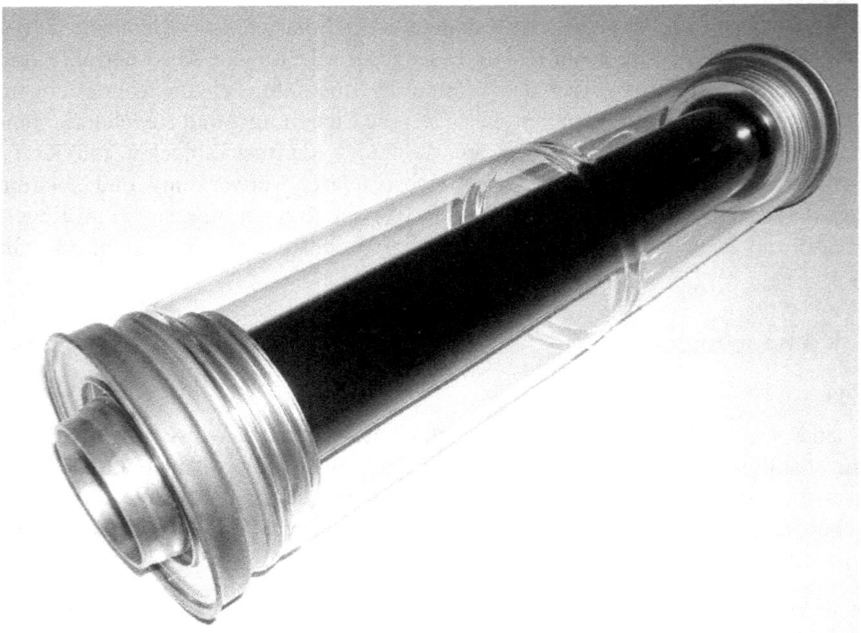

Abbildung 22: HCE zur Montage in einer Parabolrinne[125]

Kollektor

Spiegelsysteme und Absorberrohre werden auf Trägersysteme aufgebracht. Diese drei Bausteine bilden zusammen den Kollektor (siehe Abbildung 23). Ein Kollektor besteht aus einer Reihe von Kollektorsegmenten. Üblich sind hier Längen von ca. 12 m je Kollektorsegment. Bislang wurden bis zu 12 solcher Kollektorsegmente zu einem einzelnen Kollektor zusammengebaut. Bei den Abmessungen solcher Kollektoren sind die Länge und die Aperturfläche wichtige Kennzahlen. Die geometrische Konzentration des Sonnenlichts (d.h. Verhältnis Aperturfläche zu Absorberquerschnittsfläche) liegt üblicherweise zwischen 50 und 90. Typisch ist ein Wert von 82 z.B. für den Euro-Trough Kollektor. Dieser weist desweiteren eine Aperturweite von 5,76 m und eine Länge von 99 m (EURO TROUGH I) bzw. 144 m (EURO-TROUGH II) auf.

[125] Schott Solar 2010.

Ein solcher Kollektor ist mit mehreren Säulen auf dem Boden befestigt. Der Kollektor kann der Sonne um seine Drehachse im Tagesgang folgen, es handelt sich also um ein einachsig nachgeführtes System. Die große Aperturweite von über 5 m hat zur Folge, dass der Kollektor entsprechend hoch über dem Boden montiert sein muss, damit er beim Drehen um seine Achse mit den Spiegelkanten den Boden nicht berührt. Entsprechend hoch sind diese Kollektoren. Der Abstand der Drehachse zum Boden beträgt ungefähr 3,5 m.

Zum Kollektor selber gehören desweiteren noch die mechanischen Einrichtungen für die Nachführung, also Motoren und Hydraulik, sowie der Teil der dazu gehörenden Steuer- und Regeltechnik, der am Kollektor angebracht ist.

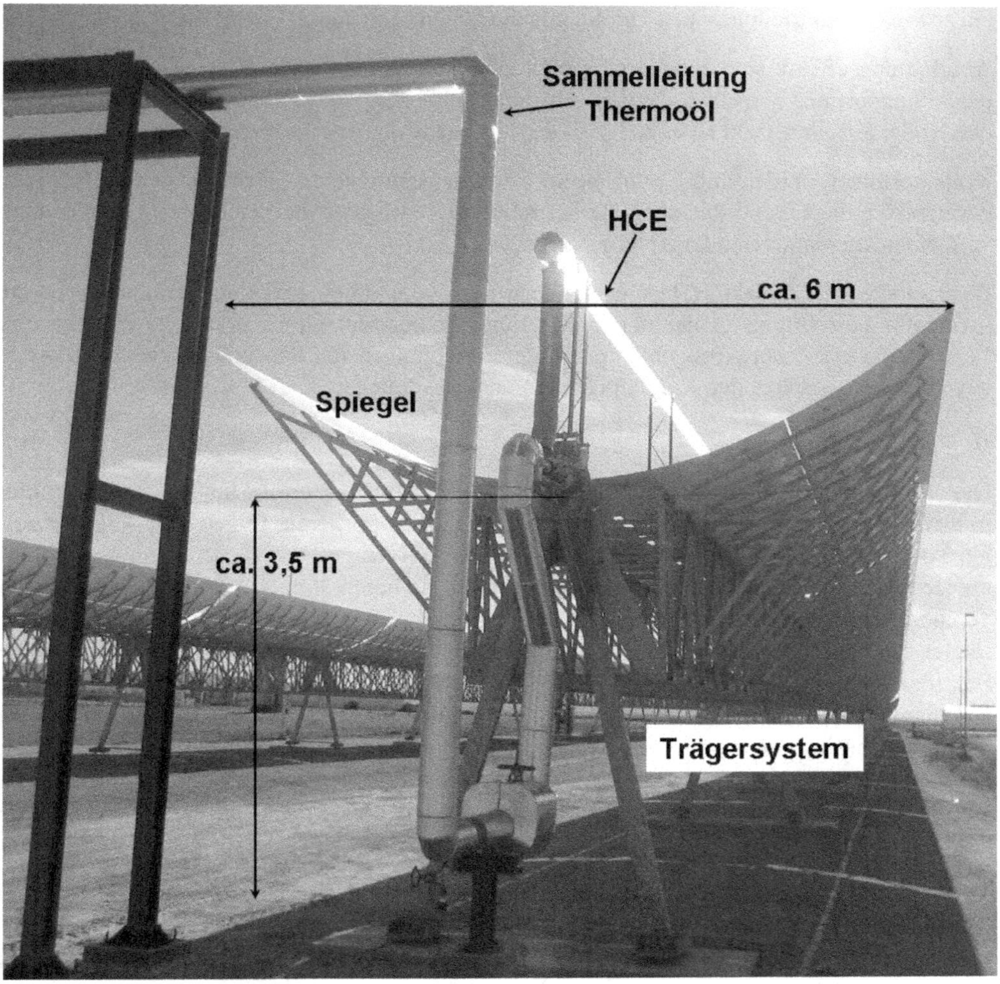

Abbildung 23: Bauteile und typische Geometrien am Kollektor

Kollektorfeld

Mehrere Kollektoren werden zu sogenannten Kollektorloops zusammengeschaltet. Üblicherweise hat ein Loop eine Länge von ca. 600 m, die jeweils mit einem kalten Ende und einem warmen Ende mit der Anlage verbunden sind. Innerhalb des Kollektorfeldes sind die Achsen der Kollektoren immer Nord-Süd ausgerichtet.

Bezüglich der Auslegung der Kollektorfelder ist der Abstand der Kollektorreihen ein wichtiges Auslegungskriterium. Der gewählte Abstand hat Auswirkung auf mögliche Abschattungen am Morgen und Abend und damit Verringerung der Wirkungsgrade. D.h. im Sinne möglichst hoher Wirkungsgrade sind die Abstände so groß zu wählen, dass möglichst geringe Abschattungen auftreten. Andererseits steigen der Flächenverbrauch und damit die Landkosten sowie der Rohrleitungsaufwand mit zunehmendem Abstand.

Abschattungseffekte sind abhängig vom Breitengrad. Der optimale Abstand muss daher für jeden Standort neu berechnet werden. Als eine Daumenregel gilt, dass der Abstand zwischen den Kollektorreihen (von HCE zu HCE) das Dreifache der Aperturweite beträgt.

Kollektorfelder werden auf sehr eben, horizontal ausgerichteten Flächen errichtet. Nur sehr geringe Neigungen sind tolerabel, stärker reliefierte oder geneigte Flächen sind entweder zu vermeiden, zu planieren oder zu terrassieren.

Bestandteile der Kollektorfelder sind neben den Kollektoren und ihren Fundamenten die komplette Verrohrung, in der das Wärmeträgermedium im Kreis zirkuliert, Pumpen und Ventile, sowie die notwendigen Infrastruktureinrichtungen für Bau und Betrieb, also Wege bzw. Straßen zwischen den Kollektorfeldern und Zuwegungen.

Wärmeträgermedium

Das Wärmeträgermedium hat die Aufgabe, die auf das Absorberrohr konzentrierte und hier in thermische Energie gewandelte Solarenergie abzutransportieren. In fast allen kommerziellen Anwendungsfällen wird derzeit synthetisches Öl eingesetzt, dessen Temperaturobergrenze durch die chemische Stabilität auf etwa 400°C beschränkt ist. Bei darüber liegenden Temperaturen wird das Öl zersetzt und muss anschließend ausgetauscht werden. Die eingesetzten synthetischen Öle sind sehr teuer, zudem werden große Mengen benötigt. Für eine Solarfarm mit einer elektrischen Leistung von 50 MW werden ca. 900 t Thermoöl benötigt, zu einem Preis von rund 4 €–8 €/kg (2010). Daher – und auch aufgrund des beschriebenen Temperaturlimits – werden Alternativen zum Thermoöl gesucht. Eine Möglichkeit ist dabei, ohne einen zwischengeschalteten Wärmeträger auf direktem Wege Wasserdampf zu erzeugen. Das bedeutet, dass in den HCEs Wasser zirkuliert. Bei dieser Konzeption sind weitere Aspekte zu berücksichtigen, vor allem:

1. Die Rohrsysteme müssen bei gleicher Temperatur für höhere Drücke beständig sein und sind damit schwerer.
2. Da ein (partieller) Phasenwechsel von flüssig nach dampfförmig beim Durchlaufen des HCEs eintreten wird, muss mit Zweiphasenströmungen und plötzlichem Phasenübergang gerechnet werden. Hierbei treten ruckartige Lastfälle auf, die auf die Verbindungselemente an den Enden der Rinnen wirken und zum Abreißen der Rohre führen können.

Eine andere, aktuell erprobte Technologie sieht das Durchströmen der HCEs mit flüssigem Salz vor. Die verwendeten Salze sind für Temperaturen deutlich oberhalb der von Thermoöl induzierten Temperaturgrenze von 400 °C beständig. Salzschmelzen haben aber kritische Temperaturgrenzen nach unten hin. Bei Temperaturen unter 250 °C muss mit Kristallisation gerechnet werden. Das führt zu festen Salzkristallen in den Elementen oder den Transportleitungen und kann, wenn überhaupt, nur mit enormem Aufwand beseitigt werden. Um eine solche Kristallisation zu vermeiden, muss daher eine Beheizung der Absorberrohre eingebaut werden.

Beide Technologien, Direktverdampfung und Salzschmelzen, finden zurzeit keine Anwendung im Bereich der Transportfluide in Verbindung mit großen kommerziellen Parabolrinnenkraftwerken. In den folgenden Beschreibungen wird daher von Thermoöl als Wärmeträger ausgegangen.

Wärmetauscher

Das Wärmeträgermedium des Solarfeldes wird durch den Wärmetauscher gepumpt und gibt dort seine Wärme an den Wasser-Dampf-Kreislauf der Kraftwerksprozesses ab. Der Aufbau des Wärmetauschers ist ähnlich dem eines klassischen Dampferzeugers.

Wasser-Dampf-Kreislauf

Im Wasser-Dampfkreislauf (W-D-Kreislauf) wird warmes Wasser zunächst durch das Thermoöl vorgewärmt, dann verdampft und schließlich überhitzt. Je nach Ausführung der Anlage wird der bis dahin ausschließlich mit Thermoöl überhitzte Dampf durch Wärme aus der Verbrennung von Erdgas oder Öl oder durch andere Wärmequellen weiter überhitzt. Anschließend wird dieser überhitzte Dampf auf eine Dampfturbine geleitet und zwischen den Turbinenschaufeln entspannt. Ein Teil der thermischen Energie wird dabei in mechanische Rotationsenergie der Turbine gewandelt. Der entspannte Dampf wird im Kondensator zu Wasser kondensiert und anschließend wieder mit einer Speisewasserpumpe auf den notwendigen Druck gebracht, so dass der Kreislauf aufs Neue beginnen kann (siehe Abbildung 24).

Der gesamte Wirkungsgrad des Wasserdampfkreislaufes (zwischen der auf den W-D-Kreislauf im Wärmetauscher übertragenen Energie und der in der Dampfturbine zwischen Eintritt und Austritt abgegebenen Energie) beträgt im Nennleistungsbereich bei Parabolrinnenkraftwerken ca. 20–30 %. Der Nutzungsgrad, also der Wirkungsgrad über das Jahr, beträgt rund 12 bis 15 %.

Dampfturbine

Der grundsätzliche Leistungsbereich von Dampfturbinen bei Parabolrinnen-kraftwerken liegt zwischen einigen MW bis zu mehrere Hundert MW. Zurzeit werden Rinnenkraftwerke zumeist im Bereich von 50 MW gebaut, einzelne jetzt bis zu 100 MW. Die für CSP-Kraftwerke derzeit kommerziell erhältlichen Dampfturbinen sind zumeist Dampfturbinen, die von höheren möglichen Leistungen herab gedrosselt werden und einige für die besondere Fahrweise bei CSP-Kraftwerken notwendige Anpassungen erfahren, um im gewünschten Leistungsbereich zu arbeiten. Hersteller sind hier unter anderem Siemens, GE und Alstom.

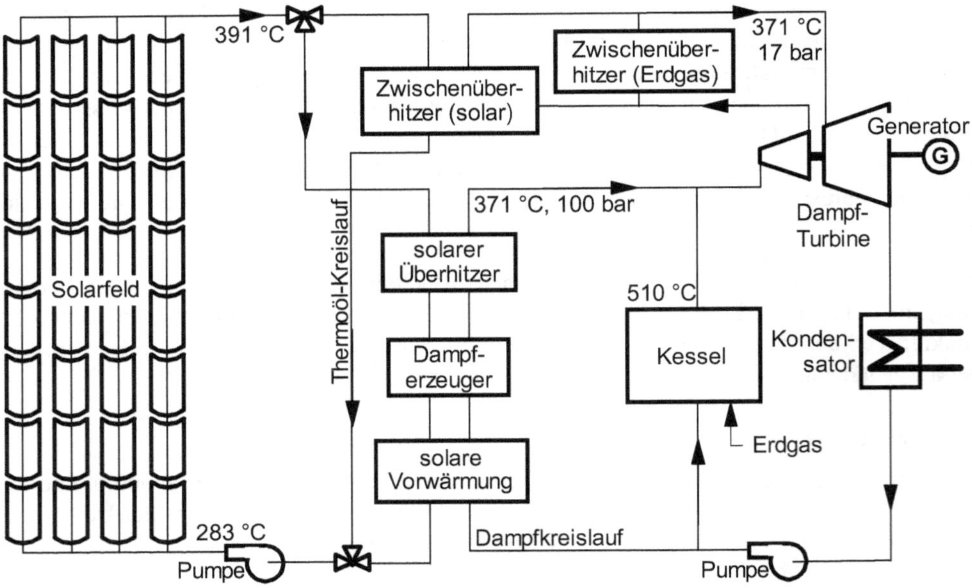

Abbildung 24: Wasser-Dampf-Kreislauf eines Parabolrinnenkraftwerks[126]

Der Wirkungsgrad im Nennbetrieb (als Quotient zwischen Eintritt in die und Austritt aus der Turbine abgegebenen Energie und der mechanischen Energie an der Dampfturbinenwelle) solcher Dampfturbinen liegt bei rund 80–85 %.

Generator

Die eingesetzten Generatoren bei Parabolrinnenkraftwerken sind aus üblichen kommerziellen thermischen Kraftwerken übernommen. Wirkungsgrade und Nutzungsgrade liegen im Bereich von deutlich über 95 %.

Kühlung

Der Kraftwerksprozess erfordert neben der Wärmezufuhr, die hier durch die Solarkollektorfelder bereitgestellt wird, auch eine Wärmeabfuhr. Die „kalte" Seite des Kraftwerksprozesses ist für den Wirkungsgrad ebenfalls von großer Bedeutung. Eine Kühlung auf einem höheren Temperaturniveau hat eine höhere Kondensationstemperatur und damit einen höheren Kondensationsdruck hinter der Turbine zur Folge. Ein höherer Druck hinter der Turbine bedeutet bei konstantem Zutrittsdruck in die Turbine eine geringere Druckdifferenz und damit auch einen geringeren Anlagenwirkungsgrad.

Ziel muss daher die Wärmeabfuhr bei möglichst niedriger Temperatur sein. Regionen mit hoher direkter Strahlung sind oft auch Regionen mit hohen Jahresdurchschnittstemperaturen.

---

126 Am Beispiel der SEGS VI-Anlage in Kalifornien.

Diese Temperaturwerte können im ersten Ansatz als Größenordnung für die lokalen (Grund) Wassertemperaturen dienen. Oft sind die Regionen auch sehr trockene Regionen, in denen keine ausreichenden Mengen an Kühlwasser vorhanden sind.

Es stehen drei Arten der Kraftwerkskühlung zur Verfügung: Die Nasskühlung, die Trockenkühlung und die Hybridkühlung.

Die ***Nasskühlung*** ist die effektivste Art der Kühlung, erfordert jedoch große Mengen Wasser. Für 50 MW-Projekte in Südspanien zeigt sich ein Kühlwasserbedarf von 600.000 m^3/a und mehr. Dieses Wasser muss vor dem Einsatz im Kühlprozess aufbereitet werden. Je nach anzulegenden Kosten je m^3 Wasser kann hieraus ein erheblicher Einfluss auf die Wirtschaftlichkeit der CSP-Anlage entstehen.

Eine ***Trockenkühlung*** funktioniert ohne Einsatz von Wasser. Nur das Wasser, was durch Leckagen verloren geht, muss ersetzt werden. Große Rohrbündel werden von Umgebungsluft umspült und ermöglichen die Kühlung und Kondensation des Dampfes. Die Luft wird zwangsweise, also mit großen Ventilatoren, an den Rohrbündeln vorbeigeführt. Zum Antrieb der Ventilatoren wird eine erhebliche Menge an elektrischer Energie eingesetzt, und mit steigender Kondensationstemperatur sinkt der Wirkungsgrad des Prozesses. Zwei Faktoren wirken demnach hier in die gleiche Richtung: sinkender Wirkungsgrad und erhöhter Eigenbedarf an Elektroenergie. Dennoch ist diese Technik an manchen Standorten die einzige Lösung, da Wasser knapp und kostbar ist.

Die ***Hybridkühlung*** verbindet die beiden vorstehenden Kühltechniken. Zwar befindet sich der Prozessdampf zur Kondensation in geschlossenen Rohrbündeln und wird grundsätzlich durch Ventilatoren gekühlt. Dennoch kann zusätzlich die Rohrbündeloberfläche mit Wasser benetzt werden und die Verdunstungskühlung ausgenutzt werden. Im Einzelfall kann diese Technik vorteilhaft sein, da niedrigere Kondensationstemperaturen als bei der Trockenkühlung erreicht werden.

3.2.3.2 Gesamtanlage

Anlagenprinzip, Energiefluss und technische Kennzahlen

Ein vereinfachtes Blockschaltbild einer Parabolrinnenanlage mit Solarfeld, Wasser-Dampf Kreislauf und Kühlung ist in Abbildung 25 dargestellt.

Abbildung 26 zeigt die Energieflusskette von der eingehenden solaren Strahlung bis zum Strom am Ausgang des Kraftwerkes und die jeweiligen durchschnittlichen Verluste in den wesentlichen Anlagenkomponenten. Ausgehend von einer Anlage mit einer installierten Leistung von 100 MW an einem guten Standort in Nordafrika, empfängt diese Anlage im Jahresdurchschnitt auf der Solarfeldfläche 1.200 GWh solare Strahlungsenergie. Daraus werden am Ende 160 GWh elektrische Energie produziert. Dabei treten die größten Verluste in den Komponenten der Energiewandlung und im Solarfeld auf.

Die Tabelle 18 zeigt für verschiedene Anlagengrößen wichtige Kennzahlen.

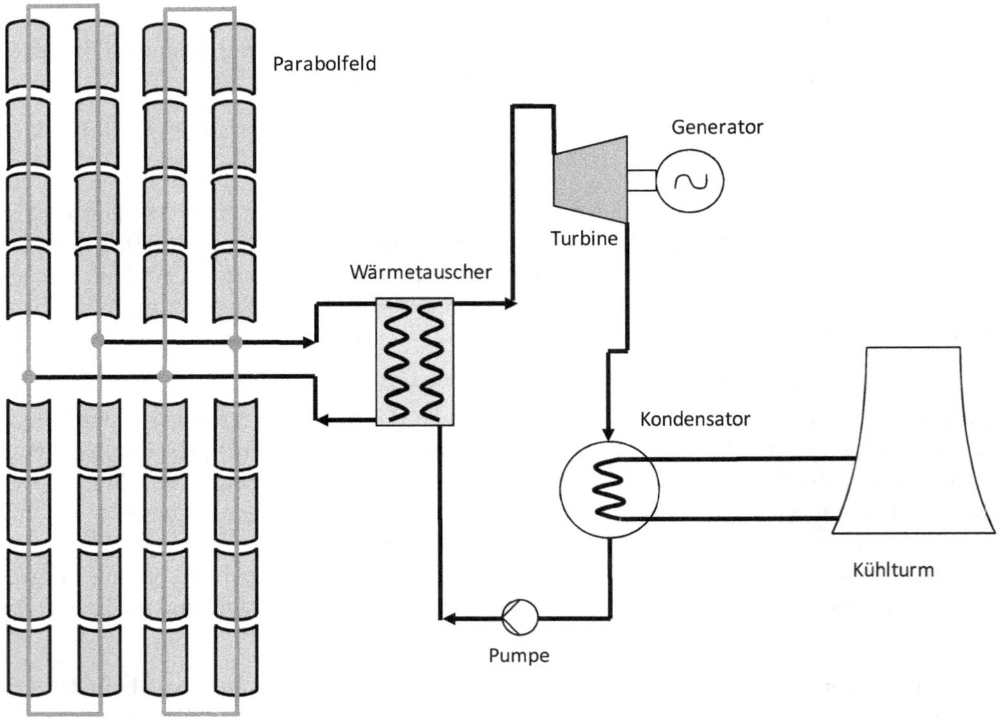

Abbildung 25: Vereinfachte Darstellung einer Parabolrinnenkraftwerks

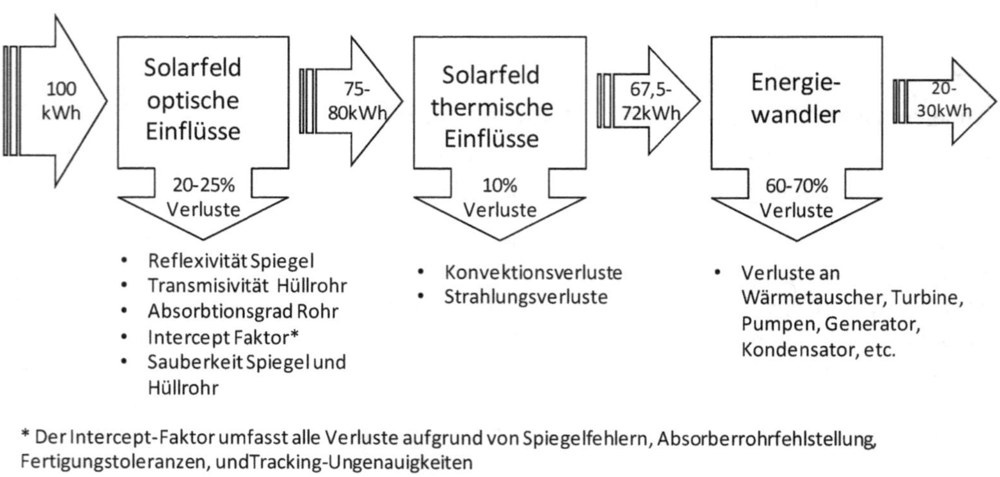

Abbildung 26: Energieflusskette zur Parabolrinnentechnik bei Betrieb im Nennleistungsbereich

Tabelle 18: Wichtige Kennzahlen von Parabolrinnenkraftwerken[127]

		Typ 1	Typ 2	Typ 3
Installierte Nettoleistung	in MW	50	100	200
Eigenverbrauch	in MW	6	12	25
Spiegelfläche	in m^2	300.000	600.000	1.200.000
Grundfläche des Solarfeldes	in ha	90	180	360
Gesamte Kraftwerksgrundfläche	in ha	108	216	432
Länge der Absorberrohre	in km	52	104	209
Art der Kühlung		trocken	trocken	trocken
gesamter Wasserbedarf (Reinigung, etc.)	in m^3/a	10.000	20.000	40.000
Jahresenergieertrag	in MWh	78.000	156.000	312.000
Wirkungsgrad bei Nennleistung*	in %	27	27	27
Mittlerer Jahreswirkungsgrad*	in %	13	13	13
Technische Lebensdauer*	in a	25	25	25

* typischer Wert

Anhand des Energieflussbildes und der Tabelle lassen sich einige wichtige spezifische Kennzahlen ableiten. Als Fläche liegt hierbei die gesamte Kraftwerksfläche zu Grunde:

Flächenspezifischer Ertrag elektrischer Energie: 72 kWh/m^2
Flächenspezifische installierte Leistung: 46 W/m^2

Kombination mit anderen Technologien

Die Kombination mit Speichersystemen wird im Abschnitt 3.2.6 behandelt. Andere typische Kombinationen folgen hier.

Der ***Booster Burner*** ist unmittelbar vor dem Eintritt des Dampfes in die Turbine angeordnet und dient dazu, die Dampfparameter des Frischdampfes auf typische Werte der konventionellen Kraftwerksprozesse zu heben. Dadurch wird eine erhebliche Steigerung des Wirkungsgrades erreicht, allerdings unter dem Einsatz fossiler Brennstoffe.

Integrated Solar Combined Cycle (ISCC) beschreibt die Integration eines Solarfeldes in ein Gas- und Dampfturbinenkraftwerk (GuD). In einem GuD wird ein konventioneller Energieträger wie Erdgas oder Heizöl verbrannt. Mit den Rauchgasen wird eine Gasturbine angetrieben. Nachdem die Gasturbine durchlaufen ist, wird die noch im Abgas enthaltene Wärme an einen Dampfkreislauf übertragen und dient so dem Antrieb einer Dampfturbine. Die Turbinen treiben jeweils Generatoren an. Eine übliche Prozessauslegung sieht für den Gasturbinenteil eine etwa doppelt so hohe elektrische Nennleistung vor wie für dem Dampfturbinenteil. Wird nun ein Solarfeld in diesen Prozess integriert, liefert es seine Wärme in den

[127] Die Kennzahlen gelten für den derzeitig angewendeten und zukünftig absehbaren Leistungsbereich (ohne Speicher, Trockenkühlung), Spanien, 2.000 kWh/m^2a.

Dampfturbinenteil. Daher wird in solchen ISCC die Dampfturbine größer als gewöhnlich ausgelegt. Der Vorteil dieser Integration von Solarenergie in konventionelle Energiebereitstellung liegt in seiner ständigen Verfügbarkeit. Auch in den Nachtstunden, in denen die Sonne nicht scheint und ein Solarkraftwerk grundsätzlich keine Energie liefert, wird aus einem ISCC-Kraftwerk die Versorgung aufrechterhalten. Der Nachteil liegt darin, dass bei dieser Art der Auslegung der Anteil der Solarenergie am Betrieb eines solchen Kraftwerkes nur einen kleinen Teil ausmachen kann, denn zu einer 50 %-igen Versorgung aus Gasturbinen gehört eine mindestens 25 %-Belieferung der Dampfturbine durch Wärme aus dem Abgas. Die verbleibenden 25 % der Dampfturbine werden vom Solarfeld abgedeckt. Da selbst in den Regionen mit guter Einstrahlung nur bis zu 25 % der Jahres Solarenergie mit „Volllast" angeboten werden kann (also im Jahresdurchschnitt gut 6 h pro Tag), sind solare Beiträge mit 6 % vom Jahresbetrieb des Kraftwerkes schon als hohe Werte anzusehen.

3.2.3.3 Kosten

Aktueller Status

Die Kosten teilen sich auf in die Investitionen und die jährlichen Kosten für den Betrieb (O&M-Kosten). Die Abschätzung der Kosten für CSP-Anlagen – dies gilt sowohl für die hier betrachteten Parabolrinnenkraftwerke, mehr aber noch für die später betrachteten Fresnel- und Turmtechnologie – ist dadurch gekennzeichnet, (i) dass es nach wie vor nur wenige Anbieter für Schlüsselkomponenten gibt, (ii) der Markt immer noch vergleichsweise klein ist und (iii) außerdem das Marktvolumen schwer voraussagbar ist. Zusätzlich ist es von den durch die Politik und den gesetzlichen Rahmen in den in Frage kommenden Ländern gegebenen und ggf. sich ändernden Vorgaben abhängig. Für die drei Kraftwerksgrößen aus der Tabelle 18 sind in der Tabelle 19 die spezifischen Kosten auf Basis einschlägiger Erfahrungen dargestellt. Investitionen und O&M-Kosten weisen eine z. T. erhebliche lokale Komponente auf, die beispielsweise in afrikanischen Ländern zu deutlich niedrigeren Kosten führen kann als in Europa. Für konkrete Betrachtungen sind also Länder und standortspezifische Abschätzungen zu treffen. Eine Wirtschaftlichkeitsbetrachtung für ein Parabolrinnenkraftwerk nehmen wir in Kapitel 4.4.3 vor.

Unabhängig von dem zuvor beschriebenen Einschränkungen zeigt die Tabelle, dass die spezifischen Investitionen im dargestellten Bereich 50 bis 200 MW sich derzeit zwischen 3.650 €/kW und 3.900 €/kW bewegen. Innerhalb des dargestellten Bereiches ist der Skaleneffekt zu erkennen: die spezifischen Kosten eines 200 MW-Kraftwerkes liegen im Beispielfall eher bei 3.650 €/kW, während sie bei einem 50 MW-Kraftwerk eher bei 3.900 €/kW liegen. Im Durchschnitt teilen sich diese Kosten etwa auf in 70 % für die komplette Solarfarm inklusive Spiegel, Wärmeträgeröl, Receiver, Verrohrung, Engineering etc. sowie 25 % für den kompletten Kraftwerksblock. Die verbleibende Differenz sind weitere Kosten, wie Geländebeschaffung und Beratertätigkeiten für das Gesamtprojekt.

Die jährlichen Kosten für Betrieb und Wartung können in erster Näherung als Anteil der Investitionen angegeben werden, der üblicherweise zwischen 2–3 % der Gesamtinvestition liegt. Auf der Basis der vorliegenden Daten liegen die jährlichen Kosten der Anlagen im Leistungsbereich dann zwischen 21 Mio. €/a und 73 Mio. €/a, wobei die spezifischen, auf das MW bezogenen Kosten mit steigender Kraftwerksleistung fallen.

Tabelle 19: Wichtige Kennzahlen von Parabolrinnenkraftwerken II[128]

		Typ 1	Typ 2	Typ 3
Installierte Leistung	MW	50	100	200
Investitionen	Mio. €	195	380	730
Spiegel & Receiver, Fundament	Mio. €	70	140	270
Rohre, Aufbau, Verkabelung	Mio. €	30	60	120
Wärmeträgeröl	Mio. €	5	10	20
Sonstiges Solarfarm	Mio. €	15	30	60
Wärmetauscher	Mio. €	20	35	65
Kraftwerksblock (Dampfturbine, etc.)	Mio. €	50	95	175
Technische, rechtliche und sonstige Beratung	Mio. €	5	10	20
Spezifische Investitionen	€/kW	3.900	3.800	3.650
Jährliche Annuität der Investitionen*	Mio. €/a	16	30	59
O&M Kosten	Mio. €/a	6	10	15
Spezifische O&M Kosten	Mio. €/a/MW	0,12	0,10	0,07
Summe jährliche Kosten	Mio. €/a	21	40	73

*berechnet über die technische Lebensdauer bei einem Zinssatz von 5 %

Zukünftiger Kostentrend

Eine der entscheidenden Fragen ist, wie sich diese dargestellten Kosten zukünftig entwickeln werden. Dies hängt von einer Reihe von Faktoren ab, zu denen u.a. zählen: (i) der weitere politische Support der Solartechnologie generell, (ii) die Kostenentwicklung der Konkurrenzsolartechnologien (PV und CPV) sowie der anderen erneuerbaren Technologien, (iii) die technischen Weiterentwicklungen, die mit Wirkungsgraderhöhungen, Materialeinsparungen oder Fertigungsoptimierungen verbunden sind, (iv) das Marktvolumen gesamt, sowie (v) die neuen Lieferanten, die sich am Markt engagieren und damit zu einem erhöhten Wettbewerb bei den Schlüsselkomponenten führen. Zu diesen Kostenentwicklungen gibt es eine Vielzahl von Studien und Szenarien, wobei jeweils unterschiedliche Annahmen zu unterschiedlichen Ergebnissen führen.

Eine der aktuelleren Studien dazu hat die INTERNATIONAL ENERGY AGENCY veröffentlicht[129]. Darin wird ein Kostenreduktionspotential bei den Investitionen von 30–40 % in der kommenden Dekade als erreichbar dargestellt. Für die vorliegenden Betrachtungen wird von der oberen Grenze ausgegangen. Ausgehend davon und von einer linearen Entwicklung vom heutigen Status und unter der Annahme des gleichen Verhältnisses von O&M-Kosten zu Investitionen (siehe Tabelle 19) ergibt sich unter dieser Annahme eine Kostenentwicklung bis zum Jahr 2021 entsprechend der Abbildung 27. Dementsprechend sinken dann die spezifischen Investitionen bis 2021 von 3.650 – 3.900 €/kW auf ca. 2.200 €/kW.

[128] Die Kennzahlen gelten für den derzeitig angewendeten und zukünftig absehbaren Leistungsbereich (ohne Speicher, Trockenkühlung) in Spanien, Referenzjahr 2011, 2.000 kWh/m²a.

[129] IEA 2010.

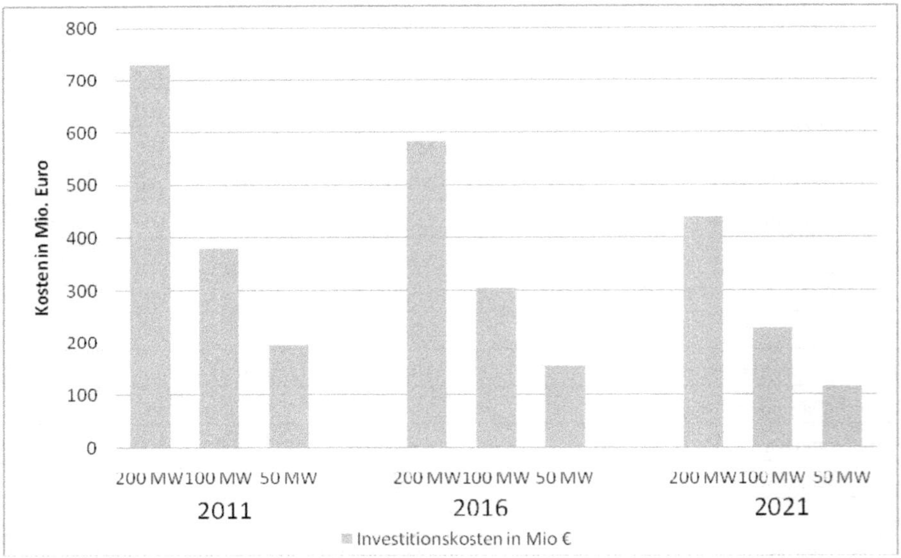

Abbildung 27: Entwicklung der Investitionen und O&M-Kosten[130]

Abbildung 28: Ansicht Fresnelkollektor[131]

130 Wobei unterstellt wird, dass sich die Kosten innerhalb der Jahre 2011 bis 2021 um 40 % reduzieren.

131 Novatec Solar 2011.

3.2.4 Fresnelkraftwerke

Fresnelkraftwerke zählen ebenfalls zu den linienfokussierenden CSP Kraftwerken, sind aber im Vergleich zum Parabolrinnenkraftwerk mit einem veränderten Spiegelfeld ausgestattet. Die Spiegel bestehen aus relativ schmalen, flachen Streifen und sind allesamt in der horizontalen Ebene angeordnet. Sie folgen jeweils der Sonne und reflektieren die Strahlung auf ein gemeinsames Receiverrohr in einer Fokusline. Die jeweils unterschiedlich angestellten Spiegelsegmente bilden bei geeigneter Anordnung wiederum eine Parabolrinne ab. Fresnelreflektoren sind somit eigentlich auch parabolische Anordnungen, nur dass sie streifenweise aus vielen einzelnen Spiegeln bestehen, die in einer Ebene angeordnet sind (siehe Abbildung 28)[132].

3.2.4.1 Komponenten

Wie ein Parabolrinnenkraftwerk besteht auch ein Fresnelkraftwerk aus den zwei Bereichen Solarfeld und Kraftwerksblock. Beim Kraftwerksblock existieren prinzipiell keine Unterschiede hinsichtlich der Komponenten und ihrer Anordnung (siehe daher Kapitel 3.2.3.1). Bezüglich der Solarfarm besteht der wesentliche Unterschied in der Spiegelanordnung. Wesentliche Bestandteile des Solarfelds sind demnach (i) die Fresnelspiegel, (ii) das Absorberrohr, (iii) die Tragegestelle für die Absorberrohre und Spiegel, sowie deren Nachführung, (iv) das Wärmeträgermedium, (v) die Rohrleitungen, durch die das Wärmeträgermedium gepumpt wird, (vi) die Steuerungs- und Regelungseinrichtungen und (vii) als Schnittstelle zum Kraftwerksblock der Eintritt- bzw. Austrittsbereich des Dampfes in den Wasser-Dampf-Kreislauf des Kraftwerksblockes. Zum Kraftwerksblock zählt (i) die Dampfturbine, (ii) der Generator, (iii) der Kondensator, sowie gegebenenfalls (iv) ein Kessel mit einer fossilen Zusatzheizung zur Bereitstellung von Dampf z.B. für das Anfahren.

Spiegel, Receiver und Fresnelkollektor

Abbildung 29 zeigt eine Prinzipskizze des Fresnelkollektors. Die einzelnen Spiegel haben beispielsweise Abmaße von 75 cm Breite und 6 m Länge. Zumeist sind 16 einzelne Spiegel nebeneinander angeordnet und konzentrieren gemeinsam die Solarstrahlung von der Ebene auf das Receiverrohr. Das Receiverrohr hat bei heutigen Bauweisen von Fresnelanlagen eine Länge von 36 m, was bedeutet, dass 6 Spiegel der Länge nach hintereinander angeordnet sind, die alle auf das gleiche Receiverrohr fokussieren.

Als Materialen werden bei Spiegeln und Receiver die gleichen Materialien eingesetzt wie bei Parabolrinnenkollektoren.

[132] M. Kaltschmitt; W. Streicher; A. Wiese 2007 und J.A. Duffie, W.A. Beckmann 2006.

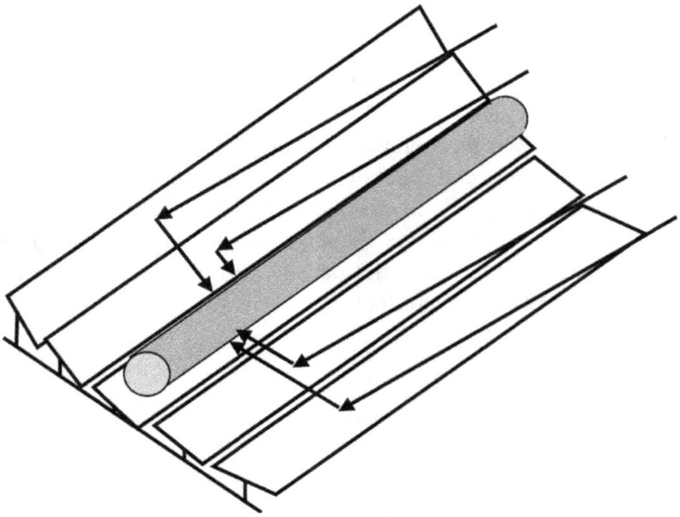

Abbildung 29: Prinzip der Strahlungskonzentration beim Fresnelkollektor

Die wesentlichen Vorteile dieser Anordnung sind:

1. Das Receiverrohr ist fest an einer Stelle montiert und bewegt sich, im Gegensatz zur Anordnung bei der Parabolrinne, nicht mit den Spiegeln mit. Daher kann eine stabilere Montage erfolgen und damit den Auswirkungen von schlagartig, plötzlich verdampfenden Fluiden in Zweiphasenströmungen besser begegnet werden.
2. Die Fertigung der Spiegel wird erheblich vereinfacht, weil die einzelnen Segmente nun keine oder nur eine sehr geringe Krümmung benötigen. Außerdem sind die Spiegel erheblich dünner.
3. Die ebene Anordnung bietet sowohl bei der Montage als auch bei der Wartung erhebliche Vorteile, da das Spiegelfeld relativ einfach zugänglich ist.
4. Anordnungen von Sekundärkonzentratoren, die die Strahlungsenergie, die nach Konzentration am HCE vorbei reflektiert wird, nochmal auf das HCE zurückwerfen, werden einfacher.
5. Aufgrund der tiefen bodennahen Anordnung der Spiegel werden die Windlasten kleiner.
6. Größere Spiegelflächen je Längeneinheit HCE werden möglich und damit kann bei gleichbleibender Leistung das HCE verkürzt werden.

Nachteile ergeben sich wie folgt:

1. Es müssen deutlich mehr Elemente einzeln nachgeführt werden als bei der Parabolrinne, dadurch ist ein höherer Nachführungsaufwand notwendig.
2. Damit verbunden sind geringere Konzentrationsfaktoren, zumindest sofern Sekundärreflektoren nicht vorgesehen sind (C = 60 bis 120).
3. Der Wirkungsgrad eines Fresnelkollektors ist etwas niedriger als der eines Parabolrinnenkollektors, da die optischen Verluste etwas höher sind.

Kollektorfeld

Die Kollektorfelder sind hinsichtlich ihrer Ausrichtung den Parabolrinnenkraftwerken entsprechend. Aufgrund der unterschiedlichen Spiegelsystematik ergeben sich andere Verhältnisse von Spiegelfläche zu Abstand, denn durch die ebene Anordnung der Spiegel in Bodennähe ergibt sich theoretisch gesehen keine Abschattung. Abstandsflächen sind aber notwendig, beispielsweise um die Erreichbarkeit der Fresnelkollektoren beim Reinigen zu gewährleisten. Bei einem Reihenabstand von ca. 4 m zwischen Fresnelkollektoren von 16 m Breite ergibt sich für ein 50 MW Fresnelkraftwerk an einem solchem Standort eine gesamte Grundfläche des Solarkraftwerkes von ca. 64 ha mit einer Spiegelfläche von 320.000 m².

Während die Reinigung bei Parabolrinnenspiegeln und Heliostaten aufgrund der geometrischen Struktur bzw. der einzeln freistehenden Anordnung manuell erfolgt, können bei den flachen Spiegeln des Fresnelsystems Reinigungsroboter zur Säuberung der Spiegelflächen genutzt werden. Abbildung 30 zeigt einen solchen Roboter im regulären Betrieb.

Abbildung 30: Reinigungsroboter bei Säuberung der Fresnelspiegelflächen[133]

Wärmeträgermedium

Grundsätzlich können bei Fresnelanlagen die gleichen Wärmeträgermedien wie bei Parabolrinnentechnologien eingesetzt werden. Aufgrund der geänderten Bauweise können im Inneren des Receiverrohres bei Fresnelkollektoren einfacher höhere Temperaturen erzeugt werden als bei der Parabolrinne, trotz niedrigerem oder gleichem Konzentrationsfaktor. Die Ursache liegt darin, dass (i) von einer größeren Fläche die Energie auf ein Receiverrohr konzentriert werden kann und (ii) das Receiverrohr im Regelfall länger sein kann. Daher ist es ein Entwicklungsziel, in Receiverrohren von Fresnelanlagen Temperaturen von ca. 450 °C zu erreichen, im Gegensatz zu den heute realisierten < 400 °C bei Parabolrinnenanlagen. U.a. daher bieten sich Fresnelkollektoren eher für die direkte Dampferzeugung im Receiverrohr an (heute bei circa 270 °C und 55 bar). Das Wärmeträgermedium ist daher zumeist nicht Thermoöl (auch wegen der abnehmenden Stabilität bei hohen Temperaturen), sondern Wasser bzw. Dampf.

[133] O.V. 2011.

Zurzeit befindet sich von diesem Anlagentyp nur eine kommerzielle Anlage im Bau mit einer Leistung von 30 MW in Spanien, daneben bestehen mehrere Demonstrationsanlagen mit einer Leistung von wenigen MW.

3.2.4.2 Gesamtanlage

Anlagenprinzip, Energiefluss und technische Kennzahlen

Abbildung 31 zeigt das Blockdiagramm eines Fresnelkraftwerkes. Der wesentliche Unterschied im Vergleich zum Blockdiagramm des Parabolrinnenkraftwerkes (vgl. Abbildung 25) hat seine Ursache in der Direktverdampfung in den Absorberrohren. Dadurch entfällt der Wärmetauscher zwischen der Solarfarm und dem Kraftwerksblock. Der in den Receiverrohren erzeugte Dampf wird direkt auf die Dampfturbine geleitet.

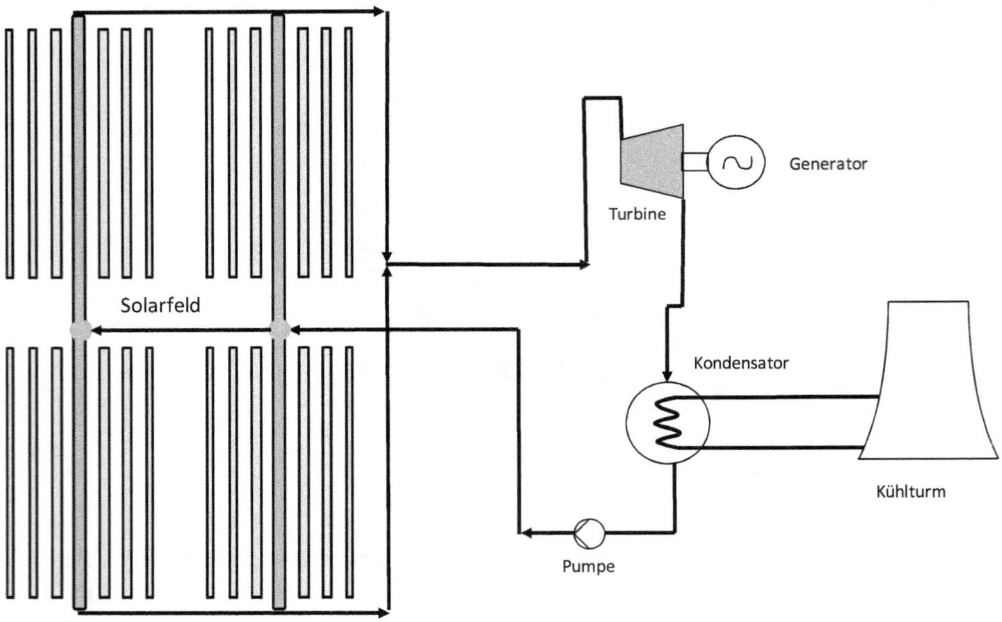

Abbildung 31: Vereinfachte Darstellung eines Fresnelkraftwerks

Fresnelkraftwerke werden nur von wenigen Firmen angeboten und es gibt bis dato nur sehr wenige Referenzanlagen. Im Vergleich zur Parabolrinne ist daher die Basis für eine belastbare technische Spezifikationen auf eine enge Leistungsbandbreite beschränkt. Die Tabelle 20 zeigt daher die wichtigen Kennzahlen für einen sehr viel kleineren Leistungsbereich als bei der Parabolrinne.

Anhand von dem Energieflussbild (Abbildung 32) und der Tabelle 20 lassen sich einige wichtige spezifische Kennzahlen ableiten. Als Fläche liegt hierbei die Kraftwerksfläche zu Grunde:

- Flächenspezifischer Ertrag elektrischer Energie: 100 kWh/m²
- Flächenspezifische installierte Leistung: 65 W/m²

Tabelle 20: Wichtige Kennzahlen von Fresnelkraftwerken[134]

		Typ 1	Typ 2	Typ 3
Installierte Nettoleistung	in MW	10	30	50
Eigenverbrauch	in MW	1	3	5
Spiegelfläche	in m²	70.000	200.000	320.000
Grundfläche des Solarfeldes	in ha	12	31	50
Gesamte Kraftwerksgrundfläche	in ha	16	40	65
Länge der Absorberrohre	in km	6	17	27
Art der Kühlung		trocken	trocken	trocken
Wasserbedarf	in m³/a	2.000	5.000	7.500
Jahresenergieertrag	in MWh	15.400	44.000	70.400
Wirkungsgrad in Nennleistungsbetrieb*	in %	24	24	24
Mittlerer Jahreswirkungsgrad*	in %	11	11	11
Technische Lebensdauer*	in a	25	25	25

* typischer Wert

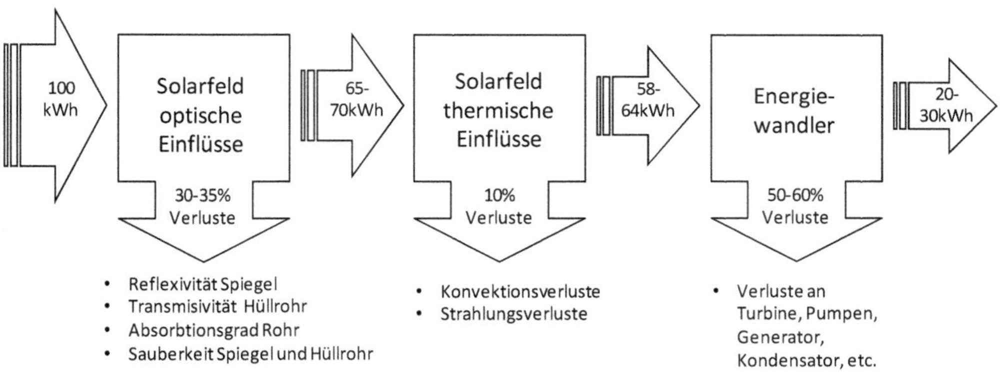

Abbildung 32: Energieflusskette zur Fresneltechnik mit Direktdampferzeugung[135]

Kombination mit anderen Technologien

Hinsichtlich der Kombination mit anderen Technologien, gilt für die Fresneltechnologie grundsätzlich ähnliches wie bei den Parabolrinnenanlagen (siehe Kapitel 3.2.3). Allerdings

134 Die Werte beziehen sich auf den derzeitig angewendeten und zukünftig absehbaren Leistungsbereich (ohne Speicher, Trockenkühlung), Spanien 2.000kWh/m²a.

135 Bei Betrieb im Nennleistungsbereich.

ist zu berücksichtigen, dass Fresnelanlagen durch die bei ihnen im Regelfall angewendete Direktverdampfung die Kombination hinsichtlich ihrer Vor- und Nachteile teilweise anders zu beurteilen ist.

3.2.4.3 Kosten

Aktueller Status

Bezüglich der generellen Aussagen zu Kosten von solarthermischen Kraftwerken verweisen wir hier auf Kapitel 3.2.3.3. Für die drei Kraftwerksgrößen aus der Tabelle 20 sind in der Tabelle 21 die spezifischen Kosten auf der Basis der aktuell verfügbaren Informationen von Lieferanten und Technologieentwicklern dargestellt. Auch hier gilt, dass für konkrete Betrachtungen länder- und standortspezifische Abschätzungen zu treffen sind.

Tabelle 21: Kosten von Fresnelkraftwerken[136]

		Typ 1	Typ 2	Typ 3
Installierte Leistung	MW	10	30	50
Investitionen	Mio. €	43	115	175
Spiegel & Receiver, Fundament	Mio. €	14	40	70
Rohre, Aufbau, Verkabelung	Mio. €	5	12	15
Sonstiges Solarfarm	Mio. €	7	20	30
Kraftwerksblock (Dampfturbine, etc.)	Mio. €	12	35	50
Technische, rechtliche und sonstige Beratung	Mio. €	5	8	10
Spezifische Investitionen	€/kW	4.300	3.833	3.500
Jährliche Annuität der Investitionen	Mio. €/a	3	9	14
O&M-Kosten	Mio. €/a	1	3	4
Spezifische O&M Kosten	Mio. €/a/MW	0,13	0,10	0,07
Summe jährliche Kosten	Mio. €/a	5	12	18

Die Tabelle zeigt, dass sich die spezifischen Investitionen im dargestellten Bereich von 10 bis 50 MW derzeit zwischen 3.500 €/kW und 4.300 €/kW bewegen. Innerhalb des dargestellten Bereiches ist der Skaleneffekt zu erkennen: die spezifischen Kosten eines 50 MW Kraftwerkes liegen im Beispielfall eher bei 3.500 €/kW, während sie bei einem 10 MW Kraftwerk eher bei 4.300 €/kW liegen. Im Durchschnitt teilen sich diese Kosten etwa auf in 60 % für die komplette Solarfarm inklusive Spiegel, Wärmeträgeröl, Receiver, Verrohrung, Engineer ing etc. sowie 30 % für den kompletten Kraftwerksblock. Die verbleibende Differenz sind Beratertätigkeiten und andere Kosten für das Gesamtprojekt.

[136] Die Kosten beziehen sich auf den derzeitig angewendeten und zukünftig absehbaren Leistungsbereich (ohne Speicher, Trockenkühlung), Referenzjahr 2011, 2.000 kWh/m²a.

Die jährlichen Kosten für Betrieb und Wartung können in erster Näherung als Anteil der Investitionen angegeben werden. Dabei kann von ähnlichen Ansätzen wie bei Parabolrinnenkraftwerken ausgegangen werden. Inwieweit sich die einfachere Reinigung der Spiegel substantiell in einer Verringerung der gesamten O&M-Kosten niederschlägt, ist noch nicht absehbar. Daher wird auch hier von einem Ansatz ausgegangen, dass die O&M-Kosten zwischen 2 und 3 % der Gesamtinvestition liegen. Auf der Basis der vorliegenden Datenbasis liegen die jährlichen Kosten der Anlagen im Leistungsbereich dann zwischen 5 und 18 Mio. Euro, wobei die auf das kW bezogenen Kosten mit steigender Kraftwerksleistung fallen.

Zukünftiger Kostentrend

Grundsätzlich gelten für Fresnelkraftwerke ähnliche Abhängigkeiten hinsichtlich der zukünftigen Kostentrends wie bei Parabolrinnentechnologie (vgl. Kapitel 3.2.3.3). Zusätzlich dazu ist entscheidend, inwieweit die Fresneltechnologie hinsichtlich „Bankability“ und Referenzanlagen tatsächlich gegenüber Parabolrinnenkraftwerken aufholen kann (siehe hierzu auch Fachkapitel 4.3).

Hinsichtlich der Kostenentwicklung von Fresnelkraftwerken im Unterschied zu Parabolrinnenkraftwerken gibt es kaum umfassende veröffentliche Studien. Zumeist wird in Szenarien lediglich ein Ausblick auf die Parabolrinnentechnologie gegeben. Wird die Annahme getroffen, dass die Hersteller von Fresnelkraftwerke mehrere Referenzanlagen in den kommenden 2–3 Jahren installieren werden und damit in größerem Umfang die Bankability dieser Technologie anerkannt wird, kann davon ausgegangen werden, dass die Kostentrends ähnlich wie

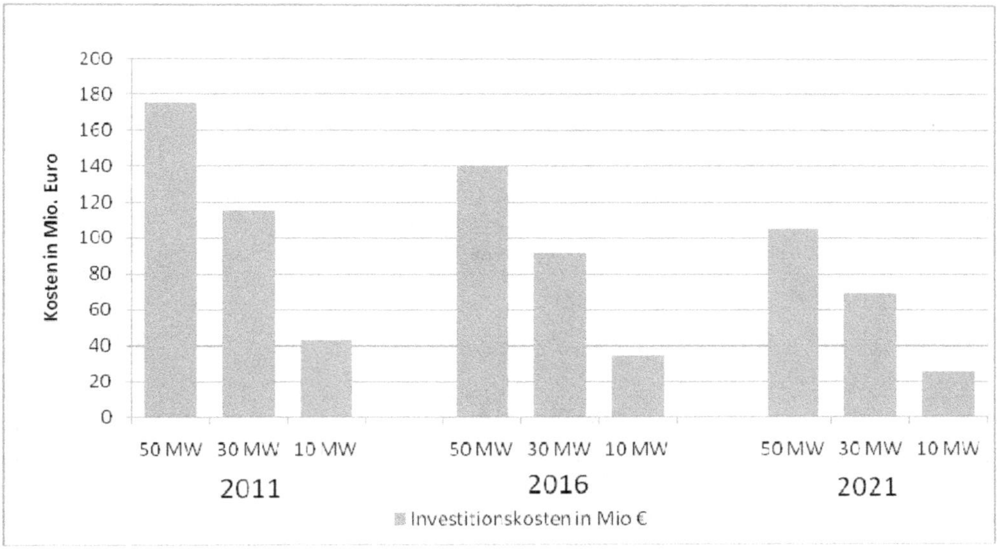

Abbildung 33: Entwicklung der Investitionen und O&M-Kosten von Fresnelkraftwerken[137]

[137] Dabei wurde angenommen, dass sich die Kosten innerhalb der Jahre 2011 bis 2021 um 40 % verringern.

bei Parabolrinnenkraftwerken sein werden. Ausgehend von dem Kostenreduktionspotential aus Kapitel 3.2.3.3, sowie von einer linearen Entwicklung vom heutigen Status und unter der Annahme des gleichen Verhältnisses O&M-Kosten zu Investitionen (siehe Tabelle 21) ergibt sich unter dieser Annahme eine Kostenentwicklung bis zum Jahr 2021 entsprechend der Abbildung 33. Dementsprechend sinken dann die spezifischen Investitionen bis 2021 auf 2.100 – 2.600 €/kW.

3.2.5 Turmkraftwerke

Bei solarthermischen Turmkraftwerken reflektieren zweiachsig dem Lauf der Sonne nachgeführte Spiegel, sogenannte Heliostaten, die direkte Solarstrahlung auf einen zentral auf einem Turm angebrachten Strahlungsempfänger. Es handelt sich also um ein punktfokussierendes System. Im Strahlungsempfänger wird die Strahlungsenergie in Wärme umgewandelt und an ein Wärmetransportfluid (z.B. Luft, flüssiges Salz, Wasser/Dampf) übertragen. Diese Wärme wird verwendet, um eine Turbine und damit einen Generator über einen konventionellen Dampfprozess anzutreiben.

Der Konzentrationsfaktor von Turmkraftwerken hängt stark von der Exaktheit seiner Heliostaten und deren Nachführung ab. Er erreicht Werte zwischen 500 bis 1.000[138].

Abbildung 34: Solarkraftwerk bei Sevilla, Spanien

3.2.5.1 Komponenten

Wie Parabolrinnenkraftwerke und auch Fresnelkraftwerke bestehen Solarturmkraftwerke aus den zwei Bereichen Solarfeld und Kraftwerksblock. Allerdings wird hier üblicherweise als Solarfeld der Bereich der Heliostaten zusammengefasst. Der Receiver ist in den eigentlichen Solarturm integriert, gemeinsam mit dem Kraftwerksblock. Wesentliche Bestandteile des Solarfelds sind demnach (i) die Heliostaten mitsamt Spiegel, Spiegeltragegestell, Fundament und zweiachsiger Nachführung, und (ii) die zugehörige Bodeninfrastruktur (Zuwegungen

[138] M. Kaltschmitt; W. Streicher; A. Wiese 2007 und J.A. Duffie, W.A. Beckmann 2006.

und Verkabelungen für die Nachführungen). Zum Solarturm mit Kraftwerkblock zählen (i) das Solarturmgebäude an sich, (ii) der Receiver (iii) das Wärmeträgermedium, (iv) der Dampferzeuger (sofern nicht als Wärmeträger im Receiver direkt Dampf verwendet wird), (v) die Dampfturbine, (vi) der Generator, (vii) der Kondensator, sowie (viii) die Steuerungs- und Regelungseinrichtungen. Auf die wichtigsten Komponenten wird im Folgenden eingegangen.

Heliostat

Ein Heliostat hat eine sehr große Spiegelfläche, die sich aus zahlreichen Segmenten zusammensetzt. Einige Bautypen von Heliostaten weisen circa 120 m^2 Gesamtfläche auf und haben 28 Einzelspiegel. Die Einzelspiegel werden auf einem gemeinsamen Trägerelement montiert. Jeder Spiegel kann zur Grundeinstellung einzeln ausgerichtet werden. Ein Trägerelement wird auf einem einzelnen Fuß im Feld positioniert. Zwischen dem Fuß, der die Verankerung in der Erde sicher stellt, und dem eigentlichen Trägerelement organisieren zwei Motoren die zweiachsige Bewegung des Elementes. Der gesamte Spiegel kann in beiden Dimensionen dem Lauf der Sonne sowohl über den Tag als auch über das Jahr folgen. Damit kann jeder Heliostat die Strahlung in den Brennpunkt am oberen Ende des Turms reflektieren.

Hinsichtlich der Materialien kann zwischen facettierten Glas-Metall- und Membran-Heliostaten als wesentliche Haupttypen unterschieden werden. ***Facettierte Glas-Metall-Heliostaten*** bestehen üblicherweise aus einer auf einem Trägerrohr montierten Fachwerkstruktur, an der sich eine Vielzahl von typischerweise etwa 2 bis 3 m^2 großen rechteckigen Einzelspiegeln, den sogenannten Facetten, befindet. Die Nachführeinheit besteht aus einem am Fundament angeschraubten Stahlrohr mit darauf montiertem Azimut-/Elevationsgetriebe, an welchem wiederum das Trägerrohr befestigt ist. Man spricht deshalb in diesem Fall auch von T-Typ Heliostaten. Typische Breiten eines solchen Heliostaten sind ca. 13 m und die Höhe ca. 9 m, bei Einzelfacettengrößen von 3 m auf 1,1 m. Das Gesamtgewicht ohne Fundament beträgt knapp 5,1 t.

Die Einzelfacetten sind entsprechend der Brennweite sphärisch gekrümmt. Dabei entspricht der Krümmungsradius dem zweifachen der Brennweite. Die Facetten sind so ausgerichtet, dass sich die Einzelbilder zu einem gemeinsamen Brennpunkt des Heliostaten überlagern. Dieser Vorgang des Facettenausrichtens wird als *Canting* bezeichnet.

Bei ***Membran-Heliostaten*** handelt es sich um vorgespannte Membranen (*„Stretch Membrane“*), die verwendet werden, um den mit Einzelfacetten verbundenen Fertigungs- und Montageaufwand zu vermeiden und gleichzeitig eine hohe optische Qualität zu erreichen. Ihr Konzentrator besteht aus einer oder mehreren „Trommeln“, welche wiederum aus einem metallischen Druckring und gespannten Membranen auf der Vorder- und Rückseite bestehen. Dafür werden Kunststofffolien oder Metallmembranen eingesetzt. Bei Verwendung von Metallmembranen, die eine wesentlich höhere Dauerhaltbarkeit aufweisen, werden die Vorderseitenmembranen mit Dünnglasspiegeln beklebt, um die gewünschte hohe Reflektivität zu erzielen. Im Konzentratorinneren wird durch ein Gebläse oder eine Vakuumpumpe ein geringer Unterdruck (wenige mbar) eingestellt. Dadurch verformt sich die Membran, und aus dem ebenen Spiegel wird ein Konzentrator. Bei anderen Konstruktionen dient ein mittig angebrachter mechanischer oder hydraulischer Stempel dazu, die Membran zu verformen.

Die mit großen Metallmembran-Heliostaten erzielte optische Güte ist deutlich höher als die, die bei Glas-Metall-Heliostaten vergleichbarer Größe mit vertretbarem Aufwand zu erreichen ist. Ein weiterer Vorteil ist, dass mit dem Unterdruck im Konzentrator auch die Brennweite leicht variiert werden kann. Es müssen also nicht, wie bei konventionellen Glas-Metall-Heliostaten, verschiedene Facetten für unterschiedlich weit vom Receiver entfernte Heliostate gebaut werden. Bei den Metallmembran-Heliostaten reicht es aus, nur den Unterdrucksollwert bzw. die Sollkrümmung entsprechend einzustellen. Das *Canting* entfällt folglich bei Heliostaten mit einem einzigen Membrankonzentrator völlig. Nachteilig ist der Energiebedarf für das Aufrechterhalten des Unterdrucks im Konzentrator.

Heliostatenfeld

Die einzelnen Heliostaten sind um den Solarturm herum angeordnet. Diese Anordnung kann in zwei unterschiedlichen Weisen erfolgen. Einerseits kann der Turm am Rande des Feldes platziert sein. Dann orientiert sich das Heliostatenfeld auf der Nordhalbkugel der Erde nach Norden und auf in der südlichen Hemisphäre nach Süden. Andererseits kann das Heliostatenfeld auch um den Turm herum angeordnet sein, also als 360° Ausrichtung. Diese Anordnung ist auf Standorten im Bereich des Äquators sinnvoll.

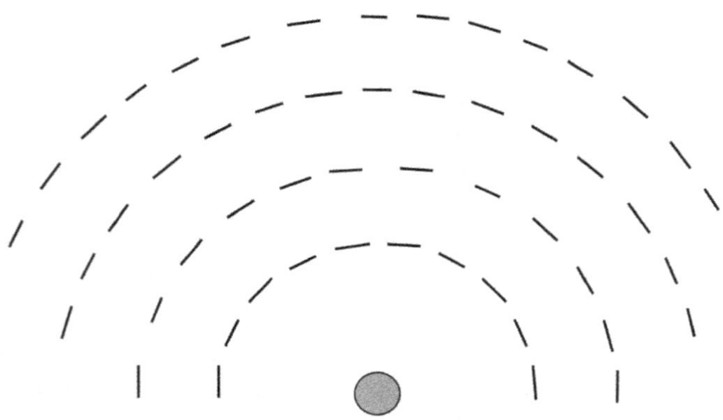

Abbildung 35: Anordnung der Heliostaten[139]

Die optimalen Abstände der Heliostaten hängen vom Standort, und hier im Wesentlichen von der geografischen Breite ab. Außerdem spielen die Größe der einzelnen Heliostaten, das Verhältnis von Turmhöhe zu Turmabstand und die lokalen Gegebenheiten des Geländes eine wichtige Rolle. Ziel ist es stets, eine Optimierung zwischen Verschattung der Heliostaten untereinander, Kosten für zusätzliche Turmerhöhung, sonstigen induzierten Kosten und der Gesamtanlagenfläche zu erreichen. Für ein Solarturmkraftwerk in Spanien mit 50 MW ergibt sich beispielsweise eine Grundfläche von 238 ha für das Solarfeld und 333 ha für das Solarturmkraftwerk insgesamt.

[139] Die Heliostaten sind als Halbkreis angeordnet, die Heliostaten als Striche abgebildet und der Kreis am unteren Ende der Abbildung stellt den Turm dar.

Abbildung 36: Reinigung der Heliostaten mit Bürsten

Zur Reinigung von Heliostaten können die gleichen Ansätze wie bei den Parabolrinnen verfolgt werden. Gelegentlich werden Bürstensysteme eingesetzt (vgl. Abbildung 36). Die Bürste ist hier auf einem LKW installiert. Dieser fährt vor den Heliostaten, der zum Zwecke der Reinigung in die senkrechte Position bewegt ist. Anschließend wird die rotierende Bürste auf dem Spiegelsystem entlang geführt.

Die Steuerung und Regelung der Heliostaten erfolgt zentral oder durch mehrere verteilte Computer. Dabei werden die Heliostaten so gesteuert, dass sie nicht alle auf die genau gleiche Stelle des Receivers zielen. Um die gewünschte Strahlungsintensitätsverteilung auf der Absorberoberfläche des Receivers zu erzielen, ist es erforderlich, das Heliostatenfeld in Gruppen einzuteilen, welche jeweils auf eigene, relativ zueinander versetzte, Zielpunkte gerichtet sind.

Receiver

Die Receiverbauweise variiert in unterschiedlicher Weise. Wenn eine Bestrahlung des Turmes von allen Seiten erfolgt (360°-Anordnung), muss der Receiver ebenfalls „rundum" fokussierte Strahlung empfangen können. Im Gegensatz zu diesen „360°-Receivern" kann das Rohrbündel auch von einer festen, nicht transparenten Struktur umgeben sein. Diese hat dann auf einer Seite einen transparenten Zugang, über den die Strahlung auf das Rohrbündel trifft. Vorteil dieser Anordnung ist, dass alle Strahlung in dieser höhlenähnlichen Anordnung absorbiert wird.

Hinsichtlich der verschiedenen Bauweisen von Receivern können als wesentliche Unterscheidungsmerkmale das verwendete Wärmeträgerfluid (siehe folgenden Abschnitt) und die Receivergeometrie bzw. die damit einhergehende bauliche Receiverstruktur verwendet werden. Bei der Receivergeometrie bzw. der baulichen Receiverstruktur werden als Formen unterschieden: eben, Hohlraum, zylindrische oder kegelförmige Rundumreceiver.

Oft kommen heute offene Wasser/Dampf -Receiver zum Einsatz. Diese sogenannten offenen Rohrreceiver sind aus Rohrbündeln hergestellt und funktionieren in Wesentlichen wie Rekuperatoren in konventionellen Kraftwerken. Die Strahlung wird an der Außenseite der Rohre in Wärme umgewandelt und im Rohr von einem Wärmeträger – hier dann Wasser/Dampf – abtransportiert.

Intensiv gearbeitet wird heute an offenen volumetrischen Luftreceivern, bei denen die Solarstrahlung auf ein Absorbermaterial trifft, was aus Stahldrahtgestrick oder poröser Keramik besteht. Die konzentrierte Solarstrahlung dringt in diese Struktur ein und wird an der Außenseite des Absorbermaterials in Wärme umgewandelt. Ein Gebläse saugt Umgebungsluft von außen durch das bestrahlte Absorbermaterial. Diese Luft nimmt die Wärme auf. Solche offenen Receiver arbeiten bei Umgebungsdruck. Die Luft wird dabei auf über 700°C erhitzt und die Wärme wird dann an einen Dampfkreislauf übertragen. Weitere Forschungs- und Entwicklungsarbeit sollen dazu führen, dass solche Systeme auch als GuD-Prozess betrieben werden können, dass also neben der Dampfturbine auch eine Gasturbine in das System integriert wird.

Im Gegensatz dazu arbeiten geschlossene mit Druck beaufschlagte Luftreceiver unter Druck. Die Apertur derartiger Receiver ist durch ein Quarzglasfenster geschlossen. Die bei Überdruck erhitzte Luft kann z.B. direkt in die Brennkammer einer Gasturbine eingespeist werden. Die Luftaustrittstemperaturen am Receiver liegen bei über 800°C.

Wärmeträgermedium

Als Wärmeträgerfluide werden wahlweise Luft, Wasser/Dampf, Salz oder Flüssigmetall verwendet, bei den bisher kommerziell in Bau oder Betrieb befindlichen Anlagen ist dabei Salz und Luft vorherrschend. Wasser/Dampf als Wärmeträgerfluid hat den Vorteil, dass ein Wärmetauscher für den Wasser/Dampf Kreislauf des nachgeschalteten Kraftwerksprozesses entfällt. Luft wiederum hat den Vorteil, dass deutlich höhere Temperaturen am Austritt des Absorbers erreicht werden können, beispielsweise bei druckbeaufschlagten Luftreceivern ca. 800°C.

Bei Salz als Wärmeträgermedium können (eutektische) Salzschmelzen aus Natrium- und Kaliumnitrat ($NaNO_3$, KNO_3) eingesetzt werden. Bei beiden kann die Salzschmelze infolge ihrer hohen Wärmekapazität – im Gegensatz zu Luft – zusätzlich direkt als Wärmespeichermedium verwendet werden. Damit entfallen die Wärmeübertrager zwischen Wärmeträgermedium und Wärmespeichermedium. Wie bei den Luftreceivern, und im Unterschied zu den Wasser-Dampf-Anlagen, liegt der Wärmeträger im gesamten während des regulären Betriebs vorkommenden Temperaturbereichs in der flüssigen Phase vor; es kommt keine problematisch technisch zu beherrschende Zwei-Phasen-Strömung vor. Über einen Salz-Wasser/Dampf-Wärmetauscher wird die solare Wärme dann in einen Dampfprozess eingekoppelt.

Kraftwerksblock

In den heute realisierten Anlagen wird Sattdampf erzeugt und der gleiche Kraft-Wärme-Prozess durchlaufen wie bei den anderen CSP-Anlagen. Ziel ist es auch hier, mit diesem oder anderen Medien höhere Temperaturen zu erreichen und letztendlich überhitzten Dampf am Turbineneintritt zur Verfügung zu stellen. Daher wird intensiv mit den anderen oben dargestellten Wärmeträgermedien gearbeitet, deren Einsatz auch maßgeblichen Einfluss auf die einsetzbare Technik im Kraftwerksblock hat. Bei Luft als Wärmeträgermedium kann beispielsweise beim offenen volumetrischen Receiver die Luft direkt einer Gasturbine zugeführt werden, welche in den Unterdruck hinein entspannt. Damit wird der Aufbau wesentlich vereinfacht, allerdings wird dieses Verfahren bislang noch nicht eingesetzt. Bei druckbeaufschlagten Luftreceivern kann die Luft direkt in die Brennkammer einer Gasturbine eingespeist werden. Anschließend kann die Abhitze des Gasturbinenprozesses in einem weiteren Dampfturbinenprozess genutzt werden. Auch solche Anlagen werden bislang kommerziell noch nicht eingesetzt.

3.2.5.2 Gesamtanlage

Anlagenprinzip, Energiefluss und technische Kennzahlen

Abbildung 37 zeigt das Blockdiagramm eines Turmkraftwerkes. Dargestellt ist ein Beispiel mit Wasser/Dampf als Wärmeträger und nachgeschalteter Dampfturbine. Abbildung 38 zeigt den Energiefluss im Turmkraftwerk.

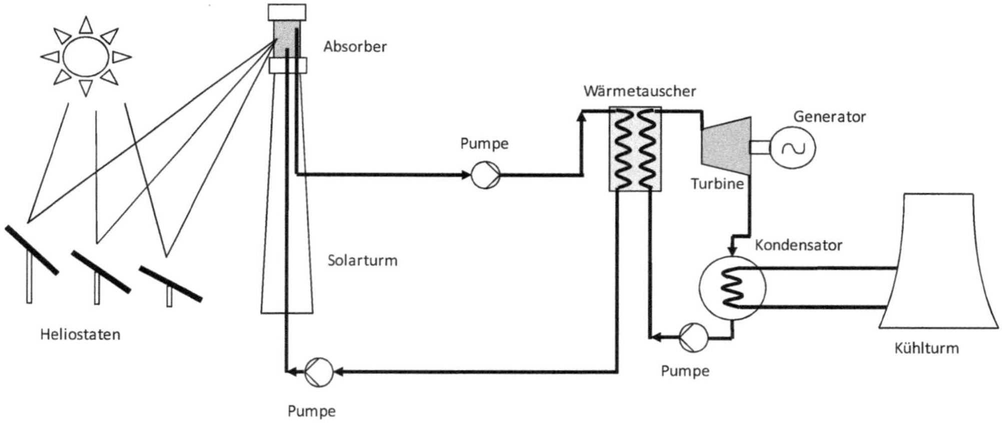

Abbildung 37: Vereinfachte Darstellung eines Turmkraftwerkes[140]

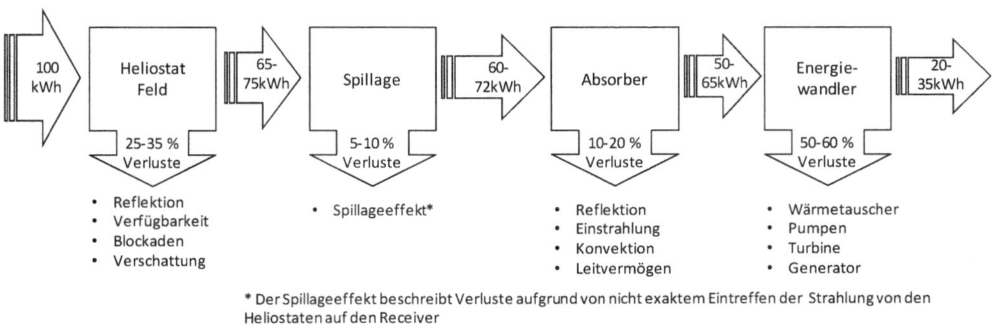

Abbildung 38: Energieflusskette des Turmkraftwerks bei Betrieb im Nennleistungsbereich

[140] Wärmeträgermedium Salzschmelze.

Turmkraftwerke werden allgemein ab einem Leistungsbereich von ca. 10 MW als technisch sinnvoll angesehen. Die Tabelle 22 zeigt daher die wichtigen Kennzahlen für drei verschiedene Kraftwerksgrößen 15 MW, 30 MW und 50 MW.

Tabelle 22: Wichtige Kennzahlen von Turmkraftwerken[141]

		Typ 1	Typ 2	Typ 3
Installierte Nettoleistung	in MW	15	30	50
Eigenverbrauch	in MW	2	4	7
Spiegelfläche	in m^2	100.000	210.000	350.000
Grundfläche des Solarfeldes	in ha	69	129	238
Gesamte Kraftwerksgrundfläche	in ha	97	180	333
Art der Kühlung		trocken	Trocken	trocken
Wasserbedarf	in m^3/a	6.000	14.000	25.000
Jahresenergieertrag	in MWh	30.000	63.000	105.000
Wirkungsgrad im Nennleistungsbereich	in %	30	30	30
Mittlerer Jahreswirkungsgrad	in %	15%	15%	15%
Technische Lebensdauer	In a	25	25	25

Anhand der Tabelle 22 lassen sich einige wichtige spezifische Kennzahlen ableiten. Als Fläche ist hierbei die gesamte Kraftwerksfläche zu Grunde gelegt:

Flächenspezifischer Ertrag elektrischer Energie: 35 kWh/m^2
Flächenspezifische installierte Leistung: 15 W/m^2

Kombination mit anderen Technologien

Es gelten hierzu ähnliche Ansätze wie bei Parabolrinnentechnologie, insofern kann an dieser Stelle auf Abschnitt 3.2.3.2 verwiesen werden. Derartige Kombinationen wie z.B. mit GuD-Anlagen sind aber bislang beim Turmkraftwerk noch nicht kommerziell erprobt und spielen bislang in der Entwicklung zur kommerziellen Reife auch nur eine untergeordnete Rolle.

3.2.5.3 Kosten

Aktueller Status

Bezüglich der generellen Aussagen zu Kosten von solarthermischen Kraftwerken verweisen wir hier auf Kapitel 3.2.3.3. Für die drei Kraftwerksgrößen aus der Tabelle 22 sind in der Tabelle 23 die spezifischen Kosten auf der Basis der aktuell verfügbaren Informationen von Lieferanten und Technologieentwicklern dargestellt. Auch hier gilt, dass für konkrete Betrachtungen länder- und standortspezifische Abschätzungen zu treffen sind.

---

[141] Die Kennzahlen beziehen sich auf den derzeitig angewendeten und zukünftig absehbaren Leistungsbereich (ohne Speicher, Trockenkühlung), Spanien, 2.000kWh/m²a.

Tabelle 23: Kosten von Turmkraftwerken[142]

		Typ 1	Typ 2	Typ 3
Installierte Leistung	MW	15	30	50
Investitionen	Mio. €	70	123	185
Spiegelfeld, Fundamente	Mio. €	15	28	45
Rohre, Aufbau, Verkabelung	Mio. €	10	18	25
Turm	Mio. €	5	5	8
Receiver	Mio. €	14	24	35
Sonstiges Solarfarm	Mio. €	5	9	14
Kraftwerksblock (Dampfturbine, etc.)	Mio. €	18	34	50
Technische, rechtliche und sonstige Beratung	Mio. €	3	5	8
Spezifische Investitionen	€/kW	4.667	4.100	3.700
Jährliche Annuität der Investitionen	Mio. €/a	6	10	15
O&M-Kosten	Mio. €/a	2	3	4
Spezifische O&M-Kosten	Mio. €/a/MW	0,14	0,10	0,07
Summe jährliche Kosten	Mio. €/a	8	13	19

Die Tabelle 23 zeigt, dass die spezifischen Investitionen im dargestellten Bereich von 15 bis 50 MW sich derzeit zwischen 3.700 und 4.700 €/kW bewegen. Innerhalb des dargestellten Bereiches ist der Skaleneffekt zu erkennen: die spezifischen Kosten eines 50 MW-Kraftwerkes liegen im Beispielfall eher bei 3.700 €/kW, während sie bei einem 15 MW-Kraftwerk eher bei 4.700 €/kW liegen. Im Durchschnitt teilen sich diese Kosten etwa auf in 65 % für die komplette Solarfarm (Heliostatenfeld) sowie 30 % für den kompletten Turm einschließlich Kraftwerksblock. Die verbleibende Differenz sind Beratertätigkeiten und sonstige Kosten für das Gesamtprojekt.

Die jährlichen Kosten für Betrieb und Wartung können in erster Näherung als Anteil der Investitionen angegeben werden. Dabei kann von ähnlichen Ansätzen wie bei Parabolrinnenkraftwerken ausgegangen werden. Inwieweit sich die einfachere Reinigung der Spiegel substantiell in einer Verringerung der gesamten O&M-Kosten niederschlägt, ist noch nicht absehbar. Daher wird auch hier von einem Ansatz ausgegangen, dass die O&M-Kosten ca. 2 bis 3 % der Gesamtinvestition betragen. Auf der Basis der vorliegenden Datenbasis liegen die jährlichen Kosten der Anlagen im Leistungsbereich dann zwischen 15 und 36 Mio. Euro, wobei die auf das kW bezogenen Kosten mit steigender Kraftwerksleistung fallen.

Zukünftiger Kostentrend

Grundsätzlich gelten für Solarturmkraftwerke ähnliche Abhängigkeiten hinsichtlich der zukünftigen Kostentrends wie bei Parabolrinnentechnologie (vgl. Kapitel 3.2.3.3).

---

[142] Die Kosten beziehen sich auf den derzeitig angewendeten und zukünftig absehbaren Leistungsbereich (ohne Speicher, Trockenkühlung), Referenzjahr 2011, 2000 kWh/m²a.

Hinsichtlich der konkreten Kostenentwicklung von Solarturmkraftwerken im Unterschied zu Parabolrinnenkraftwerken gibt es kaum umfassende veröffentliche Studien. Zumeist wird in Szenarien lediglich ein Ausblick auf die Standardparabolrinnentechnologie gegeben. Ausgehend von den Kostenreduktionspotential aus Kapitel 3.2.3.3, sowie von einer linearen Entwicklung vom Status jetzt und unter der Annahme des gleichen Verhältnisses der O&M-Kosten zu Investitionen (siehe Tabelle 21) ergibt sich unter dieser Annahme eine Kostenentwicklung bis zum Jahr 2021 entsprechend der Abbildung 39. Dementsprechend sinken dann die spezifischen Investitionen bis 2021 auf 2.200 – 2.800 €/kW.

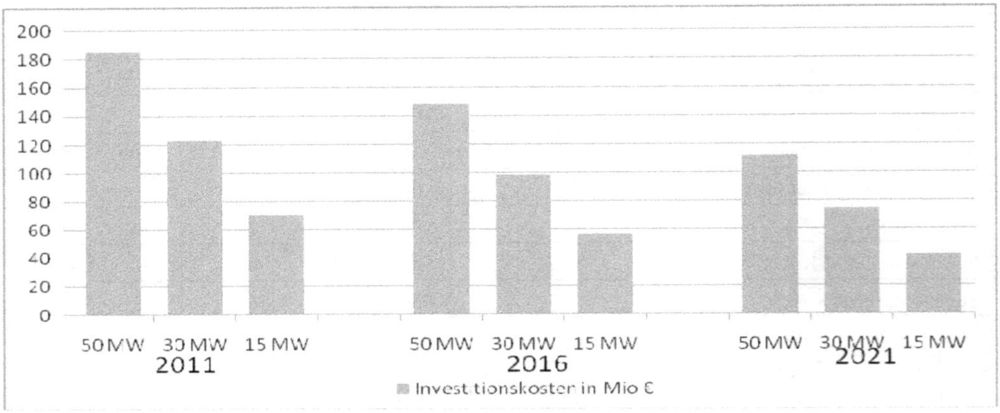

Abbildung 39: Entwicklung der Investitionen und O&M-Kosten von Solarturmkraftwerken[143]

3.2.6 Speichersysteme

Zu den Aufgaben der Speichersysteme gehört die kontinuierliche Lieferung von thermischer Energie an die Turbine auch nach Sonnenuntergang. Parallel dazu harmonisieren Speichersysteme die zeitlichen Schwankungen der Solareinstrahlung im Tagesverlauf, welche sich beispielsweise durch vorüberziehende Wolkenfelder ergeben können. Ein gleichmäßiger Betrieb dank Speichertechnologie ist vor allem in Hinblick auf die klassischen Kraftwerkskomponenten förderlich. Im wichtigen CSP-Land Spanien führt zusätzlich der gesetzlich geregelte Einspeisetarif mit der Begrenzung der Turbinengröße auf 50 MW zu einem verstärkten Einsatz von Speichern, da so durch Solarfeldvergrößerung der subventionierte Energieoutput erhöht werden kann.

3.2.6.1 Aspekte der Integration von Speichersystemen

Die elektrische Ausgangsleistung von CSP-Anlagen ohne Speicher hängt von den meteorologischen Bedingungen im Tagesverlauf ab. Neben den – von geringerer Bedeutung – kurzfristigen und nicht planbaren Änderungen der Solarstrahlungsintensität zwischen Sonnenauf-

[143] Die Kostenentwicklung erfolgt unter der Annahme einer 40 %-igen Verringerung der Kosten innerhalb der Dekade 2011 bis 2021.

gang und Untergang sowie den saisonal bedingten Änderungen von Sonnenaufgangs und – untergangszeitpunkt, empfangen CSP-Kraftwerke in der Zeit von Sonnenuntergang bis Sonnenaufgang gar keine Strahlungsenergie. In vielen Ländern (und diese Länder zeigen häufig großes Potential für CSP-Anlagen) ist die Tagesspitze des Elektroenergiebedarfes zwar durch aktive Kühlungssysteme verursacht und damit weitgehend parallel zum Angebot der Sonne. Dennoch sind die Bedarfswerte auch unmittelbar nach Sonnenuntergang erhöht, da viele Klimageräte nach wie vor in Betrieb sind.

Deswegen wissen Energieversorger es zu schätzen, wenn das Energieangebot *„dispatchable“*, also steuerbar, ist. CSP-Techniken wandeln Sonnenlicht über die Umwandlung von thermischer Energie in elektrische Energie. Sie bieten daher die Möglichkeit, die thermische Energie zu speichern, um sie zu sonnenarmen Zeiten in elektrische Energie zu wandeln. Speicher erlauben es also, auch in der Nacht Solarenergie in Strom zu wandeln und auf diese Weise die Betriebszeit des Dampfkreislaufes erheblich zu erhöhen.

Grundsätzlich werden zurzeit folgende Speichermöglichkeiten im Zusammenhang mit CSP-Kraftwerken intensiver diskutiert:

1. Dampfspeicher,
2. Thermoölspeicherung,
3. Betonspeicher und
4. Salzspeicher.

3.2.6.2 Komponenten unterschiedlicher Speichersysteme

Dampfspeicher speichern thermische Energie unmittelbar vor Eintritt in die Turbine. Druck und Temperatur des gespeicherten Dampfs entsprechen den Parametern am Turbineneintritt. Diese Form der Speicherung ist eine bekannte und verbreitete Technik, die in vielen konventionellen Kraftwerken angewendet wird. Sie ist wegen der erforderlichen Druckbeständigkeit recht teuer und hat ein erhebliches Bauvolumen. Sie wird deswegen ausschließlich als Kurzzeitspeicher zur Pufferung von Betriebsschwankungen am Turbineneintritt verwendet. Die drei anderen Technologien folgen ähnlichen Anordnungen. Parallel zum Wärmetauscher, der den Wärmetransport vom Solarfeld in den Dampfkreis ermöglicht, wird das Speichersystem angeordnet. Durch ein Kollektorfeld, das mehr Strahlung in Wärme umwandelt als die Turbine benötigt, kann zusätzlich der Speicherbereich mit thermischer Energie beladen werden.

Im naheliegenden Fall wird eine erheblich größere Menge ***Thermoöl*** aufgeheizt und heiß, also bei nahezu 400 °C, in einem Tank gelagert. Bei zusätzlichem Bedarf an der Turbine (z.B. in der Nacht) wird dieses Öl dann zum Wärmetauscher mit dem Dampfkreis gepumpt und gibt die am Tage gesammelte Wärme zur Umwandlung in elektrische Energie ab. Nachteil dieses Ansatzes ist, dass das Thermoöl teuer ist und die Anforderungen an den Umweltschutz hoch sind.

Ein weiteres Konzept sieht vor, dass ein großer ***Betonspeicher*** mit heißem Fluid durchströmt und aufgeheizt wird. Zur Entladung des Speichers strömt das kalte Thermoöl durch den Betonspeicher und heizt sich auf. Es gibt dann die Wärme an den Dampfkreis ab und treibt die Turbine an. Die Bauvolumen für Betonspeicher sind erheblich. Die Aufwendungen, mit kurzen Wegen der Wärmeleitung den gesamten Block zu beheizen, führen zu vielen Rohrbündeln. Dennoch sind die Be- und Entladevorgänge recht langsam. Betonspeicher befinden sich in der Entwicklungs- und Erprobungsphase und sind gerade in Bezug auf die durch Temperaturänderung verursachten Dehnungen noch nicht bis ins letzte Detail einsatzfähig.

Eine weitere Möglichkeit der thermischen Energiespeicherung eröffnen Tanksysteme mit ***Flüssigsalz*** (*molten salt*). Diese Anordnung wird meist mit zwei Tanks realisiert, einem „kalten" und einem „warmen". Der „kalte" Tank darf mit seiner Temperatur nicht unterhalb 250 °C fallen, da ansonsten die Gefahr besteht, dass das Salz aus dem flüssigen Zustand in die feste Phase übergeht und dann ein erneutes „Auftauen" nahezu unmöglich wird. Der „warme" Tank erreicht nahezu 400 °C und ist hier limitiert, weil das Thermoöl nicht höher temperiert sein kann. Im Falle eines erhöhten Wärmeangebotes wird neben dem Antrieb der Turbine der warme Tank beladen. Dazu wird kaltes, flüssiges Salz aus dem kalten Tank in einem Wärmetauscher mit der Wärme aus dem Solarfeld beladen und im warmen Tank gespeichert. In der Nacht wird warmes Salz aus dem Tank entnommen und die Wärme wird im Wärmetauscher auf das Thermoöl übergeben. Von diesem wird die Wärme in einem weiteren Wärmetauscher an den Dampfkreis übertragen, um dann die Turbine anzutreiben.

3.2.7 Sonstige solarthermische Stromerzeugungstechnologien – Dish-Stirling-Anlagen

Dishkraftwerke sind zweiachsig konzentrierende Systeme, die dementsprechend einen Brennpunkt haben. Der Konzentrator hat eine Schüsselform, daher die Bezeichnung „Dish". Die Innenseite der Schüssel ist verspiegelt und besteht in der Regel aus einer Vielzahl von Segmenten. Die Grundform ist eine rotierte Parabel. Dishkraftwerke werden in beide Richtungen exakt der Sonne nachgeführt und deswegen wird das parallel einfallende Sonnenlicht an jedem Punkt der Oberfläche in den Brennpunkt reflektiert.

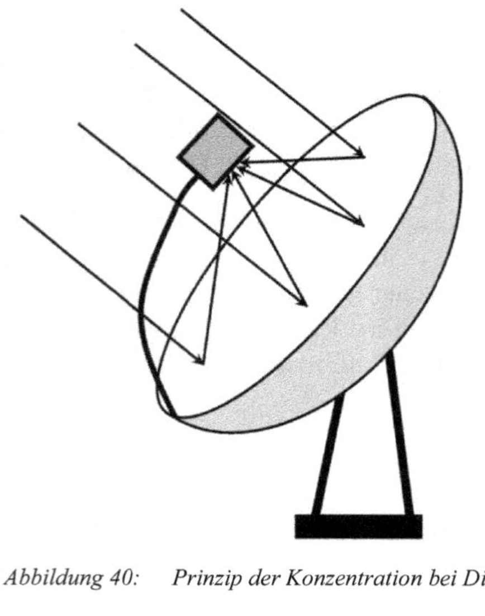

Abbildung 40: Prinzip der Konzentration bei Dishkraftwerken

Im Brennpunkt ist der heiße Wärmeübertrager eines Stirlingmotors angeordnet. Die konzentrierte Strahlung wird hier in Wärme umgewandelt und direkt auf das Arbeitsgas des Stirlingmotors übertragen. Ein Stirlingmotor arbeitet ohne innere Verbrennung und bezieht seine Energie lediglich aus der Wärme, die von außerhalb des Motors an sein Arbeitsgas übertragen wird. Ein Kolben der Maschine organisiert den Transport des kalten Arbeitsgases in den Bereich, in dem die Wärme zugeführt wird. Dadurch ändert sich das Volumen und ein zweiter Kolben wird bewegt. Diese Bewegungsenergie treibt einen Generator an.

Der Vorteil dieser Anordnung ist gleichzeitig auch ein Nachteil. Auf Grund seiner geringen Baugröße sind geringe elektrische Leistungen möglich, ja sogar notwendig. Das bedeutet, dass eine Dezentralisierung bis hin zur „Minianwendung" bis zu wenigen kW installierte Leistung möglich ist, andererseits eben auch eine Vielzahl gleicher Anlagen für große Gesamtleistungen. Während andere CSP-Anlagentypen für beispielsweise 100 MW installierter Leistung *eine* Dampfturbine verwenden, hat jedes Modul der Dishkraftwerke eine Leistung von etwa 25 kW. Es sind also 4.000 Stirlingmotoren zu betreiben und zu warten, um die gleiche Leistung bereitzustellen. Abhängig vom ausgewählten Konzept variiert der Konzentrationsfaktor von 300 bis 4.000.

Dishkraftwerke sind auf dem Weg zur kommerziellen Anwendung, allerdings eher noch in der Demonstrationsphase. Bei Anordnung in großen Parks kann eine Belegungsdichte von etwa 30 MW/km² erreicht werden.

3.2.8 Marktstatus

3.2.8.1 Aktuell

Zurzeit (Ende 2010) sind weltweit etwas mehr als 1.200 MW an kumulierter Leistung durch CSP-Anlagen installiert. Der größte Teil (knapp 750 MW) entfällt hierbei auf Spanien, wo allein im Jahre 2010 etwas mehr als 450 MW ans Netz gebracht wurden. In den USA sind als zweitgrößter Markt fast 480 MW insgesamt installiert, wovon knapp 80 MW 2010 angeschlossen wurden. Die Zahlenwerte sowie Einschätzungen zu zukünftigen Entwicklungen sind teilweise aus einem aktuellen Artikel zum Marktstatus von CSP-Systemen entnommen[144].

Parallel zu den Anlagen, die bereits fertig gestellt sind und zur Stromproduktion beitragen (im Jahr 2010 wurden knapp 2.300 GWh durch CSP-Systeme erzeugt), befinden sich viele Projekte in der Planungs- oder Bauphase. So wird in Abu Dhabi gerade an „SHAMS 1" gebaut, eine 100 MW-Anlage, die die Parabolrinnentechnologie und ihre wirtschaftliche Anwendung im mittleren Osten bestätigen soll. In den USA sind gleich mehrere Großprojekte im fortgeschrittenen Entwicklungsstadium, d.h. vor allem, dass sie bereits über einen langfristigen Einspeisevertrag (PPA) verfügen). Dazu gehören das 1 GW-Parabolrinnenkraftwerk in BLYTHE, der 370 MW Solarturmpark IVANPAH SOLAR und das 250 MW-Projekt ABENGOA in der Mojave-Wüste, welches ebenfalls die Parabolrinnentechnik nutzen wird.

[144] A. Wiese et al 2011.

Tabelle 24: Darstellung verschiedener Kennwerte in Bezug auf unterschiedliche Märkte

	Kumulierte installierte Leistung 2010		Installierte Leistung 2010		Erzeugte elektrische Energie in 2010*
	(GW)		(GW)		(TWh/y)
Europa	0,74		0,455		1,3
Nordamerika	0,48		0,078		1
Afrika	~ 0,0		< 0,1		< 0,1
Welt (gesamt)	1,224		0,551		2,3
größter nationaler Markt	Spanien:	0,73	Spanien:	0,455	

* geschätzt

In Indien wird im Sinne der nationalen Solarmission an einem Ziel von 1 GW bis 2013 und 20 GW bis 2022 festgehalten, wobei der erhebliche wirtschaftliche und zeitliche Druck, der auf den Projekten lastet, sich eventuell negativ auf die Umsetzung dieser Ziele auswirken wird.

Ein weiterer wichtiger Markt, in dem momentan einzelne Projekte realisiert werden und eine Reihe von Projekten in der Machbarkeits- oder Vormachbarkeitsprüfung sind, ist die gesamte Region Nordafrika und Mittlerer Osten (Mena-Region). Projekte sind bereits in Marokko, Algerien und Ägypten in Betrieb oder kurz vor der Fertigstellung. Viele Länder haben hier nationale Pläne, in großem Stile Solarkraftwerke zu implementieren (z.B. Plan Solaire in Marokko mit 2 GW bis 2020 und Plan Solaire in Tunesien). Darüber hinaus liefert hier die Desertec-Initiative, bei der eines der Hauptziele die Installation großer CSP-Kraftwerke in der Mena-Region und der Import solar erzeugten Stromes nach Europa ist, wichtige Impulse.

Aus technologischer Sicht werden weiterhin hauptsächlich die etablierten Parabolrinnen umgesetzt, wobei sich mit Puerto Errado 2, einer 30 MW-Fresnelanlage in Spanien, erstmals ein alleinstehendes kommerzielles Fresnelkraftwerk im Bau befindet. Auch die umgesetzten Solarturmkraftwerke werden ihre Vorteile gegenüber anderen Technologien behaupten müssen, um sich am Markt durchsetzen zu können. Dish/Stirling-Anlagen werden nach dem Verkauf der zwei großtechnischen Projekte in den USA (Calico Solar Energy und Imperial Valley Solar) in den vergangenen Monaten und der erwarteten Abänderung dieser Projekte auf Photovoltaik-Anlagen voraussichtlich vorerst nicht kommerziell verwirklicht werden.

3.2.8.2 Langfristige Perspektiven

In den nächsten Jahren wird eine weitere Erhöhung der durchschnittlichen Anlagengröße der CSP-Kraftwerke erwartet. Dadurch werden sich einige Kostenvorteile erreichen lassen. So sind größere Kraftwerksblöcke pro Kilowatt günstiger als kleinere, die Planungs- und Entwicklungskosten können als quasi unabhängig von der Systemgröße betrachtet werden und durch höhere Beschaffungsmengen werden Rabatte beim Einkauf erreicht. Neben diesen

Skaleneffekten werden weitere Kostenreduktionen durch Lernkurveneffekte und vor allem durch die Weiterentwicklung der kostspieligen Spiegel erwartet. Parallel zu den Kosten, welche sich am spanischen Markt orientieren, werden auch die Einspeisevergütungen sinken. Bis 2015 ist hierbei eine deutliche Verringerung zu erwarten.

3.2.9 Umwelteinflüsse

Durch die aktuelle Diskussion zur Klimaveränderung ist der Einfluss von CO_2 auf die Atmosphäre in der Öffentlichkeit bekannt. Durch die endliche Menge an fossilen Brennstoffen und die Auswirkungen deren Ausbeutung auf Umwelt und Natur sowie durch die Rahmenbedingungen der Stromerzeugung mit Hilfe von Kernenergie ist der wachsende Energiebedarf der Menschheit ohne Ausbau der erneuerbaren Energiequellen kaum zu bewältigen. Daher stellt sich die Frage nach möglichen negativen Einflüssen und Effekten auf die Umwelt durch CSP-Anlagen.

Tabelle 25: Vergleich von umweltrelevanten Größen bei unterschiedlichen Stromerzeugungstechnologien[145]

		Parabolrinnen-Anlage	**Erdgas GuD-Kraftwerk**	**Braunkohle-Kraftwerk**
		50 MW, Spanien	400 MW, Deutschland	800 MW, Deutschland
durchschn. Stromerzeugung		78 GWh/a	2.400 GWh/a	6.400 GWh/a
CO_2-Äquivalent Ausstoß	gesamt	100 g/kWh	386 g/kWh	1.054 g/kWh
	Betrieb	73 g/kWh*	349 g/kWh	998 g/kWh
Wasserverbrauch		ca. 0,12 l/kWh**	ca. 1,0 l/kWh***	ca. 2,5 l/kWh***
Flächenverbrauch		ca. 15 m²/MWh	0,008–0,01 m²/MWh	0,02–0,04 m²/MWh
Materialaufwand für die Herstellung der Kraftwerke		Mittel	gering	gering

* eigene Einschätzungen zu zusätzlichen Emissionen des Gaskessels bei CSP-Anlagen in Spanien (bis zu 15 % der Stromproduktion aus Gaseinsatz)

** bei Trockenkühlung

*** bei Nasskühlung

Gerade die Parabolrinnentechnik mit dem größten Marktanteil bei den CSP-Kraftwerken hat im Falle der Nasskühlung einen Wasserverbrauch pro produzierter MWh, welcher deutlich über dem von herkömmlichen Kohlekraftwerken liegt. Zur Reinigung der Spiegel müssen in Abhängigkeit von der Staubbeladung der Umgebungsluft Waschintervalle gefahren werden. An Standorten mit günstiger Direkteinstrahlung (beispielsweise in Wüstengegenden) führt dies zu einer weiteren Belastung der Wasserbilanz der Anlage. Techniken zur Trockenkühlung führen in der Regel zu geringeren Gesamtanlagenwirkungsgraden und höheren Investitionen.

[145] Öko-Institut 2011 und A. Voß; T. Marheineke 2002.

Da die meisten Parabolrinnenanlagen mit Thermoöl im Solarfeldkreislauf arbeiten, sind Maßnahmen und Vorrichtungen zur Vermeidung von Leckagen vorzusehen. Für die Umweltrelevanz sind hierbei auch die Risiko- und Sicherheitssätze von Thermoöl zu beachten, insbesondere der Hinweis auf die schädliche Wirkung auf Wasserorganismen und mögliche langfristige schädliche Wirkung in Gewässern. Außerdem sind gesonderte Handlungsanweisungen sowie Schulungen des Personals zur Vorgehensweise im Brandfall umzusetzen. Thermoöl kann beim Entweichen unter Druck mit dem Luftsauerstoff explosive Atmosphären bilden.

Ein Aspekt im Zusammenhang mit Solarturmkraftwerken, der sich auf den ersten Blick als problematisch erweisen könnte, sind Reflexionen von den Heliostaten oder dem Turmreceiver über die Anlagenfläche hinaus. Eine Studie von FRANCK, WALZER und CHERNIN zeigt jedoch[146], dass diese Sorge während regulärem Kraftwerksbetrieb unbegründet ist.

Nach Ende der wirtschaftlichen Nutzungsdauer von Kraftwerksanlagen ist ein geordneter Rückbau vorzunehmen. Während insbesondere Kernkraftwerke hierbei extreme Probleme aufgrund der radioaktiven Belastungen ganzer Kraftwerksteile mit sich bringen, steht einem direkten Abbau bei CSP-Anlagen nichts im Wege. Verbleibende Mengen an Thermoöl in den Rohrleitungen müssen eventuell vor deren Abtransport durch geeignete Maßnahmen ausgewaschen werden. Obwohl es keine bzw. nur sehr begrenzte Erfahrungen im Rückbau von CSP-Anlagen gibt, kann von einer vollständigen Aufbereitung der Anlagenfläche, also einem Rückbau zu 100 %, ausgegangen werden.

Die Beeinträchtigung der Landschaft fällt bei CSP-Anlagen deutlich geringer aus als bei konventionellen Kraftwerksanlagen. Dies liegt einerseits an der geringen Bauhöhe der Anlagen (eine Ausnahme stellt hierbei der Turm bei Solarturmkraftwerken) von wenigen Metern und außerdem an der günstigen Standortlage solcher Anlagen in Wüsten- bzw. Steppengegenden mit tendenziell geringer Besiedelung.

[146] Franck, Walzer und Chernin 2008.

3.3 Darstellung zentraler Fertigstellungsrisiken

HELGE STRICKSTRACK

MBA, Dipl.-Kfm. (FH) Helge Strickstrack ist Prokurist bei Linden Energy GmbH in Oldenburg. Aus der Sanierungsberatung kommend, wechselte er 2009 als Projektmanager in die Branche der Erneuerbare Energien. Heute verantwortet er die Bereiche Projektfinanzierung und kaufmännisches Projektmanagement.

Bei der Realisierung großvolumiger Solarprojekte stellt die Konstruktionsphase für Investoren und Banken das höchste Risiko dar. Beide finanzierenden Parteien zielen mit ihrer Investition auf die in der Zukunft liegenden Kapitalrückflüsse aus dem Betrieb der Solaranlage ab. Das höchste Risiko besteht somit in der kapitalintensiven Zeit zwischen Baubeginn und Inbetriebnahme der Anlage, in der noch keine Kapitalrückflüsse aus dem Betrieb erfolgen.

Als Sicherheit stehen während der Konstruktionsphase lediglich das für den Bau der Anlage verwendete Material sowie die Rechte an Grundstück, Baugenehmigung und Netzanschluss zur Verfügung. Dienstleistungen für die Planung und den Bau der Anlage stellen in dieser Phase keine Sicherheit dar, so dass das Engagement im Falle eines Bauabbruchs mit erheblichen Verlusten für die Finanziers behaftet ist. Erst die Kombination aus Planungs- und Montagedienstleistung und Material, im Ergebnis also eine betriebsfähige Solaranlage, bietet einen als Sicherheit akzeptablen Wert für die finanzierenden Parteien. Das hohe Risiko in der Konstruktionsphase nimmt also erst in dem Moment ab, in dem die Solaranlage einer technischen Abnahme unterzogen wurde und die zuständige Institution den in der Projektplanung der Prognoserechnung zugrunde liegenden Einspeisetarif bestätigt. Kapitalgeber teilen sich also das höchste Risiko eines Solarvorhabens – das Fertigstellungsrisiko.

Ein wichtiger Bestandteil jeder Projektfinanzierung ist das Prinzip des „Risk sharing". „Risk sharing" beschreibt das Verteilen von Projektrisiken auf weitere, neben den Geldgebern, am Projekt beteiligte *Stakeholder*[147]. Dieses Prinzip findet in einem frühen Projektstadium statt, denn die Verteilung der Risiken erfolgt während der Verhandlung der Projektverträge. Ziel der Sponsoren und Banken ist die Übertragung von Teilrisiken auf Zulieferer von Material und Dienstleistungen, sowie Versicherungen. Die Identifikation und angemessene Zuordnung aller Projektrisiken bilden somit einen zentralen Bestandteil des Risikomanagements im Rahmen der Projektfinanzierung.

Fertigstellungsrisiken systematisch zu überwachen, zu steuern und im Schadensfall mit den verantwortlichen Stakeholdern abzuwickeln, bedarf der Umsetzung eines effektiven Projektmanagements. Die Überwachung der Bauausführung und des Einkaufs übernimmt hierbei eine zentrale Funktion.

Im vorliegenden Fachkapitel 3.3 werden Fertigstellungsrisiken von Solarprojekten behandelt. Neben der Vermittlung theoretischer Elemente des Risikomanagements werden Beispiele aus der Praxis herangezogen. Der Leser soll Fertigstellungsrisiken kennen und von anderen Pro-

147 A. Przybilla 2008, S. 59.

jektrisiken abgrenzen können. Es wird aufgezeigt, in welchen Phasen eines Solarvorhabens welche Arten von Fertigstellungsrisiken ihren Ursprung haben und wie sie sich auf das Gesamtvorhaben in Kosten, Qualität, Quantität und Zeit auswirken. Es wird am Beispiel eines großvolumigen Photovoltaikprojekts dargestellt, wie eine Risikostrategie für Solarprojekte gestaltet werden kann und welche Instrumente des Projektrisikomanagements das Überwachen und Steuern von Fertigstellungsrisiken vereinfachen können.

3.3.1 Beschreibung und Entstehung von Fertigstellungsrisiken

Fertigstellungsrisiken sind, aus drei wesentlichen Gründen, der kritischste Teil einer Projektfinanzierung. Erstens entsteht in dieser Projektphase der höchste Kapitalbedarf. Zweitens wirken sie sich in der Phase aus, in der das Projekt die höchste technische Komplexität des gesamten Projektprozesses erlangt. Drittens verfügt das Projekt in dieser Phase noch nicht über den Gegenwert zur Risikodeckung, der für die finanzierenden Parteien die zentrale Rolle der Projektbewertung darstellt – der zukünftig zu erwartende operative Cashflow.

Der Eintritt von Fertigstellungsrisiken lässt sich in vier Ausprägungen unterscheiden: Das Projekt kann (i) gar nicht, (ii) nur mit Zeitverzug, (iii) zu abweichenden Kapazitäten oder (iv) zu höheren Kosten fertig gestellt werden[148]. Alle vier aufgeführten Ausprägungen wirken sich negativ auf die erwartete Wirtschaftlichkeit des Vorhabens aus.

Keine Fertigstellung: Dass ein Projekt während der Konstruktionsphase abgebrochen werden muss, kann verschiedene Ursachen haben. Aus verwaltungsrechtlicher Sicht kann die Ursache beispielsweise durch Fehler in der Genehmigungsplanung begründet sein, die zu einem unwiderruflichen Baustopp führen. Wirtschaftlich betrachtet kann ein kostenseitiger Mehraufwand dazu führen, dass die Rentabilität des Projekts nicht länger gewährleistet ist und die finanzierenden Parteien sich zur Übernahme des zum Zeitpunkt des Bekanntwerdens zu beziffernden Schadens entscheiden. Auch technische Probleme können die Ursache dafür sein, dass ein Projekt abgebrochen werden muss.

Unabhängig von der Ursache bleibt den Finanziers nur die Verwertung der Anlagenwerte, die in den wenigsten Fällen die bisher geleisteten Auszahlungen decken.

Zeitverzug: Eine verspätete Fertigstellung eines Projekts kann z.B. in der Materialversorgungskette oder in ungeplanten technischen Problemen begründet sein. Die Auswirkung ist zweierlei. Zum einen müssen Ressourcen länger vorgehalten werden, so dass möglicherweise das Planbudget überschritten wird. Zum anderen kann der Betrieb erst zu einem späteren Zeitpunkt eintreten, so dass die prognostizierten Cashflows erst später zur Bedienung des Kapitaldienstes und Auszahlung von Dividenden zur Verfügung stehen, also eine Verschlechterung der Rentabilität zu erwarten ist. Im schlimmsten Fall hat die verzögerte Fertigstellung eine Absenkung des Einspeisetarifs zur Folge, sofern das regionale System zu dem Zeitpunkt eine Tarifdegression vorsieht.

Abweichende Kapazitäten: Zumeist Planungsfehler, aber auch von der Bestellung abweichende Materiallieferungen, können zu einer Abweichung der geplanten Kapazität führen.

[148] H. Werthschulte 2005, S. 84.

Die Fertigstellung zu höheren Kapazitäten stellt für den Projektsponsor zumeist, aber nicht unbedingt, eine Chance dar. Die hieraus üblicherweise resultierenden Skaleneffekte des Projekts, trotz eventueller Mehrkosten, verbessern in der Regel die Rentabilität. Eine Fertigstellung zu geringeren Kapazitäten bewirkt den gegenteiligen Effekt: Der Investition und den Fixkosten in der Betriebsphase stehen weniger Einnahmen gegenüber – die Rentabilität sinkt. Für die Fremdkapitalgeber bedeutet dies eine Verschlechterung ihrer Risikoposition, die sie – je nach Ursachentyp – auch berechtigen mag, Änderungen an der Finanzierungsstruktur zu verlangen.

Höhere Kosten: Negative Budgetabweichungen können unterschiedlichen Ursprungs sein. Am häufigsten treten Zeitverzug, somit die Notwendigkeit, Kapazitäten länger vorzuhalten, und Mehraufwand durch technische Probleme, also der unvorhergesehene Verbrauch zusätzlicher Ressourcen, auf. Stehen den höheren Investitionskosten die zukünftigen Cashflows in geplanter Höhe gegenüber, sinkt auch in diesem Fall die Rentabilität des Projekts.

Projektexogene Risiken, wie eine Änderung des Regulierungsumfeldes, können von den Projektbeteiligten nicht kontrolliert werden. Fertigstellungsrisiken hingegen sind den projektendogenen Risiken zuzuordnen, solchen, die durch Projektbeteiligte beeinflusst werden können. Zwar stellen Fertigstellungsrisiken das höchste Gefahrenpotenzial in einem Projekt dar. Ihre Beeinflussbarkeit durch die Stakeholder erlaubt allerdings eine Risikominimierung und zu weiten Teilen Beherrschung[149].

Ihre Auswirkung haben Fertigstellungsrisiken in der Konstruktionsphase eines Projekts. Die Ursachenentstehung eines einzelnen Risikos ist in der Regel einem früheren Zeitpunkt zuzuordnen. Da zum Zeitpunkt der Projektinitiierung viele Details noch erschlossen werden müssen, bewegen sich die Initiatoren oftmals in einem von Unsicherheit geprägten Projektumfeld.

Typische Unsicherheiten sind Materialverfügbarkeit und Rechtssicherheit bei den vorliegenden Projektrechten (Baugenehmigung, Grundstück, Netzanschluss). Der Eintritt solcher Risiken wirkt sich erst in der Bau- oder Betriebsphase des Projekts aus. Wichtig ist entsprechend, dass mögliche Unsicherheiten frühzeitig begriffen und gesteuert werden. Hierbei kommt der Gestaltung vertraglicher Beziehungen zwischen den Projektparteien besondere Bedeutung zu. Vertragsverhandlung und -gestaltung entscheiden darüber, wer welche Risiken trägt. Diese Aufgabe stellt somit eine Kernaufgabe des Projektrisikomanagements dar.

Anders als dieser eher strategisch–juristisch geprägte Umgang mit Fertigstellungsrisiken, verlangt die Einwirkung auf Fertigstellungsrisiken, die während der Konstruktionsphase entstehen, eine kurzfristige Handlung oft technischer Natur.

Diese Risiken entstehen im Verlauf von Liefer-Bauausführungs- und Verwaltungsprozessen. Da diese Prozesse nicht selten in der Verantwortung von Subunternehmern liegen, ist aktives Eingreifen und Überwachen gefordert.

---

[149] Zu einer ökonomischen Analyse des optimalen Umfangs des Risikotransfers siehe J. Böttcher 2009, S. 52–71.

Es wird deutlich, dass einerseits ein sauberes juristisches Set-Up des Projekts, schon während der Planungsphase, über den Erfolg im späteren Umgang mit Fertigstellungsrisiken entscheidet (siehe hierzu das Fachkapitel 2.1). Andererseits muss ein operatives Projektmanagement vor Ort die konsequente und vertragsgemäße Realisierung des Projekts sicher stellen. Wichtig ist die Erkenntnis, dass das Projektrisikomanagement beginnen muss, lange bevor operative Projekttätigkeiten durchgeführt werden.

3.3.2 Projektrisikomanagement

Oberstes Ziel des Projektrisikomanagements ist die Einleitung von Maßnahmen zur Sicherstellung der zukünftigen Projekt-Cashflows. Das Identifizieren und Beherrschen von Risiken ist ein wesentlicher Erfolgsfaktor für das Projekt. Häufig werden Projektrisiken im Rahmen der Projektplanung durch einen prozentualen Zuschlag in der Kalkulation erfasst. Nicht selten sind eben diese Zuschläge auch die ersten Positionen, die in der Kalkulation gestrichen werden, wenn die Rentabilität des Projekts nicht den Vorstellungen der Sponsoren entspricht. Vom konservativen Worst Case-Szenario entwickelt sich das Projekt zunehmend zum Best Case-Szenario. Die Wahrheit liegt üblicherweise dazwischen und spiegelt nur in den seltensten Fällen den optimistischen Ansatz wider.

Projektrisikomanagement dient nicht der Anzweiflung eines Projekts, sondern der Sicherstellung des Projekterfolgs. Es sollte daher als fester Bestandsteil eines jeden Projekts angesehen und nicht als Barriere begriffen werden.

Das Projektrisikomanagement kann als sehr komplexer Bestandteil in ein Projekt integriert werden. Von Art und Umfang eines Projekts abhängig sollten passende Instrumente ausgewählt werden, mit denen das Risikomanagement umgesetzt wird. Üblicherweise folgt die Entwicklung einer Risikostrategie einem allgemein verwendeten Prozess[150]:

1. Risikoidentifikation
2. Risikobewertung
3. Risikosteuerung
4. Risikocontrolling.

Aufbau und Inhalte eines Projektrisikomanagements können unterschiedlich umfangreich gestaltet werden. Wichtig ist, dass das Risikomanagement einen Nutzen stiftet. Der Nutzen ist dann gegeben, wenn Risikomanagement durch effektive Instrumente umgesetzt wird, die von allen Teammitgliedern akzeptiert und verwendet werden. Zudem muss der Nutzen die Kosten des Risikomanagements übersteigen.

(i) Risikoidentifikation

Ziel: Die Erfassung möglichst aller Risiken, die zum jeweiligen Projektstadium erkennbar sein können. Im Zweifel sollen vornehmlich alle Risiken erfasst und einzelne später verworfen werden, bevor sie übersehen werden.

---

[150] GPM; M. Gessler 2009, S. 189.

Methodik: Zu empfehlen ist die Arbeit im Team – unterschiedliche Erfahrungen und Sichtweisen erhöhen die Wahrscheinlichkeit, möglichst viele Risiken zu identifizieren. Im ersten Schritt ist es sinnvoll, vorliegende **Projektdokumente** – z.B. Zielbeschreibung, Projektstrukturplan, Arbeitspakete, Terminplanung – auf deren Vollständigkeit und Qualität hin zu untersuchen. Bei Solarvorhaben sind technische und rechtliche Dokumente von besonderer Wichtigkeit. **Checklisten** auf Basis geschlossener Fragen sind eine weit verbreitete Methodik zur Identifikation von Risiken. Binnen kurzer Zeit können Risiken erfasst werden, zudem bieten sie die Sicherheit, dass einzelne Fragen nicht vergessen werden. Ihr Nachteil ist, dass sehr spezifische und neue Umstände nicht abgefragt werden. Sie sollten daher in jedem Fall ständig um neue Kenntnisse erweitert werden, so dass die Dichte der Risikoerfassung mit jedem Projekt zunimmt. Besonders im Team kommen **Kreativitätstechniken**, z.B. Brainstorming, Brainwriting und Mindmapping zum Einsatz. Ein Vorteil ist, dass alle Techniken bewertungsfrei ablaufen und somit auch vermeintlich unwichtige Risiken erfasst werden. Alle Techniken sind schnell durchzuführen und führen, abhängig von den Teilnehmern, oft zu guten Ergebnissen. Detailliertere Kenntnisse über Risiken können mit Hilfe von **Experteninterviews** erworben werden. Befragt werden Personen, die vor allem aufgrund ihrer fachlichen Expertise wichtige Beiträge liefern können. Ein besonderer Vorteil ist, dass durch die Beantwortung offener Fragen Risiken nicht nur genannt, sondern oft auch beschrieben werden. Hinweise zu deren Ursache, also für die spätere Maßnahmenplanung, werden somit direkt mitgeliefert.

In der Literatur werden weitere Methoden aufgeführt, z.B. Delphi-Methode, Fehlerbaumanalyse, FMEA-Verfahren und Simulationsverfahren. Ihr Einsatz ist vergleichsweise aufwändig und ihr Nutzen somit abhängig von der Komplexität des jeweiligen Projekts.

(ii) Risikobewertung

Ziel: Analyse der identifizierten Risiken und deren **qualitative** und / oder **quantitative** Bewertung mit dem Ergebnis, Eintrittswahrscheinlichkeit (W) und Tragweite des Schadens (T) eines Risikos abzubilden.

Ziel der qualitativen Bewertung von Risiken ist deren Priorisierung im Umgang mit Maßnahmen. Ziel der quantitativen Bewertung ist, neben der Priorisierung der Risiken, die Zuordnung eines monetären Wertes zu jedem Einzelrisiko. Kosten für Maßnahmen können den Kosten eines Risikos gegenübergestellt werden, so dass der Nutzen jeder Maßnahme eindeutig abgebildet werden kann. Zudem dient die quantifizierte Bewertung der Bildung von Rücklagen, sofern Risiken als kaum vermeidbar eingestuft werden.

Die Einschätzung von Eintrittswahrscheinlichkeit und Tragweite von Risiken ist ein subjektiver Prozess, weshalb es in der quantifizierten Bewertung zu starken Abweichungen zwischen den Ergebnissen einzelner Betrachter kommen kann. Die qualifizierte Bewertung hingegen ermöglicht im ersten Schritt eine Festlegung von Prioritäten hinsichtlich der Maßnahmenplanung.

Methodik der qualifizierten Bewertung: Die qualifizierte Bewertung von (W) und (T) betrachtet nicht die Details einzelner Risiken. Sie dient der oberflächlichen und weniger zeitintensiven Risikobewertung. Jedes Teammitglied gibt seine Einschätzung zu (W) und (T) ab. Anstelle einer Vergabe prozentualer Werte erfolgt lediglich eine Skalierung zwischen „hoch", „eher hoch", „eher gering" und „gering". Wichtig ist der Verzicht auf ungerade Werte, etwa „mittel", da die Teilnehmer einem Kompromiss ausweichen müssen und eine klare Tendenz abgeben. Die Ergebnisse werden in eine Tabelle überführt und grafisch abgebildet. Die Tabelle enthält folgende Informationen: Nummer des Risikos, Bezeichnung des Risikos; Ausprägung (W), Ausprägung (T). Für die grafische Abbildung bietet sich die Darstellung der Risiken in einem Portfolio, wie in Abbildung 41 dargestellt, an.

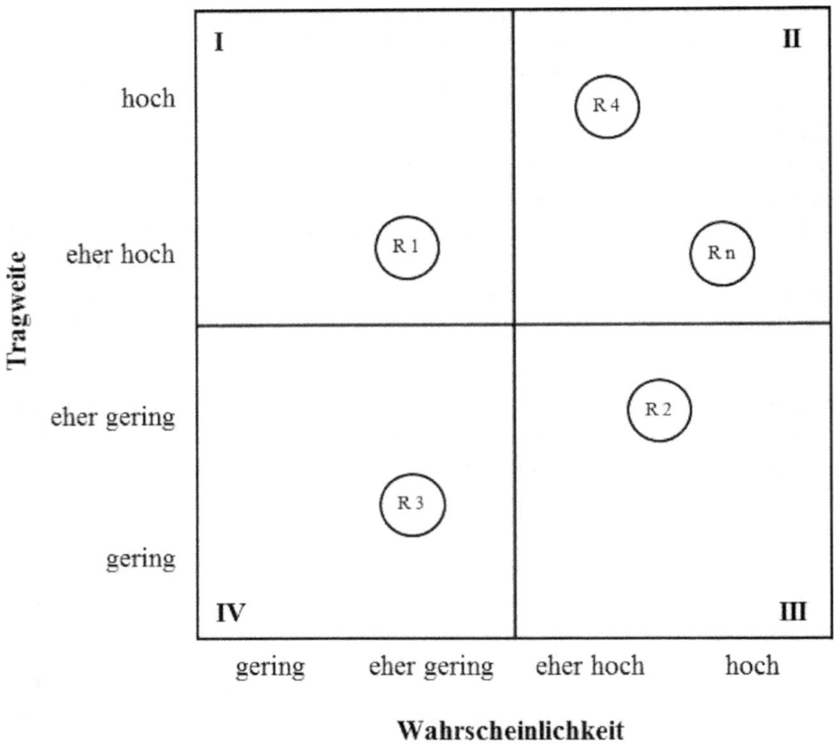

Abbildung 41: Risikoportfolio

Diese Art der Klassifizierung und Abbildung erlaubt, wie an späterer Stelle im Rahmen der Risikosteuerung näher beschrieben, den Umgang mit Einzelrisiken pauschal nach einer „Quadrantenpolitik".

Nachteil der qualifizierten Bewertung ist, dass den Einzelrisiken kein monetärer Wert zugeordnet wird. Zur Priorisierung im Umgang mit den Einzelrisiken stellt diese Methode ein sehr effektives, für einige Projekte auch ausreichendes, Instrument dar.

Methodik der quantifizierten Bewertung: Bei der quantifizierten Bewertung müssen die Teammitglieder einen Prozentwert für (W) und eine Kostenschätzung für (T) aufrufen. Bei starken Abweichungen der Teammitglieder untereinander wird ein Mittelwert festgelegt. Der

Risikowert (RW) errechnet sich aus dem Produkt von (W) und (T). Die Informationen werden in eine Tabelle eingetragen, wie am Beispiel in Tabelle 26 dargestellt.

Tabelle 26: Quantifizierte Risikobewertung

Nr.	Risiko	(W)	(T)	(RW)
1	Diebstahl von Komponenten	30%	500 TEUR	150 TEUR
2	Ausfall der Anlage in der Betriebsphase	15%	30 TEUR	4,5 TEUR

Die Darstellung ermöglicht dem Projektverantwortlichen zu entscheiden, ob er eine Maßnahme zur Minimierung oder gar Eliminierung eines Einzelrisikos einleiten möchte, oder ob er das Risiko trägt. Im Falle von Risiko 1, könnte zur Minimierung von (W) ein Wachschutz engagiert werden. Wird (W) nach Umsetzen der Maßnahme auf nur 5 % eingeschätzt, verringert sich der Risikowert um 125 TEUR auf 25 TEUR. Betragen die Kosten für einen Wachschutz 60 TEUR, ist die Umsetzung der Maßnahme als sinnvoll zu erachten.

Die quantifizierte Bewertung hat in ihrer Anwendung nicht nur Vorteile. Erstens ist sie mit sehr viel mehr Zeitaufwand verbunden als die qualifizierte Methode. Zweitens führt die subjektive Einschätzung von (W) oftmals zu einem unrealistischen Risikowert. Drittens müsste bei der Betrachtung, insbesondere bei der Bewertung von Fertigstellungsrisiken, der Zeitpunkt des Eintretens eines Risikos berücksichtigt werden. Ein Baustopp zu Baubeginn hätte einen weitaus geringeren Schaden zur Folge als kurz vor Inbetriebnahme.

Aus Sicht eines Investors für Solarvorhaben kann die qualifizierte Bewertung von Risiken bereits ausreichen. Der Investor hat den Zugang zu Projektinformationen zu einem frühen Zeitpunkt. Bereits vor seiner verbindlichen Entscheidung zur Durchführung des Projekts kann er, insbesondere durch die Gestaltung der Vertragswerke, ausreichende Maßnahmen zur Risikominimierung umsetzen, die ihn kein zusätzliches Geld kosten. Der Mehraufwand für eine quantifizierte Bewertung wäre nicht immer gerechtfertigt.

Unerlässlich allerdings ist die Abbildung eines Worst Case-Szenarios, worin das Eintreten aller Risiken entsprechend der Vertragsgestaltung Berücksichtigung finden.

(iii) Risikosteuerung

Ziel: Mit der Risikosteuerung werden Maßnahmen definiert, die der Vermeidung, Verteilung und Minimierung von Risiken dienen.

Methodik: Da Einzelmaßnahmen verschiedenen Fachgebieten, etwa Technik, Wirtschaft und Recht zuzuordnen sind, werden Maßnahmenpläne im Projektteam erarbeitet. Zu unterscheiden ist zwischen Präventivmaßnahmen, die Risiken vor ihrer Entstehung beeinflussen, und Korrektivmaßnahmen, die Risiken im Entstehungsprozess entgegenwirken.

Möglichkeiten im Umgang mit Risiken sind in Abbildung 42 dargestellt. Demnach sollten zuerst Maßnahmen definiert werden, die den Eintritt einzelner Risiken ausschließen. Im nächsten Schritt werden Teile der verbleibenden Risiken auf andere Parteien übertragen. Risiken sollten denjenigen Parteien zugeordnet werden, die diese Risiken am besten beherrschen können[151]. Die nach der Übertragung verbleibenden Risiken sollten durch die Umsetzung gezielter Maßnahmen entweder in ihrer Eintrittswahrscheinlichkeit und / oder Tragweite reduziert werden. Das verbleibende Restrisiko wird von den Kapitalgebern getragen. Projektverantwortliche sollten sich auf die Restrisiken vorbereiten und sie in ihrer Planung bestmöglich berücksichtigen.

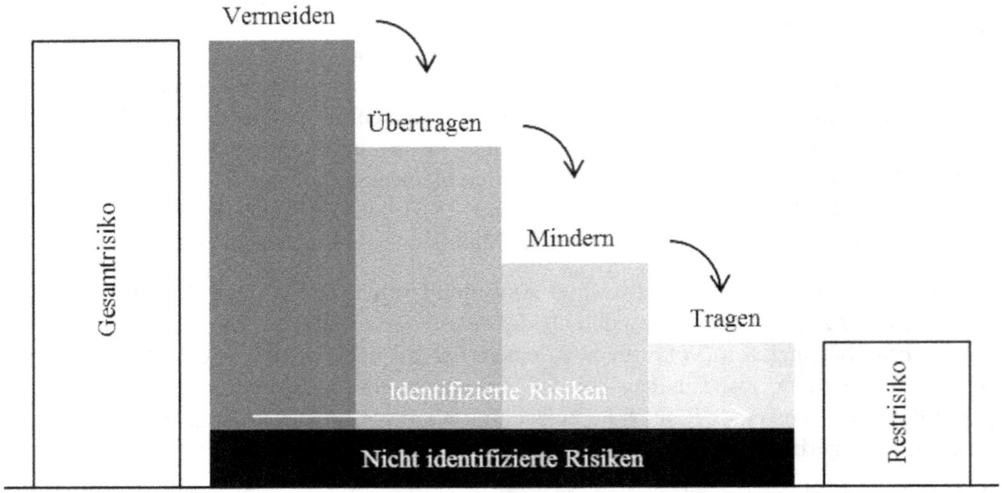

Abbildung 42: Möglicher Umgang mit Risiken

Eine vereinfachte Form der Risikosteuerung ist die Quadrantenpolitik. Mit Bezug auf Abbildung 41 kann für jeden Quadranten eine Risikostrategie verfolgt werden, die alle Einzelrisiken eines Quadranten pauschaliert betrachtet:

Quadrant I: Minderung der Eintrittswahrscheinlichkeit oder Vermeidung einzelner Risiken

Quadrant II: Minderung der Eintrittswahrscheinlichkeit und / oder Tragweite des Schadens

Quadrant III: Übertragung der einzelnen Risiken

Quadrant IV: Risiken tragen und beobachten

Die definierten Einzelmaßnahmen werden schriftlich dokumentiert. Den einzelnen Teammitgliedern wird die Verantwortung für die Umsetzung übertragen. Dass die Maßnahmen ordentlich umgesetzt werden, überwacht der Projektverantwortliche durch den Einsatz effektiver Controlling-Instrumente.

---

[151] B. Wolf; M. Hill; M. Pfaue 2003, S. 90.

(iv) Risikocontrolling

Ziel: Das Risikocontrolling stellt die Umsetzung der Maßnahmenplanung zur Risikominimierung sicher und überwacht die Wirkung der umgesetzten Maßnahmen.

Methodik: Bereits im Projektplanungsprozess werden Überwachungszeitpunkte und –situationen festgelegt. Hierfür bieten sich regelmäßige kalendarische Zeitpunkte (z.B. wöchentlich, zweiwöchentlich), Ergebnisse (etwa Abschluss eines Meilensteins) oder Ereignisse (z.B. Verzögerung einer Lieferung) an.

Zu diesen Überwachungszeitpunkten kann eine Vielzahl an Instrumenten eingesetzt werden. Zu den wichtigsten und im Rahmen der Risikoüberwachung laufend zu aktualisierenden Instrumenten gehören:

1. Der Projektablaufplan, in dem die zeitliche Komponente eines Projekts abgebildet wird.
2. Die Meilensteintrendanalyse, welche die zeitliche Komponente auf wichtige Ergebnisse im Projekt reduziert abbildet.
3. Die Liquiditätsplanung, die den Finanzmittelbedarf abbildet.
4. Die Maßnahmenplanung, die den Status und den Erfolg der Risiko reduzierenden Maßnahmen erfasst.

Die Maßnahmenplanung kann zugleich als Reportinginstrument eingesetzt werden. Hierin wird aufgeführt: Risiko, geplante Maßnahme und Verantwortlicher, Kosten der Maßnahme, Status der Maßnahmenumsetzung, Beschreibung des Maßnahmenerfolgs. Der Projektverantwortliche übernimmt üblicherweise das Risikoreporting an die Sponsoren.

3.3.3 Business Case: Photovoltaik-Freiflächenanlage in Italien

Die Anwendung eines Risikomanagements für den Umgang mit Fertigstellungsrisiken soll am Beispiel eines im Jahr 2010 in Italien realisierten Photovoltaikprojekts erläutert werden. Projektspezifische Daten wurden aus datenschutzrechtlichen Gründen abgeändert. Unternehmensnamen wurden frei erfunden.

Das Projektentwicklungsunternehmen PED GmbH hatte im Jahr 2008 mit der Realisierung kleinerer Aufdachanlagen erste Erfahrungen im italienischen Markt gesammelt. Marktspezifisches Wissen zu Tarifsystem, Netzanschlussverfahren, Genehmigungen und Grundbuchsystem war vorhanden. Umfassendes Know-How im Bereich der Photovoltaik existierte im Unternehmen, da das Initiieren, Realisieren und Betreiben von Erneuerbaren Energien-Projekten zu dem Zeitpunkt bereits seit mehr als zehn Jahren Schwerpunkt der Unternehmenstätigkeit war. Das erste Projekt der Megawattklasse in Italien war von besonderer Bedeutung und der Projekterfolg Richtung weisend für künftige Engagements im italienischen Markt. Insbesondere vor diesem Hintergrund lag besonderes Augenmerk auf der plangemäßen Fertigstellung des Projekts.

3.3.3.1 Projektbeschreibung

Das Projekt „Toskasol“ wurde Ende des Jahres 2009 initiiert. Geplante Fertigstellung des 5,5 Megawatt-Solarkraftwerks war Dezember 2010.

Im Januar 2011 sollte der Einspeisetarif in Italien eine Absenkung erfahren. Zwar ist der Zeitraum eines Jahres gut ausreichend für den Bau eines solchen Vorhabens. Zum Zeitpunkt der Initiierung mussten allerdings noch Investoren und Banken für die Finanzierung des über 21 Mio. Euro teuren Vorhabens gewonnen werden.

Standort

Toskasol sollte in der Region Toskana in Mittelitalien errichtet werden. Der Standort versprach laut Ertragsgutachten eine Einstrahlung von über 1.300 kWh/kW$_p$. Das Projekt sollte auf zusammen liegenden Grundstücken mit einer Gesamtfläche von zwölf Hektar realisiert werden. Der Netzanschlusspunkt wurde in einer Entfernung von knapp 500 Metern geplant.

Projektstatus im Dezember 2009

Das Projekt wurde von einem italienischen Unternehmen (ITGU S.r.l.) entwickelt, dessen Kerngeschäft im Bau der Projekte liegt. Die Projektrechte wurden in einer Zweckgesellschaft in Form einer *Società a responsabilità limitata* (S.r.l.), vergleichbar einer deutschen GmbH, gebündelt. ITGU S.r.l. hielt 100 % der Gesellschaftsanteile. Die Zweckgesellschaft „Toskasol S.r.l.“ war Inhaberin und Berechtigte sämtlicher Verträge und Genehmigungen, sofern letztere vorlagen. Die Baugenehmigung durch die zuständige Kommune stand zu dem Zeitpunkt noch aus. Der Netzanschluss war durch den zuständigen Energieversorger definiert, die Dienstbarkeiten zur Verlegung der Kabeltrasse noch nicht in Gänze eingeholt. Die Rechte an den geplanten Baugrundstücken wurden durch einen Vorvertrag gesichert, der eine zeitlich befristete Kaufoption zum Gegenstand hatte.

Geplante Technik

Vorgesehen war die Realisierung mit 23.910 Stück polykristallinen Modulen der 230 Watt-Klasse. Das Konzept der Elektroplanung sah ferner die Verwendung von acht Zentralwechselrichtern unterschiedlicher Leistungsklassen vor. Das Montagegestell aus Stahl wurde mit knapp 2.000 Stück Schraubfundamenten geplant.

Grundstück

Das geplante Baugrundstück diente der landwirtschaftlichen Nutzung und wurde über Jahre kultiviert. Beschränkungen lagen insofern vor, dass zu unterirdischen Kabeln und Pipelines ein Mindestabstand eingehalten werden musste. Dieser wurde in der technischen Planung voll berücksichtigt. Leichte Verschattung war von Bäumen und Stromleitungen zu erwarten, die im Ertragsgutachten Berücksichtigung fanden. Die Masten der Stromleitungen, die auf dem Gelände errichtet waren, sollten im Verlauf des Anlagenbaus verlegt werden.

Wirtschaftlichkeit und Finanzierung

Für Toskasol wurden Kosten in Höhe von 3.900 Euro pro kW_p angesetzt. Das Projekt sollte von einem Konsortium deutscher Investoren realisiert werden, die ihr Kapital in eine deutsche Zweckgesellschaft (SPV GmbH) investieren. SPV GmbH würde später 100 % der Anteile an Toskasol S.r.l. erwerben. Geplant war eine Kapitalstruktur, die einen Eigenkapitaleinsatz von 20 % nicht überschreiten sollte.

Im Laufe des ersten Quartals 2010 waren Investoren für das Projekt gefunden und die Verhandlungen bereits weiter voran geschritten. Es wurde ein Vorvertrag unterzeichnet, dessen Verpflichtung zur Realisierung des Projekts aufschiebend bedingt war.

Die Finanzierung musste in zwei Schritten erfolgen. Ziel der italienischen Finanzierungspartner war eine Absicherung des Fertigstellungsrisikos durch die Einbindung des Sponsors (SPV GmbH) in die Haftung. Da die Bereitstellung von Garantien einer deutschen Zweckgesellschaft, die von unterschiedlichen Unternehmen gehalten wird, aufwändig ist, viel Liquidität und Zeit beansprucht, hatten sich die Investoren dazu entschlossen, den Bau der Anlage aus Zeitgründen mit Eigenkapital vorzufinanzieren, und von Beginn der Verhandlungen um Fremdmittel an, auf eine Non Recourse-Finanzierung direkt nach Netzanschluss abzuzielen (siehe hierzu auch Fachkapitel 1.4.3).

Wichtige Projektparteien und ihre Rechtsbeziehung

In Abbildung 43 sind die wichtigsten am Projekt beteiligten Parteien aufgeführt, die mit der Projektgesellschaft in vertraglicher Beziehung stehen.

Die Parteien und ihre Rechtsbeziehungen werden kurz erläutert:

1. Die SPV-GmbH wurde von den Projektinvestoren gegründet. Es wurde ein Projektbeschaffungsvertrag (A) mit PED GmbH abgeschlossen. Ferner hat die SPV-GmbH einen aufschiebend bedingten Kaufvertrag (C) über den Erwerb von 100 % der Geschäftsanteile mit ITGU S.r.l. abgeschlossen, der an das Ergebnis einer Legal Due Diligence gebunden war.
2. PED GmbH hat einen Projektmanagementvertrag (B) mit Toskasol S.r.l. abgeschlossen. PED zeichnete sich für (i) Geschäftsbesorgung der Toskasol S.r.l., (ii) umfassendes Projektmanagement, (iii) Bauüberwachung, (iv) Koordinierung der technischen und rechtlichen Due Diligence und (v) Fremdkapitalbeschaffung verantwortlich.
3. Toskasol S.r.l. wurde von SPV-GmbH kapitalisiert und mit Liquidität für den Bau der Photovoltaikanlage ausgestattet.
4. Ein Modulhersteller schloss einen Modulliefervertrag (D) mit Toskasol S.r.l. ab. Die Module wurden aus China „ab Werk“ bereitgestellt.
5. ITGU S.r.l. und Toskasol S.r.l. unterzeichneten (i) einen Generalunternehmervertrag und einen (ii) Wartungsvertrag (E). ITGU war unter anderem für die Lieferung sämtlicher Komponenten exklusive Solarmodule verantwortlich, sowie für die Montage aller Komponenten.
6. Die Rechtsanwaltskanzlei übernahm im Rahmen eines Beratervertrags mit Toskasol (F) die rechtliche Due Diligence.

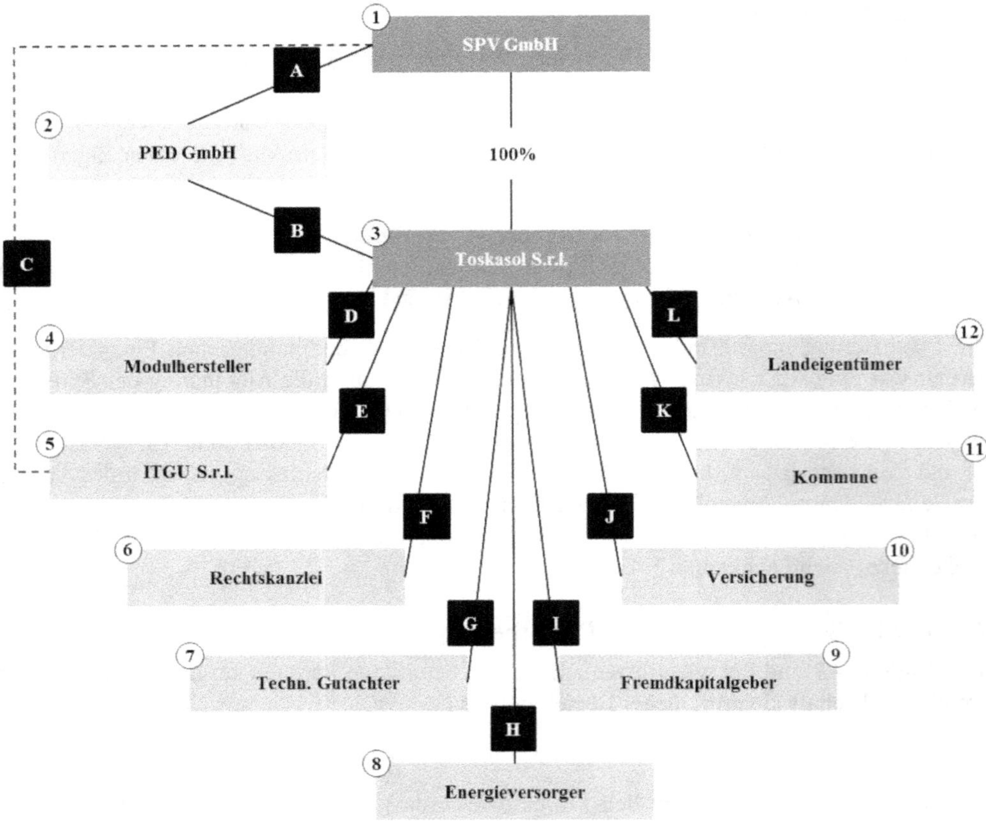

Abbildung 43: Darstellung der Projektparteien und ihrer Rechtsbeziehungen

7. Ein unabhängiger technischer Gutachter wurde von Toskasol S.r.l. für die Abnahme der Anlage nach Netzanschluss beauftragt (G).
8. Der zuständige Energieversorger hat den Netzeinspeisepunkt definiert und die Netzeinspeisezusage für Toskasol erteilt (H).
9. Mit italienischen Fremdkapitalgebern hat Toskasol S.r.l. einen Vertrag über eine Non Recourse-Finanzierung unterzeichnet (I).
10. Mit einem Versicherer hat Toskasol alle für die Bau- und Betriebsphase relevanten Versicherungen abgeschlossen (J).
11. Toskasol hat mit der Kommune einen Vertrag über zu erbringende Kompensationsmaßnahmen unterzeichnet (K), der neben den aus der Baugenehmigung hervorgehenden landschaftlichen Ausgleichsmaßnahmen den Abschluss einer Rückbaubürgschaft beinhaltet.
12. Das Eigentum am Baugrundstück erwarb Toskasol durch den Abschluss des Grundstückskaufvertrags mit den Landeigentümern (L).

3.3.3.2 Risikoidentifikation: Fertigstellungsrisiken mit Ursprung in der Planungs- und in der Konstruktionsphase

Vorangestellt an die Entwicklung der Risikostrategie ist die Bezeichnung einzelner Fertigstellungsrisiken, zugeordnet zu der Phase des Zeitpunktes ihres Entstehens. Zur Erfassung möglichst aller Fertigstellungsrisiken wurden die Projektverantwortlichen darum gebeten, potentielle Risiken in einer Tabelle aufzuführen. Die Ergebnisse wurden später zusammengefasst und abschließend diskutiert. In der Tabelle werden Risiken nummeriert und bezeichnet. Die Beschreibung derer Ursache und Wirkung erfolgt im vorliegenden Projektbeispiel im Kontext mit der Darstellung der Maßnahmen in Abschnitt 3.3.3.3.

Die unten dargestellte Tabelle dient als Grundlage der Identifikation von Risiken auch in weiteren Projekten und wird ständig um neue Erkenntnisse ergänzt, sodass der Prozess der Risikoidentifikation mit jedem weiteren Projekt weniger Zeitaufwand erfordert. Die identifizierten Fertigstellungsrisiken wurden, zugeordnet nach dem Zeitpunkt der Entstehung, in Tabelle 27 aufgeführt und beschrieben.

Tabelle 27: Phasenorientierte Zuordnung von Fertigstellungsrisiken

	Planungsphase		**Konstruktionsphase**
1	Bestandskraft Baugenehmigung	10	Ausführung Auflagen Baugenehmigung
2	Auflagen Baugenehmigung	11	Abweichendes Anlagenoutput
3	Flächenbelastung durch Rechte Dritter	12	Anlagenqualität
4	Kabeltrasse		
5	Netzanschlusszusage	13	Diebstahl
6	Elektrotechnische Planung	14	Abnahme / Tarifzusage
7	Statik	15	Montagekapazitäten
8	Verfügbarkeit Komponenten		
9	Bauzeitenplan		
		16	Liquidität

Die Zuordnung der einzelnen Risiken, orientiert an den Phasen des Projekts, dient der Steuerung von Maßnahmen. Für Risiken, die bereits während der Projektplanungsphase entstehen, können frühzeitig Maßnahmen mit verhältnismäßig geringem Zeit- und Kostenaufwand definiert und umgesetzt werden. Diese „Präventivmaßnahmen" wirken sich zumeist auf das Vertragswerk aus, können aber auch durch direktes Eingreifen in die technische Projektplanung ihre Wirkung erzielen. Mit ihrer Umsetzung wird auf eine Veränderung der Eintrittswahrscheinlichkeit eines Risikos abgezielt.

„Korrektivmaßnahmen" werden erst während der Konstruktionsphase eingeleitet. Sie zielen auf eine Minimierung der Schadenshöhe ab. Maßnahmen, die während der Konstruktionsphase eingeleitet werden müssen, sind meist mit Kosten verbunden. Daher ist es sinnvoll, Projektrisiken frühzeitig zu erkennen und durch präventive Maßnahmen zu reduzieren.

3.3.3.3 Risikobewertung und -steuerung: Maßnahmen zur Reduzierung von Fertigstellungsrisiken

Die für das Projekt Toskasol erfassten Risiken sind nach einer qualitativen Bewertung entsprechend ihrer Eintrittswahrscheinlichkeit und ihres Schadensausmaßes in Abbildung 44 dargestellt.

Eine Quantifizierung des Worst-Case-Szenarios, welches widerspiegelt, dass das Projekt aufgrund verspäteter Fertigstellung einen verminderten Einspeisetarif erhält, wurde im Vorfeld unter Einbezug der vertraglichen Details durchgeführt.

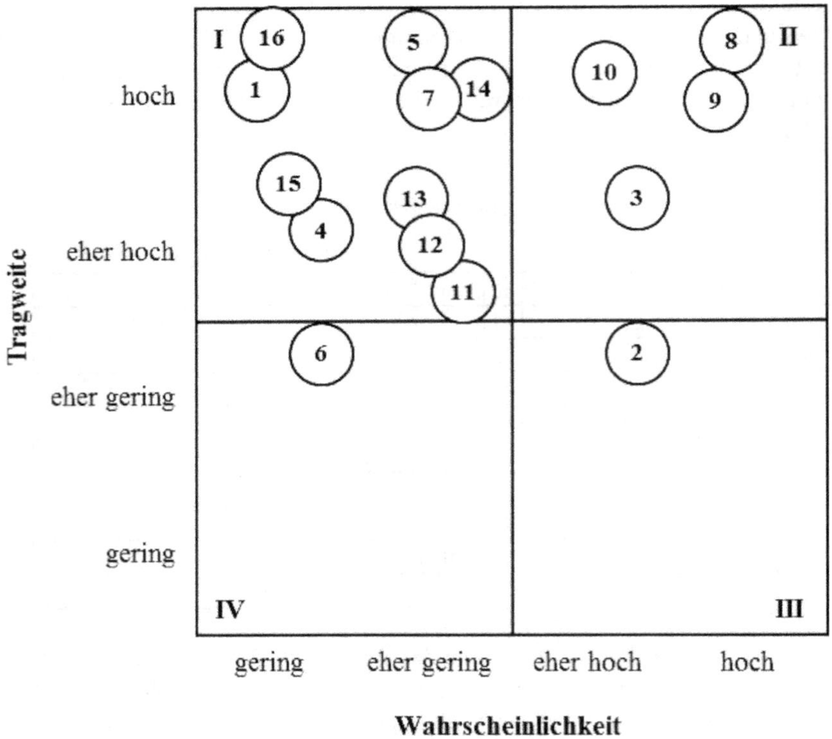

Abbildung 44: Risikoportfolio für Fertigstellungsrisiken im Projekt Toskasol

Entsprechend der in Kapitel 3.3.2 genannten „Quadrantenpolitik" wird darauf abgezielt, Risiken zu vermeiden, zu übertragen, zu reduzieren oder Restrisiken zu tragen.

Für eine deutliche Hervorhebung kritischer Themen in einem Photovoltaikprojekt werden Einzelrisiken nicht priorisiert und nacheinander beschrieben. Stattdessen werden sie übergeordneten Themen zugeordnet, die im Rahmen von Fertigstellungsrisiken von hoher Bedeutung sind.

Baugenehmigung

Die Genehmigung für den Bau von Photovoltaikanlagen konnte in Italien im Jahr 2010, abhängig von Größendimension und Region des Standorts des geplanten Vorhabens, nach unterschiedlichen Genehmigungsverfahren beantragt werden.

Risiko 1 – Bestandskraft Baugenehmigung:
Ein Risiko bestand darin, dass in Absprache mit der Kommune das vereinfachte Genehmigungsverfahren gewählt wurde, möglicherweise aber ein Verfahren auf Ebene der Provinzbehörden hätte durchgeführt werden müssen. Eine weitere Sorge bereitete die Durchführung des Genehmigungsverfahrens, solange nicht ausgeschlossen war, dass die Genehmigungsplanung alle verwaltungsrechtlichen Formvorschriften erfüllt hatte. Beides, die Auswahl des falschen Genehmigungsverfahrens, sowie Fehler im Verfahrensverlauf, können die Bestandskraft einer Genehmigung gefährden. Die Auswirkung kann einen Baustopp, Strafzahlungen oder gar den Entzug der Genehmigung zur Folge haben.

Maßnahme: Im Rahmen einer umfassenden Legal Due Diligence wurde die Genehmigung auf beide Risikoursachen hin überprüft.

Das Risiko konnte somit ausgeschlossen werden.

Risiko 2 – Auflagen Baugenehmigung:
Die Baugenehmigung lag zu Beginn der Projektverhandlungen noch nicht vor. Die zu erwartenden Auflagen, welche die zuständige Kommune in die Baugenehmigung aufnehmen würde, stellten eine nicht greifbare Unsicherheit dar. Übliche Auflagen in einer Baugenehmigung sind Ausgleichsmaßnahmen, Kompensationszahlungen und Rückbaubürgschaften. Jede der genannten Auflagen hätte eine Erhöhung der Projektkosten zur Folge gehabt.

Maßnahme: Sämtliche Tätigkeiten und Kosten, die aus den Auflagen aus der Baugenehmigung zu erwarten waren, wurden vertraglich auf ITGU übertragen. Hiervon ausgenommen waren Bürgschaften, da diese üblicherweise über die Projektgesellschaft ausgestellt werden.

Das Risiko konnte somit weitgehend übertragen werden.

Grundstück

Das Eigentum am Baugrundstück sollte der Projektgesellschaft nach Abschluss eines Grundstückskaufvertrags übertragen werden.

Risiko 3 – Flächenbelastung durch Rechte Dritter:
Ein rechtliches Risiko bestand in der Unsicherheit, ob das Grundstück frei von Rechten dritter Parteien übertragen werden konnte. Zu prüfen war, (i) ob der im Grundstückskaufvertrag genannte Eigentümer auch rechtmäßiger Eigentümer der Fläche war und (ii) ob Ansprüche Dritter am Grundstück existieren. Ansprüche Dritter können Hypotheken oder Dienstbarkeiten sein. Zudem haben in Italien benachbarte Eigentümer von Agrarflächen Vorkaufsrechte, sofern ein Agrargrundstück veräußert werden soll.

Da im Projekt Toskasol Vorkaufsrechte für benachbarte Grundstückseigentümer vorlagen, musste überprüft werden, ob die berechtigten Parteien auf ihre Vorkaufsrechte verzichtet hatten. Der Verzicht auf ein Vorkaufsrecht erfolgt nach einem per Gesetz definierten Verfahren schriftlich und unter Wahrung von Fristen. Fehler bei der Durchführung des Verfahrens hätten zur Folge, dass Nachbarn des Baugrundstücks ihre Ansprüche am Grundstück nachträglich hätten geltend machen können. Der Eigentumsübergang des Baugrundstücks an die Projektgesellschaft hätte an diesem Sachverhalt nichts geändert.

Hypotheken hätten eine zusätzliche Kostenbelastung zur Folge, würden Sie in der Verhandlung des Grundstückspreises keine Berücksichtigung finden. Dienstbarkeiten wären mögliche Ursachen für Beschränkungen des Grundstücks, die Änderungen an der Bauausführung verursachen könnten.

Der Eintritt jeder dieser Belastungen hätte für die Projektgesellschaft hohe Kosten zur Folge gehabt. Gegebenenfalls wäre eine Einigung nicht möglich gewesen. Letzteres hätte einen Projektabbruch verursacht.

Maßnahme: Im Rahmen der Legal Due Diligence wurde geprüft, ob der Verzicht auf Vorkaufsrechte den gesetzlichen Vorschriften entsprechend durchgeführt wurde. Zudem wurde eine eigentumsrechtliche Prüfung durchgeführt. Diese Prüfung erfasste sämtliche Eigentumsübertragungen des Grundstücks der vergangenen 20 Jahre. Ansprüche aus Hypotheken und Dienstbarkeiten wurden über Auszüge aus den regionalen Registern überprüft.

Das Risiko einer Flächenbelastung konnte ausgeschlossen werden.

Netzanschlussverfahren / Netzanschlusspunkt

Kritisch für jedes Photovoltaikprojekt ist das Netzanschlussverfahren. Der Zeitpunkt des Netzanschlusses entscheidet in fast allen Ländern, die über ein Vergütungssystem verfügen, über die Höhe des berechtigten Einspeisetarifs. Der Einspeisetarif ist zentral für die Wirtschaftlichkeitsplanung des Gesamtprojekts.

Das italienische Verfahren zur Herstellung des Netzanschlusses sieht vor, dass der Antragsteller vom Netzbetreiber eine Lösung zur Realisierung des Anschlusses vorgeschlagen bekommt. Der Antragstellung hat nach Erhalt des Lösungsvorschlags die Möglichkeit, diesen anzunehmen und zu entscheiden, ob er die Arbeiten für die Herstellung des Netzanschlusses selbst durchführt. Alternativ übernimmt der Netzbetreiber die Ausführung des Netzanschlusses. Werden die Fristen im Antragsverfahren von Seiten des Netzbetreibers nicht eingehalten, muss dieser für eventuell verspätete Inbetriebnahmen Kompensationszahlungen an den Antragsteller leisten.

Im Jahr 2010 war Italien aufgrund der hohen Vergütungssätze der attraktivste Markt für Photovoltaikprojekte in Europa. Die enorm hohen Zubauraten und Projektplanungen führten dazu, dass die Kapazitäten der Behörden und Netzbetreiber für die Bearbeitung von Netzanschlussanträgen nicht ausreichten.

Risiko 5 – Netzanschlusszusage:
Unklar war, ob die technischen und rechtlichen Angaben des Lösungsvorschlags zum Netzanschluss des Netzbetreibers inhaltlich mit den in der Ausführungsplanung aufgeführten Angaben übereinstimmten. Aufgrund der Sprachbarriere konnten Angaben zu Grundstücken und technischen Spezifikationen nur bedingt nachvollzogen werden.

Sorge bereiteten außerdem die Kapazitäten des Netzbetreibers. Die italienischen Netzbetreiber waren zum Zeitpunkt der Projektrealisierung aufgrund der hohen Anzahl an Netzanschlussanfragen stark überlastet. Es war nicht unüblich, dass Fehler, die der Antragsteller im Verlauf des Antrags zum Netzanschluss zu verantworten hatte, genutzt wurden, um das Verfahren zu verzögern. Die Haftung für die Verzögerung konnte bei fehlerhaften Anträgen auf den Antragsteller übertragen werden. Zwar lag der Lösungsvorschlag zum Netzanschluss für Toskasol vor. Eine Annahme durch ITGU war jedoch noch nicht erfolgt.

Folge einer Verzögerung der Netzanschlusszusage wäre gewesen, dass das Projekt möglicherweise zu einem späteren Zeitpunkt hätte mit dem Bau beginnen können. Ohne Vorlage einer gültigen Einspeisezusage hätten die Sponsoren das Risiko nicht übernehmen wollen.

Maßnahme: Die Vorlage einer Netzanschlusszusage für das Projekt Toskasol wurde als aufschiebende Bedingung für das Closing der Hauptverträge vereinbart. Vor dem Closing wurde die Netzanschlusszusage im Rahmen der Legal Due Diligence und technischen Projektbewertung inhaltlich geprüft. Zudem wurde der gesamte Antragsprozess auf mögliche Fehler untersucht.

Die Prüfung hatte zum Ergebnis, dass laut Antragstellung der Netzbetreiber für die Herstellung des Netzanschlusses zuständig war. Die Ausführungsplanung von ITGU sah jedoch eine Realisierung durch den Generalunternehmer vor. Ursache war, dass beim Ausfüllen der Antragsunterlagen ein falsches Kästchen angekreuzt wurde.

Die Schnittstellen wurden im Eilverfahren neu definiert, sodass die Gültigkeit der Netzanschlusszusage weiterhin Bestand hatte.

Risiko 4 – Kabeltrasse:
Zum Zeitpunkt der Projektprüfung lagen die Dienstbarkeiten für die Grundstücke, auf denen der Verlauf der Kabeltrasse geplant war, nicht vor.

Es wurde befürchtet, dass (i) die Dienstbarkeiten nicht rechtzeitig eingeholt werden konnten, und dass (ii) die Forderungen der Grundstückseigentümer die hierfür eingeplanten Kosten überschreiten würden. Ein Baubeginn ohne Eintragung der Dienstbarkeiten bei der zuständigen Registerbehörde wäre für die Sponsoren undenkbar gewesen.

Maßnahme: Es wurde vertraglich vereinbart, dass ITGU das Beschaffen der Dienstbarkeiten übernahm und sämtliche Kosten hierfür zu tragen hatte. Den Dienstbarkeitentext hat die Projektgesellschaft in Zusammenarbeit mit der beratenden Anwaltskanzlei definiert. Die Eintragung der Dienstbarkeiten wurde zu einer aufschiebenden Bedingung für das Closing der Projekthauptverträge formuliert.

Das Kostenrisiko konnte somit auf den Generalunternehmer übertragen werden. Das Risiko, ohne Dienstbarkeit mit dem Bau beginnen zu müssen, wurde durch die aufschiebende Vertragsbedingung beseitigt.

Risiko 14 – Abnahme / Tarifzusage:
Die Abnahme der Photovoltaikanlage durch den Netzbetreiber ist ausschlaggebend für den Erhalt des Einspeisetarifs. Das Datum des Abnahmeprotokolls ist hierbei entscheidend. Insofern können zwei Ursachen den Abnahmetermin gefährden.

Zum einen muss das Bauwerk den Ansprüchen des Netzbetreibers entsprechen, damit dieser ein positives Abnahmeprotokoll ausstellt. Zum anderen sind Zeitpunkt und Kapazitäten kritisch. In einem stark strapazierten Markt versuchen alle Initiatoren ihre Projekte rechtzeitig an das Netz anzuschließen. Die Abnahme durch den Netzbetreiber hat in Italien binnen 20 Tagen nach Mitteilung des Abschlusses der Arbeiten an der Anlage zu erfolgen. Natürlich werden die Termine erst in den letzten Wochen eines Jahres eingeplant. Entsprechend sind die begrenzten Kapazitäten der regionalen Netzbetreiber schnell erschöpft.

Erfolgt die Meldung des Abschlusses der Arbeiten zu kurzfristig, kann die Abnahme möglicherweise nicht rechtzeitig vorgenommen werden. Fällt das Ergebnis des Abnahmeprotokolls negativ aus, fehlt die Grundlage für den Erhalt des geplanten Einspeisetarifs.

Maßnahme: Damit der Abnahmebericht durch den Netzbetreiber positiv ausfällt, wurden durch PED im Rahmen der Bauüberwachung Maßnahmen zur Qualitätssicherung eingeführt. Diese werden an späterer Stelle (Bauausführung) aufgeführt.

Das terminliche Risiko wurde begrenzt, indem der technische Projektleiter und die italienischen Rechtsanwälte den Prozess aktiv vorangetrieben haben. ITGU wurde in regelmäßigen Abständen zu Statusmeldungen und Vorlage der Unterlagen, insbesondere des Schriftverkehrs, aufgefordert.

Für den Fall, dass ITGU aus eigenem Verschulden den Netzanschluss im Jahr 2010 nicht hätte herstellen können, so dass Toskasol nicht den erwarteten Einspeisetarif erhalten hätte, wurde folgende Regelung vertraglich vereinbart: ITGU zahlt Kompensationszahlungen für jede ab dem 01. Januar 2011 entgangene Kilowattstunde, die nicht hätte produziert werden können. Ferner wäre ein Preisnachlass für die Leistungen des Generalunternehmers im selben prozentualen Maße der Tarifdegression die Folge gewesen. Auf der anderen Seite wurde eine monetäre Inzentivierung vereinbart, für den Fall, dass ITGU den Netzanschluss früher als geplant realisiert.

Das Risiko konnte nicht eliminiert werden. Jedoch war eine teilweise Übertragung auf ITGU und somit kostenmäßige Begrenzung möglich. Zudem war eine bestmögliche Transparenz zur Beobachtung und Steuerung der Prozesse gewährleistet.

Technische Planung

In der technischen Planung wurde die Photovoltaikanlage als Gesamtkonzept abgebildet, das insbesondere die elektrotechnische Auslegung, also die Konfiguration von Solarmodulen, Wechselrichtern, Verkabelung und Trafostationen, sowie die Statik der Anlage enthält.

Risiko 6 – Elektrotechnische Planung:
Eine Abweichung zwischen elektrotechnischer Planung der Photovoltaikanlage und des später durch den Generalunternehmer realisierten Bauwerks vermag zu Abweichungen in den vertraglich definierten Kapazitäten führen. Zu befürchten ist, dass die Konfiguration der Komponenten nicht das prognostizierte Output an Kilowattstunden erreicht. Ein geringeres Anlagenoutput würde die Wirtschaftlichkeit des Projekts stark beeinflussen.

Auch für den Fall, dass die Anlagenauslegung richtig geplant wurde, ist nicht garantiert, dass diese auch gut ist. Möglicherweise lässt sich die Wirtschaftlichkeit durch eine Optimierung des Konzepts noch verbessern.

Maßnahme: Der technische Projektleiter hatte die elektrotechnische Anlagenauslegung auf Basis der Projektdokumente auf Plausibilität hin überprüft. Zudem wurde mit dem Generalunternehmer ITGU vereinbart, dass die Anlage nach Inbetriebnahme eine vertraglich definierte Leistung zu erbringen hat. Für Minderleistungen zeichnete sich ITGU S.r.l. haftbar.

Das Risiko konnte begrenzt werden und für die Betriebszeit der Anlage auf den Generalunternehmer übertragen werden.

Risiko 7 – Statik:
In Italien gibt es keine einheitliche gesetzliche Vorschrift zur Überprüfung der Statik von Photovoltaikanlagen. Im diskutierten Projekt stellten die Gelenkfüße des Gestellsystems ein Risiko dar.

Die Auswirkungen wären in der Betriebsphase durch möglicherweise höhere Wartungskosten zum Ausdruck gekommen. Allerdings stellen auch Banken im Rahmen ihrer technischen Konzeptprüfung die Forderung einer belastbaren Statik. Zwar war bei Toskasol die Valutierung von Fremdmitteln erst nach Netzanschluss geplant. In den meisten Projekten werden Fremdmittel allerdings während der Bauzeit ausgezahlt, so dass dieses Risiko an der Stelle mit genannt wird.

Veränderungen der Statik während des Baus können hohe zusätzliche Kosten und Zeitverzug verursachen, so dass die geplante Liquidität möglicherweise nicht ausreicht und / oder der pünktliche Netzanschluss in Gefahr ist.

Maßnahme: Es wurden im Vorfeld gutachterliche Stellungnahmen zur Statik des Gestellsystems eingeholt. Darüber hinaus führte PED verschiedene Belastungstests zu Beginn der Bauarbeiten durch. Ein frühzeitiges Einlenken wäre möglich gewesen, um die Komponente Zeit zu beeinflussen. Das Kostenrisiko für Anpassungen an der Statik wurde vertraglich auf ITGU übertragen.

Risiko 8 – Verfügbarkeit Komponenten:
Damit die Anlage fristgerecht in Betrieb gehen konnte, musste die Versorgung mit Material über die Bauzeit hinweg sicher gestellt sein. Die Verfügbarkeit aller für die Errichtung notwendigen Komponenten, insbesondere Solarmodule, Wechselrichter, Transformatoren, stellt in jedem Projekt ein zentrales Risiko dar. Unterschiedliche Ursachen können dazu führen, dass die Materialversorgung nicht gewährleistet ist, hier vier kritische:

- Marktverfügbarkeit
- Lieferzeiten
- Lieferant / Hersteller
- Beschädigte Lieferungen.

Sofern die Schlüsselkomponenten am Markt nicht verfügbar sind oder die Lieferzeiten eine rechtzeitige Fertigstellung nicht ermöglichen, sollte das Projekt abgebrochen oder zu neuen Bedingungen verhandelt werden (z.B. Netzanschluss in der nächsten Periode).

Unzuverlässige Lieferanten können das Projekt während der Bauphase gefährden, indem Lieferungen verzögert oder gar überhaupt nicht eintreffen. Bei Banken nicht akzeptierte Hersteller können die Finanzierungspläne in Gefahr bringen.

Beschädigte Lieferungen haben unter Umständen eine Materialversorgungslücke zur Folge, die den Bau unnötig in Zeitverzug versetzt.

Für Toskasol waren die Schlüsselkomponenten bereits bestellt. Um die beschriebenen Ursachen bestmöglich bewerten zu können, wurden die im Folgenden beschriebenen Maßnahmen durchgeführt.

Maßnahme: ITGU musste sämtliche Lieferverträge, Bestellscheine und Zahlungsnachweise für Anzahlungen vorlegen, sowie zu festen Stichtagen den Lieferstatus zu einzelnen Komponenten melden. Darüber hinaus hat PED an Gesprächen mit den Lieferanten teilgenommen. Diese Vorgehensweise schaffte mehr Transparenz im Lieferprozess, konnte das Risiko jedoch nicht bedeutend reduzieren. Für den Fall, dass Lieferverzögerungen von durch den Generalunternehmer bestellten Komponenten einen rechtzeitigen Netzanschluss verhinderten, griff die Risikobegrenzung auf Basis der vertraglich geregelten Preisanpassung.

Eine Besonderheit im Projekt Toskasol stellten die Solarmodule dar. Diese wurden von Toskasol S.r.l. direkt bei einem chinesischen Hersteller ab Werk eingekauft. Das Risiko für Toskasol bestand darin, dass für den Fall, dass die Solarmodule mit einer Verzögerung von mehr als zwei Wochen auf der Baustelle eintrafen, ITGU S.r.l. von jeglicher Haftung für eine verspätete Inbetriebnahme befreit war.

Maßnahme: Bei der Auswahl des Lieferanten wurde beachtet, welche Produktionskapazität dieser vorweisen kann. In der Vergangenheit gab es Fälle, wo Modulhersteller ihre Verträge kurzfristig aufgekündigt haben, da sich das Preisniveau für Solarmodule zwischen Vertragsabschluss und Liefertermin stark verändert hatte. Pönalen bieten zumeist keine ausreichende Sicherheit. Entsprechend ist die Marktreputation hinsichtlich der Lieferzuverlässigkeit ein wichtiger Indikator. Ebenso sollte mit der finanzierenden Bank abgeklärt werden, ob diese die geplante Technik akzeptiert.

Damit der Zeitplan auch im Fall von Transportschäden und Produktmängeln eingehalten werden konnte, wurde eine Puffermenge an Solarmodulen bestellt. Der Überschuss an Modulen konnte nach Netzanschluss zu einem vorab definierten Preis an ITGU veräußert werden.

Das Lieferrisiko kann nur schwer beeinflusst werden. Wenige Hersteller gestehen ihren Kunden attraktive Kompensationszahlungen für Lieferausfälle zu. Wichtig ist, dass der Einkaufs- und Lieferprozess transparent ist, so dass frühzeitig Korrektivmaßnahmen eingeleitet werden können.

Der Fall, dass der Netzanschluss aufgrund verzögerter Solarmodullieferungen im Jahr 2011 durchgeführt werden konnte, wurde im Worst Case-Szenario abgebildet. Eine Quantifizierung derartiger Szenarien ist in jedem Fall zu empfehlen, da keine der Projektparteien direkt Einfluss auf den Transport der Solarmodule nehmen kann. Dieses Risiko muss von ITGU S.r.L. getragen werden.

Risiko 9 – Bauzeitenplan:
Der Bauzeitenplan wurde von ITGU definiert und bildete die Meilensteine der Montage und Komponentenlieferung ab. Der Bauzeitenplan sollte Vertragsgegenstand werden.

Oftmals sind Zeitplanungen, bei denen ein fester Stichtag über den Wert des Projekts entscheidet, aus verhandlungstechnischer Sicht eher optimistisch geplant. Jede größere Verzögerung könnte dann den pünktlichen Netzanschlusstermin gefährden.

Besonders wichtig ist die laufende Anpassung der Planung während der Bauausführung. Wird diese vernachlässigt, gehen wichtige Informationen verloren, die ein frühzeitiges Entgegenwirken gegen einzelne Risiken ermöglichen.

Maßnahme: Die Termine wurden auf Plausibilität geprüft und mit den bereits vorliegenden Lieferantendokumenten abgeglichen. Zudem wurde der Plan auf die Termine für die Solarmodullieferungen angepasst. Ebenso wurde die Dauer der einzelnen Montageschritte auf Plausibilität hin geprüft. Wichtig war, dass der Zeitplan ausreichende Pufferzeiten für eventuelle Verzögerungen berücksichtigt.

Während der Bauphase wurde in regelmäßigen Abständen ein Termin- und Fortschrittscontrolling durchgeführt. Hierfür wurden wöchentliche, bei Bedarf auch außerplanmäßige, Baubesprechungen abgehalten und dokumentiert. Die Ergebnisse der Besprechungen wurden in der Bauausführung nachgehalten, was durch die technische Projektleitung überwacht wurde. Mit Hilfe der Meilensteintrendanalyse konnten gravierende Terminabweichungen, die den rechtzeitigen Netzanschluss hätten gefährden können, frühzeitig erkannt werden. Das Termin- und Fortschrittscontrolling dient gleichzeitig der Beobachtung einzelner Arbeitsgänge, die gegebenenfalls eine Anpassung der Bauzeitenplanung erfordern.

Die umgesetzten Maßnahmen konnten das Risiko beschränken. Allerdings ist die Abhängigkeit von Lieferungen auch für dieses Risiko nicht zufriedenstellend zu kontrollieren.

Im Allgemeinen kommt es bei Risiken aus der technischen Planung darauf an, die Planung zu überprüfen und frühzeitig zu optimieren.

Bauausführung

Risiken, die während der Bauausführung entstehen, sind ausschließlich durch Korrektivmaßnahmen zu beheben. Korrektive Maßnahmen werden zumeist vor Ort und durch Interaktion zwischen am Bau beteiligten Parteien erarbeitet. Der technische Projektleiter, der mit der Bauüberwachung betraut war, übernahm die Verantwortung, Risiken zu erkennen und kurzfristig Lösungsvorschläge zu erarbeiten und umzusetzen. Ein Bauleiter ist nicht nur ein Instrument, das für die Sicherstellung der vertragsgemäßen Errichtung eines Bauwerks abgestellt ist. Er ist auch Sparringspartner für den beauftragten Generalunternehmer, mit dem er gemeinsam Lösungsvorschläge erarbeiten muss.

Risiko 10 – Ausführung Auflagen Baugenehmigung:
Während der Bauausführung ist darauf zu achten, dass alle Auflagen, die in der Baugenehmigung aufgeführt sind, von den verantwortlichen Firmen eingehalten werden. Das Nicht-Einhalten von Auflagen könnte Strafzahlungen und / oder einen Baustopp zur Folge haben.

Im Projekt Toskasol waren Ausgleichsmaßnahmen in Form von Bepflanzungen und die Stellung einer Rückbaubürgschaft zugunsten der Kommune gefordert.

Maßnahme: Es war Aufgabe des technischen Projektleiters, die Einhaltung der Auflagen durch die Überwachung der hierfür verantwortlichen Firmen sicher zu stellen. Die Arbeiten hierfür wurden in den Baubesprechungen überwacht und regelmäßig besichtigt, so dass eine ordentliche Umsetzung gewährleistet war.

Die Rückbaubürgschaft wurde durch den kaufmännischen Projektleiter beschafft. Die Sponsoren haben bis dahin einen Liquiditätspuffer für die Projektgesellschaft in Höhe der angefragten Bürgschaft eingeplant. Für den Fall, dass die Bereitstellung der Bürgschaft nicht rechtzeitig erfolgt wäre, hätte Toskasol S.r.l. die Bürgschaftssumme auf einem Treuhandkonto hinterlegt.

Das Risiko, dass Auflagen nicht eingehalten worden wären, konnte stark reduziert werden.

Risiko 11 – Abweichender Anlagenoutput
Durch die Prüfung und Optimierung der technischen Planung konnte das Risiko abweichender Kapazitäten zum Großteil begrenzt werden.

Die Lieferung der Solarmodule allerdings stellte ein Risiko dar. Zum Zeitpunkt der Bestellung der Solarmodule war sicher, dass die gewünschte Leistungsklasse von 230 Watt nicht für den gesamten Projektumfang geliefert werden konnte. Jede Lieferung der insgesamt 56 Container hatte Solarmodule unterschiedlicher Wattklassen geladen, die zwischen 220 Watt und 240 Watt lagen. Die Lieferungen wichen somit von der elektrotechnischen Auslegung ab.

Eine Fertigstellung mit Mehrleistung hätte die Wirtschaftlichkeit des Projekts trotz ungeplanter Mehrkosten positiv beeinflusst. Die in der Baugenehmigung definierte Anlagenleistung und beim Energieversorger beantragte Netzkapazität hätten jedoch nur eine geringfügige positive Abweichung zugelassen. Da die Bezahlung von ITGU abhängig von der installierten Anlagenleistung definiert wurde, war zu befürchten, dass möglichst viel Leistung auf dem Grundstück installiert werden sollte.

Eine Fertigstellung mit Minderleistung hätte die Wirtschaftlichkeit des Projekts negativ beeinflusst.

Maßnahme: Es war Aufgabe des technischen Projektleiters, zum Zeitpunkt der Containerbeladung in China, die jeweilige Menge der einzelnen Wattklassen an den Generalunternehmer zu melden. Der Montageablauf wurde daraufhin aktualisiert, indem die Module in die entsprechend richtigen Felder verteilt wurden.

Neben den operativen Maßnahmen durch den technischen Projektleiter, wurde diesem Risiko präventiv durch die vertragliche Vereinbarung einer Performance Ratio begegnet, die bei Nichterfüllung an Pönalen geknüpft war.

Zudem ermöglichte die Bestellung einer Puffermenge an Solarmodulen ausreichend Flexibilität, um das Projekt entsprechend der Planung zu realisieren.

Das Risiko konnte, vorbehaltlich der Liefertreue, in Gänze vermieden werden.

Risiko 12 – Anlagenqualität:
Mit der vertragsgemäßen Umsetzung des Bauvorhabens sollte die vereinbarte Qualität der Anlage gesichert sein. Ursache für mindere Qualität sind zumeist Materialmängel und Montagefehler. Werden diese erst spät erkannt, erfordert eine Nachbesserung meist hohen Zeit- und Kostenaufwand. Hieraus kann bereits in der Bauphase ein Problem resultieren. Im schlimmsten Fall könnte die Verweigerung der Abnahme der Anlage durch den Netzbetreiber Folge gravierender Mängel sein, so dass der Erhalt des Einspeisetarifs gefährdet wäre. In jedem Fall aber schlagen sich nicht behobene Mängel durch ungeplanten Mehraufwand für Wartungs- und Instandsetzungsarbeiten in der Betriebsphase nieder.

Es gilt daher, Mängel frühzeitig zu erkennen und durch korrektive Maßnahmen zu beheben.

Maßnahme: Im Projekt Toskasol wurde eine Reihe Qualität sichernder Maßnahmen ergriffen. Das Einfordern von Materialproben und die Freigabe von Materialspezifikationen durch den technischen Projektleiter sicherte die Qualität bei der Auswahl von Komponenten und Hilfsstoffen. Der Zustand, aber auch die Menge einzelner Lieferungen, wurden durch eine Wareneingangskontrolle überwacht. Hierbei wurden die Lieferungen mit den Lieferscheinen abgeglichen und auf Schäden überprüft.

Die Überwachung des Montageablaufs stellte sicher, dass das Material entsprechend der vorgegebenen Anwendungsspezifikationen und mit fachgerechtem Werkzeug verbaut wurde. Hiermit war garantiert, dass die Materialqualität bestmöglich erreicht werden konnte und Gewährleistungsansprüche nicht verlorengingen. Monteure waren dazu angehalten, Probeinstallationen vorzunehmen. Einzelne Teilerrichtungen konnten somit vorab geprüft und freigegeben werden. Zudem konnte die Ausführung einzelner Montageschritte hierbei überprüft und optimiert werden. Durch regelmäßiges Kontrollieren einzelner Arbeitsgänge konnte festgestellt werden, ob bei der Montage verdeckte Mängel entstanden. Die Monteure wurden hierzu stichprobenartig bei ihrer Arbeit beobachtet.

Das Risiko, dass die Anlage nicht zur vereinbarten Qualität geliefert wurde, konnte durch die Überwachung der Bauarbeiten eliminiert werden. Vertraglich wurde gesichert, dass Zusatzkosten zur Herstellung der vereinbarten Qualität durch ITGU zu tragen waren.

Risiko 13 – Diebstahl:
Der Diebstahl von Komponenten kann zur Folge haben, dass einerseits Sachschaden und andererseits Materialversorgungslücken entstehen.

Maßnahme: Zur Deckung von Sachschaden hat Toskasol S.r.l. eine Versicherungsdeckung abgeschlossen. Als vorbeugende Maßnahme wurden die Baustelle und das gelagerte Material umzäunt. Über Nacht wurde das Projektgelände ausgeleuchtet und durch einen Wachdienst gesichert. Materialversorgungslücken aus Diebstahl konnten durch die Beschaffung einer großzügigen Puffermenge ausgeschlossen werden.

Schäden aus Diebstahl konnten ausgeschlossen werden.

Risiko 15 – Montagekapazitäten:
Ausgehend von dem nicht zu beeinflussenden Risiko, dass aufgrund schlechten Wetters die Montagearbeiten ausgesetzt werden müssen, wird die Arbeit zu einem späteren Zeitpunkt

nachgeholt werden müssen. Sind die Pufferzeiten der Bauzeitenplanung nicht ausreichend, müssen die Schichten der Monteure erhöht, gegebenenfalls mehr Monteure eingesetzt werden.

Unter den genannten Umständen zählen in einem stark ausgeschöpften Markt wie Italien auch Monteure zu einer sehr knappen Ressource. Es war nicht auszuschließen, dass aufgeschobene Arbeiten nicht rechtzeitig beendet werden konnten, würde eine solche Knappheit eintreten.

Maßnahme: Gegenstand der Risikoabschätzung war auch die Überprüfung der Montagekapazitäten von ITGU. Das Risiko war als unwahrscheinlich einzustufen.

Risiko 16 – Liquidität:
Neben der Verfügbarkeit technischer Komponenten und Montagekapazitäten ist in jedem Projekt die Verfügbarkeit von Liquidität elementar. Werden Zahlungen nicht vereinbarungsgemäß geleistet, können schlimmstenfalls aufgekündigte Lieferverträge die Folge sein.

Maßnahme: Der Liquiditätsbedarf wurde durch den kaufmännischen Projektleiter auf Basis der Informationen des technischen Projektleiters geplant. Die Sponsoren stellten die Liquidität nach Aufforderung durch die kaufmännische Projektleitung bereit. Zur Vermeidung ungeplanten Nachfinanzierungsbedarfs durch höhere Kosten, wurden alle Budget relevanten Hauptpositionen vertraglich zu Festpreisen vereinbart.

Da von Beginn an mit einer Vorfinanzierung des Projekts aus Eigenkapital geplant wurde, war das Risiko fehlender Liquidität nicht gegeben. Sofern eine anteilige Finanzierung aus Fremdmitteln bereits während der Fertigstellungsphase angestrebt wird, ist eine enge Abstimmung mit der finanzierenden Bank, ihren Anforderungen und ihrer Beschlusslage unverzichtbar.

3.3.3.4 Lessons learned: Die wichtigsten Instrumente zur Steuerung des Projekterfolgs

Risikomanagement wird in wenigen Vorhaben als eigenständiges Instrument eingesetzt, obwohl es für Photovoltaikprojekte mit wenig Aufwand einfach und effektiv durchführbar ist.

Ziel bei der Entwicklung einer Risikostrategie sollte sein, möglichst viele Risiken durch Prävention zu vermeiden oder zu ökonomisch sinnvollen Konditionen zu übertragen. Das wichtigste Instrument hierfür ist die rechtliche Gestaltung eines Projekts.

Die Beseitigung kritischer Unsicherheiten durch die Formulierung aufschiebender Bedingungen für die Hauptverträge ermöglichte es den Sponsoren von Toskasol, dass Risiken zum Zeitpunkt der Übernahme der Verpflichtung zur Projektrealisierung weitestgehend reduziert werden konnten. Ein Teil der verbleibenden Risiken konnte durch entsprechende Vertragsgestaltung in Gänze oder teilweise auf andere Parteien übertragen werden. Das Zusammenspiel der Vertragsgestaltung einerseits und der Legal Due Diligence als aufschiebende Bedingung andererseits ist zur Risikoprävention gut geeignet.

Die bestmögliche Kontrolle verbleibender Restrisiken kann durch den Einsatz eines technischen Projektleiters für die Bauüberwachung hergestellt werden. Die Bauüberwachung bildet die transparenteste Schnittstelle zwischen Sponsor und Bauausführung. Die technische Projektleitung konnte bei Toskasol verschiedene Risiken frühzeitig erkennen und entsprechend gegensteuern. Das Projekt war für alle beteiligten Parteien ein Erfolg.

Trotz Definition einer guten Risikostrategie und erfolgreicher Umsetzung der Maßnahmen bleibt meist das terminliche Risiko, das den rechtzeitigen Netzanschluss bedroht. Dieses Risiko ist durch die Sponsoren zu tragen und sollte im Optimalfall mit einer angemessenen Projektrendite belohnt werden.

3.4 Abschätzung der Elementarstrahlung

MICHAEL BARON

Michael Baron, geboren 1977, hat 2005 sein Studium der Elektrotechnik an der FH Bingen abgeschlossen und arbeitet seit 2006 als Projektleiter bei METEOCONTROL. Seine Arbeitsschwerpunkte sind die Erstellung von Ertragsgutachten für PV-Anlagen und die technische Abnahme von PV-Kraftwerken.

Die genaue Kenntnis der solaren Einstrahlung an einem Standort ist eine wesentliche Eingangsgröße für Ertragsprognosen von Solarprojekten. Ebenso spielen die mit den Messungen und Berechnungen der Einstrahlung verbundenen Unsicherheiten und damit die Unsicherheit der gesamten Ertragsprognose für die Risikoanalysen in der Finanzierung der Projekte eine wichtige Rolle. Die nachfolgenden Seiten sollen die Datengewinnung, Datenumrechnung, deren Qualität und die Verwendung für Ertragsprognosen beschreiben.

3.4.1 Globalstrahlung

3.4.1.1 Die Extraterrestrische Einstrahlung

Außerhalb der Erdatmosphäre unterliegt die solare Einstrahlung keiner fremden Beeinflussung. Sie ergibt sich aus der Strahlstärke der Sonne I_{ext} am äußeren Rand der Atmosphäre und nimmt mit dem Quadrat der Entfernung Sonne-Erde ab. Ihr Durchschnittswert wird als Solarkonstante I_0 bezeichnet. Sie beträgt am oberen Rand der Atmosphäre bei senkrechtem Einfall und mittlerem Abstand zur Sonne:

Solarkonstante $I_0 = 1.367\ \text{W/m}^2$

Für die Berechnung der extraterrestrischen Strahlung an verschiedenen Standorten auf der Erde muss sowohl der variable Abstand der Erde zur Sonne aufgrund ihrer elliptischen Umlaufbahn, sowie der Zenitwinkel berücksichtigt werden.

$$I_{ext} = I_0 \cdot \varepsilon \cdot \cos\Theta$$

mit:

ε = Exzentritätsfaktor

Θ = Zenitwinkel = 90° – Sonnenhöhenwinkel

Wie aus der Formel ersichtlich, ist die Bestimmung des Sonnenstandes unerlässlich.

3.4.1.2 Berechnung des Sonnenstandes

Für viele Berechnungen in der Solartechnik ist eine genaue Kenntnis des Sonnenstandes von elementarer Bedeutung. Deshalb ist es notwendig, die Sonnenwinkel eindeutig zu definieren. Unter dem Sonnenazimut α_S versteht man den Winkel, der die Himmelsrichtung angibt, in der die Sonne zu einem bestimmten Zeitpunkt steht. Hier bestehen zwei verschiedene Definitionen nebeneinander.

Zum einen gibt es die in der Solartechnik oft verwendete Skala, in der Süden mit 0°, Osten mit –90°, Westen mit +90° und Norden mit +/–180° bezeichnet werden.

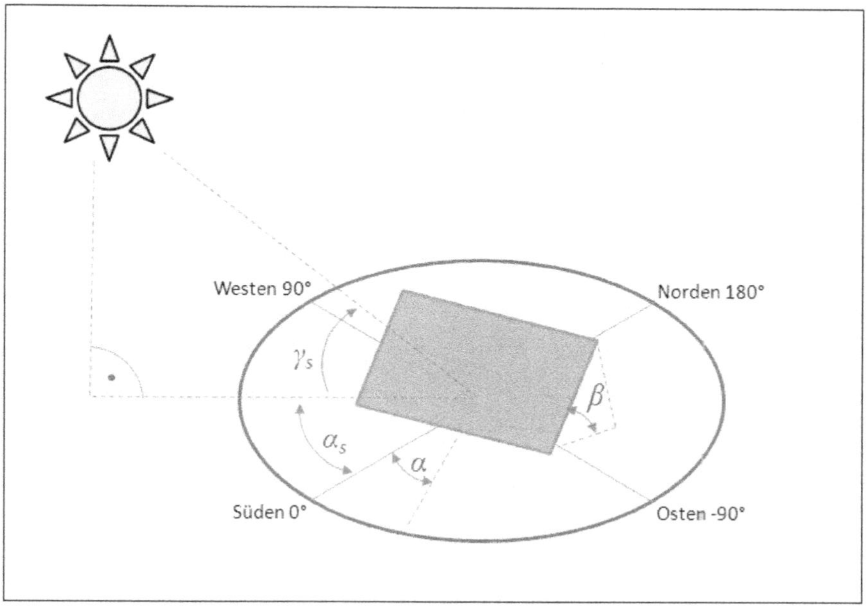

Abbildung 45: Sonnenwinkel in der Photovoltaik

Zum anderen gibt es die Definition nach DIN 5034, die vor allem in der Architektur Anwendung findet. Hier wird das Sonnenazimut als der Winkel zwischen geographischer Nordrichtung und dem Vertikalkreis durch den Sonnenmittelpunkt definiert (N = 0°, O = 90°, S = 180° und W = 270°).

Zur eindeutigen Festlegung des Sonnenstandes ist zudem der Sonnenhöhenwinkel γ_S (auch Elevation) nötig, der den Winkel zwischen der Horizontalen und dem Sonnenmittelpunkt angibt (vgl. Abbildung 45).

Auch die Festlegung der Ausrichtung eines Solarmoduls erfolgt über zwei Winkel. Hier beschreibt der Azimutwinkel α die Ausrichtung der Flächennormalen des Solarmoduls in Nord-Süd-Richtung, der Neigungswinkel β die Abweichung der Flächennormalen aus der Senkrechten.

3.4.1.3 AirMass, Clearness-Index und Clearsky-Index

Die Stärke der an einem beliebigen Punkt der Erdoberfläche empfangenen Sonnenenergie hängt u.a. von der Tageszeit und dem Breitengrad des jeweiligen Ortes ab, da die durchstrahlte Luftmasse im Tages- und Jahresverlauf variiert. Je steiler der Einfallswinkel der Sonne ist, desto kürzer ist der Weg der Strahlung durch die Atmosphäre. Der Jahres- und Tagesgang der Sonne ist in Abbildung 46 für den Standort Augsburg veranschaulicht.

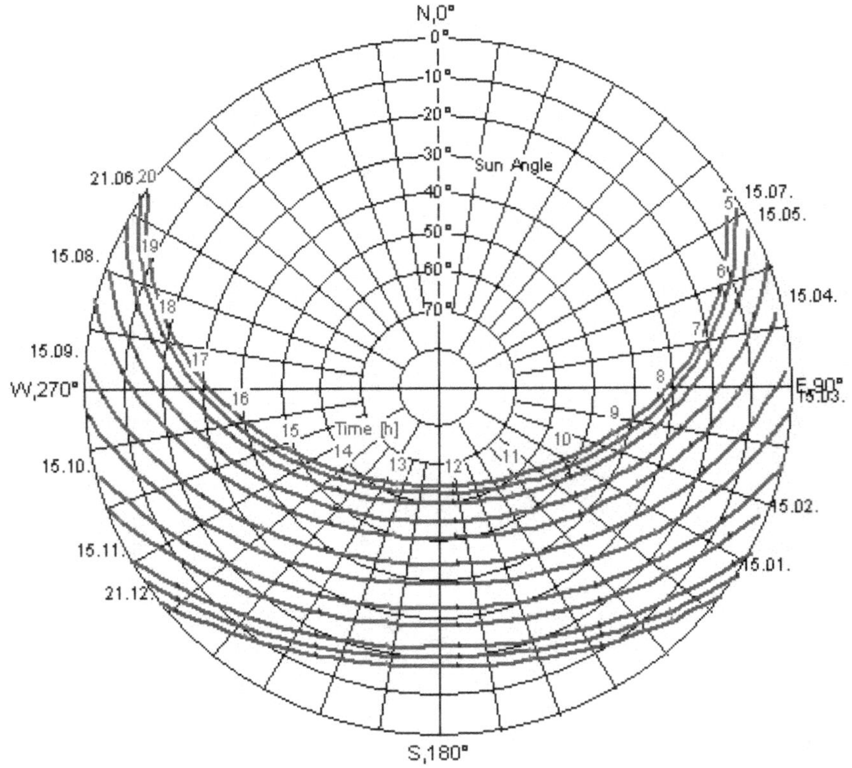

Abbildung 46: Monatskurven des Sonnenstandes für Augsburg

Der Faktor AirMass AM gibt an, wie oft die Dicke der durchstrahlten Luftmasse einer Atmosphärendicke entspricht und ist vom Sonnenhöhenwinkel γ_S über der Horizontalen abhängig.

$$AM = 1/\sin \gamma_S$$

Bei senkrechter Sonneneinstrahlung ($\gamma_S = 90°$) beträgt AM = 1. In Deutschland wird im Jahresdurchschnitt üblicherweise AM = 1,5 angenommen. Die Einstrahlung an der äußeren Erdatmosphäre wird mit AM = 0 bezeichnet.

Durch Trübung der Atmosphäre und Wolkenbildung kommt es zu Streuung, Brechung und Reflektion der einfallenden solaren Strahlung. Unter Trübung versteht man die Anwesenheit von Aerosolen und Wasserdampf in der Atmosphäre. Dies führt zu einer Minderung der auf die Erdoberfläche einfallenden Strahlung. Ein Maß für die Trübung der Atmosphäre stellt der LINKE'sche Trübungsfaktor T_L dar. Bei reiner Atmosphäre nimmt er den Wert 1 an[152]. Je höher der Wasserdampf- und Aerosolgehalt der Atmosphäre, desto höher ist der Wert für T_L. Er kann entweder als Funktion des AirMass nach dem Modell von Linke berechnet werden oder aber für eine Region als konstant angenommen werden.

---

152 A. Gassel, S. 18.

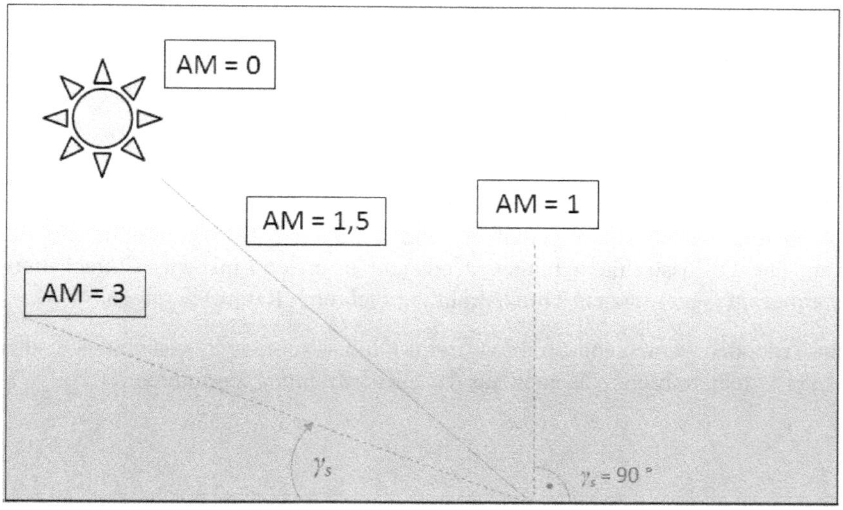

Abbildung 47: AirMass für verschiedene Sonnenhöhen

Um abschätzen zu können, in welchem Maße die Strahlung von der Atmosphäre gemindert wird, kann aus den Werten der gemessenen Globalstrahlung am Boden I_g und der extraterrestrischen Strahlung der sog. Clearness-Index k_T bestimmt werden:

$$k_T = I_g/I_{ext}$$

Da die auf die Erdoberfläche einfallende Strahlung vom AirMass abhängt, zeigt der Clearness-Index auch bei gleichbleibendem Atmosphärenzustand eine tageszeitliche Abhängigkeit. Dies kann hinsichtlich der Streu-, Brechungs- und Trübungsparameter zu falschen Interpretationen führen.

Eine von der Tageszeit unabhängige Beschreibung des Atmosphärenzustandes bietet der CLEARSKY-Index k_T*. Er stellt das Verhältnis der gemessenen Einstrahlung I_g (= Globalstrahlung) zur Einstrahlung bei klarem Himmel I_{clear} dar:

$$k_T{}^* = I_g/I_{clear}$$

Der maximale Wert des CLEARSKY-Index ist mit 1,2 festgelegt[153]. Durch Reflexion an Wolken kann die Globalstrahlung den eigentlichen zu erwartenden Maximalwert I_{clear} übersteigen.

Sind der Trübungsfaktor T_L, der Zenitwinkel θ und die extraterrestrische Strahlung I_{ext} bekannt, so kann nach dem Modell von KASTEN die Einstrahlung am Boden bei klarem Himmel I_{clear} berechnet werden.

$$I_{clear} = 0.84 \bullet I_{ext} \bullet e^{-0.027 \bullet TL/\cos\theta}$$

153 M. Maier, S. 10.

Dieser Einstrahlungswert bezieht sich auf die Direktstrahlung, welche der extraterrestrischen Einstrahlung nach Durchdringen der Atmosphäre entspricht.

3.4.1.4 Aufteilung der Globalstrahlung in direkte und diffuse Einstrahlung

Die extraterrestrische Strahlung wird durch Streuung und Absorption an Luftmolekülen, Aerosolen, Wolken und Wasserdampf gemindert und kommt als Direktstrahlung auf der Erdoberfläche an. Die Diffusstrahlung hingegen entsteht in erster Linie aus Einfachstreuung[154]. Sie entstammt im Gegensatz zur Direktstrahlung mehreren Raumrichtungen.

Die gesamte am Erdboden gemessene Strahlung wird Globalstrahlung I_g genannt. Sie setzt sich sowohl aus der Direktstrahlung, als auch aus der Diffusstrahlung zusammen.

$$I_g = I_{dir} + I_{diff}$$

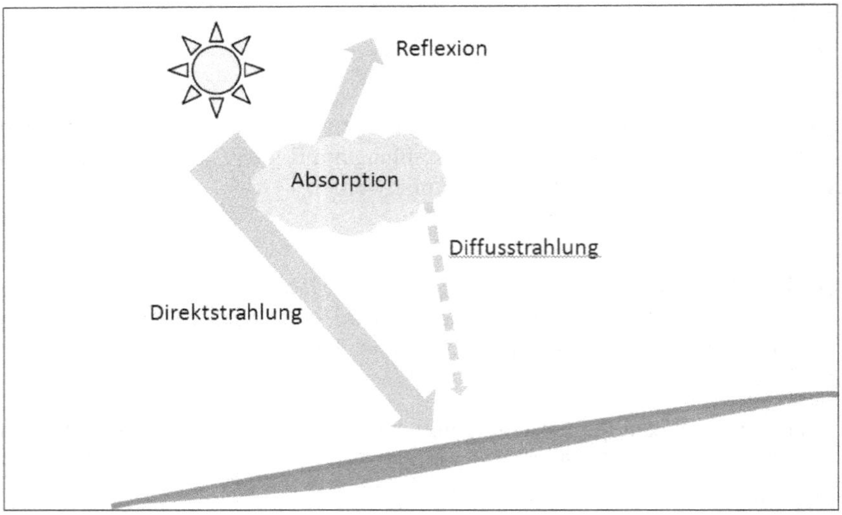

Abbildung 48: Aufteilung der Globalstrahlung in Direkt- und Diffusstrahlung

Meist ist die Einstrahlung aber nur in Form von Globalstrahlungsdaten vorhanden. Die Berechnung der einzelnen Komponenten ist jedoch für viele Analysen notwendig, da zum Beispiel nur bei einem hohen direkten Strahlungsanteil Verschattungsverluste klar als solche identifiziert werden können.

Allerdings ist die Aufteilung der Einstrahlung in direkte und diffuse Strahlung auf Basis von Stundenwerten einer der größten Fehlerquellen bei der Berechnung und Simulation von Solaranlagen. Eine relativ genaue Bestimmung der Anteile erlaubt das Berechnungsmodell

154 A. Hammer, S. 12.

von SKARTVEIT und OLSETH[155]. Danach werden erst empirische Werte im wolkenfreien Fall für den Clearness-Index $k_{T,clear}$ und den Diffusanteil d_{clear} in Abhängigkeit des Sonnenhöhenwinkels γ_S bestimmt.

$$k_{T,clear} = 0.87 - 0.56 \bullet e^{-0.06\,\gamma s}$$

$$d_{clear} = 0.15 + 0.43 \bullet e^{-0.06\,\gamma s}$$

Damit kann der Diffusanteil der Globalstrahlung in drei Intervallen des Clearness-Index bestimmt werden.

$$k_T \leq k_0 : \qquad d = 1$$

$$k_0 < k \leq a_1 k_{T,clear} : d = F(k) := 1 - (1 - d_{clear})\,(a_2 \sqrt{}K + (1 - a_2)\,K^2)$$

$$k_T > a_1 k_{T,clear} : \qquad d = 1 - a_1 k_{T,clear}\,(1 - F(a_1 k_{T,clear}))\,/\,k$$

mit

$$K = 0.5 \bullet (1 + \sin\pi\,(\,(k_T - k_0)\,/\,(k_0 - k_{T,clear}) - 0.5\,)\,)$$

$$k_0 = 0.20$$

$$a_1 = 1.09 \qquad a_2 = 0.27$$

es gilt:

$d \bullet 100$ = Anteil der Diffusstrahlung in %

Die durchschnittlichen jährlichen Anteile an der Globalstrahlung liegen in Deutschland bei etwa 60 % für die Diffusstrahlung und etwa 40 % für die Direktstrahlung[156]. Die Unterscheidung zwischen der Direktstrahlung und der Globalstrahlung ist auch deshalb wichtig, da solarthermische Kraftwerke ausschließlich die Direktstrahlung nutzen können, während Photovoltaik-Kraftwerke auch die Diffusstrahlung nutzen können (siehe hierzu Fachkapitel 3.2.2.1).

3.4.1.5 Berechnung der Einstrahlung in geneigte Flächen

Ein maximaler Energieertrag ist durch einen senkrechten Einfallswinkel der Sonne zu erreichen. Deshalb werden beispielsweise Photovoltaikanlagen im Allgemeinen nicht in der Horizontalen errichtet, sondern in einem standortspezifisch ermittelten Neigungswinkel (in Deutschland etwa 30°) nach Süden ausgerichtet bzw. dem Sonnenverlauf nachgeführt. Demnach ist die Umrechnung der bisher ausschließlich horizontalen Einstrahlungsdaten in die Geneigte von großer Bedeutung für die Simulation von Solaranlagen. Die Globalstrahlung auf die Geneigte I_{gen} wird neben der direkten und diffusen Einstrahlung von der Erdoberfläche reflektierte Einstrahlung $I_{ref,gen}$ bestimmt.

---

[155] A. Hammer, S. 31 f.

[156] DGS 2002, S. 2–13. Siehe auch Abbildung 11.

Es gilt also:

$$I_{gen} = I_{dir,gen} + I_{diff,gen} + I_{ref,gen}$$

Die direkte Strahlung auf die Geneigte lässt sich aus dem Einfallswinkel Ω_{gen} auf die geneigte Fläche, der Sonnenhöhe und der direkten Einstrahlung auf die Horizontale berechnen:

$$I_{dir,gen} = I_{dir} \cdot \cos\Omega_{gen} / \sin\gamma_S$$

Im Gegensatz dazu wird bei der Berechnung des diffusen und reflektierten Anteils zwischen einem isotropen Anteil, bei dem davon ausgegangen wird, dass die Strahlung aus allen Richtungen gleich ist, und einem anisotropen Anteil unterschieden. Bei der Bestimmung der reflektierten Strahlung ist es zumeist ausreichend, den isotropen Anteil zu bestimmen:

$$I_{ref,gen} = 1/2\ I \cdot \rho \cdot (1 - \cos\gamma_S)$$

Hierbei beschreibt ρ die Bodenreflexion der Umgebung, die sog. Albedo. Sie liegt etwa zwischen 0,9 bei einer frischen Schneedecke und 0,15 bei Asphalt. Durch den isotropen Ansatz wird die diffuse Strahlung auf eine geneigte Fläche annäherungsweise bestimmt.

$$I_{diff,gen} = 1/2\ I_{diff} \cdot (1 + \cos\beta)$$

Wesentlich genauer ist hier jedoch ein anisotroper Ansatz wie der von KLUCHER:

$$I_{diff,gen} = 1/2\ I_{diff} \cdot (1 + \cos\beta) \cdot (1 + F \cdot \sin^3\beta /2) \cdot (1 + F \cdot \cos^2\Omega_{gen} \cdot \cos^3\gamma_S)$$

mit $F = 1 - (I_{diff} / I)^2$

Einen weiteren Ansatz liefert hierzu das PEREZ-Modell. Dazu werden der Himmelsklarheitsindex sowie der Helligkeitsindex eingeführt, aus denen wiederum der Horizonthelligkeitsindex $F1$ und der Sonnenumgebungsindex $F2$ berechnet werden. Daraus ergibt sich eine ähnliche Form für die diffuse Einstrahlung in die Geneigte wie im Modell von KLUCHER, jedoch mit immensem mess- und auswertungstechnischem Aufwand (es müssen für jeden Standort weitere Konstanten bestimmt werden, um ein genaueres Ergebnis als mit dem KLUCHER-Modell zu erzielen).

3.4.1.6 Bestimmung der Globalstrahlung bzw. der Direktnormalstrahlung

Bodenbasierte Messungen

Globalstrahlungsmessung

Messwerte der globalen Einstrahlung auf horizontale Flächen werden in der Meteorologie mit Pyranometern gewonnen. Hierbei haben sich thermische Sensoren aufgrund ihrer höheren Messgenauigkeit gegenüber Halbleitersensoren auf dem Markt durchgesetzt. Die einfallende Solarstrahlung trifft auf eine schwarze Empfangsfläche. Mittels eines Thermoelements wird die Temperaturdifferenz zwischen dieser erwärmten Fläche und der Umgebung in ein Spannungssignal umgewandelt.

Nach der internationalen Norm ISO 9060 werden drei Genauigkeitsklassen für Pyranometer definiert: *second class*, *first class* und *secondary standard*. Mit Geräten der höchsten Kategorie (*secondary standard*) lassen sich Messungenauigkeiten von unter 3 % für Tagessummen der Einstrahlung erreichen. Allerdings ist die real erzielte Messgenauigkeit auch bei sehr hochklassiger Ausstattung in besonderem Maße abhängig von der regelmäßigen Wartung, Reinigung und Kalibrierung der eingesetzten Messtechnik. Besonders Verschmutzung kann zu deutlichen Verfälschungen der Messwerte führen. Daher empfiehlt sich eine Reinigung der Sensorik im Wochenturnus bzw. in Regionen mit geringen Niederschlägen und erhöhter Staubentwicklung (wie z.B. Südeuropa) gegebenenfalls auch häufiger[157].

Abbildung 49: Messaufbau zur Globalstrahlungsmessung[158]

Neben der Globalstrahlungsmessung mit Pyranometern besteht die Möglichkeit, die Einstrahlung mit einem Halbleitersensor zu messen. In diesen Sensoren wird eine Solarzelle über einen Shunt-Widerstand nahezu im Kurzschluss betrieben. Der entstehende Fotostrom, und damit auch die am Widerstand abgegriffene Spannung, verhalten sich näherungsweise linear zur Einstrahlung. Mit entsprechend hochwertigen Sensoren lassen sich ebenfalls sehr geringe Messunsicherheiten erzielen. Allerdings ist bei Messungen mit Halbleitersensoren zu beachten, dass diese eine eingeschränkte spektrale Sensitivität für die einfallende Solarstrahlung aufweisen und somit der Messwert je nach spektraler Zusammensetzung der Solarstrahlung von Messungen mit Pyranometern differieren kann.

Messung der Direktnormalstrahlung

Unter Direktnormalstrahlung versteht man die aus der Sonneneinfallsrichtung kommende Direktstrahlung. Gemessen wird diese mit einem Pyrheliometer, dessen wesentlicher Bestandteil eine schwarze Thermosäule in einem ca. 30 cm langen Rohr ist. Diese erfasst die Strah-

[157] V. Quaschning 2002, S. 4.

[158] Der Messaufbau erfolgt in horizontaler und geneigter Ebene mit Pyranometern sowie Siliziumsensoren; Quelle: meteocontrol.

lung mit einem thermischen Sensor am Boden des Rohres. Durch zweiachsige Nachführung gelangt so nur die senkrecht einfallende Direktstrahlung auf den Sensor. Die Bestrahlungsstärke wird ähnlich wie bei einem Pyranometer aus der Temperaturdifferenz der erwärmten Fläche und der Umgebung ermittelt.

Satellitenmessung

Genaue Bodenmesswerte der Globalstrahlung stehen aufgrund geringer Messnetzdichte für die Planung von Solarprojekten oftmals nicht zur Verfügung. Alternativ können Globalstrahlungsdaten auch aus Satellitenbildern generiert werden. Sie verfügen gegenüber den Bodenmessungen über einige Vorteile:

- Weltweite Abdeckung
- Langzeitdaten
- Hohe zeitliche Auflösung: Messung z.B. alle 15 Minuten
- Räumliche Auflösung: z.B. ca. 1km · 1km

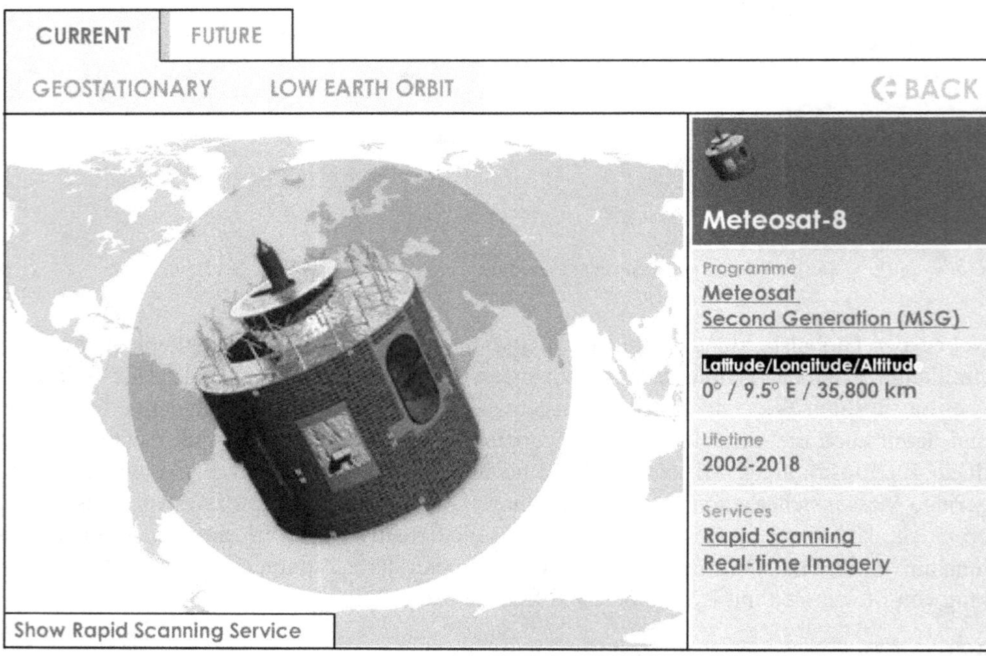

Abbildung 50: Meteosat-8 über dem Golf von Guinea[159]

Mit den geostationären Satelliten der Meteosat Second Generation (MSG), die von der Eumetsat (EUROPEAN ORGANISATION FOR THE EXPLOITATION OF METEOROLOGICAL SATELLITES) betrieben werden, sei eine mögliche Quelle für die Gewinnung von Strahlungs-

[159] http://www.eumetsat.int/Home/Main/Satellites/SatelliteProgrammesOverview/index.htm.

daten aus Satellitenbildern genannt. Der erste Satellit der Reihe (Meteosat-8) wurde 2002 von Kourou, Französisch-Guayana, in seine Umlaufbahn geschossen. Ein installiertes Radiometer fungiert als Sensor für die vorhandene Bewölkung. Daraus lassen sich Rückschlüsse auf die atmosphärische Transmission und somit auf die Globalstrahlung ziehen[160].

Die Berechnung erfolgt zumeist anhand der Heliosat-Methode nach Cano. Zunächst müssen die sog. Satellitencounts, die die Rückstreuung der von der Erdoberfläche reflektierten Strahlung darstellen, normiert werden. C_0 ist dabei definiert als der minimalste Rückstreuwert über dem Meer. Anhand gemessener Counts und der Bestrahlungsstärke I kann die Albedo ρ bestimmt werden.

$$\rho = (C - C_0)/I$$

Als Basis dient die maximal mögliche Einstrahlung definiert durch das Clearsky-Modell. Hierbei werden alle Minderungsfaktoren (wie z.B. Ozon, Aerosole, Wasserdampf) berücksichtigt. Die atmosphärische Transmission ist durch den Clearsky-Index gegeben, dessen Pendant der Cloud-Index n bildet.

$$k_T{}^* = 1 - n$$

mit:

n = Cloud-Index

Dieser wird über die Albedo bestimmt:

$$n = (\rho - \rho_g)/(\rho_c - \rho_g)$$

mit

ρ_g = Grundalbedo (Ozean bzw. unbewölkter Erdboden)

ρ_c = Albedo für ein vollständig bewölktes Pixel

Referenzwerte für die jeweilige Albedo werden über Zeitreihenmessungen gewonnen. Das Prinzip zur Bestimmung der Globalstrahlung I_g ist in Abbildung 51 dargestellt. Die vom Satelliten erstellten Bilder im sichtbaren Spektralbereich werden miteinander verglichen und somit der Mittelwert von ρ_g bestimmt. Die Bewölkung kann aufgrund der höheren Reflektivität (im Gegensatz zum Erdboden) eindeutig bestimmt werden. Problematisch bei der Bestimmung ist Schnee. Werden die Grundalbedo sowie der Cloud-Index ausgeblendet, so erhält man die Verteilung der Globalstrahlung.

Quellen für Einstrahlungsdaten

Neben den jeweiligen nationalen Wetterdiensten, wie etwa dem Deutschen Wetterdienst DWD für Deutschland, existieren eine ganze Reihe weiterer Datenquellen, die internationale, zum Teil auch weltweite, Einstrahlungsdaten anbieten. Abgesehen von der regionalen Verfügbarkeit der Datensätze unterscheiden sich diese Quellen im Wesentlichen nach

160 D. Heinemann 2008, S. 2.

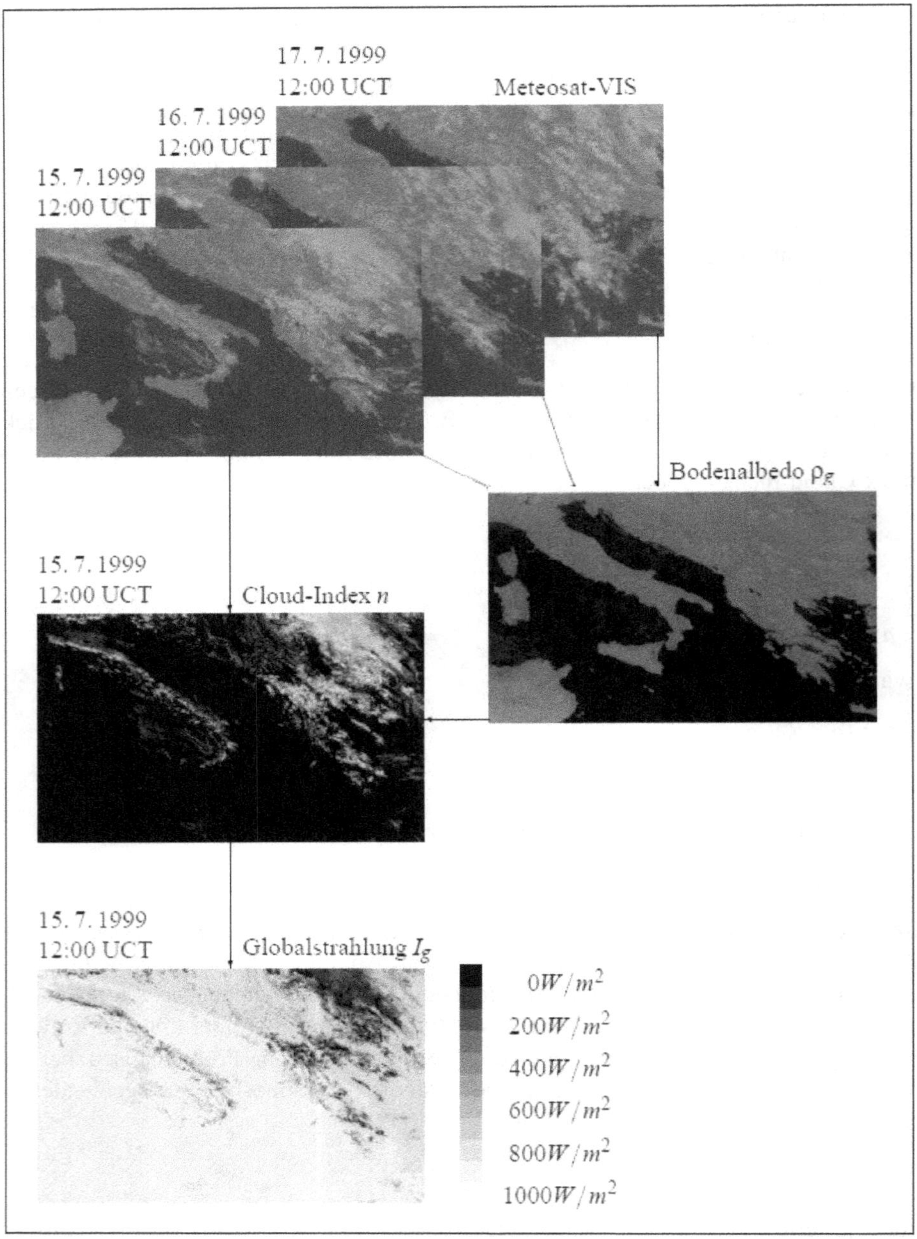

Abbildung 51: Verfahren zur Bestimmung der Globalstrahlung aus Satellitenbildern[161]

[161] A. Hammer 2001, S. 55.

- der Art der Datengewinnung (Bodenmesswerte, Satellitendaten),
- dem Zeitraum der verfügbaren Daten (z.B. Mittelwerte 1981–2000),
- der zeitlichen Auflösung der zu Grunde liegenden Rohdaten (z.B. stündliche Messwerte)
- und der Kostenpflichtigkeit.

Tabelle 28: Datenquellen Globalstrahlung

	Datenquelle	Region	Zeitraum	Kosten
Meteonorm	Satellit/ Bodenmessungen	Weltweit	1981–2000 (Je nach Region auch abweichende Zeiträume)	Ja
NASA SSE	Satellit	Weltweit	1983–2005	Nein
PVGIS	Bodenmessungen	Europa	1981–1990	Nein
S@tellight	Satellit	Europa	1996–2000	Nein
Uni Oldenburg	Satellit	Europa	Ab 1995	Ja
DWD	Bodenmessungen	Deutschland	1981–2000 (Es sind auch aktuellere Daten erhältlich)	Ja

3.4.1.7 Unsicherheiten bei der Bestimmung der Global- bzw. Direktnormalstrahlung

Bei der Betrachtung von Unsicherheiten werden in der Regel zwei Kenngrößen verwendet:

1. BIAS (*Mean Error*) als Maß für die Abweichung des Mittelwerts einer Messreihe vom Vergleichswert (z.B. beim Vergleich von einer Satelliten- mit einer Bodenmessreihe) und
2. RMSE (*Root Mean Square Error*) als detaillierteres Maß für die Abweichungen von Einzelmesswerten einer Messreihe vom Vergleichswert. Durch die Quadratur werden hohe Abweichungen hervorgehoben.

Als solide Vergleichsbasis müssen hierbei Messungen mit einer hohen Datenqualität herangezogen werden, wie sie z.B. die Messstationen des BASELINE SOLAR RADIATION NETWORK (BSRN) bilden. Hier kommen hochpräzise Messgeräte zum Einsatz die auch eine entsprechende Wartung, Reinigung und Rekalibrierung erfordern.

Unsicherheiten von bodenbasierten Messungen

Prinzipiell liefern Bodenmessungen sehr genaue Werte. Allerdings sind oftmals verlässliche Messwerte für den Standort eins geplanten Solarprojekts nicht verfügbar. Somit müssen Daten durch Interpolation weiterentfernter Messstationen erzeugt werden. Hiermit kommen zusätzliche verfahrensbedingte Unsicherheiten und Fehler zu den eigentlichen Messwerten hinzu. Dies ist dabei Abhängig von der Distanz des Projektstandortes zu der nächstverfügbaren Messstation. Als mittlerer statistischer Wert wird ein Umkreis von 20 km um die Bodenstation angegeben, innerhalb welchem die Bodenmessungen im Vergleich zum Satelliten noch genauer sind[162]. Tabelle 29 zeigt die Anzahl der Wetterstationen für vier europäische Staaten sowie deren Fläche. Die daraus abgeleiteten Flächen je Messstation (natürlich unter Annahme einer homogenen Verteilung der Stationen) zeigen deutlich die große Maschen-

162 M. Schroedter-Homscheidt 2006, S. 53.

weite des Messnetzes auf. Somit stehen für Standorte von geplanten Solarprojekten häufig nicht ausreichend repräsentative Daten zur Einstrahlung zur Verfügung bzw. müssen diese durch Interpolationen gewonnen werden.

Tabelle 29: Anzahl Wetterstationen[163]

Land	Anzahl Wetterstationen mit langfristigen Globalstrahlungsdaten	Fläche [km^2]	Fläche pro Wetterstation [km^2]
Deutschland	42	357 021	8 500
Spanien	30	504 782	16 828
Frankreich	35	547 030	15 629
Italien	26	301 230	11 585

Unsicherheiten von Satellitenmessungen

Aussagen über die Unsicherheiten von Einstrahlungsdaten auf Basis von Satellitendaten können nur durch den Vergleich mit referenzierten Bodenmesswerten getätigt werden. Drews et al. haben die Messungen von 38 Bodenstationen des DWD mit Satellitenmessungen über den Zeitraum 1995 – 2003 untersucht. Dabei wurde eine mittlere globale Einstrahlung pro Jahr von 1.062 kWh/m² für Bodenmessungen bzw. 1.057 kWh/m² für Satellitendaten ermittelt. Das entspricht einem relativen BIAS von –0,5%. Bei der Betrachtung niedriger Zeitskalen ergaben die Untersuchungen einen relativen RMSE von 5,1% für mittlere Tagessummen eines Monats bzw. 17,8% für Tagessummen. Dabei unterliegt die Genauigkeit der jeweiligen Jahreszeit und gegebener Witterung. So kann die Globalstrahlung bei klarem Himmel – besonders im Sommer – genauer bestimmt werden, wohingegen die geringeren winterlichen Einstrahlungsverhältnisse sowie ein erhöhter Bewölkungsgrad zu keinen optimalen Ergebnissen führen. Desweiteren können Schneedecken aufgrund der hohen Albedo als Bewölkung erfasst und somit geringere Einstrahlungen berechnet werden. Neuere technische Entwicklungen können dieses Problem bereits größtenteils umgehen.

Qualitätskontrolle durch das europäische Projekt MESoR

Das von der Europäischen Union geförderte MESoR-Projekt (MANAGEMENT AND EXPLOITATION OF SOLAR RESOURCE KNOWLEDGE) stellt gütebewertete Datenbasen von Solarstrahlungsanbietern gegenüber. Hierzu wurden europaweit verschiedene Satellitendaten mit bodenbasierten Globalstrahlungsmessungen anhand der Anzahl der bereitgestellten Parameter (Global-, Direkt-, Diffusstrahlung etc.) und den jeweiligen Berechnungsmethoden verglichen. Dabei wurden relative BIAS-Werte von etwa 1 % sowie RSME-Werte von bis zu 16 % festgestellt. So kann die Anwendbarkeit für die jeweilige Fragestellung (z.B. Prognose des Verhaltens von Solarenergiesystemen) abgeschätzt werden [Hoyer-Klick, C., et al. (2008), Seite 1].

Für den Direktstrahlungsanteil ergaben die MESoR-Auswertungen ebenfalls relative BIAS-Werte von bis zu 1% (je nach verwendetem Modell der Datenanbieter). Allerdings liegen hier

163 Neben der Anzahl der Wetterstationen ist auch die theoretisch abzudeckende Fläche dargestellt.

die mittleren Standardabweichungen mit 35% bis 54% deutlich höher als bei den Globalstrahlungsdaten.

Dabei werden die Fehlermaße wie folgt berechnet:

- BIAS = $1/n \sum(x_e(i) - x_m(i))$; $i = 1, \ldots, n$
  mit: n = Anzahl der Datenpaare

  x_e(i) = Modellwerte aus den Satellitendaten

  x_m(i) = Messwerte der Bodenstationen
- RMSE = $\sqrt{1/n \sum(x_e(i) - x_m(i))^2}$; $i = 1, \ldots, n$

Ein Beispiel für den Vergleich der Jahressumme von Bodendaten und Satellitendaten ist in Abbildung 52 gezeigt. Es ist zu erkennen, dass die Bodenmesswerte (links) den Mittelwert aus verschiedenen Boden- und Satellitendaten tendenziell unterschreiten, wohingegen die Satellitendaten (rechts) sehr genau sind. Nur in Gebirgen ist eine negative Abweichung zu verzeichnen, was auf eine vorhandene Schneedecke, die als Wolken realisiert wird, zurückzuführen ist.

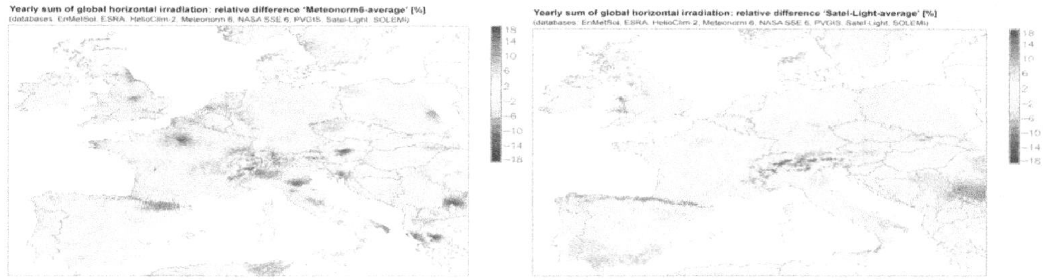

Abbildung 52: Vergleich der Jahressumme der Globalstrahlung von Bodenmessungen[164]

Allgemein ist zu sagen, dass der Fehler der Bodenmesswerte durch die Interpolation stärker ausgeprägt ist als die Fehler durch Wolken, Schneebedeckung oder Störungen in der Atmosphäre bei ermittelten Satellitendaten.

3.4.1.8 Verwendung von Einstrahlungsdaten für Ertragsprognosen

Die Erstellung zuverlässiger Ertragsgutachten ist in der Energiewirtschaft von sehr großer Bedeutung. Dies betrifft zum einen die Förderung durch den Staat und zum anderen die Investition durch Banken. Um die Wirtschaftlichkeit einer Anlage einschätzen zu können, fordern die Investoren eine unabhängige Prognose anerkannter Gutachter.

[164] Im linken Bild sind die Daten gemäß Meteonorm-6, im rechten Bild Satellitendaten (Satellight) abgebildet. Quelle: http://www.mesor.org/docs/MESoR_Handbook_on_best_practices.pdf

Neben standortspezifischen Parametern wie lokale Umwelteinflüsse und die Abklärung technischer Details bezüglich Modul-und Wechselrichterwerte, Verkabelung und Transformatorverluste, gehen die Strahlungsdaten als Basis aller Berechnungen in Prognosen mit ein. Je geringer hierbei die berechnete Unsicherheit der Einstrahlung, desto genauer kann eine Prognose der ins Netz eingespeisten Energie gestellt werden. Wie bereits in Kapitel 3.4.1.7 beschrieben, hängt die Genauigkeit der Berechnungen stark von der Qualität der Eingangsdaten und dem jeweiligen Berechnungsverfahren ab.

Jährliche Schwankung der Globalstrahlung

Die Einstrahlungssumme eines einzelnen Jahres kann in Mitteleuropa um bis zu 15 % von langjährigen Mittelwerten abweichen. In südeuropäischen Ländern sind diese Schwankungen deutlich geringer und liegen zumeist im Bereich von ± 5–10 %. Die Betrachtung der historischen Volatilität der Einstrahlung ist daher für die Risikoanalyse und speziell die Liquiditätsprognose in der Planungsphase ein wichtiger Bestandteil.

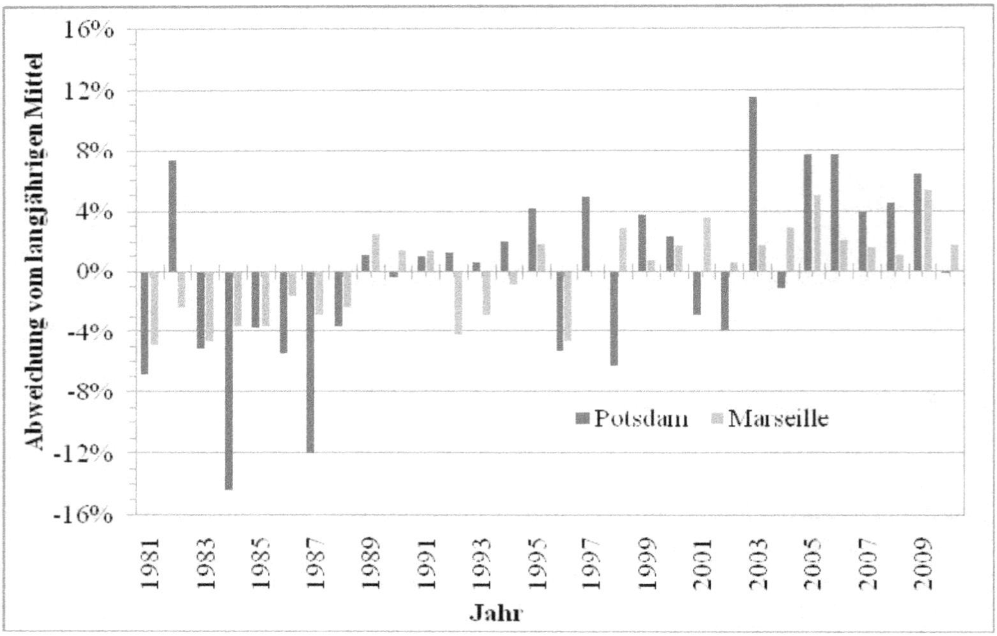

Abbildung 53: Vergleich der Abweichungen der Globalstrahlungsjahressummen[165]

Daneben ist auch eine räumliche Varianz zu verzeichnen. Dies wird deutlich bei der Betrachtung der Abweichungen vom langjährigen Mittelwert für den gleichen Zeitraum an verschiedenen Standorten.

165 Bezogen auf die Einzeljahre vom 30jährigen Mittelwert (1981–2010), jeweils für Potsdam und Marseille.

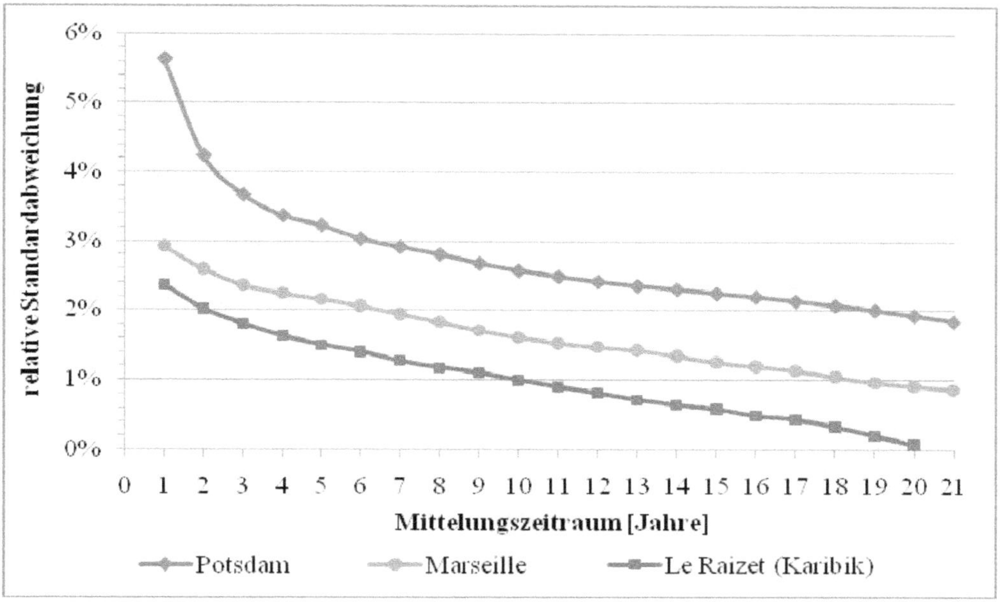

Abbildung 54: Relative Standardabweichung verschiedener Mittelungszeiträume

Verwendung von langjährigen Mittelwerten

Um diese Unsicherheiten zu umgehen, werden langjährige Mittelwerte für die Erstellung von Prognosen verwendet. Durch die Mittelung über mehrere Jahre hinweg kann die Globalstrahlung für einen Standort somit mit zunehmender Länge der verfügbaren Zeitreihe mit zunehmender Genauigkeit vorausgesagt werden. Dabei sind Zeitreihen von mindestens zehn Jahren eine geeignete Spanne. Ebenso ist es sinnvoll, möglichst aktuelle Zeitreihen zu verwenden. Dadurch werden aktuellere Trends in der Klimaentwicklung besser repräsentiert.

Zur Kontrolle werden sowohl Satelliten- als auch Bodendaten herangezogen.

In Abbildung 55 ist eine 74-jährige Zeitreihe der Globalstrahlung der DWD-Wetterstation Potsdam dargestellt. Die über die zunehmende Anzahl der jeweiligen Jahre gemittelten Jahressummen (x-Achse) weichen von der über die gesamte Zeitreihe gemittelten Jahressumme ab. Der Wert der y-Achse zeigt die maximale Abweichung des auf der x-Achse dargestellten Mittelungszeitraums vom 74-jährigen Mittelwert. Während bei der Mittelwertbildung über ein oder zwei Jahre noch eine sehr große Abweichung vom langjährigen Mittel zu erkennen ist, nimmt diese bei Verlängerung des Mittelungszeitraumes deutlich ab. Dennoch liegen selbst für 20-jährige Mittelungszeiträume die maximalen Abweichung von wirklich langjährigen Mittelwerten (wie hier für Potsdam 74 Jahre) im Bereich von etwa +/–3%. Im Umkehrschluss lassen sich aus langjährigen Zeitreihen Aussagen über die Unsicherheiten bei der Mittelwertbildung über kürzere Zeiträume ableiten.

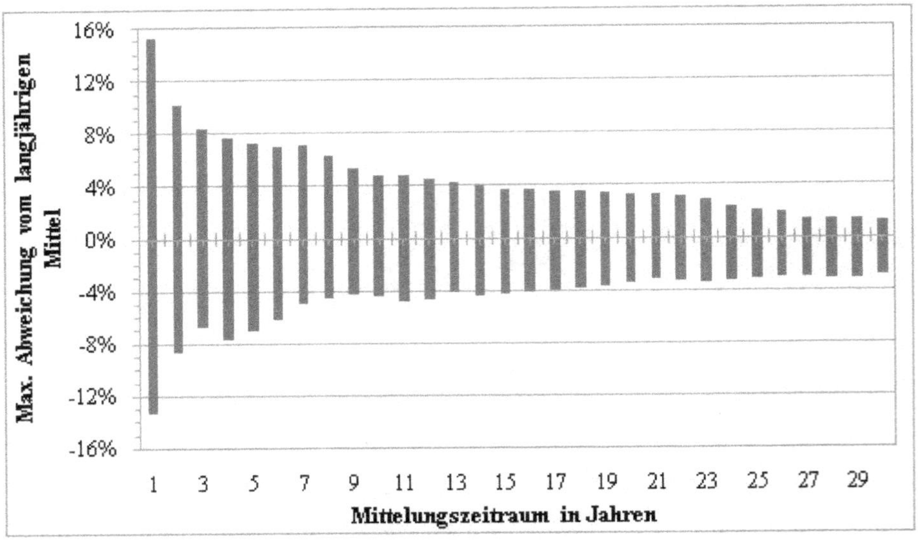

Abbildung 55: Abweichung zum langjährigen Mittel[166]

Zusammenfassung

Die Prognose des zu erwartenden Energieertrags ist für die wirtschaftliche Realisierbarkeit eines Solarprojekts von zentraler Bedeutung. Hier ist die grundlegende und wichtigste Eingangsgröße neben der technischen Systembeschreibung die örtliche Solarstrahlung. Daher ist die Auswahl einer geeigneten Datenbasis essentiell. Hier sind die Grundanforderungen, nämlich eine hohe Datenqualität in einer geeigneten räumlichen Auflösung der Daten sowie die Verfügbarkeit ausreichend langer Zeitreihen, die maßgeblichen Bewertungskriterien.

Aufgrund der geringen Messnetzdichte stehen genaue Pyranometer-Messdaten hierzu häufig nicht zur Verfügung. Ebenso liegen meist keine Informationen zur Datenqualität der nächstgelegenen Bodenmessungen vor. Diese Lücken können daher durch Satellitendaten zur Bestimmung der solaren Einstrahlung geschlossen werden. Die Referenzierung und Validierung der Satellitendaten erfolgt anhand exakter Bodenmessdaten, die hohen Qualitätsanforderungen genügen.

Ein Bestandteil der Ertragsprognosen ist auch die Umrechnung horizontaler Einstrahlungsdaten in die entsprechend geneigte bzw. nachgeführte Ausrichtung der Solaranlage. Hierzu stehen mehrere Modelle verschiedener Autoren zur Verfügung. Allerdings können allein durch die Wahl des Umrechnungsmodells Differenzen im Bereich von 2–3 % entstehen.

Damit tragen die Eingangsdaten der Ertragsprognose (inkl. deren Umrechnung) den größten Teil zur Gesamtunsicherheit der Prognose bei. Dies macht den weiteren Forschungs- und Entwicklungsbedarf an dieser Stelle deutlich. Zukünftige klimatische Schwankungen und Entwicklungen der solaren Einstrahlung bleiben natürlich als Unsicherheit weiterhin erhalten.

166 Bei unterschiedlichen Mittelungszeiträumen, hier am Beispiel der Station Potsdam.

3.5 Betriebserfahrungen und Betriebskosten

DR. ROGER SCHERER

Dr.-Ing. Roger Scherer, geboren 1963, begann nach dem Abschluss seines Maschinenbaustudiums im Jahre 1989 und anschließender Promotion an der TU Hamburg-Hamburg auf dem Gebiet der Faserverbundwerkstoffe im Jahre 1992 seine berufliche Laufbahn im Bereich der Konstruktion und Errichtung von Windkraftanlagen. Von 1996 bis 2004 war er bei zwei Rotorblattherstellern im technischen Vertrieb und der Entwicklung tätig. Seit 2004 arbeitet er in Katalonien, Spanien im eigenen Ingenieurbüro in den Bereichen Projektierung, Realisierung und Betriebsführung von Wind- und Solarparkprojekten und als technischer Berater für Investoren und Banken. Darüber hinaus ist er für ein spanisches Forschungszentrum im Bereich der Rotorblatttests und Windkraftanlagenzertifizierung tätig.

3.5.1 Einleitung

Der Betrieb von Photovoltaikanlagen ist für eine Laufzeit von mehreren Jahrzehnten ausgelegt. Die Investoren erwarten auch schon in den ersten Betriebsjahren entsprechende Renditen, die aus der Differenz der Betriebseinnahmen und den Betriebsausgaben resultieren.

Die Betriebseinnahmen durch den Stromverkauf werden durch die real vorherrschende Einstrahlung, die Anlagenverfügbarkeit, die zur Verfügung stehende Leistung sowie durch die Stromvergütung bestimmt. Üblicherweise werden im Rahmen der Projektfinanzierung sowie des Ankaufs durch Investoren entsprechende Ertragsgutachten erstellt, die auf der Basis von langjährigen Strahlungsdaten und der spezifischen Anlagenkonfiguration eine Ertragsprognose ergeben. Nach Betriebsbeginn des Solarparks werden regelmäßig die Soll- und Ist-Werte hinsichtlich der Einstrahlung, Produktion und Verfügbarkeit miteinander verglichen, so dass die Anlagengüte laufend überwacht wird. Langjährige Betriebserfahrungen haben gezeigt, dass die jährlichen Einstrahlungswerte bei Photovoltaikanlagen moderat über die Laufzeit schwanken[167].

Die Zielsetzung einer kontinuierlichen, hochwertigen und störungsarmen Stromerzeugung stellt eine Herausforderung für die technische Betriebsführung und Wartung der Photovoltaik-Anlagen dar. Die wesentlichen Aufgaben der technischen Betriebsführung sind die Kontrolle und Auswertung der Betriebsdaten, die organisatorische Abwicklung von Störungen, die Kontrolle von Serviceleistungen und Wartungen durch die Hersteller der Hauptkomponenten sowie der Wartungsfirma und die Kommunikation mit Energieversorgungsunternehmen und Investoren. Die Wartungsfirma wird durch die technische Geschäftsführung angewiesen und überwacht und ist bei Störungen vor Ort.

Die im Betrieb gesammelten Erfahrungen gehen in die Optimierung der Betriebseinnahmen durch die Stromerzeugung und in die Kontrolle und Anpassung der laufenden Betriebskosten ein. Prinzipiell sollte das Ziel sein, durch eine qualitativ hochwertige Wartung in Zusammenarbeit mit der technischen Betriebsführung die Betriebserlöse zu steigern, wodurch wiederum die Betriebsausgaben besser gedeckt werden können.

---

[167] Photovoltaik Systemtechnik, 2007–2010, Schlussbericht Februar 2011, Bundesamt für Energie, Schweizerische Eidgenossenschaft.

3.5.2 Auswirkungen der Projektverträge

Im Folgenden werden die prinzipiellen Inhalte und Zielsetzungen der wichtigsten Projektverträge und deren Auswirkungen auf den laufenden Betrieb und abschließend auf die Betriebsergebnisse dargestellt.

3.5.2.1 Generalunternehmervertrag

Im Generalunternehmervertrag (GU-Vertrag) werden die Leistungen zur schlüsselfertigen Erstellung des Solarparks definiert. Die Projektplanung wird teilweise von Projektentwicklern durchgeführt, die später im Rahmen einer Ausschreibung die Errichtung des Solarparks vergeben. Die wichtigsten Gewerke eines Solarparks sind:

- Planung und Projektierung des Solarparks
- Vorbereitung des Geländes
- Lieferung und Montage der Solarmodule
- Reihenschaltung der Module zu Strings
- Parallelschaltung der Strings in den Anschlusskästen bis zum Wechselrichter
- Lieferung, Installation und Inbetriebnahme der Wechselrichter
- Lieferung und Montage der Gestelle oder Nachführsysteme
- Lieferung, Installation und Inbetriebnahme der Mittelspannungsanlagen bis zum Netzanschluss
- Lieferung, Installation und Inbetriebnahme der äußeren und inneren Blitzschutzsysteme
- Lieferung, Installation und Inbetriebnahme der Fernüberwachungssysteme
- Lieferung, Installation und Inbetriebnahme von Stromzählern
- Inbetriebnahme und Übergabe des Solarparks an Betreiber

Der Investor sollte bereits auf die Investitionsentscheidungen des Generalunternehmers Einfluss nehmen, da die Auswahl besserer Komponenten eine hohe Zuverlässigkeit der Anlagen und entsprechend höhere Erträge und niedrigere Betriebskosten bedeutet, so dass in der Regel sich die höheren Investitionen für Qualität im Betrieb auszahlen. Werden hingegen beispielsweise Produkte von nicht allgemein anerkannten Herstellern, insbesondere Module und Wechselrichter, vom Generalunternehmer verbaut, muss die zu erwartende Rendite höher sein und der Kaufpreis entsprechend angepasst werden. Bei der Verwendung von schlechteren und unbekannten Komponenten müssen Reserven berücksichtigt und Rückstellungen gebildet werden. Ein weiteres Beispiel ist die Entscheidung für Anlagen mit Nachführsystemen. Die Rendite ist hier meistens für die Investoren nur unwesentlich höher, bringt aber das Risiko mit sich, dass die laufenden Kosten über die Zeit höher werden und damit die Rendite sinkt. Planungsfehler, beispielsweise die Wahl eines ungeeigneten Geländes oder die Planung mit zu geringen Abständen zwischen den Modulen, die zu Teilverschattungen von Anlagenteilen und somit zu Ertragseinbußen führen können, sollten bereits vor der Auftragsvergabe an einen Generalunternehmer überprüft werden.

3.5.2.2 Technische Betriebsführung

Die technische Betriebsführung ist ein elementarer Bestandteil der technischen Betreuung der Solaranlagen. Die Tätigkeiten der technischen Betriebsführung können in folgenden Punkten zusammengefasst werden:

- Ständige Überwachung der PV-Anlage
- Kontinuierlicher Kontakt mit der Wartungsfirma (Operation and Maintenance, O&M-Contractor)
- Koordination von erforderlichen Anpassungen an technische und gesetzliche Neuregelungen
- Unterstützung des Betreibers bei der Abwicklung von Schadens- und Garantiefällen
- Ersatzteilmanagement
- Auswertung und Diagnose der Ertragsdaten, Anlagenverfügbarkeit und Störungen
- Verfolgung des Anlagenalterung, insbesondere der Leistungsdegradation der Module
- Identifizierung von sich wiederholenden Problemen bestimmter Anlagenbauteile
- Berichtswesen gegenüber Investoren und Kreditinstituten
- Aktualisierung der Wartungsvorschriften auf Grundlage technischer Neuentwicklungen, Betriebserfahrungen, Vorschriften und Normen

Die Erfahrung des technischen Betriebsführers ist ein wichtiger Einflussfaktor auf den erfolgreichen Betrieb der Solaranlagen, wo neben den technischen Fragestellungen auch wirtschaftliche Entscheidungen mit getroffen werden, wenn beispielsweise bestimmte Wartungsmaßnahmen neu definiert werden.

Üblicherweise wird die technische Betriebsführung nicht vom GU- und O&M-Vertragspartner durchgeführt, um eine bessere und unabhängige Kontrolle des laufenden Betriebs zu erhalten.

3.5.2.3 Wartungsvertrag

Die Wartung wird üblicherweise vom gleichen Vertragspartner durchgeführt, der das Projekt im Rahmen eines Generalunternehmervertrages schlüsselfertig erstellt hat. Die Vergabe der Wartung an den Errichter der Anlage hat den Vorteil, dass er die Anlage bereits kennt. Die Fremdvergabe der Wartung ist auch möglich, wobei es jedoch zu Abstimmungsproblemen des Leistungsumfanges führen kann. Die Generalunternehmerverträge und die Wartungsverträge sollten daher aufeinander abgestimmt sein.

Für Investoren und Banken ist es entscheidend, dass insbesondere die Wartungsverträge lange laufen, damit die Renditeberechnung zuverlässig ist und die Vertragspartner nicht aus ihrer Verantwortung kommen, wenn sich möglicherweise die Wartung nicht mehr lohnt, da sie teurer und aufwändiger wird als ursprünglich angenommen.

Regelmäßige Wartung

Die regelmäßige Wartung der Solaranlagen wird im Allgemeinen durch lokal ansässige Wartungsfirmen durchgeführt, die als Subunternehmer für den Vertragspartner agieren. Dadurch können kurze Reaktionszeiten erreicht werden, so dass bei der Meldung von Störungen das

Wartungspersonal schnell vor Ort sein kann. Die wichtigsten Wartungsarbeiten können wie folgt zusammengefasst werden:

Elektrische Anlagen
Prüfung
- Kabelverbindungen und Anschlusskästen
- Erdungswiderständen
- Kurzschlusssicherheit
- Thermische Überbelastungen mit Wärmebildkameras

Module
- Visuelle Prüfung des Zustandes der Photovoltaikmodule
- Überprüfung der Kontakte, Anschlussdosen und Steckerverbindungen
- Überprüfung von Isolationsfehlern und Widerstandsmessungen
- Überprüfung der Stringströme
- Funktionsprüfung der Bypass-Dioden
- Modulreinigung

Wechselrichter
- Visuelle Prüfung des Zustandes der Wechselrichter
- Überprüfung von Filtern, Verunreinigungen der Elektronik, Kontakten und Temperaturbelastung

Gestelle
- Überprüfung der Schraubenverbindungen und der Verankerung
- Durchführung von Korrosionsschutzmaßnahmen

Nachführsysteme
- Überprüfung des Verschleißes von bewegten Komponenten
- Durchführung von Korrosionsschutzmaßnahmen

Monitoringsystem
- Instandhaltung des Fernüberwachungssystems
- Reinigung und Wartung der Temperatur – und Einstrahlungssensoren.

Netzanbindung
- Instandhaltung der elektrischen Infrastruktur durch Fachfirmen
- Kontrolle der Stromzähler und Sicherungen
- Überwachung von Netzausfällen
- Wartungsarbeiten des Energieversorgungsunternehmens

Blitzschutz und Überspannungsschutz
- Überprüfung der Kontakte und Erdungswiderstände des äußeren und inneren Blitzschutzes sowie der Funktionstüchtigkeit des Überspannungsschutzes

Planung der Wartungsarbeiten

Der Umfang der Wartungsarbeiten wird in den Wartungsverträgen vereinbart, die üblicherweise während der Phase der Projektfinanzierung zwischen Käufer und Wartungsfirma verhandelt und von unabhängigen Gutachtern kommentiert werden. Die reale, operative Umsetzung und die Planung der Wartungsarbeiten werden in der Betriebsphase zwischen der technischen Betriebsführung und der Wartungsfirma abgestimmt.

Regelmäßige, obligatorische Wartungsarbeiten, wie die von Mittelspannungsanlagen und Wechselrichtern, sollten in den ertragsärmeren Wintermonaten durchgeführt werden. Die Modulreinigung wird in Abhängigkeit von den lokalen Verhältnissen mindestens zwei Mal im Jahr durchgeführt. Damit die Ausfallzeiten und die Stringströme möglichst gering sind, werden diese Arbeiten vorzugsweise in den Morgen- und Abendstunden durchgeführt.

Schulung des Wartungsteams

Die regelmäßige Schulung und Fortbildung des Wartungsteams ist ein elementarer Bestandteil des gesamten Wartungskonzepts. Bedingt durch die laufenden technischen Neuentwicklungen ist es erforderlich, das Personal insbesondere in folgenden Fachgebieten fortlaufend zu schulen:

- Kommunikationstechnik
- Anlagenüberwachung
- Anforderungen an gesetzliche Neuregelungen
- Wechselrichtertechnologie

Die Schulung des Wartungspersonals muss durch die Wartungsfirma sichergestellt werden, da in der Regel der Investor die Wartung nicht selbst durchführt.

Wartung von Dach- und Freilandanlagen

Der Aufwand der Wartungsfirma im Rahmen des O&M-Vertrages (Operation & Maintenance) ist insbesondere von der Anlagengüte und der Anlagenkonfiguration abhängig. Hier lassen sich grundsätzlich drei verschiedene Anlagentypen unterscheiden:

1. Freilandanlagen mit fest aufgeständerten Modulen
2. Freilandanlagen mit nachgeführten Modulen
3. Dachanlagen mit fest aufgeständerten Modulen

Der Wartungsaufwand von Freilandanlagen kann in Abhängigkeit von den örtlichen Gegebenheiten erheblich sein und entsprechend die Betriebskosten erhöhen. Bei der Planung von Zuwegungen zu allen Anlagenteilen sollte die freie Zugänglichkeit von Wartungsfahrzeugen mit berücksichtigt werden. Insbesondere ist die Wartung von Freilandanlagen in schwer zugänglichem Gelände mit großen Steigungen weitaus aufwändiger als in flachem Gelände mit guten Bodenverhältnissen. Für die regelmäßigen Wartungsarbeiten werden teilweise auch schwere und unhandliche Messgeräte, wie Netzanalysatoren und Modul-Kennlinienmessgeräte verwendet, die das Wartungspersonal sonst aufwändig manuell transportieren muss, wenn mit den Wartungsfahrzeugen kein einfacher Zugang möglich ist.

Die Entscheidung in der Investitionsphase für eine nachgeführte Freilandanlage beruht auf der Annahme einer erhöhten Stromproduktion und somit einer erhöhten Wirtschaftlichkeit des Projektes, die die Mehraufwendungen rechtfertigt. Nachteilig sind die erhöhten Aufwendungen im Betrieb für die Anlagenüberwachung und Wartung durch die Präsenz bewegter

Teile und möglicher Verschleißquellen, die an fest installierten Anlagen nicht vorhanden sind. Hier ist es vor allem entscheidend, dass die Investoren eine Rendite kaufen, die bei nachgeführten Anlagen nur unwesentlich höher ist. Wenn aber erhöhter Verschleiß eintritt, was meist nicht durch die Wartungsverträge von der Kostenseite abgedeckt ist, trägt der Investor diese Last allein.

Bei Dachanlagen zumeist mit fest aufgeständerten Modulen, ist es darüber hinaus erforderlich, die Gebäudedächer in einem guten Zustand zu halten. Die Zugänglichkeit der Dächer und die Pflege der Drainage und Regenwasserabläufe muss gewahrt werden und bedeutet einen höheren Wartungsaufwand. Die Verschmutzung von Modulen, beispielsweise in Industriegebieten, bedeutet einen zusätzlichen Wartungsaufwand. So müssen zusätzliche Wasseranschlüsse auf den Dächern installiert werden. Weiterhin ist die Arbeitssicherheit auf Dächern ein Aspekt, der die Wartungsarbeiten unter Umständen erschweren kann.

3.5.2.4 Voraussetzungen für die Durchführbarkeit der technischen Betriebsführung und Wartung

Dokumentation

Für die Durchführbarkeit und Kontrolle des Betriebs der Solaranlage ist eine komplette Dokumentation erforderlich, die im Folgenden stichpunktartig aufgelistet wird.

- Generalunternehmervertrag (GU-Vertrag)
- Wartungsvertrag
- Garantievereinbarungen mit Lieferanten der Hauptkomponenten (Module, Wechselrichter, Gestelle) und Garantieabtretungsvereinbarungen
- Dokumentation „As-Built“
- Revisionspläne der technischen Ausrüstungen
- Installationsschemata
- Bedienungsanleitungen und Betriebsvorschriften
- Fachunternehmerverzeichnis
- Behördliche Akten, Auflagen und Genehmigungen
- Flashreports der Solarmodule
- Nachweise der Hersteller
- Gestelle: Lastenberechnung, Korrosionsschutz, Wartungskonzept
- Module: Wartungskonzept, elektrische Anschlüsse, Reinigungskonzept

Die korrekte und umfangreiche Dokumentation ist für den technischen Betriebsführer und die Wartungsfirma eine notwendige Voraussetzung, damit der Solarpark überwacht und gewartet werden kann. Falls beispielsweise Angaben, Schaltbilder und Anweisungen fehlen, ist es im laufenden Betrieb durchaus aufwändiger, die Unterlagen im Nachhinein zu erstellen. Die Zuordnung der verbauten Module im Solarfeld muss einwandfrei nachvollziehbar sein, um eventuelle Minderleistungen identifizieren zu können.

Fernüberwachungssystem

Die Fernüberwachung „Monitoring“ erfolgt über ein entsprechendes Betriebsdatenerfassungssystem, das die wichtigsten Betriebsdaten der verschiedenen Komponenten des Solarparks online erfasst, übermittelt und speichert. Wichtige Kenngrößen zur Anlagenüberwachung sind im Folgenden aufgeführt:

- Stringströme
- Eingangsgrößen Wechselrichter (Strom, Spannung, Leistung DC)
- Ausgangsgrößen Wechselrichter (Strom, Spannung, Leistung AC)
- Betriebstemperaturen Wechselrichter
- Zustand Fernüberwachungssystem
- Störungsmeldungen
- Netzausfall
- Isolationsfehler

Mit diesen Eingangsdaten kann der aktuelle Betriebszustand überwacht werden und sofort auf Leistungsschwankungen und Fehlermeldungen reagiert werden. Die Anlagen werden mindestens zweimal täglich über das internetbasierte Betriebsüberwachungssystem überwacht und die Fehlermeldungen, die als Mails und/oder SMS verschickt werden, ausgewertet. Die Wartungsfirma führt im Allgemeinen eine erste Fehleranalyse durch, die dann mit der technischen Betriebsführung gemeinsam ausgewertet wird, um die weiteren Maßnahmen zur Störungsbehebung festzulegen.

Regelung der Zutrittsberechtigungen

Für den Investor muss der Zutritt zu den Solaranlagen immer gewährleistet sein und muss insbesondere in den Wartungsverträgen geregelt sein. Darüber hinaus wird der Zugang zum Monitoringsystem für die Wartungsfirma, die technische Geschäftsführung und für den Betreiber eingerichtet. Der Zutritt auf Dachanlagen kann unter Umständen für die Wartung erschwert sein, wenn mit dem Gebäudeeigentümer keine klar definierten Regelungen hinsichtlich des Dachzugangs und dessen Instandhaltung bereits bei Abschluss des Pachtvertrages getroffen wurden.

Regelung der Eigentumsverhältnisse bei Anlagen mit unterschiedlichen Eigentümern

Viele Solaranlagen sind von mehreren Investoren und/oder Betreiber errichtet worden. Bei unterschiedlichen Eigentumsverhältnissen von Teilen der Photovoltaikinstallationen werden die gemeinsamen Einrichtungen, wie Netzanschluss, Zuwegung, Monitoring, Überwachungskameras, Wetterstationen und Eigenstromversorgung gesondert betrachtet und abgerechnet. Bei Störungen, die die gemeinsame elektrische Infrastruktur, wie Netzanschluss, Trafostationen und Stromzähler betreffen, werden über die technische Betriebsführung alle beteiligten Eigentümer informiert und die Maßnahmen zur Behebung der Störungen ergriffen. Um einen störungsarmen Betrieb zu gewährleisten ist es sinnvoll, dass die Eigentümer der Teilanlagen sich auf eine Wartungsfirma verständigen und nicht unterschiedliche Wartungsteams verantwortlich sind, da dies den störungsfreien Betrieb negativ beeinflussen könnte.

3.5.3 Betriebskosten

Die laufenden Betriebskosten liegen üblicherweise in einem Bereich von 8 bis 13 % der Erlöse aus dem Stromverkauf und sind abhängig von den einzelnen Gegebenheiten der jeweiligen Projekte.

Die laufenden Betriebskosten setzen sich aus einzelnen Positionen zusammen, die im Folgenden detailliert erörtert werden.

3.5.3.1 Gewöhnliche Betriebskosten

Die Höhe der Wartungskosten und der technischen Betriebsführung müssen im Zusammenhang und nicht voneinander gelöst betrachtet werden. Vielmehr ist das konstruktive und problemorientierte Zusammenwirken der technischen Geschäftsführung und des Wartungsteams entscheidend, das gemeinsame Ziel eines ertragsoptimierten und reibungsfreien Betriebs der Solaranlage zu erreichen.

Die Kosten für die kaufmännische Betriebsführung sind bei Großprojekten nicht unerheblich. Neben der kaufmännischen und steuerlichen Betreuung der Projekte ist das Berichtswesen gegenüber den Investoren sowie den Finanzinstituten zur Projektkontrolle von Bedeutung.

Die Kosten für die Pacht von Freiland- oder Dachflächen werden in der Entwicklungs-oder Investitionsphase definiert und werden im Laufe der Zeit üblicherweise an den Preissteigerungsindex angepasst. Zur Berechnung der Pacht werden als Bezugsgröße die real benutze Fläche, der Energieertrag oder die Einspeiseerlöse verwendet. Eine fest vereinbarte Pacht bietet den Vorteil, dass es sich für den Verpächter um eine leicht vergleichbare Größe handelt und für den Pächter ein nicht variabler Wert in den Betriebskosten definiert wird. Üblich sind auch die Vereinbarung einer variablen Pachtzahlung mit Mindest- und Maximalwerten, die in Abhängigkeit von der realen Stromproduktion und/oder den Einspeiseerlösen schwanken. Bei Vorliegen besonderer Umstände, die zur Verringerung der Einspeiseerlöse führen, ist die Zahlung einer zu hohen Festpacht von Nachteil (siehe hierzu die Überlegungen zu variablen Betriebskosten in Fachkapitel 4.4).

Die Versicherungskosten sind zum einen an den aktuellen Wiederherstellungswert der Anlage und zum anderen an die Einspeiseerlöse gekoppelt und werden in der Regel jährlich angepasst.

Weitere kleinere Positionen sind die laufenden Kosten für den Eigenstrombedarf, beispielsweise für die Leerlaufverluste von Transformatoren in der Nacht, die Nachführungssysteme und die Kühlung von Wechselrichtern.

Hinsichtlich der Garantie für Wechselrichter bieten die Hersteller die Möglichkeit, den Garantiezeitraum durch den Abschluss eines zusätzlichen Wartungsvertrages zu verlängern. Diese Entscheidung hat rein kaufmännischen Charakter, da die Garantieverlängerung zu zusätzlichen Betriebskosten führen und entsprechend durch eine erhöhte Stromproduktion und Anlagenverfügbarkeit kompensiert werden muss. In diesem Sinne sind die Garantieaspekte der Wechselrichterhersteller auch im Zusammenhang mit den Betriebsversicherungen zu sehen, die üblicherweise ab einem bestimmten Freibetrag die Ertragsausfälle erstatten. Wird sich jedoch gegen eine zusätzliche Wechselrichtergarantie entschieden, muss darauf geachtet werden, dass der technische Kundendienst im Störungsfall kurzfristig eingreifen kann und dass eine entsprechende Bevorratung von Ersatzteilen vorhanden ist. Generell sollte in den Wirtschaftlichkeitsbetrachtungen die Lebensdauer von Wechselrichtern von 10 Jahren angenommen werden, falls keine Garantieverlängerung mit dem Hersteller vereinbart wurde.

In folgender Tabelle werden beispielhaft die einzelne Kostenpositionen und deren Anteil zusammengefasst (Tabelle 30):

Tabelle 30: Laufende Betriebskosten

Laufende Betriebskosten	Anteil [%]
Technische Betriebsführung und Wartung	40 – 60
Kaufmännische Betriebsführung, Steuerberatung	18 – 25
Pacht	8 – 13
Versicherung	10 – 12
Eigenstromverbrauch	1 – 3
Garantieverlängerungen, Wechselrichter und Nachführung	0 – 10
Anlagenüberwachung	1 – 3

3.5.3.2 Außergewöhnliche Betriebskosten

Im laufenden Betrieb kann es trotz einer sorgfältigen, professionellen, präventiven und regelmäßigen Wartung zu Störungen der Stromproduktion kommen. Hier entstehen Kosten für Reparaturen und Schadensfälle, die nicht durch Garantieansprüche abgedeckt sind.

Die Bevorratung von Ersatzteilen hat das Ziel, im Störungsfall schnell Teilkomponenten und Hauptkomponenten austauschen zu können. Bei Großanlagen empfiehlt sich die Lagerung von Transformatoren, Wechselrichtern, Komponenten von Nachführsystemen und Stromzählern und Austauschmodulen.

Die Anschaffung neuer Betriebsmittel kann erforderlich sein, um beispielsweise für die Modulreinigung bessere Voraussetzungen schaffen zu können.

Weitere Aufwendungen für den Diebstahlschutz und Anlagenüberwachung können erforderlich sein, wenn insbesondere die Solarmodule und Elektrokabel zusätzlich nach der Erstmontage als Auflagen der Versicherung oder durch Diebstähle in der Region geschützt werden müssen, wenn dies in der Investitionsphase nicht ausreichend berücksichtigt wurde.

In einigen Fällen, insbesondere bei Dachanlagen, müssen entsprechende Vorrichtungen für den Arbeitsschutz vorhanden sein, damit die Risiken für das Wartungspersonal hinsichtlich möglicher Arbeitsunfälle reduziert werden können. Auch bei Freilandanlagen bestehen bei elektrischen Anlagen die bekannten Gefahren, da es durch Materialfehler beispielsweise zu Isolationsfehlern an Steckern kommen kann und somit hohe Fehlströme fließen können.

Im Falle von gerichtlichen Auseinandersetzungen oder bei Schadensersatzansprüchen können Kosten für die juristische Betreuung entstehen.

In der folgenden Tabelle 31 sind einige der außergewöhnlichen Betriebskosten aufgeführt.

Tabelle 31: Außergewöhnliche Betriebskosten

Außergewöhnliche Betriebskosten
Reparaturen
Ersatzteile
Anpassung an neue gesetzliche Anforderungen
Anschaffung neuer Betriebsmittel
Diebstahlschutz
Arbeitssicherheit
Anwaltskosten

3.5.3.3 Betriebserfahrungen

Bewertungskriterien

Performance Ratio

Die Auswertung der Betriebsdaten ist ein elementarer Bestandteil der technischen Betriebsführung. Die Einstrahlungsdaten werden durch mehrere in der Anlage installierte Sensoren und mit den Produktionsdaten ins Verhältnis gesetzt und ergeben ein sogenanntes „Performance Ratio (PR)". Die Jahresmittelwerte werden unter Berücksichtigung unterschiedlichster Abminderungsfaktoren in Ertragsgutachten angegeben und liegen üblicherweise zwischen 76 und 83 %.

Hinsichtlich der vertraglichen Erfüllung durch den Generalunternehmer / EPC-Contractor wird gerne ein minimal zu erfüllender PR-Wert zugrunde gelegt. Weiterhin werden auch in den Ertragsgutachten mittlere PR-Werte angegeben, die die Basis für vertragliche Vereinbarung sind. In der Realität sind diese Werte aber schwer zu überprüfen, da zahlreiche klimatische Einflussfaktoren, wie Umgebungstemperatur und Windgeschwindigkeiten sowie der Sensortyp und dessen Zustand nicht in der PR-Definition berücksichtigt werden. So schwanken die PR-Werte über das Jahr und in den Wintermonaten mit tieferen Temperaturen werden höhere PR-Werten erzielt als in den Sommermonaten. Beispielhaft sind in Abbildung 56 die relativen Monatsschwankungen zweier Solarparks in Spanien im Jahr 2010 mit einer Anlagen-Nennleistung von 2 und 3 MW dargestellt, die im Mittel PR-Werte von über 80 % aufweisen.

Anlagenverfügbarkeit

Die Anlagenverfügbarkeit kann als das Verhältnis der realen Betriebsstunden zum Zeitraum des Vorhandenseins einer für den Anlagenbetrieb ausreichenden Einstrahlung definiert werden. Hiervon können noch vereinbarte Ausfallzeiten, wie für regelmäßige Wartung, abgezogen werden.

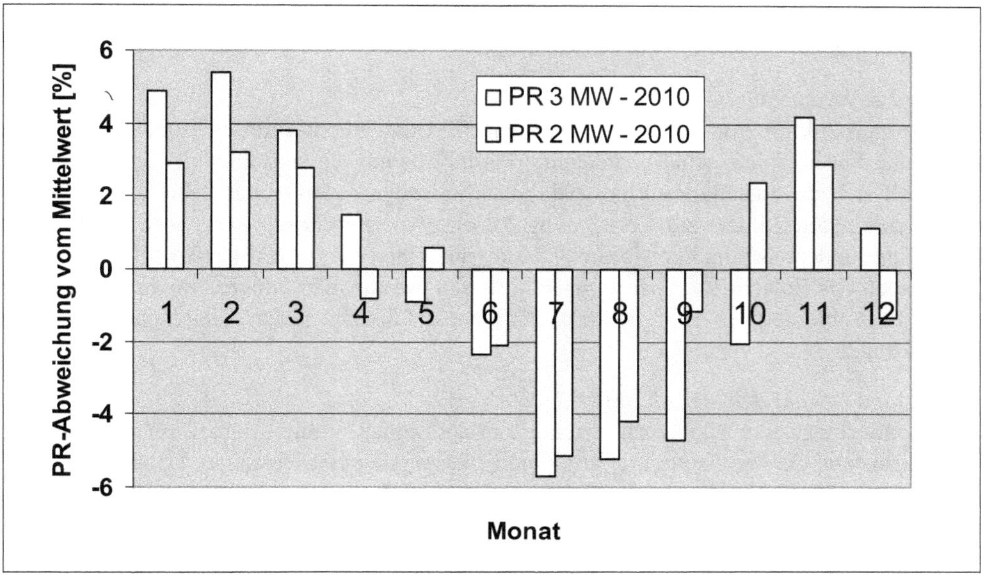

Abbildung 56: Monatliche Schwankungen des Performance-Ratios

Wechselrichter Verfügbarkeit WRV = T1 / (T2-T3)

- T1: Gesamte Betriebsstunden der Wechselrichter
- T2: Gesamte Zeitdauer einer Mindesteinstrahlung von 50 W/m2 der geneigten Strahlung gemessen durch die Wetterstation bzw. bei Vorliegen einer Mindeststromstärke für das Einschalten der Wechselrichter
- T3: Stillstandszeiten aufgrund regelmäßiger Wartung, durch Netzausfälle oder Force Majeure

Darüber hinaus muss noch die reale in Betrieb zur Verfügung stehende Peakleistung im Verhältnis zur installierten Peakleistung bei der Bestimmung der technischen Gesamtverfügbarkeit des Solarparks mit berücksichtigt werden, falls beispielsweise Strings temporär ausfallen oder Module eine Minderleistung aufweisen.

Verfügbarkeit Modulleistung MV = kWp Betrieb / kWp Installiert

Solarpark Verfügbarkeit GV = WRV x MV

Die Anlagenverfügbarkeit sollte in der Regel über 98 % liegen.

Ertragsgarantien
Eine vertraglich vereinbarte Ertragsgarantie vom Installateur ist für den Käufer und Betreiber eine komfortable Position, die beispielsweise bei der Nichterfüllung zu einer nachträglichen Kaufpreisanpassung führen kann, was in der Regel auch über den Wartungsvertrag garantiert ist. Für die Entlohnung der Wartungsfirma kann auch eine prozentuale Vergütung in Abhän-

gigkeit von der realen Ertragssituation vereinbart werden. Wenn Mindestwerte unterschritten werden, können vertragliche Verhältnisse aufgelöst werden.

Redundante Stromzählung
Die Stromproduktion von Solarparks wird je nach Anlagenkonfiguration von einem Gesamtzähler und Stromzählern von Teilanlagen erfasst. Falls nur ein Gesamtzähler erforderlich ist, empfiehlt sich die Installation eines parallel arbeitenden redundanten Zählers, der bei Störungen des ersten Zählers zur Abrechnung der eingespeisten Energie mit verwendet werden kann. Eine andere Möglichkeit besteht darin, nur einen Gesamtzähler sowie verschiedene Teilanlagen des Solarparks separat mit kalibrierten Stromzählern auszurüsten, um beispielsweise bei Problemen des einzigen Gesamtzählers auf die Daten der Teilanlagen zurückgreifen zu können.

Zählerstände Wechselrichter und Energieversorger
Das Monitoringsystem von Wechselrichtern erlaubt einen Online-Zugriff auf den aktuellen Betriebszustand der Wechselrichter und eine Erfassung der Betriebsdaten. Dabei ist zu beobachten, dass die Zählerstände der Energieerträge zwischen den Wechselrichtern und den EVU-Zählern voneinander abweichen können. Dies ist vor allem durch die unterschiedliche Klassifizierung der Messtoleranzen begründet. Die EVU-Zähler sind geeicht und haben eine feinere Messtoleranz und werden für die Abrechnung des erzeugten und bezogenen Stromes verwendet, wohingegen die internen Wechselrichterzähler eher für die Anlagenüberwachung herangezogen werden sollten.

Der Unterschied hängt aber weiterhin von der Leistung ab, d.h. die gleiche Konstellation Wechselrichter/EVU-Zähler führt zu Differenzen in Abhängigkeit von der übertragenen Leistung. In Abbildung 57 sind die Leistungskurven einer 60 kW-Anlage an zwei unterschiedlichen Tagen mit niedriger und hoher Einstrahlung gegenübergestellt. Die Abweichungen an einem sonnigen Tag bewegen sich in einem Bereich kleiner als 0,3 %, wohingegen an einem Tag mit niedriger Einstrahlung der EVU-Zähler knapp 5 % mehr anzeigt als die Wechselrichterzähler.

Soll-Ist Vergleich der Ertragsdaten
Die monatliche Verteilung der prognostizierten Ertragsdaten kann jedoch erheblich von realen Daten abweichen (Abbildung 58). Beispielsweise kann es dazu führen, dass die Produktionsprognosen in den Wintermonaten unterbewertet und die in den Sommermonaten überbewertet werden, wenn die klimatischen Einflussfaktoren, wie Temperatur und Wind, nicht korrekt bei den Prognosen berücksichtigt wurden. Auf Jahresbasis sind Mehrerträge bei technisch einwandfreien Anlagen üblich. Der reale Jahresertrag liegt beispielsweise bei einer 3 MW-Freilandanlage nach 3 Betriebsjahren ca. 3,8 % über der Ertragsprognose. Im Rahmen der regelmäßigen Liquiditätsprognose ist es dennoch wichtig, die unterjährigen Produktionsschwankungen bei der Strukturierung der Finanzierung zu berücksichtigen. So sollten die Schuldendienstzahlungen nach den ertragsschwächeren Wintermonaten geringer ausfallen als nach den ertragsreicheren Sommermonaten.

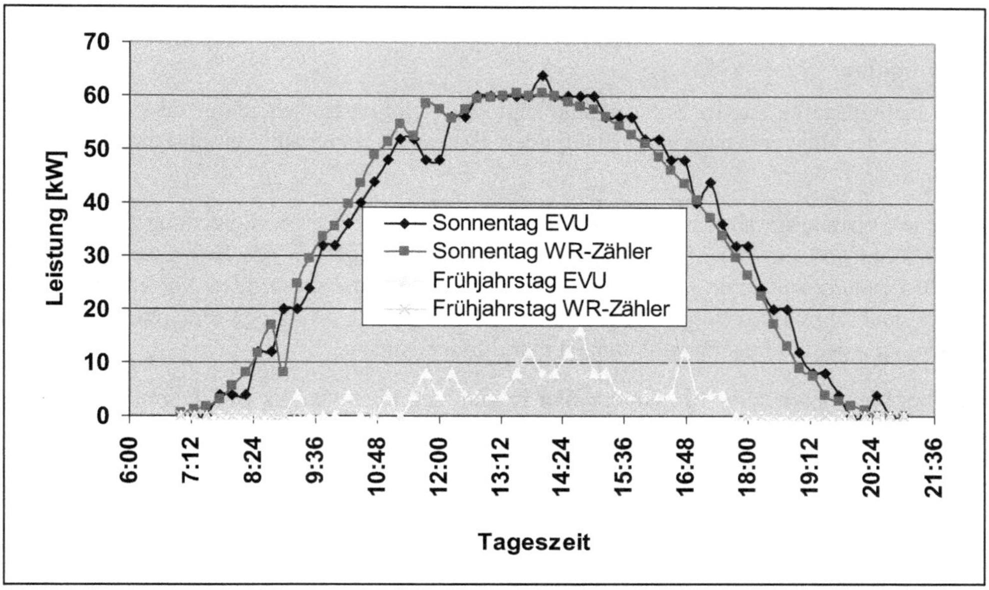

Abbildung 57: Vergleich der Zählergenauigkeit von EVU- und Wechselrichterzähler

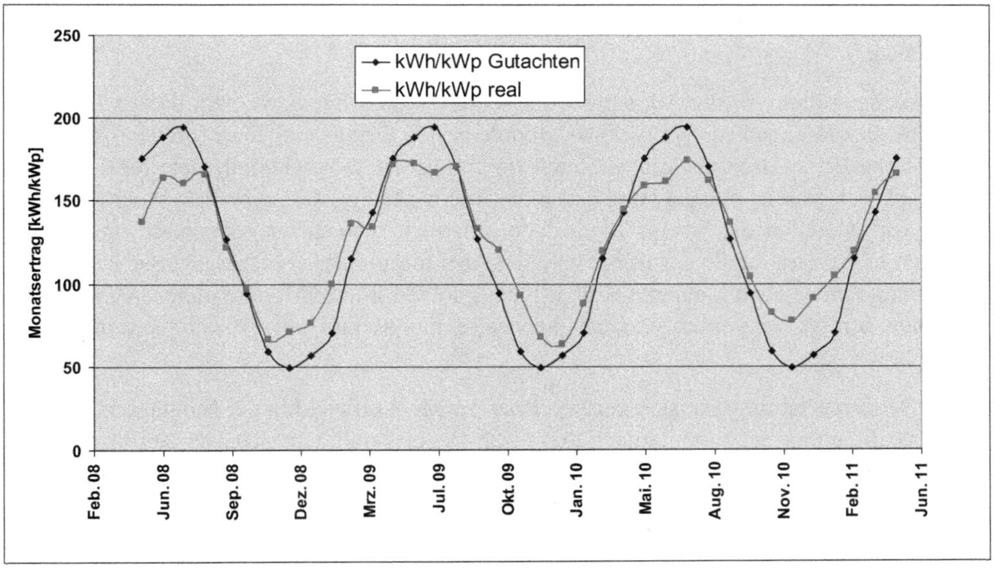

Abbildung 58: Vergleich der monatlichen IST-SOLL Erträge einer Freilandanlage in Spanien

3.5.3.4 Überprüfung der Hauptkomponenten

Solarmodule

Die Leistungsgarantien der Solarmodule sind ein wichtiger Entscheidungsfaktor der Investitionsentscheidung und müssen im laufenden Betrieb in regelmäßigen Abständen überprüft werden.

Übliche Leistungsgarantien der Hersteller werden auf 90 % der Nennleistung für die ersten 10/12 Jahre und darüber hinaus 80 % für 20/25 Jahre gegeben. Als Bezugsgröße wird die Mindestleistung mit einer vertraglich vereinbarten Toleranz verwendet. Vor einigen Jahren war es noch üblich, Leistungstoleranzen von +/–3 % bis +/–5 % zu garantieren, wohingegen heutzutage positive Leistungstoleranzen marktüblich sind.

Darüber hinaus geben die Modulhersteller Produktgarantien von bis zu 5 Jahren für Material- und Verarbeitungsfehler.

Die Überprüfung der Module sollte in folgenden Abständen erfolgen:

- Laufende Überwachung der Modulleistung auf der Basis des Monitoringsystems auf Stringniveau
- Jährliche Überprüfung der Module auf visuelle Schäden
- Alle 5 Jahre Überprüfung der Strom-Spannungskennlinie

Seitens der Modulhersteller wird jedes einzelne Modul im Rahmen der Qualitätssicherung kontrolliert und die wichtigsten elektrischen Eigenschaften in so genannten „Flash-Reports“ angegeben.

Die Module sollten vor der Montage werksseitig so klassifiziert werden, dass während der Montage elektrisch nahezu äquivalente Module in den Strings eingebaut werden, so dass die Stromstärkendifferenzen der Einzelmodule so gering wie möglich sind. Eine reine Gruppierung nach Leistung ist ungenau und hat in der Praxis gezeigt, dass innerhalb einer Leistungsklasse von Modulen die Stromstärken doch erheblich schwanken können, so dass es vorkommen kann, dass die Stringströme von Modulen mit gleicher Leistungsklasse bis zu 10 % voneinander abweichen können. Darüber hinaus sollten immer Module gleichen Typs in den einzelnen Strings verwendet und beispielsweise mono- und polykristalline Module nicht gemischt werden.

In der Betriebserfahrung hat sich gezeigt, dass der Mehraufwand in der Montage hinsichtlich der Klassifizierung der Module nach den Flash-Reports und den Stromstärken klar zu einer Verbesserung der Stromerzeugung führt, da unsortierte Module mit unterschiedlichen Stromklassen zu einer kontinuierlichen Minderleistung führen. Die Verbesserung der Stromerzeugung kann dabei in einer Größenordnung von bis zu einem Prozentpunkt liegen.

Die Stringströme werden durch das Stringmonitoringsystem erfasst oder alternativ durch Stromzangen wöchentlich überprüft, falls kein entsprechendes Monitoringsystem installiert wurde. Die nachträgliche Installation von Stringüberwachungssystemen ist relativ teuer, daher ist der Mehraufwand während der Erstinstallation gerechtfertigt.

Wenn die Stringströme voneinander abweichen, müssen die Fehlerquellen bestimmt werden. Eine Grundvoraussetzung hierfür ist eine regelmäßige Reinigung aller Module sowie die Pflege der Anlage, so dass keine negativen Einflüsse auf das Leistungsverhalten entstehen können, die das Messergebnis beeinflussen und zu Fehlinterpretationen führen können.

Die Modulreinigung von Solarmodulen ist ein wichtiger Bestandteil der regelmäßigen Wartung. In Abhängigkeit vom Standort ist üblicherweise eine Reinigung zweimal im Jahr erforderlich, um zum einen auf der Moduloberfläche verteilte Verunreinigungen, wie Staub und Sand, und zum anderen lokale Verschmutzungen, wie Vogelkot, Moos und Laub, zu entfernen. Die Ertragssteigerung durch die Reinigung ist von Standort zu Standort unterschiedlich, kann aber mehrere Prozentpunkte betragen. So ist ein Kompromiss zwischen den Reinigungskosten und dem Mehrertrag zu finden. Beispielsweise sollten die Anlagen in den trockenen Sommermonaten zusätzlich gereinigt werden, da hier die meiste Stromproduktion anfällt und somit dickere Staubschichten zu Einbußen bis zu 10 % führen können.

Die Oberflächenreinigung führt zur Erhöhung der Modulleistung und vor allem zur Reduzierung von lokalen Schädigungen durch Überhitzung der Module, die die Lebensdauer negativ beeinflussen[168]. So dienen moderne Wärmebildkameras als wichtige Hilfsmittel zur Modulkontrolle, die dem Wartungspersonal die Möglichkeit geben, eine unterschiedliche Temperaturverteilung in der Moduloberfläche zu erkennen. Hiermit können defekte Zellen, lokale Überhitzungen durch Defekte an Lötstellen und Anschlussdosen sowie Funktionsstörungen von Bypass-Dioden erkannt werden. Durch die Wärmebildkamerauntersuchung werden lokale Temperaturerhöhungen erkannt, die als sogenannte „Hot-Spots" bezeichnet werden. Von Hot-Spots spricht man, wenn die Temperaturabweichungen im Bereich von 10–15 °C liegen. In Abbildung 59 sind Teilbereiche der Moduloberflächen gereinigt, die mit der Wärmebildkamera die Temperaturunterschiede aufzeigen, wohingegen in Abbildung 60 der negative Einfluss von lokalen Verunreinigungen, in diesem Fall Vogelkot, auf die Temperaturdifferenzen innerhalb eines Moduls ersichtlich sind.

Durch die visuelle Kontrolle der Module auf der Vorder- und Rückseite kann eine Vielzahl von möglichen Schäden und Problemen bereits erkannt werden, so dass die Zugänglichkeit insbesondere auch der Modulrückseite wichtig ist. Beispielsweise können hier Delaminationen und Beschädigungen der Laminate, Probleme mit Anschlussdosen (Abbildung 61) und durch Isolationsfehler an Steckern verursachte Brände (Abbildung 62) auftreten, die durch auf der Steckeraußenseite anliegende Spannungen hervorgerufen wurden (Abbildung 63). Bei Dachanlagen ist die visuelle Kontrollmöglichkeit aufgrund der niedrigen Aufständerung eingeschränkt.

Sofern die möglichen Fehlerquellen ausgeschlossen wurden und immer noch Leistungsdifferenzen bestehen, empfiehlt sich die Kennlinienvermessung von Strings und Einzelmodulen in der Anlage. Der Messaufwand ist jedoch nicht unerheblich und erfordert eine gute Zugänglichkeit an die elektrischen Anschlüsse und sollte nur von geschultem Personal durchgeführt werden. Eine Mindesteinstrahlung von 700 W/m^2 während der Kennlinienmessung sollte auf jeden Fall vorhanden sein, damit die Messungen eine ausreichende Aussagekraft besitzen (Abbildung 64).

[168] J. Riatsch 2001und W. Herrmann, W. Wiesner, W. Vaaßen 1997.

Abbildung 59: *Einfluss der Reinigung von Modulen auf das Temperaturverhalten*

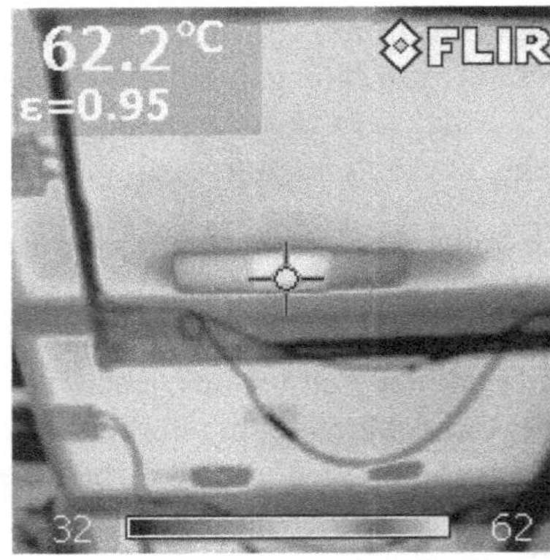

Abbildung 60: *Lokale Verunreinigungen durch Vogelkot führen zu „Hot-spots"*

Abbildung 61: *Wassereintritt an Anschlussdosen*

Abbildung 62: *Isolationsfehler an Steckern – Brandschaden*

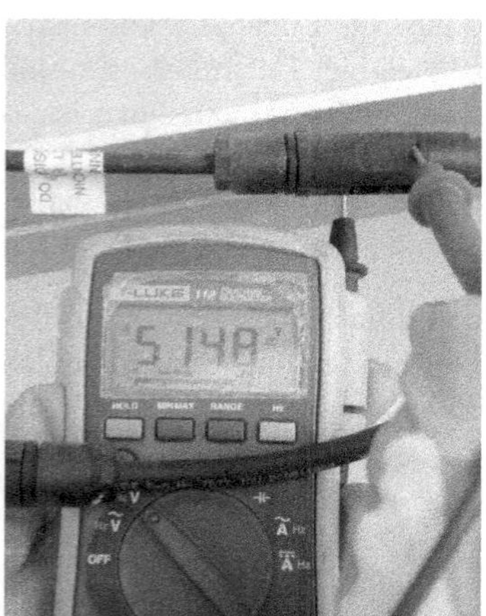

Abbildung 63: *Isolationsfehler an Steckern – Außen anliegende Spannung*

Abbildung 64: *Leistungskennlinienmessung mit Strahlungssensor in Modulebene*

Neben der Ermittlung der Leistungscharakteristik werden auch Widerstandsmessungen der Strings durchgeführt, die auch auf mögliche weitere Fehlerquellen, wie defekte Verbindungen und Verkabelungen, hinweisen.

Bei Reklamationen an den Modulhersteller werden die Ergebnisse der Feldmessungen zusammengefasst und im Rahmen der Fehleranalyse weitere Messungen, wie Elektrolumineszenzvermessung im Labor durchgeführt.

Ein weiterer Aspekt ist die korrekte Modulerdung und die Überprüfung auf mögliche fehlerhafte Produktion von Solarzellen, die unter Polarisierungseffekten leiden, so dass die Leistung drastisch zurückgehen kann (Abbildung 65).

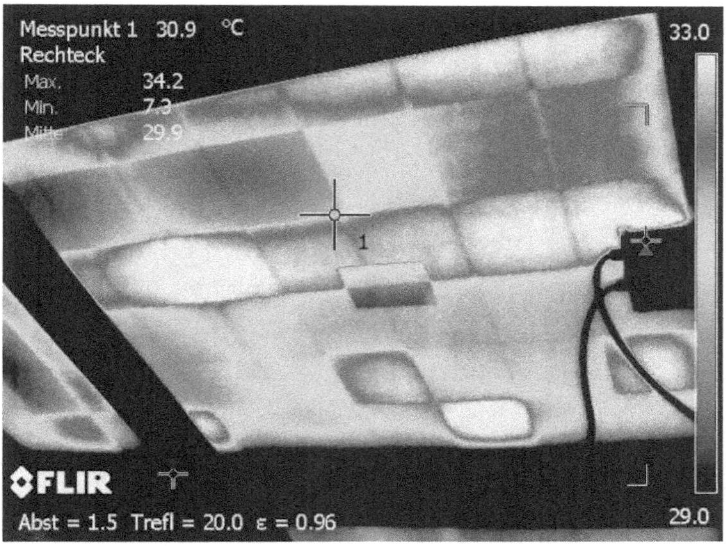

Abbildung 65: Minderleistung durch Polarisierungseffekte an Solarzellen

Wechselrichter

Eine hohe Lebensdauer der Wechselrichter als komplexe elektronische Bauteile kann nur durch eine korrekte Installation und sorgfältige Wartung gewährleistet werden. Die Temperaturbelastung und die Luftgeschwindigkeit in den Wechselrichtern sowie die Reinigung und Staubfreiheit sind wichtige Einflussgrößen, wobei niedrige Eingangstemperaturen und hohe Luftströme das Leistungsverhalten positiv beeinflussen[169]. Empfehlenswert ist auch die Installation der Wechselrichter in klimatisierten und separaten Räumen, wenn beispielsweise die Außentemperaturen in Sommermonaten in Südspanien konstant hoch sind und somit die Wechselrichter durch die hohen Temperaturen überlastet werden können, da keine ausreichende Kühlung stattfinden kann. Folgende Parameter sollten im Rahmen der Wartungsintervalle regelmäßig überprüft werden:

[169] F. Ackermann, T.Bülo, C.Nöding 2011.

- Wirkungsgrad (Ein- und Ausgangsleistungen)
- Qualität der eingespeisten Energie, Netzstabilität, Verhalten bei Spannungseinbrüchen
- Netzanalyse ein- oder dreiphasig
- Lüftung (Volumenstrom)
- Temperaturbelastung

Ein besonderes Merkmal der Wechselrichter ist die Leistungsbegrenzung der Ausgangsleistung, wenn beispielsweise extreme klimatische Bedingungen (kalte und windige Tage, saubere Module nach Starkregenfällen und durchwachsenem Wetter) vorherrschen und es sich um Anlagen mit einem hohen Verhältnis der installierten Peakleistung zur Nennleistung und um nachgeführte Anlagen haben. Die Wechselrichter müssen die Ausgangsleistung auf die maximal zur Verfügung stehende Netzkapazität limitieren. Nachgeführte Anlagen erreichen bereits in den Morgenstunden die Nennleistung und regeln erst spät ab. Erfahrungen mit zweiachsig nachgeführten Anlagen haben gezeigt, dass über 10 äquivalente Betriebsstunden [kWh/kWp] erreicht werden können, wohingegen fest installierte Anlagen bis ca. 7,5 äquivalente Betriebsstunden erreichen können. In der folgenden Abbildung sind beispielhaft die Leistungskurven mehrerer Anlagen mit unterschiedlichen Charakteristiken an einem sonnigen Tag im Mai dargestellt (Abbildung 66):

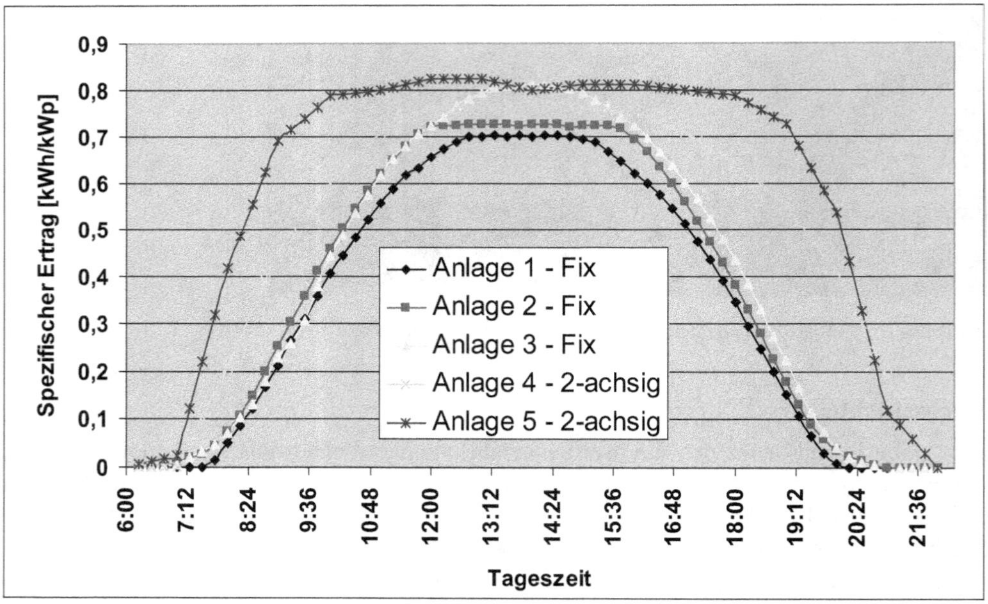

Abbildung 66: Leistungsbegrenzung von Wechselrichtern

Bei den Anlagen 1 und 2 mit fest installierten Modulen beträgt das Verhältnis der Peakleistung zur Nennleistung ca. 130 %, so dass in der Mittagszeit die Nennleistung erreicht wird und der Wechselrichter entsprechend abregelt. Es ist jedoch anzumerken, dass bei der Anlage 1 die Ertragsausbeute ca. 9 % geringer ist, was auf unterschiedliche Modultypen zurückzuführen ist. Bei der Anlage 3 beträgt das Verhältnis der Peakleistung zur Nennleistung ca. 110 %, so dass die Anlage nicht limitiert. Beim direkten Vergleich der Anlagen 2 und 3 kann festgehalten werden, dass die Anlagen vergleichbare Leistungscharakteristiken haben und somit der Unterschied lediglich die Limitierung der eingespeisten Leistung ist, da die höhere Peakleistung von Anlage 2 weggeregelt werden muss und einen Verlust gegenüber der Anlage 3 ohne Wechselrichterlimitierung ca. 5 % beträgt.

In der Graphik sind weiterhin die Leistungskurven einer 2-achsig nachgeführten Anlage mit temporären Problemen in der Nachführung (Anlage 4) und einer einwandfrei arbeitenden Anlage (Anlage 5) dargestellt. Hier ist auch das Verhältnis der Peak- zur Nennleistung entscheidend für die Limitierung der Anlage durch die Wechselrichter. Die Betriebserfahrung der nachgeführten Anlagen über einen Zeitraum von 4 Jahren hat gezeigt, dass die Limitierung der Wechselrichterleistung der normale Regelbetrieb ist und keine gravierende Überbeanspruchung darstellt.

Der Tagesenergieertrag der verschieden Anlagen wird in Tabelle 32 gegenübergestellt.

Tabelle 32: Tagesenergieerträge verschiedener Anlagenkonfigurationen

	Anlage 1	Anlage 2	Anlage 3	Anlage 4	Anlage 5
Technologie	Fix	Fix	Fix	2-achsig	2-achsig
Verhältnis Peak- zu Nennleistung [%]	130	130	110	125	105
Tagesproduktion [kWh/kWp]	5,62	6,16	6,50	8,27	9,74

Nachführsysteme

Anlagen mit Nachführsystemen, seien sie ein- oder zweiachsig, bedeuten einen höheren Investitions- und Wartungsaufwand, der durch den erhöhten Energieertrag wieder amortisiert werden soll. Die korrekte Justierung der Anlage und das Vermeiden von Verschattungen durch das sogenannte *„Back-Tracking"*, vor allem in den Wintermonaten bei tiefen Sonnenständen, muss laufend überprüft werden. In Abbildung 67 ist ein Test zur Bestimmung der optimalen Modulneigung dargestellt, wobei nach Abschluss der Versuche die Verschattungen vollständig vermieden werden konnten. Die Bevorratung von Ersatzteilen für die Nachführsysteme ist ein zusätzlicher Kostenfaktor, jedoch kann es zu Ertragsausfällen führen, wenn nicht rechtzeitig die benötigten Teile verfügbar sind. So sollte bei der Auswahl des Herstellers immer auch auf das Garantie- und Wartungskonzept und die langfristige Verfügbarkeit von Ersatzteilen geachtet werden.

Mittelspannungsverluste

Die Anbindung an das öffentliche Versorgungsnetz von Freilandanlagen liegt oftmals nicht direkt am betroffenen Grundstück des Solarparks, so dass eine Verlegung einer Mittelspannungsleitung erforderlich ist. Hinsichtlich der Verrechnung der eingespeisten Energie gibt es prinzipiell zwei Ansätze:

Abbildung 67: Überprüfung der Moduljustierung[170]

1. Erweiterung des öffentlichen Versorgungsnetzes bis zum Zentralzähler des Solarparks und die Festlegung eines berechneten Verlustfaktors.
2. Neubau einer privaten Einspeiseleitung zwischen Einspeisepunkt und Solarpark. Die Verluste zwischen dem Einspeisepunkt am EVU-Netz und dem Solarpark werden als parkinterne Verluste betrachtet.

Zur Kontrolle dieser Verluste ist es empfehlenswert, zum einen beim Einspeisepunkt und zum anderen direkt bei den Wechselrichtern geeichte Zähler zu installieren. Die Kabelverluste sind abhängig von dessen Material, Länge und Querschnitt und von der Außentemperatur und der übertragenen Leistung. Weiterhin müssen noch Transformatorverluste hinzugezählt werden, da der Wirkungsgrad der Transformatoren ebenfalls leistungsabhängig ist.

Beispielhaft werden in folgender Grafik (Abbildung 68) die Trafo- und Leitungsverluste einer (i) 2 MW-Freilandanlagemit einem Gesamtzähler und insgesamt 20 Einzelzählern und (ii) einer 3 MW-Freilandanlage mit einem Gesamtzähler und insgesamt 34 Einzelzählern in Abhängigkeit von der übertragenen Leistung dargestellt. Die Verluste sind abhängig von der übertragenen Leistung und der Länge der Anschlussleistung.

Die Anlagenverluste bei niedriger Tagesenergieproduktion, angegeben in kWh/kWp, sind deutlich höher als bei höheren Energieerträgen, wobei auch die Messtoleranzen der Zähler bei niedriger Auslastung berücksichtigt werden müssen. Durch die Auswertung können die Verlustcharakteristik der jeweiligen Anlagen kontrolliert werden und beispielsweise Transformatorendefekte und Wärmeverluste der Mittelspannungsverkabelung besser überwacht werden.

[170] Überprüfung der Moduljustierung und des Backtrackings an einem Nachführsystem.

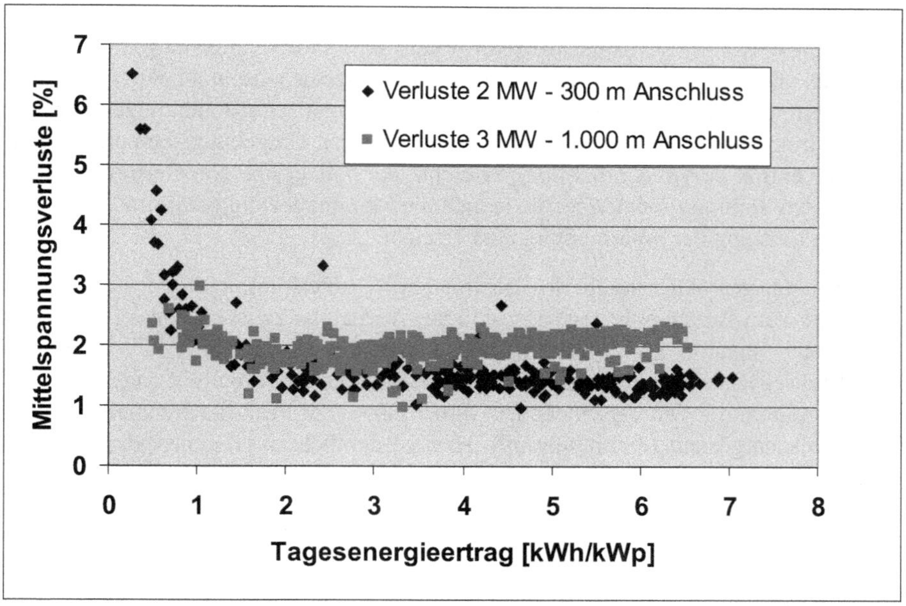

Abbildung 68: Vergleich Mittelspannungsverluste zweier Freilandanlagen

3.5.3.5 Besondere klimatische Verhältnisse

Besondere klimatische Verhältnisse müssen bereits in der Projektplanung mit berücksichtigt werden. Die erhöhte Korrosionsgefahr bei Küstenstandorten und Insellagen für die Gestelle, Nachführsysteme und elektrische Komponenten führt zu Mehraufwendungen sowohl in der Investitions- als auch Betriebsphase, da zusätzliche Wartungsarbeiten erforderlich sind. Insbesondere sind hier Schraubenverbindungen und Verbindungen mit unterschiedlichen Metallen betroffen, da sich an diesen Stellen leicht Salzablagerungen bilden können.

Darüber hinaus ist auch bereits bei der Montage darauf zu achten, dass keine Verunreinigungen in die elektrischen Anschlüsse eingebracht werden, die später zu einem kompletten Versagen führen können.

3.5.3.6 Anlagenoptimierung durch Erhöhung der Peakleistung

Das Verhältnis der installierten Peakleistung der Module zur Ausgangs-Nennleistung der Wechselrichter wird in der Projektplanungsphase bestimmt. Dabei geben die Wechselrichterhersteller entsprechende Maximalwerte für die Gleichspannungs- Eingangsseite vor. Übliche Verhältnisse zwischen Peak- und Nennleistung liegen im Bereich von 105–112 % [kWp/kWn]. Dieses Verhältnis wird unter anderen auch durch das Temperaturverhalten, insbesondere in den Sommermonaten bestimmt. Um auch bei höheren Umgebungs- und Modultemperaturen die Nennleistung der Wechselrichter voll auszunutzen, muss entsprechend mehr Peakleistung als Nennleistung installiert werden. Bei nachgeführten Systemen kann dieses Verhältnis bis 125 % betragen.

An einer Freiflächenanlage mit fest installierten Modulen mit einem Verhältnis von ca. 107 % [kWp/kWn] wurde beispielsweise ermittelt, dass die Nennleistung der Wechselrichter und auch die maximal zulässige Leistung am Netzeinspeisepunkt nur an wenigen Tagen im Jahr erreicht wurde, wenn besonders günstige klimatische Bedingungen vorlagen. Nach der Modulreinigung in der Frühjahrzeit und bei kälteren Umgebungstemperaturen und auch guter Konvektion durch Windkühlung erreichte die Anlage die Nennleistung am Einspeisepunkt. In den Sommermonaten wurde jedoch die Maximalleistung aufgrund der temperaturabhängigen Leistung der Solarmodule nicht erreicht.

Aufgrund der niedrigen Auslastung der maximalen Nennleistung wurden Simulationen durchgeführt, die zum Ergebnis hatten, das optimale Verhältnis zwischen Peak- und Nennleistung für diesen Standort spezifisch neu festzulegen. Im vorliegenden Fall wurde dies seitens des Wechselrichterherstellers mit 130 % als maximales Verhältnis angegeben. Die Ausnutzungsverteilung mit den verschiedenen Verhältnissen der Peak- zu Nennleistung ist in folgender Graphik dargestellt (Abbildung 69). Hier ist deutlich zu erkennen, dass der Ausnutzungsgrad der Nennleistung von 3.000 kW, der auf der Basis der Auswertung der Tagesmaximalwerte von knapp zwei Jahren Betriebsjahren ermittelt wurde, bei ca. 70 % liegt, wohingegen sich vor der Erhöhung der Peakleistung die Verteilung auf dem Bereich zwischen 2.300 und 2.800 kW schwerpunktmäßig verteilte. Das Lüftungskonzept der Wechselrichter wurde entsprechend angepasst und optimiert. Die Leistungskurven in Abhängigkeit vom Verhältnis der installierten Peakleistung zur Nennleistung sind bereits in Abbildung 66 dargestellt worden.

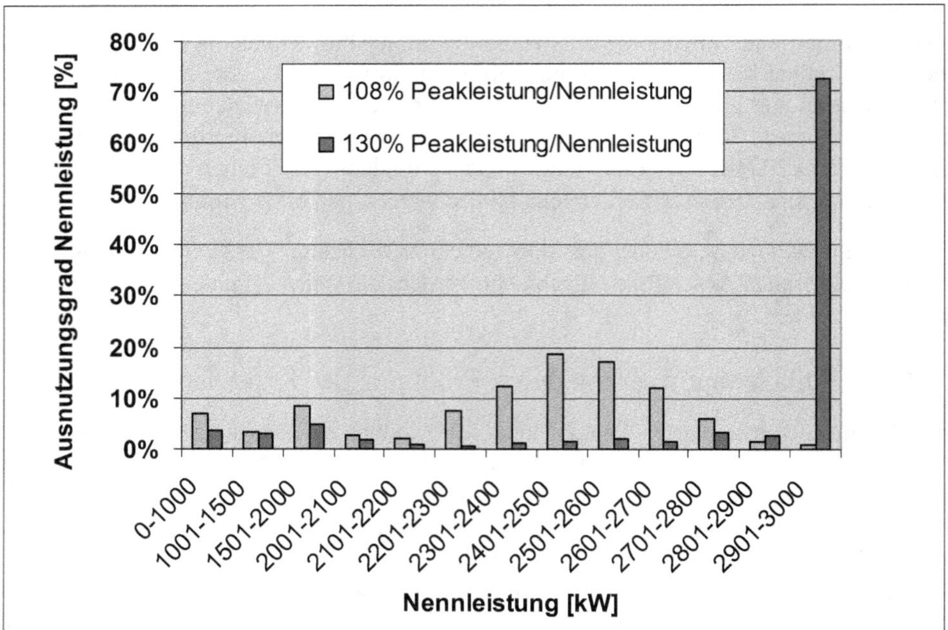

Abbildung 69: Ausnutzungsverteilung der Nennleistung

3.5.3.7 Anpassungen an technische und rechtliche Neuregelungen

Im Laufe des Betriebs der Anlagen sind immer wieder Anpassungen an technische Weiterentwicklungen, Neuregelungen und rechtliche Rahmenbedingungen erforderlich.

Zur verstärkten Einbindung von Photovoltaikanlagen in das Energieerzeugungsnetz müssen beispielsweise in Realzeit die Betriebszustände an den Netzbetreiber übermittelt werden[171]. Dies hat den Vorteil, dass beispielsweise in den Sommermonaten mit relativ konstanten Einstrahlungsverhältnissen die Solarenergie sogar in die Grundlasterzeugungskonzepte mit eingebunden werden kann. Die Übermittlung der Betriebsdaten von bereits installierten Anlagen an den Netzbetreiber stellen nachträgliche zusätzliche Kosten dar.

Bereits in der Windenergie ist das Durchfahren von Spannungseinbrüchen des Stromversorgungsnetzes eine technische Rahmenbedingung[172]. Die Implementierung der Spannungsüberbrückung bei kurzzeitigen Netzausfällen und die Bereitstellung von Blindenergie sind bereits in der aktuellen Wechselrichtertechnologie umgesetzt worden. Die nachträgliche Anpassung von bereits installierten Anlagen, wie sie beispielsweise neuerdings in Spanien für Anlagen ab einer Gesamtleistung von 2 MW gefordert wird, ist mit erheblichem finanziellen Aufwand verbunden[173].

Extreme Auswirkungen auf den Betrieb können jedoch gesetzliche Änderungen haben, die die Vergütung des eingespeisten Stroms betreffen. Die Anpassung der Einspeisetarife für Neuanlagen ist erforderlich, da die Marktpreise in den vergangenen Jahren für die Photovoltaikanlagen extrem gesunken sind und somit die Energieerzeugung weitaus konkurrenzfähiger ist als noch vor einigen Jahren, als die Förderungen noch ein hohes Niveau hatten. Die nachträgliche Reduzierung oder Limitierung von Einspeiseerlösen in den Folgejahren nach der Investitionsentscheidung hat negative Einflüsse auf den Betrieb der Anlagen. Beispielsweise wurde in Spanien die Einspeisevergütung für Photovoltaikanlagen, die noch in 2008 errichtet wurden, Ende 2010 nachträglich limitiert, welches die Betreiber und die finanzierenden Banken vor erhebliche Probleme stellt[174].

3.5.4 Speichersysteme für Photovoltaikanlagen

Der aktuelle Nachteil der Stromerzeugung durch Photovoltaik ist die fehlende Stromspeicherung, wo Schwankungen der Einstrahlung mit ausgeglichen werden könnten. Für die weitere Integration von Photovoltaik-Großanlagen in ein Gesamt- Energiekonzept sind die Entwicklung und der Ausbau von günstigen und effektiven Speicherkonzepten erforderlich.

Hierzu gibt es unterschiedliche Ansätze, die in Abhängigkeit von den lokalen Gegebenheiten und vor allem unter wirtschaftlichen Gesichtspunkten bewertet werden müssen, da zum heutigen Stand der Technik die Speichermedien noch nicht ausreichend wettbewerbsfähig sind.

[171] Königliches Gesetz RD 1565/2010.

[172] FGW 2011, Teil 3 (Revision 21).

[173] Königliches Gesetz RD 1565/2010.

[174] Königliches Gesetz RDL 14/2010.

Dabei gibt es verschiedene Nutzungsmöglichkeiten des durch die Photovoltaik-Anlagen erzeugten Stroms:

- Pumpspeicherkraftwerke für die Deckung von Spitzenlasten
- Druckluftspeicherkraftwerke für die Deckung von Spitzenlasten
- Batteriespeicher mit Netzkopplung
- Wasserstofferzeugung mittel Elektrolyse, Wasserstoffspeicherung und Nutzung von Brennstoffzellensysteme für Grundlasten

3.5.5 Zusammenfassung und Ausblick

Die gesammelten Betriebserfahrungen haben gezeigt, dass korrekt überwachte und gewartete Anlagen Verfügbarkeiten von über 99 % erreichen können. Da die unterjährigen Schwankungen der Einstrahlung sich in einer moderaten Bandbreite befinden, sind die Betriebseinnahmen eine gut kalkulierbare Größe. Das Zusammenspiel zwischen der technischen Betriebsführung und Wartung, Pflege und Reinigung ist die Voraussetzung für den Erhalt guter Betriebsergebnisse. Die Lebensdauer der Anlage kann durch eine kontinuierliche Überwachung der besonders kritischen Anlagenparameter, wie die Temperaturbelastung von Wechselrichtern, und die Modulreinigung, positiv beeinflusst werden.

Die Höhe der Betriebskosten wird für das jeweilige Projekt immer wieder angepasst, um präventiv auf mögliche Ausfälle besser reagieren zu können. Es ist daher nicht sinnvoll, etwa nicht abgestimmte Sparmaßnahmen bei der technischen Betriebsführung und Wartung durchzuführen, die langfristig das Betriebsergebnis erheblich negativ beeinflussen können und zu größeren Reparaturen und Schäden führen können.

Eine gut installierte und betreute Solaranlage wird die gewünschten Betriebsergebnisse erwirtschaften, so dass die anfängliche hohe Investition wieder erwirtschaftet werden kann und darüber hinaus für die Investoren die erwarteten Renditen erzielt werden können.

Es muss aber abschließend angemerkt werden, dass außergewöhnliche Ereignisse, wie besonders schwere Schadensfälle und gesetzliche Änderungen mit rückwirkendem Charakter, wie beispielsweise in Spanien, die Betriebsergebnisse erheblich negativ beeinflussen können. Die Photovoltaik muss daher eine stabile Größe im Gesamtkonzept einer Stromversorgung auf der Basis der Erneuerbaren Energien sein, damit die Investitionen auf einer gesetzlich gesicherten Grundlage getätigt werden können. Es hilft keine Optimierung der Ertragsausbeute durch eine professionelle technische Betriebsführung und Wartung und eine übermäßigen Belastung von Anlagenkomponenten, wie Wechselrichter in der Sommerzeit bei hohen Außentemperaturen, wenn die Betriebseinnahmen, beispielsweise durch Sparmaßnahmen von Regierungen durch die nachträgliche Senkung von Einspeisetarifen und/oder Limitierung von Vergütungen, drastisch reduziert werden. Die gesetzlichen und wirtschaftlichen Rahmenbedingungen müssen stabil sein. Dies kann nur geschehen, wenn die Solaranlagen professionell geführt und betrieben werden und somit einen stabilen Beitrag im Gesamtkonzept der Energieversorgung leisten können.

4 Wirtschaftliche Aspekte

4.1 Möglichkeiten der Einbindung von Exportkreditversicherungen

KAI-HENNING KIEHN

Kai-Henning Kiehn ist Direktionsbevollmächtigter im Bereich Project Finance bei der EULER HERMES KREDITVERSICHERUNGS-AG. Der studierte Volkswirt ist seit 1999 mit Projektfinanzierungen betraut und war mehrere Jahre für die Regionen Süd-Ostasien und Europa im DEPARTMENT UNDERWRITING KREDITVERGABE tätig, worauf die Abteilung PROJECT FINANCE folgte. Schwerpunkte seiner Arbeit sind unter anderem die Bewertung von speziellen Anforderungen des Bundes und der Umfang der deckungsfähigen Risiken für Erneuerbare Energie-Projekte.

Die Schaffung einer nachhaltigen Energieversorgung ist eine der größten Herausforderungen unserer Zeit. Die natürlichen Ressourcen an fossilen Energieträgern sind begrenzt. Energie wird zunehmend zu einem knappen Gut. Bereits heutzutage stellen in vielen Entwicklungs- und Schwellenländern die steigenden Faktorkosten für Energie ein echtes Wachstumshemmnis dar. Angesichts des stetigen Zunahme der Weltbevölkerung und stark wachsenden Volkswirtschaften wie Brasilien, China oder Indien dürfte der weltweite Energiebedarf in den nächsten Jahren und Jahrzehnten sogar noch weiter zunehmen.

Durch die spürbaren Folgen des Klimawandels erlebte die Kernenergie kurzfristig eine weltweite Renaissance. Die tragischen Reaktorunfälle in Fukushima stellen – zumindest in der Bundesrepublik Deutschland – die gesellschaftliche Akzeptanz dieser Technologie ernsthaft in Frage. Welchen Beitrag der verstärkte Ausbau der Erneuerbaren Energien an deren Stelle für die langfristige Versorgungssicherheit leisten kann, wird nicht nur allein von der gesellschaftspolitischen Bereitschaft zum Umdenken im Umgang mit knappen Ressourcen bestimmt. Langfristig entscheidend ist vielmehr die Frage, inwiefern sich Erneuerbare Energien im Wettbewerb zu konventionellen Energieträgern behaupten können.

Betrachtet man die Erzeugerkapazitäten weltweit, so ist der Anteil aus Solarthermie und Photovoltaik noch relativ überschaubar. Eine mögliche Ursache mag in den relativ hohen Investitionskosten liegen. Obwohl in den letzten Jahren erhebliche Effizienzgewinne bei den Produktionskosten der Anlagenhersteller erzielt werden konnten, übersteigen die Bereitstellungskosten je Megawatt Erzeugerkapazität noch immer die von konventionellen Energieträgern erheblich. Dieser Wettbewerbsnachteil gegenüber konventionellen Kraftwerken beeinträchtigt nicht nur die Wirtschaftlichkeit solcher Projekte allein, sondern schafft zusätzlich bei der Projektstrukturierung eine größere Abhängigkeit zu klassischen Fragen der Kapitalbereitstellung.

Kapitalrestriktionen können sogar zu einem echten Investitionshemmnis werden, wie konkrete Beispiele von gescheiterten Solarprojekten in Süd- und Südosteuropa aus der jüngsten Vergangenheit belegen. Das natürliche Aufkommen an Sonnenstunden prädestiniert diese Region geradezu für den Ausbau von Solarthermie und Photovoltaik. Viele Staaten der Region boten bereits Mitte der neunziger Jahre umfangreiche Investitionsanreize in Form von Sonderabschreibungen und staatlich subventionierten Einspeisetarifen für Solarvorhaben an. Selbst institutionelle Anleger, die gemeinhin eher als konservativ gelten, investierten nun in den Ausbau der Erneuerbare Energien. Jedoch ließ auf dem Höhepunkt der Finanzkrise die angespannte Haushaltslage vieler dieser Staaten die Belastbarkeit der staatlichen Förderprogramme fragwürdig erscheinen. In der Folgewirkung reagierten viele Banken zurückhaltend auf Kreditanfragen für Solarvorhaben. Paradoxerweise stellten aus Sicht unabhängiger Marktbeobachter gerade die zügigen Effizienzgewinne im Herstellungsprozess (und somit eine Zunahme der Wettbewerbsfähigkeit) der Solaranlagen die Rechtfertigung staatlicher Subventionen in Frage, und verhinderte somit manche konkrete Projektrealisierung.

Angesichts der gegebenen Marktunsicherheiten mag die Zurückhaltung der Kreditwirtschaft durchaus rational erscheinen; hieraus kann jedoch nicht notwendigerweise gefolgert werden, dass unter volkswirtschaftlichen Gesichtspunkten eine derartige Entwicklung wünschenswert gewesen wäre. Gemeinhin spricht man von einem Marktversagen, wenn in einer freien Marktwirtschaft externe Störungen eine effiziente Nutzung der Produktionsfaktoren verhindern. Für derartige Störungen haben viele Staaten das Instrument einer staatlichen Exportkreditversicherung geschaffen, um dem freien Spiel der Kräfte zwischen Angebot und Nachfrage bestmögliche Entfaltungsmöglichkeiten zu bieten.

Was verbirgt sich jedoch hinter dem Instrument, und welche Vorteile bietet die Einbindung einer Kreditversicherung konkret den verschiedenen Projektparteien? Aktuell werden in der Bundesrepublik Deutschland lediglich rund 3 % des Exportvolumens über eine staatliche Kreditversicherung abgesichert. Daher erscheint eine kurze Erläuterung der Hintergründe und grundsätzlichen Funktionsweise einer Exportkreditversicherung zweckmäßig, bevor das klassische Deckungsangebot einer staatlichen Kreditversicherung am Beispiel der deutschen Ausfuhrgewährleistung charakterisiert werden soll.

4.1.1 Welchen Nutzen bietet eine Kreditversicherung?

Bei Kreditgeschäften besteht zwischen Käufer und Verkäufer grundsätzlich das Dilemma der Informationsasymmetrie. Vereinfacht ausgedrückt verfügt der Käufer über deutlich bessere Informationen über seine eigene Zahlungsfähigkeit als der Verkäufer. Bei Barzahlungsgeschäften oder kurzfristigen Zahlungszielen mit relativ geringen Kreditbeträgen fällt dieses Problem nicht sonderlich ins Gewicht. Mit zunehmendem Kreditbetrag und steigender Laufzeit wächst jedoch für den Verkäufer die Unsicherheit über die Solvenz des Schuldners und somit auch das Risiko von Zahlungsverzögerung bis hin zum totalen Zahlungsausfall. Hiervor kann sich der Verkäufer auf unterschiedliche Art und Weise schützen.

Grundsätzlich wird ein Verkäufer immer versuchen, sämtliche Kosten – und somit auch die Kosten eines potentiellen Zahlungsausfalls – in den Kaufpreis einfließen zu lassen. Je nach Wettbewerbssituation und Verhandlungsgeschick sind diesen Versuchen jedoch mit zunehmender Kreditlaufzeit und steigendem Finanzierungsvolumen natürliche Grenzen gesetzt. In einer derartigen Situation stehen aus Sicht des Verkäufers drei Handlungsalternativen zur Verfügung, mit denen man das Ausfallrisiko zumindest deutlich mindern kann. Bereits bei der Gewährung eines Lieferantenkredites kann dieses Risiko erheblich gesenkt werden, indem zusätzliche Sicherungselemente, wie beispielsweise späterer Eigentumsübergang, dingliche Sicherheiten oder Zahlungen aus einem Akkreditiv zugunsten des Lieferanten vereinbart werden. Sollte der Kauf über einen sog. Bestellerkredit einer Bank finanziert werden, übernimmt die Bank ohnehin implizit das Risiko des Forderungsausfalls. Und schließlich steht für beide Finanzierungsalternativen das Instrument einer Kreditversicherung zur Verfügung, bei der dieses Risiko von vornherein auf einen Dritten ausgelagert wird.

Sämtliche Finanzierungsformen sind mit Zusatzkosten verbunden, die jedoch – je nach Struktur des Geschäftes – stark variieren können. Die direkten Kosten der jeweiligen Handlungsalternative sind relativ offensichtlich und ergeben sich aus den Finanzierungskosten beim Lieferanten- oder Bestellerkredit, einem möglichen Skonto bei gewährten Zahlungszielen, dem administrativen Aufwand für die Bestellung der Sicherheiten oder aber der veranschlagten Versicherungsprämie für die Kreditversicherung. Stellt man bei der Entscheidung jedoch nur isoliert auf die direkten Kosten ab, ist nicht notwendigerweise die Auswahl der günstigsten Finanzierungsalternative gewährleistet. Gemeinhin sollten in einer solchen Entscheidungssituation auch die Opportunitätskosten berücksichtigt werden, die sich aus dem Verzicht der Inanspruchnahme der anderen Handlungsalternativen ergeben. Zudem bestehen zwischen den verschiedenen Handlungsalternativen durchaus qualitative Unterschiede hinsichtlich der tatsächlichen Vermeidung eventueller Ausfallrisiken.

So ist bei der Strukturierung eines Geschäftes nicht nur die rechtliche Belastbarkeit der vereinbarten Sicherheiten von Bedeutung, sondern auch die Höhe des Erlöses, der sich realistischer Weise in einem möglichen Verwertungsfall erzielen ließe. Beim Abschluss einer Kreditversicherung können diese Risikoaspekte weitgehend vernachlässigt werden, da der Kreditversicherer ohnehin die nachgelagerten Verwertungsrisiken zu tragen hätte. Weniger offensichtlich ist der Tatbestand, dass mit einer Kreditversicherung sich auch insgesamt die Finanzierungskosten einer Geschäftstransaktion senken lassen.

Hauptbestandteil der Finanzierungskosten sind – neben typischen Finanzierungsnebenkosten, wie Ausfertigungs-, Bereitstellungs- oder Hedging-Gebühren – die Zinsen. Üblicherweise wird in der internen Kostenkalkulation der Bank die Höhe des Zinssatzes maßgeblich von ihren eigenen Refinanzierungskosten bei dritten Finanzinstituten und ihren eigenen Einschätzungen zur Solvenz des Schuldners in Form der Rückzahlungswahrscheinlichkeit für das Finanzierungsvolumen bestimmt. Wesentliche Maßzahlen sind hierfür der sog. Basiszinssatz (LIBOR oder EURIBOR) und das sog. „Credit Rating“, hinter dem sich üblicherweise die Zahlungserfahrungen einer Vielzahl von Unternehmen mit dem Schuldner, Einschätzungen zur Finanzstärke in Form von Bilanzen und Gewinn- und Verlustrechnungen sowie möglicherweise weitere Kennzahlen zum allgemeinen Marktumfeld verbergen.

Mit einer Kreditversicherung lassen sich sowohl der Basiszinssatz als auch das Credit Rating der Geschäftstransaktion verbessern, indem der Kreditversicherer gegenüber der finanzierenden Bank das Risiko des Nicht-Zahlungstatbestandes für den gedeckten Finanzierungsanteil übernimmt. Hierbei sind zwei Effekte zu unterscheiden.

Zunächst wird aus Sicht der Bank die Ausfallwahrscheinlichkeit der Forderung gesenkt. Entsprechend sollte bei der Risikobewertung des versicherten Finanzierungsanteils nicht mehr auf das Credit Rating des originären Schuldners, sondern vielmehr auf das des Kreditversicherers abgestellt werden. Tritt zudem an die Stelle des Kreditversicherers eine staatliche Institution, kann der Versicherungsschein für diesen Finanzierungsanteil sogar pfandbrieffähig werden, womit sich die Refinanzierungskosten der finanzierenden Bank nochmals senken lassen. Denn im Endeffekt bürgt gegenüber der refinanzierenden Partei nunmehr der Staat anstelle der Bank. Zudem ist die finanzierende Bank unter den Basel II-Bestimmungen zur Mindestreservehaltung nicht mehr verpflichtet, den gedeckten Finanzierungsanteil proportional anteilig mit Eigenkapital zu unterlegen. Diese Vorteile werden umso größer ausfallen,

- je größer die Rating-Differenz zwischen dem ungedeckten Projekt-Rating und dem Rating des Garantielandes ist und
- je größer die Differenz der Liquiditätskosten zwischen dem Pfandbriefmarkt und dem Markt für kommerzielle Interbankenfinanzierungen ist.

Die Summe dieser Vorteile kommt über niedrigere Finanzierungskosten nicht nur allein dem Käufer zugute. Auch der Verkäufer sollte hiervon profitieren, indem in der Kalkulation für den Angebotspreis auf einen Risikoaufschlag für die Ausfallrisiken verzichtet werden kann. Dies stärkt auch die Wettbewerbsposition gegenüber potentiellen Konkurrenten.

Darüber hinaus bietet eine staatliche Kreditversicherung zusätzliche Vorteile, die sich jedoch zunächst einer objektiven Kostenbewertung entziehen. Einen wesentlichen Aspekt stellt hierbei die Absicherung der sog. politischen Risiken dar; also die Absicherung von Zahlungsausfällen aufgrund von politischen Unruhen oder dem Schutz vor staatlicher Willkür, die ebenfalls die ordnungsgemäße Geschäftsabwicklung ernsthaft behindern können. Die Relevanz dieser Risikotatbestände wird maßgeblich von der Rechtsordnung und der politischen Stabilität des Landes bestimmt, in der das Geschäft abgewickelt wird. Aber selbst in einem Mitgliedstaaten der OECD ist man nicht automatisch vor staatlichen Eingriffen gefeit, wie auf dem Höhepunkt der Finanzkrise im Sommer 2010 Spaniens Versuch der nachträglichen Änderung der Solarförderung gezeigt hat.

Eine Kreditversicherung schützt nicht nur allein die Fremdkapitalgeber vor möglichen Zahlungsausfällen, sondern kann im Fall staatlicher Eingriffe auch die Verhandlungsposition der Investoren stärken. Beispielsweise kann eine staatliche Kreditversicherer in möglichen Verhandlungen mit den zuständigen Behörden im Bestellerland auf bilaterale Investitionsschutzabkommen verweisen, die nicht notwendigerweise auch Privatinvestoren begünstigen. Ohnehin sollte eine Kreditversicherung als staatliche Institution über effizientere Möglichkeiten der Interessensvertretung im Vergleich zu Privatunternehmen verfügen, die zumindest als „Türöffner" für die anderen Projektbeteiligten genutzt werden können.

Selbst die beste Planung kann ein Projekt nicht vollständig vor unvorhersehbaren Ereignissen bewahren. Technische Probleme im Anlagenbetrieb oder bei der Netzeinspeisung können zu ernsthaften Liquiditätsengpässen bei der Projektgesellschaft führen. Sollte es zu materiellen Zahlungsverzögerungen kommen, verfügt eine Kreditversicherung aufgrund ihres staatlichen Hintergrundes über einen größeren Handlungsspielraum als ein rein kommerzieller Kreditgeber. Beide verbindet das berechtigte Interesse an der Rückzahlung des Kredites. Jedoch orientiert sich der kommerzielle Kreditgeber in aller Regel eher an der kurzfristigen Gewinnmaximierung. Dagegen steht für die staatliche Kreditversicherung unter haushaltspolitischen Erwägungen heraus zunächst die Schadensvermeidung im Vordergrund.

Ungeachtet der verschiedenen Vorteile stehen manche Investoren der Einbindung einer staatlichen Kreditversicherung noch immer kritisch gegenüber. In diesem Zusammenhang wird insbesondere angeführt, dass der administrative Aufwand im Verhältnis zum tatsächlichen Nutzen relativ hoch sei. So sind für den Entscheidungsprozess umfangreiche Prüfungsunterlagen einzureichen, und die Strukturierung des Fremdkapitals wird in relativ engen Grenzen reglementiert.

Tatsächlich ist für die Vergabe von Exportkreditversicherungen in der Bundesrepublik Deutschland aufgrund der haushaltsrechtlichen Relevanz ein institutionelles Prüfungsverfahren vorgesehen. Gleichzeitig handelt es sich bei einer Exportkreditversicherung aber auch um ein Förderinstrument, in denen den besonderen Anforderungen der deutschen Exportwirtschaft im internationalen Wettbewerb Rechnung getragen werden soll. Insofern orientiert sich die Deckungsentscheidung in aller Regel am konkreten Einzelfall. Die relevanten Entscheidungsgremien tagen in einem monatlichen Turnus. Zeitliche Verzögerungen sollten sich daher in einem vertretbaren Rahmen halten.

4.1.2 Private oder staatliche Kreditversicherung?

Kreditversicherungen sind kein staatliches Monopol. Tatsächlich steht für die Forderungsabsicherung eine Vielzahl von Versicherungsprodukten der privaten Assekuranz zur Verfügung. Das Angebot ist jedoch vornehmlich auf die Absicherung von kurzfristigen Lieferantenkrediten im Inland ausgerichtet. Unterschiede zu staatlichen Kreditversicherungen bestehen insbesondere in der Ausgestaltung der Versicherungsverträge, in der Zielgruppe der potentiellen Versicherungsnehmer, in den Kriterien der Versicherungsübernahme und den damit verbundenen Kosten.

Die privaten Versicherungsprodukte basieren per se auf privatrechtlichen Verträgen und unterliegen in der Bundesrepublik Deutschland den einschlägigen Bestimmungen des Bürgerlichen Gesetzbuches (BGB). Daneben ist für die konkrete Vertragsgestaltung auch das Versicherungsvertragsgesetz (VVG) zu berücksichtigen, das einen Mindest-Standard für die Rechte und Pflichten zwischen Versicherungsnehmer und der Versicherungsgesellschaft definiert. Unter Berücksichtigung dieser Formalvoraussetzung ist der private Versicherungsvertrag weitgehend frei verhandelbar. In der Praxis werden meist nur standardisierte Versicherungspolicen angeboten, die jedoch in der Qualität des Deckungsumfangs zwischen den einzelnen Versicherungsanbietern stark variieren können. Dabei agiert die private Assekuranz grundsätzlich als normaler Marktakteur mit typischer Gewinnerzielungsabsicht.

Dagegen ist die staatliche Kreditversicherung ein Förderinstrument der deutschen Exportwirtschaft. Bei den Vergabekriterien steht die Sicherung von Arbeitsplätzen in der Bundesrepublik Deutschland im Vordergrund. Unter der Bezeichnung „Ausfuhrgewährleistungen des Bundes" erfolgt die administrative Abwicklung unter maßgeblicher Verantwortung des Bundesministeriums für Wirtschaft und Technologie.

Die Ausfuhrgewährleistungen belasten als Eventualverbindlichkeiten den Bundeshaushalt und unterliegen insoweit in der institutionellen Ausgestaltung nicht nur den einschlägigen Bestimmungen des BGB und des VVG, sondern auch dem Bundeshaushaltsrecht und diversen bilateralen und multilateralen Abkommen. Formal ist die Ausgewährleistung als privatrechtlicher Versicherungsvertrag zu verstehen, der jedoch in der Ausgestaltung maßgeblich vom öffentlichen Recht beeinflusst wird. So gilt bei den Vergabekriterien für die Antragsteller grundsätzlich der Gleichbehandlungsgrundsatz. Hieraus kann noch nicht ein Kontrahierungszwang des Bundes für den Abschluss des Gewährleistungsvertrages geschlossen werden, jedoch hat ein Antragsteller grundsätzlich einen Anspruch auf eine gleiche Entscheidung bei vergleichbarer Sach- und Rechtlage.

Die Ausgestaltung des Versicherungsvertrages wird weitgehend über die Allgemeinen Bedingungen vorgeben. Dies bietet dem Deckungsnehmer einen hohen Grad an Transparenz; der Deckungsgegenstand ist jedoch durch die Förderungswürdigkeit vorgegeben und ist in der Auswahl der gedeckten Risikotatbestände nur bedingt verhandelbar. Die Deckungsübernahme ist entgeltpflichtig, wobei sich die Bemessung an internationalen Mindest-Standards orientiert und vornehmlich die Bereitstellungskosten des Deckungsinstrumentes abdecken soll. Nach Maßgabe der Europäischen Kommission dürfen staatliche Kreditversicherungen nicht in Wettbewerb zur privaten Kredit- und Versicherungswirtschaft treten. Daher ist das staatliche Angebot auf solche Geschäftstransaktionen beschränkt, bei denen die Funktionsfähigkeit der freien Kapitalmärkte zumindest fragwürdig erscheint. Innerhalb der OECD-Länder wird dies üblicherweise nur bei größeren Finanzierungsvolumina und langfristigen Zahlungszielen angenommen.

Die privaten Versicherungsprodukte und die Ausfuhrgewährleistung des Bundes verbindet das Element der Forderungsabsicherung. Versicherungsgegenstand ist immer eine Zahlungsverpflichtung eines Dritten (Schuldner) unter einer (Geld)-Forderung gegenüber dem Versicherungsnehmer (Gläubiger); mit Abschluss des Versicherungsvertrages übernimmt der Versicherer gegen Zahlung eines Entgeltes (Versicherungsprämie) das Ausfallrisiko unter der versicherten Forderung. Sollte der Schuldner seine Zahlungsverpflichtung unter der gedeckten Forderung nicht ordnungsgemäß erfüllen, entschädigt der Kreditversicherer (bzw. der Bund) entsprechend der vereinbarten Fälligkeit abzüglich eines vorher festgelegten Selbstbehaltes. Mit der Entschädigungszahlung geht der Forderungsanspruch auch nicht unter, sondern der Versicherer übernimmt lediglich den Zahlungsanspruch und wird den Schuldner ggf. auch in Regress nehmen. Zusammengefasst sollte festgehalten werden, dass die Versicherungsprodukte der privaten Assekuranz sich durchaus mit staatlichen Exportkreditversicherungen vergleichen lassen.

4.1.3 Die Ausfuhrgewährleistung des Bundes

Die Ausfuhrgewährleistung wird unter der Federführung des Bundesministeriums für Wirtschaft und Technologie betreut und ist in der Bundesrepublik Deutschland ein fest etabliertes Element der Exportförderung. Die administrative Abwicklung wurde bereits im Jahr 1949 privatwirtschaftlich ausgelagert und erfolgt gemeinsam über die Euler Hermes Kreditversicherungs-AG und PricewaterhouseCoopers mit Sitz in Hamburg. Euler Hermes ist für die Abwicklung der Ausfuhrgewährleistung seit über sechzig Jahren zentraler Ansprechpartner der deutsche Exportwirtschaft. Daher hat sich auch der Begriff „Hermesdeckung" synonym für das Deckungsinstrument etabliert.

Unternehmen mit Niederlassung in der Bundesrepublik Deutschland steht eine Vielzahl von Absicherungsinstrumenten zur Verfügung, mit denen den besonderen Anforderungen der deutschen Exportwirtschaft Rechnung getragen werden soll. So können nicht nur Forderungsansprüche gegenüber ausländischen Käufern, sondern auch etwaige Fabrikationsrisiken und Avale im direkten Zusammenhang mit dem Exportgeschäft abgesichert werden, um zugunsten des deutschen Exporteurs etwaige Kapitalbindungskosten zu senken und zusätzliche Freiräume beim Working Capital zu schaffen.

4.1.4 Deckungstatbestände

Bei den Deckungstatbeständen ist grundsätzlich zwischen politischen und wirtschaftlichen Risiken zu unterscheiden:

Politische Risiken umfassen

1. Forderungsausfälle durch gesetzgeberische oder behördliche Maßnahmen, kriegerische Ereignisse, Aufruhr oder Revolution im Ausland (so genannter allgemeiner politischer Schadenfall)
2. Schadenfälle aus nicht durchführbarer Konvertierung und Transferierung der vom Schuldner in Landeswährung eingezahlten Beträge durch Beschränkungen des zwischenstaatlichen Zahlungsverkehrs (in der Vergangenheit der häufigste Schadenfall)
3. Verluste von Ansprüchen aus nicht möglicher Vertragserfüllung aus politischen Gründen
4. Verluste von Waren vor Gefahrübergang infolge politischer Umstände (Ware ist beim Käufer z.B. wegen Beschlagnahme, Zerstörung etc. nicht eingetroffen).

Dagegen beinhalten sog. wirtschaftliche Risiken

1. Forderungsausfälle im Nichtzahlungsfall (*protracted default*)
2. Forderungsausfälle durch Konkurs, amtlichen oder außeramtlichen Vergleich, erfolglose Zwangsvollstreckung und Zahlungseinstellung.

4.1.5 Das Deckungsangebot

Nach Selbstverständnis des Bundes soll nicht in die Vertragsfreiheit des Exporteurs oder des Investors eingegriffen werden. Die Ausgestaltung der Gewährleistung gibt zwar die Rechte und Pflichten zwischen dem Deckungsbegünstigen und dem Bund vor; sie ist jedoch als

Rechtsgeschäft weitgehend unabhängig vom zugrunde liegenden Export- oder Kreditgeschäft zu sehen. Die Ausfuhrgewährleistung stellt lediglich ein ergänzendes (Versicherungs-) Angebot an die deutsche Exportwirtschaft für die Erschließung neuer Märkt und eine Unterstützung für Finanzierungsbereitstellung dar. Die Verhandlungen zwischen Exporteur und ausländischen Besteller sind jedoch bilateral zu führen, und die Finanzierung ist unabhängig von einer Bank beizubringen.

Dabei stehen sowohl große Projekte als auch kleine und mittelständische Unternehmen maßgeschneiderte Absicherungsmöglichkeiten zur Verfügung. Das Angebot richtet sich nicht nur allein an deutsche Exporteure, sondern auch an deutsche Investoren im Ausland bei der Erschließung neuer Absatzmärkte oder beim Aufbau von Tochtergesellschaften. Häufig wird das Instrument auch kombiniert eingesetzt. An dieser Stelle liegt der Fokus jedoch allein auf den Aspekten der Exportförderung. Folgende gängige Deckungsformen stehen einem Antragsteller grundsätzlich zur Auswahl zur Verfügung.

4.1.5.1 Fabrikationsrisiken

Sollte sich der ausländische Käufer einseitig von seiner Abnahmeverpflichtung lossagen, besteht möglicherweise die Aussicht auf Konventionalstrafen, jedoch können hieraus gerade bei Spezialanfertigungen nur in den seltensten Fällen die entstanden Fertigungskosten abgedeckt werden. Dieses Risiko kann mit einer Fabrikationsrisikodeckung in Höhe der eigenen Selbstkosten einschließlich der Vorleistungen von Dritten abgesichert werden. Die Risikolaufzeit umfasst die Produktionsphase der Ware, also vom Beginn der Fertigung bis zum Versand. Die Deckung ist isoliert oder kombiniert mit einer Ausfuhrdeckung erhältlich und empfiehlt sich besonders bei Spezialanfertigungen.

Das Fabrikationsrisiko tritt ein, wenn politische oder wirtschaftliche Umstände die Fertigstellung oder den Versand der Waren verhindern. Dies umfasst auch Embargorisiken. Der Entschädigungsanspruch ist maximal auf die Höhe der entstandenen Selbstkosten begrenzt. Diese werden zunächst auf Basis bester Schätzung vom Antragsteller vorgegeben und der Deckung als Höchstbetrag zugrunde gelegt. Im Schadenfall stellt ein Gutachten die Höhe des tatsächlich entstandenen Schadens fest.

4.1.5.2 Kurzfristige Ausfuhrdeckungen

Der Export von Handels- oder kurzlebigen Investitionsgütern wird meist zu kurzfristigen Zahlungsbedingungen abgewickelt. Die kurzfristigen Einzeldeckungen umfassen die Absicherung kurzfristiger Lieferantenkredite, die deutsche Exporteure ihren ausländischen Kunden als Zwischenfinanzierung gewähren. Bei den Lieferungen handelt es sich meist um Rohstoffe, Halbfertigwaren, Komponenten, Konsumgüter und Ersatzteile. Üblicherweise ist bei solchen Geschäften das deckungsfähige Zahlungsziel auf maximal sechs Monaten beschränkt. Bei hochwertigen Komponenten und langlebigen Konsumgütern kommt eine Kreditlaufzeit von bis zu 12 Monaten und in bestimmten Ausnahmefällen sogar von bis zu 23 Monaten in Betracht. Deckungsgegenstand sind neben den politischen auch die wirtschaftlichen Risiken, und hierbei insbesondere der Nicht-Zahlungstatbestand innerhalb von sechs Monaten nach vereinbartem Zahlungstermin.

Bei einer regelmäßigen Geschäftsbeziehung bietet der Bund die Einzeldeckungen auch auf revolvierender Basis an, um die administrative Abwicklung zu vereinfachen. Im Deckungsumfang und in der Höhe des Entgelts unterscheidet sich dieses Verfahren nicht von der kurzfristigen Einzeldeckung. Dabei werden auf einen bestimmten ausländischen Abnehmer auf wiederkehrender Basis die im Laufe eines Jahres getätigten Umsätze im Rahmen eines im Voraus festgesetzten Höchstbetrags gedeckt.

Ein weiterer Schwerpunkt der staatlichen Ausfuhrdeckungen besteht in der Sammeldeckung unter der sog. Ausfuhr-Pauschal-Gewährleistung (APG). Unter der APG besteht die Möglichkeit, sämtliche kurzfristigen Forderungen eines Exporteurs innerhalb eines definierten Länderbereiches pauschal beim Bund abzusichern. Aufgrund des breiteren Risikoportfolios ist die Prämie meistens deutlich günstiger als bei vergleichbaren Einzeldeckungen. Zudem entfallen Antrags- und Prüfungsgebühren. Der APG-Vertrag hat eine Laufzeit von einem Jahr. Der Deckungsschutz für die einzelnen Forderungen beginnt mit dem Versand der Waren. Gerade für mittelständische Unternehmen bietet die APG einen umfassenden Versicherungsschutz zu einem verhältnismäßig niedrigen Verwaltungsaufwand. Zudem kann der APG-Vertrag laufend um neue Geschäftsbeziehungen ergänzt werden.

4.1.5.3 Mittel- und Langfristige Ausfuhrdeckungen

Exportkredite ab einer Laufzeit von zwei Jahren unterliegen dem sog. OECD-Konsensus, der als notwendige Deckungsvoraussetzung eine (nicht deckungsfähige) Anzahlung in Höhe von 15 % des zugrunde liegenden Auftragswertes und ein Rückzahlungsprofil mindestens in gleichhohen Halbjahresraten vorgibt. Für die Absicherung von Exportgeschäften mit Kreditlaufzeiten von mehr als zwei Jahren haben die Mitgliedsländer der OECD verbindliche Leitlinien für die Vergabe von staatlichen Kreditversicherungen vereinbart. Hierdurch sollen Wettbewerbsverzerrungen verhindert werden. Diese Leitlinien – auch OECD-Konsensus genannt – definieren wesentliche Vertragskonditionen für die Deckungsfähigkeit der Exportgeschäfte, wie beispielsweise nach Ländern gestaffelte Mindestprämien für die Deckungsübernahme und maximale Kreditlaufzeiten, differenziert nach Warengruppen und Entwicklungsstand (im Sinne der Zulässigkeit staatlicher Förderung) für fast alle Länder der Welt. Die konkreten Anforderungen für die Deckungsübernahme bei Exportgeschäften in den einzelnen Abnehmerländern legt jedes Mitgliedsland der OECD eigenständig fest. Unter den deutschen Länderbeschlusslagen können beispielsweise bei Importländern mit erhöhten Risiken die Obergrenze aller zu übernehmenden Risiken durch Plafonds begrenzt oder die Stellung zusätzlicher Sicherheiten zur Deckungsvoraussetzung gemacht werden.

4.1.5.4 Deckungen für gebundene Finanzkredite

In der Praxis werden rund 80 % der mittel- und langfristigen Exportgeschäfte von Kreditinstituten unter den sog. gebundenen Finanzkrediten finanziert. Notwendige Deckungsvoraussetzung ist eine direkte Auszahlung des Kredites an den Exporteur (gemäß vereinbarten Zahlungsbedingungen unter dem Liefergeschäft) oder eine Auszahlung im sog. Erstattungsverfahren für bereits bezahlte Lieferungen an den ausländischen Käufer.

Grundsätzlich ist auch eine Kombination der verschiedenen Deckungsformen, beispielsweise in Form einer Ausfuhrgarantie zugunsten des deutschen Exporteurs und einer Finanzkreditgarantie zugunsten der finanzierenden Bank denkbar. Dann ginge der gedeckte Zahlungsanspruch mit der jeweiligen Auszahlung unter dem Finanzkredit proportional anteilig vom Exporteur auf die Bank über. Die gemeinsame Höchsthaftung des Bundes bliebe hiervon jedoch unberührt.

Bei der Finanzkreditdeckung handelt es sich um die Absicherung einer abstrakten Darlehensforderung. Unter den einschlägigen Bestimmungen des BGB entsteht der Rückzahlungsanspruch der Bank gegenüber dem Schuldner unabhängig von der tatsächlichen Leistungserbringung unter dem Kaufvertrag. Sollte aufgrund einer mangelhaften Leistungserfüllung der Schuldner die Darlehensrückzahlung verweigern, müsste der Bund unter der Finanzkreditdeckung die Bank dennoch entschädigen. Um einer unberechtigten Inanspruchnahme der Deckung vorzubeugen, muss sich der Exporteur gegenüber dem Bund zur ordnungsgemäßen Vertragserfüllung verpflichten. Die Pflichten umfassen zudem die vollständige Unterrichtung über die Abwicklung des Ausfuhrgeschäftes, das Anerkennen von Weisungsbefugnissen des Bundes und die Freistellung von der Entschädigung bei eigenem Verschulden.

Für einen Deckungsantrag muss das Exportgeschäft nicht notwendigerweise abgeschlossen sein, jedoch sollte der Antrag unbedingt vor erster Lieferung gestellt werden, um die Prüfung „Gefahr erhöhender Umstände“ zu vermeiden, die ansonsten möglicherweise die Antragstellung hätten motiviert haben können. Sollte der Kaufvertrag noch nicht abgeschlossen sein, ist auch eine grundsätzliche Deckungszusage möglich. Hierbei erwerben die Deckungsbegünstigen einen einklagbaren Rechtanspruch auf die Bundesdeckung, wenn das Geschäft tatsächlich in der angedienten Art und Weise abgeschlossen werden sollte.

Die Grundsatzzusage ist zeitlich auf sechs Monate befristet, kann jedoch bei Bedarf verlängert werden. Hiermit soll dem Antragsteller die Möglichkeit eröffnet werden, die Vertragsverhandlung auf Basis einer belastbaren Entscheidungsgrundlage zum Abschluss zu bringen. Sollten jedoch zwischen dem Zeitpunkt der Grundsatzentscheidung und dem tatsächlichen Vertragsabschluss wesentliche Änderungen in der Sach- und Rechtslage eintreten – beispielsweise materielle Änderungen in der Vertragsgestaltung, wesentliche Verschlechterung der Finanzlage des Käufers oder politische Unruhen im Bestellerland – so wird der Bund von seinen Pflichten unter der Grundsatzzusage frei.

4.1.6 Kriterien der Deckungsübernahme

Für die Vergabe von Ausfuhrgewährleistungen hat der Bund einen festen Anforderungskatalog formuliert, der zum einen den besonderen Bedürfnissen der deutschen Exportwirtschaft im internationalen Wettbewerb genügen, zum anderen aber unter Berücksichtigung aller wesentlichen Einzelaspekte der Geschäftstransaktion einen schadensfreien Verlauf gewährleisten soll. Die wesentlichen Kriterien für eine Deckungsentscheidung lassen sich in der Prüfung der folgenden vier Einzelaspekte zusammenfassen:

1. Förderungswürdigkeit
2. Risikomäßige Vertretbarkeit
3. Konsensus konforme Vertragsbedingungen
4. Haushaltsrechtliche Zulässigkeit

4.1.6.1 Zur Förderungswürdigkeit

Fragen der Förderungswürdigkeit setzen implizit ein übergeordnetes Gemeinschaftsinteresse voraus, dass das zur Deckung beantragte Geschäft tatsächlich zustande kommt. Grundsätzlich wird bei einer erheblichen Beschäftigungswirkung innerhalb der Bundesrepublik Deutschland ein übergeordnetes Gemeinschaftsinteresse angenommen. Das bedeutet jedoch nicht, dass der Antragsteller notwendigerweise als juristische Person seinen rechtlichen Sitz innerhalb der Bundesrepublik Deutschland haben muss; auch eine unselbständige Niederlassung wäre denkbar, solange plausibel nachgewiesen werden kann, dass das Geschäft der Arbeitsplatzsicherung in Deutschland dient.

Die Absicherungsmöglichkeiten sind nicht allein auf die deutsche Wertschöpfung beschränkt. Auch der Einschluss von ausländischer Zulieferungen und/oder örtlicher Kosten ist in engen Grenzen denkbar, wenn diese Lieferanteile aus technischen Gründen nicht aus Deutschland bereitgestellt oder etwaige Mehrkosten, die durch eine deutsche Bereitstellung verursacht würden, den Auftragserhalt gefährden können. Grundsätzlich bleibt jedoch die Höchsthaftung des Bundes auf den deckungsfähigen Zahlungsanspruch des deutschen Exporteurs bzw. der finanzierenden Bank unter dem Exportgeschäft beschränkt. Insofern sind auch ausländische Zulieferungen einer dritten Partei mit einem eigenständigen Zahlungsanspruch gegenüber dem ausländischen Besteller nicht deckungsfähig.

Zudem setzt die Förderungswürdigkeit voraus, dass der abzusichernde Zahlungsanspruch tatsächlich aus der Abwicklung eines Exportgeschäftes resultiert. Vor diesem Hintergrund ist in geeigneter Art und Weise (beispielsweise über entsprechende Ursprungszertifikate und Lieferdokumente) sicherzustellen, dass unter dem zu deckenden Geschäft tatsächlich Lieferungen und/oder Leistungen aus Deutschland physisch in ein Drittland transferiert werden. Insoweit ist ein Zahlungsanspruch gegenüber einem ausländischen Besteller zwar notwendige Deckungsvoraussetzung, aber isoliert betrachtet nicht hinreichend für die Deckungsübernahme. Außerdem müssen die Zahlungsbedingungen sowohl im Einklang mit dem sog. OECD Konsensus stehen, als auch der individuellen Länderbeschlusslage für das Bestellerland genügen.

Ein weiterer Aspekt der Förderungswürdigkeit ist die Bewertung der Umweltverträglichkeit, die ab einem Gesamtfinanzierungsvolumen von 15 Millionen Euro für jedes zu deckende Geschäft obligatorisch vorgesehen ist. Bereits im Jahre 2002 hat die Bundesrepublik Deutschland der Anwendung der OECD – Umweltleitlinien (*Common Approach*) zugestimmt. Die Bewertung der Umweltaspekte erfolgt anhand ökologischer, sozialer und entwicklungspolitischer Gesichtspunkte. Dabei wird das Geschäfte anhand der zu erwartenden Umweltauswirkungen kategorisiert und bei möglichen Bedenken eingehend geprüft.

4.1.6.2 Zur risikomäßigen Vertretbarkeit

Aus haushaltspolitischen Erwägungen heraus muss für die Deckungsübernahme eine vernünftige Aussicht auf einen schadensfreien Verlauf des Exportgeschäftes bestehen. Bei konventionellen Exportgeschäften erfolgt diese Prüfung der risikomäßigen Vertretbarkeit anhand üblicher Finanzdaten zur Geschäftslage des Schuldners unter dem Exportgeschäft. Bei werthaltigen Sicherheiten – beispielsweise auf Grundlage abgegebener Garanten (Staats- oder

Bankgarantie) – kann auch auf die Kreditwürdigkeit des Garanten abgestellt werden. Grundsätzlich ist jedoch nicht allein die aktuelle wirtschaftliche Situation des ausländischen Schuldners entscheidend, sondern vielmehr auch dessen Fähigkeit, durch die Geschäftsabwicklung hinreichende Erlöse für den Schuldendienst des gedeckten Geschäftes zu generieren.

Bei Projektfinanzierungen wird außerdem ein besonderes Augenmerk auf zusätzliche Risikoaspekte – wie die rechtlichen Rahmenbedingungen, die technische Projektumsetzung sowie Beschaffungs- und Absatzrisiken – gelegt, um die Auswirkungen auf die Liquiditätsposition des Schuldners möglichst objektiv einschätzen zu können. Grundsätzlich müssen für die Entscheidungsgrundlage nicht nur die potentiellen Risikoaspekte identifiziert, sondern auch abgewogen und qualifiziert bewertet werden können.

Die Entscheidungsgrundlage besteht im Wesentlichen aus begleitenden Unterlagen, wie Wirtschaftsauskünfte von Kreditprüfungsunternehmen, belastbare Geschäftsabschlüsse, Vorschaurechnungen, eigene Zahlungserfahrungen und ggf. ergänzende Erläuterungen des Antragstellers. Bei Projektfinanzierungen ist die Betrachtung der Wirtschaftlichen Tragfähigkeit des Projektvorhabens wahrscheinlich das wesentlichste Entscheidungskriterium. Dabei wird insbesondere untersucht, inwieweit die Projektgesellschaft aus den prognostizierten Projekterlösen heraus in der Lage ist, die operativen Kosten und den Schuldendienst unter der Finanzierungsbereitstellung zu leisten. Die wesentlichen Kriterien bestehen dabei aus dem sog. Schuldendienst-Deckungsgrad, also dem Verhältnis zwischen der frei verfügbaren Liquidität der Projektgesellschaft zum anstehenden Schuldendienst zum Zeitpunkt der jeweiligen Fälligkeit, und aus der Plausibilität der zugrunde gelegten Annahmen.

Die Prüfung erfolgt dann anhand eines Financial Model, das in aller Regel von der finanzierenden Bank bereitgestellt und ggf. bei komplexen Geschäftstransaktionen von einem unabhängigen Dritten geprüft werden sollte. Das Modell sollte das Projekt in seiner Vertrags- und Finanzierungsstruktur abbilden und sämtliche Zahlungsströme über den vollen Finanzierungszeitraum (Bau- und Betriebsphase bis Ende der Kreditlaufzeit) umfassen. Entscheidend für die Aussagekraft des Modells sind die Plausibilität der zugrunde gelegten Annahmen und die korrekte Abbildung der Zahlungsströme (Cashflow Waterfall). Das Modell sollte zudem flexibel für die Berechnung verschiedener Szenarien gestaltet sein, um die Belastbarkeit des Projektkonzeptes auf mögliche Planabweichungen abschätzen zu können.

Bei der Entscheidung zur Deckungsübernahme werden die Angaben der Antragsteller lediglich auf ihre Plausibilität, nicht jedoch auf ihre rechtliche Belastbarkeit geprüft. Der Deckungsnehmer trägt grundsätzlich immer die sog. Dokumentationsrisiken. Nachweise zu den zugrunde gelegten Annahmen, wie Liefer- und Vertragsdokumentation, müssen vom Antragsteller erst in einem etwaigen Schadensfall beigebracht werden. Sollten dann jedoch materielle Abweichungen zum beantragten Sachverhalt festgestellt werden oder keine rechtliche Anspruchsgrundlage in der versicherten Art und Weise bestehen, behält sich der Bund das Recht vor, bei diesem Geschäft die Entschädigung zu verweigern.

4.1.6.3 Zu den Konsensus konformen Vertragsbedingungen

Die OECD-Länder bemühten sich bereits 1978 um einheitliche Leitlinien für Mindeststandards bei Zahlungsbedingungen und Kreditlaufzeiten (OECD-Konsensus). Seit 1999 sind auch Länderrisikoeinstufungen in der OECD harmonisiert und den einzelnen Risikokategorien Mindestprämien zugeordnet. Damit soll sichergestellt werden, dass der Wettbewerb über den Preis und die Qualität der Exportprodukte geführt wird und nicht über den Umfang der staatlichen Unterstützung.

Bei Exportgeschäften mit einem Finanzierungszeitraum von mehr als zwei Jahren (maßgeblich ist hierbei die Kreditlaufzeit ab Fertigstellung) sind staatliche Förderungen der Unterzeichnerstaaten nur im Einklang mit dem OECD-Konsensus zulässig. Die wesentlichen Reglementierungen betreffen den Umfang der staatlichen Förderung im Verhältnis zum Auftragswert des Exportgeschäftes, die deckungsfähigen örtlichen Kosten und die Rückzahlungsbedingungen unter den eingebundenen Finanzierungsvehikeln.

Grundsätzlich kann maximal 85% des Auftragswertes eines Exportgeschäftes über eine Exportkreditversicherung abgesichert werden. Bei den Kriterien der deckungsfähigen Lieferungen und Leistungen ist außerdem zwischen der Wertschöpfung im Bestellerland (bzw. örtlichen Kosten) und der Wertschöpfung außerhalb des Bestellerlandes (bzw. Exportwert) zu unterscheiden. Die unter der Deckung einbezogenen örtlichen Kosten dürfen maximal 30 % des Exportwertes betragen. Zudem erfolgt eine differenzierte Betrachtung der zulässigen Zahlungsbedingungen anhand des Industriesektors, anhand des Bestellerlandes und anhand der Strukturierungsform des Exportgeschäftes.

Eine Kreditrückzahlung in gleichen Halbjahresraten (oder jedes andere Rückzahlungsprofil, dass zu jeder Fälligkeit einen niedrigeren Kreditaußenstand gewährleistet, als es bei einer Kreditrückzahlung in gleichen Halbjahresraten geben hätte) ist deckungsfähig. Bei konventionellen Exportgeschäften beträgt die zulässige Kreditlaufzeit in OECD-Ländern 8 ½ und in Entwicklungs- oder Schwellenländern 10 Jahre. Für bestimmte Industriesektoren, wie beispielsweise Schiffe und Flugzeuge, aber auch für Erneuerbare Energien gelten zudem flexiblere Bestimmungen. So können im Bereich Erneuerbare Energien (u.a. Wind-, Wasser-, Geothermal-, Gezeitenkraft-, Solar-, und Bioenergie) Kreditlaufzeiten von maximal 18 Jahren und in bestimmten Ausnahmefällen ein Cashflow basiertes Rückzahlungsprofil beantragt werden.

4.1.6.4 Zum Bundeshaushaltsrecht

Als Eventualverbindlichkeit des Bundes unterliegen die Ausfuhrgewährleistungen dem Bundeshaushalt, der als Gesetzesvorlage jährlich vom Bundestag und Bundesrat beschlossen wird. Über den Bundeshaushalt wird beispielsweise jährlich der Obligorahmen definiert, in dessen Gesamthöhe Ausfuhrgewährleistungen übernommen werden können. Hinzukommen Restriktionen hinsichtlich der Finanzierungsformen, für die Exportgarantien herausgelegt werden können. So sind in aller Regel Kreditgeschäfte unproblematisch, nicht jedoch eine Bond Finanzierung aufgrund der Vielzahl der schuldrechtlichen Verflechtungen zum dem einzelnen Bondholdern und dem Schuldner. Eine weitere Restriktion betrifft die Freigabe von Sicherheiten. Beispielsweise kann auf Basis der bestehenden Gesetzeslage der Bund bei einer äußerst positiven Projektentwicklung nicht einseitig auf Sicherheiten verzichten, es sei denn, dieser Verzicht wurde unter den Vertragsbedingungen von vornherein so vereinbart.

4.1.7 Entscheidungsverfahren

Bei konventionellen Exportgeschäften sollte bei Vorlage aller entscheidungsrelevanten Unterlagen die Entscheidung innerhalb von vier Wochen nach Antragstellung erfolgen können. Dagegen kann die Bearbeitungszeit bei komplexen Exportgeschäften bis zu sechs Monate in Anspruch nehmen. In aller Regel finden dabei vor Antragstellung erste Gespräche über die risikorelevanten Aspekte des Projektes und die vorgesehene Besicherungsstruktur zwischen den Projektsponsoren, den Exporteur, der finanzierenden Bank und den Mandataren (Euler Hermes Kreditversicherungs-AG und PricewaterhouseCoopers) statt. Auf dieser Grundlage kann bereits eine erste Indikation von den Berliner Ressorts für die generelle Deckungsfähigkeit des Vorhabens eingeholt werden.

Sollte das Vorhaben auf Basis einer Projektfinanzierung umgesetzt werden, wird nach Antragstellung zunächst eine kursorische Vorprüfung durchgeführt, um frühzeitig die wesentlichen Risikoaspekte für den weiteren Strukturierungsprozess zu adressieren. Kernaspekte dieser Vorprüfung sind die Förderungswürdigkeit des Vorhabens, das Länderrisiko, die Zahlungsbedingungen sowie eine überschlägige Bewertung der wirtschaftlichen Tragfähigkeit des Projektes. Das Ergebnis der Vorprüfung wird zunächst mit verschiedenen Ressortvertretern im sog. Arbeitskreis für Projektfinanzierung erörtert und letztendlich im sog. Interministeriellen Ausschuss (IMA) entschieden, ob das Projekt tatsächlich als Projektfinanzierung geeignet erscheint. Bei einem positiven Votum wird für die weitere Projektprüfung eine Gutachtliche Stellungnahme eines externen Wirtschaftsprüfungsunternehmens erforderlich, in der alle wesentlichen Risikoaspekte kritisch gewürdigt werden sollen.

Die Ergebnisse des externen Gutachtens werden dann mit den Ressortvertretern erneut diskutiert und – ebenso wie konventionelle Exportgeschäfte – im IMA entschieden. Zu diesem Zeitpunkt sind üblicherweise noch nicht sämtliche relevanten Projektverträge abgeschlossen. Zudem können sich aus der Projektprüfung weitere Anforderungen an die Geschäftsstrukturierung ergeben. Erst nach Abschluss aller relevanten Projektverträge wird üblicherweise die Deckungsurkunde ausgestellt und die Versicherungsprämie fällig.

4.1.8 Entschädigung und Selbstbehalt

Sollten nach Indeckungnahme Zahlungsverzögerungen mit dem ausländischen Schuldner auftreten, sollten die Deckungsbegünstigen frühzeitig die Mandatare informieren, um gemeinsam geeignete Maßnahmen zu ergreifen. Sollte die Auslandsforderung nicht vertragsgemäß beglichen werden, steht es dem Exporteur oder die Bank frei, einen Entschädigungsantrag bei Euler Hermes einzureichen. Im Entschädigungsverfahren überprüfen die Mandatare, ob die Abwicklung des Exportgeschäfts bedingungsgemäß erfolgte. Innerhalb eines Monats nach der Schadenberechnung erhält der Deckungsnehmer die Entschädigung. Damit geht die Forderung in Höhe der Entschädigung auf die Bundesrepublik über. In Höhe der Selbstbeteiligung verbleibt sie beim Exporteur bzw. der Bank.

Nur rechtsbeständige Forderungen können Gegenstand einer Entschädigung sein. Bestreitet ein ausländischer Schuldner seine Zahlungsverpflichtung, kann der Bund seine Entschädigung bis zur Klärung zurückstellen. Bei drohenden Schäden gelingt es im Zusammenspiel von Bund, Exporteur, finanzierender Bank und Euler Hermes häufig, wirtschaftlich instabil gewordene Projekte zu stabilisieren und Entschädigungen – zumindest teilweise – zu vermeiden. Hierbei werden Restrukturierungen meistens in Form von Prolongationen vorgenommen. Zudem beteiligt sich der Bund auch an den Kosten der Rechtsverfolgung in Form von Gerichtskosten oder der Einschaltung eines Rechtsanwalts. Bei politischen Schäden versucht der Bund in aller Regel über eine Umschuldung, eine Rückzahlung der entschädigten Forderungen zu erlangen.

In einem Entschädigungsfall ist – je nach Schadensursache – ein differenzierter Selbstbehalt zulasten des Deckungsnehmers zu berücksichtigen. Bei politischen Risikotatbeständen beträgt der Selbstbehalt grundsätzlich 5 % auf den zugrundeliegenden Entschädigungsanspruch. Dagegen beträgt bei wirtschaftlichen Risikotatbeständen der Selbstbehalt üblicherweise 15 % für den deutschen Exporteur bzw. 5 % für die finanzierende Bank. Bereits bei näherer Betrachtung der Risikoteilung von 95 % zulasten des Bundes und 5 % zulasten des Deckungsnehmers wird deutlich, dass nicht die Minderung von Entschädigungszahlungen im Zentrum steht. Vielmehr wurde der Selbstbehalt eingeführt, um über eine vertretbare Risikobeteiligung ein gleich gerichtetes Interesse zwischen Antragsteller und Bund bei allen Aspekten der Schadensvermeidung und der Schadensverfolgung zu schaffen.

Um die Auswirkungen der Finanzkrise einzudämmen, wurde im Februar 2009 der deutschen Exportwirtschaft die Möglichkeit geboten, gegen Zahlung eines Entgeltaufschlages von 10 % auch den Selbstbehalt unter den wirtschaftlichen Risikotatbeständen auf 5 % zu reduzieren. Dieses Angebot wurde im Juni 2010 zunächst bis Ende 2013 verlängert.

4.1.9 Besondere Aspekte bei einer Projektfinanzierung

Unter den Ausfuhrgewährleistungen des Bundes sind die Absicherungsmöglichkeiten für konventionellen Exportgeschäften und Projektfinanzierungen weitgehend identisch. Qualitative Unterschiede bestehen jedoch im Umfang der beizubringenden Informationen bei Antragstellung (Projektinformationsmemorandum, Financial Model und ggf. externe Gutachten zur Marktsituation, zu den rechtlichen Rahmenbedingungen und zum technischen Projektkonzept), der Prüfungstiefe und insofern auch in der Bearbeitungszeit, die zum Erhalt einer Deckungsentscheidung des Bundes erforderlich ist.

Bei Ausfuhrgewährleistungen für konventionelle Exportgeschäften handelt es um Deckungen auf etablierte Marktteilnehmer. Bei der Prüfung der Kreditwürdigkeit kann somit auf belastbare Finanzdaten und ggf. auf langjährige Zahlungserfahrungen der Antragsteller mit diesem Unternehmen abgestellt werden. Dagegen ist bei einer Projektfinanzierung der ultimative Zahlungsverpflichtete eine Neugründung, die allein zum Zweck der Projektabwicklung gegründet wurde. Für die Kreditprüfung liegen weder Finanzdaten noch aussagekräftige Zahlungserfahrungen vor. Zudem verfügt die Projektgesellschaft auch über keine nennenswerte Vermögenswerte außerhalb des Investitionsvolumens, die zur Besicherung der Gesamtfinanzierung herangezogen werden könnten. Die wesentlichen Unternehmensaktiva sollen erst durch die anstehenden Investitionen geschaffen und zudem auch noch aus dem abzusichernden Fremdkapital finanziert werden. Auch die Kreditwürdigkeit der Investoren kann nur bedingt für die Deckungsentscheidung herangezogen werden. Deren Bereitstellungspflichten ist auf die Gesellschaftereinlagen (und mögliche Nachschusspflichten für Kostenüberschreitungen) beschränkt und dies umfasst eben gerade nicht die Haftung für die Zahlungsverpflichtungen der Projektgesellschaft gegenüber den zu versichernden Kreditgebern. Auch das Abschreibungspotential unterscheidet sich deutlich. Sollte – aus welchen Gründen auch immer – das Projekt nicht funktionsfähig fertig gestellt werden, ist aufgrund der Besonderheiten einer Projektfinanzierung weder von adäquaten Verwertungserlösen noch von kostendeckenden Projekteinnahmen auszugehen.

Vor diesem Hintergrund wird bei der Projektprüfung ein besonderes Augenmerk auf die die Plausibilität der Wirtschaftlichen Tragfähigkeit des Projektkonzeptes, auf die fachliche Kompetenz aller Projektbeteiligten in ihrem jeweiligen Verantwortungsbereich und schließlich auf die Belastbarkeit aller relevanten Projektverträge gelegt.

4.1.10 Projektrisiken

Eine Projektfinanzierung hat nur ernsthafte Realisierungschancen, wenn alle Finanzierungsparteien vom langfristigen Erfolg überzeugt werden können. Bei einer solchen Verhandlungskonstellation ist der Strukturierungsprozess meist zeitintensiv und das Verhandlungsergebnis auf die Projektanforderungen maßgeschneidert. Es gibt kein Patentrezept, wie eine Projektfinanzierung zu strukturieren ist. Daher werden gerade bei größeren Finanzierungsvolumina auch häufig unabhängige Beratungsgesellschaften in den Strukturierungsprozess eingebunden, um möglichst frühzeitig die richtigen Schwerpunkte zu setzen.

Um den Strukturierungsaufwand so niedrig wie möglich zu halten, sollten alle relevanten Projektrisiken frühzeitig adressiert und risikoadäquate Lösungsalternativen erarbeitet werden. Die Auseinandersetzung mit verschiedenen Einflussgrößen auf den Projekterfolg aus unterschiedlichen Blickwinkeln kann zudem wichtige Argumente für die Durchsetzung der eigenen Verhandlungsposition in den anstehenden Strukturierungsverhandlungen liefern. Eine Projektfinanzierung weist fast immer ein komplexes Geflecht vertraglicher Beziehungen unter einer Vielzahl von Projektbeteiligten auf. Daher besteht die Gefahr, dass man bei der vorbereitenden Projektanalyse die falschen Schwerpunkte setzt oder sich in Detailfragen verliert. Bestimmte Fragen sind für den Projekterfolg jedoch derart fundamental, dass sie in unterschiedlichen Gewändern praktisch bei jeder Projektfinanzierung anzutreffen sind. Folgende fünf Hauptgruppen lassen sich typischerweise unterscheiden:

1. Markt (Absatz, Preis und Wettbewerb)
2. Fertigstellung (Budgetüberschreitung, ordnungsgemäße Vertragserfüllung, zeitliche Verzögerungen und höhere Gewalt)
3. Betrieb (kaufmännische Kompetenz des Managements, Working Capital Bedarf, Personalverfügbarkeit, Wartung und Instandhaltung, Versicherungen)
4. Beschaffung und Versorgung (Verfügbarkeit von Roh-, Hilfs-, und Betriebsstoffen, Zugriff auf Grund- und Boden, Transport und behördliche Genehmigungen)
5. Finanzierung (Strukturierung von Eigen- und Fremdkapital, Burden Sharing, Bereitstellungsfristen, Qualität des Besicherungskonzepts, Sicherstellung des Schuldendienstes und Rechtssicherheit)

4.1.10.1 Zu den Marktrisiken

Bei einer Projektfinanzierung stellen die Produkterlöse die wichtigste Einnahmequelle für die Gewährleistung des Schuldendienstes dar. Daher werden potentielle Kreditgeber immer die Marktchancen des Projektes eingehend prüfen wollen. Dabei ist nicht nur von Bedeutung, ob die Projektgesellschaft die erforderlichen Mittel für die Bedienung aller Zahlungsverpflichtungen erwirtschaften kann, sondern auch welche Faktoren dies möglicherweise verhindern können. Das wichtigste Analysewerkzeug der Kreditprüfung ist die Cashflow-Betrachtung. Hierbei werden sämtliche Kosten periodenbezogen den Projekterlösen gegenübergestellt, um die Wirtschaftliche Tragfähigkeit des Projektes beurteilen zu können. Die Projektamortisation und die Planungssicherheit der zugrunde gelegten Annahmen sind dabei die maßgeblichen Kriterien zur Beurteilung des potentiellen Projekterfolges.

Die Belastbarkeit der getroffenen Annahmen für die wesentlichen Projektdeterminanten und die Aussagekraft der Cashflow-Betrachtung zum potentiellen Projekterfolg sind im Prinzip zwei Seiten derselben Medaille. Insofern sollten diese Annahmen immer auf ihre Plausibilität geprüft werden. Beispielsweise erwartet der Bund bei der Strukturierung größere Projektfinanzierungen eine unabhängige Prüfung der wesentlichen Projektdeterminanten. Diese unabhängige Stellungnahme kann eine Prüfung eines Abnahmevertrages oder aber auch unabhängige Marktgutachten umfassen. Selbst ein gegebenes Nachfragepotential sichert nicht zwingend den langfristigen Projekterfolg, wenn in der Vergangenheit im relevanten Markt starke Preis- oder Absatzschwankungen aufgetreten sind, oder etablierte Anbieter eine wettbewerbsfähige Bereitstellung verhindern können.

Im Bereich Erneuerbare Energien (EE) werden viele Vorhaben von Stromversorgern über langfristig garantierte Abnahmeverträge für einen ansonsten relativ fest definierten Projektrahmen ausgeschrieben. Ausschlaggebend ist meist der vom Bieterkonsortium angebotene Einspeise-Tarif. Gerade Solarvorhaben weisen aufgrund der relativ konstanten Stromproduktion eine stabile Cashflow-Entwicklung auf. Insofern sollten bei der Marktanalyse Fragen der Planungssicherheit eher in den Hintergrund treten. Jedoch werden an vielen nationalen Strombörsen – je nach Bereitstellungszeitpunkt und Strommenge – nur preisdifferenzierte Einspeise-Tarife gewährt. Insofern setzt diese Art der Ausschreibung für den Stromversorger meist einen staatlichen Hintergrund oder andere Formen der staatlichen Förderung voraus. In vielen Jurisdiktionen wird auch eine Mindestvergütung garantiert, womit eine ähnliche Planungssicherheit für die Investitionsentscheidung geschaffen werden kann.

Bei der Prüfung von EE-Projekten sind Fragen der Planungssicherheit nur bedingt mit der rechtlichen Belastbarkeit staatlicher Fördermaßnahmen gleichzusetzen. Beispielsweise liegt in der Türkei der staatlich garantierte Einspeisetarif für Strom aus Windprojekten häufig unter den Notierungen der türkischen Strombörse. Selbst in einer solchen Marktsituation ist die Durchführung einer Projektfinanzierung denkbar, solange der bestehende Bedarfsüberhang, die Wettbewerbssituation bei den Erzeugerkapazitäten und bestehende Marktzutrittsbarrieren langfristig auskömmliche Einspeisetarife erwarten lassen.

4.1.10.2 Zu den Fertigstellungsrisiken

Wie bereits ausgeführt, besteht ein wesentliches Merkmal einer Projektfinanzierung in dem Umstand, dass das Projekt sich aus sich selbst heraus tragen muss. Als „Limited Recourse" Finanzierung sind gegenüber der Projektgesellschaft qua definitionem die Pflichten Dritter (Gewährleistungen der Lieferanten oder Nachschusspflichten der Investoren) auf die eine oder andere Weise beschränkt. Aufgrund dieser Ausgangslage ist das Erreichen der Betriebsbereitschaft aller für den operativen Geschäftsbetrieb erforderlichen Produktionsanlage für den Projekterfolg zwingend erforderlich. Ein vorzeitiger Projektabbruch gefährdet nicht nur allein die Zahlungsfähigkeit der Projektgesellschaft; aus Sicht der Kapitalgeber bestehen bei einer Projektruine auch schlechte Aussichten auf kostendeckende Verwertungserlöse.

Daher sollte sowohl auf der Eigen- als auch auf der Fremdkapitalseite ein gleich gerichtetes Interesse bestehen, einen vorzeitigen Projektabbruch unter allen Umständen zu vermeiden. Hierbei gilt es nicht nur allein, ein Gefährdungspotential frühzeitig zu adressieren, sondern auch geeignete Maßnahmen zu ergreifen, um sich von vornherein alternative Handlungsmöglichkeiten offenzuhalten, um trotz aller vorhersehbaren Widrigkeiten den Projekterfolg gewährleisten zu können.

Die Fertigstellungsrisiken eines Projektes werden maßgeblich von der technischen Reife der Anlagentechnologie, von der Belastbarkeit der Werkverträge und insbesondere von den Erfahrungen und der Fachkompetenz der ausführenden Vertragsparteien beeinflusst.

Idealerweise sollten die Projektausführung unter der Verantwortung eines technisch versierten und finanzstarken Generalunternehmers erfolgen, der ggf. auch für eingebundene Unterlieferanten haften sollte. Gegenüber vergleichbaren Einzelgewerken verursacht der Generalunternehmervertrag zwar für die zusätzliche Haftungsübernahme Mehrkosten, jedoch entfällt das Schnittstellenrisiko, das im Falle einer mangelhaften Vertragserfüllung die Zuordnung der Verantwortlichkeiten deutlich erschweren kann. Darüber hinaus sollte eine Festpreisbindung und ein verbindlicher Abnahmetermin vereinbart werden, um das Risiko von Kostenüberschreitungen und zeitlichen Verzögerungen zu begrenzen. Außerdem sollte bei Schlüsselkomponenten eine alternative Anlagenverfügbarkeit geprüft und Eintrittsrechte unter den maßgeblichen Verträgen vereinbart werden, um einseitige Abhängigkeiten bei den einzelnen Lieferanten zu minimieren und eine rechtliche Handhabe für eine alternative Bereitstellung im Falle der Nicht- oder Schlechterfüllung zu schaffen.

Die Risikoanalyse sollte sämtliche erforderlichen Genehmigungen für den Bau und Betrieb, die konkrete Umsetzung der technischen Anforderungen des Projektes und die rechtliche Ausgestaltung der relevanten Projektverträge unter Berücksichtigung der Gewährleistungsansprüche und -fristen umfassen. Zudem sollte über einen angemessenen Abnahmetest ein Nachweis für den einwandfreien Betrieb der Anlagen erbracht werden. Dieser Abnahmetest sollte nicht nur die Anlage als solches, sondern auch alle erforderlichen Nebenanlagen, beispielsweise die Strom- und Wasserversorgung mit einschließen.

Typische Fertigstellungsrisiken lassen sich über markttypische Versicherungspakete bei renommierten Erstversicherern absichern. Sollten materielle Einzelrisiken in der Projektstruktur dennoch nicht hinreichend ausgeräumt werden können, erwarten die Kreditgeber üblicherweise von den Projektsponsoren die Abgabe einer Fertigstellungsgarantie und /oder die Übernahme von weiteren Nachschusspflichten, um mögliche Kostenüberschreitungen oder zeitliche Verzögerungen abzusichern. Gerade die Frage, ob bestimmte Aspekte der Bauplanung tatsächlich ein materielles Fertigstellungsrisiko darstellen, wird häufig in den Strukturierungsverhandlungen einer Projektfinanzierung intensiv diskutiert. Daher lohnt es sich immer, argumentativ gewappnet zu sein.

4.1.10.3 Zu den Betriebsrisiken

Der Begriff der „Betriebsrisiken" ist irreführend, da man hiermit umgangssprachlich eher die Gefahren verbindet, die vom Produktionsprozess auf Mensch und Natur ausgehen können. Dieses Gefährdungspotential betrifft ausschließlich Fragen der Verfahrenstechnik und ist als solches Untersuchungsgegenstand der Bau- und Betriebsgenehmigung. Stattdessen sollen an dieser Stelle solche Faktoren angesprochen werden, die einen ordnungsgemäßen Geschäftsbetrieb be- oder sogar verhindern können. Dies beinhaltet insbesondere Fragen der Absatz- und Versorgungssicherheit, der Personalplanung, der technischen Wartung und Instandhaltung aber auch Finanzierungsaspekte im Sinne des Liquiditätsbedarfs der Projektgesellschaft während der Betriebsphase in Form des sog. Working Capital.

Bei einer breiten Produktpalette ist die Optimierung der Fertigungsplanung äußerst komplex und Gegenstand vieler betriebswirtschaftlicher Untersuchungen. Dagegen dienen Solarvorhaben ausschließlich der Stromproduktion. Sollte ein langfristiger Abnahmevertrag vorliegen, sind die Absatzrisiken im Wesentlichen auf die rechtliche Belastbarkeit des Abnahmevertrages und auf die Finanzverhältnisse (im Sinne der Zahlungsfähigkeit) des Stromabnehmers begrenzt. Erfolgt die Finanzierung (und somit auch die Kreditrückzahlung) in einer anderen Währung als die Projekterlöse treten möglicherweise Wechselkursrisiken hinzu. Gerade bei einer relativ hohen Inflationstendenz in den Bestellerländern ist das Wechselkursrisiko erfahrungsgemäß besonders schadensträchtig. Daher sollten unbedingt die historischen Wechselkursschwankungen zwischen diesen Währungen in Erwägung und ggf. fristenkongruente Kurssicherungsgeschäfte abgeschlossen werden.

Auf der Versorgungsseite bilden die Prognose-Unsicherheit für die Sonneneinstrahlung und die Störanfälligkeit der Produktionstechnologie die beiden zentralen Beschaffungsrisiken. Für beide Fragestellungen liegen in aller Regel hinreichende Erfahrungswerte aus vergleichbaren Projekten vor. Sollte der Anlagenlieferant einen Wartungs- und Instandhaltungsvertrag anbieten, umfasst dieser Vertrag üblicherweise auch eine verschuldensunabhängige Verfügbarkeitsgarantie. Ob der Vertragsabschluss betriebswirtschaftlich sinnvoll ist, hängt im Wesentlichen von den Preiserwartungen des Vertragsanbieters ab. Jedoch ergibt sich unter Kostengesichtspunkten für die Projektgesellschaft auch erhebliches Einsparungspotential beim Personalaufwand und der Lagerhaltung von Ersatzteilen.

Aus einem kurzfristigen Liquiditätsengpass können relativ schnell ernsthafte Zahlungsschwierigkeiten erwachsen, wenn erst einmal die Zahlungsfähigkeit der Projektgesellschaft nachhaltig in Zweifel gezogen wird. Daher ist die Zahlungsfähigkeit der Projektgesellschaft unter allen Umständen aufrecht zu erhalten. Für die Projektplanung ergibt sich der Liquiditätsbedarf während der Betriebsphase aus den unterschiedlichen Zahlungszielen zwischen den operativen Kosten und den Einnahmen der Projektgesellschaft. Dies sind in aller Regel planbare Größen und sollten nach Möglichkeit von vornherein bei der Finanzierungsbereitstellung berücksichtigt werden, um sicherzustellen, dass zur gegebenen Zeit auch angemessene Working Capital Linien zur Verfügung stehen.

Bei der operativen Betriebsführung sollte grundsätzlich das Subsidiaritätsprinzip gewahrt bleiben. Die Handlungsorgane der Projektgesellschaft sind deutlich näher am Marktgeschehen als die Finanzierungsparteien. Gerade bei Fragen des Tagesgeschäftes bedeuten lange Entscheidungshierarchien nicht nur einen erheblichen administrativen Mehraufwand, sondern können sogar dem Geschäftserfolg entgegenstehen, wenn man nicht mehr auf geänderte Kundenwünsche in einer angemessenen Zeit reagieren kann. Bei schwachen Betriebsergebnissen besteht jedoch ein berechtigtes Interesse der Kreditgeber, auf die Geschäftsentwicklung Einfluss nehmen zu können. Die Kreditgeber werden daher üblicherweise bei allen Fragen, aus denen sich materielle Änderungen für die Projektstruktur ergeben können, ein Mitspracherecht einfordern. Für diesen Zweck wird unter den Kreditverträgen häufig ein sog. „Covenant-Regime" vereinbart, unter dem betriebswirtschaftliche Kennzahlen regelmäßig anhand von Planzahlen und den tatsächlichen Geschäftsergebnissen überprüft werden. Sollten vorher vereinbarte Schwellenwerte unterschritten werden, erwachsen hieraus bestimmte Rechte für die Kreditgeber, die im Falle einer ernsthaften Bedrohung des Geschäftsbetriebes auch die Verwertung der Vermögenswerte nach sich ziehen kann.

4.1.10.4 Zu den Finanzierungsrisiken

Häufig erfolgt die Fremdkapitalbereitstellung bei einer Projektfinanzierung aus einer Hand. Dies bietet den höchsten Grad an Planungssicherheit, denn kaum eine Finanzierungspartei wird sich auf eine Projektfinanzierung einlassen, wenn nicht von vornherein die Gesamtfinanzierung des Projektes sichergestellt ist. Die Finanzierungsbereitstellung ist üblicherweise der Höhe nach begrenzt. Hieraus folgt nicht nur, dass sämtliche Projektkosten (einschließlich möglicher Überschreitungsreserven) im Investitionsbudget erfasst und deren Finanzierung unbedingt sichergestellt werden sollte, sondern möglicherweise auch Bereitstellungsfristen und Ziehungsvoraussetzungen zu beachten sind, um die Zahlungsfähigkeit der Projektgesellschaft zu jedem Zeitpunkt während der Bauzeit aufrechterhalten zu können.

Während der Bauphase ist die Inanspruchnahme der Fremdmittel in aller Regel an die Einhaltung bestimmter Ziehungsvoraussetzungen, den sog. *Conditions Precedent*, geknüpft. Hiermit möchte der Fremdkapitalgeber sicherstellen, dass die bereitgestellten Mittel für den vorgesehenen Zweck verwendet werden. Sollten jedoch bei einzelnen Kostenpositionen des Investitionsbudgets Überschreitungen auftreten, kann hiervon ein erhebliches Gefährdungspotential für Fertigstellung des gesamten Projektes ausgehen, selbst wenn die vorgesehenen Fremdmittel noch nicht ausgeschöpft sind. Aufgrund der spezifischen Widmung der einzelnen Ziehung kann die Bank die Inanspruchnahme weiterer Fremdmittel verweigern, insbesondere wenn auf die Eigenkapitalgeber weiterer Druck ausgeübt werden soll, zusätzliche Finanzmittel bereitzustellen.

Auch in der Betriebsphase sind die Finanzierungsquellen einer Projektgesellschaft natürlicherweise beschränkt. Daher werden die Projekterlöse einem sog. Cashflow-Waterfall unterworfen, in dem unter einer verpfändeten Kontostruktur zunächst die operativen Kosten vor dem Schuldendienst gedeckt werden, bevor an dessen Ende mögliche Dividendenzahlungen an die Projektsponsoren stehen. Um sicherzustellen, dass der generierte Cashflow auch tatsächlich in der vereinbarten Verwendungsreihenfolge zur Verfügung steht, werden bei langfristigen Abnahmeverträgen häufig die Forderungen an die Kreditgeber abgetreten, um eine projektfremde Verwendung zu erschweren. Als weitere Sicherungsmittel wird üblicherweise eine Verpfändung aller wesentlichen Vermögenswerte (einschließlich der Gesellschafteranteile der Sponsoren an der Projektgesellschaft) erwartet, um bei einen nicht Zahlungstatbestand einen entsprechenden Zugriff auf die Vermögenswerte der Projektgesellschaft zu gewährleisten.

4.1.11 Erwartungen des Bundes an die Projektstrukturierung

Der Bund erwartet für die Deckungsübernahme eine faire Verteilung der Risiken zwischen den Projektbeteiligten (*fair burden sharing*). Vor diesem Hintergrund ist es zunächst wichtig, dass sich die Sponsoren in einem angemessenen finanziellen Umfang in das Projekt einbringen. Eine bestimmte Mindest-Eigenkapitalquote gibt der Bund allerdings nicht vor. Ebenso erwartet er nicht zwingend, dass sich die Banken mit einem ungedeckten Darlehen (kommerzielle Tranche) an den Ausfallrisiken beteiligen. Gleichwohl kommt dem Vorhandensein einer solchen Tranche aus Sicht des Bundes eine signifikante Bedeutung zu.

Unverzichtbar ist das Vorliegen eines projektfinanzierungstypischen Sicherheitenpakets. Hierzu gehören nicht nur die typischen Kreditsicherheiten (z.B. Pfandrechte und Forderungsabtretungen), sondern alle Vereinbarungen und Verpflichtungen der Projektbeteiligten im Gesamtprojektkonzept, die Bau, Versorgung und Betrieb des Projekts, Produktabsatz und Erlösstrom sowie die Gesamtfinanzierung betreffen.

Die Einzelheiten sind zwangsläufig von der konkreten Art des Projektes abhängig. Die Projektsicherheiten sollen jedoch den langfristigen Kreditgebern gleichrangig (*pari passu*) zustehen. Einzelheiten werden typischerweise durch ein Intercreditor-Agreement geregelt. Hier ist es dem Bund wichtig, dass die Position und die Interessen der einzelnen Kreditgeber bzw. der jeweiligen staatlichen Exportkreditversicherung (ECA/Export Credit Agency) adäquat berücksichtigt werden, insbesondere in Bezug auf die Stimmrechte.

Zudem ist bei Projektfinanzierungen vor einer Entscheidung des Interministeriellen Ausschusses über die Indeckungnahme des Projekts in aller Regel eine Gutachtliche Stellungnahme zur wirtschaftlichen Tragfähigkeit des jeweiligen Vorhabens einzuholen. Dabei erfolgt die Gutachtenerstellung zum Zweck der Risikobeurteilung aus der Sicht des Bundes von einem unabhängigen Wirtschaftsprüfungsunternehmen. Dieser Wirtschaftsprüfer sollte umfassende theoretische und praktische Kenntnisse über die Instrumente und Elemente von Projektfinanzierungen nachweisen können und mit dem Deckungsinstrument des Bundes vertraut sein. Inhalt und Prüfungstiefe des Gutachtens orientieren sich an den Erfordernissen des jeweiligen Einzelfalles.

Die Einbindung einer staatlichen Kreditversicherung bietet dem Antragsteller erhebliche Vorteile, die nicht nur über niedrigere Finanzierungskosten dem Käufer zugute kommen können, sondern auch die eigenen Wettbewerbsposition gegenüber potentiellen Konkurrenten stärken kann. Darüber hinaus ist in den Deckungsschutz auch die Absicherung der politischen Risiken eingeschlossen, die gerade bei staatlichen Eingriffen in das Marktgeschehen von besonderer Bedeutung sein können, wie auf dem Höhepunkt der Finanzkrise im Sommer 2010 Spaniens Versuch der nachträglichen Änderung der Solarförderung gezeigt hat.

Die Ausfuhrgewährleistung ist ein Förderinstrument für die deutsche Exportwirtschaft. Die Deckungsübernahme setzt jedoch eine intensive Prüfung der Förderungswürdigkeit und hierbei insbesondere der risikomäßigen Vertretbarkeit des Gesamtprojektes voraus. Dieser Prüfungsprozess erfordert Zeit. Daher sollte Euler Hermes bereits frühzeitig in den Strukturierungsprozess eingebunden werden.

4.2 Einbindung eines geeigneten Versicherungskonzeptes

DR. THOMAS KOTTKE

Dr. Thomas Kottke, Versicherungskaufmann und Diplom-Ökonom, ist seit Anfang 2010 für die NORDWEST ASSEKURANZMAKLER GMBH & CO. KG tätig. Als Spezialist für Risikomanagement und Industrieversicherung ist er dort mit der Konzeption von Risikomanagementlösungen betraut. Er betreut deren Integration in internationale Projekte, die u. a. Installation und Betrieb von Onshore- und Offshore-Windparks zum Ziel haben. Vorher war er von Juli 2001 bis Dezember 2007 an der Professur für Risikomanagement und Versicherungswirtschaft der Justus-Liebig-Universität Gießen tätig und hat im Anschluss zwei Jahre bei einem Bremer Versicherungsmakler namhafte deutsche Industriekonzerne im Bereich internationale Versicherungen betreut.

4.2.1 Darstellung von Risiken aus der Planung, Errichtung und Betrieb von Solarprojekten

Die Nutzung von erneuerbaren Energien, insbesondere die von Solarenergie, erlebt derzeit einen Aufschwung bisher unbekannten Ausmaßes. Nicht allein durch die Einführung des Erneuerbare Energien Gesetzes (EEG) hat sich für den Bereich von Photovoltaikanlagen ein positiver Trend entwickelt, der sich vermutlich auch künftig trotz der Senkung der Einspeisevergütung im Jahre 2010 fortsetzen wird. So verdoppelte sich von 2009 bis 2010 die Anzahl gerichteter Solaranlagen. Es wurden Anlagen mit einer Gesamtleistung von mindestens 3.806 Megawatt ans Netz angeschlossen, während es 2008 1.933 Megawatt waren. Obwohl vornehmlich der Süden der Bundesrepublik von dieser Entwicklung profitiert und Bayern mit einem Anteil von rund 39 Prozent das Bundesland mit dem höchsten Anteil an installierter Leistung ist, nimmt der Anteil an Solaranlagen auch in den restlichen Bundesländern zu. Der Fokus der folgenden Erläuterungen soll auf gewerblich bzw. industriell genutzte Solaranlagen gelegt werden. Diese umfassen sowohl Dach- als auch Bodenlagen. Eine Unterscheidung zwischen Photovoltaik-Anlagen und Solarthermie-Anlagen findet dann statt, wenn eine Betrachtung versicherungstechnischer Fragestellungen eine Differenzierung aufgrund der Eigenschaft solcher Anlagen notwendig macht.

Auch wenn Solaranlagen in der jüngsten Zeit durch die technische Entwicklung immer zuverlässiger geworden sind, sind sie vielfältigen Risiken ausgesetzt, die zu Schäden führen können. Ohne ein ausreichendes Risiko- und Versicherungsmanagement ist durch diese Schäden am Ende ein Ertragsverlust sehr wahrscheinlich. Neben den bekannten Risiken wie Sturm, Hagel, Diebstahl oder Brand, Blitzschlag und Überspannung resultieren aus den unterschiedlichen Phasen Planung, Errichtung und Betrieb weitere Risiken, die eine Ertragssicherung beeinträchtigen können.

Zunächst können sich im Rahmen der Planung eines Solarprojektes Risiken manifestieren, die das Resultat einer wenig umsichtigen Projektierung sind, bei der der Fokus auf den Einsatz mangelfreier und zuverlässiger Komponenten vernachlässigt wird. Ebenso kann bereits während der Planung der Grundstein für eine nicht fachgerechte Montage entstehen. So ist beispielsweise vorstellbar, dass bei der Planung das Kostenmanagement einen so hohen Stellenwert einnimmt, dass minderwertige Produkte gewählt werden, dass graue Märkte genutzt werden – also Anlagen ohne Zertifizierung gekauft werden – oder bei der Montage der Anlagen fachfremdes oder unqualifiziertes Personal eingesetzt wird. Aber auch der eigentliche Planungsvorgang verlangt bereits ein umsichtiges Verhalten. So kann es sein, dass folgende wesentliche Faktoren zu wenig oder ggf. gar nicht berücksichtigt werden. Möglich wäre es, dass eine Nichteignung eines Standortes durch eine nicht genaue oder durch eine fehlende Vorortbesichtigung nicht festgestellt wird. Außerdem könnte durch eine nicht sachgemäße Besichtigung eine Verschattung von Modulen zunächst unbemerkt bleiben und zu spät entdeckt werden. Eine fehlende oder unrichtige Statikberechnung kann negative Konsequenzen nach sich ziehen wie auch die Auswahl von Modulen, die für eine bestimmte Region nicht geeignet sind. Schließlich droht eine Verschmutzung der Module durch bestimmte Umweltfaktoren oder Rahmenbedingungen, die am Standort vorherrschen, welche im Vorfeld ebenfalls nicht ausreichend berücksichtigt wurden.

In der Errichtungsphase resultieren die Risiken hauptsächlich aus Gefahren, die sich aus der Montage von Solaranlagen (beispielsweise Diebstahl von Komponenten, insbesondere von Modulen) ergeben und sollen folgend dargestellt werden, während solche Risiken, die sich sowohl aus der Errichtungsphase als auch aus der Betriebsphase ergeben, bei der Darstellung der Risiken für die Betriebsphase berücksichtigt werden.

Daneben muss berücksichtigt werden, dass Schäden während der Errichtung in der Regel zu einer erheblichen Verzögerung der Inbetriebnahme der Anlage führen. Das hat zur Folge, dass später als geplant Erträge erzielt werden. Der somit entgangene Gewinn wirkt sich wiederum negativ auf die Finanzierungskosten aus. Denn in den meisten Fällen werden Solarprojekte fremd- und eigenfinanziert und die Kalkulation der Finanzierung beginnt zu einem abgestimmten Zeitpunkt. Die Kalkulation des Projekts erfolgt unter Berücksichtigung des Zeitpunkts der voraussichtlichen Inbetriebnahme und den damit verbundenen Erträgen. Bei einer verzögerten Inbetriebnahme wird der Zeitpunkt, zu dem die ersten Erträge erwirtschaftet werden können, nach hinten verlegt.

Weitere Risiken, die während der Errichtungsphase zu berücksichtigen sind und die sich nicht auf mögliche technische Risiken beziehen, liegen in der Organisation des Projekts. Beispielsweise stellt sich die Frage nach den Folgen, wenn bei einer Einzelvergabe von Aufträgen ein Subunternehmer einen Schaden an einem Teilgewerk eines anderen Subunternehmers verursacht, oder aber wenn das Personal des Auftraggebers einen Schaden am Teilgewerk eines beauftragten Unternehmens verursacht. Außerdem wäre es möglich, dass ein beauftragtes Unternehmen während der Errichtung einen Schaden verursacht, diesen aber bestreitet. Denkbar wäre auch die Konstellation, dass ein beauftragtes Unternehmen einen Schaden verursacht, aber nicht mehr zur Verantwortung gezogen werden kann, da es zum Zeitpunkt der Entdeckung oder der Realisierung des Schadens bereits insolvent ist. Eine weitere Frage, die – wenn sie nicht eindeutig geklärt ist – zu Streitigkeiten führen kann, ist die Frage nach der Art, dem Umfang und der Dauer der Gefahrtragung und wie diese vertraglich geregelt wurde. Vor allem ist die Regelung für Schäden durch höhere Gewalt für den Auftraggeber wichtig. Denn wenn er diese Schäden übernehmen muss und dieses Risiko nicht abwälzen kann, drohen ihm möglicherweise hohe Kosten, sollte sich diese Gefahr realisieren. Also stellt sich grundsätzlich für die Errichtungsphase die Frage, wie die Gefahrtragung, Gewährleistung, Haftung und Versicherung geregelt sind, um mögliche Risiken bereits in diesem Stadium des Projekts richtig einschätzen zu können.

Die häufigsten Risiken der Errichtungsphase sind beispielsweise mangelhaft montierte Montagesysteme für Solaranlagen oder eine unzureichende Befestigung von Modulen. Der Einsatz von natürlichen Rohstoffen wie Holz birgt ebenso Gefahren wie eine unsachgemäße elektrische Installation. Ebenfalls kann es bereits während der Errichtungsphase zu Brandschäden kommen. Dies ist darin begründet, dass Solaranlagen auch dann, wenn sie noch gar nicht ans Netz angeschlossen sind, bereits Strom produzieren. Es muss daher bereits bei der Errichtung berücksichtigt werden, angemessene Schutzmaßnahmen zu ergreifen, dass beispielsweise keine Wiesenbrände entstehen, wenn die Module unsachgemäß gelagert werden und durch Elektrizität entstehende Hitze trockenes Gras entzünden kann.

Weil die Ertragssicherung ein wesentliches Ziel beim Betrieb von Solaranlagen ist, muss hinterfragt werden, welche Einflüsse den Ertrag in dieser Phase beeinflussen und vor allem beeinträchtigen können. So sind Sonneneinstrahlung, Wolken, Temperatur, Wind, Verschattung und die Abdeckung der Solaranlagen durch Schnee wohl die hauptsächlichen Faktoren, die die Grundlage für deren effiziente Nutzung während der Betriebsphase sind. Deren Störung durch Isolationsfehler, innere Moduldefekte, Schädigungen durch Überspannung und Anlagenbrände sowie Beeinträchtigungen durch äußere Moduldefekte, Verschattung, Verschmutzung, Vandalismus und Wechselrichterdefekte gilt es, durch Absicherungsmaßnahmen zu minimieren. Wie eingangs erläutert sind Sturm, Hagel, Diebstahl, Feuer oder Blitz und daraus resultierende Überspannungen die bekanntesten Ursachen für Schäden, die den Betrieb von Solaranlagen gefährden können.

Insbesondere das Feuerrisiko ist nicht zu unterschätzen, da es verschiedene Folgen geben kann, die durch einen Brand entstehen können. So ist die Elektrizität vor allem im Brandfall eine Gefahr für die Feuerwehrleute, die mit dem Löschen solcher Anlagen beauftragt werden. Selbst geringe Sonneneinstrahlung kann dazu führen, dass die Solarmodule Energie erzeugen. Weil es sich hierbei um Spannungen von bis zu 1.500 Volt handelt (ab 120 Volt besteht Lebensgefahr), sind entsprechende Schutzmaßnahmen zu treffen, um die Feuerwehrleute vor Stromschlägen zu bewahren. Als weiteres Folgerisiko besteht durch thermische Einwirkungen aufgrund von Feuer immer akute Einsturzgefahr für die Tragstrukturen der Module. Außerdem können Atemgifte freigesetzt werden und das Feuer kann sich über die Verkabelung auch über Brandwände hinweg ausbreiten. Daneben sind vor allem Diebstahl, aber auch Vandalismus und Schneelast als Risiken zu identifizieren wie mangelhafte Komponenten, die verbaut werden. So können mangelhafte Schweißnähte oder Zellenverbindungen genauso wie mangelhafte Lötstellen zu Schäden führen. Außerdem kann UV-Licht bewirken, dass Leitungen verspröden.

Eine gesonderte Stellung nimmt in allen drei Phasen die Haftung ein, die in jedem Falle ausreichend abgesichert sein muss, um vor – vielleicht auch überraschenden – Ansprüchen von Dritten gewappnet zu sein. Neben der allgemeinen Haftung eines Betreibers/ Eigentümers, die aus dem Betrieb einer Solaranlage resultiert, existiert ebenfalls ein Risiko, welches aus der Planung einer Solaranlage resultieren kann, beispielsweise aus falschen Berechnungen. Sollte die Planung für jemand Dritten erfolgen, können hieraus mögliche Ansprüche erfolgen. Sofern die Planung für die eigene Anlage erfolgt, würde es sich bei einem Schadenfall jedoch um einen sogenannten Eigenschaden handeln. In der Errichtungs- und in der Betriebsphase können sich verschiedene Haftungsszenarien ergeben. So können Personen- oder Sachschäden durch herabfallende Teile (während der Installation oder auch während des Betriebs der Anlage) entstehen oder es ergeben sich Haftungsrisiken aus der Montage und aus dem Betrieb von Solaranlagen auf fremden Gebäuden. Außerdem besteht ein – wenn auch grundsätzlich theoretisches – Haftungsrisiko durch das Einspeisen von Strom in das Netz eines öffentlichen Energieversorgungsunternehmens (EVU). Hier haftet der Betreiber für Schäden durch schädigende Rückwirkungen auf das Eigentum des Netzbetreibers bzw. des EVU des Kunden.

Daneben gilt die übliche Verkehrssicherungspflicht, nach welcher man für hieraus verursachte Schäden auch haftet. Eine mögliche Haftung kann sich für den Betreiber der Anlage z.B. als Eigentümer, Mieter, Pächter, Nutznießer von Grundstücken, Gebäuden, Räumlichkeiten, Anlagen usw. ergeben.

Neben dem Umwelthaftungsrisiko, welches Haftpflichtansprüche wegen Schäden durch Umwelteinwirkungen auf Boden, Luft oder Wasser umfasst (z.B. gemäß Umwelthaftungsgesetz), gibt es des Weiteren eine noch recht junge zusätzliche Haftung, welche sich aus dem im Jahre 2007 in Kraft getretenen Umweltschadengesetz (USchadG) ergibt. Während bis dato lediglich zivilrechtliche Schadenersatzansprüche nur für die Beeinträchtigung zivilrechtlich geschützter Güter bestanden, gab es für Schäden an Allgemeingütern (bspw. Schäden an Ökosystemen), die nicht im Eigentum Dritter stehen, keine Haftung – wenn man einmal von einer öffentlich-rechtlichen Haftung im Rahmen des Gefahrenabwehrrechts absieht. Durch das USchadG wurde die Haftungslage erheblich verschärft und ist nun bereits dann gegeben, wenn sich die geschädigte Umwelt nicht im Eigentum Dritter befindet und somit nicht zivilrechtlich geschützt ist. Auch ist die Schädigung der Umwelt unabhängig davon, ob Ansprüche erhoben werden. Es ist ausreichend, wenn Behörden – auch auf Aufforderung von Umweltverbänden – ein Handeln oder eine Kostenerstattung fordern. Das USchadG regelt, wer in welchem Umfang haftet. Grundsätzlich gilt dies für jeden Umweltschaden, der auf eine berufliche Tätigkeit zurückzuführen ist.

4.2.2 Risikobewältigungsstrategien

Zur Bewältigung von Risiken, die aus der Planung, aus der Errichtung und aus dem Betrieb von Solarprojekten resultieren, ist eine geeignete Risikobewältigungsstrategie unabdingbar. Weil bereits in den Fachkapiteln 1.3, 1.4 sowie 3.2 ein übergeordnetes Risikomanagement und Projektrisikomanagement eingehend dargestellt wurden, soll folgend der Fokus auf Risikobewältigungsstrategien gelegt werden, die eine besondere Relevanz für die drei wichtigen Phasen eines solchen Projektes haben.

Zur Festlegung einer geeigneten Risikobewältigungsstrategie ist die Implementierung eines Ziel erfüllenden Projektmanagements genauso wichtig wie die Integration eines wirksamen und effektiven Projektrisikomanagements. Das Projektrisikomanagement muss die Sicherung und den Ausbau des Erfolgspotenzials des gesamten Projekts unter Berücksichtigung langfristiger und strategischer Überlegungen umfassen. Ferner muss bereits im Vorfeld das Risikobewusstsein bei den Projektbeteiligten dahingehend sensibilisiert werden, dass die allgegenwärtige Gefahr von Fehlentscheidungen, aber auch die Möglichkeiten von Chancen bei sämtlichen Entscheidungen möglichst präsent sind. Mögliche Unsicherheitsfaktoren müssen zur Zielerfüllung analysiert und Handlungsalternativen hinsichtlich Verlustgefahren und Gewinnchancen abgewogen werden. Es darf nicht unerwähnt bleiben, dass die frühzeitige Einbindung möglichst aller Beteiligter der einzelnen Projektphasen für ein erfolgreiches Projektrisikomanagement notwendig ist, um sicherstellen zu können, dass beim Aufbau eines dem Projekt angepassten Risikomanagementsystems rechtzeitig Chancen und Risiken erkannt werden.

Für die praktische Risikobewältigung ist zunächst die Risikoidentifikation durchzuführen, die mittels Risikoanalysen einschließlich der Vorschläge für Handlungsmaßnahmen umgesetzt werden kann. Anhand anschaulicher Visualisierungen – z.B. in Ampelform – wird dem Projektmanagement ein schneller Überblick über kritische Bereiche gegeben, welches dann gegebenenfalls notwendige Maßnahmen einleiten kann. Eine sinnvolle Herangehensweise zur systematischen Erfassung der Risiken ist die Aufteilung des Projektprozesses in unterschiedliche Stufen, die wiederum in sachgerechte Untereinheiten untergliedert werden. Durch diese Modularisierung von Prozessschritten können Projekteinheiten separiert und analysiert werden. Jede separat zu betrachtende Einheit wird ihrerseits mit Risiken belegt werden, die aus dem entsprechenden (Unter-)Prozess resultieren. Auf diese Weise erhält man einen Überblick über eine größtmögliche Anzahl von Risiken, die sich im Projektverlauf manifestieren und den Projekterfolg erheblich gefährden können. Die Aufbereitung der identifizierten Risiken ist mittels einer Risikomatrix möglich Diese gibt Aufschluss darüber, wann im Projekt welches mögliche Risiko eintreten kann und wie es sich auf das gesamte Projekt auswirken kann. Mit den bereits etablierten „Ampel-Bewertungen“ kann in einem dreistufigen Verfahren die totale Gefährdung, eine gewisse Beeinträchtigung oder aber eine weitestgehende Unbedenklichkeit eines Risikos in Verbindung mit grob geschätzten (oder auf Erfahrungen basierenden) Eintrittswahrscheinlichkeiten dargestellt werden. Ein Vorteil ist, dass der Projektbetreiber frühzeitig einen Überblick darüber erhält, welche Risiken sein Projekt bedrohen können, und er kann bereits in diesem Stadium der Projektplanung Gegenstrategien entwickeln, wie beispielsweise im Falle des Verlusts einer wichtigen Projektkomponente vorzugehen sein wird. Über die Festlegung von Verantwortlichkeiten und die Einschätzung der Dauer von Zeitabläufen kann so der zeitliche Ausfall bei Eintritt eines bestimmten Umstands vorausgesehen und eine eventuell notwendige Verlängerung des Projekts eingeplant werden. Durch eine ex ante Betrachtung eines kritischen Wegs kann so die maximale Dauer eines Projekts zumindest als Worst-Case-Szenario eingeschätzt werden.

Folgend sollen Handlungsmaßnahmen veranschaulicht werden, die für die Bewältigung von Risiken angezeigt sind, die nicht versicherbar sind, bevor ab Kapitel 4.2.4 Versicherungslösungen für die Planungs-, Errichtungs- und Betriebsphase vorgestellt werden. Ist die Risikoidentifikation erfolgt, ist in einem nächsten Schritt nach geeigneten Handlungsmaßnahmen zu suchen. An dieser Stelle sei angemerkt, dass der Risikotransfer auf Versicherungsunternehmen grundsätzlich nur als zweitbeste Lösung begriffen werden sollte. Daher sollte im Vorfeld geprüft werden, ob andere Instrumente des Risikomanagements geeignet sind, das Risiko einzudämmen bzw. abzuwenden. Ferner gilt es zu prüfen, ob für den Fall, dass eine Risikobewältigungsstrategie nicht angewendet werden kann, ein zur Diskussion stehendes identifiziertes Risiko überhaupt transferiert werden kann. Denn Versicherungsunternehmen sind in bestimmten Fällen entweder nicht in der Lage oder nicht bereit, sämtliche Risiken zu übernehmen. Eine erste Handlungsmaßnahme ist die Risikovermeidung, unter der verstanden wird, dass eine risikoreiche Aktivität von vornherein nicht in Frage kommt. Dagegen wird unter Risikoverminderung verstanden, dass Risikopotenziale nicht ausgeschlossen, sondern auf ein akzeptables Maß reduziert werden.

Die Risikobegrenzung als nächste Maßnahme umfasst die beiden Bereiche Risikostreuung (auch Risikodiversifikation genannt) und die Risikolimitierung. Die Risikostreuung basiert auf der Portfolio-Theorie, die besagt, dass es bei der Kombination nicht vollständig miteinander korrelierender Anlagealternativen in einem Portfolio zu einem Diversifikationseffekt kommt, der in der Summe das Gesamtrisiko verringert oder sogar neutralisieren kann. Dahingegen werden bei der Risikolimitierung vom Management definierte Obergrenzen für das Eingehen von Risiken gesetzt, die unbedingt einzuhalten sind. Sowohl die Verminderung als auch die Begrenzung von Risiken schließen die Risiken nicht vollständig aus, sodass das Unternehmen das verbleibende Restrisiko akzeptieren und selbst tragen oder transferieren muss. Für den ersten Fall, Risikoakzeptanz genannt, muss ein entsprechendes Risikodeckungspotenzial (Kapitaldecke) vorhanden sein, weil ein eventuell eintretender Schaden aus eigener (Unternehmens-)Kraft gedeckt werden muss.

Unter der letzten Handhabungsmöglichkeit, dem Risikotransfer (oder auch Risikoüberwälzung), versteht man die faktische oder die vertragliche, teilweise oder völlige Überwälzung von Risiken auf Dritte. Das Besondere an diesem Verfahren ist, dass es sich hierbei um ein zusätzliches Geschäft handelt, bei dem das Risiko nicht beseitigt, sondern vollständig oder zu wesentlichen Teilen an Dritte weitergegeben und damit der Risikoträger gewechselt wird. Auf die besondere Bedeutung eines an Handlungsanreizen orientierten Risikotransfers ist bereits im Einleitungskapitel eingegangen worden.

Auch wenn folgend lediglich auf die Möglichkeit des Transfers auf Versicherungsunternehmen eingegangen wird, ist es grundsätzlich unerheblich, ob der Transfer auf Versicherungsunternehmen oder auf andere Vertragspartner stattfindet.

4.2.3 Darstellung der Erfahrung mit Schäden

Eine vom Gesamtverband der Deutschen Versicherungswirtschaft (GDV) durchgeführte Studie hat ergeben, dass in der Praxis häufig Schäden eintreten, die entweder den kompletten Verlust einer Anlage, zumindest aber eine verminderte Leistungsfähigkeit nach sich ziehen. Ein großer Teil der Schäden hat Überspannung, Schneedruck oder Sturm als Ursache (vgl. Abbildung 70).

Diese machen beim Schadenaufwand gut 50 Prozent der Schadenbelastung aus (vgl. Abbildung 71). Dennoch können auch die folgend darüber hinaus dargestellten Schäden einen erheblichen Einfluss auf den Betrieb von Solaranlagen haben.

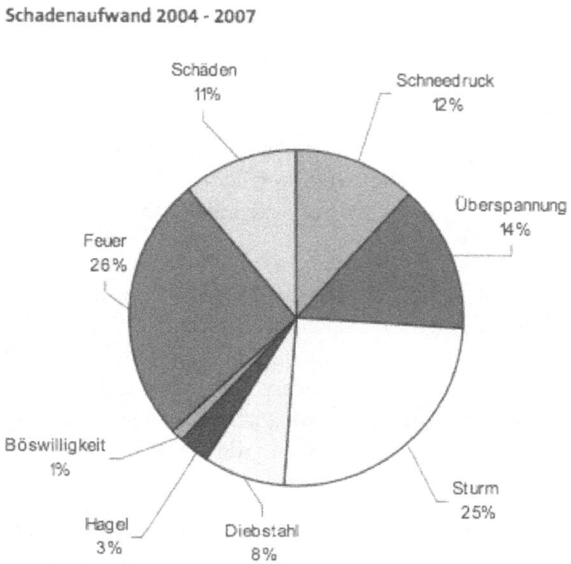

Abbildung 70: Schadenaufwand 2004 – 2007, Quelle GDV, 2010.

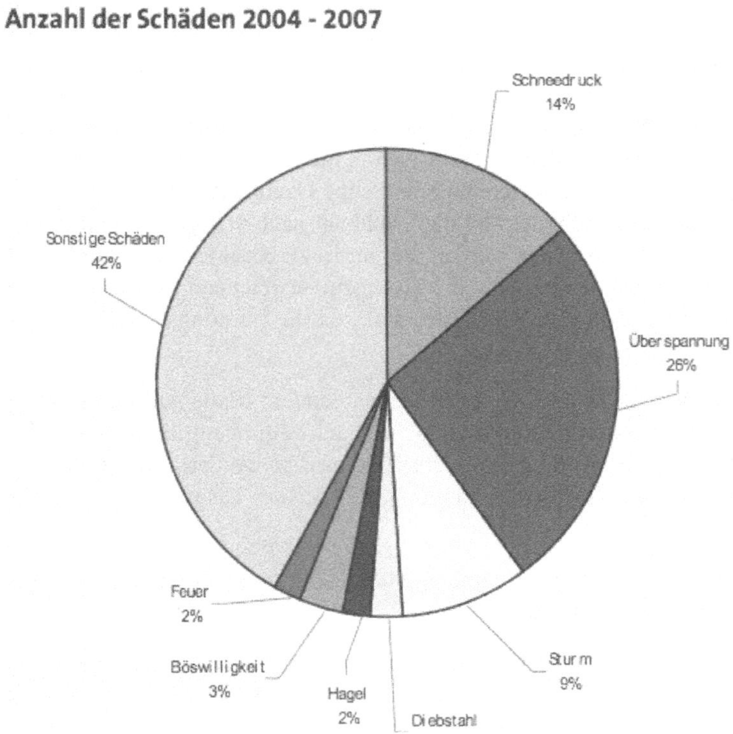

Abbildung 71: Anzahl der Schäden 2004 – 2007, Quelle GDV, 2010.

Wie bereits dargestellt, sollte während der Planungsphase bereits berücksichtigt werden, ob und inwiefern eine Verschattung drohen kann, da jede einzelne Solarzelle des Moduls zur Gesamtspannung beiträgt. So kann es beim Schattenwurf durch beispielsweise Bäume oder Gebäude zu Leistungseinbußen kommen. Die Erfahrung hat gezeigt, dass überraschenderweise im Rahmen der Projektplanung gelegentlich vernachlässigt wird, dass Bäume, die im Winter kahl sind, im Sommer über ein ausgeprägtes Blattwerk verfügen, Bäume im Laufe einer Nutzungsphase wachsen und sich der Schattenwurf im Verlaufe eines Jahres verändert, da die Sonne im Winter deutlich niedriger steht als im Sommer.

Aus den bisher gemachten Schadenerfahrungen ist hinsichtlich der Modulwahl während des Zertifizierungsprozesses eine kritische Betrachtung von solchen Kriterien, die den Alterungsprozess der Solarmodule beeinflussen, zu berücksichtigen. Umfangreiche Prüfungsmaßnahmen haben zum Ziel, thermische und mechanische Beanspruchungen festzustellen. Außerdem ist noch auf die statische Belastung der Solaranlagen zu achten, insbesondere auf das Zusammenspiel von Modulen und den Unterkonstruktionen, die auch bei extremen Wind- und Schneedrücken Widerstandsfähigkeit beweisen müssen.

Bei einer gewerblichen oder industriellen Nutzung von Solaranlagen auf Dächern ist ebenfalls zusätzlich auf eine ausreichende Statik hinsichtlich der Unterkonstruktionen zu achten, die ebenfalls einem starken Wind- und Schneedruck widerstehen müssen. Vor allem betrifft dies aufgeständerte Anlagen auf Flachdächern, bei denen eine zu geringe Tragfähigkeit neben Schäden an Modulen vor allem auch zur Beschädigung des Daches und anderen Teilen des Gebäudes führen kann. Um die Module sicher auf dem Dach zu halten, ist eine sichere Verschraubung oder Verklemmung an den Unterkonstruktionen mittels unterschiedlichen Klemmsystemen zu gewährleisten. Die Unterkonstruktionen werden an den Dachsparren mittels Dachhaken und Holzschrauben befestigt. Weil die praktische Erfahrung gezeigt hat, dass Befestigungsschrauben der Dachhaken versehentlich in die Schalung anstatt in die Sparren gedreht wurden, ist unbedingt auf ausreichend bemessene Dachhaken zu achten, um die notwendige Festigkeit zu erhalten. Außerdem ist die Dachhaut nach erfolgter Installation so abzudichten, dass Wasserschäden vermieden werden. Ferner ist zu beachten, dass die Module bei der Montage mit einem genügenden Abstand zur Dachhaut ausreichend installiert werden und somit eine ausreichende Belüftung gewährleistet wird, da ihr Wirkungsgrad mit abnehmender Temperatur sinkt.

Schäden durch Marder und andere Nagetiere sind in zunehmendem Maße Anlass für lästige und zum Teil kostenintensive Reparaturen an Schläuchen und Leitungen, die außen verlegt wurden. Daher sollte die Außenverlegung möglichst vermieden werden. Außerdem sind preiswerte und wirkungsvolle Schutzsysteme erhältlich, die bei der Erstmontage oder aber auch nachträglich installiert werden können.

Durch Blitzschlag können große Teile der Solaranlage beschädigt werden und durch Hagelschlag können ganze Module zerstört werden.

Eine Besonderheit stellen die Schäden durch Feuer dar. Hier liegt eine große Diskrepanz vor, da sie lediglich einen Anteil von 2 Prozent der Schadenanzahl ausmachen, aber mehr als 26 Prozent des Aufwands verursachen. Grund hierfür ist, dass die Solaranlagen auf leicht brennbaren Gebäuden (beispielsweise landwirtschaftlich genutzte Gebäude, wie Scheunen) oder aber auf leicht brennbarem Gebiet installiert werden. Ein Brand führt daher in der Regel zu einem Totalschaden.

Beachtenswert ist auch, dass Bestandteile von Solaranlagen das giftige Schwermetall Cadmium enthalten, das bei möglichen Störfällen wie Brand oder Bruch freigesetzt werden kann. Sowohl Böden als auch die Luft können kontaminiert werden. Außerdem ist zu erwähnen, dass entstehende Stoffe möglicherweise krebserregend sind und eine Entsorgung des kontaminierten Bodens notwendig wird sowie möglicherweise Ansprüche aus eventuell entstandenen Umweltschäden entstehen können.

Hinsichtlich des Vandalismus könnten beispielsweise Jugendliche aus bloßer Zerstörungswut diverse Wechselrichter von den Wänden reißen und zu Boden werfen. Ähnlich verhält es sich mit der Böswilligkeit, die vermutet werden kann, wenn zum Beispiel Kinder Steine auf Sonnenkollektoren werfen und diese dabei beschädigen.

Während noch vor einigen Jahren der Diebstahl von Solarmodulen eine Ausnahmeerscheinung war, hat sich die Situation heutzutage vor allem deswegen entscheidend verändert, weil eine hohe Nachfrage nach Solarmodulen verzeichnet werden kann. Die Hersteller produzieren auf hohem Niveau und so ist es nicht verwunderlich, dass Diebe die Möglichkeit nutzen und Solarmodule stehlen. Aber nicht nur Module aus fertig installierten und in der Regel gut erreichbaren Anlagen werden gestohlen, auch noch nicht montierte Anlagenteile werden aus Lagerhallen, Containern und Fahrzeugen entwendet. Eine bisher zu wenig beachtete Tatsache spielt den Tätern dabei in die Karten: Weil viele Anlagenbetreiber und Investoren ihre Anlagen im Internet präsentieren – oft mit detailreichen Fotos – wird die Ausspähung der Anlagen so erheblich erleichtert.

Im Jahr 2007 registrierte das LKA Bayern 16 Diebstahlschäden von Solarmodulen, allein im ersten Halbjahr 2008 waren es bereits 18 – Tendenz steigend. Bemerkenswert ist dabei, dass sich die Aktivitäten in den letzten Jahren verlagert haben. Die Täter sind immer besser organisiert und selbst an Dreistigkeit lassen es die Diebe oftmals nicht mangeln. So gibt es Fälle, bei denen gleich mehrere Männer als Angestellte eines Solarzuliefererunternehmens verkleidet vorfuhren und die komplette Solaranlage demontierten. Darüber hinaus haben sich die Diebe in regelrechten Banden organisiert und auf landwirtschaftliche Dachflächen und Solarparks spezialisiert. Der Vorteil bei dieser Spezialisierung liegt auf der Hand: Weil oftmals mehrere Kilometer bis zum nächsten Nachbarn liegen, haben die Täter genügend Zeit, um nachts die oftmals nur mit herkömmlichen Schrauben gesicherten Solaranlagen abzubauen und abzutransportieren.

Auch im Bereich des Haftungsrisikos sind aus der Errichtung und aus dem Betrieb bereits Schadenbeispiele bekannt. So fielen bereits Module von Dächern und beschädigten Gerät und Kraftfahrzeuge (Betreiberhaftpflicht). Außerdem kam es vor, dass bei der Installation von Solaranlagen die Dachhaut unbemerkt beschädigt wurde. Dies hatte zur Folge, dass Regenwasser in das Gebäude gelangte und Wände und Decken beschädigt wurden (Allmählichkeit). Hier ist zu erwähnen, dass die Betreiber oftmals Dachflächen für die Installation ihrer Anlagen mittels sogenannter Gestattungsverträge von Dritten anmieten. Hieraus entsteht für den Betreiber möglicherweise eine Vertragshaftung. In diesem Falle war es für den Betreiber insofern ärgerlich, als dass die Montagefirma bereits insolvent war und nicht mehr haftpflichtig gehalten werden konnte. In die Kategorie der Mietsachschäden lässt sich der Fall einordnen, bei dem es während einer Installation auf dem Dach eines angemieteten Gebäudes durch den unsachgemäßen Umgang mit einem Brenner zu einem Brand durch Schweißarbeiten kam. Als letztes sei das Risiko angeführt, das der Betreiber beispielsweise tragen muss, wenn durch einen Kurzschluss in einem Wechselrichter das gesamte Gebäude, auf dem sich die Solaranlage befindet, abbrennt.

4.2.4 Darstellung von Versicherungslösungen für die Planungs- und Errichtungsphase

Zur Absicherung des Sachschadenrisikos während der Errichtung einer Photovoltaikanlage empfiehlt sich der Abschluss einer Montageversicherung. Ein solcher Vertrag kann entweder vom Auftraggeber/ Besteller oder vom beauftragten Generalunternehmer (Auftragnehmer) bzw. im Fall von Einzelvergaben durch die einzelnen Unternehmen abgeschlossen werden. Ratsam ist jedoch der Abschluss einer einzigen Police, welche die Interessen sämtlicher Unternehmer, die an dem Vertrag mit dem Besteller beteiligt sind, versichert – einschließlich die des Auftraggebers/ Bestellers selbst. Daneben sind die Interessen der Montage- und Herstellerfirmen einschließlich aller Subunternehmer, die zur Erstellung der mit dem Auftraggeber vertraglich vereinbarten Leistungen beauftragt werden, ebenfalls mitversichert. Versicherungsschutz besteht jeweils im Rahmen der liefervertraglichen Haftungen der mitversicherten Parteien.

Der Abschluss eines Vertrages durch den Auftraggeber/ Besteller, bei welchem die Interessen sämtlicher beteiligter Parteien mitversichert sind, bietet für ihn diverse Vorteile. Würden nämlich die beauftragten Unternehmen separate Versicherungsverträge abschließen, in welchen lediglich für die jeweils zu erstellenden Teilgewerke Versicherungsschutz besteht, hätte der Auftraggeber/ Besteller keine Möglichkeit, auf die Höhe der Prämie oder die Qualität des Bedingungswerkes Einfluss zu nehmen. Schließt der Auftraggeber/ Besteller hingegen eine Montageversicherung für sämtliche Teilgewerke ab, ist er in der Lage, diese maßgebend zu beeinflussen. Außerdem wird hierdurch vermieden, dass die Interessen des Auftraggebers/ Bestellers in den Einzelpolicen gegebenenfalls nicht mit eingeschlossen sind. Eine Umlage der Prämie auf die einzelnen Unternehmen ist hierbei grundsätzlich in Erwägung zu ziehen. Wichtig ist darauf zu achten, dass im Versicherungsvertrag eine Regelung aufgenommen wird, dass die Mitversicherten so gestellt werden, dass der Vorsatztatbestand nur dem jeweils schadenstiftenden Unternehmen angerechnet wird.

Weiterhin hat der Abschluss eines gemeinsamen Vertrages den Vorteil, dass sowohl Deckungslücken als auch -überschneidungen vermieden werden. So könnten beispielsweise Beistellungen des Auftraggebers nicht vom Versicherungsschutz erfasst sein oder aber Mehrfachversicherungen dadurch bestehen, dass jeder Unternehmer für eventuelle Übergreifschäden auf die Teilgewerke der anderen Unternehmer Sachen im Gefahrenbereich mitversichert. Zudem bietet eine Gesamtpolice den Vorteil, dass im Schadenfall nicht mehrere Versicherungsverträge bei gegebenenfalls unterschiedlichen Risikoträgern betroffen sind und es durch die Prüfung der Zuständigkeiten zu einer verzögerten Schadenabwicklung kommt (Schnittstellenproblematik).

Durch diese Konstellation ist der Auftraggeber/ Besteller der Versicherungsnehmer und daher im Schadenfall auch stets der Entschädigungsberechtigte. Dies spielt beispielsweise dann eine Rolle, wenn ein beauftragtes Unternehmen nach einem Schadenfall aufgrund von Insolvenz seiner Pflicht zur Reparatur nicht nachkommen kann. Im Falle von Einzelverträgen würde die Entschädigungsleistung in die Insolvenzmasse des betroffenen Unternehmens fließen und letztlich müsste der Auftraggeber/ Besteller für die entstehenden Zusatzkosten aufkommen.

Die dringende Notwendigkeit, dass der Auftraggeber/ Besteller überhaupt eine Montageversicherung installiert, ist im Wesentlichen von der im Liefer- und Leistungsvertrag geregelten Gefahrtragung zwischen dem Auftraggeber und dem Auftragnehmer abhängig. Beispielhaft genannt seien hier die Vergabe- und Vertragsordnung für Bauleistungen (VOB), die dem Vertrag zugrunde gelegt werden können sowie die Vereinbarung eines sogenannten Turn-Key-Vertrages, der das schlüsselfertige Errichten unter Einsatz eines Generalunternehmers oder eines Konsortiums umfasst. Im letztgenannten Fall trägt der Auftragnehmer die Gefahr für sämtliche Risiken, die mit der Errichtung einhergehen. Insbesondere sei hier genannt, dass auch die Planungs- und Koordinierungsrisiken auf ihn übertragen werden. Werden hingegen die VOB als Vertragsbedingungen für die Errichtung zugrunde gelegt, ist die Gefahrtragung dahingehend geregelt, dass ein Teil der Risiken beim Auftraggeber verbleibt. Dies sind gemäß Teil B, § 7 der VOB höhere Gewalt, Krieg, Aufruhr oder andere objektiv unabwendbare und vom Auftragnehmer nicht zu vertretende Umstände. Daher ist der Abschluss einer Montageversicherung durch den Auftraggeber als Versicherungsnehmer eine wesentliche Absicherungsmöglichkeit.

Die Montageversicherung umfasst alle Lieferungen und Leistungen zur Errichtung einer Solaranlage, soweit diese erstmals innerhalb des Versicherungsortes abgeladen worden sind. Somit sind auch angelieferte, zwischengelagerte Teile mitversichert. Der Versicherungsschutz endet erst nach einem erfolgreich beendeten Probebetrieb. Im Rahmen einer solchen Versicherung wird für unvorhergesehen eintretende Beschädigungen und Zerstörungen sowie Verluste der versicherten Sachen Entschädigung geleistet. Hierzu zählt u.a. auch Diebstahl von versicherten Sachen und zwar auch dann, wenn diese noch nicht verbaut, sondern nur zwischengelagert wurden. Bedingungsgemäß sind lediglich einige wenige Ausschlüsse definiert, die im Wesentlichen aus Schäden durch Vorsatz der mitversicherten Parteien, normale Witterungseinflüsse sowie Krieg und Kernenergie bestehen. Ferner leistet der Versicherer keine Entschädigung für Mängel der versicherten Lieferungen und Leistungen, wobei Mangelfolgeschäden wiederum entschädigungspflichtig sind.

Als Versicherungssumme wird in der Montageversicherung zunächst der voraussichtliche Kontraktpreis inklusive aller Nebenkosten zugrunde gelegt. Etwaige Änderungen des Umfangs werden nach Beendigung der Errichtung erfasst und auf dieser Basis die endgültige Summe ermittelt. Die zu Beginn gezahlte Prämie wird schließlich mit der sich hieraus ergebenden Prämie verrechnet.

Zusätzlich werden üblicherweise noch diverse weitere Versicherungssummen auf Erstes Risiko für einzelne Kostenpositionen vereinbart. Die Formulierung „auf Erstes Risiko" bedeutet, dass diese Summen zusätzlich zur Verfügung stehen und unabhängig vom jeweiligen Versicherungswert Versicherungsschutz besteht. Darüber hinaus bietet es sich an, eine

Erstrisikosumme für Sachen im Gefahrenbereich abzuschließen. Werden Sachen im Gefahrenbereich der zu errichtenden Solaranlage beschädigt oder zerstört, entschädigt der Versicherer – je nach Wortlaut der Klausel Schäden, soweit diese im Zusammenhang mit der Errichtung stehen – die Wiederherstellungskosten bis zur vereinbarten Summe, und zwar unabhängig davon, wem diese Sachen gehören.

Weiterhin gilt zu beachten, dass durch ein ersatzpflichtiges Schadenereignis im Rahmen der Montageversicherung die Gefahr besteht, dass sich die geplante Inbetriebnahme bzw. die Aufnahme des kommerziellen Betriebes verzögert. Durch den Abschluss einer Betriebsunterbrechungsversicherung, als Zusatzdeckung zur Montageversicherung, können die finanziellen Folgen einer solchen Verzögerung abgesichert werden. Diese ergeben sich im Wesentlichen aus entgangenem Gewinn sowie fortlaufenden Fix- und Finanzierungskosten.

Anders als bei der Ermittlung der Versicherungssumme für die Montageversicherung ergibt sich die zu vereinbarende Versicherungssumme bei der Montage-Betriebsunterbrechungsversicherung aus dem erwarteten Jahresenergieertrag. Dieser wird aus dem Produkt der erwarteten Strommenge pro Jahr in kWh und dem Einspeiseertrag pro kWh ermittelt. Weiterhin wird in der Regel ein zeitlicher Selbstbehalt je Schadenfall vereinbart. Im Rahmen dieses Selbstbehaltes sind sämtliche Kosten eines Schadens vom Versicherungsnehmer selbst zu tragen.

Zur Absicherung etwaiger Haftpflichtansprüche, die sich in erster Linie aus der bereits erwähnten Verkehrssicherungspflicht ergeben, sollte Versicherungsschutz im Rahmen einer Bauherrenhaftpflichtversicherung bestehen. In diesem Zusammenhang ist darauf hinzuweisen, dass im Gegensatz zur Montageversicherung für die Haftpflichtversicherung jeder Projektbeteiligte für den eigenen Versicherungsschutz verantwortlich ist. Sollte der Auftraggeber/ Besteller auch selbst die notwendigen Bauarbeiten ausführen, ist ebenfalls ausreichender Versicherungsschutz für die sich aus der Installation der Anlage, etwaigen Umbauten oder auch Reparaturen sowie aus Abbruch- und Aushubarbeiten ergebenden Risiken notwendig. Sofern der Auftraggeber/ Besteller auch der künftige Betreiber der Anlage ist, bietet es sich an, eine kombinierte Bauherren- und Betreiberhaftpflichtversicherung abzuschließen. Hierdurch wird ein durchgehender Versicherungsschutz während der Errichtungs- und Betriebsphase gewährleistet. Sofern Auftraggeber/ Besteller und Betreiber nicht übereinstimmend sind, ist im Rahmen einer reinen Betreiberhaftpflichtversicherung jedoch auch auf den Einschluss des Bauherrenhaftpflichtrisikos zu achten, um den Versicherungsschutz für eventuelle Umbauten oder Reparaturarbeiten sicherzustellen.

Bezüglich der Planungsphase ist bereits eingangs dieses Kapitels erläutert worden, dass ein Haftungsrisiko nur dann besteht, wenn für Dritte geplant wird (führt der Betreiber beispielsweise auch Planungsleistungen aus, handelt es sich bei einem Schaden, der aus einem Planungsfehler resultiert, um einen sogenannten Eigenschaden. Da im Rahmen einer Haftpflichtversicherung nur dann Versicherungsschutz besteht, wenn ein Dritter Ansprüche erhebt, ist dies nicht Gegenstand der Versicherung). Aber es sollte bedacht werden, dass rechtmäßige Ansprüche von Dritten zunächst höchstwahrscheinlich an den Betreiber gestellt werden, der dann, sofern ihn selbst kein Verschulden trifft, Regress bei einem Zulieferer nehmen kann. Aus diesem Grunde ist es wichtig, dass sich Betreiber von Solaranlagen einen ausreichenden Versicherungsschutz im Rahmen einer Betriebshaftpflichtversicherung nachweisen lassen. Bei Herstellern/ Zulieferern von Teilen sollte im Rahmen der Betriebshaftpflichtversicherung auf den Einschluss einer sogenannten erweiterten Produkthaftpflichtversicherung geachtet werden. Diese deckt bestimmte Vermögensschäden, wie beispielsweise Aus- und Einbaukosten durch die gelieferten Erzeugnisse, ab (die erweiterte Produkthaftpflichtversicherung ist jedoch für Hersteller/ Zulieferer von kompletten/fertigen Solaranlagen nicht notwendig). Sollte das Projekt von einem Dritten geplant worden sein, wäre es auch sinnvoll, sich für die erfolgten Planungsleistungen entsprechenden Versicherungsschutz im Rahmen einer Planungshaftpflichtversicherung nachweisen zu lassen, damit in einem möglichen Schadenfall die eigenen Ansprüche für Schäden, die aus einer falschen Planung resultieren, ebenfalls geltend gemacht werden können und entsprechender Versicherungsschutz beim Planer besteht.

4.2.5 Darstellung von Versicherungslösungen für die Betriebsphase

4.2.5.1 Absicherung des Sachschadenrisikos

Sobald nach einem erfolgreich beendeten Probebetrieb die Inbetriebnahme der Solaranlage erfolgt ist, wird Versicherungsschutz im Rahmen einer Allgefahren-Sachversicherung benötigt, so dass ein lückenloser Übergang des Deckungsschutzes zwischen der Errichtungs- und der Betriebsphase gewährleistet ist. Üblich sind Allgefahren-Spezialkonzepte, welche sich grundlegend an den Allgemeinen Bedingungen für die Elektronikversicherung (ABE) orientieren, jedoch zusätzlich die Besonderheiten von Solaranlagen berücksichtigen. Beispielhaft sei hier genannt, dass in den Besonderen Vereinbarungen genau definiert wird, dass auch sämtliche mit der Solaranlage in Verbindung stehenden Teile, wie Kollektoren, Schalt-, Regel- und Überwachungselemente sowie die erforderliche Software (z.B. Monitoring Systeme), versichert sind. Außerdem sollte beispielsweise auch bedacht werden, dass externe Kabel und Kabeltrassen, die sich im Eigentum des Betreibers befinden, vom Versicherungsschutz erfasst sein sollten oder auch ein eigens für die Solaranlage errichteter Schutzzaun, wenn dieser durch einen Sachschaden an der Solaranlage zerstört oder beschädigt wird.

Für die Betreiber-/ Eigentümergesellschaften wird durch den Abschluss solcher Spezialkonzepte eine weitreichende Absicherungsmöglichkeit geboten, da sämtliche unvorhergesehen eintretende Beschädigungen und Zerstörungen der Anlage oder einzelner Anlagenteile sowie Verluste durch Abhandenkommen infolge von Diebstahl, Einbruchdiebstahl, Raub oder Plünderung versichert sind. So sind insbesondere auch Sachschäden durch Bedienungsfehler, Ungeschicklichkeit, Konstruktions- oder Materialfehler, Kurzschluss, Überspannung, Brand, Blitzschlag, Feuchtigkeit, Sturm und Frost vom Versicherungsschutz erfasst. Dass es sich hierbei nur um eine beispielhafte Aufzählung möglicher Schadenursachen handelt, ergibt sich aus der Formulierung Allgefahren-Versicherung. Diese bedeutet, dass grundsätzlich Versicherungsschutz für sämtliche Gefahren besteht und Sachschäden entschädigungspflichtig sind, sofern kein Ausschlusstatbestand vorliegt. Bei den üblichen der in den jeweiligen Bedingungen geregelten Ausschlüsse handelt es sich im Wesentlichen um vorsätzlich vom Versicherungsnehmer herbeigeführte Schäden, Schäden durch Erdbeben, innere Unruhen, Krieg oder Kernenergie, durch bereits vorhandene und bekannte Mängel, durch den

Einsatz reparaturbedürftiger Sachen sowie durch betriebsbedingte normale oder vorzeitige Abnutzung oder Alterung (Verschleiß)[175]. Je nach individueller Risikolage ist es jedoch möglich, die Ausschlüsse für Schäden durch Erdbeben und innere Unruhen durch spezielle Konzepte abzubedingen.

Ein wichtiger Aspekt für die Betreibergesellschaften ist im Schadenfall der Umfang der Entschädigungsleistung. Tritt ein Teilschadenfall ein, d.h., dass die Wiederherstellungskosten geringer sind als der Neuwert der versicherten Sache, ersetzt der Versicherer alle Aufwendungen, die zur Wiederherstellung des früheren Zustands vor Eintritt des Versicherungsfalls erforderlich sind. Ein Totalschaden liegt demnach vor, wenn die Kosten zur Wiederherstellung den Neuwert übersteigen. In diesem Fall wird der Neuwert unter Abzug des Wertes des Altmaterials entschädigt. Je Schadenfall wird in beiden Fällen der vertraglich vereinbarte Selbstbehalt abgezogen. Die Höhe richtet sich zum einen nach der individuellen Risikosituation und zum anderen nach den Präferenzen des Betreibers, da eine höhere Selbstbeteiligung auch immer mit einer geringeren Prämie verbunden ist.

In der Prämie zur Allgefahren-Sachversicherung ist oftmals ein schadenabhängiger Rabatt enthalten, welcher in der Regel 20 bis 30 Prozent beträgt. Dieser Rabatt wird im Voraus zu Beginn der Versicherung gewährt, solange die Schadenquote, die das Verhältnis zwischen Schadenzahlungen einschließlich bereits gebildeter Reserven für aktuelle Schäden und gezahlter Prämie darstellt, eine bestimmte Höhe nicht überschreitet. Wenn jedoch die Schadenquote diese Grenze innerhalb eines festgelegten Beobachtungszeitraumes übersteigt, entfällt der bereits gewährte Rabatt ab der nächsten Hauptfälligkeit. Die Möglichkeit, dass der schadenabhängige Rabatt bei einem ungünstigen Schadenverlauf entfallen könnte, sollte von daher unbedingt bei der Kalkulation der Versicherungskosten berücksichtigt werden.

Weitere Besonderheiten in den Spezialkonzepten bestehen häufig darin, dass ein genereller Unterversicherungsverzicht gewährt wird sowie eine Vorsorgeversicherung vereinbart gilt. Durch einen generellen Unterversicherungsverzicht wird gewährleistet, dass der Versicherer im Schadenfall definitiv anerkennt, dass die gewählte Versicherungssumme auch dem tatsächlichen Versicherungswert entspricht und hier keinerlei Abzüge vorgenommen werden, wie es sonst bei einer fehlerhaften Bemessung der Fall wäre. Im Rahmen der Vorsorgeversicherung sind jegliche Erweiterungen der Anlage bis zu einem festgelegten Wert (z.B. 10 Prozent der Versicherungssumme) oder auch der Austausch einzelner Anlagenteile während des laufenden Versicherungsjahres automatisch mitversichert, sofern diese anschließend innerhalb einer angemessenen Frist gemeldet werden. Weiterhin sollte vereinbart werden, dass der Versicherungsnehmer im Falle eines Sachschadens sofort mit der Reparatur beginnen kann, sofern der Schaden dem Versicherer unverzüglich gemeldet und angemessen dokumentiert wird.

175 An dieser Stelle sei auf die Ausführungen bezüglich der Kriterien zur Versicherbarkeit von Risiken in Kapitel 1.5.3 verwiesen.

4.2.5.2 Absicherung von Ertragsausfällen

Die Sachversicherung für die Solaranlage sollte außerdem durch eine Betriebsunterbrechungsversicherung erweitert werden. Insbesondere aus Sicht der Investoren ist dieser Baustein von erheblicher Bedeutung, da ein Sachschaden an der Anlage zumeist einen Ertragsausfall für eine gewisse Zeit nach sich zieht, welcher auf diese Weise abgesichert werden kann. Da die Erträge aus der Vergütung für in das öffentliche Netz eingespeisten Strom die einzige Einnahmequelle bei einem Solarenergie-Vorhaben darstellen, ist deren Stabilität und Verlässlichkeit grundsätzliche Voraussetzung dafür, eine größtmögliche Planbarkeit der Cashflows zu erzielen.

Als Versicherungssumme zur Ertragsausfall-/Betriebsunterbrechungs-Versicherung, welche auch gleichzeitig die Höchstentschädigung je Versicherungsfall darstellt, werden in der Regel die erwarteten jährlichen Einnahmen der Solaranlage angesetzt. Diese werden ermittelt, indem die erwartete Jahresarbeit in kWh mit der jeweils gültigen Einspeisevergütung in EUR/kWh multipliziert wird. Die erforderlichen Daten werden aus den Ertragsprognosen gewonnen, die gegebenenfalls von einem oder auch mehreren Gutachtern erstellt werden.

Die grundsätzliche Voraussetzung für eine Entschädigungsleistung aus einer Betriebsunterbrechungsversicherung ist stets ein dem Grunde nach versicherter Sachschaden im Rahmen des Sachversicherungsvertrages. Wird der Betrieb der Anlage beispielsweise aufgrund von geplanten Wartungs- oder Reparaturarbeiten zeitweise unterbrochen, kann hierfür selbstverständlich kein Ersatz geleistet werden. Die Dauer des Unterbrechungszeitraums, für die der Versicherer eine Entschädigungszahlung leistet, wird durch die vertraglich vereinbarte Haftzeit begrenzt. Diese beträgt üblicherweise 6 bis 12 Monate und sollte einzelfallbezogen unter Berücksichtigung der relevanten Faktoren ausreichend lange gewählt werden. Grundsätzlich sollte die Zeit kalkuliert werden, die nach einem Totalverlust der Anlage benötigt wird, diese wieder aufzubauen. Weitere Faktoren, die bei der Festlegung der Haftzeit betrachtet werden müssen, sind beispielsweise die Verfügbarkeit entsprechender Ersatzteile sowie die Anzahl und die Auftragslage spezieller Reparatur- bzw. Installationsbetriebe. Weiterhin gilt zu beachten, dass regelmäßig ein zeitlicher Selbstbehalt vereinbart wird, welcher analog zum Selbstbehalt der Allgefahren-Sachversicherung von den Präferenzen des Versicherungsnehmers sowie der jeweiligen Risikosituation abhängt. Dieser in Kalendertagen angegebene Selbstbehalt gibt den Zeitraum an, den der Versicherungsnehmer selbst tragen muss. Nur sofern der Unterbrechungsschaden länger währt als der gewählte zeitliche Selbstbehalt, entschädigt der Versicherer den darüber hinausgehenden Ertragsausfall.

Die Bemessung der jeweiligen Entschädigungszahlung ist in den einzelnen Konzepten unterschiedlich geregelt. Zum einen ist hier eine pauschale Entschädigungsleistung je installierter kWp Anlagenleistung und Kalendertag denkbar. Diese Vereinbarung stellt im Schadenfall sicherlich eine unkomplizierte Form der Abwicklung dar, jedoch sind die hiermit verbundenen Vor- und Nachteile abzuwägen. Fällt beispielsweise die Solaranlage aufgrund eines Sachschadens im Hochsommer aus, wird die pauschale Entschädigungsleistung nicht den tatsächlichen Ertragsausfall kompensieren können. Andererseits ist aber auch denkbar, dass die Anlage in einer regnerischen Zeit schadenbedingt nicht betrieben werden kann und somit die pauschale Entschädigungsleistung höher ausfällt als der tatsächliche Ertragsausfall. Dieser Problematik kann einigermaßen dadurch Rechenschaft getragen werden, indem für die Winter- und Sommermonate unterschiedliche Tagessätze festgelegt werden.

Eine weitere Möglichkeit besteht darin, eine Entschädigungsleistung auf Basis des tatsächlichen Ertragsausfalls zu vereinbaren, sodass der Betriebsgewinn ersetzt wird, der aufgrund eines Unterbrechungsschadens ganz oder teilweise nicht erwirtschaftet werden konnte. Welche dieser Varianten empfehlenswert ist, kann jedoch nicht abschließend beantwortet werden, da die jeweilige Vorteilhaftigkeit je nach Wetterlage zum Schadenzeitpunkt unterschiedlich zu beurteilen ist.

4.2.5.3 Weiterführende Konzepte

Im Rahmen der Planung eines Solarprojekts wird ein für den spezifischen Standort gültiges Ertragsgutachten erstellt, das die Energieerträge für die Laufzeit der Anlage prognostiziert. Wie in den vorangegangenen Unterkapiteln bereits angesprochen wurde, sind zahlreiche Risiken mit dem Betrieb einer solchen Anlage verbunden, die sich negativ auf die Einnahmen aus den Einspeisevergütungen auswirken können. Bisher wurde jedoch außer Acht gelassen, dass die Möglichkeit besteht, dass die jährlich prognostizierte Sonneneinstrahlung nicht in dem Maße eintritt und die Erträge somit geringer ausfallen als geplant, ohne dass es Schäden an der Solaranlage gab.

Um den Betreibern und Investoren diesbezüglich eine hohe Planungssicherheit zu bieten, wurden spezielle Konzepte entwickelt, die sogenannte Mindererträge absichern. Diese Konzepte sehen vor, dass der Versicherer Entschädigung leistet, wenn die prognostizierte Einspeisevergütung aufgrund von verminderter Globalstrahlung nicht erwirtschaftet werden kann. In der Regel wird hierbei vereinbart, dass eine Unterschreitung der prognostizierten Energiemenge mindestens in Höhe eines bestimmten Prozentsatzes vorliegen muss.

Neben der Gefahr einer verminderten Sonneneinstrahlung ist es auch möglich, Mindererträge aufgrund der altersbedingten Leistungsabnahme von Solarmodulen zu versichern. Dieser Prozess wird als Degradation bezeichnet und hat einen stetigen Rückgang des Wirkungsgrades der Solarzellen zur Folge. In der Regel sinkt der Wirkungsgrad – je nach Modultyp und Anwendungsumfeld – um bis zu 0,4 bis 0,5 Prozent jährlich. Die sich hieraus ergebenden Ertragseinbußen wären somit auch Gegenstand der Versicherung. Weiterhin kann Versicherungsschutz für Mindererträge aufgrund von Mängeln an den Komponenten und der elektronischen Bauteile sowie aufgrund von Abnutzung und Verschmutzung der Anlage vereinbart werden. Hervorzuheben ist hierbei, dass für die Entschädigungszahlung kein Sachschaden an der Anlage Voraussetzung ist, sondern lediglich die genannten Ursachen eingetreten sein müssen. Die Verfügbarkeit des Versicherungsschutzes ist grundsätzlich abhängig von der jeweiligen Risikosituation des Projekts.

Die tatsächliche Notwendigkeit einer Minderertragsversicherung sollte jedoch genauestens abgewogen und die jährliche Prämienbelastung daher dem Nutzen gegenübergestellt werden. Grundsätzlich sollte der Sinn der projektbezogenen Versicherungen darin liegen, dass das Solarprojekt gegen Risiken abgesichert wird, deren Ausmaß eine Bedrohung darstellt und durch keine der vorgelagerten Handlungsmaßnahmen des Risikomanagements bewältigt werden können[176]. Fragwürdig ist, inwiefern dies auf geringere Einspeisevergütungen aufgrund von verminderter Globalstrahlung zutrifft. Insbesondere bei großen, fremdfinanzierten Solarprojekten werden unabhängige Ertragsgutachten erstellt, die Strahlungsdaten aus diversen anerkannten Quellen einbeziehen. Die Unsicherheiten der prognostizierten Werte werden dabei ebenso erläutert wie mögliche außergewöhnliche Abweichungen. Den Betreibern und Investoren sollte klar sein, dass mehr oder minder große Schwankungen im Laufe der Jahre nicht ungewöhnlich sind und unterschiedliche Szenarien im Rahmen der Kalkulation berücksichtigt werden müssen. Bei einer Bewertung der Notwendigkeit einer Minderertragsdeckung sollte daher genau geprüft werden, wie wahrscheinlich es ist, dass Ertragseinbußen in einzelnen Jahren derart hoch sind, dass diese nicht während der gesamten Laufzeit der Anlage durch besonders ertragsstarke Jahre wieder ausgeglichen werden können und somit eine ernsthafte Gefährdung darstellen. Hinzu kommt, dass die Versicherer erst dann Entschädigung leisten, wenn der tatsächliche Ertrag von den prognostizierten Werten um einen bestimmten Prozentsatz abweicht. Dieser Entschädigungsbetrag ist zusätzlich in Form einer prozentualen Höchstentschädigung begrenzt. Bei realistischen Werten von beispielsweise 10 Prozent, um die der Prognosewert unterschritten werden muss, sowie einer Entschädigungsgrenze von 40 Prozent des prognostizierten Jahresenergieertrags, bleibt somit lediglich eine maximale Entschädigungsleistung von 30 Prozent.

Insbesondere bei Mitversicherung der beschriebenen Ursachen, die ergänzend zur verminderten Globalstrahlung vereinbart werden können, sind die vertraglich festgelegten Obliegenheiten zu beachten. Hierbei handelt es sich um die Verpflichtungen des Versicherungsnehmers, welche dieser während der Vertragslaufzeit und auch im Schadenfall einhalten muss, um nicht den Versicherungsschutz zu gefährden. Beispielsweise gilt häufig vereinbart, dass die Anlage regelmäßig auf Verschmutzungen überprüft werden muss und im Falle von Leistungsverschlechterungen oder Anlagendefekten unverzüglich Maßnahmen zur Überprüfung und Behebung eingeleitet werden müssen. Diese Vereinbarungen sollten deshalb vor Vertragsabschluss dahingehend überprüft werden, ob nicht zu starke Einschränkungen – insbesondere bezüglich des Entschädigungszeitraums – vorliegen.

Eine weitere Absicherungsmöglichkeit für Betreiber und Investoren stellt eine Leistungsgarantiezusage des Modulherstellers dar. Hierbei wird seitens der Hersteller eine bestimmte Mindestleistung der Module für einen Zeitraum von bis zu 25 Jahren garantiert. Bilanzrechtlich sind die Hersteller daher dazu verpflichtet, Rückstellungen für diese Garantiezusagen zu bilden. Problematisch hierbei ist jedoch die Abschätzung der anzusetzenden Höhe aufgrund der langen Laufzeiten der Garantieversprechen sowie der kaum vorhersagbaren Auswirkungen eventueller Groß- bzw. Serienschäden. Stellt sich beispielsweise heraus, dass ein Mangel einer gesamten Produktionsreihe zu erheblichen Leistungsverschlechterungen führt, können die finanziellen Folgen leicht die hierfür ursprünglich angesetzten Rückstellungen übersteigen. Eine weitere Belastung für den Modulhersteller im Falle solch weitreichender Garantieforderungen stellt außerdem die außerordentliche Liquiditätsbelastung dar. Mittlerweile besteht für Hersteller von Solarmodulen die Möglichkeit, Leistungsgarantieversicherungen für ihre gewährten Garantien abzuschließen. Der Vorteil einer solchen Police liegt darin, dass

176 Vgl. hierzu die Ausführungen in Kapitel 1.5.3, dass der Risikotransfer auf Versicherungsgesellschaften stets als zweitbeste Lösung betrachtet werden sollte.

die bereits gebildeten Rückstellungen aufgelöst werden können und das Garantieschadenrisiko bei der Liquiditätsplanung nicht weiter berücksichtigt werden muss. Außerdem ergibt sich als weiterer positiver Effekt, dass eine entsprechend höhere Qualität der angebotenen Module vermittelt werden kann. Schließlich werden von den Versicherern eingehende Prüfungen der Qualitätsstandards und Produktionsverfahren des Herstellers vorausgesetzt, um die Übernahme des Garantierisikos für solch einen langen Zeitraum überhaupt erst möglich zu machen. Für die Betreiber und Investoren von Solaranlagen ermöglicht sich hierdurch, dass bei der Auswahl von qualitativ hochwertigen Modulen eines Herstellers, der eine solche Leistungsgarantieversicherung vorweisen kann, die gegebenen Garantien fest eingeplant werden können.

4.2.5.4 Absicherung des Haftpflichtrisikos

Zur Absicherung der bereits beschriebenen Haftpflichtrisiken, die aus dem Betrieb einer Solaranlage resultieren, sollte eine sogenannte Betreiberhaftpflichtversicherung abgeschlossen werden, d.h. eine Betriebshaftpflichtversicherung, welche das Risiko des Betriebs einer Solaranlage absichert. Dieses Tätigkeitsfeld sollte auch dementsprechend im Rahmen der Betriebsbeschreibung der Police aufgeführt werden. Diese Haftpflichtversicherung basiert grundsätzlich auf den Allgemeinen Versicherungsbedingungen für die Haftpflichtversicherung (AHB) und sollte durch Besondere Bedingungen und Risikobeschreibungen der Versicherer an die Besonderheiten von Solaranlagen angepasst werden.

Bezüglich der bestehenden Haftung sollte darauf geachtet werden, dass beim Abschluss einer entsprechenden Haftpflichtversicherung eine ausreichende Deckungssumme für Personen- und Sachschäden gewählt wird. Marktüblich sind hier derzeit EUR 3 Mio. pauschal für Personen- und Sachschäden, die in manchen Fällen auf EUR 5 Mio. erweitert werden. Abhängig von der Größe des Risikos bzw. auch von der Größe der Solaranlage, sind gegebenenfalls. auch höhere Deckungssummen in Betracht zu ziehen. Hierbei ist auch zu berücksichtigen, dass das Risiko aus der Einspeisung von Elektrizität in das Netz eines Energieversorgungsunternehmens (Einspeisungsrisiko) extra eingeschlossen wird. Die möglicherweise resultierenden Vermögensschäden aus den entstehenden Versorgungsstörungen sind daher im Rahmen der gesetzlichen Haftpflicht in jedem Fall zu berücksichtigen.

Sofern die Solaranlage auf einem gemietetem Haus oder Dach installiert wird, ist die Deckungssumme hinsichtlich der Mietsachschäden anzupassen, sollte sie nicht ausreichend bemessen sein. Wichtig ist hierbei auch die in den Versicherungsbedingungen genannte Definition eines Mietsachschadens, denn sollte z.B. lediglich ein Dach Gegenstand eines Mietvertrages sein, müssen die Versicherungsbedingungen diesbezüglich auch entsprechend ausgelegt sein. Zu beachten ist außerdem, dass insbesondere bei eigener Installation für Bearbeitungsschäden (z.B. für Schäden an einem gemieteten Dach) das Bauherrenhaftpflichtrisiko sowie das Risiko aus der Beauftragung von Subunternehmern eingeschlossen gelten. Bezüglich der Beauftragung von Subunternehmern gilt immer die persönliche gesetzliche Haftpflicht der Subunternehmer ausgeschlossen. D.h., es besteht Versicherungsschutz für eine mögliche Falschauswahl oder bei Insolvenz eines Subunternehmers, jedoch nicht für die eigentliche Tätigkeit des Subunternehmers. Insoweit ist es auch hier, wie zuvor bereits erwähnt, sinnvoll, sich den bestehenden Versicherungsschutz der Subunternehmer nachweisen zu lassen. Auch sollte beachtet werden, dass in angemessener Weise Versicherungsschutz für die gesetzliche Haftpflicht aus der Verletzung von Pflichten, z.B. als Eigentümer, Mieter oder Pächter. von Grundstücken, Gebäuden und Anlagen,. besteht, die dem Versicherungsnehmer in der genannten Eigenschaft obliegen. Beispielsweise kann es sich hierbei um die bauliche Instandsetzung oder Reinigung. handeln.

Des Weiteren ist darauf zu achten, dass wie im Rahmen der Haftpflichtversicherung ebenfalls das Umwelthaftungsrisiko sowie das Umweltschadenrisiko eingeschlossen gelten. In jedem Fall sollte hier das sogenannte Basisrisiko mitversichert gelten, welches, wie zuvor bereits erläutert, Umweltschäden durch Boden, Luft oder Wasser aufgrund unterschiedlicher Haftungsrichtlinien umfasst. Sofern besondere Umweltanlagen bzw. Umweltrisiken vorhanden sind, müssen im Rahmen des zu beschaffenden Versicherungsschutzes für die beiden genannten Risiken bestimmte Bedingungsbausteine aktiviert werden. In diesem Zusammenhang ist zu prüfen, ob eine Photovoltaikanlage auch als Umweltanlage gelten kann und somit im Rahmen einer Umwelthaftpflicht- und einer Umweltschadenversicherung zu deklarieren ist. Grundsätzlich ist eine Photovoltaikanlage zwar keine Umweltanlage, aber eine Umweltanlage könnte sie theoretisch darstellen, wenn sie als Elektroumspannanlage gemäß der 4. Bundesimmissionsschutz-Verordnung (BImSchV) Ziffer 1.8 („Elektroumspannanlagen mit einer Oberspannleitung von 220 Kilovolt oder mehr einschließlich der Schaltfelder“) gilt. Dies wäre allerdings nur dann der Fall, wenn die Anlage direkt Strom in eine Hochspannungsleitung einspeist. Dieser Fall scheint bisher praktisch zwar noch nicht bekannt zu sein, ist aber theoretisch denkbar. Für den Fall, dass eine solche Anlage nach der 4. BImSchV vorliegt, handelt es sich demnach um eine genehmigungspflichtige Anlage. Für diesen Fall wird es ein Genehmigungsverfahren für die Anlage geben und einen Genehmigungsbescheid, in dem auf die 4. BImSchV verwiesen wird. Für die Umwelthaftpflicht- und die Umweltschadenversicherung bedeutet dies, dass ein entsprechender Bedingungsbaustein aktiviert und die Anlage hierunter deklariert werden müsste, damit entsprechender Versicherungsschutz für Schäden aus der Anlage besteht.

Im Rahmen des Umweltschadens-Basisrisikos gelten lediglich Schäden auf fremden Grundstücken versichert. Sollte hier auch Versicherungsschutz für Schäden auf eigenen Grundstücken gewünscht sein, ist eine Erweiterung des Versicherungsschutzes diesbezüglich möglich und sollte mit dem Versicherer erörtert werden.

4.2.6 Besondere Absicherungsmöglichkeiten gegen Wetterrisiken

In Ergänzung zu den genannten Versicherungslösungen für die Planungs-, Errichtungs- und Betriebsphase sollen folgend Absicherungsmöglichkeiten vorgestellt werden, die insbesondere Wetterrisiken betreffen. Im Zusammenhang mit Wetterrisiken wurde bereits die Minderertragsversicherung vorgestellt, die aber aufgrund ihres Charakters eines Versicherungsproduktes von den nun vorgestellten Lösungen abweicht.

Hierbei handelt es sich um Wetterderivate, die sich einer immer größer werdenden Bekanntheit erfreuen und deren Anwendungsgebiet vor allem für die erneuerbaren Energien und hier die Solarenergie interessant sein dürfte. In kaum einer anderen Branche ist eine solche unmittelbare Wetterabhängigkeit gegeben, weil meteorologische Faktoren unmittelbar die Betriebsergebnisse beeinflussen und die Absicherung gegen Negativabweichungen sowohl für Betreiber von Solaranlagen als auch für Investoren von Solarprojekten interessant sein dürfte.

Wetterrisiken werden im Vergleich zu herkömmlichen Risiken, die aus dem Betrieb von Solaranlagen resultieren, regelmäßig als relativ gering eingeschätzt. Das hat zur Folge, dass im Rahmen eines ausgewogenen Risikomanagements die Fokussierung auf andere Problemfelder stattfindet als auf eingeschränkt vorhandene Ressourcen. Außerdem wird häufig auf den Einsatz von Wetterderivaten verzichtet, da dieser als ökonomisch ineffizient angesehen wird. So wird die Meinung vertreten, dass die Kosten der Absicherung den möglichen Nutzen überwiegen. Ein anderer Grund könnte allerdings sein, dass Wetterderivate trotz der momentanen Entwicklung bisher eher wenig bekannt sind.

Im Grunde handelt es sich bei Wetterderivaten um derivative Finanzinstrumente, die geeignet sind, Unternehmen gegen ungünstige Wetterbedingungen abzusichern. Im Unterschied zu herkömmlichen derivativen Finanzinstrumenten, die sich häufig der Güter- oder Finanzmärkte bedienen (z.B. Warentermingeschäfte), liegen bei Wetterderivaten meteorologische Daten zugrunde. In der Regel sind dies Temperatur, Sonnenstunden oder Niederschlag. Da diese Wetterdaten – abgesehen von den Beschaffungskosten zum Erhalt der Daten – über keinen Preis verfügen und keine physischen Vermögensgegenstände sind, können sie weder gehandelt noch gelagert werden. Dies bedeutet, dass es sich bei Wetterderivaten um reine Finanztransaktionen handelt. Ein weiterer wichtiger Unterschied zu herkömmlichen derivativen Finanzinstrumenten ist, dass mit Wetterderivaten nicht Preisrisiken, sondern vielmehr Mengenrisiken abgesichert werden.

Wetterderivate unterscheiden sich außerdem von solchen Versicherungsprodukten, die auch geeignet sind, die Folgen aus Wetterrisiken zu verringern, darin, dass diese Versicherungsprodukte häufig zur Absicherung selten auftretender außergewöhnlicher Wetterereignisse verwendet werden. Bei Wetterderivaten hingegen können auch weniger drastische Ereignisse, die aber häufiger auftreten, abgesichert werden.

Folgend wird die Funktionsweise von Wetterderivaten erläutert: Sobald ein vorher definierter, objektiv messbarer Wert über- oder unterschritten wird, erfolgen bei Wetterderivaten Zahlungen, unabhängig von tatsächlich eingetretenen Schäden. Daher ist auch ein entsprechender Nachweis – wie dies bei Versicherungsprodukten der Fall ist – nicht notwendig. Ein Vorteil von Wetterderivaten ist, dass durch die Verwendung objektiver Wetterdaten ein Moral Hazard, also ein moralisches Risiko, das sich in einer negativen Verhaltensänderung durch die Versicherung gegen ein Risiko manifestiert, vermieden wird, weil es keine Informationsasymmetrien zwischen Käufer und Verkäufer gibt.

Allerdings ist anzumerken, dass keine klare Trennung des Übergangs von Versicherungsprodukten zu Wetterderivaten stattfindet. So werden beispielsweise auch auf Wetterindizes basierende Versicherungslösungen angeboten, die sowohl auf Extremwetterereignisse als auch auf unterdurchschnittliche Erträge abzielen.

Wetterderivate werden in der Regel von zwei Vertragsparteien abgeschlossen. Dabei übernimmt der Käufer vom Verkäufer das aus den Schwankungen von definierten Wetterindizes resultierende ökonomische Risiko. Verschiedene Parameter wie Wetterindex, Wetterstation, Laufzeit, Strike Level (kritischer Wert, ab dem eine Auszahlung erfolgt), Tick Size (zu bezahlender Geldbetrag je Indexpunkt) und Auszahlungsstruktur bilden die Grundlage für die jeweils auszugestaltenden Derivate.

Die Anwendung von Wetterderivaten zur Absicherung von Produktionsrisiken scheint neben der Anwendung bei Wind- und Wasserkraft gerade für den Bereich Solarenergie sinnvoll zu sein, da es bei dieser Form der Energieerzeugung möglich ist, einen unmittelbaren Zusammenhang zwischen Wetterindizes und Produktionsmenge herzustellen.

Hier käme ein Wetterindex in Frage, der hoch mit dem Ertrag korreliert, da die Produktion von Elektrizität durch Solarenergie von der Sonnenscheindauer und vom Einfallswinkel der Sonnenstrahlung abhängt. So könnte die jährliche Direkteinstrahlung in kWh pro Quadratmeter ein geeigneter Index für die Absicherung sein. Als Basis wäre auch die Anzahl von Sonnenstunden denkbar. In diesem Falle wäre der von Tages- und Jahreszeit abhängige Einfallswinkel zu berücksichtigen, um eine möglichst hohe Korrelation der aufsummierten Sonnenstunden mit der Stromproduktion zu erreichen.

Obwohl eine Absicherung mittels Wetterderivaten von Solaranlagen relativ leicht vorstellbar ist, scheint sich die praktische Umsetzung noch nicht durchgesetzt zu haben. Ein Grund dafür könnte sein, dass sich die Zahl von Anlagen, deren Größe attraktiv für eine Absicherung durch Wetterderivate wäre, noch in Grenzen hält und derzeit die Kosten den Nutzen offenbar überwiegen. Aber die sich ständig weiterentwickelnde Technik sowie die immer weiter verfeinerten Wetterderivate machen es wahrscheinlich, dass zukünftig vermehrt eine zusätzliche Absicherung von Wetterrisiken durch Wetterderivate stattfinden wird.

4.2.7 Besondere Anforderungen an die Betreiber von Solarprojekten

Wie in den vorangegangenen Kapiteln dargestellt wurde, ist der Betrieb von Solaranlagen trotz einer sich ständig entwickelnden und sich verbessernden Technologie noch immer vielfältigen Risiken ausgesetzt, die sich mit einer geschickten Risikomanagementstrategie in Verbindung mit einem ausreichenden Versicherungsschutz handhabbar machen lassen. Zwar wird immer ein gewisses Restrisiko verbleiben, aber ein Schaden bzw. daraus resultierende negative finanzielle Folgen können bei entsprechender Handlungsweise weitgehend abgefedert werden.

Mittlerweile gibt es bereits viele Erfahrungswerte für die Versicherung von Solaranlagen, die auch grundsätzlich möglich ist, wenn gewisse Rahmenbedingungen – Schadenverhütungsmaßnahmen – erfüllt werden. Der Versicherungsbedarf wird in den kommenden Jahren weiterhin zunehmen und viele ausländische Hersteller werden auf den Markt drängen. Damit wird die Qualitätssicherung einen immer größeren Stellenwert einnehmen.

Folgend werden einige wichtige Schadenverhütungsmaßnahmen aufgezählt, die zunächst im Eigeninteresse der Betreiber von Solaranlagen in Erwägung gezogen werden sollten, um

Risiken zu mindern. Spätestens beim Einkauf von Versicherungsschutz, insbesondere zur Montage- und Allgefahren Sach- und Betriebsunterbrechungsversicherung, werden die meisten Versicherer vertraglich zu erfüllende Anforderungen stellen, um die Risiken aus der Errichtung und aus dem Betrieb von Solaranlagen handhabbar machen zu können.

Bezüglich des Brandschutzes sollten im Allgemeinen keine leicht entflammbaren Stoffe in unmittelbarer Nähe zu den Anlagen lagern. Wenn Solaranlagen auf Gebäuden installiert werden sollten, in denen Stroh, Getreide, Heu oder andere leicht brennbare Stoffe lagern oder auf solchen, die in Leichtbauweise erstellt wurden oder die mit einem Reetdach eingedeckt sind, ist zu bedenken, dass die Versicherungsprämien abhängig von der jeweiligen Risikosituation sind. So wird die erhöhte Risikosituation einer Solaranlage, die auf dem Dach einer Scheune installiert wird, von den Versicherungsunternehmen anders bepreist werden als beispielsweise eine Solaranlage auf dem Dach einer Schule. Außerdem ist neben der Vermeidung einer zu engen Modulbebauung die Installation einer Brandmeldeanlage mit Alarmierung der örtlichen Feuerwehr zu empfehlen. Bei der Entscheidung für eine Bodenanlage gilt zu berücksichtigen, dass ein regelmäßiger Beschnitt des Bodenbewuchses sowie Schutzstreifen zu angrenzenden Feldern oder Grünanlagen dafür sorgen, dass eine Ausbreitung von Bränden eingeschränkt oder gar verhindert wird.

Auch zur Eindämmung von Überspannungsschäden durch Blitzschlag können bereits im Vorfeld Maßnahmen getroffen werden, die mögliche Schäden verhindern oder zumindest minimieren. So können Solaranlagen in bereits bestehende oder noch zu schaffende Blitzschutzsysteme integriert werden (bspw. Blitzableiter). Wechselrichter können in den elektronischen Potenzialausgleich eingebunden werden und es kann dafür gesorgt werden, dass sie eine blitzstromfähige Erdung erhalten. Besonders gegen Überspannungsschäden können geeignete Schutzschalter innerhalb der Gebäudeelektrik eingebaut werden – genauso wie Schutzvorrichtungen wie spannungsabhängige Widerstände oder Blitzstromableiter. Eine weitere Schutzmaßnahme wäre zudem zum Beispiel ein eigener Anschlusskasten für jeden String.

Um einen geeigneten Schutz gegen Naturgefahren einzurichten, ist beispielsweise eine wettergeschützte Unterbringung der Wechselrichter angezeigt. Außerdem können geeignete Unterkonstruktionen, Gründungen und Befestigungen für eine ausreichende Standsicherheit sorgen. Im Falle von Schneefall und Vereisung sollte regelmäßig dafür gesorgt werden, dass die Solaranlagen von Schnee und Eis befreit werden.

Weiterhin hat sich in jüngster Zeit gezeigt, dass Bodenanlagen, die in Hanglage errichtet wurden, verstärkt durch Regen und dadurch bedingte Erdrutsche gefährdet sind. Eine möglicherweise bessere Nutzung der Sonneneinstrahlung wird so mit einem höheren Schadenrisiko erkauft.

Weil wie weiter oben beschrieben die verlegten Kabel häufig durch Tierfraß beschädigt werden, ist es sinnvoll, die Verkabelung der Anlagen in geeigneten Kabelrohren zu verlegen oder darauf zu achten, dass die Kabel nicht durch Tiere erreicht werden können.

Der Schutz gegen Diebstahl spielt für das Risikomanagement bezüglich der Errichtung und des Betriebs von Solaranlagen eine besondere Rolle und stellt für die Betreiber von Solaranlagen eine besondere Herausforderung dar. Nicht zuletzt auch deshalb, weil die Versicherer aufgrund der Schadenerfahrung darauf achten, dass für angemessene Schutzmaßnahmen gesorgt wird, bevor Versicherungsschutz gewährt werden kann.

Maßnahmen zur Absicherung von Solaranlagen können in mechanische und in elektronische Sicherungen unterschieden werden. Zu den erstgenannten zählt als wichtigste Sicherungsmaßnahme die Einfriedung der Solaranlage – also die Einzäunung inklusive Übersteigungssicherung (in der Regel mittels Stacheldraht). Bei den Versicherern hat sich eine Mindesthöhe von 2 m durchgesetzt, die nicht zu einem zusätzlichen Selbstbehalt führt. Außerdem sollte eine abschließbare Toranlage vorhanden sein, die eine Zutrittskontrolle zum Anlagengelände ermöglicht. Die Anlagenbestandteile sollten durch geeignete Befestigungsmaßnahmen besonders gesichert werden. So bietet sich an, die Wechselrichterbefestigung durch Spezialschrauben, U-Profile oder Spezialkleber zu befestigen und die Module durch eine diebstahlsichere Verschraubung oder Spannbügel zu sichern.

Neben den genannten mechanischen Sicherungen haben sich in der Vergangenheit besonders die elektronischen Sicherungsmaßnahmen als erfolgreich erwiesen. So führen zum Beispiel die Installation von Einbruchmeldeanlagen (ggf. auch mit Aufschaltung) oder die Videoüberwachung mit Kameras und Bewegungsmeldern zu einer Diebstahlprävention oder machen das schnelle Ergreifen oder die Identifikation von Tätern einfacher. Zu diesen Maßnahmen lassen sich auch Meldesysteme – zum Beispiel bodensensorische Anlagen, die beim Betreten eines bestimmten Areals einen Alarm auslösen – oder Lichtschrankensysteme mit Alarmweiterleitung, zählen.

Darüber hinaus hat sich unter besonderen Umständen der Einsatz von Wachdiensten als wirksame Präventionsmaßnahme etabliert, sollten beispielsweise in der Errichtungsphase die geforderten Einfriedungen noch nicht vorhanden sein. Die Sicherung der Zufahrtswege (beispielsweise durch Poller) hat sich ebenfalls als wirkungsvoll erwiesen.

Auch wenn dies selbstverständlich sein sollte, ist es in vielen Fällen bisher nicht immer üblich, dass Anlagenteile während der Errichtungsphase am Montageort unter Verschluss aufbewahrt werden.

Neben den genannten Schadenverhütungsmaßnahmen spielen weitere Aspekte eine Rolle, die Betreiber von Solaranlagen beachten sollten. So sollte die Errichtung und die anschließende Wartung von Solaranlagen grundsätzlich von versierten Fachbetrieben durchgeführt werden, um Schäden durch unsachgemäße Behandlung zu vermeiden. Für das Monitoring und die Fernwartung wird mittlerweile eine Vielzahl an Dienstleistungen und Lösungen angeboten. Dennoch kann ein Anlagen-Monitoring nicht die periodisch durchzuführende Wartung ersetzen. Im Rahmen einer solchen Wartung sollte eine Untersuchung aller funktions- und sicherheitsrelevanten Komponenten und deren Umfeld durchgeführt werden, um bereits sich ankündigende Störungen im Vorfeld zu erkennen und abzuwenden. Damit kann die Ertragssicherung ebenfalls unterstützt werden.

Die genannten Maßnahmen können natürlich nur eine Übersicht über anzuwendende Möglichkeiten zur Schadenverhütung darstellen. Welche Maßnahmen sinnvoll und notwendig sind, hängt von der jeweiligen Risikosituation ab. Diese müssen dann im Rahmen einer Einzelbetrachtung für jedes Risiko ausgewählt und durchgeführt werden. Vor allem bei gewerblich oder industriell genutzten Solaranlagen ist eine enge Abstimmung mit den Versicherungsunternehmen und den betreuenden Maklern notwendig. Dadurch wird gewährleistet, dass die größten Gefahren und Risiken für eine Solaranlage und für die Umgebung, in der sie installiert wird, bestmöglich eingeschätzt werden. Durch möglichst umfassende, kombinierte Maßnahmen im Risikomanagement und im Konzipieren von Versicherungsprogrammen können diese Risiken und Gefahren dann gemindert oder abgewendet werden.

Unsere Darstellung hat gezeigt, dass die Einbindung von Versicherungen eine unverzichtbare und sinnvolle Maßnahme ist, um die Errichtung und den Betrieb eines Solarvorhabens möglichst reibungslos zu gestalten. Es sollte auch deutlich geworden sein, dass hierzu eine fachkundige Versicherungsberatung gehört, die die projektspezifische Situation und die Anforderungen der Kapitalgeber mit aufnimmt. Dies gilt insbesondere dann, wenn Solarprojekte außerhalb Deutschlands realisiert werden, da die Genehmigungen häufig mit speziellen Versicherungsanforderungen verknüpft sind.

4.3 Bankability von Photovoltaik-Projekten

FLORIAN LÜDEKE-FREUND

FLORIAN LÜDEKE-FREUND, Dipl.-Ökonom, ist wissenschaftlicher Mitarbeiter und Doktorand am Centre for Sustainability Management, LEUPHANA UNIVERSITÄT LÜNEBURG; Schwerpunkt nachhaltige Geschäftsmodelle und -strategien für erneuerbare Energien. Seine Dissertation befasst sich mit dem deutschen Photovoltaik-Projektgeschäft aus Regulierungs-, Geschäftsmodell- und Strategieperspektive. Florian Lüdeke-Freund hat hierzu bereits an verschiedenen Orten publiziert und auf internationalen Konferenzen präsentiert. Der vorliegende Buchbeitrag in Zusammenarbeit mit Nina Hampl und Dr. Christoph Flink basiert auf einer gemeinsamen Interviewstudie mit 20 deutschen und chinesischen Photovoltaik-Experten; darunter Banken, Projektentwickler und Modulhersteller. Durchgeführt wurde die Studie in Kooperation mit der goetzpartners MANAGEMENT CONSULTANTS GmbH, München, und der COLEXON Energy AG, Hamburg.

NINA HAMPL

NINA HAMPL, Magistra, ist wissenschaftliche Mitarbeiterin und Doktorandin im Bereich Management erneuerbarer Energien, UNIVERSITÄT ST. GALLEN, Schweiz. Ihren Forschungsschwerpunkt hat sie auf das Entscheidungsverhalten verschiedener Akteure im Kontext der Finanzierung von erneuerbaren Energien gelegt (Venture Capital, Projektfinanzierung, Public Equity Markets). Die Photovoltaik stellt hierbei einen besonderen Fokus dar. Nina Hampl hat Internationale Betriebswirtschaft an der Universität Wien studiert. Vor ihrer Tätigkeit an der Universität St. Gallen war sie Management Consultant bei Accenture in den Bereichen internationale Energiewirtschaft und erneuerbare Energien. Sie ist Co-Autorin zweier Accenture-Studien zum internationalen Biokraftstoffmarkt.

DR. CHRISTOPH FLINK

DR. CHRISTOPH FLINK, Dipl.-Physiker, ist Professor am NORDIC INTERNATIONAL MANAGEMENT INSTITUTE (NIMI) im chinesischen Chengdu, wo er als Vice President im Business Development für firmenspezifische Programme sowie für das Doktoratsprogramm für Führungskräfte verantwortlich ist. Darüberhinaus leitet er das Green Technology Management Knowledge Center als Teil von NIMI. Ein EMBA wurde ihm von der CHINA EUROPE INTERNATIONAL BUSINESS SCHOOL (CEIBS) in Shanghai verliehen. Zuvor hat Christoph Flink an der UNIVERSITY OF CALIFORNIA AT BERKELEY und dem LAWRENCE BERKELEY NATIONAL LABORATORY in Physik promoviert. In Berkeley war er mehrere Jahre als wissenschaftlicher Mitarbeiter für Prof. Dr. Eicke R. Weber, Direktor des Fraunhofer ISE, tätig. Heute liegt sein Fokus auf der Forschung zum strategischen Management in der chinesischen Solarindustrie.

Unter Mitarbeit von SEBASTIAN OLBERT und VALENTIN ADE.[177]

4.3.1 Einleitung

Ein Blick auf die weltweiten Neuinstallationen der letzten Jahre zeigt, dass Banken und Investoren auch in der Finanzkrise und der folgenden Rezession der Asset-Klasse „Photovoltaik-Projekt" sehr positiv gegenüber eingestellt waren[178]. Der deutsche PV-Boom lässt sich in

[177] Dieses Kapitel basiert auf einem laufenden Forschungsprojekt zur Bedeutung von Technologiemarken und Bankability im Kontext der PV-Projektfinanzierung. Beteiligt sind des Weiteren Sebastian Olbert, goetzpartners MANAGEMENT CONSULTANTS GmbH, München, und Valentin Ade, COLEXON Energy AG, Hamburg.

[178] Vgl. UNEP; SEFI; NEF 2010.

diesem Zusammenhang im Wesentlichen durch drei Entwicklungen begründen[179]: Zunächst wird Solarstrom seit Jahren politisch stark unterstützt. Das regulatorische Umfeld stellt auch nach den jüngsten Anpassungen der Einspeisetarife ein solides Fundament mit hoher Anreizwirkung dar (politische Fehlsteuerungen wie im Falle Spaniens wurden hier vermieden). Zum zweiten führt der zunehmende globale Wettbewerb unter den Modulherstellern zu starken Kostenminderungen, die mit Lernkurveneffekten auf allen technischen Gebieten von der Siliziumaufbereitung bis zur Modulendmontage einhergehen. Zum dritten erfreuen sich „grüne Geldanlagen", wie sie insbesondere im Bereich der erneuerbaren Energien mittlerweile standardmäßig angeboten werden, zunehmender Beliebtheit[180].

Die letztgenannte Entwicklung steht im Fokus dieses Kapitels: PV-Projekte als Finanzierungs- und Investitionsobjekte. Thematisiert wird das Spektrum an Voraussetzungen der Projektfinanzierung von PV-Kraftwerken. Erörtert wird eine Gesamtschau der qualitativen und quantitativen Kriterien, die ein Projekt erfüllen muss, um aus Sicht von Banken und Investoren finanzierungswürdig, d.h. „bankable", zu sein. Zwar lassen sich die hiesigen Vergütungs- und Fördersysteme für Solarstrom unmittelbar als wirksame Treiber für PV-Investitionen identifizieren[181]. Damit ist es jedoch noch nicht getan, wenn es für Projektsponsoren und -entwickler darum geht, eine wettbewerbsfähige Projektfinanzierung einzuwerben. Die Umwelt- und Energiepolitik steckt hier zwar das Spielfeld ab; die Regeln, d.h. die Finanzierungskonditionen, bestimmen die Spieler jedoch untereinander. Und hier können sich von Projekt zu Projekt erhebliche Unterschiede in der Finanzierungswürdigkeit ergeben, da diese unmittelbar mit der Einschätzung der Projektqualität seitens der Banken und Investoren zusammenhängt[182]. Der Projektvertrieb gerät zusehends unter starken Margendruck, wodurch es zwingend erforderlich wird, die zentralen Qualitätskriterien der Finanzierungswürdigkeit, d.h. der „Bankability", zu verstehen und aktiv zu managen[183].

Im Folgenden geht es weniger um die Details einzelner Kriterien; diese werden in den anderen Kapiteln dieses Buches diskutiert. Stattdessen wird ein umfassendes Gesamtbild der Bankability entwickelt, das auf der vorhergehenden Auseinandersetzung mit der Projektfinanzierung aufbaut. Die Voraussetzungen anderer Finanzierungsformen wie Privatkredite oder Unternehmensfinanzierungen werden nicht behandelt. Zu klären ist, weshalb das Thema Bankability so viel Aufmerksamkeit erhält und was sich grundsätzlich hinter diesem Schlagwort verbirgt. Kapitel 4.3.2 entwickelt ein theoretisches Verständnis des Bankability-Begriffs, das sich aus dem allgemeinen Qualitätsbegriff ableitet. Das resultierende Konzept definiert die Projekt-Bankability, die sich aus der Bankability von Komponenten und Projektakteuren zusammensetzt. Schließlich wird der Begriff in den Kontext der bankseitigen Projektprüfung und des Risikomanagements eingeordnet (Kapitel 4.3.3), bevor erste Ableitungen eines aktiven Bankability-Managements in Kapitel 4.3.4 besprochen werden. Dies erfolgt keinesfalls

179 Vgl. PwC 2010.

180 Bspw. Bank Sarasin 2010; 2011.

181 Bspw. P.D. Lund 2009; S. Lüthi 2010.

182 J. Böttcher 2009.

183 Bspw. S. Mehta 2010; PwC 2010; J. Berner 2011.

abschließend und kann daher als Ausgangspunkt weiterer Untersuchungen dienen. Kapitel 4.3.5 fasst die Ergebnisse zusammen.

4.3.2 Bankability – Vom Schlagwort zum theoretischen Begriff

4.3.2.1 Annäherung an eine Definition

Bankability ist eines der vieldiskutierten Schlagwörter auf dem Kapitalmarkt für PV-Projekte. Vielzählige Konferenzvorträge und Fachartikel greifen diesen Begriff direkt auf oder thematisieren hiermit verbundene Herausforderungen der Projektentwicklung und -finanzierung[184]. Obwohl dieser Umstand die Wichtigkeit unterstreicht, existiert in Theorie und Praxis kein einheitliches Verständnis, was dieser Begriff bedeutet. Eine aktuelle Interviewstudie zeigt auf, dass die Sichtweisen zentraler Akteure des PV-Projektgeschäfts von „purer Philosophie“ bis hin zu konkreten Anforderungen an Cashflow-Modelle reichen[185]. Für die einen ist Bankability ein eher diffuses Konzept, das kaum zu erfassen ist:

> *„Das Thema Bankability ist für mich eher Philosophie als Wissenschaft. Weil man es nicht packen kann. Es wird von sehr vielen Parteien sehr unterschiedlich bewertet.“*
> *(Leiter Supply Chain Management; deutscher PV Großhändler/Projektentwickler)*

Andere Akteure wiederum verstehen unter Bankability ein mehrdimensionales Konstrukt, das sich aus den drei Kerndimensionen der Projekt-Due-Diligence zusammensetzt, die die rechtlichen, technischen und wirtschaftlichen Projektanforderungen definieren, um aus Risikosicht die Verlässlichkeit des Projekt-Cashflows beurteilen zu können:

> *„Letztendlich geht es darum: Ist der Cashflow sicher oder nicht? Ein sicherer Cashflow bedeutet sicher in rechtlicher Hinsicht, sicher in technischer Hinsicht und sicher in wirtschaftlicher Hinsicht.“*
> *(Leiter Kompetenzzentrum Erneuerbare Energien; deutsche Großbank)*

Aus dieser Perspektive wird Bankability zu einer prüfbaren Eigenschaft des PV-Projektes als Ganzes sowie einzelner „Projektentitäten“ wie die technischen Komponenten, Komponentenhersteller, Projektentwickler und Investoren. Letztendlich müssen alle Entitäten den Status von Bankability erreichen, damit das Projekt als Ganzes diesen Status und damit Finanzierungswürdigkeit erhält. Es existiert keine zentrale Institution oder Norm, die festlegt, ob ein Projekt, Modul, Modulproduzent oder Investor bankable ist. Diese Bewertung wird daher von verschiedenen Projektakteuren unterschiedlich vorgenommen. Aber auch innerhalb einer Gruppe von Akteuren wie den Fremdkapitalgebern finden sich unterschiedliche Bewertungen und Interpretationen. Ein grundlegendes Verständnis, das für alle Banken zugrunde gelegt werden kann, wurde von einem Credit Risk Manager wie folgt formuliert:

[184] Vgl. J. Berner 2011.

[185] N. Hampl et al. 2011.

„Bankability bedeutet, dass die Bank weitestgehend davon überzeugt ist, dass die Cashflows so stabil sind, dass die Darlehen zurückgeführt werden können.“ (Credit Risk Manager, Structured Finance, Energy; deutsche Großbank)

Die zentrale Bedeutung der risikoorientierten Cashflow-Modellierung wurde in den vorhergehenden Kapiteln umfassend dargestellt. Die Cashflow-Perspektive ist nun in das Gesamtbild der Projektbewertung zu integrieren, die neben quantitativen auch qualitative und mitunter schwer messbare Kriterien umfasst. Der Versuch einer theoretischen Bankability-Definition kann hierbei helfen. Zuvor ist jedoch zu zeigen, woher die Schwierigkeiten einer generellen Definition stammen. In der genannten Interviewstudie wurde die Pluralität der Projektbeteiligten als wesentlicher Grund identifiziert (zu den verschiedenen Projektparteien siehe auch Abbildung 43). Im folgenden Abschnitt werden daher die in der Studie zusammengetragenen Ansprüche zentraler Projekt-Stakeholder als Ausgangspunkt eines theoretischen Bankability-Begriffs diskutiert. Da offen geführte Experteninterviews zugrunde liegen, beinhaltet diese Zusammenfassung ausschließlich qualitative und somit primär auf den Inhalt und die Bedeutung der Expertenaussagen fokussierte Informationen. Statistische Informationen wie bspw. Aussagehäufigkeiten werden nicht ausgewertet, da dies einerseits nicht Teil des explorativen Ansatzes der Untersuchung war und andererseits durch die kleine Samplegröße kaum möglich ist[186].

4.3.2.2 Ansprüche zentraler Projekt-Stakeholder

Projektfinanzierende *Banken* fassen Bankability grundsätzlich als Vertrauen in die langfristige Fähigkeit zur Bedienung eines Kredits auf. Dieses Vertrauen in die Schuldendienstfähigkeit des Kreditnehmers, i.d.R. die hierfür gegründete Projektgesellschaft (*Special Purpose Vehicle*), verlangt prognostizierbare und stabile Cashflows über die gesamte Finanzierungsperiode; zusätzlich sind qualitative Aspekte Teil des Bewertungsprozesses (Kapitel 1.3). Ziel ist die Minimierung des Gesamtrisikos relativ zum prognostizierbaren Ertrag, um die Rückzahlung des Kredits sicherzustellen. Ein zentraler Indikator hierfür ist der Schuldendeckungsgrad (Debt Service Cover Ratio, DSCR). Diese Kennzahl gibt die zu erwartende Sicherheit von Kreditrückzahlungen an, d.h. je nach Betrachtung die jährliche, auf die Projekt- oder Kreditlaufzeit bezogene Schuldendienstfähigkeit. Seitens der befragten Experten wurde regelmäßig ein Mindestwert auf Jahresbasis von 1,1 bis 1,2 genannt. Kennzahlen wie der DSCR sind „hard facts“, die die wirtschaftliche Durchführbarkeit eines Projekts und somit die quantitative Dimension von Bankability aus Bankensicht darstellen. Neben dieser quantitativen Risikoprüfung erfolgen auch eher qualitative Prüfungen, die sich u.a. auf das Rechts- und Regulierungsumfeld, die Bekanntheit der Technik und die allgemeine Chance-Risiko-Zuweisung zwischen den Projekt-Stakeholdern beziehen (eine Vertiefung der Bankenperspektive auf die Projekt-Bankability erfolgt in Kapitel 4.3.3).

[186] Siehe goetzpartners; COLEXON 2011, im Erscheinen. Befragt wurden 20 PV-Experten aus den Bereichen Projektfinanzierung (Banken und Equity-Investoren), Projektentwicklung, Systemintegration, Modulproduktion und projektnahe Services. Die Interviews wurden zwischen September 2010 und Februar 2011 geführt. Angewendet wurde eine offene, strukturierte und qualitative Interviewform (Mayring 2002, S. 65ff.; siehe auch A. Bogner; B. Littig; W. Menz 2005). Weitere Hintergrundinformationen können im Internet abgerufen werden: https://www.alexandria.unisg.ch/Projekte/nach-Institut/IWO/70415

Unter derzeitigen Markverhältnissen verlangen Banken bei Solarprojekten einen Eigenkapitalanteil zwischen 15 und 25 Prozent. Dieses Eigenkapital wird entweder vom Projektsponsor oder einer Drittpartei zur Verfügung gestellt. *Investoren* sind im Allgemeinen Projektentwickler, Energieunternehmen, institutionelle Investoren wie Private Equity Fonds oder Rentenfonds sowie Privatinvestoren über geschlossene Fonds. Eigenkapitalgeber bevorzugen typischerweise Turnkey-Projekte oder solche in einem fortgeschrittenen Pre-Turnkey-Stadium, da hier Projektrisiken wie das legale, das Fertigstellungs- oder Währungsrisiko geringer sind. Attraktiv kann auch der Sekundärmarkt sein, auf dem PV-Kraftwerke gehandelt werden, die bereits voll in Betrieb sind. Einige der befragten Investoren fokussieren sich allerdings auch auf Projekte in sehr frühen Entwicklungs- und Baustadien. Der tatsächliche Projekttyp, in den investiert wird, sowie die Risikoexponiertheit hängen letztendlich vom jeweiligen Geschäftsmodell des Eigenkapitalgebers ab. Equity Investoren sehen sich hierbei eher als „Sekundäranalysten", da sie ihre Bewertungen auf Daten und Dokumentationen von anderen Akteuren, vor allem Banken, stützen. Aspekte wie Projektreferenzen, Erfahrung und finanzielle Stärke der weiteren Projektpartner sowie das Vertrauen in die eingesetzte Technologie sind essentiell. Auch die Vorhersagbarkeit und die Stabilität der Cashflows, die Möglichkeit, das Projekt wiederzuverkaufen, das Erzielen von Kapitalgewinnen und Steuervorteilen sind wichtige Kriterien für die „Investability" eines Projekts.

Eine dritte Stakeholder-Gruppe mit einem ausgeprägten Qualitäts-Verständnis sind projektnahe Dienstleister aus den Bereichen Test, Auditing, Zertifizierung sowie meteorologische Dienste. Fachpublikationen machen sehr deutlich, dass für Test- und Prüfinstitute wie dem TÜV, VDE oder FRAUNHOFER ISE die bautechnischen Moduleigenschaften, Langzeitperformance unter verschiedenen lokalen Gegebenheiten sowie das Zusammenspiel mit verschiedenen Wechselrichtern im Zentrum der Verlässlichkeit und Finanzierungswürdigkeit stehen[187]. Hier kommen die technischen Komponenten mit ihrer Fähigkeit ins Spiel, einen langfristigen und stabilen Cashflow zu garantieren (siehe Kapitel 3.1 und 3.2). Projektnahe Dienstleister spielen eine wichtige Rolle in der Projektentwicklung und -finanzierung, weil sie die technische Dimension der Bankability abdecken und somit Transparenz für die technische Due Diligence schaffen. Die befragten Dienstleister bestätigen, dass Banken, Investoren und Versicherer diese Services zunehmend nachfragen und stets auch an Weiterentwicklungen und Verschärfungen der Test- und Prüfprozeduren interessiert sind. Neben den spezifischen Eigenschaften unterschiedlicher Technologien (z.B. verschiedene Dünnschicht- oder kristalline Technologien) werden detaillierte Herstellerinformationen eingeholt und die Produktion begutachtet und zertifiziert. Hierunter fallen zunehmend auch das Qualitäts-, Umwelt- und Beschwerdemanagement der Technologiehersteller. Eine weitere Kategorie von Dienstleistern ist spezialisiert auf die Sammlung und Aufbereitung von Langzeit-Einstrahlungsdaten; dies auch in Kombination mit Performancedaten ausgewählter Module oder Modul-Wechselrichter-Kombinationen. Angesichts der zunehmend unübersichtlich werdenden Herstellerlandschaft sind Banken und Investoren auf derartige Services im Bereich der technischen Bankability angewiesen. In diesem Umfeld bauen derzeit insbesondere die etablierten Test- und Prüfinstitute ihre Kapazitäten aus und führen neue Formate auf dem Markt ein (z.B. der PV+ Test von TÜV RHEINLAND und SOLARPRAXIS).

187 Bspw. I. Röpcke 2011.

In Abhängigkeit von ihrer Position auf der PV-Wertschöpfungskette und dem Grad an horizontaler Integration arbeiten *Projektentwickler* auf Basis unterschiedlicher Geschäftsmodelle. Während einige eine Vielzahl an Wertschöpfungsstufen integrieren, vom Modulgroßhandel bis zu EPC- (Engineering, Procurement & Construction) und O&M-Aktivitäten (Operation & Maintenance), fokussieren andere zum Beispiel nur auf die technische Projektentwicklung und verfügen somit eher über ein Kontraktoren-Geschäftsmodell. Die befragten Projektentwickler verfügen über ein reflektiertes Verständnis der Bankability, da sie sich durchaus bewusst darüber sind, dass die hin und wieder erwähnten „Black Lists“ und „White Lists“ der Banken nicht nur für Module, sondern auch für sie selbst existieren. Um einen White-List-Status zu erreichen, müssen Projektentwickler auf wesentliche Indikatoren achten: Track Record (Projekt-Portfolio), Unternehmensgröße (z.B. gemessen am Umsatz), finanzielle Situation (abgeleitet aus der Bilanzstruktur und Gewinn- und Verlustrechnung), Position in der Wertschöpfungskette, Partnerschaften mit Komponentenherstellern (insbesondere Modulproduzenten), Beziehungen zu Banken und Investoren, Fähigkeit zur Vergabe von Gewährleistungen und technischen Garantien für Komponenten und komplette Kraftwerke und deren Performance. Diese nicht abschließende Liste verdeutlicht die Herausforderung für Projektentwickler, wenn sie ihre eigene Bankability managen möchten: Sie müssen Projekte entwickeln, die Banken und Investoren überzeugen, zu ihrem eigenen Track Record positiv beitragen und zugleich im Rahmen ihrer Möglichkeiten realisiert werden können.

Um diesen vielschichtigen Anforderungen der Projekt-Stakeholder, die z.T. auch an diese selbst gestellt werden, mit einem aktiven Management gerecht werden zu können, muss Bankability zunächst als komplexes, mehrdimensionales Konstrukt erkannt werden, dessen Dimensionen und Indikatoren aus der Vielfalt dieser Anforderungen zu rekonstruieren sind. Dieser Rekonstruktion widmen sich die folgenden Abschnitte.

4.3.2.3 Bankability als theoretisches Konstrukt

Bei dem Begriff Bankability handelt es sich zunächst um einen abstrakten bzw. rein sprachlichen Sachverhalt, dessen Bedeutung nicht direkt erkennbar oder über empirische Methoden messbar ist. Dieser schwer zu fassende Sachverhalt kann jedoch über den Umweg von sogenannten Explikatoren, d.h. unmittelbar beobachtbare Indikatoren, die in einem vermuteten Zusammenhang mit dem eigentlich adressierten Sachverhalt stehen, zumindest indirekt „messbar“ gemacht werden (Operationalisierung). Bankability wird hierdurch zu einem theoretischen Konstrukt.

Bei näherer Betrachtung fällt die Ähnlichkeit dieses Konstrukts zum Begriff der Qualität auf. Qualität ist eines der am stärksten erforschten theoretischen Konstrukte in der Literatur und Praxis. Mit der Definition dieses Begriffs haben sich in der Vergangenheit unterschiedliche Wissensgebiete und Literaturströmungen beschäftigt. Darunter die Philosophie, Ökonomie, Marketing sowie Produkt- und Produktionsmanagement[188]. Qualität kann, wie Bankability, nicht direkt gemessen werden. Dessen begriffliche Definition ergibt sich über beobachtbare Explikatoren wie z.B. Funktionen, Leistung und Langlebigkeit von Produkten. Die zahlreichen Konzepte des Qualitätsmanagements zeigen die Wichtigkeit eines aktiven Ansatzes, da

[188] Vgl. Garvin 1984, S. 25.

dies einen direkten Einfluss auf den Wert des betreffenden Objekts hat. Dies trifft einerseits auf Konsumgüter zu, kann jedoch ebenso auf Investitionsgüter und Dienstleistungen übertragen werden.

Der Begriff Qualität umfasst sowohl objektive als auch subjektive Komponenten. Letztere werden meist als „wahrgenommene Qualität“ bezeichnet. Ähnlich wie Qualität umfasst auch Bankability sowohl objektive Elemente (kalkulierbare Finanzierungswürdigkeit; z.B. Höhe und Verlauf der Cashflows, Leistungsdaten von Modulen, gesetzliche Rahmenbedingungen am Projektstandort) als auch subjektive Elemente (wahrgenommene Finanzierungswürdigkeit; z.B. Vertrauen in eine Unternehmenshistorie, in eine bestimmte Technologie oder Marke). Diese Elemente kommen im Rahmen der qualitativen und quantitativen Risikoprüfung zum Tragen, wie sie in den verschiedenen Fachkapiteln dargestellt wurden.

Die auf Basis der Expertengespräche ermittelten Begriffsdefinitionen in 4.3.2.1 sowie die Anforderungen der verschiedenen Projekt-Stakeholder weisen bereits auf mögliche Bankability-Dimensionen hin, denen sich konkret messbare Indikatoren zuordnen lassen. Bankability umfasst Projektanforderungen, die rechtlichen, technischen und wirtschaftlichen Dimensionen zugeordnet werden können. Des Weiteren setzt sich die Projekt-Bankability aus der Finanzierungswürdigkeit der verschiedenen Projektentitäten zusammen (technische Komponenten und Projektakteure). Die Projektentitäten haben über die drei Dimensionen – rechtlich, technisch und wirtschaftlich – Einfluss auf die Projekt-Bankability und können sie jeweils teilweise, nicht aber vollständig determinieren. Erst in Summe bestimmen die Eigenschaften der Projektentitäten die Finanzierungswürdigkeit eines Projektes insgesamt. Die theoretischen Ebenen und Dimensionen von Bankability werden in Abbildung 72 veranschaulicht. Auf der untersten Ebene finden sich die Komponenten und Projektakteure als Treiber der Bankability, die durch die Erfüllung der typischen Due Diligence-Prüfdimensionen (mittlere Ebene) zur Projekt-Bankability beitragen (oberste Ebene).

Die Entitäten eines Projekts können zur weiteren Operationalisierung in zwei Gruppen eingeteilt werden: (1) Projektkomponenten (u.a. Module, Wechselrichter); und (2) Projektakteure (u.a. Projektsponsoren, Projektentwickler, Investoren, Generalunternehmer, Komponentenhersteller).

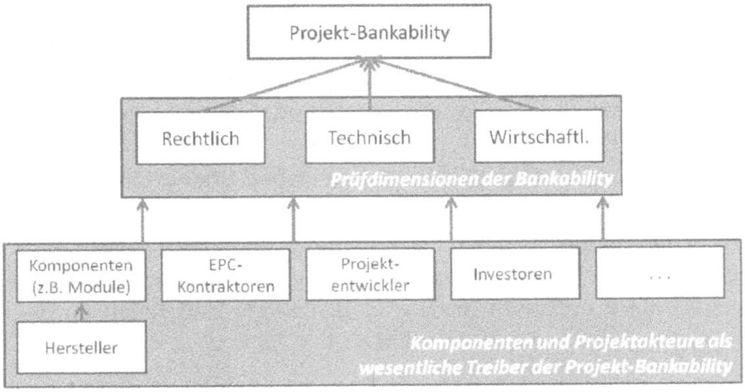

Abbildung 72: Rechtliche, technische und ökonomische Dimension der Projekt-Bankability

Bankability von Komponenten

Die Bankability der technischen Komponenten kann über Indikatoren operationalisiert werden, die dem Qualitätsbegriff nach Garvin folgend in sieben Dimensionen geordnet werden können (Tabelle 33)[189].

Tabelle 33: Komponenten-Bankability und Beispielindikatoren für PV-Module

Bankability-Dimensionen auf Komponentenebene	Beispiele für Indikatoren
Leistungsmerkmale (Kernfunktionen)	Modul- bzw. Zelltechnologie, Leistungsdaten, Temperaturkoeffizient, Wirkungsgrad
Zusatzfunktionen und -leistungen	Garantien des Herstellers (2–5 Jahre üblich, Verlängerung möglich auf 10 oder 20 Jahre), ökologische Amortisation
Zuverlässigkeit	Langfristige Leistungsnachweise (kristalline Module 2–2,5 MW über 18–24 Monate; Dünnschicht: 5 MW über 24 Monate), Angepasstheit an den Standort, Einfügung in das BOS-Konzept einer Anlage, Diebstahlsicherungen
Normgerechtigkeit	Tests, Zertifizierungen (z.B. TÜV Rheinland, Fraunhofer ISE, VDE Prüf- und Zertifizierungsinstitut), Konformität mit IEC-Normen
Haltbarkeit (Lebensdauer)	Langfristig kalkulierbare Leistungsfähigkeit (20+ Jahre), Angepasstheit an den Standort
Kundendienst	Liefertreue, Freundlichkeit, Zuverlässigkeit (im Zusammenhang mit Beanstandungen, Reparaturen)
Wahrgenommene Bankability	Bekanntheit, Image, Werbung, Produktmarke

Die *Leistungsmerkmale* von Komponenten stellen die Kernfunktionen von Produkten wie Modulen und Wechselrichtern dar. Diese Dimension beinhaltet somit rein objektiv erfassbare technische Daten einer Komponente wie bspw. Leistungsdaten, Wirkungsgrad u.ä. *Zusatzfunktionen und -leistungen* ergänzen die Hauptfunktionen eines Produkts. Dies können spezielle Funktionen eines Produkts sein, über die andere Produkte der gleichen Gattung nicht verfügen, oder Zusatzleistungen wie eine über die übliche Gewährleistung hinausgehende Produktgarantie. Eine wichtige Qualitätseigenschaft ist die *Zuverlässigkeit* von Komponenten. Diese beinhaltet die Wahrscheinlichkeit von Ausfällen und atypischen Leistungsabflachungen. Fremdkapitalgeber verlangen in diesem Zusammenhang daher Leistungsnachweise, die je nach technologischem Reifegrad und Bekanntheit variieren (z.B. kristalline Module 2–2,5 MW über 18–24 Monate; Dünnschicht: 5 MW über 24 Monate). Die *Normgerechtigkeit* von Komponenten zeigt, ob die Leistungsdaten der Produkte den Industriestandards entsprechen. Leistungstests und Zertifizierungen des TÜV RHEINLAND oder des FRAUNHOFER ISE werden üblicherweise zur Prüfung der Normgerechtigkeit in den Bereichen Bauarteigenschaften und Performance herangezogen. Offizielle Produktangaben und Erfahrungsdaten von anderen, bereits realisierten und im Betrieb befindlichen Projekten zeigen die langfristige *Leistungsfähigkeit* bzw. *Lebensdauer* von Komponenten. In der jungen Branche der Photovoltaik ist dies eine besondere Herausforderung, da die längsten bisher konstant beobachteten Zeiträume ca. nur 15 Jahre umfassen. Eine viel diskutierte und unterschiedlich

[189] Garvin (1984) definiert ursprünglich acht Dimensionen, wobei die Dimension „Ästhetik" im Zusammenhang mit Projektkomponenten in der Photovoltaik (noch) eine eher untergeordnete Rolle spielt.

beantwortete Frage ist jene nach Existenz und Ausmaß der sogenannten Degradation (Abnahme der Leistungsfähigkeit unter sonst gleichen Bedingungen). Eine weitere Dimension ist der *Kundendienst,* der Parameter wie Liefertreue, Freundlichkeit oder Zuverlässigkeit beinhaltet. Diese Dimension beinhaltet teilweise sehr subjektive Faktoren (z.B. Freundlichkeit). Alle weiteren subjektiven Elemente können der letzten Dimension *wahrgenommene Bankability* zugeordnet werden. Diese umfasst beispielsweise das Image eines Produkts (bzw. auch des dahinterstehenden Unternehmens), das durch die Marke kommuniziert wird.

Obwohl der Anteil der Modulkosten relativ zu den Gesamtsystemkosten wegen fallender Preise gesunken ist, machen Module immer noch ca. 50 Prozent der benötigten finanziellen Mittel bei PV-Projekten aus. Banken widmen daher der Bankability von Modulen besonders hohe Aufmerksamkeit und sind grundsätzlich konservativ bei der Finanzierung von neuen Modultechnologien. Sie sind meist nur bereit, unbekannte Technologien zu finanzieren, wenn diese lediglich eine Art Beimischung zu einem größeren Projekt darstellen (z.B. maximal 10 Prozent der Kraftwerkskapazität).

Bankability von Projektakteuren

Neben der Bankability von Komponenten umfasst die Finanzierungswürdigkeit von Projekten auch jene von Akteuren, die direkt oder indirekt über vertragliche Beziehungen mit dem Projekt verbunden sind. Dies sind beispielsweise Projektsponsoren (Initiatoren), Projektentwickler, Generalunternehmer, Modulhersteller, Anlagenbauer und weitere mehr. Der Erfolg eines Projekts und somit auch dessen Schuldendienstfähigkeit sind eng an die Erfahrungen der Projektbeteiligten gebunden. Aus diesem Grund bedarf es einer sorgfältigen Prüfung der jeweiligen Akteure (Kapitel 1.4). Es können hierbei sechs Bankability-Dimensionen unterschieden werden (Tabelle 34).

Tabelle 34: Akteurs-Bankability und Beispielindikatoren

Bankability-Dimensionen auf Akteursebene	**Beispiele für Indikatoren**
Unternehmensprofil	Unternehmensgröße (z.B. Umsatz, Marktkapitalisierung), Internationalisierungsgrad, Positionierung auf der Wertschöpfungskette (Up-, Downstream), Rechtsform, Organisations- und Managementstruktur
Finanzstärke	Finanzkennzahlen (z.B. Bilanz, GuV), Rückstellungen, Eigentümerstruktur, Investoren
Produktions- und Produkttechnologie	Betriebs- und Produktionsanlagen (Hersteller, Wartung), Ausrüstung, Betriebsmittel, Produktionskapazitäten und -volumina, Auslastung, Qualitäts- und Umweltmanagement, Zertifizierungen, Kostenreduktionspotenzial, Wertschöpfungstiefe, Zulieferer
Leistungsnachweis	Projektportfolio, Referenzliste, operative Planumsetzung, Produktionswachstum und -effizienz
Vertrieb und Service	Liefertreue, Reklamationsrate und -prozess, Vertriebsstruktur, Distributionskanäle, Produktgarantien, Haftung, Versicherungen
Wahrgenommene Bankability	Bekanntheit, Reputation, Unternehmensmarke, Erfahrung, Wissen, Kompetenz, (exklusive) Partnerschaften

Das *Unternehmensprofil* bzw. das Erscheinungsbild eines Unternehmens sowie dessen *Finanzstärke* sind bei börsennotierten Unternehmen direkt zugänglich und leicht ermittelbar (z.B. über die Unternehmensberichterstattung). Diese Kategorien umfassen bspw. Faktoren wie Unternehmensgröße und Rechtsform, Finanzkennzahlen und Informationen über Eigentümerstrukturen. *Produktions- und Produkttechnologien* bzw. immaterielle Leistungen bei Dienstleistungsunternehmen sind weit schwieriger zu evaluieren, da sie eines exklusiven Zugangs zu teils sensiblen Informationen bedürfen. Direkte Beobachtungen werden z.B. durch Audits von Produktionsstätten sowie der Nutzung des Produkts oder der Inanspruchnahme der Dienstleistung möglich. Bei Produkten spielen hier insbesondere Zertifizierungen eine große Rolle, um einen gewissen Qualitätsstandard zu vermitteln. Essentiell ist ebenso der *Leistungsnachweis* eines Projektbeteiligten durch ein bereits realisiertes Projektportfolio und entsprechende Referenzen. Liefertreue, Produktgarantien und die Qualität des Reklamationsmanagements werden der Dimension *Vertrieb und Service* zugerechnet. Die aufgeführten Dimensionen können im Wesentlichen über objektivierbare Indikatoren abgebildet werden. Subjektive Elemente der Bankability von Projektbeteiligten wie bspw. Bekanntheit, Reputation, besondere Kompetenzen und Exklusivpartnerschaften werden in der Kategorie *wahrgenommene Bankability* zusammengefasst.

Vor wenigen Jahren, als der PV-Markt in Deutschland noch wenig entwickelt war, war nur eine sehr kleine Anzahl an Modulproduzenten bankable. Heutzutage ist die Zahl bankfähiger Produzenten – auch aus China und anderen asiatischen Ländern – beträchtlich gestiegen. Die Projektfinanzierungsexperten der interviewten Banken sind sich einig darüber, dass große Hersteller wie First Solar, Yingli, SolarWorld etc. durchweg bankable sind; die Möglichkeiten der Finanzierung von Komponenten kleiner und relativ unbekannter Hersteller variieren z.T. jedoch erheblich zwischen den Banken. So stehen insbesondere neue asiatische Hersteller vor der Herausforderung, Industriestandards zu erreichen, zu halten und den internationalen Markt zu bedienen. Gleiches gilt auch für kostengünstige Produzenten aus Osteuropa, die sich ohne entsprechenden Track Record schwer tun, Akzeptanz bei Banken und Investoren zu finden. Anbieter neuer, wenig bewiesener Modultechnologien wie neue Dünnschichtmodultypen oder sogenannte CIGS/CTZSS stehen naturgemäß vor eben diesen Problemen.

4.3.2.4 Bankability, Risiko und die Bereitschaft zur Finanzierung

Wie die einzelnen Kapitel des vorliegenden Buches zeigen, beschäftigt sich die Prüfung im Rahmen einer Fremdkapitalfinanzierung auf Projektbasis hauptsächlich mit der Definition und dem Management unterschiedlicher Risiken (die folgende Argumentation kann auch auf den Investorenbereich übertragen werden). Die Risikodimensionen bzw. -arten, z.B. Ressourcen-, Funktions-, Rechts- und Regulierungsrisiko, sind ähnlich zu jenen Aspekten, die auch die Qualität bzw. Bankability und letztendlich den Wert eines Projekts bestimmen. Die Begriffe Risiko und Bankability können daher als zwei Seiten einer Medaille betrachtet werden, wobei hier von einem negativen Zusammenhang auszugehen ist: Wenn die Bankability eines Projekts oder einer Projektentität (d.h. einer Komponente oder eines Beteiligten) sinkt, dann steigt das Risiko des Projekts bzw. der Projektentität, und umgekehrt (dieser umgekehrte Zusammenhang wird in Abbildung 73 durch ein „–" gekennzeichnet). Bankability und Risiko haben entsprechend einen entgegengesetzten Einfluss auf den Projektwert, der als Mediator zwischen Bankability, Risiko und der Finanzierungsbereitschaft aufgefasst werden kann. Während mit steigender Bankability der zu erwartende Projektwert steigen sollte („+"), nimmt dieser mit steigendem Risiko entsprechend ab („–"). Mit steigendem erwarteten Projektwert nimmt die Bereitschaft zur Finanzierung zu („+"). Die folgende Abbildung 73 stellt dieses theoretische Beziehungsmodell graphisch dar.

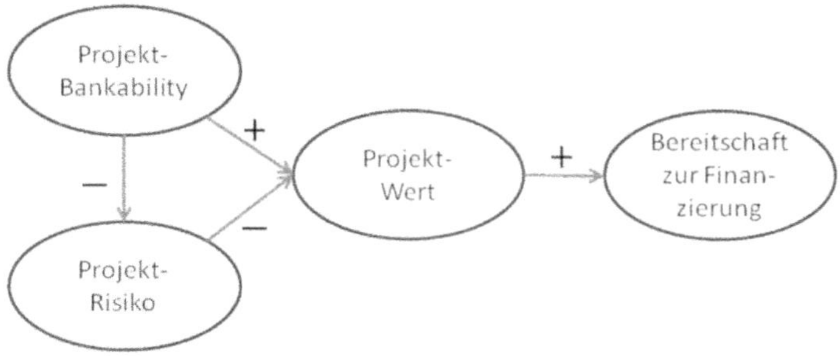

Abbildung 73: Zusammenhänge zwischen Bankability, Risiko und Bereitschaft zur Finanzierung

Da das Zustandekommen einer Projektfinanzierung von der Finanzierungsbereitschaft der Bank abhängt, diskutiert das folgende Kapitel die hier dargestellten Zusammenhänge zwischen Bankability, Risiko und Finanzierungsbereitschaft aus Sicht eines idealisierten bankseitigen Prüfungsprozesses.

4.3.3 Ermittlung der Projekt-Bankability in der bankseitigen Prüfung

Bei der Finanzierung von PV-Projekten folgen Banken einem standardisierten Prüfprozess. Dieser kann in vier idealtypische Stufen untergliedert werden: (1) qualitative Risikoprüfung; (2) quantitative Risikoprüfung; (3) Ausfallrisiko und Rating; (4) Finanzierungsstruktur. Die folgende Abbildung 74 fasst zusammen, wie über den Zeitverlauf des Prüfprozesses das Finanzierungsmodell einer Projektfinanzierung konkretisiert wird.

Der Prozess beginnt mit einer *qualitativen Risikoprüfung (Stufe 1),* die sich unter anderem auf das Rechts- und Regulierungsumfeld, die Bekanntheit der Technologie und des Produzenten, die Eigenkapitalverfügbarkeit und die allgemeine Chance-Risiko-Zuweisung unter den Projekt-Shareholdern bezieht. Die Bank entscheidet im Anschluss, ob sie diese Projektfinanzierung weiterentwickeln möchte (binäre Ja-Nein-Entscheidung). Die nächste Stufe, die *quantitative Risikoprüfung (Stufe 2),* umfasst die grundlegende Modellierung der baren Zu- und Abflüsse über den gesamten Projektlebenszyklus (Cashflow-Modell); dies i.d.R. mindestens für die avisierte Kreditlaufzeit oder die Dauer der garantierten Einspeisevergütung (Kapitel 1.5). Das Cashflow-Modell wird durch Parametervariationen verschiedenen Stresstests unterzogen, wobei bestimmte Mindestkriterien zu erfüllen sind (z.B. ein Mindest-DSCR zwischen 1,1 und 1,2). Es ist ersichtlich, dass die rechtliche, technische und wirtschaftliche Due Diligence auf diesen beiden Stufen zu verorten ist. Diese Perspektive findet sich in Abbildung 72 in Form der übergeordneten Prüfdimensionen wieder. Wenn das Projekt die Stufen der qualitativen und quantitativen Risikoprüfungen besteht, ist es grundsätzlich bankable.

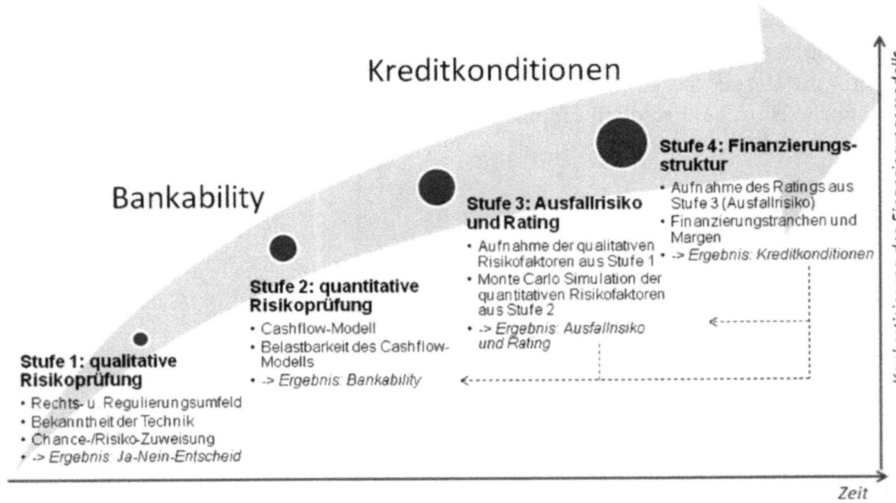

Abbildung 74: *Idealtypischer Verlauf der bankseitigen Prüfung einer Projektfinanzierung*

Mittels bankeigener Tools werden nach Feststellung der grundsätzlichen Projekt-Bankability die detaillierten Kreditkonditionen definiert. Auf der nächsten Stufe werden die Risikofaktoren der ersten beiden Stufen aufgenommen und mittels Simulationen *Ausfallrisiko und Rating (Stufe 3)* bestimmt. Über die allgemeine Belastbarkeit des Cashflow-Modells hinausgehend werden Monte Carlo-Simulationen durchgeführt, die die statistische Ausfallwahrscheinlichkeit und somit das Rating festlegen. Je nach Ratingtool existieren Kriterien, die stärker gewichtet in die Bewertung einfließen und u.U. verhindern können, dass ein Projekt bspw. ein erst- oder zweitklassiges Rating erhält. Ein solches Kriterium, das dann von der ersten Stufe übernommen wird, stellt i.d.R. das Land der Projektrealisierung dar. Die *Finanzierungsstruktur (Stufe 4)* definiert abschließend das Eigenkapital-Fremdkapital-Verhältnis, Zahlungstranchen und Tilgungsplan, notwendige Zwischenfinanzierungen und weitere Konditionen wie die Schuldendienstreserve und schließlich den Zinssatz der Finanzierung. Zugleich werden der letztlich notwendige Eigenkapitaleinsatz und dessen mögliche Verzinsung justiert. Die gestrichelten Pfeile in Abbildung 74 deuten an, dass es sich um einen Prozess handelt, der zwischen den Stufen drei und vier iterativ verläuft und u.U. auch wieder bis zur grundlegenden Cashflow-Modellierung zurückgehen kann.

Abschließend verortet Abbildung 75 den hier fokussierten Begriff der Bankability im bankseitigen Projektprüfungs- und Risikomanagementprozess. Auf dieser Betrachtungsebene kann jedoch nur die Projekt-Bankability als Aggregat der oben diskutierten Komponenten- und Akteurs-Bankability dargestellt werden. Für den Prüfprozess konnten vier zentrale Stufen identifiziert werden (mittlerer Balken), die zuerst zur Feststellung der Finanzierungswürdigkeit und anschließend zur Definition der Finanzierungskonditionen führen (oberer Balken). Die in diesem Buch dargestellte Konzeption des Risikomanagements (Fachkapitel 1.3) fügt sich entsprechend ein (unterer Balken): Die Feststellung der Bankability erfordert im Wesentlichen die Risikoidentifikation und -bewertung, um eine binäre Ja-Nein-Entscheidung zu ermöglichen. Dies bedingt die qualitative und quantitative Projektprüfung. Die Risikobewertung ist darüber hinaus auch ein essentieller Teil der Ermittlung des Ausfallrisikos und des Ratings. Die Entwicklung der finalen Finanzierungsstruktur dient der bestmöglichen Risikoreduktion und -zuteilung.

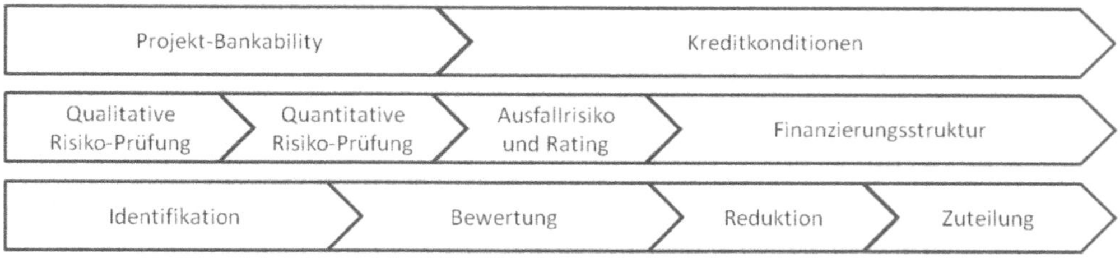

Abbildung 75: Bankability innerhalb des Risikomanagementprozesses einer Bank

4.3.4 Ableitungen für ein aktives Bankability-Management

Zum Abschluss dieses Kapitels wird die aggregierte Projekt-Bankability nochmals in ihre Komponenten- und Akteursdimensionen aufgelöst, um grundlegende Ansätze eines aktiven Managements der Finanzierungswürdigkeit von PV-Projekten aufzuzeigen. Hierzu werden die in Abbildung 72 identifizierten Bankability-Treiber unterhalb der rechtlichen, technischen und wirtschaftlichen Prüfdimensionen entlang der generischen PV-Wertschöpfungskette dargestellt (Abbildung 76). Dies verdeutlicht den möglichen Einflussbereich eines aktiven Bankability-Managements entlang der Wertschöpfungskette und ermöglicht die Ableitung spezifischer Strategien für unterschiedliche Akteure in ausgewählten Up- und Downstream-Branchen.

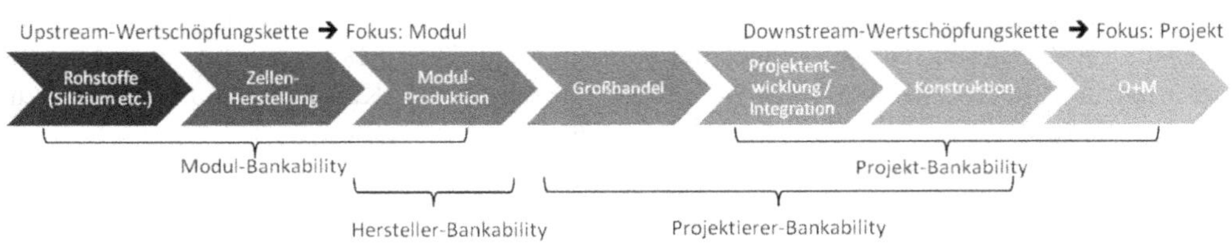

Abbildung 76: Einflussbereiche eines aktiven Bankability-Managements

In Rahmen der theoretischen Konstruktion des Bankability-Begriffs wurde zwischen dem Projekt als Ganzes sowie einzelnen Projektentitäten unterschieden. Dieses Konzept findet sich hier wieder: Stellvertretend für die Komponenten-Bankability wird auf die Modulproduktion im Upstream-Bereich fokussiert. Modulhersteller und Projektierer repräsentieren die wesentlichen Akteure mit der dringenden Notwendigkeit, Bankability zu erreichen (der Begriff Projektierer wird hier großzügig gefasst und umschließt die Downstream-Branchen vom Großhandel bis zum EPC-Geschäft). Dies kann durch unterschiedliche Maßnahmen gelingen, die in der zugrunde liegenden Interviewstudie ermittelt werden konnten. Am rechten Ende der Wertschöpfungskette, dem Bereich des Projektvertriebs, findet sich die Projekt-Bankability als Resultat der Anstrengungen auf sämtlichen vorhergehenden Stufen.

Tabelle 35: Ansätze eines aktiven Bankability-Managements

Modulproduzenten	Projektierer
Tests, Prüfungen, Zertifizierungen (z.B. TÜV, VDE, IEC, ISO) Herstellertests über Standard (z.B. 2.000 h Damp-Heat) Freiwillige Branchentests (z.B. Öko-Test, PV+ Test) Beteiligung an der Entwicklung von Testkonzepten Stetiger Fokus auf Track Record durch Ertragsdaten Mischung etablierter und neuer Module in Projekten Marktlagen (Engpass Modulmarkt) zur Platzierung nutzen Bankenroadshows für Hersteller und Module Hersteller müssen finanzielle Solidität managen Kontinuierliche Effektivitäts- und Effizienzsteigerung Einstieg in die Entwicklung eines Track Records: Treuhandkonto, selbst finanzierte Projekte, günstige Kredit-Refinanzierung (z.B. über Förderbanken), Projektrückkauf ...	Entwicklung von Banken- und Investorenbeziehungen Stetiger Fokus auf Track Record durch Projektportfolio Exklusivpartnerschaften mit hochstehenden Herstellermarken OEM-Strategien zur Platzierung von 2nd und 3rd Tier Produzenten Marktlagen (hohe Projektnachfrage) zur Platzierung nutzen Bottom-Up: Etablierung beginnt im Residential-Bereich ...

Hersteller und ihre Module werden hier zusammen betrachtet (linke Spalte in Tabelle 35) und im Rahmen eines Exkurses über chinesische Hersteller diskutiert. Gerade aufstrebende chinesische Player eigenen sich als gutes Beispiel, da sie zunehmend in der Lage sind, die Bankability-Hürde zu überwinden.

Für Projektierer lässt sich grundsätzlich festhalten, dass sie verschiedene Strategien ergreifen müssen, um einen fehlenden Track Record zu kompensieren. Hierzu gehören der gezielte Aufbau guter Beziehungen zu Banken und Investoren sowie eine vorsichtige Auswahl von Projekten, die als Referenzen das eigene Portfolio wirksam verstärken. Um dies zu erreichen, müssen manche Projekte ggf. selbst komplett im Voraus finanziert werden, was als Investition in den Reputationsaufbau interpretiert werden kann. Überdies tragen exklusive Partnerschaften mit hochstehenden oder besonders spezialisierten Komponentenherstellern zur eigenen Positionierung bei. Eine Strategie, die häufig Erwähnung findet, kann als Bottom-Up-Ansatz bezeichnet werden: Reputation lässt sich „einfacher" im Geschäftsfeld kleinerer und mittelgroßer Privat- und kommerzieller Anlagen aufbauen, da Bankability für die Finanzierung hier keine große Rolle spielt. Zudem ist die Finanzierung in diesem Bereich insgesamt weniger risikoreich. Sicherlich benötigt der Aufbau eines Track Records im Megawattbereich einige Zeit, dennoch wird dieser Ansatz als in der mittleren Frist sehr lohnenswert wahrgenommen. Sobald ein Projektierer in die Megawattklasse aufgestiegen ist, bieten sich umgehend neue Strategieoptionen an. Bspw. OEM-Strategien zur Markteinführung neuer Modultypen oder zur Etablierung von 2nd- oder 3rd-Tier-Produzenten. Erreichen diese Produkte den White-List-Status, stellt diese Exklusivpartnerschaft einen unmittelbaren Wettbewerbsvorteil dar.

Exkurs: Bankability im Strategiefokus chinesischer Modulhersteller

Bis vor wenigen Jahren haben chinesische Hersteller ihre strategische Aufmerksamkeit auf operative Effizienz gerichtet. Dabei haben sie sich auf ihre Stärken einer günstigen Kostenstruktur durch niedrige Arbeitslöhne und Energiekosten, günstige Grundstücke und wenig strenge Umweltauflagen verlassen können. Weitere Kostenvorteile resultierten aus Skaleneffekten und vertikaler Integration zur Reduktion von Transaktionskosten. Obwohl chinesische Modulhersteller generell weniger in die Forschung und Entwicklung investieren als ihre Konkurrenten in Europa, den USA und Japan, konnten Firmen wie Trina, Yingli und Suntech mit einer nur wenig geringeren Konversionseffizienz ihrer Solarzellen und -module sehr viel niedrigere Kosten pro Watt erzielen, und somit ihre Produkte im globalen Markt kristalliner Silizium-Module konkurrenzfähig positionieren und erhebliche Marktanteile gewinnen. Ihr Geschäftsmodell basiert darauf, Solarzellen und -module größtenteils an deutsche Solarmanufakturen und Projektentwickler zu verkaufen, die diese dann unter eigenem Namen und mit Preisaufschlag weiterverkaufen konnten. Somit erhielten chinesische Module eine „indirekte Bankability" durch den Markennamen und die Garantieübernahme ihrer internationalen Partner im Downstream-Bereich.

Erst später wurde Bankability zu einem zweiten strategischen Schwerpunkt. Um höhere Margen zu erzielen, begannen sie, sich von ihrer OEM-Position zu lösen und konzentrierten sich auf die Entwicklung eigener Marken. Dabei erkannten sie, dass ihre Produkte sowie ihre Organisation von Banken akzeptiert werden müssen, um unter eigenem Namen verkaufen zu können. Erschwerend wirkt hierbei, dass chinesische Firmen oftmals zu den jüngsten in der Branche gehören und dass internationale Kunden wenig Vertrauen in die rechtliche chinesische Infrastruktur haben.

Chinesische Modulhersteller entwickelten unterschiedliche Strategien, um bankable zu werden. Manche bevorzugten ein Partnerkonzept mit etablierten Projektentwicklern oder EPC-Partnern, um Vertrauen in ihre Marke aufzubauen. Der Erfolg dieser Strategie hing wesentlich von der Wahl dieser Projektpartner ab. Andere chinesische Modulhersteller, darunter auch Jinko, suchten gezielt Banken in Europa auf, um sich und ihre Produkte vorzustellen.

Chinesische Modulhersteller lassen sich auch heute noch entsprechend kategorisieren. Demnach können Firmen wie Guodian Solar, Hanergy und ChaoriSolar, die sich noch auf der horizontalen Strategieebene in Richtung operativer Effizienz bewegen (Abbildung 77), als 3rd-Tier-Firmen bezeichnet werden. Jinko Solar, JA Solar oder Canadian Solar, die in vertikaler Richtung Bankability als strategischen Schwerpunkt anstreben, lassen sich als 2nd-Tier-Firmen bezeichnen.

Chinesische Firmen, die Bankability erreicht haben (z.B. Trina, Suntech und Yingli), können als 1st-Tier-Firmen angesehen werden. Diese Firmen haben ihre Strategie weiterentwickelt und versuchen, sich mittels Differenzierung gegenüber stärker etablierten Anbietern zu behaupten. Diese Firmen konzentrieren sich zusehends auf Marketingkommunikation, um ihr Image insbesondere bei europäischen Kunden zu verbessern. Yingli ist z.B. ein Hauptsponsor der FIFA und Trina wirbt über das Renault Formel-1-Team. Auf der anderen Seite scheint Suntech mit neuen Produkten einen besonderen Mehrwert bzw. Zusatznutzen erzielen zu wollen, wie sich aus ihrer Partnerschaft mit Enphase, einem amerikanischen Entwickler von Mini-Wechselrichtern, vermuten lässt.

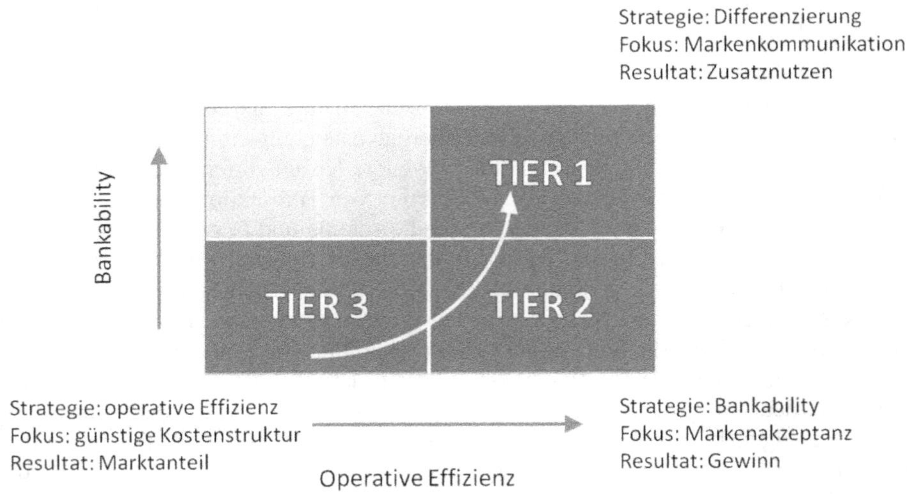

Abbildung 77: Strategieverlauf chinesischer Modulhersteller

4.3.5 Schlussfolgerung und Ausblick

4.3.5.1 Die zunehmende Bedeutung der Bankability

Auch wenn die Finanzmarktkrise auf den ersten Blick kaum Spuren im Kapazitätsausbau hinterlassen hat, so hat sie jedoch „hinter den Kulissen“ für eine zunehmende Diskussion über die Qualitätskriterien gesorgt, die im Rahmen einer Projektfinanzierung ausschlaggebend sind. Das Bild, welches die Experten der hier zugrunde liegenden Interviewstudie zeichnen, lässt sich wie folgt zusammenfassen: Nachdem es in Folge des Zusammenbruchs großer Finanzmarktakteure zu Engpässen auf den Kreditmärkten gekommen ist, sahen sich die kreditgebenden Banken mit zunehmenden Liquiditätskosten konfrontiert, die sich unmittelbar auch auf die Liquidität für die Finanzierung von PV-Projekten auswirkten. Eine wachsende Projekt-Pipeline stand somit einem teureren Fremdkapitalangebot gegenüber, das zusätzlich durch (Zwangs-)Prolongationen für bestehende Engagements verknappt wurde. Als Konsequenz verschärften sich die Kriterien der Projektbewertung, was auf Seiten der Banken zu einer Art *„Cherry Picking“* führte. Hierdurch wurde Bankability für das PV-Projektgeschäft zu einem sehr ernsten Thema, da es nun zunehmend um die Frage geht, wie Projekte zu entwickeln sind, um Bankability zu erzielen. Welche Projektpartner, Technologien und weitere Parameter sind Garanten für eine erfolgreiche Projektfinanzierung[190]?

4.3.5.2 Die Herausforderung des Bankability-Managements

Die Beantwortung dieser Frage ist nur auf Umwegen möglich, da die verschiedenen Projekt-Stakeholder, u.a. Banken, Sponsoren, Projektentwickler und Komponentenhersteller, Bank-

190 Ein entsprechender Forschungsansatz findet sich in F. Lüdeke-Freund; M. Loock 2011.

ability unterschiedlich definieren. Banken, die aufgrund der hohen Fremdkapitalanteile im Rahmen der Projektfinanzierung die entscheidende Rolle einnehmen, betonen insbesondere die Notwendigkeit stabiler Cashflows und die Fähigkeit zum langfristig verlässlichen Schuldendienst. Equity-Investoren, so der Eindruck aus der Interviewstudie, wenden eigene Bankability-Kriterien an (was hier auch als „Investability“ bezeichnet werden könnte), folgen in ihrer Bewertung jedoch grundsätzlich den Banken. Dies könnte als eine Art Risikomanagement-Heuristik interpretiert werden. Für beide Kapitalgeber stellt eine detaillierte rechtliche, technische und ökonomische Due Diligence das Fundament dar. Die schlussendlich zu optimierenden Parameter unterscheiden sich hingegen. Während Banken Kennzahlen der Schuldendienstfähigkeit anwenden (DSCR-Kennzahlen), steht aus Sicht von Investoren die Renditeerwartung im Zentrum – je nach Ziel des Investments mit einem mal kürzeren oder längeren zeitlichen Horizont.

Vor diesem Hintergrund stellt sich Projektsponsoren und -entwicklern die Aufgabe, Banken und Investoren von ihrer Projekt-Bankability zu überzeugen und zugleich die jeweiligen Zielgrößen optimal zu erfüllen. Den Kapitalgebern die „richtigen“ Signale der Bankability zu vermitteln, erfordert über das eigentliche Projektdesign hinausgehende Marketing- und Kommunikationsstrategien. Worauf sich diese beziehen sollten, wurde erstmals im Rahmen dieser Interviewstudie systematisch aufgezeigt. Für den Projektvertrieb ergibt sich hieraus eine weitere zentrale Managementaufgabe, die als solche verstanden und definiert werden muss: Das Management der Projekt-Bankability. Dass diese Aufgabe bereits im Markt wahrgenommen und zum Teil auch schon definiert wird, verdeutlichen die Ansätze, von denen einzelne Interviewpartner berichten: Hersteller-Roadshows für Banken, Marketingevents für Investoren sowie „Bankability Scouts“, denen vor allem die Kommunikation und der Beziehungsaufbau mit Banken obliegt. Nicht zuletzt erhöht sich die Komplexität dieser Aufgabe dadurch, dass Bankability nicht nur für das Projekt als *„One Shot Venture“*, sondern auch für den langfristigen Aufbau des Track Records sowie des eigenen Projektportfolios, das Entwickler in aller Regel halten, gemanagt werden muss.

Die Komplexität dieser Aufgabe nimmt zu angesichts nahezu täglich neu auf den Markt drängender Komponentenhersteller, Modultypen, zunehmender Projektgröße und Internationalisierung auf der Suche nach den besten rechtlichen und regulatorischen Rahmenbedingungen. In diesem Umfeld wächst die Bedeutung von Dienstleistungen wie bspw. Produkttests, Auditierung von Produktionsprozessen, Zertifizierungen oder sonstigen Informationsdiensten. Dienstleister in diesen und weiteren Bereichen nehmen somit eine Schlüsselrolle im Projektentwicklungs- und -finanzierungsgeschehen ein, da sie die beschriebene kommunikative Aufgabe mit ihren Angeboten unterstützen. Zugleich nehmen sie hiermit an der Definition und Feststellung der Projekt-Bankability teil. Die Expansion von Prüfinstituten wie dem FRAUNHOFER ISE, VDE PRÜF- UND ZERTIFIZIERUNGSINSTITUT, TÜV RHEINLAND oder UNDERWRITERS LABORATORIES aus den USA illustrieren dies sehr deutlich. Doch auch weitere, stärker auf allgemeine Marktinformationen ausgerichtete Services wie EUPD RESEARCH oder ISUPPLY werden für das Management der Bankability noch weiter an Bedeutung gewinnen.

4.3.5.3 Die Konsequenzen für die Projektentwicklung und -finanzierung

Zweifelsohne stellen die PV-Module und Wechselrichter die wichtigsten technischen Komponenten eines solaren Kraftwerks dar. Durch ihre besondere Bedeutung für Investitionen und Cashflow erhalten Module besondere Aufmerksamkeit im Projektentwicklungsprozess, wobei Wechselrichter und *Balance-of-System* (BOS) aus Gesamtkostensicht wachsende Anteile verzeichnen. Der internationale Modulmarkt befindet sich in einer Übergangsphase hin zu einer global diversifizierten Struktur mit strategischen Schwerpunkten der meisten großen Hersteller in Europa, den USA und China. Gerade auf den rapide wachsenden chinesischen Produzenten wie bspw. YINGLI und SUNTECH liegt gegenwärtig besonderes Augenmerk. Nur wenige chinesische Player konnten bis vor Kurzem die Bankability-Hürde nehmen; dies gelingt mittlerweile einer zunehmenden Zahl von Produzenten, wodurch die regionale Verlagerung des Wachstums von Produktionskapazitäten von einer Verlagerung der Nachfrage hin zu diesen Produzenten begleitet wird. Es ist zu erwarten, dass sich Bankability auf Ebene der Module, d.h. die Akzeptanz von Modulen auf Seiten von Banken und Investoren, zu einem notwendigen Standard und zugleich auszubauenden Differenzierungskriterium entwickeln wird.

Eine genauere Untersuchung der Bankability-Verständnisse verschiedener Projekt-Stakeholder verdeutlicht, dass es sich um mehr als ein Schlagwort aktueller Diskussionen handelt. Aus Sicht der Projektentwicklung handelt es sich um ein höchst relevantes Managementthema. Aktives Bankability-Management bedeutet, bestehende und neue Partnerschaften mit Zulieferern, Abnehmern und Kapitalgebern neu zu bewerten sowie die Entwicklung neuer Kommunikationsstrategien in Richtung von Banken und Investoren. Marketingaktivtäten im Projektvertrieb werden zur entscheidenden Schnittstelle zwischen Up- und Downstream-Aktivitäten in der Photovoltaikindustrie. Im Rahmen der Projektfinanzierung nutzen Banken das Bankability-Management als Mittel der Risikoreduktion, während Equity-Investoren optimale Investments zu identifizieren suchen. Stakeholder wie Projektentwickler oder Modulproduzenten sind auf ein entsprechend professionelles Management angewiesen, um das weitere Wachstum ihrer Geschäftsfelder zu sichern. Dies wird letztlich dazu führen, dass nicht nur jeder Stakeholder für sich versuchen wird, die eigene Position in der Projektfinanzierung zu sichern, vielmehr ist ein kooperatives Vorgehen zu erwarten, das auch zunehmend externe Dienstleistungen integrieren wird.

4.4 Wirtschaftlichkeit und Ausgestaltung einer geeigneten Finanzierungsstruktur

JÖRG BÖTTCHER

4.4.1 Anforderungen an die Finanzierungsstruktur aus Sicht von Investoren und Banken

Die bisherigen Kapitel haben deutlich vor Augen geführt, dass es zur Realisierung von Solarprojekten einer verlässlichen Technologie und eines belastbaren Rechts- und Regulierungsumfeldes bedarf. Sind diese beiden grundsätzlichen Anforderungen erfüllt, eröffnet sich die Möglichkeit für eine wirtschaftliche Nutzung der Solarenergie, und zwar zumeist in Form einer Projektfinanzierung.

Da bei einer Projektfinanzierung die Cashflows die einzige Quelle der Kreditbedienung und Eigenmittelverzinsung sind, ergeben sich besondere Anforderungen an ihre Stabilität und Verlässlichkeit. Neben einer intensiven Risikoidentifikation geht es darum, nach ökonomischen Kriterien Risiken einzelnen Projektbeteiligten zuzuweisen. Im Anschluss erfolgt eine Risikoquantifizierung in Form eines Cashflow-Modells, das u.a. darüber Auskunft gibt, wieviel Fremdmittel einem Vorhaben zur Verfügung gestellt werden können, wie die Tilgungsstruktur aussehen sollte und welche weiteren Gestaltungselemente Einzug in die Struktur finden sollten. Die Erarbeitung einer Finanzierungsstruktur und die Möglichkeiten ihrer Optimierung sind Gegenstand dieses Kapitels.

Allerdings markiert das Cashflow-Modell noch nicht den Endpunkt der Projektbewertung der Kreditgeber. In einem weiteren Schritt geht es darum, eine Simulationsrechnung des Cashflow-Verlaufs vorzunehmen, die darüber Auskunft gibt, wie sich das Projekt unter einer Vielzahl von möglichen Umweltszenarien entwickeln kann. Ein Ergebnis dieser Simulationsrechnungen ist ein Rating-Ergebnis, das eine Risikokategorie ausweist und damit über die Risikoprämie die Zinskosten bestimmt und auch die Finanzierungsstruktur maßgeblich beeinflusst. Damit geht es in einem zweiten Teil darum herauszuarbeiten, welche quantitativen und qualitativen Faktoren das Rating beeinflussen können.

Dabei muss man sich bewusst sein, dass die jeweiligen Teilaspekte des Risikomanagementprozesses – Identifikation, Allokation und Quantifizierung von Risiken – nicht in einer gerichteten zeitlichen Abfolge geschehen, sondern miteinander wechselseitig in Verbindung stehen. Um die Aussagen zur Risikoquantifizierung angemessen würdigen zu können, ist es daher notwendig, die verschiedenen Teilaspekte eines Risikomanagements zu berücksichtigen. Dies werden wir – soweit nötig – im Folgenden tun und ansonsten auf die spezifischen Fachkapitel verweisen.

Das Cashflow-Modell eines Projektes ist aber nicht nur für die Kreditgeber von herausragender Bedeutung, sondern auch für die Investoren eines Projektes. Beide Kapitalgebergruppen sind gleichermaßen am Erfolg eines Vorhabens interessiert, wobei sie allerdings unterschiedliche Anspruchsebenen und Anspruchsgrundlagen haben. Während die Fremdkapitalgeber einen erfolgsunabhängigen und fixen Anspruch auf Bedienung des Kapitaldienstes aus dem Projekt haben, haben die Eigenkapitalgeber einen erfolgsabhängigen und damit variablen Anspruch auf den verbleibenden freien Cashflow. Das methodische Werkzeug, mit dem beide Gruppen ein Vorhaben beurteilen, ist ein projektspezifisches Cashflow-Modell.

Starten wollen wir mit einem Blick auf die methodischen Grundsätze, mit dem die Kapitalgebergruppen – Eigenkapitalgeber und Fremdkapitalgeber – Projekte im Solarbereich beurteilen.

4.4.2 Methodik und Zusammenspiel zwischen Risikoidentifikation, Risikoallokation und Risikoquantifizierung

Jede unternehmerische Tätigkeit ist durch die Existenz von Unsicherheit und unvollkommener Informationen im Rahmen des betrieblichen Handelns Risiken ausgesetzt. Das Unternehmen ist allerdings nicht gezwungen, diese Risiken hinzunehmen, sondern vielmehr gefordert, geeignete Gegenmaßnahmen zu ergreifen. Bezogen auf eine Projektfinanzierung bedeutet dies in erster Linie die Sicherung der Projektexistenz. Dies ist darin begründet, dass nur durch das Betreiben des Projektes ein Cashflow generiert werden kann, der die in den meisten Fällen einzige bzw. werthaltigste Sicherheit darstellt, die zur Bedienung der Finanzierung zur Verfügung steht.

Bevor wir auf den Aspekt der Risikoquantifizierung bei einem Solarvorhaben eingehen, wollen wir das Thema Risikoquantifizierung im gesamten Zusammenhang des Risikomanagementprozesses mit seinen verschiedenen methodischen Hilfsmitteln darstellen (siehe auch Tabelle 1).

Im Rahmen einer qualitativen Projektprüfung müssen zunächst bestimmte Fragen grundsätzlich positiv beantwortet werden:

1. Ist das Rechts- und Regulierungsumfeld hinlänglich verlässlich und prognostizierbar? Die relevanten Fragestellungen sind dabei insbesondere in Fachkapitel 2.1 behandelt worden.
2. Wird ausschließlich bewährte Technik eingesetzt? Fachkapitel 3.1 hat dabei über den Bereich Photovoltaik informiert, Fachkapitel 3.2 über den Bereich Solarthermie und Fachkapitel 3.5 über die Betriebserfahrungen.
3. Wie können die verschiedenen, zentralen Projektbeteiligten angemessen an den Chancen und Risiken des Vorhabens partizipieren? Einige grundsätzliche Überlegungen finden sich im Einleitungskapitel.

Für mindestens diese Fragen müssen zufrieden stellende Antworten gefunden werden, bevor eine Cashflow-Modellierung erfolgen kann, die dann wiederum in eine Finanzierungsstruktur einmündet.

Methodisch erfolgt im Anschluss an die drei genannten Fragen eine Überprüfung der Wirtschaftlichkeit, die im Dialog zwischen dem Projekt und der fremdfinanzierenden Bank über ein Cashflow-Modell erfolgt, wobei die Bank intern die Cashflow-Struktur zusätzlich über ein separates Rating-Tool bewertet, woraus sich wiederum Änderungen an der Finanzierungsstruktur ergeben können. Dabei basiert diese zweite Analysestufe auf anderen methodischen Tools und ist auch von außen her wenig transparent. Dies ist durchaus bedauerlich, da sich häufig durch relativ kleine Änderungen an den Vertrags- und Finanzierungsstrukturen deutliche Rating-Verbesserungen ergeben können, die in Vorteilen bei den Zinskosten und der Finanzierungsstruktur resultieren können.

Wir starten in diesem Kapitel mit der Darstellung des Risikomanagementprozesses bei einer Projektfinanzierung. In der betriebswirtschaftlichen Literatur existiert eine Vielzahl von Interpretationsvarianten für den Risikobegriff. Im Rahmen dieses Beitrages soll Risiko als negative Abweichung vom Planwert einer Zielgröße verstanden werden, da sie für jeden Beteiligten eine Verlustgefahr bedeutet. Die Bedeutung der Behandlung von Risiken im Zusammenhang mit einer Projektfinanzierung ergibt sich unmittelbar aus ihrem Charakter: Da es allein das Vorhaben ist, das als wirtschaftliche Basis für die angemessene Eigenkapitalverzinsung und die Bedienung des Kapitaldienstes dient, sind die Werthaltigkeit und die Robustheit des Projektes von entscheidender Bedeutung. Da das Projekt aber erst sukzessive entsteht, lässt sich die Wirtschaftlichkeit nur per Prognose bestimmen. Da die Perspektive in die Zukunft zunehmend unsicher ist, hat sich die Prognose mit dem Eintritt aller Arten von Einflüssen zu befassen, deren Wirkung auf das Projekt einzuschätzen und nach Wegen zu suchen, ob und inwieweit einzelne Projektbeteiligte bereit sind, das Projekt von Risiken freizuhalten.

Die Risiken einer Projektfinanzierung sind mit dem Instrumentarium des Risikomanagements zu steuern, das versucht, Risiken den Projektbeteiligten zuzuordnen, die diese zu verantworten haben und damit auch kontrollieren können.

Wesensmerkmal jeder Projektfinanzierung ist die Orientierung an den zukünftigen Cashflows und der Einbindung der Projektbeteiligten, wie wir es in Kapitel 1 skizziert haben.

Das Risikomanagement umfasst die Gesamtheit aller Aufgaben zur Handhabung von Projektrisiken unter Beachtung des Risk-Sharing-Prinzips. Das Ziel des Risikomanagements ist die Entwicklung einer Entscheidungsgrundlage für die Auswahl besonders geeigneter risikopolitischer Maßnahmen zur Reduzierung der Projektrisiken auf ein akzeptables Niveau.

Der Prozess des Risikomanagements wird häufig als eine Stufenfolge beschrieben:

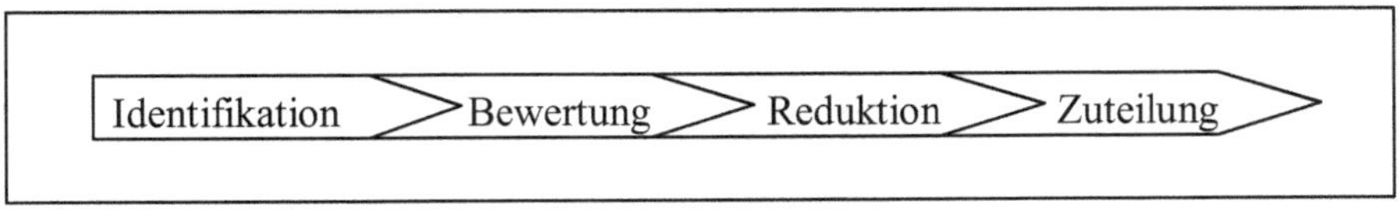

Abbildung 78: Bestandteile des Risikomanagementprozesses

Das Erkennen der einzelnen Risiken ist Grundvoraussetzung für die Anwendung risikopolitischer Maßnahmen. Zur Identifikation der einzelnen Risiken bei der Projektfinanzierung werden die Phasen, die ein Projekt bei der Erstellung und im Betrieb durchläuft, systematisch auf ihre Einflussfaktoren hin untersucht. Die Bewertung der einzelnen Risiken erfolgt anhand ihrer Auswirkungen auf den Cashflow, wobei die Ursachen eines Risikos aufgedeckt und die Risikofolgen qualitativ und quantitativ aufgezeigt werden. Das dazu verwendete

Instrument – das Cashflow-Modell – wird aufgrund seiner Bedeutung gesondert dargestellt. Im dritten Schritt sind die identifizierten Risiken mit Hilfe geeigneter Techniken auf das mögliche Minimum zu reduzieren. Bei der Zuteilung – der Risikoallokation – wird untersucht, ob und in welchem Maße die identifizierten Risiken den Projektbeteiligten zugewiesen werden sollen und welche Restrisiken nach Zuteilung bei den Kapitalgebergruppen verbleiben. Schließlich sind die Risiken während der Projektlaufzeit zu kontrollieren und – bei Bedarf – geeignete Gegenmaßnahmen einzuleiten.

Die dargestellten Prozessstufen sind nicht als isolierte Teilaufgaben zu verstehen, sondern als ein wechselseitig ineinander greifender Prozess, der das Projekt begleitet und dessen Ergebnis nicht nur vom Risikoprofil des Projektes abhängt, sondern wesentlich auch von den Chance-/Risiko-Präferenzen der verschiedenen Projektbeteiligten. Die Aufgabe der Auswahl und die Anwendung der Risikoinstrumente sowie der Risikoträger erweist sich in der Praxis als komplexer und diffiziler Verhandlungsprozess. In der weiteren Darstellung wird auch deutlich werden, dass die obige Stufenfolge zunächst aus didaktischen Gründen gewählt wird. In der Praxis ergibt sich eine Wechselwirkung zwischen den einzelnen Prozessstufen.

Der Katalog der möglichen Maßnahmen des Risikomanagements ist umfangreich und vielschichtig, wodurch sich für den Kreditgeber und die Projektgesellschaft eine Vielzahl von Handlungsoptionen ergeben. Die Auswahl der möglichen Maßnahmen wird als Risikopolitik bezeichnet, deren Ziel es ist, die Kombinationen von Sicherungsinstrumenten zu finden, welche eine auf das Projekt abgestimmte und von allen gemeinsam akzeptierte Risikoverteilung ermöglicht.

Die Risikoanalyse ist Ausgangspunkt des Risikomanagementprozesses, da sie maßgeblich die Struktur des Vertragsgeflechtes sowie die materiellen Regelungen jedes einzelnen Vertrages bestimmt. Daher wird man sich mit den Zielsetzungen der Projektbeteiligten und den wirtschaftlichen, technischen und rechtlichen Aspekten des Vorhabens vertraut machen müssen.

In den bisherigen Kapiteln haben wir uns vertieft mit den verschiedenen Risiken, Risikoinstrumenten und Risikoträgern beschäftigt; insofern dient die folgende Übersicht nur der Erinnerung:

Tabelle 36: Risikoart, Risiko-Instrument und Risikoträger

Risikoart	Risiko-Instrument	Risikoträger
Verfügbarkeit Rohstoffe oder Energie	Vertrag: Angbeot oder Zahlung, Machbarkeitsstduie	Zulieferer, evtl. Sponsoren
Vertragserfüllung Vertragspartner	Machbarkeitsstudie	Sponsoren
Kostenüberschreitung	Fertigstellunggarantie, Kreditlinie	Sponsoren, Generalunternehmer, Kreditgeber
Abnahmerisiko	Take-or-Pay-Verträge	Nachfrager des Outputs
Performancerisiko	Machbarkeitsstudie, Vertragskonditionen (Anreize)	Anlagenlieferant
Rechts- und Regulierungsrisiko	Reputation des Landes, gute Zusammenarbeit mit Regierungen	Sponsoren
Länderrisiko	Machbarkeitsstudie, Versicherung	Versicherungsagenturen, ECAs
Technologisches Risiko	möglicherweise K-O-Kriterium, ansonsten: Lizenzvereinbarung	Lizenzgeber
Devisenkurs	Optionen, Futures, Swaps usw.	Finanzinstitute
Inflationsrate	Langfristige Verträge (Kauf und Verkauf)	Anbieter und Nachfrager
Zinssätze	Feste Zinskonditionen, Zinsderivate usw.	Finanzinstitute, Gläubiger
Force Majeure	Eindeutige Abgrenzung, Versicherung	Versicherung

Risikoart, Risiko-Instrument und Risikoträger

Im nächsten Schritt werden wir die wesentlichen Risiken bei Projekten im Bereich Erneuerbare Energien betrachten, die wir etwa in Tabelle 5 skizziert haben. Beispielhaft stellen sich die verschiedenen Risikokategorien im Zeitablauf wie folgt dar:

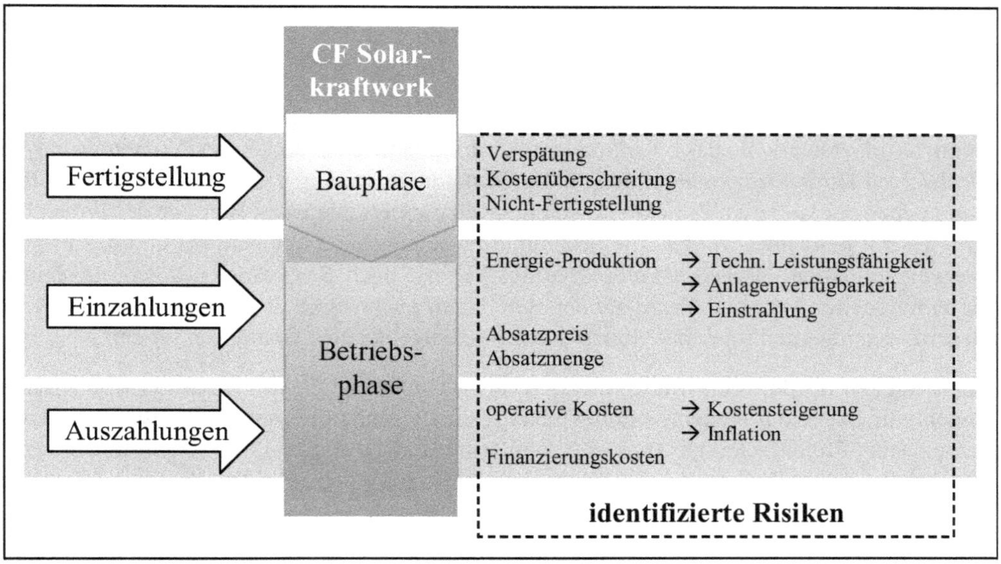

Abbildung 79: Risikoeinflüsse auf ein Solarkraftwerk

Offensichtlich ist, dass die Risiken quantifizierbare Auswirkungen haben und in ihrer Gesamtheit betrachtet und bewertet werden müssen. Die Quantifizierung der Chancen und Risiken eines Projektes erweist sich als der Dreh- und Angelpunkt eines übergeordneten Sicherungssystems. Die Quantifizierung ermöglicht dabei zum einen, aus Investorensicht die Wirtschaftlichkeit, aus Sicht der weiteren Projektbeteiligten die Angemessenheit der Anreiz-Beitragsstruktur und aus Kapitalgebersicht die Robustheit des Projektes zu beurteilen. Zum anderen ist die Quantifizierung notwendig, um abzuschätzen zu können, welches Maß an Risikotransfer ökonomisch sinnvoll ist.

Die Investoren beurteilen das Projekt aus einer Base-Case-Betrachtung, wobei sie in ihr Kalkül bessere und schlechtere Projektentwicklungen einbeziehen werden. Die anderen Projektbeteiligten beurteilen das Vorhaben danach, welche Beiträge sie zu leisten haben und ob die Gegenleistung dazu in einem angemessenen Verhältnis steht. Die Kreditgeber beurteilen das Projekt danach, ob bei einer Worst-Case-Betrachtung die Bedienung des Kapitaldienstes gesichert erscheint. Hierzu überprüfen sie zum einen die Reagibilität des Projektes gegenüber möglichen adversen Projektänderungen – z.B. verspätete Fertigstellung, Minder-Performance der Anlagen oder Preisverfall auf der Marktseite – und bewerten zum anderen die Möglichkeiten und Verpflichtungen des Projektes und der Projektbeteiligten, bei negativen Planabweichungen unterstützend einzuspringen. Eine Möglichkeit, von Seiten des Projektes gegenzusteuern, kann dabei z.B. die Verpflichtung sein, bei Unterschreitung bestimmter *Trigger Events* – typischerweise Unterschreiten eines bestimmten Schuldendienstdeckungsgrades – eine beschleunigte Tilgung der Darlehen vorzunehmen (*cash sweep*).

Die verschiedenen Verpflichtungen der Projektbeteiligten gegenüber dem Projekt haben wir im Zusammenhang mit der Diskussion der Einzelrisiken diskutiert. Im Zusammenhang mit der Risikoquantifizierung geht es nunmehr darum, die vertraglichen Verpflichtungen der Projektbeteiligten zu bewerten, was neben dem Umfang der möglichen Verpflichtungen auch eine Bonitätsbeurteilung der Verpflichteten erfordert. Darüber hinaus signalisiert die Verpflichtung der Projektbeteiligten ein Interesse am Projekterfolg, was über die Ebene der Quantifizierbarkeit hinaus von qualitativer Bedeutung ist.

Damit wird ersichtlich, dass Risikoquantifizierung und Risikoallokation in einem engen Wechselverhältnis zueinander stehen. Eine Risikoquantifizierung ist erst dann vollständig, wenn neben der isolierten Projektbetrachtung auch die verschiedenen Beiträge der Projektbeteiligten mit betrachtet werden, die bestimmte Projekt-Risiken übernehmen und das Projekt insoweit freihalten. Nach der Anreiz-Beitrags-Theorie nach BARNARD und MARCH können die individuellen Vor- und Nachteile der Beteiligten als positive und negative Anreize definiert werden, die die Projektbeteiligten durch ihre eingebrachten Beiträge erhalten.

Andererseits erfordert eine Risikoallokation die Quantifizierung der Chancen und Risiken sowohl auf Ebene der einzelnen Projektbeteiligten als auch auf Ebene des Gesamtprojektes. Der einzelne Projektbeteiligte kann erst dann seine Chance-Risiko-Position beurteilen, wenn er die vollständige Risikoquantifizierung des Cashflow-Modells mit den oben beschriebenen Beiträgen der einzelnen Projektbeteiligten kennt.

An dieser Stelle wird deutlich, dass die Ermittlung einer geeigneten Finanzierungsstruktur mit der Ausgestaltung der Projektstruktur und der Projektverträge auf das engste zusammenhängt: Einerseits bestimmt die Ausgestaltung der Finanzierungsstruktur darüber, welche Beiträge insbesondere die Sponsoren und die Kreditgeber zu leisten haben, andererseits lässt sich eine Finanzierungsstruktur nur vor dem Hintergrund der vertraglichen Verpflichtungen der verschiedenen Beteiligten beurteilen. Aus diesem Grunde ist die von Seiten der Sponsoren regelmäßig gestellte Frage nach der notwendigen Höhe der Eigenmitteleinbringung auch erst dann abschließend zu beantworten, wenn neben dem Risikoprofil des Projektes auch die vertraglichen Verpflichtungen der einzelnen Projektbeteiligten bekannt sind.

Weiter ermöglicht erst die Risikoquantifizierung die Information über die Performance des Projektes und ist damit Anknüpfungspunkt für Steuerungsmaßnahmen der Projektgesellschaft bzw. für das Auslösen von Verpflichtungen der Projektbeteiligten. Weichen Kennzahlen von Planwerten ab, werden – je nach vertraglicher Ausgestaltung – die Projektbeteiligten verpflichtet, bestimmte Beiträge zu leisten oder bestimmte Kreditsicherheiten greifen. Damit ermöglicht die Risikoquantifizierung eine dauerhafte Begleitung des Projektes im Zeitablauf und erfüllt die Funktion eines Steuerungsmechanismus. Die folgende Abbildung 80 soll dies abschließend verdeutlichen.

Das Cashflow-Modell ist für die Risikoquantifizierung von zentraler Bedeutung, aber die Risikoquantifizierung endet nicht mit dem Cashflow-Modell. Zusätzlich erfolgen auf Grundlage des Cashflow-Modells – zumeist separat vorgenommene – Simulationsrechnungen über ein Rating-Tool, die verschiedene Projektverläufe bei unterschiedlichen Umweltszenarien simulieren und aus Risikosicht der Banken bewerten. Die Simulationsrechnungen werden dabei im Solarbereich wesentlich durch die Variabilität der Einstrahlungsdaten sowie der

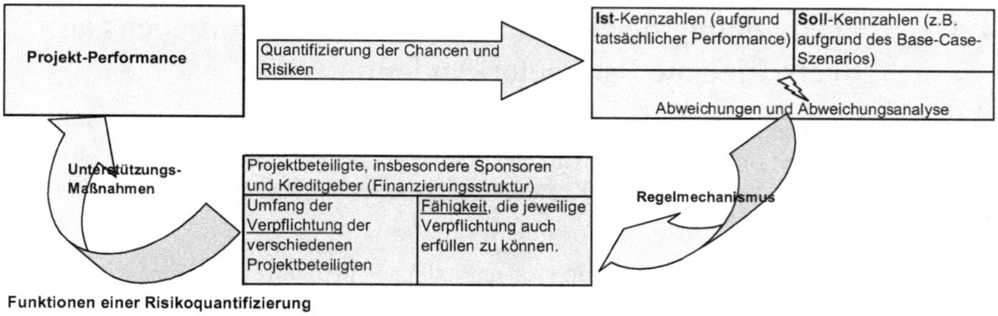

Abbildung 80: Risikomanagementprozess bei einer Projektfinanzierung – Teil II

Entwicklung der Zinsstrukturkurven beeinflusst. Qualitative Faktoren, wie etwa die Bewertung des Fertigstellungsrisikos und die Erfahrungen des EPC-Contractors, haben gegenüber den quantitativen Faktoren eine zumeist nachrangige Bedeutung.

	Schritte:	**Besonderheiten und Hinweise:**	**Bankenspezifika:**
CF-Modell	Plausibilisierung und Übernahme der Daten des Entwicklers in ein Cashflow-Modell (im Prinzip soll die wahrscheinlichste Entwicklung des Projektes angegeben werden)	1. Nicht überoptimistisch sein, aber auch nicht das Projekt schlechter machen; 2. Ausnahme: Wartungskosten werden mindestens zu Full-Service-Preisen eingestellt	Es bestehen bankenspezifische Unterschiede hinsichtlich der Laufzeit der Term Loans und Belastbarkeitskriterien
Rating-Tool	Übertragung des Cashflow-Modells in ein Rating-Tool und Vornahme von automatisierten Simulationsrechnungen => Ziele: Objektive Risikoeinschätzung	1. Variabilität und Untergrenzen von Projektverträgen berücksichtigen; 2. Explizite Angabe der Gutachter-Unsicherheit im Solargutachten verlangen	Risikobewertung sollte bei demselben Projekt bei unterschiedlichen Banken identisch sein
Kalkulations-Tool	Einstellung der Risikoeinschätzung und der Margenbestandteile in ein weiteres Bewertungs-Tool, das die Wirtschaftlichkeit aus Bankensicht bewertet		Je nach Verzinsungsanforderungen der Banken können sich unterschiedliche Preise für das Risiko ergeben

Abbildung 81: Systematisches Vorgehen bei der Risikoquantifizierung

Zusammenfassend erfüllt die Risikoquantifizierung folgende Funktionen:

1. Quantifizierung der Wirtschaftlichkeit und der Belastbarkeit des Projektes,
2. Erarbeitung einer Projektstruktur, die die einzelnen Chancen und Risiken sachgerecht zuweist und damit einen nachhaltigen Projekterfolg unterstützt,
3. Festlegung eines Frühwarnsystems, das Plan-Abweichungen erkennt und damit die Handhabe liefert, um frühzeitig Gegenmaßnahmen durch einzelne Projektbeteiligte oder den Einsatz von Kreditsicherheiten einzuleiten.

Wir werden im folgenden Abschnitt skizzieren, wie eine Risikoquantifizierung bei einer Projektfinanzierung erfolgen kann.

4.4.3 Darstellung der Reagibilität eines Solarvorhabens auf verschiedene Parameter-Änderungen

Im Folgenden sollen ein PV-Projekt und ein CSP-Vorhaben auf ihre rechnerische Projektfinanzierungsfähigkeit untersucht werden. Beim CSP-Vorhaben sind dabei die aktuellen Abschätzungen und eine erwartete Kostensenkungsperspektive zugrunde gelegt worden. Doch zunächst zum PV-Projekt.

Da die Ausprägung der Projektrisiken in großem Maße von dem jeweiligen Finanzierungsobjekt abhängt, soll ein Fallbeispiel aus der Praxis betrachtet und bewertet werden (Name und Beträge geändert).

Tabelle 37: Rahmendaten eines PV-Projektes in Spanien

Projektname:	PLEASANT VALLEY
Projektstandort:	Südliches Spanien
Technologie:	PV-Projekt auf Basis von polykristallinen Modulen
Gesamtinvestitionsvolumen:	EUR 20.600.000,–
Fremdkapitalvolumen:	EUR 15.000.000,–
Eigenkapitalvolumen:	EUR 5.600.000,–
Finanzierungsstruktur:	Rückzahlung der Projektfinanzierungsdarlehen über 19 Jahre mit linearem Tilgungsverlauf (Ratendarlehen).
Tilgungsfreie Zeit	36 Monate
Schuldendienstreserve:	nicht vorgesehen
Summe der Betriebskosten p.a.:	EUR 551.000,–
Inbetriebnahmezeitpunkt:	01.01.2011
Nennleistung:	5,70 MW
Jahresenergieproduktion:	11,372 GWh
Einspeisetarif:	27,32 Cent/kWh für die ersten 25 Jahre Projektbetrieb

Auf Basis dieser Daten wurde von den Sponsoren ein erstes Cashflow-Modell als Sponsors Case erstellt. Dieses Modell stellt die Ausgangsbasis für die Analyse einzelner Projektrisiken dar, bevor es später im Rahmen der Risikoquantifizierung unter Berücksichtigung sämtlicher zu bewertenden Risiken zur Entwicklung einer geeigneten und tragfähigen Projektfinanzierungstruktur dient.

Erkennbar ist, dass das Vorhaben unter den genannten Rahmendaten einen wirtschaftlichen Betrieb bei akzeptabler Belastbarkeit zulässt. Die interne Rendite liegt deutlich über 14 %, die Belastbarkeit bei einem Einnahmenniveau von 81,0 %.

Die Aussagen gelten unter der Prämisse, dass die genannten Finanzierungsparameter auch für die Banken akzeptabel sind. Dies sehen wir uns im weiteren Verlauf an. Zunächst analysieren wir im Folgenden aber die Auswirkungen von einzelnen Parameter-Änderungen auf die Wirtschaftlichkeit des Vorhabens.

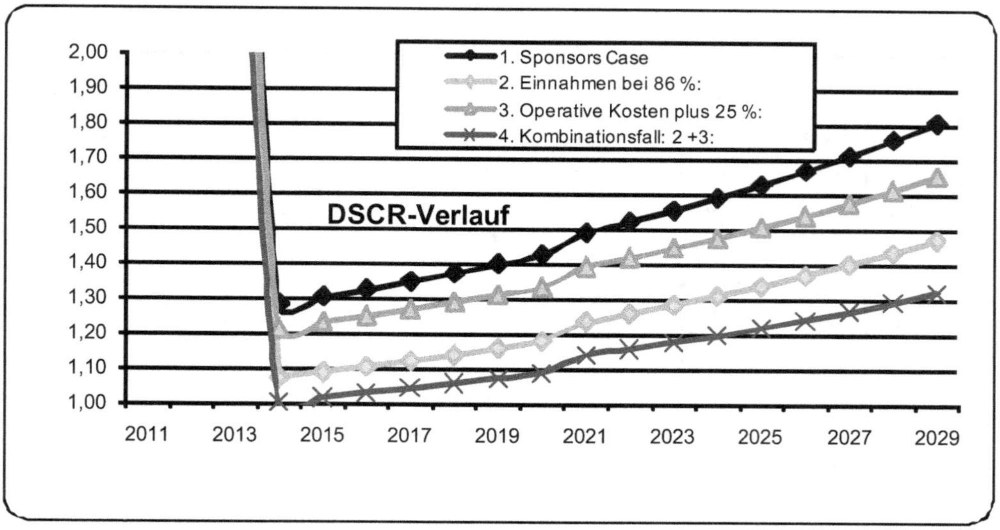

Abbildung 82: DSCR-Verlauf PV-Projekt (Sponsors Case)

	Min. DSCR	DSCR	IRR
1. Sponsors Case	1,28	1,77	14,67 %
2. Einnahmen bei 86 %:	1,07	1,47	6,63 %
3. Operative Kosten plus 25 %:	1,21	1,66	11,87 %
4. Kombinationsfall: 2 + 3:	1,00	1,36	3,29 %

Zinssatzänderung

Anhand des Fallbeispiels werden die Auswirkungen von Zinsänderungen in verschiedenen Abstufungen dargestellt. Dabei werden ausgehend von der von den Sponsoren vorgeschlagenen Finanzierungsstruktur der Zinssatz des Projektfinanzierungskredites in diesem Modell verändert und die hieraus resultierenden Ergebnisse im Folgenden beschrieben.

Die Erhöhung der Zinssätze führt dazu, dass der DSCR durchgängig über die gesamte Finanzierungslaufzeit unterhalb der Ausgangslage im Sponsors Case liegt. Bei einem Anstieg des Zinssatzes des Projektfinanzierungskredites um 3,90 Prozentpunkte auf einen Satz von 8,15 % jährlich beträgt der DSCR im ersten Betriebsjahr 2011 noch 1,0, was bedeutet, dass der Kapitaldienst gerade noch geleistet werden kann. Bei einem noch höheren Zinsanstieg wäre dies nicht mehr sichergestellt und die bankseitigen Anforderungen der jederzeitigen und vollständigen Leistung des Kapitaldienstes würden verfehlt. Die betrachtete Höhe des Zinsanstieges stellt somit die Grenze der Projektbelastbarkeit dar.

Die Erhöhungsdifferenz von 3,90 Prozentpunkten bis zur Erreichung der Projektbelastbarkeitsgrenze kann als Sicherheitspuffer des Projektes für das Zinsänderungsrisiko verstanden werden. Die Höhe dieses Sicherheitspuffers zeigt dabei, dass das Projekt Solar PLEASANT VALLEY recht empfindlich auf einen Zinsanstieg reagiert. Diese Beobachtung kann generell

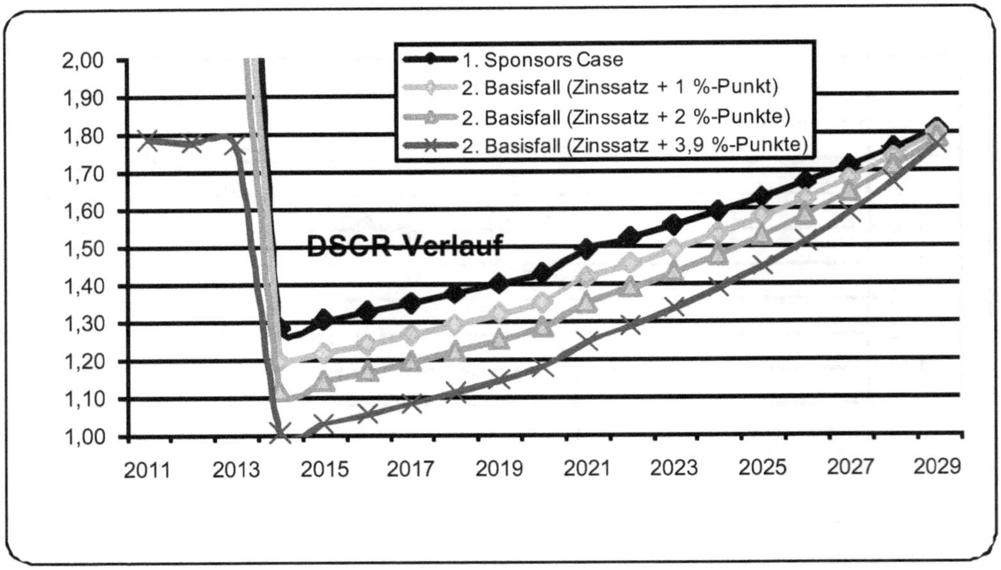

Abbildung 83: DSCR-Verlauf bei unterschiedlichen Zinssätzen

	Min. DSCR	Ø DSCR	IRR
1. Sponsors Case	1,28	1,77	14,67 %
2. Basisfall (Zinssatz + 1 %-Punkt)	1,19	1,63	12,64 %
3. Basisfall (Zinssatz + 2 %-Punkte)	1,12	1,52	10,72 %
4. Basisfall (Zinssatz + 3,9 %-Punkte)	1,00	1,37	7,37 %

bei Projektfinanzierungen im Bereich Solarenergie gemacht werden, da diese eine relativ hohe Kapitalintensität aufweisen und damit von einem Zinsänderungsrisiko wesentlich stärker betroffen sind als Vorhaben in den Bereichen Windenergie oder Biomasse.

Betriebskostenänderung

Die Folgen aus dem Eintritt des Betriebs- und Managementrisikos werden über eine Variation der Betriebskosten dargestellt und die hieraus resultierenden Ergebnisse im Folgenden beschrieben. Die jährlichen Betriebskosten werden in verschiedenen Szenarien um jeweils 30 %-Punkte erhöht. Die genannten Beträge beziehen sich auf den Ausgangswert der Betriebskosten im ersten Betriebsjahr ohne Berücksichtigung des im Modell generell kalkulierten Betriebskostenanstieges von 2 % jährlich.

Die entgegen der Ausgangslage im Sponsors-Case zusätzlich anfallenden Betriebskosten müssen durch den unveränderten Projekt-Cashflow gedeckt werden. Dadurch sinkt der Teil des Projekt-Cashflows, der für die Bedienung des Kapitaldienstes zur Verfügung stehen kann. Die Kapitaldienstfähigkeit in Form des DSCR sinkt folglich über die gesamte Finanzierungslaufzeit, wie es die nachfolgende Abbildung 84 veranschaulicht.

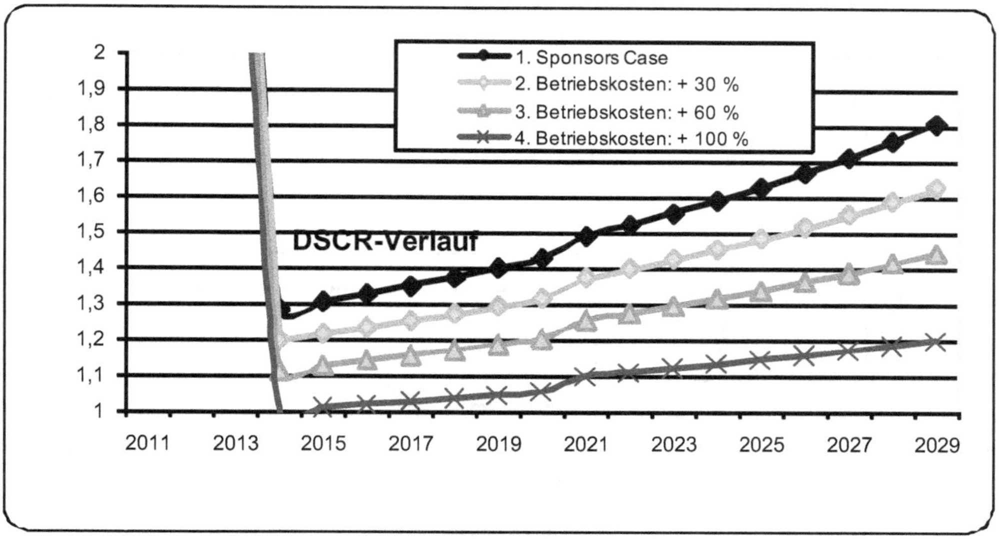

Abbildung 84: DSCR-Verlauf bei veränderten Betriebskosten

	Min. DSCR	Ø DSCR	IRR
Sponsors Case	1,28	1,77	14,67 %
Betriebskosten + 30 %:	1,20	1,64	11,29 %
Betriebskosten + 60 %:	1,11	1,50	7,59 %
Betriebskosten + 100 %:	1,00	1,32	1,86 %

Es zeigt sich, dass auch hier der DSCR durch die vorgenommene Veränderung durchgängig unterhalb der Ausgangslage im Sponsors-Case liegt. Bei allen betrachteten Fällen liegt der DSCR gleichwohl deutlich über 1,0. Das Projekt kann somit in allen Fällen den Kapitaldienst noch leisten. Bei einem noch höheren Betriebskostenanstieg als einer Verdopplung der Betriebskosten wäre dies nicht mehr sichergestellt und die bankseitigen Anforderungen der jederzeitigen und vollständigen Leistung des Kapitaldienstes würden verfehlt.

Insgesamt zeigt sich das Projekt Solar PLEASANT VALLEY recht unempfindlich gegenüber einem Betriebskostenanstieg, weil die Betriebskosten im Verhältnis zu Investitionsvolumen, Projekt-Cashflow und Kapitaldienst nur einen relativ geringen Anteil ausmachen. Diese Unempfindlichkeit ist nicht nur in diesem speziellen Fall zu beobachten, sondern eine generelle Eigenschaft von Solar-Projekten.

Auch wenn Solarprojekte rechnerisch hohe Betriebskostenanstiege verkraften können, so sollte dieses Risiko dennoch nicht ignoriert werden. Der Beitrag von DR. ROGER SCHERER hat deutlich die Bedeutung einer professionellen Betriebsführung vor Augen geführt (Fachkapitel 3.5).

Einnahmenrückgang

Die dargestellten Folgen aus dem Eintritt des Ressourcenrisikos und die sich hierdurch ergebenden Auswirkungen haben wir im Folgenden über eine Variation des Jahresenergieertrages in mehreren Szenarien abgebildet. Die Kapitaldienstfähigkeit in Form des DSCR sinkt folglich über die gesamte Finanzierungslaufzeit, wie es die nachfolgende Abbildung 85 veranschaulicht.

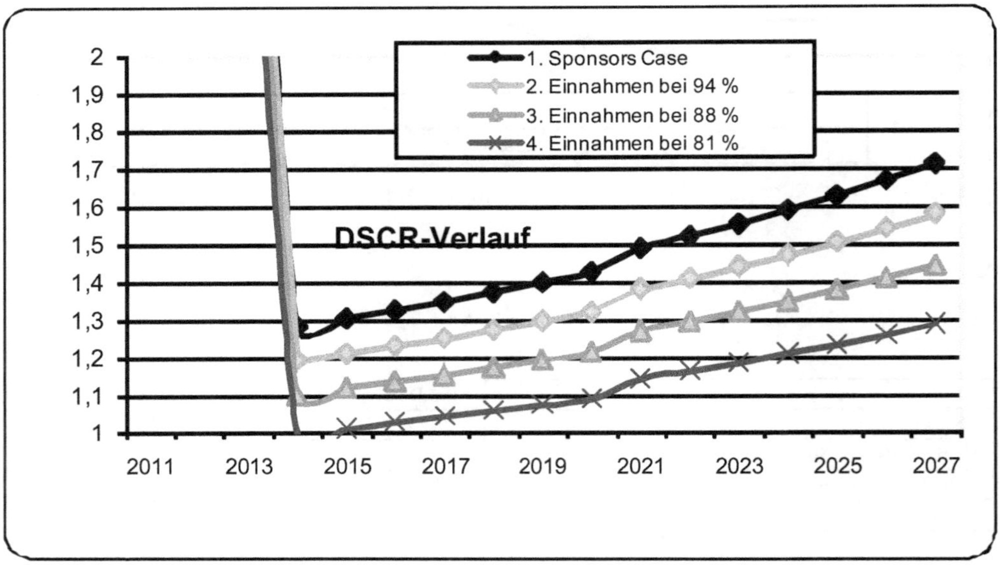

Abbildung 85: DSCR-Verlauf bei Einnahmenveränderung (PV-Solarvorhaben)

	Min. DSCR	Ø DSCR	IRR
Sponsors Case	1,28	1,77	14,67 %
Einnahmen bei 94 %:	1,19	1,64	11,33 %
Einnahmen bei 88 %:	1,10	1,51	7,84 %
Einnahmen bei 81 %:	1,00	1,36	3,50 %

Durch die vorgenommene Veränderung liegt der DSCR durchgängig unterhalb der Ausgangslage im Sponsors-Case. Bei einer Senkung des Jahresenergieertrages um 19,0 % erreicht der DSCR im fünften Betriebsjahr des Projektes sein Minimum von 1,0. Das hier betrachtete Ausmaß des Absinkens des Jahresenergieertrages stellt folglich die Grenze der Projektbelastbarkeit dar.

Die Differenz von 19,0 % bis zum Erreichen der Projektbelastbarkeitsgrenze aus Sicht des Sponsors-Case kann somit auch als dessen Sicherheitspuffer im Hinblick auf das Ressourcenrisiko verstanden werden. Die Höhe des Sicherheitspuffers bei Solar PLEASANT VALLEY ist dabei als komfortabel zu bewerten, wenn man sich die durchschnittliche Schwankung der jährlichen Direkteinstrahlung in Spanien vor Augen hält (siehe Fachkapitel 3.4 und Abbildung 7).

Die Abbildung 89 zeigt, dass die jährliche Direkteinstrahlung in Spanien hoch und recht stabil ist. Dem theoretischen Sicherheitspuffer von 19,0 % im Cashflow-Modell steht eine gutachterlich Standardabweichung der Globalstrahlung in Höhe von etwa 4 % am Projektstandort gegenüber. Dennoch soll das Ressourcenrisiko hierdurch nicht in seiner Bedeutung unterschätzt werden.

Wie eingangs besprochen, stellen wir im Folgenden die Rahmendaten eines fiktiven CSP-Vorhabens dar, dessen Rahmendaten auf den Annahmen aus Tabelle 18 und Tabelle 19 basieren (in Klammern sind die Parameter nach einer erwarteten Kostensenkung nach 10 Jahren angegeben):

Tabelle 38: Rahmendaten eines Parabolrinnen-Projektes

Projektname:	CALISTOGA
Projektstandort:	Südliches Spanien
Technologie:	CSP-Projekt (Parabolrinne)
Gesamtinvestitionsvolumen:	EUR 730.000.000,– (EUR 430.000.000,–)
Fremdkapitalvolumen:	EUR 0,– (EUR 330.000.000,–)
Eigenkapitalvolumen:	EUR 730.000.000,– (EUR 100.000.000,–)
Finanzierungsstruktur:	Rückzahlung der Projektfinanzierungsdarlehen über 17,5 Jahre mit linearem Tilgungsverlauf (Ratendarlehen).
Tilgungsfreie Zeit	18 Monate
Schuldendienstreserve:	50 % des Kapitaldienstes des Folgejahres
Summe der Betriebskosten p.a.:	EUR 15.000.000,–
Inbetriebnahmezeitpunkt:	01.01.2012
Nennleistung:	200 MW
Jahresenergieproduktion:	312 GWh
Einspeisetarif:	25 Cent/kWh für 20 Jahre

Unter den jetzigen Annahmen ergibt sich eine interne Verzinsung über 20 Jahre von 0,76 %. Das bedeutet, dass die Aufnahme von Fremdkapital nicht sinnvoll ist, da die Gesamtkapitalrentabilität geringer ist als die Fremdkapitalrentabilität, so dass sich ein negativer Leverage-Effekt ergibt. Entsprechend können an dieser Stelle auch noch keine Deckungsrelationen aufgezeigt werden. Zusätzlich – und das ist der entscheidende Punkt – wäre die interne Verzinsung für einen Investor zu niedrig, um einen Anreiz zu bieten, in ein Projekt mit derartigen Rahmendaten zu investieren[191].

Interessanter ist da schon die erwartete Kostensenkung innerhalb der nächsten zehn Jahre auf M€ 430. In diesem Fall steigt die interne Rendite so weit, dass auch die Aufnahme von Fremdkapital sinnvoll ist. Unter den geänderten Rahmendaten ergibt sich folgendes Bild:

[191] Zu einer näheren Diskussion mit weiteren Szenarien siehe J. Böttcher 2011 (im Erscheinen).

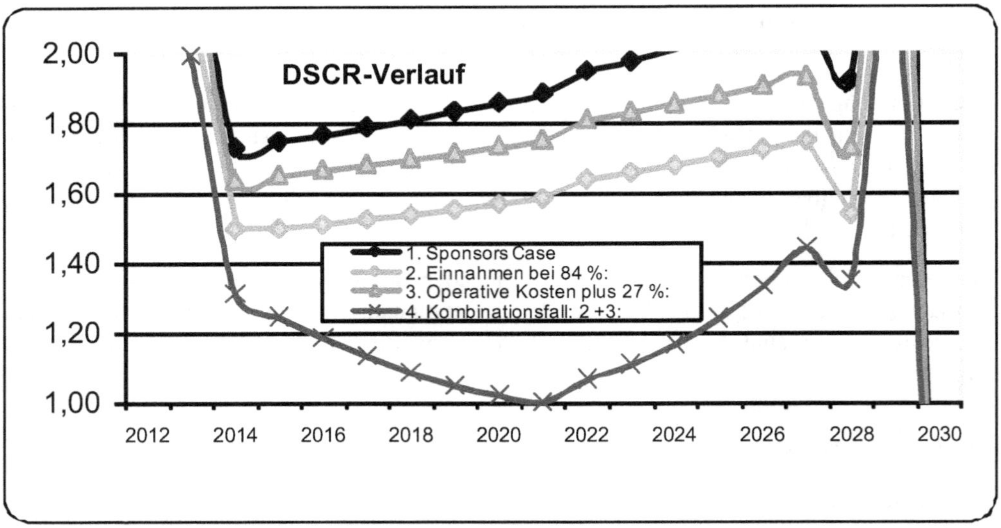

Abbildung 86: DSCR-Verlauf bei einem Parabolrinnen-Projekt

	Min. DSCR	Ø DSCR	IRR
Sponsors Case	1,73	2,07	12,06 %
Einnahmen bei 84 %:	1,50	1,73	3,80 %
Operative Kosten plus 27 %:	1,64	1,92	8,56 %
Kombinationsfall: 2 + 3:	1,00	1,34	-0,13 %

Erkennbar ist, dass zum einen die interne Rendite aus Investorensicht ein Engagement attraktiv erscheinen lässt, andererseits auch aus Sicht einer finanzierenden Bank die Belastbarkeiten akzeptabel erscheinen. Die Belastbarkeiten entsprechen weitgehend den Relationen eines PV-Projektes, weshalb sie hier nicht näher dargestellt werden sollen. Allerdings fallen die operativen Kosten in Relation zu PV-Vorhaben deutlich höher aus, was sich noch verstärkt, wenn man eine Nasskühlung unterstellt.

4.4.4 Verfahren der Risikoquantifizierung: Cashflow-Modell und Rating-Verfahren

4.4.4.1 Dynamische Ziele einer Risikoquantifizierung

Ziel einer Risikoquantifizierung ist, die Wahrscheinlichkeit und den quantitativen Umfang möglicher negativer Abweichungen des Projektes im zeitlichen Ablauf zu ermitteln. Die hierzu in der Praxis entwickelten Methoden haben dabei die betriebswirtschaftlichen Tendenzen nachvollzogen und entwickelten sich von den statischen Methoden zu dynamischen Verfahren, die nunmehr die einzelnen Risiken im zeitlichen Ablauf berücksichtigen. Zum Teil sieht man allerdings auch heute noch Kalkulationsbeispiele, die darauf abzielen, eine Betrachtung für lediglich ein Jahr anzustellen oder aber eine Gewinngröße zu ermitteln. Von beiden Herangehensweisen muss dringend abgeraten werden: Zum einen sollte klar sein, dass eine statische Betrachtung künftige Veränderungen von Einzahlungen und Auszahlungen nicht abbilden und damit zu einer gravierenden Fehleinschätzung der Wirtschaftlichkeit eines Vorhabens führen kann. Zum anderen sind es lediglich die zahlungswirksamen Größen, die für die Begleichung der operativen Kosten und des Kapitaldienstes herangezogen werden können, nicht aber eine aus der Gewinn- und Verlustrechnung stammende Größe, die für Rechnungslegungszwecke entwickelt wurde. Es sollte daher Standard sein, auf dynamische Verfahren zu setzen und nur Nach-Steuer-Cashflows zu betrachten.

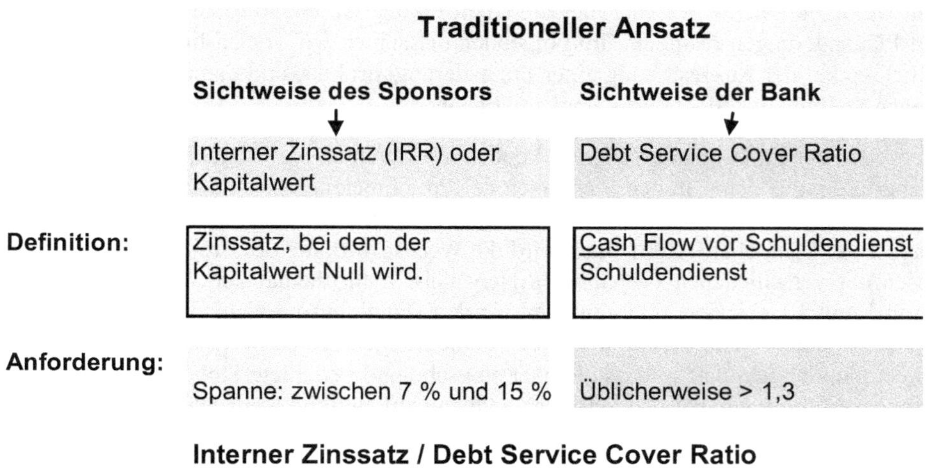

Abbildung 87: Gegenüberstellung Interner Zinssatz / Debt Service Cover Ratio

Aus Sicht des Investors werden regelmäßig die Ein- und Auszahlungen, die er leisten muss bzw. erhält, auf den Zeitpunkt der Investitionsentscheidung mit einem geeigneten Kalkulationszinssatz abgezinst. Ergibt sich ein positiver Kapitalwert, erscheint das Vorhaben vorteilhaft. Alternativ – wenn auch mit gewissen theoretischen Nachteilen – kann der interne Zinssatz den Investor darüber informieren, ob eine bestimmte Mindestverzinsung seines Eigenkapitals erreicht oder überschritten wird. In der Praxis wird hierfür meist der interne Zinssatz (*Internal Rate of Return*) herangezogen. Bei dieser Methode wird der Zinssatz berechnet, bei dem die Barwerte der Einzahlungen und Auszahlungen des Investitionsvorhabens gleich groß sind. Daraus ergibt sich folgende Formel, wobei die Zielgröße der interne Zinssatz r ist:

$$\sum_{t=0}^{n} (E_t - A_t) * (1 + r)^{-t} = 0$$

E_t: Einzahlungen in Periode t
A_t: Auszahlungen in Periode t
t: Periode
n: Nutzungsdauer des Investitionsobjektes
r: interner Zinssatz

Auf diese Weise erhält man die Effektivverzinsung eines Investitionsvorhabens. Die Investition wird unter der Annahme eines vollkommenen Kapitalmarktes dann durchgeführt, wenn der interne Zins über dem Kapitalmarktzins liegt. Für die Berechnung wird außerdem die Annahme getroffen, dass etwaige Zahlungsdefizite oder Zahlungsüberschüsse zum jeweiligen internen Zinssatz verzinst werden. Allerdings sind die so abgeleiteten Kennzahlen nicht geeignet, die Dimensionierung und Struktur der Fremdmittel zu bestimmen. Hier kommt die Sichtweise der Fremdkapitalgeber ins Spiel. Aus Sicht der Fremdkapitalgeber interessiert primär die Frage, wie sicher es ist, dass Zinsen und Tilgung aus dem Cashflow des Projektes erbracht werden können – je höher hier die Überdeckung ist, um so robuster sollte das Projekt auf Planänderungen reagieren. Im Folgenden betrachten wir das Cashflow-Modell unter dem Blickwinkel der Ausgestaltung einer Finanzierungsstruktur, und damit in einem fortgeschrittenen Stadium aus Sicht der Fremdkapitalgeber.

Hauptproblem der im Folgenden darzustellenden Verfahren ist die Prognose der zukünftigen Periodenerfolge, die sich – in den Planungen der Projektbeteiligten – häufig als eine einmalige Analyse der wahrscheinlichen Entwicklung des Projektes darstellt. Dabei weisen diese Verfahren zwei Mängel auf: Zum einen wird die Wechselwirkung des Projekterfolgs mit den Interessen der verschiedenen Projektbeteiligten meist nicht thematisiert. Wir haben diesen Aspekt in Kapitel 1 skizziert. Zum anderen werden Handlungsmöglichkeiten der Projektbeteiligten – v.a. der Projektgesellschaft – auf Veränderungen der Umwelt, die auf das Projekt einwirken, nicht abgebildet, so dass die eher statische und gerichtete Sicht der traditionellen Bewertungsverfahren ergänzt werden muss. Gleichwohl sind die Kennzahlenermittlung und die Projektsteuerung über Kennzahlen die zentralen Elemente jeder Risikoquantifizierung.

Der primäre Finanzierungsgedanke einer Projektfinanzierung beinhaltet, dass der generierte Cashflow ausreichen soll, um einerseits den Schuldendienst zu decken und andererseits eine angemessene Absicherung gegen den Eintritt möglicher Risiken zu bieten. Zur Umsetzung dieser Zielvorgabe werden die erwarteten Projekterlöse ermittelt und anschließend in Bezug zum ausstehenden Schuldendienst oder Kreditbetrag gesetzt.

Bei diesem Modell werden die Cashflows des Projekts unter Annahme der Plandaten periodenweise simuliert und es wird dann geprüft, inwiefern das Projekt in der Lage ist, seinen Verpflichtungen nachzukommen.

Die ermittelte Über- oder Unterdeckung kann mit Hilfe des Debt Service Cover Ratio (DSCR, Schuldendienstdeckungsgrad) aggregiert dargestellt werden. Der DSCR beschreibt dabei, inwieweit der Cashflow zur Deckung des Schuldendienstes ausreicht. Da es üblich ist, zur Erhöhung der Belastbarkeit des Projekts eine Schuldendienstreserve (SDR) vorzuhalten, wird der DSCR im weiteren Verlauf der Arbeit wie folgt definiert:

$$\text{DSCR} = \frac{\text{Cashflow der Periode} + \text{Schuldendienstreserve}}{\text{Schuldendienst der Periode}}$$

Die so für die einzelnen Perioden ermittelten DSCR können in einem Graphen, der die gesamte Kreditlaufzeit abbildet, dargestellt werden, wodurch die für das Projekt kritischen Phasen leicht zu identifizieren sind.

Bei einem DSCR ≥ 1,0 ist der Schuldendienst der Periode durch die Cashflows gedeckt. Um eine Absicherung gegen Schwankungen des Cashflows vorzunehmen, besteht von Seiten des finanzierenden Kreditinstituts im Allgemeinen der Anspruch, dass das Projekt in der Lage sein muss, auch in einem Worst-Case-Fall einen DSCR ≥ 1,0 zu generieren. Die Anforderung an die als notwendig angesehene Überdeckung hängt von dem Umfang der Risikoüberwälzung ab, so dass eine bankseitige Forderung nach einem Mindestdeckungsverhältnis durch die projektspezifische Risikostruktur mit beeinflusst wird. Je ausgeprägter die Risikoübernahme unter Berücksichtigung der Risikotragfähigkeit des betreffenden Risikoträgers ist, umso geringer kann die Überdeckung ausfallen.

Der Schuldendeckungsgrad fordert lediglich eine pauschale Überdeckung für den Risikofall. Demnach gibt der DSCR noch keine Auskunft über die Entwicklung des Cashflows unter Risikoeinfluss. Inwieweit eine im DSCR enthaltene Sicherheitsmarge im Falle einer Risikorealisation ausreichend bemessen ist, wird zunächst noch nicht ersichtlich. Erst unter Anwendung von dynamischen Analysemethoden wird der DSCR zu einer Bewertungs- und Steuerungsgröße. Der Einsatz des Cashflow-Modells und die Betrachtung des DSCR als zentrale Kenngröße unterstützt auch die in dieser Arbeit eingenommene Sichtweise, da die aus Sicht der Kredit gebenden Bank elementare Fähigkeit des Projektes zur Leistung von Zins und Tilgung abgebildet wird.

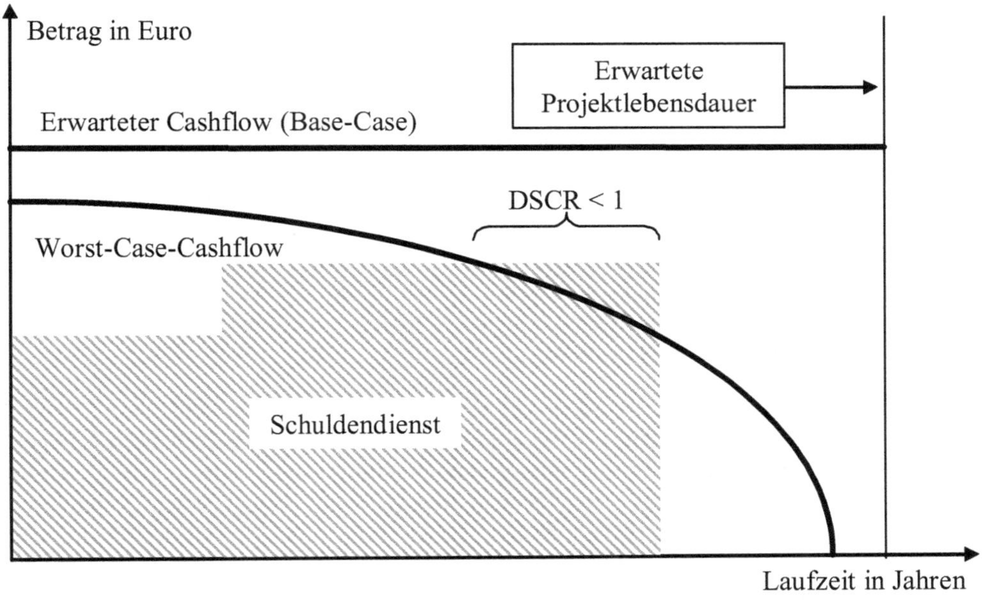

Abbildung 88: Grundlegendes Cashflow-Modell mit Base- und Worst-Case[192]

[192] P.K. Nevitt; F.J. Fabozzi 2000, S. 12.

Neben der Bewertung der Ausgangssituation mit Plandaten kann mit dem Cashflow-Modell auch der Einfluss einzelner Risiken auf das Projekt bewertet werden. Mit Hilfe der Sensitivitätsanalyse wird dabei durch eine Simulation der verschiedenen Input-Daten geprüft, inwiefern entstehende Veränderungen im Cashflow die Tragfähigkeit des Projektes beeinflussen. Ziel ist es, die Reaktionsempfindlichkeit des Projektes auf veränderte Umweltbedingungen aufzuzeigen. Auf diese Weise wird ersichtlich, welche Bedeutung jeweils der Absicherung eines Risikos zukommt.

Da sich die Einzelrisiken und die spezifischen Risikoinstrumente im zeitlichen Ablauf des Projektes wandeln können, treten neben die eher statische Betrachtung des Schuldendienstdeckungsgrades den zeitlichen Ablauf stärker betonende dynamische Methoden in den Vordergrund, nämlich die Sensitivitätsanalyse, die Szenariotechnik, die simulative Risikoanalyse und neuerdings die Methode der Real- oder Handlungsoptionen.

Ziel der Sensitivitätsanalyse ist die Darstellung der Auswirkungen von Variationen des Wertes einzelner oder mehrerer Parameter auf das Entscheidungskriterium (z.B. Cashflow oder DSCR), um so zusätzliche Informationen über den Risikogehalt des Projektes zu gewinnen. Die Sensitivitätsanalyse kann dabei grundsätzlich in zweierlei Weise vorgenommen werden: Zum einen vom gewählten Beurteilungskriterium zum variablen Risikoparameter (Fragestellung: um wie viel darf der Risikoparameter schwanken, ohne den Zielwert beim gewählten Kriterium zu beinträchtigen? – Methode der kritischen Werte), zum anderen vom Risikoparameter zum Beurteilungskriterium (Fragestellung: Wie schwankt die Messzahl des Beurteilungskriteriums, wenn der Risikoparameter verändert wird – Alternativenrechnung). Vorteilhaft ist dabei die Ermittlung, welche Änderungen des Datenkranzes sich besonders sensibel auf den Cashflow auswirken.

Nachteilig bei der Sensitivitätsanalyse ist der Umstand, dass sich in der Realität nur selten einzelne Parameter c.p. verändern, sondern Interdependenzen zwischen den Cashflow-Determinanten eher die Regel sind. Weiter ist mit der Sensitivitätsanalyse noch nichts für die Frage der Eintrittswahrscheinlichkeit der verschiedenen Parametereinsätze gewonnen. Das Verfahren macht jedoch deutlich, auf welche Änderungen das Projekt – gemessen am Beurteilungskriterium – am sensibelsten reagiert und weist so darauf hin, welchen Risiken besonderes Augenmerk geschenkt werden muss.

Einen Schritt weiter geht die Szenariotechnik. Die Szenariotechnik stellt eine besondere Form der Sensitivitätsanalyse dar, bei der auf Basis verschiedener als realistisch angenommener Datenkonstellationen – so genannten Szenarien – die Auswirkungen auf den Cashflow aufgezeigt werden, gemessen über den Schuldendienstdeckungsgrad (DSCR). Dadurch wird abgebildet, wie sich die Wirtschaftlichkeit des Vorhabens in Abhängigkeit der für die wichtigsten Einflussparameter hypothetisch unterstellten Entwicklungen verändern kann. Die Untersuchung wird häufig auf drei Szenarien eingegrenzt:

- Base-Case (Unterstellung der wahrscheinlichsten Parameterwerte),
- Best-Case (Unterstellung günstigster Parameterwerte) und
- Worst-Case (Unterstellung ungünstigster Parameterwerte).

Als Vergleichsgröße dient das Base-Case-Szenario, das die verschiedenen Projektparameter mit ihrem wahrscheinlichsten Wert berücksichtigt. Ausgehend von dem Base-Case-Szenario lässt sich durch pessimistische Schätzungen ein Worst-Case-Szenario aufstellen. In diesem Szenario wird eine Projektsituation antizipiert, die bei einer ungünstigen Entwicklung der Cashflow-Determinanten eintritt und deshalb für die Fremdkapitalgeber von besonderer Bedeutung ist. Denn anhand einer Worst-Case-Betrachtung kann festgestellt werden, ob auch bei stark negativen Entwicklungen das Projekt in der Lage ist, den Schuldendienst zu erbringen. Ergeben die Auswertungen dieses Szenarios, dass eine Unterdeckung des Schuldendienstes vorliegt, müssen die Banken über mögliche Modifikationen am entworfenen Finanzierungsplan nachdenken. Aus Sicht der fremd finanzierenden Bank ist ein besserer Verlauf als der Base Case nicht entscheidungsrelevant, da ihr Risikobegriff aufgrund ihrer Chance-Risikoposition als negative Zielabweichung definiert ist und der Schuldendienst unabhängig davon erbracht werden muss, welches Ergebnis das Projekt generiert.

Bedeutung des Base Case-Szenarios:

- Als Vergleichsgröße zu anderen Vorhaben dient das Base-Case-Szenario, das die verschiedenen Projektparameter mit ihrem wahrscheinlichsten Wert berücksichtigt.
- Für die Eingaben in das Rating-Tool der Banken müssen die Annahmen auf ein Base-Case-Niveau gebracht werden. Die Rechnung innerhalb des Rating Tools simuliert auch negative Projektverläufe, die das maximal vertretbare Fremdfinanzierungsvolumen aufzeigen.

Bedeutung des Worst-Case-Szenarios:

- In diesem Szenario wird eine Projektsituation antizipiert, die bei einer ungünstigen Entwicklung der Cashflow-Determinanten eintritt und für die Fremdkapitalgeber von besonderer Bedeutung ist, da geprüft wird, ob auch bei stark negativen Entwicklungen das Projekt in der Lage ist, den Schuldendienst zu erbringen.
- Liegt im Worst-Case-Szenario eine Unterdeckung des Schuldendienstes vor, müssen die Banken über mögliche Modifikationen am entworfenen Finanzierungsplan nachdenken.

Bei Solarenergie-Vorhaben werden die folgenden Parameter im Rahmen einer Simulationsrechnung variiert:

- Die Volatilitäten, die sich aus dem Solarangebot ergeben, werden fortgeschrieben und sind der Haupttreiber für das Rating-Ergebnis eines Solar-Projektes. Diese Volatilitäten ergeben sich im Regelfall auf Grundlage einer Zeitreihe der Einstrahlungswerte an dem Standort, deren Standardabweichung für die Simulation künftiger Einstrahlungsdaten fortgeschrieben wird.
- Für das Zinsumfeld, soweit die Darlehenstranchen nicht zinsgesichert sind, erfolgt ebenfalls eine Simulation von Zinsszenarien, die länderspezifisch hinterlegt sind.
- Des Weiteren gibt es weitere makroökonomische Größen – wie z.B. Inflationssätze –, die als eigene Datensätze hinterlegt sind.

Dabei wird das Rating-Ergebnis umso besser ausfallen, je geringer die Volatilitäten sind und je höher die Überdeckungsrelationen (DSCRs) ausfallen.

Die Tatsache, dass auf der Grundlage der Sensitivitätsrechnung bzw. Szenariotechnik keine Aussage über die Eintrittswahrscheinlichkeit der unterstellten Cashflow-Konstellationen möglich ist, wird als das größte Defizit dieser Untersuchungsmethode angesehen. Um dies zu kompensieren, können aufgrund vorhandenen Fachwissens subjektive Eintrittswahrscheinlichkeiten unterstellt werden.

In den folgenden Abschnitten werden wir die verschiedenen, in der Praxis dominierenden Kennzahlen innerhalb einer Projektfinanzierung darstellen und kritisch würdigen.

4.4.4.2 Der Schuldendienstdeckungsgrad als zentrale Kennziffer

Der Schuldendienstdeckungsgrad (*Debt Service Cover Ratio*, DSCR) ist die wahrscheinlich am häufigsten gebräuchliche Kennzahl innerhalb einer Projektfinanzierung:

$$\text{DSCR} = \frac{\text{Cashflow der Periode} + \text{Schuldendienstreserve}}{\text{Schuldendienst der Periode}}$$

Diese Kennzahl wird zum einen jährlich – manchmal auch zu jedem Kapitaldiensttermin – berechnet, zum anderen aber bereits zur Planung eines Projektes über die gesamte Kreditlaufzeit ausgewiesen. Die Dominanz des DSCR erklärt sich unmittelbar aus dem zentralen, wirtschaftlichen Charakteristikum einer Projektfinanzierung: Da die zur Finanzierung des Projektes aufgenommenen Darlehen ausschließlich aus dem vom Projekt generierten Cashflows zurückgeführt werden, ist es nahe liegend, den Cashflow-Verlauf dahingehend zu untersuchen, ob er in der Lage ist, den Kapitaldienst für die Darlehen zu erbringen. Wenn der Schuldendienstdeckungsgrad die einzige verwandte Kennzahl ist, ist dies für die Zwecke einer Projektfinanzierung gleichwohl ausreichend.

Der DSCR gibt an, um welchen Faktor der erwartete Cashflow den Kapitaldienst in jedem Jahr über- oder unterdeckt. Banken sind aufgrund ihrer Risikopräferenzen nur bereit, Projektkredite bei Überschreitung bestimmter Überdeckungsverhältnissen zur Verfügung zu stellen. Wenn der DSCR unter 1,00 fällt, kann das Projekt seinen Verpflichtungen aus dem Kreditvertrag nicht mehr vollständig nachkommen und muss entweder weitere Kreditmittel aufnehmen, Eigenmitteleinschüsse erhalten oder eine Änderung des Tilgungsprofils muss verhandelt werden. Die Kennzahl ist im besonderen Maße dafür geeignet, das Rückzahlungsprofil eines Projektes zu bestimmen. In der oben genannten Verwendung beinhaltet sie die Schuldendienstreserve: Dies hat zwar den Nachteil, dass im Basisfall der DSCR strukturell überschätzt wird, aber den deutlichen Vorteil, dass in einem Belastungsfall – und vor allem dieser interessiert die Kreditgeber – die Belastbarkeit des Vorhabens inklusive der Reserven, die für die Bedienung des Kapitaldienstes zur Verfügung stehen, aufgezeigt wird.

Wenn die Kennzahl wie oben benutzt wird, sollte sich die Interpretation auf einen Belastungsfall beziehen. In einem Basisfall ist zu berücksichtigen, dass der DSCR um die Schuldendienstreserve zu hoch ausgewiesen wird. Keinesfalls dürfen hier andere Konten als die Schuldendienstreserve eingerechnet werden, wie z.B. eine Wartungskostenreserve. Der Schuldendienstdeckungsgrad ist eine hochgradig verdichtete Kennzahl, da sie sämtliche Einzahlungen und Auszahlungen eines Vorhabens vor dem Hintergrund der Kapitaldienstfähigkeit darstellt.

In jedem Fall sei davor gewarnt, allein auf den minimalen Schuldendienstdeckungsgrad eines Vorhabens zu sehen. Dies ist ein eher allgemeiner Merksatz, der bereits in einer Reihe von Rechnungslegungssystemen festgeschrieben ist: Es existiert keine Möglichkeit, die Performance eines Unternehmens in einer Kennzahl auszudrücken. Daher sollte keine alleinige, übertriebene Bedeutung auf eine noch so wichtige Kennzahl gelegt werden, sondern zusätzlich untersucht werden, welche Parameter realistischerweise wie weit schwanken können und welche Konsequenzen sich insoweit auf die Belastbarkeit des Vorhabens ergeben.

Je nach Risikoeinschätzung kann der festgesetzte Mindestdeckungsgrad stark variieren, wobei er umso höher sein wird, je größer die Risikoübernahme der Projektbeteiligten ist. Entsprechend schwanken die Überdeckungsverhältnisse in Abhängigkeit von den Erfahrungen der Branche und dem jeweiligen Risikoprofil eines Projektes. Wichtig ist die Frage, wie robust das Projekt gegenüber negativen Planabweichungen reagiert und welche Sicherungsmechanismen greifen, um daraus eine Mindestdeckungsrelation für die Vergabe von Projektkrediten zu ermitteln.

Die Bedeutung der Risikoabsicherung nach dem Kriterium des Schuldendienstdeckungsgrades zeigt auch eine Schwäche dieses Verfahrens: Sein Ausgangspunkt ist nicht die Analyse der Risiken als solche und ihre Bemessung, sondern die auf die möglichen Folgen abgestellte Bemessung eines Risikopolsters, mit dem die verbleibenden Risiken pauschal abgesichert werden sollen. Solange das pauschal bestimmte Sicherheitspolster eine ausreichende Abfederung verschafft, mag dies genügen. Je dünner allerdings die Polster werden, umso stärker rücken wiederum die Einzelrisiken und die spezifischen Risikoinstrumente in den Vordergrund.

4.4.4.3 Die Einbindung des Rating-Verfahrens

Wie wir oben dargestellt haben, sind das Cashflow-Modell und das Rating-Verfahren zwei ineinander greifende methodische Verfahren, deren Ziel es letztlich ist, eine für ein Projekt aus Risikoaspekten angemessene Risikostruktur zu ermitteln.

Dabei dient das Cashflow-Modell einer ersten Abschätzung der Projektbelastbarkeit und Wirtschaftlichkeit, und das Rating-Verfahren ermöglicht es dann, den Cashflow-Verlauf innerhalb einer Simulation zu bewerten. Das Rating-Ergebnis korrespondiert mit einer Risikobepreisung. Sofern diese von der im Cashflow-Modell verwandten Risikobepreisung abweicht, die ja zunächst eine Schätzgröße abbildet, muss das Modell angepasst und die Simulationsrechnung wiederholt werden. Im Bedarfsfall muss dieser Prozess so lange wiederholt werden, bis Cashflow-Modell und Rating-Verfahren von denselben Angaben ausgehen. Insofern sind die Cashflow-Modellierung und die Bewertung durch ein Rating-Tool ein iterativer Prozess.

Die Ziele, die mit einem Rating-Tool verfolgt werden, lassen sich wie folgt subsumieren:

1. Objektive und standardisierte Risikobeurteilung eines Projektes.
2. Kalkulation eines Gesamtrisikos für eine Projektfinanzierung – Ermittlung einer Ausfallwahrscheinlichkeit (PD, *„probability of default"*), die wiederum für die Risikobepreisung relevant ist.
3. Regulatorische Anforderungen, insbesondere die Kapitaladäquanzanforderungen nach Basel II, können eingehalten werden.

Das Rating-Tool geht dabei wie folgt vor:

1. Simulation der wesentlichen Risikotreiber unter einem bestimmten Annahmen-Set und unter Berücksichtigung von
2. makroökonomischen Faktoren: Zinssätze, Wechselkurse und Inflationsannahmen sowie
3. branchenspezifischen Annahmen: basierend auf einem Random-Walk-Ansatz, der auf historischen Volatilitäten und Korrelationen basiert.

In diesem Zusammenhang müssen zwei Volatilitäten unterschieden werden: Dies ist zum einen die Volatilität der Elementarstrahlung, zum anderen die im Strahlungsgutachten angegebene Prognoseunsicherheit der Gutachter. Die Volatilität der Elementarstrahlung – sei es die Globalstrahlung bei PV-Projekten oder die Direktstrahlung bei Solarthermie-Vorhaben – wird typischerweise über standortspezifische Gutachten dargestellt, die auf langjährigen Zeitreihen basieren.

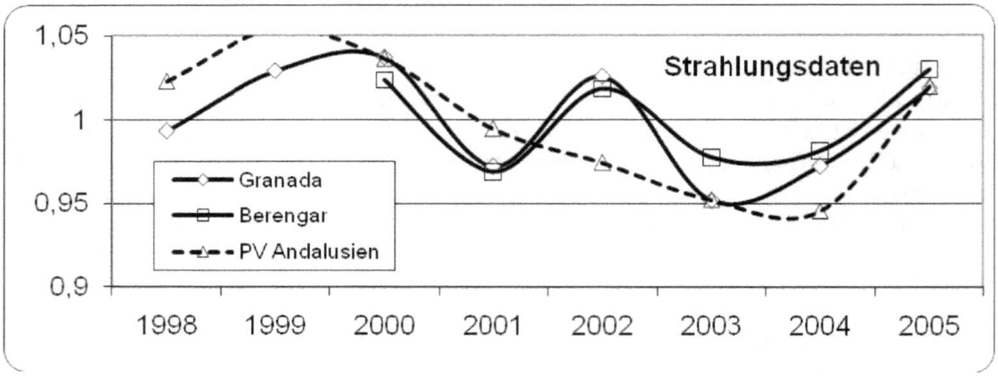

Abbildung 89: Strahlungsdaten an drei Standorten in Spanien (eigene Darstellung)

Tabelle 39: Direktstrahlung in kWh je m^2; Globalstrahlung

	1998	1999	2000	2001	2002	2003	2004	2005
Granada	2120	2196	2213	2075	2189	2031	2075	2174
Berengar			2183	2067	2172	2085	2093	2196
PV Andalusien	1918	1976	1943	1865	1827	1785	1772	1912

Wir haben in der obigen Abbildung 89 die normierten Strahlungsdaten an drei Standorten in Spanien abgebildet. Dabei werden Schwankungen der Direktstrahlungen an zwei Standorten (Granada und Berengar) sowie der Globalstrahlung an einem Standort in Andalusien ausgewiesen. Die Standardabweichung bei den CSP-Standorten ist mit 3,2 % (Granada) und 2,7 % (Berengar) noch etwas geringer als bei dem PV-Projekt mit 4,0 %. Leider liegen noch verhältnismäßig wenige Direktstrahlungsdaten über einen längeren Zeitraum vor, so dass eine Verallgemeinerung schwierig erscheint. Allerdings deuten die Daten darauf hin, dass das Elementarrisiko bei CSP-Vorhaben zumindest nicht größer ist als bei PV-Projekten.

Diese verhältnismäßig geringe Schwankungsbreite gilt auch in anderen Ländern, wobei die Schwankungen etwas größer werden, je weiter das Vorhaben vom Äquator entfernt ist.

Erwartet werden maximale Standardabweichungen der Globalstrahlung von etwa 4 % für Spanien und etwas über 5 % für Deutschland. Erkennbar ist bei den oben dargestellten spanischen Standorten, dass selbst in denselben Jahren unterschiedliche Einstrahlungswerte zu beobachten waren, und eine einfache Übertragung von einem auf einen anderen Standort nicht sachgerecht sein muss. Sofern standortspezifische gutachterliche Standortdaten verfügbar sind, sollten diese auch verwandt werden. Sofern diese nicht verfügbar sind, greifen die Rating-Tools auf allgemeine Länderdaten zurück, die aber regelmäßig eine höhere Volatilität aufweisen als die standortspezifischen Daten. Um eine risikogerechte Einschätzung eines Vorhabens zu erreichen, sollten in jedem Fall standortspezifische Zeitreihen der Projektbewertung zugrunde gelegt werden, anstatt auf eher allgemeine Standardabweichungen für einzelne Länder zuzugreifen.

Die zweite Volatilität, die sich auf das Elementarangebot bezieht, ist die im Gutachten angegebene Unsicherheit, die so genannte *Banking Case Uncertainty* (BCU). Die BCU beschreibt den Umstand, dass nicht nur die Einstrahlung als solche unsicher ist, sondern auch das korrekte Startniveau der Einstrahlung. Das im Rating-Sinn korrekte Start-Niveau ist das Annahmen-Set, das mit derselben Wahrscheinlichkeit überschritten und unterschritten wird (so genannter p(50)-Fall). Die BCU ist daher ein Maß für die Verlässlichkeit der Prognose eines Ertragswertgutachtens.

1. Die Berücksichtigung der BCU führt zu einer Parallelverschiebung der DSCR-Reihe und damit zu einer Erhöhung der PD.
2. Wird die BCU nicht explizit vom Gutachter angegeben, wird ein Wert von 10 % unterstellt (üblich sind vielleicht 5 %).

Damit ergeben sich folgende Empfehlungen für die Beauftragung von Strahlungsgutachten:

1. Es sollten standortspezifische Gutachten erstellt werden. Regelmäßig sind die dabei ermittelten Standardabweichungen deutlich geringer als die länderbezogenen Werte.
2. Des Weiteren sollte der Gutachter explizit angeben, mit welcher Unsicherheit er bei seinem Gutachten rechnet, ansonsten erfolgt auch hier eine „Bestrafung“ des Projektes mit verhältnismäßig hohen Werten. Ggf. lässt sich auch über relativ kostengünstige Maßnahmen eine Verbesserung der Prognosequalität erreichen, etwa dem Einbezug von Daten benachbarter Solarparks. Ein Standortbesuch sollte ohnehin Standard sein, um die lokalen Verhältnisse wie die Verschattung abschätzen zu können.
3. Beide Maßnahmen führen dazu, dass die Volatilitäten bezogen auf das Elementarangebot geringer ausfallen, was sich günstig auf das Rating-Ergebnis und damit auf die Fremdkapitalausstattung auswirkt.

Neben den quantitativen Eingaben, die Eingang in das Cashflow-Modell finden, wird das Vorhaben hinsichtlich seiner Struktur und der Einbindung der Projektbeteiligten qualitativ beurteilt.

1. Projektstruktur und Beurteilung der Einbindung von Projektparteien,
2. Bewertung der Wettbewerbsfähigkeit des Projektes und Marktumfeld und
3. Komplexität der Transaktion.

Die vorgenannten Faktoren werden über ein Scorecard-System zu einer Kennzahl verdichtet, die zu dem Rating vor qualitativen Faktoren hinzuaddiert wird. Die maximal mögliche Verbesserung – sofern alle qualitativen Faktoren den bestmöglichen Wert erzielen (was aber unrealistisch ist) – läge bei zwei Notches, das maximale Downgrade bei drei Notches. Eine typische Veränderung liegt regelmäßig bei einem Notch. Im Ergebnis dominiert damit die Höhe und Entwicklung der Schuldendienstdeckungsgrade das Rating-Ergebnis.

Dem Länderrisiko kommt für jede Projektfinanzierung eine besondere Bedeutung zu, da im Rahmen der üblichen Rating-Verfahren das Länderrating das Projektrating nach oben begrenzt – oder anders formuliert: ein Projektrating kann im Rahmen der Ratingverfahren nicht besser sein als das Rating des Sitzlandes.

Nunmehr haben wir mit der Darstellung des Cashflow-Modells und des ihn bewertenden Rating-Tools die Voraussetzungen geschaffen, um Hinweise für eine Optimierung der für ein Projekt geeigneten Finanzierungsstruktur zu entwickeln.

4.4.5 Entwicklung einer geeigneten Finanzierungsstruktur

Investoren und Kreditgeber haben das gleichgerichtete Interesse, ein Projekt so wirtschaftlich wie möglich zu gestalten. Ein hoher Cashflow-Überschluss bedeutet einerseits, dass die Fremdkapitalgeber mit größerer Sicherheit ihre festen und erfolgsunabhängigen Rückzahlungsansprüche erfüllt sehen, aber auch, dass die Sponsoren mehr bzw. frühzeitigere Ausschüttungen realisieren können. Während beide Gruppen ein gleichgerichtetes Interesse haben, den Projektwert zu steigern, besteht ein Wettbewerb um die Verwendung der Cashflows. Wie bereits oben angesprochen, haben die Sponsoren tendenziell ein Interesse daran, viel Cashflow frühzeitig auszuschütten, während die Fremdkapitalgeber möglichst schnell getilgt werden wollen. Die Erarbeitung einer Finanzierungsstruktur beinhaltet damit immer auch einen Verhandlungsprozess zwischen den beiden Kapitalgebergruppen. Die folgenden Beispiele sollen verdeutlichen, wie ein Prozess zur Entwicklung einer Finanzierungsstruktur aussehen kann und welche Möglichkeiten bestehen, ein Projekt aus Sicht beider Kapitalgebergruppen zu verbessern.

Zu diesem Zweck werden wir jeweils einzelne Parameter unseres obigen Beispiels verändern (Tabelle 37), uns die hieraus resultierenden Auswirkungen auf die jeweiligen Beurteilungskennziffern der Kapitalgeber ansehen und im Anschluss eine Finanzierungsstruktur entwickeln, die die verschiedenen Gestaltungsparameter in einem unterschiedlichen Maße aufgreift. In einem ersten Schritt sehen wir uns an, welche Auswirkungen sich auf eine Finanzierungsstruktur ergeben, wenn wir die Laufzeit verändern.

Laufzeit-Variation

Während bei der ursprünglichen Struktur eine Laufzeit von 19 Jahren vorgeschlagen wurde, ist diese nunmehr um zwei Jahre erhöht worden. Damit ergibt sich folgendes Schaubild:

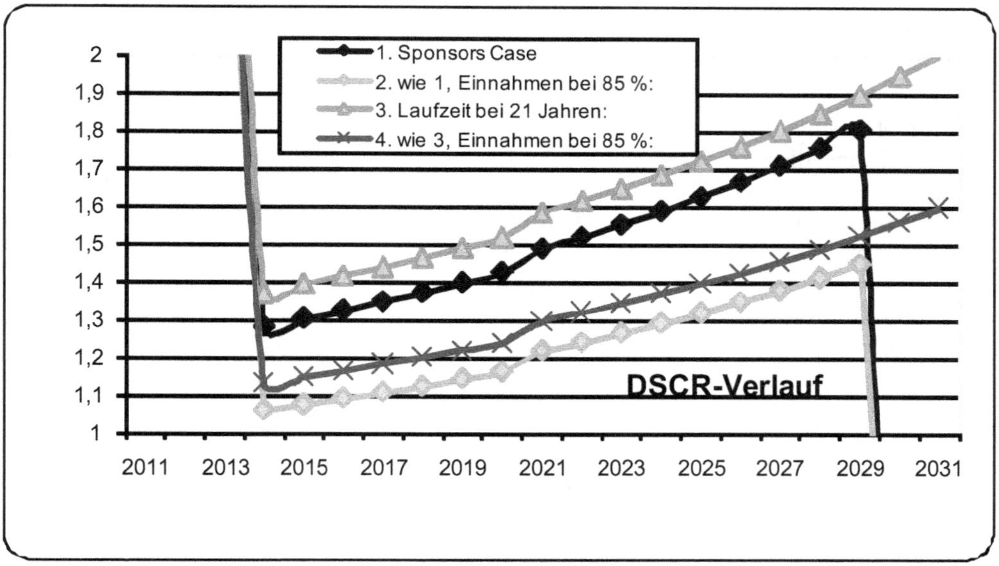

Abbildung 90: Variation der Laufzeit bei einem Solarprojekt

	Min. DSCR	Ø DSCR	IRR
Sponsors Case:	1,28	1,77	14,67 %
Wie 1, Einnahmen bei 85 %:	1,06	1,45	6,02 %
Laufzeit bei 21 Jahren:	1,37	1,86	15,59 %
Wie 3, Einnahmen bei 85 %:	1,13	1,52	6,46 %

Erkennbar ist, dass der Schuldendienstdeckungsgrad im Sponsors Case durchgängig niedriger ist als bei einer um zwei Jahre längeren Laufzeit. Während die Belastbarkeit im Sponsors Case bei einem Einnahmenniveau von 81,0 % liegt, verbessert sie sich mit Verlängerung der Laufzeit um 4,2 Prozentpunkte auf 76,8 %. Zusätzlich geht die Verbesserung der Belastbarkeit mit einer Erhöhung der internen Rendite einher, und zwar von 14,67 % auf 15,59 %. Bei einer Verkürzung der Laufzeit kehren sich die beschriebenen Effekte spiegelbildlich um.

In einem ersten Schritt könnte man damit denken, dass beide Kapitalgebergruppen ein gleichgerichtetes Interesse an einer möglichst langen Laufzeit der Darlehen haben. Doch tatsächlich findet man regelmäßig Laufzeiten bei Solarvorhaben, die eine Laufzeit von max. 19 Jahren haben.

Der Grund liegt darin, dass nur für eine ökonomische Nutzungsdauer auch eine Finanzierung möglich ist. Die ökonomische Nutzungsdauer wird begrenzt durch die technische Nutzungsdauer der Anlagen einerseits und die Laufzeit des Regulierungsumfeldes andererseits. Üblicherweise erwarten die Banken, dass ihre Darlehen früher zugeführt sind als es die maximale Laufzeit der Vergütung nach dem Regulierungssystem vorsieht.

Laufzeit – Erkenntnisse:

1. Je länger die Laufzeit gewählt wird, umso höher wird die interne Rendite ausfallen und umso besser werden die Deckungsrelationen sein.
2. Es gibt regelmäßig Restriktionen der Banken hinsichtlich einer maximalen Laufzeit des Term Loans, die sich wesentlich aus der Laufzeit und Struktur des Regulierungsumfeldes sowie der verwendeten Technik ableiten lassen.
3. Es lässt sich der allgemeine Hinweis ableiten, die Laufzeit des Term Loans so lange zu wählen, wie es die anderen Beteiligten zulassen.
4. Die für eine Bank maximale Laufzeit des Term Loans ist noch aus einem anderen Grunde interessant: Aus ihrer Kenntnis und der Kenntnis des geforderten Belastbarkeitsabschlages lässt sich mit dem restlichen Annahmen-Set ableiten, wie die Eigenkapital-/Fremdkapitalausstattung aussehen sollte.

Tilgungsfreie Zeit

Im nächsten Beispiel sei die Veränderung der tilgungsfreien Zeit des Vorhabens dargestellt. Während bei der ursprünglichen Struktur eine tilgungsfreie Zeit von 36 Monaten vorgeschlagen wurde, ist diese nunmehr auf zwölf Monate gekürzt worden, wobei die Gesamtlaufzeit der Darlehen bis zu ihrer vollständigen Rückführung gleich geblieben ist.

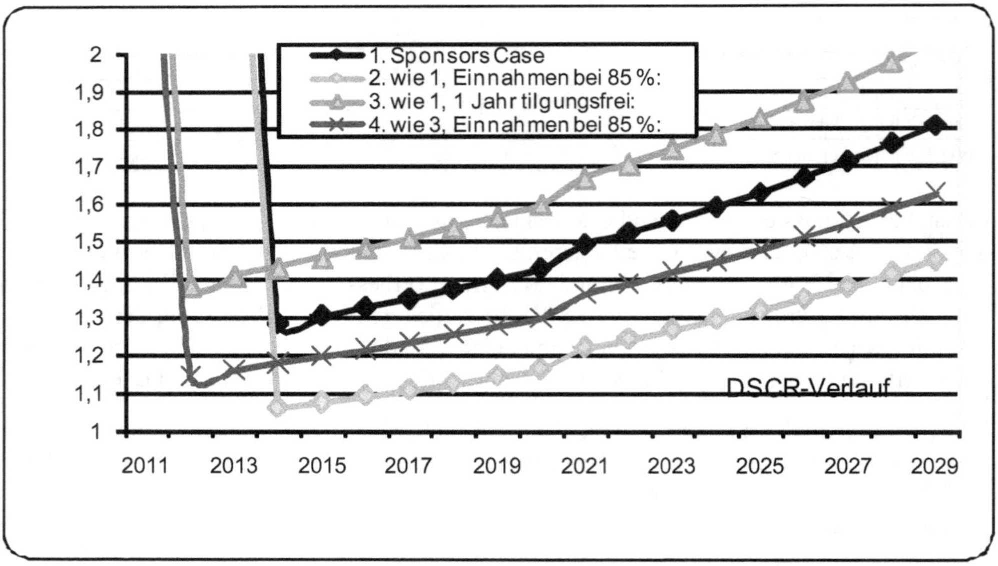

Abbildung 91: DSCR-Verlauf bei Veränderung der tilgungsfreien Zeit

	Min. DSCR	Ø DSCR	IRR
Sponsors Case	1,28	1,77	14,67 %
wie 1, Einnahmen bei 85 %:	1,06	1,45	6,02 %
wie 1, 1 Jahr tilgungsfrei:	1,38	1,74	12,82 %
wie 3, Einnahmen bei 85 %:	1,14	1,42	5,54 %

Erkennbar ist, dass der Schuldendienstdeckungsgrad im Sponsors Case praktisch durchgängig geringer ist als bei einer um zwei Monate kürzeren tilgungsfreien Zeit. Dies korrespondiert mit einer verbesserten Belastbarkeit der kürzeren tilgungsfreien Zeit in einem Belastungsfall. Während die Belastbarkeit im Sponsors Case bei einem Einnahmenniveau von 81,0 % liegt, verbessert sie sich im zweiten Fall um Prozentpunkte auf 76,0 %. Allerdings geht die Verbesserung der Belastbarkeit mit einem Rückgang der internen Rendite einher, und zwar von 14,67 % auf 12,82 %.

Der Grund für die unterschiedlichen Belastbarkeiten ergibt sich aus folgender Überlegung: Angenommen sei, man verzichte bei gegebener Gesamtlaufzeit des Darlehens auf eine tilgungsfreie Zeit. In diesem Fall ergeben sich einerseits insgesamt mehr Rückzahlungszeitpunkte, in denen das Darlehen zurückgezahlt werden kann, so dass sich die jeweiligen Tilgungsbeträge reduzieren und die ausgewiesenen Schuldendienstdeckungsrelationen erhöhen. Andererseits besteht in einem Belastungs-Szenario praktisch keine Möglichkeit mehr, die Schuldendienstreserve aus dem Cashflow des Projektes aufzubauen, so dass kein Risikopuffer vorhanden ist. Im umgekehrten Fall einer verhältnismäßig langen tilgungsfreien Zeit kann zwar auch in einem Belastungs-Szenario die Schuldendienstreserve aufgebaut werden, aber die Tilgungsbeträge steigen pro Rückzahlungstermin an, da relativ weniger Rückzahlungstermine zur Verfügung stehen. Aus Sicht der Fremdkapitalgeber ergibt sich damit eine Optimierungsaufgabe mit Blick auf die Ausgestaltung der tilgungsfreien Zeit, die jeweils projektspezifisch zu lösen ist. Die Sponsoren haben tendenziell ein Interesse daran, eine möglichst lange tilgungsfreie Zeit durchzusetzen, da sie ihnen ermöglicht, früher Ausschüttungen vorzunehmen, so dass sich ihre interne Rendite verbessert.

Tilgungsfreie Zeit – Erkenntnisse:

1. Bereits leichte Veränderungen der tilgungsfreien Zeit haben deutliche Änderungen der internen Rendite zur Folge und noch größeren Einfluss auf die Belastbarkeit.
2. Die Auswirkungen auf die Belastbarkeit fallen umso größer aus, je flacher der DSCR-Verlauf ist.
3. Für die meisten Projekte ist eine tilgungsfreie Zeit von 18 Monaten eine erste gute Näherung; die allermeisten Vorhaben sollten mit einer tilgungsfreien Zeit zwischen 18 und 24 Monaten realisiert werden.

Die Dimensionierung der tilgungsfreien Zeit muss auch im Zusammenhang mit der Höhe und Dotierung der Schuldendienstreserve gesehen werden, wie wir im Folgenden darstellen werden.

Ein Diskussionspunkt zwischen Banken und Projektgesellschaft ist die angemessene Höhe der Schuldendienstreserve. Wiederum seien die beiden Extrempositionen betrachtet: Würde auf die Schuldendienstreserve verzichtet, stünden bei Schwankungen des operativen Cashflows möglicherweise nicht genügend liquide Mittel zur Verfügung, um den Kapitaldienst zu bedienen. Um dies von vornherein zu vermeiden, würden die Banken ihre Belastbarkeitsprüfung rein auf Basis der operativen Cashflows auslegen, so dass sich c.p. eine höhere Eigenmittelausstattung und damit auch eine niedrigere interne Rendite ergäbe. Auf der anderen Seite ist es aber weder durchsetzbar noch notwendig, die Schuldendienstreserve übermäßig zu dimensionieren. Zum einen wirkt der Einbau einer Schuldendienstreserve in eine Finanzierungsstruktur als eine faktische Ausschüttungssperre, da sie aus dem Cashflow zwar nach dem Kapitaldienst dotiert wird, aber vor den Ausschüttungen. Daher wird die interne Rendite umso niedriger ausfallen, je mehr Liquidität in die Dotierung der Schuldendienstreserve umgeleitet wird, anstatt an die Sponsoren ausgeschüttet zu werden. Zum anderen muss der Cashflow des Vorhabens auch so strukturiert sein, dass realistischerweise der Zielwert der Schuldendienstreserve erreicht werden kann. Wenn unter einem Stress-Szenario das Projekt nicht in der Lage ist, einen bestimmten Zielwert der Schuldendienstreserve zu überschreiten, ist es auch aus Kapitalgebersicht nicht zielführend, auf diesem überhöhten Zielwert zu beharren.

In unserem Beispiel wird gegenüber dem Sponsors Case der Zielwert der Schuldendienstreserve von 0 % des Kapitaldienstes des Folgejahres auf 50 % angehoben. Damit wird während der tilgungsfreien Zeit mehr Cashflow in die Dotierung der Schuldendienstreserve umgeleitet, so dass einerseits die Belastbarkeit des Vorhabens auf 74,0 % steigt, andererseits aber die interne Rendite des Vorhabens von 14,67 % auf 13,10 % sinkt.

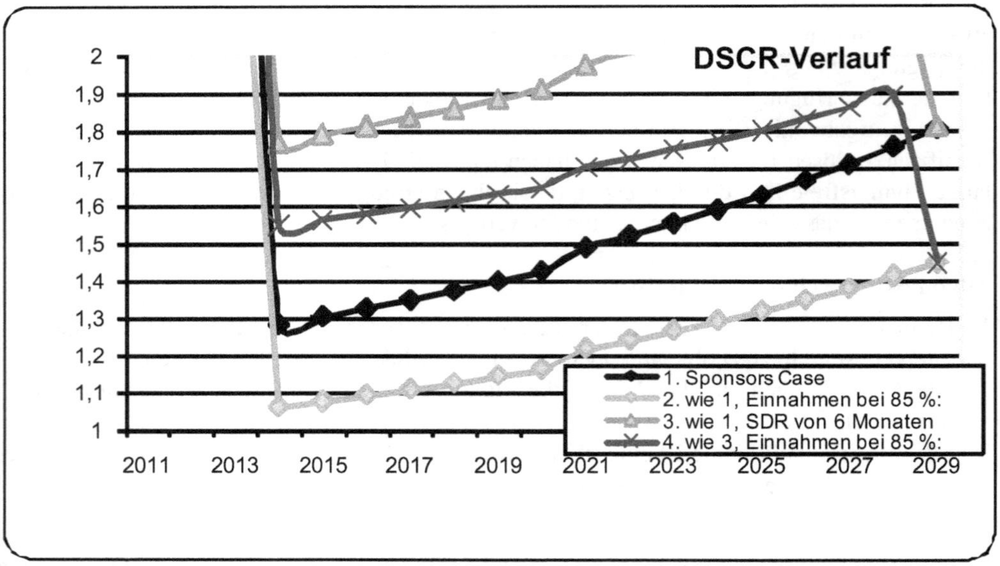

Abbildung 92: DSCR-Verlauf bei Veränderung der Höhe der Schuldendienstreserve

	Min. DSCR	Ø DSCR	IRR
Sponsors Case	1,28	1,77	14,67 %
Wie 1, Einnahmen bei 85 %:	1,06	1,45	6,02 %
Wie 1, SDR von 6 Monaten:	1,77	2,25	13,10 %
Wie 3, Einnahmen bei 85 %:	1,44	1,92	5,29 %

Schuldendienstreserve – Erkenntnisse:

1. Der Einbau einer Schuldendienstreserve führt regelmäßig zu einer erheblichen Verbesserung der Belastbarkeit, was wiederum Raum für Gestaltungen der Finanzierungsstruktur bei anderen Elementen lässt, wie etwa der Eigenkapitalausstattung. Dies setzt voraus, dass die Banken bei ihren Stress-Szenarien die Schuldendienstreserve mit berücksichtigen, was im Regelfall so ist.
2. Eine Obergrenze der Ausstattung der Schuldendienstreserve wird dann erreicht, wenn in einem unterstellten Belastungsszenario die Schuldendienstreserve nicht mehr angespart werden kann. In diesem Fall entfaltet die SDR keine Sicherungswirkung mehr für die Banken, verschlechtert aber die interne Rendite der Investoren.

Neben der Höhe der Schuldendienstreserve gibt es weitere Gestaltungselemente, die bei der Ausgestaltung der Schuldendienstreserve eine Rolle spielen, die aber nur skizziert werden sollen:

- In unserem Fallbeispiel wird die Schuldendienstreserve aus dem Cashflow des Vorhabens aufgebaut. Alternativ ist denkbar, dass diese von Anfang an als zusätzliche Kreditlinie durch die finanzierenden Banken zur Verfügung gestellt wird. Aus Sicht der Sponsoren ergibt sich der Vorteil, dass für die Verfügung dieser Kreditlinie lediglich Bereitstellungsprovisionen anfallen und Ausschüttungen früher möglich sind. Da die Kreditgeber das Vorhaben vorrangig unter einem Belastungsszenario bewerten, werden sie nur dann bereit sein, eine derartige Fazilität zur Verfügung zu stellen, wenn das Vorhaben eine Verschuldungskapazität hat, die die Inanspruchnahme und planmäßige Rückführung dieser Linie mit abdeckt. Von einer grundsätzlichen Vorgehensweise ist allerdings eher abzuraten, da eine zusätzliche Kreditlinie die Verschuldung eines Projektes erhöht und die Gefahr besteht, dass etwaige strukturelle Defizite eines Projektes, die erst im Betriebsverlauf auffällig werden, durch eine Inanspruchnahme dieser Fazilität überdeckt werden. Regelmäßig kommt diese Variante daher dann in Frage, wenn die Überdeckungsrelationen des Vorhabens besonders gut sind.
- Eine Variante dieser Fazilität besteht darin, dass eine dritte Partei sich verbürgt, etwaige operative Cashflow-Defizite aufzufangen[193]. In jedem Fall ist die Entscheidung, ob eine der vorgenannten Varianten gewählt wird, auch aus Sicht der Sponsoren ein Rechenexempel, bei dem Bereitstellungsprovisionen und etwaige Zinszahlungen mit dem Vorteil früherer Ausschüttungen verglichen werden müssen. Im Regelfall wird sich aber ein positiver Leverage-Effekt ergeben.
- Die Höhe der Schuldendienstreserve kann in Abhängigkeit gebracht werden von der Performance des Projektes. In Phasen mit geringeren Überdeckungsrelationen kann etwa der Zielwert der Schuldendienstreserve höher sein als in Phasen mit höheren Überdeckungsrelationen.

---

[193] Dies kommt in der Praxis allerdings eher selten vor: Diese dritte Partei muss das Vorhaben nämlich ähnlich umfangreich überprüfen wie eine fremdfinanzierende Bank und hinsichtlich ihrer Anspruchs- und Verpflichtungsposition in die Sicherheitenstruktur mit eingebunden werden. Damit fallen erhebliche Transaktionskosten an. Auf der anderen Seite stünde die Einbindung der Sponsoren, bei der deutlich geringere Transaktionskosten anfallen würden. Allerdings ist dies zumeist auch keine wirtschaftliche Option, da sich aus der Sicht der Sponsoren der Charakter der Projektfinanzierung stärker hin zu einer Full-Recourse-Finanzierung wandelt, was ihren ökonomischen Vorteil deutlich einschränken würde.

Performance-abhängige Betriebskosten

Wenn operative Kosten performance-abhängig sind, besteht ein natürlicher Puffer bei Einnahmenrückgängen. Dieser Puffer ist umso ausgeprägter, je größer der Anteil dieser performance-abhängigen Kosten an den Einnahmen ist. Die Belastbarkeit kann sich bei einigen Projekten um mehrere Prozentpunkte verbessern, was wiederum Spielraum bei anderen Finanzierungsparametern eröffnet.

Variable Kosten müssen nicht vollständig variabel sein, um als „variabel" im Sinne von Rating-Verfahren der Banken angesehen zu werden. Wird etwa ein Floor in der Größenordnung von max. 75 % des Wertes der jeweiligen Kostenposition im Vergleich zum Base Case vereinbart, wird der gesamte Kostenblock als variabel angesehen.

In unserem Beispiel wird gegenüber dem Sponsors' Case ein Teil der operativen Kosten in Abhängigkeit von der Performance des Vorhabens gezahlt. Im Sponsors' Case betrugen die operativen Kosten T€ 450. Wie ändert sich das Bild, wenn die Wartungskosten, das sind in unserem Beispiel 44 % dieser Kosten, nunmehr variabel sind? Damit sinken in einem Belastungsfall zunächst die Einnahmen, allerdings reduziert sich auch ein Teil der operativen Kosten, so dass sich die Belastbarkeit des Vorhabens gegenüber dem Basisfall mit fixierten operativen Kosten auf einen Wert von 79,5 % verbessert. Graphisch stellt sich die Situation wie folgt dar:

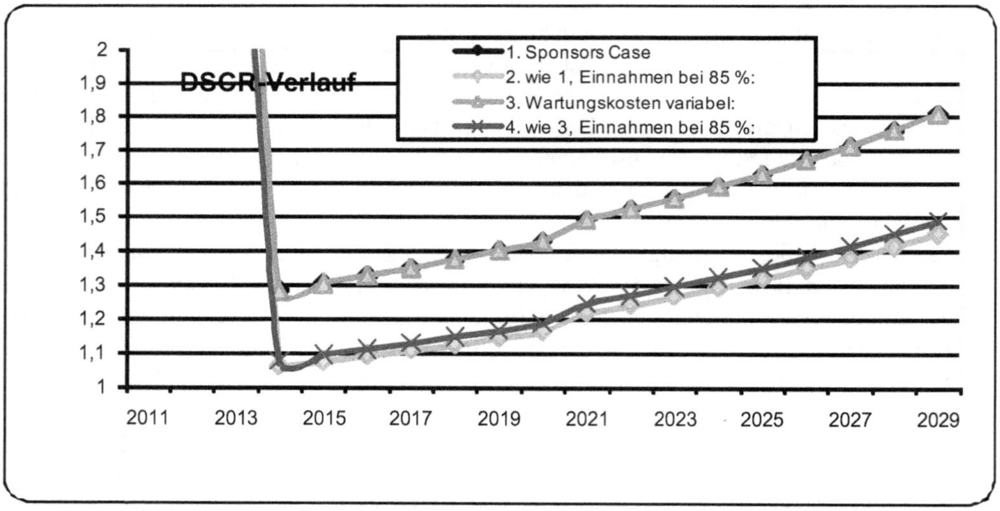

Abbildung 93: DSCR-Verlauf bei Flexibilisierung von 50 % der operativen Kosten

	Min. DSCR	Ø DSCR	IRR
Sponsors Case:	1,28	1,77	14,67 %
Wie 1, Einnahmen bei 85 %:	1,06	1,45	6,02 %
Wartungskosten variabel:	1,28	1,77	14,67 %
Wie 3, Einnahmen bei 85 %:	1,08	1,48	6,86 %

Operative Kosten – Erkenntnisse

1. Der Vergleich der beiden Ausgangsfälle (1 und 3) zeigt keine Veränderung. Dies liegt darin begründet, dass die Flexibilisierung der operativen Kosten im Basisfall noch keine Auswirkung hat, sondern nur in den vom Basisfall abweichenden Szenarien.
2. Obwohl die vertragliche Veränderung scheinbar gering ist und sich nur auf knapp die Hälfte der gesamten operativen Kosten bezieht, ergibt sich doch eine merkliche Verbesserung der Belastbarkeit.
3. Ob sich die interne Rendite verbessert, hängt von der tatsächlichen Performance ab. Ist sie schlechter als im Basisfall, verbessert sie relativ zu dem Szenario ohne Flexibilisierung, ist sie besser, verschlechtert sie sich relativ.
4. Insgesamt kann der Rat gegeben werden, möglichst weitgehend performance-abhängige Verträge (mit einem angemessenen niedrigen Floorpreis) abzuschließen. Dies ist meist für die Vertragspartei nicht mit übermäßigen Einschränkungen verbunden, verbessert aber die Belastbarkeit des Vorhabens erheblich und eröffnet so die Chance auf eine höhere Fremdkapitalausstattung für das Projekt.

Die Beispiele zeigen, dass die angesprochenen Veränderungen einzelner Finanzierungsparameter hinsichtlich der Verwendung der Cashflows in einem Konkurrenzverhältnis stehen. Zwar verbessert sich durch einzelne Maßnahmen die Belastbarkeit aus Sicht der Fremdkapitalgeber, andererseits verschlechtert sich die interne Rendite der Sponsoren. In der Diskussion der beiden Kapitalgebergruppen wird jeweils neu auszutarieren sein, wie sich die endgültige Finanzierungsstruktur darstellt. Eine Ausnahme von diesem Konkurrenzverhältnis stellt die Gestaltung der Verträge in der Betriebsphase dar.

Nach einem Verhandlungsprozess zwischen Sponsoren und Banken könnte eine geänderte Finanzierungsstruktur wie folgt aussehen:

- Zielwert der Schuldendienstreserve bei 50 % des Kapitaldienstes des Folgejahres,
- Tilgungsfreie Zeit läuft aus nach 18 Monaten,
- Wartungskosten (und damit etwa 44 % der operativen Kosten) sind Performance-abhängig,
- Laufzeit des Darlehens bei 17,5 Jahren (inkl. tilgungsfreier Zeit),
- Erhöhung des Term Loans um T€ 2.000 auf insgesamt T€ 17.000.

Unter diesen Rahmendaten verändern sich die Wirtschaftlichkeit und Belastbarkeit gemäß der nachfolgenden Abbildung 94.

Die Belastbarkeit des Vorhabens verbessert sich von ursprünglich 81,0 % auf 79,5 %, die interne Rendite verschlechtert sich leicht von 14,67 % auf 13,20 %. Damit ist über verhältnismäßig einfache Änderungen erreicht worden, dass das Vorhaben für beide Kapitalgebergruppen darstellbar wird.

Die Darstellung der Ausgestaltung einer Finanzierungsstruktur erfolgt unter der Grundannahme, dass die gesteckten Rahmendaten in etwa wie geplant eintreten. Ändern sich auch nur einzelne Rahmendaten, kann dies erhebliche Auswirkungen auf die Tragfähigkeit der Finanzierungsstruktur haben. Auf Grundlage insbesondere der Tarifhöhe und Tarifstruktur sowie der Einstrahlungsdaten werden die Einnahmen eines Projektes dimensioniert. Wie wir

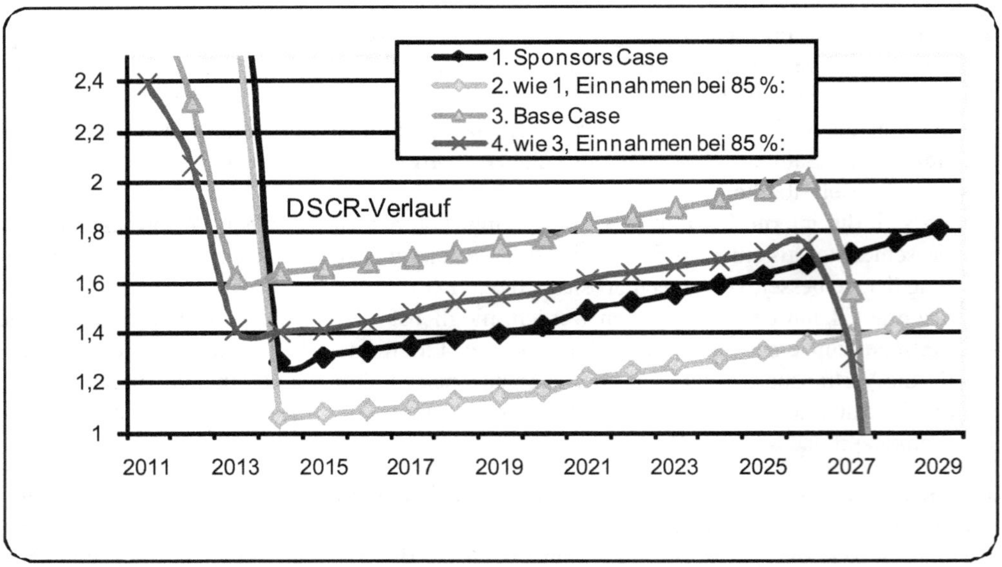

Abbildung 94: DSCR-Verlauf nach Verhandlungsprozess

	Min. DSCR	Ø DSCR	IRR
Sponsors Case:	1,28	1,77	14,67 %
Wie 1, Einnahmen bei 85 %:	1,06	1,45	6,02 %
Base Case:	1,57	1,87	13,20 %
Wie 3, Einnahmen bei 85 %:	1,29	1,62	5,74 %

in diesem Kapitel gezeigt haben, erfolgt die Dimensionierung der Fremdmittel so, dass der Kapitaldienst vom Projekt unter Berücksichtigung der operativen Kosten vom Projekt erbracht werden kann. Wird jetzt bei einer feststehenden Finanzierungsstruktur im Nachhinein und rückwirkend der Tarif reduziert, reichen die erzielbaren Einzahlungen möglicherweise nicht mehr aus, den Kapitaldienst zu decken, so dass sich ein Restrukturierungsbedarf ergibt. Dabei ist es auch unerheblich, ob der nach einer Tarifsenkung erzielbare Tarif für neue Projekte auskömmlich wäre. Entscheidend ist, dass vertragliche Verpflichtungen des Projektes bestehen, nach denen eine Mittelverwendung besteht, die nach der Fertigstellung zu einer vollständigen Verausgabung der Mittel der Kapitalgeber führt. Bei der Optimierung der Finanzierungsstruktur ist es wie bei der von Dr. Roger Scherer ausgeführten ordnungsgemäßen Betriebsführung – ein Regulierungsrisiko lässt sich damit nicht kompensieren.

Literaturverzeichnis

1. Projektfinanzierung eines Solarprojekts (Jörg Böttcher)

Böttcher, Jörg: Finanzierung von Erneuerbare-Energien-Vorhaben, München und Wien 2009

Böttcher, Jörg: Möglichkeiten einer Projektfinanzierung bei CSP-Projekten, Hamburg 2011 (im Erscheinen)

Böttcher, Jörg; Blattner, Peter: Projektfinanzierung, München und Wien 2006

Buljevich, Esteban C.; Park, Yoon S.: Project Financing and the International Financial Markets, Boston, Dordrecht, London 1999

Bundesministerium für Umwelt, Naturschutz und Reaktorsicherheit (Hrsg.): Erneuerbare Energien – Innovationen für eine nachhaltige Energiezukunft, 2009, http://www. .erneuerbare-energien.de/files/pdfs/application/pdf/ ee_innovationen_energiezukunft_bf.pdf, Zugriff: 25.05.2010

Desertec Foundation (ed.): Clean Power from Deserts: The Desertec Concept for Energy, Water and Climate Security, Whitebook, 4th Edition, Bonn 2009, http://www.desertec.org/fileadmin/downloads/DESERTEC-WhiteBook_en_small.pdf, Zugriff: 17.01.2010

Esty, Benjamin C.: Modern Project Finance, Boston 2004

European Photovoltaic Industry Association (ed.): Unlocking the Sunbelt Potential of Photovoltaics, Second Edition – October 2010

Finnerty, John D.: Project Finance, New Jersey 2007

Haukje, Thomas; Kottke, Thomas: Versicherbarkeit und Versicherungslösungen bei Offshore-Projekten, Düsseldorf 2010

International Energy Agency (IEA): Ensuring Green Growth in a Time of Economic Crisis: The Role of Energy Technology, Paris 2009 [IEA 2009a]

International Energy Agency (IEA): World Energy Outlook, Paris 2009 [IEA 2009b]

Kaltschmitt, Martin; Streicher, Wolfgang; Wiese, Andreas: Erneuerbare Energien – Systemtechnik, Wirtschaftlichkeit und Umweltaspekte, 4. Auflage, Berlin u.a.O. 2009

Nevitt, Peter K.; Fabozzi, Frank J.: Project Financing, Seventh Edition, London 2000

PWC (Hrsg.): Die deutsche Photovoltaik-Branche am Scheideweg, o.O. 2010

Rentzing, Sascha: Solarwelt in Zahlen, in: neue energie, 05/2011, S. 103–105

Stern, Nicholas: The Economics of Climate Change: The Stern Review, Cambridge 2007

Tinsley, Richard: Advanced Project Financing – Structuring Risk, London 2000

Vinter, Graham D.: Project Finance, 3rd edition, London 2006

Wuppertal Institut (Hrsg.): Ökonomische Chancen für die deutsche Industrie resultierend aus einer weltweiten Verbreitung von CSP (Concentrated Solar Power) – Technologien, Wuppertal 2009

3. Technische Aspekte

3.2 Solarthermie: Parabolrinnenkraftwerk, Turmkraftwerk und Paraboloid-Kraftwerk (Dr. Andreas Wiese und Kuno Schallenberg)

Duffie, John A. und Beckmann, William A.: Solar Engineering of Thermal Processes. Hoboken, NJ, USA : John Wiley & Sons, Inc., 2006. ISBN-13 978-0-471-69867-8.

Franck, Danny; Walzer, Susan and Chernin, Ophir: Assessment and Resolution of optical safety hazards from a power tower. BrightSource Industries Israel. Brightsource Industries, Israel : s.n., 2008.

International Energy Agency: Technology Roadmap Concentrating Solar Power. Paris 2010

Kaltschmitt, Martin, Streicher, Wolfgang und Wiese, Andreas: Renewable Energy. s.l. : Springer-Verlag Berlin Heidelberg, 2007. ISBN 978-3-540-70947-3

Novatec Solar: Novatec Solar: Downloadcenter. PE 1 – Weltweit erstes Fresnel-Solarkraftwerk in kommerziellem Betrieb. [Online] [Zitat vom: 25. Mai 2011.] http://www.novatecsolar.com/files/100423_factsheet_pe2_deutsch.pdf

Novatec Solar: Unsere Leistungen: Leistungen von Novatec Solar. [Online] [Zitat vom: 25. Mai 2011.] http://www.novatecsolar.com/25-0-Unsere-Leistungen.html.

Öko-Institut e.V.: Öko-Institut e.V. [Online] März 2007. [Zitat vom: 19. Mai 2011.] www.oeko.de/service/gemis/files/doku/2007akw_co2papier.pdf.

Schott Solar: Schott Solar. [Online] Schott Solar, 2010. www.schottsolar.com.

Stoy, Bernd: Wunschenergie Sonne. Heidelberg 1980

Voß, Alfred und Marheineke, Torsten: Lebenszyklusanalyse fossiler, nuklearer und regenerativer Stromerzeugungstechniken. Stuttgart 2002. Bd. 87. ISSN 0938-1228

Wiese, Andreas; Kleineidam, Patric; Schallenberg, Kuno et.al.: Power Generation from Renewable Energies – World Market Status 2010. renewable energy focus. 2011

3.3 Darstellung zentraler Fertigstellungsrisiken (Helge Strickstrack)

GPM Deutsche Gesellschaft für Projektmanagement e. V., Gessler, Michael: Kompetenzbasiertes Projektmanagement, Nürnberg 2009

Przybilla, Anne: Projektfinanzierung im Rahmen des Risikomanagements von Projekten, in: Jost W. Kramer et al. (Hrsg.): Wismarer Schriften zu Management und Recht, Band 21, Jahr?

Werthschulte, Holger: Kreditrisikomessung bei Projektfinanzierungen durch Risikosimulation, in: Werner Hans Engelhardt und Michael Kleinaltenkamp (Hrsg.): Business-to-Business-Marketing, Wiesbaden 2005

Wolf, Birgit; Hill, Mark; Pfaue, Michael: Strukturierte Finanzierungen, Stuttgart 2003

3.5 Betriebserfahrungen und Betriebskosten (Dr. Roger Scherer)

Ackermann, F.; Bülo, T., Nöding, C.: Untersuchungen von Einflussgrößen auf Wirkungsgrad und Leistungsmessungen von PV-Wechselrichtern; 26. Symposium Photovoltaische Solarenergie, 02.-04. März 2011, Bad Staffelstein, http://www.iset.uni-kassel.de/abt/FB-A/publication/2011/2011_Staff_Wirkungsgrad_PV_WR.pdf

Bundesamt für Energie, Schweizerische Eidgenossenschaft (Hrsg.): Photovoltaik Systemtechnik, 2007–2010, Schlussbericht Februar 2011, http://labs.hti.bfh.ch/fileadmin/user_upload/lab1/pv/publikationen/Schlussbericht-PVSYSTE-07-10-HLH1-2011-05-03_total.pdf

FGW (Hrsg.): FGW-Technische Richtlinie Teil 3: Bestimmung der Elektrischen Eigenschaften von Erzeugungseinheiten am Mittel-, Hoch- und Höchstspannungsnetz Revision 21; http://www.wind-fgw.de/pdf/TR3_Rev21-d_preview.pdf

Herrmann, W; Wiesner, W, Vaaßen, W.: Hot Spot Investigation on PV Modules; TÜV Rheinland Sicherheit und Umweltschutz GmbH; Fachhochschule Köln, Fakultät für Anlagen, Energie- und Maschinensysteme, http://www.f09.fh-koeln.de/imperia/md/content/personen/wiesner_wolfgang/veroeffentlichungen/26ieee.pdf

Königliches Gesetz RD 1565/2010 Spanien, öffentlicher Anzeiger BOE-A-2010-17976, November 2010, http://www.boe.es/boe/dias/2010/11/23/pdfs/BOE-A-2010-17976.pdf

Königliches Gesetz RDL 14/2010 Spanien, öffentlicher Anzeiger BOE-A-2010-19757, Dezember 2010; www.boe.es/boe/dias/2010/12/24/pdfs/BOE-A-2010-19757.pdf

Riatsch, J.: Modulintegriertes Umrichtersystem für die Netzanbindung einer einzelnen grossflächigen Niederspannungs-Solarzelle, Dissertation ETH Zürich, 2001, http://e-collection.ethbib.ethz.ch/eserv/eth:24630/eth-24630-02.pdf

4. WIRTSCHAFTLICHKEIT

4.2 EINBINDUNG EINES GEEIGNETEN VERSICHERUNGSKONZEPTES (DR. THOMAS KOTTKE)

Condor Versicherungsgruppe: Spezialkonzept Photovoltaik, Stand 04/2010

Erbe, Lutz; Krötz, Andrej: Photovoltaikanlagen auf Dachflächen von Industriegebäuden, in: Schadenprisma, 04/2010, S. 8–11

Franzek, Wolfgang; Lerlei, Birgit; Rautenberg, Volker: Photovoltaikanlagen – Sicherheit für Feuerwehren, in: Schadenprisma, 04/2010, S. 4–7

GDV (Hrsg.): Erneuerbare Energien, Stand März 2010, S. 149–178

Haukje, Thomas; Kottke, Thomas: EUROFORUM (Hrsg.): Offshore Wind, o.O., 2010

Kuchlmayr, Thomas: Ertragssicherung bei Photovoltaik-Anlagen, TV-Forum der MunichRe im Schloss Hohenkammer, 27./28.10.2010

Töglhofer, Christoph: Einsatzpotentiale von Wetterderivaten im Bereich Erneuerbarer Energien, Graz 2007

Wipprich, Claudia: Photovoltaik-Anlagen: Strom aus Sonne – aber sicher!, in: Münchener Rück Schadenspiegel 01/2009, S. 19–21

4.3 BANKABILITY VON PHOTOVOLTAIK-PROJEKTEN

Bank Sarasin: Solarwirtschaft – unterwegs in neue Dimensionen. Technologien, Märkte und Industrien im Vergleich, Basel 2010.

Bank Sarasin: Global View – Research 2. Quartal, Basel 2011

Berner, Joachim: Die Banken überzeugen, in: Sonne Wind & Wärme, Nr. 1/2011, S. 130–133

Bogner, Alexander; Littig, Beate; Menz, Wolfgang (Hrsg.): Das Experteninterview. Theorie, Methode, Anwendung, 2. Auflage, Wiesbaden 2005

Böttcher, Jörg: Finanzierung von Erneuerbare-Energien-Vorhaben, München 2009

Garvin, David A.: What Does "Product Quality" Really Mean?, in: Sloan Management Review 26 (1984), S. 25–43

goetzpartners GmbH; COLEXON AG (Hrsg.); Hampl, Nina; Lüdeke-Freund, Florian; Flink, Christoph; Olbert, Sebastian; Ade, Valentin (Autoren): The Myth of Bankability. Definition and Management in the Context of Photovoltaic Project Financing in Germany, München und Hamburg 2011, im Erscheinen

Lüdeke-Freund, Florian; Loock, Moritz: Debt for Brands: Tracking Down a Bias in Financing Photovoltaic Projects in Germany, in: Journal of Cleaner Production 19 (2011), S. 1356–1364

Lüthi, Sonja: Effective Deployment of Photovoltaics in the Mediterranean Countries: Balancing Policy Risk and Return, in: Solar Energy 84 (2010), S. 1059–1071

Lund, Peter D.: Effects of Energy Policies on Industry Expansion in Renewable Energy, in: Renewable Energy 34 (2009), S. 53–64

Mayring, Philipp: Einführung in die Qualitative Sozialforschung. Eine Anleitung zu qualitativem Denken, 5. Auflage, Weinheim und Basel 2002

Mehta, Shyam: PV Technology, Production and Cost Outlook: 2010-2015, o.O. 2010

PricewaterhouseCoopers (PwC): Die deutsche Photovoltaik-Branche am Scheideweg. Herausforderungen und Chancen für Unternehmen entlang der Wertschöpfungskette, Hamburg 2010

Röpcke, Ina: Prüfinstitute: Begehrter Markt, in: Sonne Wind & Wärme, Nr. 8/2011, S. 212–218

United Nations Environment Programme (UNEP); Sustainable Energy Finance Initiative (SEFI); Bloomberg New Energy Finance (NEF): Global Trends in Sustainable Energy Investment 2010. Analysis of Trends and Issues in the Financing of Renewable Energy and Energy Efficiency, Paris und London 2010

4.4 Wirtschaftlichkeit und Ausgestaltung einer geeigneten Finanzierungsstruktur (Jörg Böttcher)

Böttcher, Jörg: Finanzierung von Erneuerbare-Energien-Vorhaben, München und Wien 2009

Böttcher, Jörg: Möglichkeiten der Realisierung von CSP-Projekten als Projektfinanzierungen, Hamburg 2011 (im Erscheinen)

Böttcher, Jörg; Blattner, Peter: Projektfinanzierung, München und Wien 2006

Nevitt, Peter K.; Fabozzi, Frank J.: Project Financing, Seventh Edition, London 2000

PWC (Hrsg.): Die deutsche Photovoltaik-Branche am Scheideweg, o.O. 2010

www.ingramcontent.com/pod-product-compliance
Lightning Source LLC
LaVergne TN
LVHW080637011026
849160LV00014B/1242
9783486704327